Philosophie in Rom – Römische Philosophie?

Beiträge zur Altertumskunde

―

Herausgegeben von
Susanne Daub, Michael Erler, Dorothee Gall,
Ludwig Koenen und Clemens Zintzen

Band 358

Philosophie in Rom – Römische Philosophie?

Kultur-, literatur- und philosophiegeschichtliche
Perspektiven

Herausgegeben von
Gernot Michael Müller und Fosca Mariani Zini

DE GRUYTER

ISBN 978-3-11-068520-6
e-ISBN (PDF) 978-3-11-049310-8
e-ISBN (EPUB) 978-3-11-049142-5
ISSN 1616-0452

Library of Congress Cataloging-in-Publication Data
A CIP catalog record for this book has been applied for at the Library of Congress.

Bibliografische Information der Deutschen Nationalbibliothek
Die Deutsche Nationalbibliothek verzeichnet diese Publikation in der Deutschen Nationalbibliografie; detaillierte bibliografische Daten sind im Internet über http://dnb.dnb.de abrufbar.

© 2019 Walter de Gruyter GmbH, Berlin/Boston
Dieser Band ist text- und seitenidentisch mit der 2018 erschienenen gebundenen Ausgabe.
Druck und Bindung: Hubert und Co. GmbH & Co. KG, Göttingen
♾ Gedruckt auf säurefreiem Papier
Printed in Germany

www.degruyter.com

Inhaltsverzeichnis

Gernot Michael Müller und Fosca Mariani Zini
Einleitung —— 1

I. Kultur- und mentalitätsgeschichtliche Grundlagen der Philosophie in Rom

Jean-Christophe Jolivet
Philosophes et philologues hellénistiques, ambassadeurs et héros culturels à Rome: le cas de Cratès de Mallos —— 43

Jochen Sauer
Römische Exempla-Ethik und Konsenskultur?
Philosophie und mos maiorum bei Cicero und Seneca —— 67

II. Gesellschaftliche und literarische Rollenkonzepte für eine Selbstdefinition des Philosophen in Rom

Therese Fuhrer
Philosophische Literatur in Rom als Medium der Definition sozialer Rollen —— 99

Gernot Michael Müller
Philosophie im Plauderton.
Zum philosophischen Gehalt der Horazischen Episteln —— 115

III. Griechische Philosophen und ihr römisches Umfeld im 1. Jh. v. Chr.

Georgia Tsouni
The 'Academy' in Rome: Antiochus and his vetus Academia —— 139

Daniel Delattre
Philodème et le portrait moral dans le livre X des Vices ([L'Arrogance], PHerc. 1008) —— 151

IV. Zum Verhältnis von Philosophie und Rhetorik in philosophischer Literatur und rhetorischer Theorie

Michael Erler
Beweishäufung bei Lukrez. Zum Verhältnis von Philosophie und Rhetorik in philosophischer Literatur —— 175

Thomas Schirren
Wieviel Philosophie braucht der Redner? Zur Bedeutung der Philosophie in der Institutio oratoria des Quintilian —— 189

V. Ciceros politische Philosophie und die Krise der römischen Republik

Jonathan G. F. Powell
Philosophising about Rome. Cicero's De re publica and De legibus —— 249

Catherine Steel
Re publica nihil desperatius: salvaging the state in Cicero's pre-civil war philosophical works —— 269

VI. Skeptizismus und Erkenntnistheorie bei Cicero und Augustin

Carlos Lévy
De la rhétorique à la philosophie:
le rôle de la temeritas dans la pensée et l'œuvre de Cicéron —— 285

Tobias Reinhardt
Cicero and Augustine on Grasping the Truth —— 305

VII. Argumentationstechniken für eine Philosophie als Therapie: Cicero und Seneca im Vergleich

Fosca Mariani Zini
Argumentation als Trost.
Bemerkungen über Ciceros Tusculanen, Buch I —— 327

Claudia Wiener
Stoa ohne stoische Terminologie? Senecas Vermittlungsstrategien —— 349

VIII. Elemente einer stoischen Anthropologie für die römische Gesellschaft des 1. Jh.s n. Chr. im Œuvre Senecas

Jula Wildberger
Amicitia and Eros: Seneca's Adaptation of a Stoic Concept of Friendship for Roman Men in Progress —— 387

Jörn Müller
Senecas Phaedra: Stoisches Porträt einer akratischen Persönlichkeit —— 427

IX. Philosophie und Naturkunde im 1. Jh. n. Chr.

Bardo Maria Gauly
Plinius' Zoologie und die römische Naturgeschichte —— 469

X. Zu Rezeption und Überlieferung römischer Philosophie am Ausgang der Spätantike

Clara Auvray-Assayas
Lectures néoplatoniciennes de Cicéron: le témoignage du manuscrit Reg. Lat. 1762 de la Bibliothèque Vaticane —— 491

Anhang

Index —— 501
Index locorum —— 507

Einleitung

Gernot Michael Müller und Fosca Mariani Zini

I

Die Rezeption der griechischen Philosophie in Rom, die sich im Kontext der allgemeinen Hellenisierung römischer Kultur vollzog, war von Anfang an ein ambivalenter Prozess.[1] So lassen sich auf der einen Seite bereits an der Wende vom 4. zum 3. Jh. v. Chr. Reflexe einer Beschäftigung mit philosophischen Lehren in den Sentenzen des Appius Claudius Caecus greifen.[2] Im 2. Jh. v. Chr. ist es dann das Drama, das neben *laudatio funebris* und Enkomion als Medium der Diskussion und Vermittlung (moral-)philosophischer Lehren hervortritt und gleichzeitig zu erkennen gibt, dass beim jeweiligen Publikum ein entsprechender Verständnishorizont vorhanden gewesen sein muss.[3]

---

[1] Vgl. zum Folgenden statt vieler Jean-Marie André: La philosophie à Rome, Paris 1977 (Collection SvP, Littératures anciennes 6), 11–49 und Gregor Maurach: Geschichte der römischen Philosophie, Darmstadt 1989; s. auch die konzisen Darlegungen von Michael Erler: Philosophie in Rom, in: Fritz Graf (Hg.): Einleitung in die lateinische Philologie, Stuttgart/Leipzig 1997, 537–599 und Therese Fuhrer: Filosofia a Roma, in: Lorenzo Perilli; Daniela P. Taormina (Hgg.): La filosofia antica. Itinerario storico e testuale, Turin 2012, 417–441. Die folgenden Bemerkungen vestehen sich nur als einführende Skizze, keinesfalls als erschöpfende Darlegung des Phänomens. Entsprechendes gilt für die Hinweise auf die Forschungsliteratur, die sich auf eine signifikante Auswahl beschränken.

[2] Vgl. Maurach: Geschichte (wie Anm. 1), 7–14 mit Verweisen auf die ältere Literatur. Cicero (Tusc. 4,4) sieht Appius Claudius Caecus pythagoreisch beeinflusst, was womöglich im Kontext seines Bemühens zu sehen ist, den Pythagoreismus als erste philosophische Bewegung auf italischem Boden hervorzuheben. Giovanna Garbarino: Roma e la filosofia greca dalle origini alla fine del II secolo a. C., 2 Bde., Turin u.a. 1973, 125, 224–226 ist dementsprechend skeptisch; vgl. auch Erich S. Gruen: Studies in Greek Culture and Roman Policy, Leiden u.a. 1990 (Cincinnati Classical Studies. New Series 7), 158–170. Zur Biographie des Appius Claudius Caecus und dessen historischer Einordnung s. Bernhard Linke: Appius Claudius Caecus, in: Karl-Joachim Hölkeskamp; Elke Stein-Hölkeskamp (Hgg.): Von Romulus zu Augustus. Große Gestalten der römischen Republik, München 2000, 69–78.

[3] Neben dem Drama wäre beispielsweise auf Ennius' Euhemeros, der allerdings eine Übersetzung aus dem Griechischen darstellt, jene des Reiseromans des Euhemeros aus Messene (vgl. Enn. frg. var. 60–146 Vahlen), sowie auf Lucilius zu verweisen. Die Testimonien zur Rezeption der Philosophie in Rom sind gesammelt in Garbarino: Roma e la filosofia greca (wie Anm. 2); für einen Überblick über die Geschichte der Philosophie in Rom im 3. und 2. Jh. v. Chr. mit

Dieser wenngleich nur punktuell zu greifenden Rezeption steht auf der anderen Seite verbreitete Ablehnung der Philosophie gegenüber. Diese wird als unverständlich, unnütz, ja schädlich und sogar als gefährlich für den Staat und das gesellschaftliche Zusammenleben beurteilt. Immer wieder angeführtes Beispiel für diese Haltung in der römischen Gesellschaft[4] ist die Ausweisung der Philosophengesandtschaft des Jahres 155 v. Chr. durch Cato d.Ä., nachdem der Akademiker Karneades an zwei aufeinanderfolgenden Tagen mit gleichermaßen überzeugenden Gründen einmal für und das andere Mal gegen die Gerechtigkeit gesprochen habe.[5] Weitere Ausweisungen sind in den Quellen bezeugt.[6] Andererseits nimmt gerade im Verlauf des 2. Jh.s v. Chr. das Interesse an philosophischer Erziehung innerhalb der römischen Oberschicht zu.[7] In der Tat ist als

---

Diskussion der Zeugnisse und Verweisen auf die einschlägige Forschungsliteratur s. Werner Suerbaum: Philosophische Schriften, in: ders. (Hg.): Die archaische Literatur von den Anfängen bis Sullas Tod. Die vorliterarische Periode und die Zeit von 240 bis 78 v. Chr., München 2002 (Handbuch der Lateinischen Literatur der Antike 1), 526–533; zur Tradition des Lehrgedichts vor Lukrez mit Ausblicken auf Appius Claudius Caecus, Ennius, Accius und andere s. Peter Kruschwitz; Matthias Schumacher: Das vorklassische Lehrgedicht der Römer, Heidelberg 2005 (Kalliope 4).

4 Zu Auffindung und anschließender Verbrennung angeblicher Schriften Numas, die pythagoreisches Gedankengut enthalten haben sollen, im Jahre 181 v. Chr. s. Suerbaum: Die archaische Literatur (wie Anm. 3), 527–529; vgl. auch Peter Panitschek: Numa Pompilius als Schüler des Pythagoras, in: Grazer Beiträge 17 (1990), 49–65; Gruen: Greek Culture (wie Anm. 2), 158–170; Michel Humm: Numa et Pythagore: vie et mort d'un mythe, in: Paul-Augustin Deproost; Alain Meurant (Hgg.): Images d'origine, origines d'une image. Hommages à Jacques Poucet, Löwen 2004 (Transversalités 4), 125–137.

5 S. Plut. Cato mai. 22 sowie Cic. de orat. 2,154f.; Cic. rep. 3,9.

6 So für das Jahr 161 v. Chr., als der Senat die Vertreibung von Philosophen und Rhetoren aus Rom beschloss (vgl. Suet. rhet. 25,1 B). Vielleicht ist diesem Ereignis bereits eine Ausweisung zweier Epikureer im Jahre 173 v. Chr. vorausgegangen, wenn jener dafür verantwortliche L. Postumius einer der Konsuln jenes Jahres und nicht des Jahres 154 war. Für Cicero (Tusc. 4,5) ist die Gesandtschaft von 155 aber dasjenige Ereignis, durch das die griechische Philosophie in Rom erstmals breiter bekannt geworden sei; vgl. zu den verschiedenen Ausweisungen von Philosophen aus Rom Gruen: Greek Culture (wie Anm. 2), 170–179.

7 Ab der Wende zum 1. Jh. v. Chr. scheint insbesondere die Philosophie Epikurs eine gewisse Verbreitung gefunden zu haben. Jedenfalls berichtet Cicero von den Autoren C. Amafinius, Rabirius und Catius Insuber, die in ihren Werken die Lehren Epikurs in lateinischer Sprache wiedergegeben haben sollen. Freilich hat er eine denkbar geringe Meinung von deren literarischem Anspruch (vgl. Cic. ac. 1,5f.; Tusc. 1,6; 2,7f.; 4,6f.; fam. 15,19,2). Vgl. Herbert M. Howe: Amafinius, Lucretius and Cicero, in: American Journal of Philology 72 (1951), 57–62; Marcello Gigante: L'epicureismo a Roma da Alcio e Filisco a Fedro, in: ders.: Ricerche filodemee, Neapel ^{2}1983 (Parola del passato, Biblioteca 6), 25–34; Catherine J. Castner: Prosopography of Roman Epicureans, Frankfurt a. M. 1988 (Studien zur klassischen Philologie 34).

Motivation Catos für die Ausweisung der Philosophengesandtschaft von 155 v. Chr. überliefert, dass sich besonders die römische Jugend von den Reden des Karneades ansprechen ließ.

Dieses sich intensivierende Streben nach philosophischer Bildung, das durch die Migrationswellen griechischer Gebildeter nach Rom infolge des Sieges bei Pydna über den Makedonenkönig Perseus im Jahre 168 v. Chr. sowie der Kriege gegen Mithridates befördert wurde, schlägt sich einmal in der Aufnahme griechischer Philosophen in die Hausgemeinschaft römischer Aristokraten zur Erziehung von deren Kindern, aber auch zur geistigen Beratung des Hausherrn nieder.[8] Daneben beginnen römische Aristokraten im gleichen Zeitraum Studienreisen nach Griechenland in die Zentren der Philosophie, etwa nach Athen oder nach Rhodos, in ihre Ausbildung zu integrieren. Als es während des Ersten Mithridatischen Krieges zu einer erneuten Auswanderungswelle griechischer Gelehrter nach Rom kam, führte dies zur Gründung von Philosophenschulen auch in Rom.[9] Bis zum 1. Jh. v. Chr. ist die Philosophie in Rom schließlich soweit etabliert, dass sie in der römischen Oberschicht als Bildungsoption präsent ist und sogar in Rom selbst bei griechischen Lehrern in deren Schulen studiert werden kann.[10]

---

8 Zu letzterem Problemfeld s. Elizabeth D. Rawson: Roman Rulers and the Philosophic Adviser, in: Miriam Griffin; Jonathan Barnes (Hgg.): Philosophia togata. Essays on Philosophy and Roman Society, Oxford 1989, 233–257.
9 Grundlegend Jean-Louis Ferrary: Philhellénisme et impérialisme. Aspects idéologiques de la conquête romaine du monde hellénistique de la seconde guerre de Macédoine à la guerre contre Mithridate, Paris 1988 (Bibliothèque des Écoles Françaises d'Athènes et de Rome, Série 1,271) sowie ferner Alberto Grilli: Scuole filosofiche e filosofi a Roma nell'età di Cicerone e Cesare, in: Giuseppe Aricò u.a. (Hgg.): La repubblica Romana da Mario e Silla a Cesare e Cicerone. Atti del Convegno (Mantova Teatro Accademico, 5–9 ottobre 1988), Mantua 1990, 43–64; vgl. zum historischen Hintergrund Ernst Badian: Rome, Athens and Mithridates, in: American Journal for Ancient History 1 (1976), 105–128; für einen Überblick zur weiteren Geschichte der Philosophenschulen ab Beginn der Kaiserzeit s. Jean-Marie André: Les écoles philosophiques aux deux premiers siècles de l'Empire, in: Aufstieg und Niedergang der römischen Welt 2,36,1 (1987), 5–77.
10 Vgl. Jean-Marie André: L'otium dans la vie morale et intellectuelle romaine des origines à l'époque augustéenne, Paris 1968 (Publications de la Faculté des lettres et sciences humaines de Paris-Sorbonne, série „Recherches" 30) zum *otium* als Realisationsraum für intellektuelle Betätigung; s. ferner Henry D. Jocelyn: The Ruling Class of the Roman Republic and Greek Philosophers, in: Bulletin of the John Rylands Library 59 (1976/77), 323–366; Michael H. Crawford: Greek intellectuals and the Roman aristocracy in the first century B.C., in: Peter Garnsey (Hg.): Imperialism in the Ancient World, Cambridge 1978, 193–207; Elizabeth D. Rawson: Intellectual Life in the Late Roman Republic, London 1985.

Zu vergleichbaren römischen Initiativen ist es hierauf allerdings kaum gekommen. Zwar bildeten sich im 1. Jh. v. Chr. am Golf von Neapel Kreise, die der epikureischen Philosophie nahestanden.[11] Zur Gründung veritabler Schulen durch Römer ist es aber allenfalls ausnahmsweise gekommen. Einzige greifbare Ausnahme ist die Schule des Quintus Sextius, deren Lehre aus einer Kombination von stoischen und pythagoreischen Elementen bestand, die aber nur von 27 bis 19 v. Chr. und damit lediglich kurze Zeit Erfolg hatte.[12] Dessen ungeachtet nahm die Philosophie ab der späten Republik und während der römischen Kaiserzeit ihren festen Platz in der römischen Kultur ein, und dies nicht zuletzt innerhalb der politischen Elite.[13] Beispiel hierfür aus dem 1. Jh. n. Chr. ist die Senatsopposition gegen Nero, deren Vertreter sich offensichtlich allesamt in ihrem Bekenntnis zum Stoizismus verbunden wussten.[14] Allgemeine Verbreitung philosophischer Kenntnisse im Bildungsdiskurs bezeugen zudem vielfache Reflexe auf diese in der Dichtung.[15] Gleichwohl kam es in Rom zu keinem Zeitpunkt zur Herausbildung einer spezifisch römischen Lehre oder Schule.

Indiz hierfür ist auch, dass die Sprache der Philosophie in Rom bis weit ins 1. Jh. v. Chr. das Griechische war, welches selbst dann, als bereits philosophi-

---

11 Vgl. statt vieler Tiziano Dorandi: Lucrèce et les Épicuriens de Campanie, in: K. A. Algra; Maria Hubertina Koenen; Pieter Herman Schrijvers (Hgg.): Lucretius and his Intellectual Background, Amsterdam u.a. 1997 (Koninklije Nederlandse Akademie van Wetenschappen. Verhandelingen, Afd. Letterkunde, Nieuwe Reeks 172), 35–48 sowie David Sedley: Epicureanism in the Roman Republic, in: James Warren (Hg.): The Cambridge Companion to Epicureanism, Cambridge 2009, 29–45.
12 S. Ilsetraut Hadot: Versuch einer doktrinalen Neueinordnung der Schule der Sextier, in: Rheinisches Museum für Philologie 150 (2007), 179–210.
13 S. Barbara Maier: Philosophie und römisches Kaisertum. Studien zu den wechselseitigen Beziehungen in der Zeit von Caesar bis Marc Aurel, Wien 1985; Johannes Hahn: Der Philosoph und die Gesellschaft. Selbstverständnis, öffentliches Auftreten und populäre Erwartung in der hohen Kaiserzeit, Stuttgart 1989 (Heidelberger althistorische Beiträge und epigraphische Studien 7).
14 S. hierzu beispielsweise Peter Astbury Brunt: „Stoicism and the Principate", in: Papers of the British School of Rome 43 (1975), 7–35; Jürgen Malitz: Helvidius Priscus und Vespasian. Zur Geschichte der ‚stoischen' Senatsopposition, in: Hermes 113 (1985), 231–246 und Kurt A. Raaflaub: „Grundzüge, Ziele und Ideen der Opposition gegen die Kaiser im 1. Jh. n. Chr. Versuch einer Standortbestimmung", in: Kurt A. Raaflaub; Adalberto Giovannini (Hgg.): Opposition et résistances à l'empire d'Auguste à Trajan, Vandœuvres/Genf 1987 (Entretiens sur l'antiquité classique 33), 1–63; vgl. auch Jakub Pigon: Helvidius Priscus, Eprius Marcellus, and *Iudicium Senatus*. Observations on Tacitus, Historiae 4,7–8, in: Classical Quarterly 52 (1992), 235–246; June W. Allison: Corbulo's Socratic Shadow, in: Eranos 95 (1997), 19–25, die in Tacitus' Bericht über Corbulo und dessen Tod Anspielungen auf Sokrates erkennt.
15 Vgl. grundlegend Alberto Grilli: Stoicismo, epicureismo e letteratura, Brescia 1992.

sche Werke in lateinischer Sprache vorlagen, weiterhin eine häufig gewählte Sprachoption blieb.[16] In der Schule des Quintus Sextius wurde Philosophie ebenfalls wie selbstverständlich auf Griechisch betrieben, woraus einmal mehr ersichtlich wird, wie sehr es sich bei dieser ohnehin kurzlebigen Gründung um eine Initiative nach griechischem Vorbild und nicht um den Ausweis für die Etablierung einer römischen Schultradition handelte. Tatsächlich wird die Philosophie in Rom über den ganzen Zeitraum ihrer dortigen Geschichte von Einzelpersonen getragen, die, obgleich spätestens im Verlauf des 1. Jh.s v. Chr. zahlenmäßig nicht unbedeutend, keine Bewegungen bilden, sondern je für sich als Vertreter oder zumindest Rezipienten der griechischen Schulen greifbar werden. Dementsprechend ist es nicht verwunderlich, dass sich auch die bedeutenden römischen Autoren, die philosophische Werke verfasst haben, in erster Linie den gängigen griechischen Philosophenschulen – Akademie, Epikur und Stoa – verpflichtet zeigen.

II

Vor diesem Hintergrund ist es nicht erstaunlich, dass diese Schriftsteller wie die Philosophie in Rom überhaupt in philosophiegeschichtlicher Hinsicht lange Zeit auf eher geringe Aufmerksamkeit gestoßen sind.[17] In der Tat erscheinen sie aus dieser Perspektive gleichsam als römische Inseln eines vorrangig griechischen Phänomens und als solche werden sie in der Philosophiegeschichtsschreibung auch dort wahrgenommen, wo sie inzwischen intensivere Aufmerksamkeit erfahren.[18] Indes liegt das Hauptaugenmerk auch hier weitgehend

---

16 Prominentestes Beispiel ist sicherlich Marc Aurel mit seinen so genannten Selbstbetrachtungen; vgl. hierzu grundlegend Marcel van Ackeren: Die Philosophie Marc Aurels, 2 Bde., Berlin/Boston 2010 (Quellen und Studien zur Philosophie 103) sowie die Beiträge in ders. (Hg.): A companion to Marcus Aurelius, Malden MA 2012. Zum Problemfeld s. Wolfgang Schmid: „Das Werden der lateinischen Philosophensprache", in: Wiener humanistische Blätter 5 (1962), 11–17; Jorma Kaimio: The Romans and the Greek language, Helsinki 1979 (Commentationes humanarum litterarum 64) sowie speziell zu Seneca Aldo Setaioli: Seneca e i Greci. Citazioni e traduzioni nelle opere filosofiche, Bologna 1988 (Testi e manuali per l'insegnamento universitario del latino 26).
17 S. freilich die ältere Arbeit von Adolfo Levi: Storia della filosofia romana, Florenz 1949 (Forlì ²2008).
18 Vgl. einführend die profunden Artikel zu Cicero und Lukrez in der Neubearbeitung von Ueberwegs Grundriss der Geschichte der Philosophie: Michael Erler: Lukrez, in: Hellmut Flashar (Hg.): Die hellenistische Philosophie, 2 Bde., Basel 1994 (Grundriss der Geschichte der

darauf, in welcher Weise sie die Lehren jener griechischen Schulen, denen sie sich zugehörig zeigen, rezipieren und gegebenenfalls weiterentwickeln. Erst ab und an wird hingegen der Frage nachgegangen, ob ihnen ein Zugriff auf ihren jeweiligen Gegenstand zu eigen und eventuell sogar gemeinsam ist, welcher als römisch bezeichnet werden könnte und sie in ihren philosophischen Argumentationen und Überlegungen zu Ergebnissen kommen lässt, die in einem rein griechischen Kontext so nicht zu vermuten wären.[19] Wo in der Vergangenheit auf solche Eigenheiten hingewiesen wurde, dienten diese zudem immer wieder dem Nachweis, dass es den Römern im Allgemeinen an Begabung für theoreti-

---

Philosophie. Die Philosophie der Antike 4), 381–490; Günther Gawlick; Woldemar Görler: Cicero, in: ebd., 991–1169; der Ueberweg-Band zur Philosophie der Kaiserzeit, der auch ein Kapitel zu Seneca enthalten wird, ist noch nicht erschienen. Zu Cicero s. des Weiteren Woldemar Görler: Untersuchungen zu Ciceros Philosophie, Heidelberg 1974 (Bibliothek der klassischen Altertumswissenschaften, Neue Folge 2,50); Paul Lachlan McKendrick: The Philosophical books of Cicero, London 1989; Carlos Lévy: Cicero Academicus. Recherches sur les Académiques et sur la philosophie cicéronienne, Rom 1992 (Collection de l'École Française de Rome 162); die Beiträge in Jonathan Powell (Hg.): Cicero the philosopher. Twelve papers, Oxford 1995 sowie ferner Catherine Steel: Reading Cicero. Genre and Performance in Late Republican Rome, London 2005; Charles Brittain: Cicero: On Academic Scepticism, Indianapolis 2006; zu Lukrez vgl. Diskin Clay: Lucretius and Epicurus, Ithaca 1983; Algra u.a.: Lucretius (wie Anm. 11); David Sedley: Lucretius and the transformation of Greek wisdom, Cambridge 1998; Stuart Gillespie; Philipp R. Hardie (Hgg.): The Cambridge Companion to Lucretius, Cambridge 2007. Epikureismus in Griechenland und in Rom stellen die Beiträge in Gabriele Giannantoni; Marcello Gigante (Hgg.): Epicureismo greco e romano. Atti del Congresso Internazionale, Napoli, 19–26 maggio 1993, 2 Bde., Neapel 1996 (Elenchos 25) gegenüber; zu Seneca s. u.a. Miriam T. Griffin: Seneca. A philosopher in politics, Oxford 1976; Brad Inwood: Reading Seneca. Stoic philosophy at Rome, Oxford 2008; Jula Wildberger: Seneca und die Stoa. Der Platz des Menschen in der Welt, 2 Bde., Berlin/Boston 2006 (Untersuchungen zur antiken Literatur und Geschichte 84); Gregor Damschen; Andreas Heil (Hgg.): Brill's companion to Seneca. Philosopher and dramatist, Leiden 2014; Jula Wildberger; Marcia L. Colish (Hgg.): Seneca philosophus, Berlin/Boston 2014 (Trends in Classics. Supplementary volumes 27); Shadi Bartsch (Hg.): The Cambridge Companion to Seneca, Cambridge 2015; Erik Gunderson: The sublime Seneca. Ethics, literature, metaphysics, Cambridge 2015; zu Marc Aurel s. die in Anm. 16 genannten Arbeiten von Marcel van Ackeren mit Hinweisen zu weiterer Literatur.

19 Vgl. die allgemeinen Bemerkungen in Hellmut Flashar; Woldemar Görler: Die hellenistische Philosophie im allgemeinen, in: Flashar (Hg.): Hellenistische Philosophie (wie Anm. 18), 3–28; in Bezug auf die Einbürgerung des Epikureismus in Rom vorbildlich Michael Erler: Einbürgerung des Epikureismus in Rom, in: ebd., 363–380; zur Stoa s. Gretchen Reydams-Schils: The Roman Stoics. Self, responsibility, and affection, Chicago/London 2005 (vergleichbare Artikel zur Akademie fehlen; wertvolle Anmerkungen finden sich freilich in Gawlick; Görler: Cicero [wie Anm. 18] in Bezug auf Cicero); zum Pythagoreismus s. die Beiträge in Charles Marie Ternes (Hg.): Le Pythagorisme en milieu romain, Luxembourg 1998 (Études luxembourgeoises d'histoire et de littérature romaines 2).

sches Denken und also auch für die Philosophie gefehlt habe.[20] Dieser pejorative Blick auf die Philosophie in Rom erstreckt sich im Übrigen immer wieder auch auf deren literarische Darstellung, wenn etwa Cicero in der Forschung nicht nur als eklektischer und infolgedessen wenig selbständiger Philosoph, sondern auch als wenig origineller Rezipient des philosophischen Dialogs erscheint, der seinem Vorbild Platon nicht gerecht zu werden vermocht habe.[21]

Anders sieht es freilich auf dem Gebiet der Bildungs- und Kulturgeschichte aus, in welchem die Geschichte der Philosophie in Rom als Teil des dortigen Hellenisierungsprozesses seit dem 2. Jh. v. Chr. inzwischen regelmäßige Beachtung erfährt.[22] Dabei stehen Fragen im Vordergrund, die den Ursachen für das Interesse an der Philosophie, den inhaltlichen Präferenzen, dem Verhältnis zwischen Philosophie und traditionellen römischen Strategien der Weltorientierung sowie deren primären Trägern in Rom nachgehen. Die diesbezügliche *opinio communis* in der Forschung lässt sich dabei ungefähr folgendermaßen skizzieren: Bei ihrer Rezeption vor allem der hellenistischen Philosophenschulen legen die Römer von Anfang an besonderen Wert auf solche Aspekte, die als Orientierungshilfen für das Alltagsleben in Politik und Familie praktisch verwertbar sind.[23] Bei dieser Interessenlage kommt ihnen ein in den hellenistischen Lehren ohnehin angelegter Zug zugute, sich weniger als theoretisches System denn als Lebenskunst zu verstehen, welchen sie noch stärker in den Vordergrund rücken. Rein theoretischen Zugängen zur Philosophie stehen die Römer demgegenüber grundsätzlich und dauerhaft ablehnend gegenüber und dies

---

20 Auch die Einzeldarstellungen in Gregor Maurach: Geschichte der römischen Philosophie, Darmstadt 1989 sind nicht frei von dieser Tendenz. Das negative Bild auf Cicero begründete folgenreich Theodor Mommsen: Römische Geschichte. Fünftes Buch: Der letzte Kampf der römischen Republik, München ⁶2001, 283–288, der in Cicero nur den dilettantischen Kompilator und Übermittler weit bedeutenderer griechischer Autoren erblickt hat.
21 Ansätze hierzu immer noch bei Vittorio Hösle: Der philosophische Dialog. Eine Poetik und Hermeneutik, München 2006.
22 S. etwa P. L. Donadoni: La filosofia greca a Roma, in: Pietro Rossi; Carlo A. Viano (Hgg.): Storia della filosofia, Bd. 1: L'antichità, Rom u.a. 1993, 344–361; Anthony A. Long: Roman philosophy, in: David Sedley (Hg): The Cambridge Companion to Greek and Roman Philosophy, Cambridge 2003, 184–210; Fuhrer: Filosophia a Roma (wie Anm. 1) sowie speziell in Bezug auf die Kaiserzeit Michael B. Trapp: Philosophy in the Roman Empire. Ethics, politics and society, Aldershot 2007.
23 Zum Verhältnis von Philosophie und Politik in Rom s. Miriam Griffin: Philosophy, Politics, and Politicians at Rome, in: Griffin; Barnes (Hgg.): Philosophia togata (wie Anm. 8), 1–37 sowie die Beiträge in Gillian Clark; Tessa Rajak (Hgg.): Philosophy and power in the Graeco-Roman World. Essays in Honour of Miriam Griffin, Oxford 2002, die sich freilich auf Griechenland und Rom gleichermaßen beziehen.

selbst noch dann, als sich Philosophie im römischen Bildungsdiskurs durchgesetzt und etabliert hat.

In dieser spezifisch römischen Konzeption von Philosophie als praktischer Lebenshilfe[24] tritt diese freilich in Konkurrenz zu den althergekommenen Strategien, durch die sich Römer Orientierung für ihr Leben verschafften, wie etwa historische *exempla* und allgemein den *mos maiorum*.[25] Diese werden von der neu aufkommenden Philosophie keinesfalls verdrängt, sondern behalten ihre Gültigkeit. Mehr noch: Sie werden zum Gradmesser für den Nutzen und die Berechtigung, sich mit Philosophie zu beschäftigen, und damit zum wichtigen Profilelement des philosophischen Diskurses in Rom. Traditionelle Formen der Weltorientierung und eine vor allem auf praktische Lebenshilfe fokussierte Philosophie bilden somit eine facettenreiche und dauerhafte Verbindung, die als genuin römisch zu bezeichnen ist.

Die Wirkmächtigkeit dieses Ansatzes ergibt sich nicht zuletzt daraus, dass selbst griechische Philosophen, die im 1. Jh. v. Chr. Schulen in Rom betrieben, ihre Lehren an diese spezifischen römischen Rezeptionsbedürfnisse anpassten.[26] Dieser Transformations- und Anpassungsprozess an die römischen Bedürfnisse wurde von deren Trägern offensiv und nicht ohne eigenes Selbstbewusstsein vollzogen. So spart etwa Cicero in seinen philosophischen Schriften nicht mit Kritik an der Verfasstheit der Philosophie in Griechenland in der eige-

---

24 S. exemplarisch Paul Rabbow: Seelenführung. Methodik der Exerzitien in der Antike, München 1954 sowie für Seneca Ilsetraut Hadot: Seneca und die griechisch-römische Tradition der Seelenleitung, Berlin 1969 (Quellen und Studien zur Geschichte der Philosophie 13) und Aldo Setaioli: Ethics 1: Philosophy as Therapie, Self-Transformation, and „Lebensform", in: Damschen; Heil (Hgg.): Seneca (wie Anm. 18), 239–256; zu Cicero s. beispielsweise Bernhard Koch: Philosophie als Medizin für die Seele. Untersuchungen zu Ciceros Tusculanae disputationes, Stuttgart 2006 (Palingenesia 90); zum Gesamtproblem vgl. Pierre Hadot: Philosophie als Lebensform. Antike und moderne Exerzitien der Weisheit, Frankfurt am Main 2002.
25 Vgl. statt vieler die Beiträge in: Maximilian Braun; Johannes Christes; Hans Armin Gärtner (Hgg.): O tempora, o mores! Römische Werte und römische Literatur in den letzten Jahrzehnten der Republik, Berlin/New York 2003 (Beiträge zur Altertumskunde 171), sowie in: Andreas Haltenhoff; Andreas Heil; Fritz-Heiner Mutschler (Hgg.): Römische Werte und römische Literatur im frühen Prinzipat, Berlin/Boston 2011 (Beiträge zur Altertumskunde 275).
26 Beispiele wären Philon von Larisa und Antiochos von Askalon. Vgl. Hans-Joachim Mette: Philon von Larisa und Antiochos von Askalon, in: Lustrum 28/29 (1986/87), 9–63; John Glucker: Antiochus and the Late Academy, Göttingen 1978 (Hypomnemata 56); Jonathan Barnes: Antiochos von Askalon, in: Griffin; Barnes (Hgg.): Philosophia togata (wie Anm. 8), 51–96; Charles Brittain: Philo of Larissa, the Last of the Academic Sceptics, Oxford 2001.

nen Gegenwart, die er der Weltfremdheit zeiht.[27] Sein Konzept einer Philosophie, das in Übereinstimmung mit den gerade skizzierten Auffassungen auf deren praktische Verwertbarkeit abzielt, erweist sich somit nicht nur als typisch römisch, sondern versteht sich auch als Ansatz, welcher der zeitgenössischen Philosophie in Griechenland überlegen ist und deren Defizite zu überwinden vermag.[28] Das dahinter stehende Selbstverständnis bringt Cicero in den Tusculanen auf seine prägnante Formulierung, wenn er dort behauptet, die Römer seien entweder ohnehin die besseren Erfinder oder sie hätten das, was die Griechen erfunden haben, stets verbessert.[29] Die Römer sehen sich in Bezug auf die Philosophie folglich mitnichten allein in der Rolle der nur passiv Rezipierenden. Ohne den Tatbestand zu leugnen, dass es sich bei der Philosophie um einen Import aus Griechenland handelt, und ohne dessen historische Priorität diesbezüglich in Frage zu stellen, verstehen sie ihre Beschäftigung mit der Philosophie im Gegenteil als aktiven Beitrag zu deren Weiterentwicklung, welcher die an der zeitgenössischen philosophischen Praxis in Griechenland ihrer Meinung nach wahrzunehmenden Defizite kompensiert.[30] Dieser Beitrag siedelt sich allerdings nicht auf der Ebene eigener Theoriebildung an, sondern er besteht in der spezifischen Weiterentwicklung der bereits existierenden Lehren, und dies aus jener typisch römischen Perspektive, welche im Praxisbezug den Gradmesser für Zweck und Nutzen der Philosophie begreift.

Aus diesem Selbstverständnis heraus haben die philosophisch interessierten Kreise Roms durchaus ihren Einfluss auf die weitere Entwicklung der antiken Philosophie in ihrer Gesamtheit genommen.[31] Diese gleichermaßen aktive

---

27 Vgl. Jürgen Leonhardt: Ciceros Kritik der Philosophenschulen, München 1999 (Zetemata 103); s. auch die älteren Ausführungen von Olof Gigon: Cicero und die griechische Philosophie, in: Aufstieg und Niedergang der Römischen Welt 1,4,1 (1973), 226–261.
28 Vgl. beispielsweise Harold Guite: Cicero's Attitude to the Greeks, in: Greece and Rome 9 (1962), 142–159.
29 S. Cic. Tusc. 1,1.
30 Vgl. Gernot Michael Müller: Transfer und Überbietung im Gespräch – Zur Konstruktion einer römischen Philosophie in den Dialogen Ciceros, in: Gymnasium. Zeitschrift für Kultur der Antike und Humanistische Bildung 122 (2015), 275–301.
31 Vgl. exemplarisch Sedley: Lucretius (wie Anm. 18); ders.: Stoic Metaphysics at Rome, in: Ricardo Salles (Hg.): Metaphysics, Soul, and Ethics in Ancient Thought. Themes of the Work of Richard Sorabji, Oxford 2005, 117–142; Leonardo Ferrero: Storia del pitagorismo nel mondo romano. Dalle origini alla fine della repubblica, Forlì ²2008; Yelena Baraz: A Written Republic: Cicero's Philosophical Politics, Princeton 2012. Zur Reflexion von Römern über die Geschichte der Philosophie in Rom exemplarisch Thomas Tarver: Varro and the Antiquarianism of Philosophy, in: Jonathan Barnes; Miriam Griffin (Hgg.): Philosophia togata II. Plato and Aristotle at Rome, Oxford 1997, 130–164.

wie produktive Rezeption der griechischen Philosophie in Rom manifestiert sich nicht zuletzt in einer sehr bewussten und auf die besonderen römischen Interessenlagen abgestimmten Wahl der literarischen Gattungen, welche die einschlägigen römischen Autoren zur Darstellung und Vermittlung ihrer Philosophie verwendet haben. So stellen Ciceros Dialoge durchaus innovative Weiterentwicklungen der Gattung dar, deren Eigentümlichkeiten darauf abzielen, neben der Diskussion einzelner philosophischer Lehren aus der Perspektive der akademischen Skepsis auch den angemessenen gesellschaftlichen und intellektuellen Rahmen für die Pflege der Philosophie in Rom zu entwerfen.[32] Entgegen Epikurs ablehnender Haltung gegenüber der Dichtung wählt Lukrez für seine Darstellung der epikureischen Physik das Lehrgedicht und damit eine Gattung, die seinem didaktischen Anliegen förderlich ist, seinem Adressaten Argumente an die Hand zu geben, welche diesem die Angst vor dem Tod nehmen sollen.[33] Als gleichermaßen adressatenbezogen wie auch auf die wirksame Vermittlung diesmal stoischer Lehren abzielend präsentieren sich Senecas *dialogi* genannte Diatriben.[34] Dessen *Epistulae morales* adaptieren mit dem Kunstbrief schließlich eine literarische Gattung, die gleichermaßen geeignet ist zur freundschaftlichen Unterweisung wie auch zur Selbstinszenierung des Sprechers als selbst lernendes und um ein den eigenen philosophischen Grundsätzen treues Leben ringendes Subjekt, dessen Bemühungen nicht nur von Fortschritten, sondern auch von Rückschlägen geprägt sein kann.[35] Wie die Dialoge

---

32 Vgl. mit Verweisen auf die ältere Literatur Gernot Michael Müller: Warum zögert Crassus? Aspekte der Dialoghandlung in Ciceros *De oratore*, in: Antike und Abendland 57 (2011), 39–55; s. auch Elaine Fantham: The Roman World of Cicero's *De oratore*, Oxford 2004 und Jon Hall: Social Evasion and Aristocratic Manners in Cicero's *De oratore*, in: American Journal of Philology 117 (1996), 95–120.
33 S. David West: The Imagery and Poetry of Lucretius, Edinburgh 1969; Jane McIntosh Snyder: Puns and Poetry in Lucretius' *de rerum natura*, Amsterdam 1980; C. Graca: Da Epicuro a Lucrezio. Il maestro ed il poeta nei proemi del De rerum natura, Amsterdam 1989; Guido Milanese: Lucida carmina. Comunicazione e scrittura da Epicuro a Lucrezio, Mailand 1989 (Biblioteca di aevum antiquum 3); Beate Beer: Lukrez und Philodem. Poetische Argumentation und poetologischer Diskurs, Basel 2009 (Schwabe Epicurea 1).
34 Vgl. u.a. Giancarlo Mazzoli: Le „voci" dei dialoghi di Seneca, in: Piergiorgio Parroni (Hg.): Seneca e il suo tempo, Rom 2000 (Filologia e critica, Biblioteca 6), 249–260; Matthew Roller: The Dialogue in Seneca's Dialogues (and other Moral Essays), in: Shadi Bartsch; Alessandro Schiesaro (Hgg.): The Cambridge companion to Seneca, Cambridge 2015, 54–67.
35 Vgl. u.a. Erwin Hachmann: Die Führung des Lesers in Senecas Epistulae morales, Münster 1995 (Orbis antiquus 34); Uwe Dietsche: Strategie und Philosophie bei Seneca. Untersuchungen zur therapeutischen Technik in den *Epistulae morales*, Berlin/Boston 2014 (Beiträge zur Altertumskunde 329) sowie die Einleitung in Margaret Graver; Anthony A. Long (Hgg., Üss. und Komm.): Seneca. Letters on Ethics, Chicago 2015, 1–23.

Ciceros konzipieren folglich auch sie Philosophie nicht als theoretisch zu betreibende Wissenschaft, sondern als Lebenslehre, die der regelmäßigen Reflexion über die wesentlichen Fragen des individuellen und gesellschaftlichen Lebens dienen soll.

In der aktuellen wissenschaftlichen Debatte um die antike Philosophie lassen sich im Hinblick auf deren Fortüne in Rom somit zwei Tendenzen erkennen.[36] Zum einen hat dieses Thema in allgemeinen Darstellungen zur antiken Philosophie inzwischen seinen festen Platz. Dabei erscheint es in der Regel als separates Kapitel zur Geschichte der Philosophie, gleichsam als Addendum, das im oben skizzierten kultur- und bildungsgeschichtlichen Sinne die Rezeption der Philosophie in Rom beschreibt und deren wesentliche chronologische, mentalitätsgeschichtliche und inhaltliche Charakteristika benennt, um im Anschluss daran summarisch auf die drei bedeutendsten römischen Autoren philosophischer Schriften in lateinischer Sprache Cicero, Lukrez und Seneca sowie auf Marc Aurel einzugehen.

Wo diese im Zentrum der Aufmerksamkeit stehen, werden sie als Vertreter einer griechischen Philosophenschule besprochen. Die genannten Autoren dürfen somit entgegen der älteren Forschung inzwischen ihren festen Platz in der Philosophiegeschichte der Antike beanspruchen. Auch wird nicht mehr negiert, dass diese in ihren Werken eigenständige Entwicklungen vollzogen und weiterführende Interpretationen jener Lehren, denen sie sich zugehörig fühlen, geleistet haben. Andererseits werden die von den römischen Autoren verantworteten Ansätze erst allmählich auf deren gegenüber ihren griechischen Vorläufern andersartigen kulturellen Hintergrund und die damit verbundenen unterschiedlichen Verständnis- und Rezeptionsbedingungen bezogen.[37] Diesem in der Philosophiegeschichtsschreibung zu konstatierenden Befund korrespondiert, dass zu den hier zur Debatte stehenden Autoren inzwischen eine breite Spezialliteratur vorliegt, die weit über das früher vorherrschende Erkenntnisinteresse hinausgeht, über diese an jene Lehren hellenistischer Philosophen zu gelangen, die im Original nicht erhalten sind.[38] Ob deren Art der Auseinander-

---

36 Für eine Bibliographie der einschlägigen Literatur bis 1989 s. Philippa Smith: „Bibliography", in: Griffin; Barnes (Hgg.): Philosophia togata (wie Anm. 8), 259–281.
37 Bemerkenswert ist, dass Studien zur philosophischen Kultur in Rom eher die Kaiserzeit im Blick haben, die (späte) Republik aber meistens aussparen. Vgl. u.a. Hahn: Der Philosoph und die Gesellschaft (wie Anm. 13) oder Trapp: Philosophy in the Roman Empire (wie Anm. 22).
38 Dies galt vor allem für die Rezeption der philosophischen Schriften Ciceros. Vgl. statt vieler Max Pohlenz: Das dritte und vierte Buch der Tusculanen, in: Hermes 41 (1906), 321–355 und ders.: Das zweite Buch der Tusculanen, in: Hermes 44 (1909), 23–40 in Bezug auf die *Tusculanae disputationes*; s. auch Hans A. Gärtner: Cicero und Panaitios. Beobachtungen zu Cice-

setzung mit diesen ein eigenständiger Zug eignet, der sich bei genauerer Betrachtung als typisch römisch erweisen ließe, wird allerdings auch hier erst neuerdings eingehender thematisiert. Dies gilt freilich auch für jene Gattungen, in der philosophische Inhalte zwar Eingang finden, die aber nicht zur philosophischen Literatur im engeren Sinne gehören wie die augusteische Dichtung, oder für jene Werke, die der Wissensliteratur im Allgemeinen zugehörig sind.

Somit steht der in allgemeinen Darstellungen inzwischen hinreichend beschriebenen Beobachtung, dass Philosophie in Rom besonderen kulturellen Rezeptionsbedingungen unterliegt und dies seinen Niederschlag in bestimmten inhaltlichen, methodischen und funktionalen Präferenzen ihrer dortigen Träger findet, nur sporadisch das Bemühen gegenüber, die sich daraus ergebenden Konsequenzen auf der Ebene der philosophischen Schriften römischer Autoren detailliert zu untersuchen. Noch seltener sind Studien und Sammelbände, welche die übergreifende Frage nach den spezifischen Eigenheiten philosophischer Betätigung in Rom mit Einzeluntersuchungen zu den einschlägigen Werken und Autoren verbinden. In neuerer Zeit sind hier insbesondere zu nennen: zwei aufeinander bezogene Sammelbände, die 1989 und 1997 erschienen sind und das Potential der Fragestellung ausloten,[39] sowie zwei Monographien, die sich in Gestalt einer Einführung der Philosophie in Rom zuwenden, indem sie zunächst deren kulturelle Voraussetzungen, spezifischen Charakter und historische Entwicklung bis ins 1. Jh. v. Chr. skizzieren, um daraufhin in identisch strukturierten Kapiteln die einschlägigen Autoren Lukrez, Cicero, Seneca und Marc Aurel vorzustellen.[40] Schließlich liegen einige Arbeiten vor, die zwar die Bedeutung des kulturellen Kontextes für die spezifische Ausformulierung oder Weiterentwicklung einzelner philosophischer Doktrinen herausarbeiten und auf

---

ros De officiis, Heidelberg 1974 (Sitzungsberichte der Heidelberger Akademie der Wissenschaften, Philologisch-historische Klasse 1974,5).
39 Griffin; Barnes (Hgg.): Philosophia togata (wie Anm. 8) und Barnes; Griffin (Hgg.): Philosophia togata II (wie Anm. 31); allein in Bezug auf den Epikureismus vgl. nochmals die Beiträge in Giannantoni; Gigante (Hgg.): Epicureismo greco (wie Anm. 18).
40 Gemeint sind Mark Morford: The Roman Philosophers. From the time of Cato the Censor to the death of Marcus Aurelius, London/New York 2002 und Stefano Maso: Filosofia a Roma. Dalla riflessione sui principi all'arte della vita, Rom 2012 (Studi superiori 806); vgl. aber auch die älteren Arbeiten von Levi: Storia della filosofia romana (wie Anm. 17); Martin Lowther Clarke: The Roman Mind: Studies in the history of thought from Cicero to Marcus Aurelius, New York 1968 (The Norton Library 452); André: La philosophie à Rome (wie Anm. 1) und Maurach: Geschichte (wie Anm. 1) sowie die bereits erwähnten knapperen Einführungen neueren Datums von Erler: Philosophie in Rom (wie Anm. 1) und Fuhrer: Filosofia a Roma (wie Anm. 1).

diese Weise den Erkenntniswert einer solchen verbindenden Fragestellung aufzeigen, dabei aber nur Teilfelder der römischen Philosophie abbilden.[41]

III

Der somit weiterhin nur von sporadischen Initiativen getragenen Forschung zur Philosophie in Rom als Gesamtphänomen neue Impulse zu verleihen und damit das Verständnis für deren spezifische Eigenheiten zu befördern, war Ziel einer internationalen altertumswissenschaftlichen Tagung, die von 19. bis 22. Februar 2013 auf Schloss Hirschberg bei Beilngries stattgefunden hat.[42] Ihr Ausgangspunkt war die im Forschungsdiskurs, wie oben angedeutet, inzwischen etablierte Beobachtung, dass Philosophie in Rom nicht einfach nur rezipiert und dabei unselbständig repetiert wurde, sondern dass diese dort in aktiver Auseinandersetzung mit den aus Griechenland importierten Lehren signifikante Veränderungen und Weiterentwicklungen erfahren hat, welche sich aus den spezifischen kulturellen Verständnisbedingungen in Rom bzw. aus deren Abgleich mit den dortigen traditionellen Strategien der Weltorientierung ergeben. Ausgehend von diesem allgemein akzeptierten Befund wandten sich die Beiträge der Tagung den einschlägigen Autoren und Trägergruppen der Philosophie in Rom zu und fragten danach, welche Konsequenzen dieser Sachverhalt für deren thematische Präferenzen bzw. für die Wahl bestimmter Fragestellungen, für die Art der literarischen Darstellung bzw. für die Wahl der Gattung sowie für die funktionalen Kontexte hat, in denen sich die Auseinandersetzung mit der Philosophie in Rom ansiedelt und für welche philosophische Schriften dort produziert wurden. Ihr Anliegen war es dabei, für ihren jeweiligen Gegenstand oder Fragehorizont jene Aspekte herauszuarbeiten, in denen sich eine römische Prägung greifen lässt.

---

41 Caterina Dominici: Epicureismo e stoicismo nella Roma antica. Lucrezio, Virgilio, Orazio (Odi civili), Seneca, Padua 1985 in Bezug auf Epikureismus und Stoizismus in Rom; Reydams-Schils: Roman Stoics (wie Anm. 19) mit Blick allein auf letzteren; zum Aristotelismus in Rom s. Hans B. Gottschalk: Aristotelian Philosophy in the Roman World from the Time of Cicero to the End of the Second Century AD, in: Aufstieg und Niedergang der römischen Welt 2,36,2 (1987), 1079–1174.
42 Erst bei Drucklegung wurde uns bekannt: Gareth D. Williams; Katharina Volk (Hgg.): Roman Reflections. Studies in Latin Philosophy, Oxford 2016. Die Beiträge, die auf eine an der Columbia University im Frühling 2012 stattgefundene Tagung zurückgehen, konnten für die vorliegende Einleitung daher nicht mehr zur Kenntnis genommen werden.

Nachdem es in Rom zu keinen wirksamen Gründungen philosophischer Schulen durch Römer gekommen ist und sich die dortige Geschichte der Philosophie daher als Geschichte einzelner Personen präsentiert, die sich mit Philosophie beschäftigten oder als Autoren philosophischer Schriften hervorgetreten sind, standen im Mittelpunkt der Tagung die drei zentralen auf Latein schreibenden philosophischen Autoren im Rom des ersten vor- und nachchristlichen Jahrhunderts, nämlich Lukrez sowie insbesondere Cicero und Seneca. Entsprechend dem systematischen Anspruch der Tagung, wurde die Beschäftigung mit diesen aber, wo möglich, in übergeordnete Themenstellungen eingebettet, die neben der virulenten Frage nach den römischen Aspekten ihres philosophischen Schaffens den Blick auf dessen kultur- und sozialgeschichtliche Spezifika öffneten und zu Vergleichen ungeachtet ihrer Zugehörigkeit zu unterschiedlichen philosophischen Richtungen einluden. So wurde das Problem, dass jene, die sich als Autoren philosophischer Schriften betätigten, mit der rechtfertigenden Werbung für ihre Tätigkeit auch ihre gesellschaftliche Rolle zu definieren hatten, weil in Rom hierfür traditionell keine Modelle vorhanden waren, an Cicero, Seneca sowie an Horaz diskutiert, für den ergänzend dazu die Frage nach seiner immer wieder in Zweifel gezogenen Zugehörigkeit zum Kreis philosophierender Römer zu stellen war. Das in der Geschichte der antiken Philosophie keinesfalls neue, sich im römischen Kontext aber in spezifisch eigener Weise artikulierende Thema des Verhältnisses von Philosophie und Rhetorik wurde einmal am Lehrgedicht des Lukrez, sodann aber auch aus der Perspektive der rhetorischen Theorie des 1. Jh.s n. Chr. erörtert. Mit welchen argumentativen Strategien Philosophie als Therapie der Seele empfohlen wurde und welchen Einfluss gesellschaftliche Rolle und Schulzugehörigkeit auf diese hatten, wurde anhand von Cicero und Seneca, aber auch in Bezug auf Horaz untersucht. Weitere Vorträge loteten sodann die kulturgeschichtlichen Voraussetzungen für das Entstehen eines philosophischen Interesses in Rom im 2. Jh. v. Chr. aus oder fragten, wie griechische Philosophen, die im kulturellen Umfeld Roms wirkten, Themenstellung und Art ihres Philosophierens an ihre Lebensrealität anpassten. In für die Antike durchaus angemessener Ausweitung des Philosophiebegriffs wurde schließlich nach römischen Spezifika in der naturkundlichen Literatur der frühen Kaiserzeit gefahndet.

Auf diese Weise vermochten Vorträge und anschließende Diskussion die philosophiegeschichtliche Relevanz der kultur- und bildungsgeschichtlich begründeten Eigenheiten römischer Philosophie weiter zu präzisieren und infolgedessen Elemente einer Geschichte der Philosophie in Rom zu erarbeiten, deren Autoren und Trägergruppen zwar keine eigenständigen Theorien hervorgebracht haben, deren Auseinandersetzung mit den von ihnen rezipierten griechischen Lehren aber dennoch ein eigenständiges Gepräge aufwies. Dieses lässt sich dabei weniger in einer Reduktion des philosophischen Interesses auf praxisrelevante Fragen, sondern in der grundsätzlichen Neubewertung der gesamten Philosophie aus der Perspektive dieser Interessenlage greifen.

In ihrem epochalen Zuschnitt hat sich die Tagung bewusst auf die römische Philosophie der späten Republik und der frühen Kaiserzeit beschränkt. Den Organisatoren war klar, dass damit nur ein Ausschnitt aus der Geschichte der Philosophie in Rom in den Blick genommen wurde, welche in der hohen Kaiserzeit und insbesondere in der Spätantike eine äußerst produktive Blüte erlebte. Für die Einschränkung sprach allerdings, dass sich gerade letztere Epoche durch spezifische eigene Problemstellungen – vor allem in Bezug auf das Verhältnis von Philosophie und entstehender christlicher Theologie – auszeichnet, die sich auf einer anderen Ebene als die Frage nach dem spezifischen Gepräge der Philosophie in Rom im Zuge ihrer dortigen Etablierung ansiedeln, welche im Zentrum der Tagung stand. Vor diesem Hintergrund ergab sich die vorgenommene Einschränkung des Untersuchungszeitraums notwendig aus der Leitfragestellung der Tagung, wobei einzelne Beiträge durchaus auf die Epoche der Spätantike ausgriffen und jene transhistorische Perspektive somit immerhin angedeutet haben.

IV

Der vorliegende Sammelband umfasst achtzehn Beiträge, von denen siebzehn aus den Vorträgen der soeben skizzierten Tagung hervorgegangen sind. Ein weiterer Aufsatz aus der Feder von Jörn Müller wurde gesondert zur Veröffentlichung in diesem Band verfasst. Drei Vorträge zu Ciceros „De natura deorum", zur Empedokles-Rezeption bei Vergil sowie zum Verhältnis von Philosophie und Dichtung in den Oden des Horaz konnten demgegenüber nicht als Beiträge des Bandes realisiert werden. Der internationalen Ausrichtung der Tagung entsprechend sind die Beiträge in den Sprachen Deutsch, Englisch und Französisch geschrieben. Sie sind zehn Kapiteln zugeordnet, deren einer Teil den kultur-, mentalitäts- und sozialgeschichtlichen Voraussetzungen, unter denen sich Philosophie in der römischen Oberschicht etablierte, sowie den spezifischen Charakteristika philosophischer Betätigung in Rom gilt. Der andere Teil wendet sich den Trägern der Philosophie in Rom, ihren Themen und Werken sowie den Rahmenbedingungen ihres Schaffens zu. Zu diesen gehören vorderhand die zentralen philosophischen Autoren lateinischer Sprache Lukrez, Cicero und Seneca, aber auch griechische Philosophen, die in Rom oder im Umfeld entsprechend interessierter Römer ihre Heimat gefunden hatten und dort eine wichtige Rolle für die Vermittlung philosophischen Wissens spielten. Ein als Ausblick gedachtes Kapitel beleuchtet schließlich exemplarisch spätantike Rezeption und Überlieferung philosophischer Schriften aus römischer Provenienz, ein Thema, das auf deren fundamentale Bedeutung für die Vermittlung antiker Philosophie in ihrer Gesamtheit an das lateinische Mittelalter vorausweist.

Gleichsam als Einleitung des Sammelbandes beleuchtet das erste Kapitel unter dem Titel „Kultur- und mentalitätsgeschichtliche Grundlagen der Philosophie in Rom" einige Voraussetzungen für Begründung und Legitimierung philosophischer Betätigung in Rom. In seinem Beitrag mit dem Titel „Philosophes et philologues hellénistiques, ambassadeurs et héros culturels à Rome: le cas de Cratès de Mallos" (S. 43–65) arbeitet Jean-Christophe Jolivet heraus, wie eine Gesandtschaft des pergamenischen Hofes nach Rom aus dem Jahr 167 v. Chr. in späteren Berichten über sie zur Initialzündung eines Interesses an Literatur und Gelehrsamkeit in Rom modelliert wurde. Dieser wurde in ihrer Rezeption somit die gleiche Bedeutung zugeschrieben wie der weitaus bekannteren Athenischen Gesandtschaft des Jahres 155 v. Chr., die in dem berühmten Redenpaar des Karneades und infolgedessen in der Ausweisung der griechischen Gäste durch Cato d.Ä. mündete. Auf diese Weise liefert sie einen weiteren Beleg für das Bestreben, den Beginn griechischen Kultureinflusses in Rom im Bereich von Philosophie und Literatur präzise zu datieren, sowie für die Auffassung, dass dieser auf die Begegnung mit griechischen Gelehrten durch deren öffentliches Auftreten in Rom selbst zurückgeht. Denn die pergamenische Gesandtschaft ähnelt jener von 155 v. Chr. auch dahingehend, dass dieser mit dem Philologen und Grammatiker Krates von Mallos ebenfalls ein angesehener Gelehrter angehörte, der seinen Aufenthalt am Tiber gleichermaßen dazu nutzte, Unterricht in seinen Fachgebieten zu erteilen, und auf diese Weise entsprechend interessierte Römer mit diesen bekannt machte. Unter anderem bot Krates Vorlesungen über große Werke der griechischen Literatur wie die Epen Homers an, welche er nicht nur in ihrer literarischen Qualität würdigte, sondern auch als Belege für umfassendes naturphilosophisches, geographisches und kosmologisches Wissen ihres Autors las. Die fundamentale Bedeutung, die der Bericht Krates von Mallos für den Beginn griechischer Gelehrsamkeit in Rom zuspricht, verweist schließlich auch auf eine charakteristische Konkurrenz zwischen den führenden kulturellen Zentren der griechischen Welt Alexandria und Pergamon um Wahrnehmung und Einfluss in Rom, in deren Verlauf sich dieses gegenüber jenem den Vorrang verschaffen sollte. Dass in diesem Prozess wissenschaftliche Kompetenz zu einem wesentlichen Faktor werden konnte, belegt freilich, dass in Rom bereits ein entsprechendes Anfangsinteresse vorhanden gewesen sein muss, welches in den beiden Städten wahrgenommen wurde und auf das diese ihre diplomatischen Strategien aufbauen konnten.

Arbeitet Jean-Christophe Jolivet das römische Bemühen um eine historische Begründung für die Etablierung griechischer Philosophie und Gelehrsamkeit in Rom heraus, deutet Jochen Sauer in seinem Beitrag „Römische Exempla-Ethik und Konsenskultur? Philosophie und *mos maiorum* bei Cicero und Seneca" (S. 67–95) deren mentalitätshistorische Voraussetzungen an, indem er anhand einer Lektüre einschlägiger Passagen aus den philosophischen Schriften Ciceros und Senecas deren Strategien darlegt, um traditionelle, am *mos maiorum* orientierte römische Exempla-Ethik und griechische Philosophie miteinander abzugleichen – ein Ansatz, der für die Akzeptanz der Philosophie in Rom überhaupt von entscheidender Relevanz war. Hierzu zeigt Sauer zunächst die fundamentale Bedeutung jener vorphilosophischen normativen Kultur für Ciceros Argumentation in seinen frühen philosophischen Schriften *De oratore*, *De re publica* und *De legibus* auf, welche sich vor allem über deren Dialoghandlung manifestiert. Denn diese artikuliert sich bereits in einer für die von Cicero inszenierten Gesprächsgemeinschaften charakteristischen Konsenskultur, die sich weniger aus der Bereitschaft zum Kompromiss speist, sondern aus der wechselseitigen Akzeptanz der sozialen und moralischen Hierarchie der Dialogfiguren. In der Behandlung griechischer Philosophie nimmt die senatorische Gesprächsgemeinschaft gewissermaßen die Rolle eines in sich streng hierarchisierten Gutachtergremiums ein, in dem die philosophischen Lehren auseinandergesetzt und einem Urteil unterzogen werden. Die Gesprächsteilnehmer avancieren durch ihr Gesprächshandeln, das auf Urteilsfindung zielt, selbst zu *exempla* vorbildlichen Verhaltens im Hinblick auf eine kritische Rezeption griechischer Philosophie. Aus dem Ziel der konsensorientierten Urteilsfindung lassen sich, so Sauer, die vermeintlichen Schwächen der Dialoge erklären: das bisweilen Unsystematische, die mehrsträngige Argumentation, die Unschärfe und die angedeutete Unabgeschlossenheit des Diskurses am Ende mancher Schriften. Denn gerade aus diesen Merkmalen erwächst eine Form von Philosophie, welche das römische Wertesystem weniger in Frage stellt und auf seine Ablösung zielt denn vielmehr bestätigt. In einem Ausblick auf die *Epistulae morales* Senecas legt Sauer abschließend zum einen die Kontinuität dieses Bestrebens nahe, um andererseits aber auch deutlich zu machen, dass es Seneca dabei mehr als Cicero auf logische Kohärenz seines (stoischen) Ansatzes anlegt.

Indem Sauer darzulegen vermag, dass Cicero und in gewisser Weise auch Seneca mit ihrem Anliegen, griechische Philosophie mit dem *mos maiorum* kompatibel zu machen, die Beschäftigung mit jener auch als soziale Praxis und

Lebensform entwerfen, die mit den gesellschaftlichen Normen der römischen Aristokratie vereinbar ist, weist sein Beitrag auf das folgende Kapitel des Sammelbandes voraus, das unter dem Titel „Gesellschaftliche und literarische Rollenkonzepte für eine Selbstdefinition des Philosophen in Rom" auf den Umstand zu sprechen kommt, das Autoren philosophischer Schriften in Rom auf keine etablierten Rollenmodelle zurückgreifen konnten, sondern diese im Abgleich mit den überkommenen Normen erst entwickeln mussten. In ihrem Beitrag „Philosophische Literatur in Rom als Medium der Definition sozialer Rollen" (S. 99–114) zeigt Therese Fuhrer auf, dass sich Cicero und Seneca in ihrem Bemühen, für sich als Philosophen eine adäquate und akzeptierte Rolle im sozialen Gefüge zu modellieren, bewusst an den identitätsrelevanten Verhaltensnormen der gesellschaftlichen Elite in Rom orientierten. Ihr Ziel war es somit nicht, für ihre philosophische Autorschaft eine neue soziale Rolle zu beanspruchen, sondern diese als mit dem traditionellen Verhaltenskodex grundsätzlich kompatible Lebens- und Tätigkeitsoptionen und damit als adäquate Beschäftigung für einen römischen Aristokraten zu konfigurieren. In der konkreten Realisierung ihres Bestrebens unterscheiden sich die beiden von Fuhrer untersuchten Autoren freilich, was einmal auf ihre differierenden philosophischen Präferenzen, aber auch auf einen grundsätzlich verschiedenen Lebenskontext zurückzuführen ist. Während Cicero für sich die Rolle des philosophisch tätigen Politikers entwarf und hierfür auf die traditionellen republikanischen Normen und Verhaltensmuster zurückgriff, wollte Seneca in sich eher den Philosophen sehen, der innerhalb der Politik agierte. Die Rolle des aus der Distanz Beobachtenden erlaubte es ihm dabei, Werte und Funktionsweise der Gesellschaft grundsätzlich zu hinterfragen und sich auf diese Weise unabhängig vom menschlichen Streben und den unvorhersehbaren Wendungen des Schicksals zu machen. Vor diesem Hintergrund skizzieren Senecas Schriften einen Normenraum, der ein erweitertes Spektrum sozialer Rollen zulässt. In diesen werden Macht und Sozialprestige zwar nicht für bedeutungslos erklärt, doch mithilfe der stoischen Güter- und Providenzlehre in der sozialen und politischen Werteskala radikal herabgestuft. Zudem eröffnet Seneca eine Möglichkeit, menschliche Schwächen zu erklären, indem er sie philosophisch begründet. Insofern er den Menschen auf diese Weise verstärkt als Mängelwesen beschreibt – und dies öfter auch am Beispiel der eigenen Person –, das zu scheitern und zu versagen pflegt, werden, so Fuhrers abschließende These, Frei- und Spielräume für neue Rollenbilder geschaffen sowie neue Handlungsgrammatiken entworfen, die sich jenseits traditioneller römischer Verhaltensnormen ansiedeln und als Alternativen zu diesen empfohlen werden.

Der zweite Aufsatz dieses Kapitels aus der Feder von Gernot Michael Müller („Philosophie im Plauderton. Zum philosophischen Gehalt der Horazischen Episteln", S. 115–136) wendet sich sodann dem augusteischen Dichter Horaz zu, wobei sein Ausgangspunkt die in der Forschung immer noch kontrovers diskutierte Frage ist, inwieweit dieser als Philosoph zu bezeichnen ist. Ausgehend von der Beobachtung, dass die vormoderne Philosophie Horaz durchaus als einen solchen ernst nahm, arbeitet der Beitrag anhand einer Lektüre exemplarischer Passagen aus dem ersten Epistelbuch heraus, dass es dessen Sprecher-Ich weniger um die Vermittlung einer philosophischen Doktrin denn vielmehr um die Vermittlung einer Lebenslehre geht, deren Aspekte sich trotz gewisser Affinität zur epikureischen Philosophie aus unterschiedlichen Lehren speisen. Ohne folglich an argumentativer oder gar dogmatischer Kohärenz interessiert zu sein, will Horaz dadurch überzeugen, dass er zum einen seine Ratschläge aus der konkreten Lebenswirklichkeit seiner Rezipienten ableitet und zum anderen sein Sprecher-Ich als Beispiel für deren Wirksamkeit inszeniert, das freilich selbst noch hinter seinen Ansprüchen zurücksteht, sich aber gerade deswegen als glaubwürdiges Vorbild anbietet. Insofern es in den Episteln somit auch um den Entwurf eines bestimmten *image* des Sprechers als philosophischer Lehrer geht, sind diese einmal mehr Beleg dafür, dass römische Autoren in ihrer je eigenen Beschäftigung mit der Philosophie immer wieder auch an einem dazu komplementären *self fashioning* arbeiten. Bei der Konzeption seines Sprecher-Ichs im ersten Epistelbuch hat Horaz dabei weniger einen Abgleich mit den überlieferten römischen Verhaltensnormen im Blick wie Cicero und auch Seneca, sondern er orientiert sich an einem prominenten Modell aus dem Kreis griechischer Philosophen, das bereits in seinen *sermones* relevant ist, nämlich an Sokrates. Dabei realisiert Horazens Sprecher-Ich die spezifische Rolle des Ratgebers und Lehrers, die für jenen überliefert ist, freilich nicht in der Öffentlichkeit, sondern aus der bewussten und programmatisch inszenierten Distanz seines Sabinums heraus. Erklärt sich aus dieser Modifikation des überlieferten Sokratesbildes die Verwendung der Brieform statt des (sokratischen) Dialogs, deutet sich in der Ähnlichkeit der für die Horazische Sokrates-*imitatio* spezifischen Raumkoordinate mit den Orten, die Cicero für die Gesprächsgemeinschaften in seinen philosophischen Dialogen inszeniert, ein typisch römischer Zug an, wonach philosophische Betätigung zwar durchaus auf die Gesellschaft zielt, ihren Realisationsrahmen aber dennoch außerhalb von ihr findet.

Nachdem die letzten drei Beiträge aus unterschiedlicher Perspektive die römische Seite des Transfers griechischer Philosophie nach Rom in den Blick genommen haben, wendet sich das folgende Kapitel wieder seinen griechischen Protagonisten zu und kehrt damit gleichsam zur Fragestellung des ersten Beitrags zurück („Griechische Philosophen und ihr römisches Umfeld im 1. Jh. v. Chr."). Stellte jener die Wirkung vor, die die spätere Überlieferung dem temporären Aufenthalt eines pergamenischen Intellektuellen im Rom des 2. Jh.s. v. Chr. zuschrieb, werden hier zwei Beispiele griechischer Philosophen vorgestellt, die sich im 1. Jh. v. Chr. ganz in Rom und dessen weiterem Umfeld niederließen. Georgia Tsouni zeigt in ihrem Aufsatz mit dem Titel „The 'Academy' in Rome: Antiochus and his vetus Academia" (S. 139–149) die Bedeutung auf, die Antiochos von Askalon, Gründer und Vorsteher der sogenannten Alten Akademie, für die philosophische Bildung der römischen Oberschicht zukam. Seine Integration in diese wird durch den ereignisgeschichtlichen Befund nahegelegt, dass er Begleiter und Weggefährte des römischen Generals L. Licinius Lucullus war, dessen philosophische Interessen durch Ciceros *Academica priora* überliefert sind, wo er als Vertreter der Skepsis auftritt. Wie Tsouni aus einer kursorischen Lektüre des dritten und fünften Buches von Ciceros *De finibus bonorum et malorum* nahezulegen vermag, dürfte sich die Attraktivität von Antiochos' Lehre für die aristokratischen Kreise Roms daraus ergeben haben, dass seine dogmatische Interpretation der Alten Akademie eine Engführung von Platon und Aristoteles zuließ und damit eine Art synkretistischer *auctoritas* konstituierte, die Affinitäten zur römischen Norm des sich in *exempla* artikulierenden *mos maiorum* als grundlegenden moralischen Beurteilungskriteriums aufwies und auf diese Weise mit dem Denken seiner römischen Adressaten problemlos vereinbar war.

Stellt Tsouni bei der Taxierung der Gründe für Antiochos' Erfolg einmal mehr die hohe Relevanz der Vereinbarkeit mit dem traditionellen römischen Wertesystem für eine erfolgreiche Implementierung griechischer Philosophie in Rom heraus, führt Daniel Delattre in seinem Beitrag, der überschrieben ist mit „Philodème et le portrait moral dans le livre X des Vices ([L'Arrogance] PHerc. 1008)" (S. 151–172), am konkreten Beispiel des Epikureers Philodem vor, wie jener kulturgeschichtliche Befund die Weiterentwicklung hellenistischer Lehren beeinflusst. Denn Philodem verstärkt in signifikanter Weise den konkreten Charakter der Philosophie Epikurs als einer *philosophia medicans*, indem er die von Delattre beispielshalber herausgegriffene Analyse arroganten, hämischen und verleumderischen Verhaltens ebenso wie von dessen Gegenteil – Wohlwollen, Aufrichtigkeit und freundschaftliche Haltung – an konkreten Verhaltensweisen und in ihren Wirkungen gleichsam vor Augen führt. Auf diese Weise verleiht Philodem seinen Darlegungen über negative und die Seele gleichsam entstellende Charaktereigenschaften und deren negative Folgen eine Anschaulichkeit, die bei Epikur mit seiner Neigung zu knapper und nüchterner Argumentation so nicht vorgeprägt ist. Ziel dieser Strategie ist, die bei seinen römischen Rezipienten verbreiteten Zweifel an der Wirksamkeit von Philosophie als Therapie der Seele auszuräumen. Hierdurch ist auch die Ausführlichkeit zu erklären, mit der Philodem allen Aspekten der von ihm dargelegten Laster gerecht werden möchte. Verleumderisches Verhalten wird beispielsweise an nicht weniger als acht Haltungen vorgeführt, die von der Verhöhnung bis zur Verunglimpfung reichen. Philodems Verfahren, jedes Laster in all seinen Aspekten gleichsam ekphrastisch zu schildern, verweist einmal mehr auf die hohe Bedeutung exemplarischen Argumentierens in der römischen Diskurskultur wie auch auf Philodems therapeutischen Anspruch, für dessen Wirksamkeit er gekonnt auf den Verständnishorizont seiner römischen Rezipienten eingeht.

Die ersten drei Kapitel des Sammelbandes wenden sich den spezifischen Ausprägungen antiker Philosophie in Rom somit aus einer im weiteren Sinne kulturgeschichtlichen Perspektive zu, indem sie nach Voraussetzungen und Bedingungen für die Etablierung der griechischen Philosophie in Rom fragen. Diese verorten sie einmal in der dortigen Präsenz griechischer Gelehrter, die auf ein schon Mitte des 2. Jh.s v. Chr. bestehendes und von da an beständig wachsendes Interesse an griechischer Gelehrsamkeit und Philosophie reagiert, sodann in deren Abgleich mit den traditionellen römischen Verhaltensnormen und Wertevorstellungen, an dem in Rom wirkende Griechen und römische Autoren gleichermaßen arbeiten, und schließlich im Neuentwurf von Rollenbildern für letztere, die sich bald an griechischen Modellen orientieren, vor allem aber eine Integration der in Rom neuartigen Tätigkeit philosophischer Schriftstellerei in das traditionelle Repertoire aristokratischer Lebensentwürfe ermöglichen wollen. Der letzte Aufsatz von Daniel Delattre, der nach den Spezifika eines im Umfeld römischer Aristokraten entstandenen epikureischen Œuvres fragt, weist dabei bereits auf die folgenden Kapitel voraus. Diese arbeiten entweder bezogen auf bestimmte inhaltliche Phänomene oder im Hinblick auf einzelne Autoren zentrale Problemfelder und Themenbereiche des philosophischen Schrifttums in Rom heraus.

Deren erstes gilt dem Verhältnis von Philosophie und Rhetorik, das selbstredend bereits in Griechenland Gegenstand von Diskussionen war, in Rom aber unter nochmals eigenen Vorzeichen verhandelt wurde („Zum Verhältnis von Philosophie und Rhetorik in philosophischer Literatur und rhetorischer Theorie"). Der erste Aufsatz von Michael Erler mit dem Titel „Beweishäufung bei Lukrez. Zum Verhältnis von Philosophie und Rhetorik in philosophischer Literatur" (S. 175–188) stellt die Bedeutung von rhetorischen Argumenten und insbesondere von deren Häufung in Lukrezens *De rerum natura* heraus. Auch wenn dieses Verfahren im Hinblick auf die philosophische Beweisführung als redundant wahrgenommen werden könnte, kommt ihm insofern eine zentrale Funktion für die Zielsetzung von Lukrezens Gedicht zu, als es der angestrebten Überzeugung der Rezipienten zuarbeiten soll, dass der Tod keinen Anlass zur Furcht geben muss. Die auf den ersten Blick das notwendige Maß überschreitende Variation von Argumenten erweist sich somit als wesentlicher Bestandteil für das therapeutische Anliegen des Lukrez, gewissermaßen als eine *argumentatio medicans*, die analog zu einem Heilmittel wirken soll, um den Menschen von seinen seelischen Belastungen zu befreien. Damit verweist die von Erler an Lukrez herausgearbeitete Argumentation *ex abundanti*, die ihre theoretische Beschreibung später im Œuvre Quintilians finden wird, auf das grundsätzliche Problem einer Philosophie, die als Therapie der Seele verstanden werden will, nämlich auf die begrenzte Wirksamkeit rationaler Beweise. Denn diese erweisen sich deswegen als nur bedingt überzeugend, weil sie von den irrationalen Gemütsbewegungen, insbesondere von der Angst immer wieder in Frage gestellt und damit gleichsam dekonstruiert werden. Argumentative Wiederholung und Variation zielen folglich darauf, den Widerstand des Patienten zu schwächen und letztlich zu konterkarieren. Vor diesem Hintergrund verweist Lukrez mit seinem wiederholten Rückgriff auf eine Argumentation *ex abundanti* auf die Bedeutung rhetorischer Verfahren für eine Philosophie, die sich als Seelentherapie versteht und als solche erfolgreich sein will.

Im Anschluss daran zeichnet Thomas Schirren in seinem Beitrag mit dem Titel „Wieviel Philosophie braucht der Redner? Zur Bedeutung der Philosophie in der *Institutio oratoria* des Quintilian" (S. 189–246) zunächst in einem großangelegten historischen Panorama die wichtigsten Stationen in der komplexen antiken Diskussion um das Verhältnis zwischen Philosophie und Rhetorik nach. Das Ziel, das er damit verfolgt, ist der Aufweis, dass Quintilians Forderung nach einer Rückgewinnung ursprünglich rhetorischer Lehrstücke, die mittlerweile ganz den Philosophen zugeschlagen worden seien, in einer langen und wechselvollen Tradition steht. Denn da Rhetorik als Sprechhandeln immer auch moralische Aspekte impliziert, erweist sich die Frage, ob die Rhetorik auch ethisches Wissen vermitteln müsse, als grundlegend und durchgehend virulent. Bereits Cicero reklamiert in seinen Überlegungen über den Ursprung der Rhetorik hierfür die *sapientes* als eine vorphilosophische Gruppe von Menschen, die Reden und Handeln mustergültig zu verbinden wussten. Angesichts der bedrängten Lage der Intellektuellen in der Kaiserzeit scheint sich Quintilian jedoch schärfer von den Philosophen abgrenzen zu wollen, und dies, obwohl er philosophische Konzepte der *virtus* übernimmt, um die Rhetorik auch anthropologisch zu begründen. Vor allem etabliert Quintilian seinen *orator*, verstanden als genuin römische und nach den gesellschaftlichen Normen regulierte Kommunikationsinstanz, als Gegenfigur zum Kyniker. Freilich muss sich Quintilian auch von den gewinnorientierten *delatores* seiner Epoche absetzen, denen er wiederum das Fehlen jener römischen Werte vorhält, die einst Fundament und Voraussetzung für die Größe Roms waren. Quintilian folgt darin Cicero, der in der ausgehenden Republik seinen *orator perfectus* ebenfalls gegen bestimmte zeitgenössische Formen der Rhetorik konzipiert hatte. Die neue bzw. restituierte alte *eloquentia* Quintilians versteht sich indes nicht als Synthese von Philosophie und Rhetorik, sondern als Rückbesinnung auf das ureigene Erbe der Rhetorik selbst, nämlich auf die kommunikative Kompetenz im gesellschaftlichen Auftrag. Soviel sich der *orator* bei den verschiedenen Philosophenschulen umtun mag, er wird dabei stets nur entdecken, was immer schon Gegenstand und Inhalt rhetorischer Lehre war. Der Bildungsauftrag des Redelehrers lautet demgemäß, die Doxai der Philosophen immer dann zu evaluieren, wenn dies im konkreten Fall erfolgversprechend scheint, unbekümmert über den Streit der Schulen. Diese Reduktion von Komplexität nach Maßgabe des praktisch Erforderlichen hatte schon Isokrates programmatisch gefordert. Quintilian sieht hierin allerdings eine genuin römische *virtus* realisiert, die den theoriefreudigen *Graeculi* weit überlegen sei.

Die beiden folgenden Kapitel stellen mit Cicero erstmals einen der zentralen Protagonisten der Philosophie in Rom in den Mittelpunkt. Sie schließen aber insofern an das vorhergehende Kapitel an, als Thomas Schirren in seinem Beitrag bereits mit einiger Ausführlichkeit auf diesen zu sprechen gekommen ist und am Beispiel der Diskussion über das richtige Verhältnis von Rhetorik und Philosophie dessen wichtige Scharnierfunktion für die Etablierung eines philosophischen Diskurses in Rom und damit seine grundlegende Bedeutung für diesen angedeutet hat. Das Kapitel wendet sich zunächst Ciceros politischer Philosophie zu und bezieht diese aus je unterschiedlichem Blickwinkel auf den Staatsmann und dessen politische Bestrebungen im Angesicht des Verfalls der römischen Republik („Ciceros politische Philosophie und die Krise der römischen Republik").

Die sich daraus ableitende enge Verbindung von politischem Engagement und philosophischer Reflexion veranlasst Jonathan G. F. Powell zur einschlägigen Frage nach dem römischen Charakter von Ciceros politischer Philosophie („Philosophising about Rome: Cicero's *De re publica* and *De legibus*", S. 249–267). Um diese zu beantworten, wendet er sich den beiden frühen Schriften *De re publica* und *De legibus* zu und stellt heraus, dass diese spezifische Adaptationen ihrer griechischen Vorbilder für einen römischen Verständnishorizont darstellen. Sie repräsentieren folglich mitnichten, wie die ältere Forschung glauben machen wollte, ein Amalgam von schlechter Philosophie und ebenso defizienter Historiographie, sondern ernstzunehmende Versuche, Nutzen und Reichweite politischer und juridischer Reflexion für eine Reform des römischen Staates auszuloten. Vor diesem Hintergrund greift Cicero zwar auf die politischen Lehren der Akademie zurück, macht hierauf aber Rom selbst und dessen Expansion im Mittelmeerraum zum Gegenstand seiner Untersuchung. Deren Ziel ist die Bildung des Politikers, des *optimus civis* oder *rector rei publicae*, und dessen Befähigung zum wirksamen politischen Handeln gemäß dem *mos maiorum*. Ciceros Ansatz versteht sich somit nicht als politische Theorie, sondern als Entwurf einer Lehre, einer *ratio rerum civilium*, die dazu befähigt, begründete Voraussagen über Zukunft und Fortgang des Gemeinwesens zu treffen. In einer ebensolchen Befähigung, politische Entwicklungen zu antizipieren und sein Handeln darauf auszurichten, situiert Cicero denn auch die *prudentia* des philosophisch gebildeten Politikers. In diesem Ziel liegt denn auch der Sinn und Zweck von Ciceros Ausführungen über die unterschiedlichen Regierungsformen und ihre Entartungen im ersten Buch von *De re publica*. Folglich gestaltet sich Ciceros Auffassung von politischer Philosophie in durchaus deutlicher Abkehr von seinen griechischen Vorlagen nicht als Theorie, sondern als eine Art praktischer Klugheit, die in die Lage versetzen soll, angesichts einer soliden Kenntnis der möglichen Folgen politischen Agierens angemessene und für das Gemeinwesen förderliche Entscheidungen zu treffen. Auf Grund seiner Geschichte könne Rom daher die Vorbildfunktion eines idealen Gemeinwesens besser übernehmen als sein rein imaginiertes Pendant bei Platon, insofern dessen allmähliche Entwicklung zur gemischten Verfassung das beste Beispiel dafür sei, wie das von Cicero empfohlene Konzept von politischer Philosophie als praktischer Klugheit zur bestmöglichen Staatsform geführt habe.

Komplementär hierzu arbeitet Catherine Steel in ihrem Beitrag „*Re publica nihil desperatius*: Salvaging the state in Cicero's pre-civil war philosophical works" (S. 269–282) heraus, wie sehr Ciceros philosophische Schriften der 50er Jahre dessen Sicht auf die politischen Entwicklungen jener Zeit und deren zentrale Akteure reflektieren. Ausgangspunkt ihrer Überlegungen ist ein kurzer Überblick über die beiden Phasen, in denen Ciceros philosophisches Œuvre bekanntlich entstanden ist. Als Gemeinsamkeit der zweiten Hälfte der 50er Jahre und der Periode zwischen 46 und 44 stellt sie dabei heraus, dass Cicero beide Zeiträume als politisch ausnehmend unbefriedigend erlebte und seine schriftstellerische Tätigkeit vor diesem Hintergrund als nutzbringende Möglichkeit des politischen Engagements angesehen habe. Dessen ungeachtet und trotz Ciceros Bestreben in div. 2,4, sein gesamtes philosophisches (und rhetorisches) Œuvre als Gesamtwerk zu präsentieren, erkennt Steel aber auch gewichtige Unterschiede zwischen den beiden Phasen: Während die zweite von der Alleinherrschaft Caesars geprägt war, die praktisch keinen Handlungsspielraum mehr zuließ, sei die erste zwar auch von der Gefährdung des Staates durch mächtige Einzelpersonen geprägt gewesen. Allerdings sei Cicero in jener Zeit noch optimistisch gewesen, dass sich der Zustand des Staates zum Besseren wenden ließe und dass er dabei eine zentrale Rolle spielen könne. Vor diesem Hintergrund müssten auch seine Dialoge der ersten Schaffensphase verstanden werden. Mit überzeugenden Argumenten, die sie auch aus einer Lektüre einschlägiger Briefe jener Jahre ableitet, legt Steel nahe, dass Ciceros Aufmerksamkeit in diesen weniger Caesar denn vielmehr Pompeius gegolten habe, mit dem ihn in den für ihn politisch durchaus erfolgreichen Jahren unmittelbar vor dem Zusammenschluss zwischen Caesar, Crassus und Pompeius ein harmonisches Verhältnis verband. Erst dessen über Ciceros Bruder Quintus kommunizierte Aufforderung, sich gegenüber der *coitio* der drei neutral zu verhalten, habe das Verhältnis belastet und Cicero politisch in die Defensive gebracht. Die von da an entstandenen Schriften ließen sich vor diesem Hintergrund immer auch im Lichte von Ciceros Auseinandersetzung mit der exzeptionellen Machtfülle des Pompeius lesen, mit welcher er sich seit seiner Rede *De imperio Cn. Pompei* aus dem Jahr 66 immer wieder beschäftigt hat. So könne die in *De oratore* verhandelte Frage nach den Bedingungen korrekter und moralisch abgesicherter Rede in der politischen Öffentlichkeit auf Pompeius bezogen werden, insofern diese die implizite Botschaft formuliert, dass die *res publica* nur dann erhalten werden könne, wenn sich auch Ausnahmegestalten auf eine gleichrangige Kommunikation mit ihren Peers einließen und damit in den durch diese definierten Grenzen des Staates bewegten. In *De re publica* erkennt Steel noch stärkere Anknüpfungspunkte, da dessen Hauptfigur Scipio auf Grund seiner Biographie größere Ähnlichkeiten mit Pompeius aufweise als Crassus, der zentrale Protagonist von *De oratore*. In der Tat legt Steel mit Verweis auf fam. 5,7 dar, dass Cicero Ende der 50er Jahre auf ein Verhältnis mit Pompeius hinzuwirken trachtete, das jenem zwischen Scipio und Laelius in *De re publica* entsprechen sollte. Vor dem Hintergrund solcher bedenkenswerter Bezüge gelangt Steel zu ihrer abschließenden These, dass die optimistische Haltung, die aus dem dritten in dieser Phase entstandenen Werk *De legibus* spricht, ebenfalls auf Pompeius bezogen werden könne, wenn Cicero die Schrift im Umfeld oder gar als Reaktion auf dessen drittes Konsulat im Jahr 52 verfasst haben sollte. Denn dieses hatte er außerordentlich positiv bewertet, wie sich einem Schreiben an Atticus entnehmen lässt (Att. 7,1,4).

Das zweite Kapitel, das Cicero gilt und in einem Ausblick auf Augustinus als dessen Rezipienten mündet, ist überschrieben mit „Skeptizismus und Erkenntnistheorie bei Cicero und Augustin" und wendet sich im Speziellen Aspekten von Ciceros philosophischer Begriffsbildung und deren Verhältnis zur ursprünglichen akademischen und stoischen Terminologie zu. In seinem Beitrag „De la rhétorique à la philosophie: le rôle de la *temeritas* dans la pensée et l'œuvre de Cicéron" (S. 285–303) analysiert Carlos Lévy Bedeutung und Verwendung des Begriffs *temeritas* in Ciceros Œuvre. Dabei beginnt er mit einem Blick auf dessen Bedeutungsgeschichte in der lateinischen Literatur vor Cicero. In dieser bezeichnet er in der Regel unreflektiertes Handeln. Daneben wird *temeritas* trotz nur teilweiser Übereinstimmung auch als Übersetzung für den griechischen Terminus der προπέτεια verwendet, der im Sinne einer überstürzten Zustimmung bei Aristoteles, aber insbesondere in der erkenntnistheoretischen Auseinandersitzung zwischen Stoa und der neuen Akademie eine Rolle spielt. In seinen nicht-philosophischen Schriften schließt Cicero an den traditionellen Gebrauch von *temeritas* an, indem er darin den Ursprung unreflektierten Verhaltens erkennt, welches zu einer vollständigen Aufhebung der traditionellen römischen Moral führen kann. Beispiele sind ihm hierfür Catilina, Clodius und insbesondere Caesar. Die sich hier bereits andeutende ethische Bedeutungsnuance des Begriffs verstärkt sich in dessen Verwendung in Ciceros philosophischem Œuvre, vor allem in den *Academica*. Dort meint *temeritas* das Gegenteil von *sapientia* und mithin das Verhalten von jemandem, der in einem neuakademischen Sinne dem Irrtum verfallen ist, weil er Dingen unbesonnen zustimmt, ohne sie wirklich kennen und einschätzen zu können. Der Auseinandersetzung zwischen Stoikern und Akademikern um die ὁρμή und deren Begründung setzt Cicero folglich ein sichtlich ethisches Verständnis von *temeritas* entgegen, das diesen Begriff in die Nähe seiner fundamentalen Kritik an *turpitudo* im Sinne unsittlichen Verhaltens rückt. Lévy schließt seine Ausführungen mit einem Ausblick auf Augustinus und konstatiert, dass dieser den Begriff *temeritas* im Unterschied zu seiner rekurrenten Verwendung noch bei Seneca, lediglich einmal verwendet. Den Grund sieht er darin, dass das Christentum von Augustinus an zur Bezeichnung bösen Verhaltens den Begriff der Sünde entwickelt habe.

Im Anschluss daran widmet sich Tobias Reinhardt in seinem Beitrag „Cicero and Augustine on Grasping the Truth" (S. 305–323) einem zentralen Begriff der stoischen Erkenntnistheorie, nämlich der kataleptischen Vorstellung, vermittels derer Menschen in der Lage sein sollen, über sinnlich Wahrnehmbares dem Sachverhalt vollständig entsprechende Gedanken zu formen. Wenn einem solchen Gedanken vom Verstand zugestimmt worden ist, wird er, so die Theorie, zu einer Meinung des wahrnehmenden Subjekts. Der Weg zur Weisheit besteht für den Stoiker unter anderem darin, dass man erlernt, wie man ausschließlich kataleptischen Vorstellungen zustimmt und wie man Meinungen, die auf solche Vorstellungen zurückgehen, nicht irrigerweise aufgibt. Reinhardts Beitrag ist dabei zwei miteinander verknüpften Fragen gewidmet: Zum einen untersucht er auf der Grundlage einer genauen Lektüre zentraler Passagen des *Lucullus* und der *Academici libri*, wie sich Ciceros Vokabular für kataleptische Erscheinungen und verwandte Begriffe vor dem Hintergrund der entsprechenden griechischen Terminologie erklären lässt, und wie Ciceros dahingehende Entscheidungen und Detaillösungen in den Händen von Augustinus ein Eigenleben entfalten und eine Weiterentwicklung erfahren. Genauer befaßt sich Reinhardt mit dem Umstand, dass die einschlägige griechische Terminologie von Erscheinungen spricht, die die Auffassung von Sachverhalten ermöglichen, während Cicero sich so auszudrücken scheint, als ob es die Erscheinungen selbst sind, die aufgefasst werden. Im zweiten Teil des Artikels zeigt Reinhardt auf, wie Augustinus ciceronische Formulierungen adaptiert, um den Eindruck zu vermitteln, dass Menschen lediglich darauf hoffen können, einerseits mathematische und logische Wahrheiten sowie andererseits subjektive Erfahrungen sicher zu erfassen – letztere im Gegensatz zu Erfahrungen, die Sachverhalte in der sinnlich wahrnehmbaren Welt wiedergeben und insofern objektiv sind, wie sie Ciceros Hauptinteresse bildeten.

Das nun anschließende Kapitel mit der Überschrift „Argumentationstechniken für eine Philosophie als Therapie: Cicero und Seneca im Vergleich" wendet sich einem thematischen Schwerpunkt zu, der auf Michael Erlers Beitrag über Lukrez zurückweist. Sein Gegenstand sind nämlich die argumentativen Strategien, die Cicero und Seneca dort anwenden, wo sie Philosophie als Therapie der Seele verstanden wissen wollen. In ihrem Beitrag mit dem Titel „Argumentation als Trost. Bemerkungen über Ciceros Tusculanen, Buch 1" (S. 327–348) fragt Fosca Mariani Zini danach, welche Beweisverfahren Cicero in dieser Schrift anwendet, um nicht nur glaubwürdig zu erscheinen, sondern tatsächlich auch trösten zu können. So stellt sie die These auf, dass die Verfahren, die Cicero in den *Tusculanae disputationes* anwendet, um Trost zu spenden, sich aus seinem Verständnis der Topik als Verbindung von Dialektik und Rhetorik ableiten. Dabei handelt es sich um Verfahren, die Cicero häufig in seinen Traktaten und in seinen Prozessreden anwendet, deren Spezifika er in seiner Bearbeitung der aristotelischen Topik erläutert. Diese These belegt sie sodann an einer minutiösen Rekonstruktion der Argumentation, die der Hauptsprecher im ersten Buch der Tusculanen anwendet, um dessen zentrale Frage, ob die Toten unglücklich seien, überzeugend zu beantworten und zu entkräften. Hierzu verwendet Cicero in innovativer Weise hellenistische Argumentationsschemata, die sich auch bei Lukrez finden lassen. Vor allem die Anwendung des Mehrfachbeweises, in welchem eine Schlussfolgerung zur Grundlage einer weiteren Folgerung wird, erlaubt es Cicero nicht nur, Argumentationsketten von hoher Kohärenz, sondern auch von starker Überzeugungskraft und infolgedessen auch konsolatorischer Wirkung zu entwickeln.

Im zweiten Aufsatz dieses Kapitels, der den Titel trägt: „Stoa ohne stoische Terminologie? Senecas Vermittlungsstrategien" (S. 349–384), arbeitet Claudia Wiener die vielfältigen Diskursstrategien heraus, die Seneca in seinem Œuvre anwendet, um zu überzeugen, zu trösten und sein Gegenüber letztlich zu erziehen. Sein Ausgangspunkt scheint dabei in der Abkehr einer als zu streng angesehenen stoischen Logik zugunsten einer Verwendung von Lehrsätzen, literarischen Beispielen und rhetorischen Verfahren zu sein, welche darauf zielen, die emotive Ebene seiner Rezipienten anzusprechen. Auf diese Weise geht Seneca das *image*-Problem der Stoa im römischen Kontext an, insofern deren Wertesystem als so rigoros galt, dass es vom Menschen in der Regel nicht zu erfüllen und zudem mit traditionellen römischen Wertevorstellungen nicht in Einklang zu bringen war. Seine ablehnende Haltung gegenüber der Logik als stärkster Disziplin der Stoa hilft ihm dabei, das abschreckende Bild des herzlos-logisch entscheidenden Stoikers zu überwinden und gleichzeitig von seiner eigenen intensiven Anwendung argumentativer Strategien abzulenken. In der Tat hält Seneca wie Cicero und Lukrez logische Beweise nicht für geeignet, um die Zustimmung seiner Rezipienten zu erhalten, und dies umso mehr, als im Bereich der Seelentherapie Verständnis von Überzeugung und Tröstung abhängig ist. Aus diesem Grund zieht Seneca Lehrsätze, literarische und historische *exempla* dogmatischen Argumentationsweisen vor. Vor diesem Hintergrund erlaubt die Anwendung diskursiver Verfahren wie der Analogie und des Enthymem Seneca, sich an ein Publikum zu wenden, dass offener für die Überzeugung denn für eine theoretische Darlegung ist, wie es bei der römischen Aristokratie der Fall ist. Auf diese Weise soll diese für das Verständnis einer stringenten philosophischen Argumentation vorbereitet werden, insofern Seneca seine Ausführungen an Adressaten richtet, deren Weisheit im stoischen Sinne erst im Aufbau befindlich ist und die daher noch einen weiten Weg zurückzulegen haben, um zur Tugend zu gelangen. In diesem Horizont erhält auch die Selbstinszenierung Senecas nicht als eines autoritären Lehrers, sondern als *proficiens*, der gleichermaßen noch nicht am Ziel angelangt ist, seine Bedeutung. Denn auf diese Weise inszeniert sich Seneca als Modell für alle, die sich auf dem Weg zur moralischen Vervollkommnung begeben, da er sich seiner eigenen Schwächen bewusst ist, die sich daraus ergeben, dass auch er in seiner Seele krank ist. Letztlich gibt Seneca dem Rezipienten auf diese Weise die Freiheit zu entscheiden, ob dieser seine Seite einnehmen oder sich mit dem angesprochenen Du identifizieren will. Aus diesem Grunde wendet er ebenso große Sorgfalt bei der Auswahl des Widmungsadressaten der Schriften an. Ob er diesen als einen Laien in der Philosophie oder als philosophisch vorgebildet modelliert, hängt in der Regel davon ab, ob die Dialoge eher ein handlungsbezogenes (protreptisches, paränetisches oder therapeutisches) Anliegen verfolgen oder ob sie eher diskursiv den Schwerpunkt auf die Philosophiedidaxe und die Verteidigung der stoischen Lehre gegen die Lehrmeinung anderer Philosophenschulen legen. Durch den Einsatz von Exempelfiguren wird es dem Leser schließlich aber auch ermöglicht, die Rolle eines Beobachtenden unabhängig vom angesprochenen Du anzunehmen und so die Situation aus einer Außenperspektive zu bewerten. Vor diesem Hintergrund lassen sich unterschiedliche und zum Teil gegensätzliche Zielrichtungen in den Überzeugungsstrategien feststellen. Wird die Lehre der Stoa als überlegen erwiesen, indem falsche Vorstellungen, die allgemein in der Gesellschaft verbreitet sind, oder Lehrmeinungen anderer Philosophenschulen widerlegt werden, zielt Seneca darauf, im Leser das Gefühl zu erzeugen, einer elitären Gemeinschaft von Eingeweihten anzugehören, die ein tieferes Verständnis für die Probleme besitzen. Umgekehrt muss er die Akzeptanz der Stoa in den Fällen nachweisen, in denen sie scheinbar Unerfüllbares von ihren Adepten verlangt. Mit Analogien, die die Übereinstimmung stoischer Forderungen mit der Natur, mit der Jurisdiktion oder mit Lebensbereichen wie dem Militär oder der Familienstruktur suggerieren, präsentiert er die stoische Lehre als „natürlich" und im Einklang mit dem Leben des normalen Menschen stehend.

Das folgende Kapitel („Elemente einer stoischen Anthropologie für die römische Gesellschaft des 1. Jh.s n. Chr. im Œuvre Senecas") ist hierauf ausschließlich Seneca gewidmet und verbindet die Analyse seiner philosophischen Schriften mit der Interpretation einer seiner Tragödien. Zunächst wendet sich Jula Wildberger in ihrem Beitrag mit dem Titel „*Amicitia* and *Eros*: Seneca's Adaptation of a Stoic Concept of Friendship for Roman Men in Progress" (S. 387–425) dem stoischen Freundschaftskonzept zu und arbeitet heraus, wie Seneca dieses zur Anwendung auf die Beziehung zweier *proficientes* adaptiert. Denn in Abkehr von der stoischen Auffassung, wonach sich im strengen Sinne nur der Weise als Freund erweisen könne, billigt er auch den erst auf dem Weg dorthin Befindlichen zu, Freundschaften eingehen zu können. Mehr noch: Diese könne wichtige Hilfestellung im Bestreben, Weisheit zu erlangen, bieten, insofern sie die Gelegenheit zur wechselseitigen Unterstützung eröffne. Insofern Freundschaft zwischen zwei *proficientes* diese somit zur jeweils eigenen Weiterentwicklung anleite, präsentiert sich diese nicht als defiziente Variante des stoischen Freundschaftsideals zwischen Weisen, sondern sie stellt ein eigenständiges Konzept dar, dem laut Seneca Modellcharakter für die Beziehungspflege in der römischen Oberschicht des 1. Jh.s n. Chr. zukommt, und dies vor allem auf Grund ihrer Wechselseitigkeit, die sich programmatisch von asymmetrischen Freundschaftskonzepten absetzt, in welchen es einen Geber und einen Nehmer gibt. Wildberger zeigt dabei, dass Senecas Konzept einer Freundschaft unter *proficientes* eine innovative Weiterentwicklung der griechischen Vorstellungen von Eros und *philia*, der Freundschaft zwischen einem Weisen und einem begabten jungen Toren, darstellt. Die im griechischen Ursprungskontext mit diesen verbundenen erotischen Implikate werden dem römischen Anstandsgefühl angepasst und die Freundschaft so zur reziproken Beziehung zwischen Gleichen umgedeutet, näherhin zwischen Personen, die zueinander finden in ihrer Unvollkommenheit, in ihrem Wissen um diese Unvollkommenheit, aber auch in ihrem tiefen Wunsch, bessere Menschen zu werden. Mit dieser Innovation gelingt es Seneca, für römische Leser fremd anmutende Aspekte der Stoa in Wertgefüge und Deutungsmuster seiner eigenen Gesellschaft zu integrieren sowie für seine Standesgenossen ein Rollenbild zu entwerfen, das diesen erlaubt, gleichzeitig Mitglied der römischen Elite und stoischer Philosoph zu sein. Den Abschluss des Beitrags bildet die These, dass sich aus dem Ursprung dieses neuen Freundschaftstyps für Fortschreitende im Begriff des Eros, und zwar in der Bedeutung „Anstrengung, Freundschaft zu schließen", eine neue Interpretation dessen ableiten lässt, was gewöhnlich unter dem Stichwort von Senecas „Willensbegriff" diskutiert wird.

In seinem Aufsatz, der den Titel trägt: „Senecas Phaedra. Stoisches Porträt einer akratischen Persönlichkeit" (S. 427–466), analysiert Jörn Müller das komplexe Bild, das Seneca von der gleichnamigen Protagonistin seiner Tragödie zeichnet, und zwar vor dem Hintergrund der stoischen Affektpsychologie. Er kommt zu dem Ergebnis, dass die scheinbaren Widersprüche dieser Figur sich als kohärente Symptome der Fragmentierung bzw. Desintegration einer Person deuten lassen, die an klarsichtiger Willensschwäche leidet. Das Verdienst der Deutung Senecas – auch gegenüber seinen griechischen Vorläufern wie Euripides – liegt darin, dass er die inneren Antagonismen Phaedras nicht als einen vertikalen Konflikt zwischen moralischer Vernunft und erotischer Leidenschaft deutet, sondern als eine horizontale Spaltung innerhalb ihres Wollens selbst. Diese Porträtierung Phaedras ist nicht bloß mit dem stoischen Theorierahmen zur Erklärung des Phänomens der Akrasia in hohem Maße kompatibel, sondern erweitert ihn signifikant, und zwar durch die subkutane Unterscheidung von höher- und niedrigerstufigen Wünschen im Wollen von Phaedra, deren oszillatorisches Schwanken alle Handlungen des akratischen Charakters bestimmt. Mit dieser ‚lokalen', auf eine Figur beschränkten *Interpretatio Stoica* will Jörn Müller dabei keineswegs die traditionelle These revitalisieren, wonach Seneca seine Dramen lediglich als doktrinäres Vehikel für die anschaulichere Darlegung stoischer Theoriestücke benutzt habe. Vielmehr zeigt sich am Beispiel der

Phaedra eindrucksvoll, wie dieses literarisch facettenreich entwickelte Exemplum einen hermeneutischen Überschuss in sich trägt, der zugleich die stoische Reflexion der Willensschwäche nachhaltig zu bereichern vermag. Die Affektpsychologie markiert also zum einen die systematische Schnittstelle zwischen *Seneca philosophus* und *tragicus*; zum anderen wird die Exemplarisierung als ein origineller Zugang genuin römischen Philosophierens zu komplexen seelischen Phänomenen deutlich, dessen inhaltlicher Ertrag über die im Hintergrund stehenden Theorieannahmen einzelner philosophischer Schulen hinausreicht.

Das neunte Kapitel ist betitelt mit „Philosophie und Naturkunde im 1. Jh. n. Chr." und gilt mit der Naturkunde einem weiteren Bereich der Gelehrsamkeit des 1. Jh. n. Chr. und der Frage, inwieweit sich in diesem Hinweise auf eine spezifisch römische Prägung greifen lassen. Eine ebenso stringente wie überzeugende Antwort darauf gibt Bardo Maria Gauly in seinem Aufsatz „Plinius' Zoologie und die römische Naturgeschichte" (S. 469–487). In einer kursorischen Lektüre der zoologischen Kapitel, die sich vor allem auf jene über den Elefanten und die Perlmuschel konzentrieren, legt er zunächst dar, dass Plinius im Unterschied zur klaren Trennung zwischen Mensch und Tier, für die die Stoa plädiert, im Verhalten der Tiere Ähnlichkeiten zu menschlichen Verhaltensweisen herausarbeitet. Auf der Grundlage dieser Beobachtung vermag er sodann nachzuweisen, dass Plinius' Naturgeschichte vor allem einen Spiegel der römischen Kultur darstellt, indem die Kenntnis wilder Tiere zum einen einen Hinweis auf die Ausdehnung der römischen Herrschaft geben. Zum anderen liest Plinius das Verhalten der Tiere auch als Ausweis für eine römische Moralvorstellungen bestätigende tiefere Ordnung der Natur, die für ein Kräftegleichgewicht zwischen natürlichen Feinden und insgesamt für ausgleichende Gerechtigkeit sorgt. Ersteres belegt Gauly anhand von Plinius' Ausführungen über die natürliche Gegnerschaft von Elefant und Würgeschlange, deren Zweikampf trotz eklatanter Unterschiede in der Körpergröße von einem wundersamen Kräftegleichgewicht geprägt sei. Den zweiten Aspekt exemplifiziert er an der Perlmuschel, die ihm neben erneutem Verweis auf die Ausdehnung des römischen Reiches Anlass zur Luxuskritik gibt, indem er an ihrem Beispiel die Gier des Menschen nach wertvollen Naturprodukten anprangert. Immerhin konstatiert er auch zwischen menschlichen Ausbeutern und Muschel ein Gleichgewicht dahingehend, dass sich diese gegen jene effizient zu wehren weiß, indem sie sich abrupt schließt, wenn ein Taucher die in ihr liegende Perle rauben möchte, und dabei dessen Finger oder gar die ganze Hand abschneidet. Die sich daraus ergebende moralische Perspektive, wonach jener, der sich dem Luxus hingibt, zu Schaden oder gar zu Tode kommt, findet Plinius in der römischen Geschichte hierauf in der verbreiteten Anekdote bestätigt, wonach Kleopatra Antonius in ihrer Auseinandersetzung, wer von beiden verschwenderischer sei, durch den Verzehr einer aufgelösten Perle besiegt habe. Denn auch hier erkennt Plinius schließlich einen Hinweis auf die ausgleichende Gerechtigkeit der Natur, indem er Antonius' Niederlage bei Kleopatra als Antizipation seines Untergangs bei Actium deutet. Plinius' Semantisierung der Natur erfolgt also konsequent aus der Perspektive römischer Moralvorstellungen. Es greift also zu kurz, den Unterschied zwischen dem beschreibenden und auf Vollständigkeit abzielenden Verfahren der *Naturalis historia* und der klassifizierenden und auf Erklärung der Naturphänomene abzielenden Methode der biologischen Schriften des Aristoteles dahingehend zu deuten, dass Plinius d.Ä. für den Verfall antiker Naturphilosophie stehe. Vielmehr zeigt Gauly auf, dass das Eigentümliche an Plinius' monumentalem Werk darauf zurückzuführen ist, dass er mit dieser einen dezidiert römischen Blick auf die Natur realisieren wollte.

Das zehnte und letzte Kapitel weist mit seinem Titel „Zu Rezeption und Überlieferung römischer Philosophie am Ausgang der Spätantike" bereits über zeitlichen Rahmen und Gegenstand des Sammelbandes hinaus, deutet aber gleichwohl die wichtige Dimension an, die diesem für die weitere Geschichte der Philosophie in Spätantike und danach zukommt. Denn die in diesem Band besprochenen lateinischen Autoren gehören zu jenem Ensemble von Werken, die für Weitergabe und Rezeption antiker Philosophie in Mittelalter und zu einem wesentlichen Teil auch in der Frühen Neuzeit grundlegend waren. Exemplarisch weist dies Clara Auvray-Assayas in ihrem Beitrag „Lectures néoplatoniciennes de Cicéron: le témoignage du manuscrit Reg. Lat. 1762 de la Bibliothèque Vaticane" (S. 491–500) anhand einer Analyse der im Titel genannten karolingischen Handschrift nach. Diese enthält neben zahlreichen Schriften Ciceros auch solche von Macrobius und Martianus Capella. Zwar ließen sich Entstehungszeit und -kontext der Handschrift nicht rekonstruieren; anhand einer akribischen Analyse ihres inhaltlichen Programms kann Auvray-Assayas aber überzeugend folgern, dass diese in einem neuplatonischen Kontext zu suchen ist. Somit liefert der von ihr vorgestellte Überlieferungsträger nicht nur den exemplarischen Beleg für die grundsätzliche Bedeutung des Ciceronianischen Œuvres für die Rezeption antiker Philosophie im Mittelalter, sondern er gibt auch zu erkennen, dass diese auf der Grundlage einer spezifischen spätantiken Deutungsgeschichte erfolgte, in deren Verlauf Cicero im Horizont der Weiterentwicklungen jener philosophischen Lehren interpretiert wurde, welche er zu Lebzeiten mit seinen Schriften in Rom heimisch machen wollte.

V

Es liegt in der Natur von Sammelbänden, dass diese dem gestellten Gegenstand nie zur Gänze gerecht werden können. Zum einen stößt das Bemühen um thematische Vollständigkeit bei den ihnen in der Regel vorausgehenden Tagungen an zeitliche Grenzen; nicht immer sind sodann alle angefragten Fachleute zum anberaumten Termin verfügbar, so dass bestimmte einschlägige Themenfelder unbesetzt bleiben müssen. Schließlich lässt sich der Umfang einer Publikation ebensowenig über ein gewisses Maß ausdehnen, was einer ergänzenden Einwerbung von Beiträgen zu fehlenden Aspekten Einschränkungen auferlegt. Somit mag auch dieser Band im einen oder anderen Bereich als lückenhaft wahrgenommen werden. Dies ist den Herausgebern durchaus bewusst. Manches Desiderat ergibt sich aber womöglich erst aus der Lektüre der Aufsätze, so dass der Band bereits ein wesentliches Ziel erreicht hätte, welches bereits mit der ihn bedingenden Zusammenkunft auf Schloss Hirschberg im Februar 2013 verfolgt wurde. Denn vor dem Hintergrund einer inzwischen intensiven Forschungstätigkeit zu den philosophischen Autoren lateinischer Sprache sowie zu Fortüne und Trägern einzelner hellenistischer Philosophenschulen in Rom war es Anliegen der Tagungsorganisatoren und Herausgeber dieses Bandes, die insgesamt nur sporadisch betriebene Auseinandersetzung mit dem Gesamtphänomen Philosophie in Rom im Hinblick auf seine übergreifenden kulturellen Grundlagen und philosophiegeschichtlichen Implikationen stärker in den Fokus wissenschaftlicher Aufmerksamkeit zu rücken und damit einen Beitrag für ihre zukünftige Intensivierung zu leisten. Insofern kam es der Unternehmung bei allem Bemühen um eine gewisse inhaltliche Vollständigkeit vor allem auf exemplarische Signifikanz an. Diese sollte sich darin artikulieren, dass jeweils ausgehend von spezifischen in der Forschung etablierten Problemfeldern wechselseitig anschlussfähige Ergebnisse in Bezug auf das Gesamtanliegen des Bandes erzielt werden, welche jene Bereiche zu erkennen geben, in denen sich eine als römisch zu bezeichnende Prägung greifen lässt und die es im Folgenden vertiefend zu bearbeiten gälte, um den Blick für die Charakteristika philosophischer Betätigung in Rom weiter zu schärfen.

Dass sich die Aufsätze dieses Sammelbandes nicht nur als Beiträge zu ihrem jeweiligen Forschungsfeld verstehen, sondern diese auch exemplarische Fallstudien im oben skizzierten Sinne darstellen, geben sie durch vielfältige Querbezüge untereinander zu erkennen, die über den engeren thematischen Rahmen der ihnen zugewiesenen Kapitel hinausgehen. Indem der einleitende Beitrag dieses Bandes über die Wirkung des Krates von Mallos exemplarisch auf die Bedeutung verweist, die dem Aufenthalt von griechischen Gelehrten in Rom für den Transfer hellenistischer Gelehrsamkeit und der Philosophie im Speziellen ab dem 2. Jh. v. Chr. zukam, bildet er eine Brücke zu jenen Beiträgen von Georgia Tsouni und Daniel Delattre, die sich mit Antiochos von Askalon und Philodem ebenso beispielhaft dem Wirken griechischer Philosophen im Umfeld entsprechend interessierter römischer Aristokraten des 1. Jh. v. Chr. widmen. Alle drei Aufsätze führen somit vor, dass die Etablierung einer philosophischen Kultur in Rom nicht ohne die dortige Präsenz griechischer Gelehrter denkbar ist, ein Befund, der in der späteren Reflexion über deren Bedingungen und Verlauf hervorgehoben und als konstitutives Element römischer Bildungsgeschichte anerkannt wird.

Indem Tsouni die Resonanz, die Antiochos mit seinem Verständnis akademischer Philosophie erfuhr, an dessen Vereinbarkeit mit traditionellen römischen Wertvorstellungen festmacht, und die von Delattre herausgestellten Charakteristika, die Philodems Zugang zur epikureischen Philosophie auszeichnen, ihre Ursache ebenfalls im Bestreben nach einer entsprechenden Kompatibilität haben dürften, ergänzen ihre Beiträge indes auch jenen von Jochen Sauer, der im einleitenden Kapitel dieses Bandes darauf hinweist, dass griechische Philosophie grundsätzlich nur dann auf Akzeptanz stieß, wenn sie sich mit den überkommenen ethischen Orientierungsweisen der Römer harmonisieren ließ. Diese Verbindung nahm Cicero in seinen philosophischen Schriften sodann programmatisch für sein Ziel in Dienst, eine philosophische Kultur in Rom, verstanden als von Römern getragene Praxis, heimisch zu machen.

Schließlich verweisen Antiochos und Philodem als Angehörige der Haus- und Lebensgemeinschaft römischer Aristokraten auf eine typische Lebensrealität griechischer Gelehrter in Rom. Aus ihr lässt sich ein akzeptiertes Rollenmuster für jene ableiten, welches von Römern, die ihr Interesse an Philosophie in eigene Schriftstellerei überführen wollten, auf Grund ihrer Zugehörigkeit zur Oberschicht freilich nicht übernommen werden konnte. Aus diesem Grunde loten Autoren wie Cicero und Seneca in ihren Schriften aus, wie sie ihre philosophische Betätigung mit ihrer Rolle als römische Aristokraten in Einklang bringen, worauf Therese Fuhrer in ihrem Beitrag eingeht. Der Adaptationsdruck, dem griechische Philosophie in Rom ausgesetzt war, bezog sich folglich nicht nur auf deren Inhalte, sondern artikulierte sich auch in gesellschaftlicher Hinsicht in Bezug auf die Frage, unter welchen Bedingungen ein Römer überhaupt die Rolle des schreibenden Philosophen annehmen konnte. Dass dies die Adaptation prominenter griechischer Rollenmodelle nicht ausschloss, belegen indes nicht nur manche Figurengestaltungen in Ciceros Dialogen, sondern auch die implizite Selbstinszenierung als *alter Socrates*, die Horaz in seinem ersten Epistelbuch vornimmt, wie der Beitrag von Gernot Michael Müller nahelegt.

Allerdings erfolgt selbst in diesem Fall ein Abgleich mit römischen Spezifika, die sich im Falle des Horaz auf den Realisationsraum der Philosophie in der Abgeschiedenheit des Landhauses beziehen, ein kulturelles Charakteristikum, das seit dem 2. Jh. v. Chr. kontinuierlich zu greifen ist.

Dass das Potential zur inhaltlichen Anpassung an römische Bedürfnisse auf Entwicklungen zurückgeht, welche die Philosophie bereits in der Epoche des Hellenismus durchlaufen hat, stellt Michael Erler exemplarisch klar, wenn er die inhaltlich redundante Häufung von Argumenten im Lehrgedicht des Lukrez auf entsprechende Vorbilder zurückführt, dabei aber auch deutlich macht, dass dieses Verfahren bei jenem eine gegenüber seinen hellenistischen Vorläufern nochmals stärkere Profilierung erhält. Das damit beförderte therapeutische Anliegen, das Lukrez auch zur Wahl des für einen Epikureer unüblichen Lehrgedichts geführt hat, weist auf die Beiträge von Fosca Mariani Zini und Claudia Wiener voraus, die vergleichbaren Zielsetzungen in den Tusculanen Ciceros und bei Seneca nachgehen. Das sich im Hellenismus herausgebildete Verständnis von Philosophie als Therapie der Seele verbindet somit alle drei wichtigen philosophischen Autoren lateinischer Sprache unabhängig davon, welcher Schule sie zugehörig sind, und präsentiert sich auf diese Weise als eine ganz wesentliche Motivation philosophischer Betätigung in Rom, welche wiederum auf den Beginn eines dortigen Interesses an Philosophie im 2. Jh. v. Chr. zurückverweist. Denn mit der in den einleitenden Sektionen des Sammelbandes verschiedentlich angedeuteten Aufnahme griechischer Philosophen in die Hausgemeinschaften römischer Aristokraten ging es diesen auch darum, kompetente Gesprächspartner an ihrer Seite zu haben, die ihnen mit ihren Lehren bei Aufarbeitung und Bewältigung der Herausforderungen und Probleme des Alltags behilflich sein sollten. Somit speiste sich die Attraktivität der Philosophie für die römische Aristokratie von Anfang an aus deren therapeutischem Potential.

Indem sich alle drei Beiträge in unterschiedlicher Nuancierung den verschiedenen argumentativen Strategien widmen, die von den drei Autoren angewandt werden, um jene seelische Heilwirkung beim Rezipienten zu entfalten, weisen sie zudem auf die hohe Relevanz sprachlicher Verfahren hin, um dieses Ziel zu erreichen. Die Bedeutung, die Lukrez, Cicero und Seneca diesen ganz offensichtlich beimessen, und dies unabhängig davon, ob sie sich topischer oder rhetorischer Überzeugungsmittel bedienen, erweist sich vor dem Hintergrund der Geschichte der antiken Philosophie indes als keinesfalls selbstverständlich. Deutlich macht dies Thomas Schirren am Beispiel der Rhetorik, indem er in seinem großangelegten historischen Überblick die unterschiedlichen Phasen der immer wieder aufgeflammten Diskussion über das richtige Verhältnis zwischen dieser und der Philosophie von deren Beginn bis auf Quintilians

Institutio oratoria nachzeichnet. Freilich weist er darauf hin, dass im römischen Kontext nicht erst jener darum bemüht ist, deren Komplementarität zu erweisen, sondern dass praktisch alle römischen Autoren der sprachlichen Seite ihrer philosophischen Schriften intensive Aufmerksamkeit haben zuteil werden lassen. In besonderem Maße gilt dies für Cicero, der nicht nur programmatisch für sich beansprucht, jene bei Platon verortete Trennung von Rhetorik und Philosophie wieder rückgängig zu machen, sondern auch ganz grundlegend darüber reflektiert, wie sich Begriffe und Konzepte der griechischen Philosophie adäquat in lateinischer Sprache ausdrücken lassen. Dieser Befund verbindet Schirrens Ausführungen mit den Beiträgen von Carlos Lévy und Tobias Reinhardt, die sich unterschiedlichen erkenntnistheoretischen Aspekten in Ciceros philosophischen Schriften widmen und in diesem Zusammenhang vor allem dessen lateinische Begriffsbildung in den Blick nehmen. Dabei können sie eindrücklich aufzeigen, dass dieser eine zentrale Rolle für Ciceros Verständnis der akademischen wie auch der hellenistischen Philosophie insgesamt zukommt, welches sich auch deswegen als spezifisch römisch erweist, weil es an den eigentümlichen Bedeutungsrahmen eines lateinischen Vokabulars rückgebunden ist, das mit jenem griechischen Ausgangswortschatz nur bedingt deckungsgleich ist.

Wenn Cicero diese Unschärfe bewusst in Kauf nimmt, beweist dies somit, dass für ihn neben einer möglichst adäquaten Übertragung griechischer Terminologie in die lateinische Sprache noch ein weiterer Aspekt grundlegend ist, nämlich dass sich das von ihm geschaffene Vokabular auch auf ein traditionelles römisches Begriffsrepertoire vorphilosophischer Weltorientierung beziehen lässt. Ciceros Entwurf einer philosophischen Latinitas reflektiert also kein mangelndes Gespür für terminologische Präzision, sondern vielmehr das Bestreben, griechischen Fachwortschatz mit etabliertem römischem Sprachgebrauch engzuführen. Mit diesem Befund schlagen die Beiträge von Carlos Lévy und Tobias Reinhardt zum einen eine Brücke zu Jochen Sauers Beobachtungen im einleitenden Kapitel des Sammelbandes, indem sie andeuten, dass der von Cicero betriebene Abgleich zwischen griechischer Philosophie und traditioneller römischer Werteorientierung, auf den Sauer hinweist, seine Entsprechung bei der Schaffung einer philosophischen Begrifflichkeit für die lateinische Sprache hat. Zum anderen lässt sich dieser aber auch mit Senecas Strategie vergleichen, stoische Terminologie zugunsten stärker an der Lebensrealität seiner Rezipienten orientierter Begrifflichkeiten und Argumentationsmuster abzuschwächen, worauf Claudia Wiener in ihrem Beitrag neben anderem hinweist. Auch wenn bei Cicero der sprachschöpferische Aspekt im Vordergrund steht, während es Seneca um eine möglichst wirkungsvolle Vermittlung seines therapeutischen Anliegens geht, ist beiden Autoren doch gemeinsam, dass sie sich bei der sprachlichen Umsetzung ihres jeweiligen philosophischen Anliegens weniger von der griechischen Ursprungsbegrifflichkeit leiten lassen denn an Möglichkeiten und Usus der lateinischen Sprache orientieren. Dass eine derartige Orientierung an der römischen Lebensrealität auch bei Seneca sprachliche Verfahren und philosophischen Gehalt gleichermaßen betrifft, belegt schließlich der Vergleich zwischen Claudia Wieners Ausführungen und Jula Wildbergers Beitrag, wenn letztere bei Seneca eine Anpassung des stoischen Freundschaftsbegriffs an die entsprechende römische Praxis nachweisen kann, wodurch dieser nicht nur seiner konstitutiven Realitätsferne entledigt und dadurch für Senecas therapeutisches Anliegen produktiv gemacht wird, sondern dieses zudem sogar zum gewissermaßen vornehmsten Ziel einer bei Römern etablierten und auf Egalität der Partner ausgerichteten Beziehungsform erhoben wird.

In dieses umfassende und offensichtlich auch autoren- wie epochenübergreifende Anliegen, griechische Philosophie mit den sprachlichen und kulturellen Realitäten in Rom abzugleichen und an diese anzupassen, lassen sich schließlich auch Ciceros staatstheoretische Schriften integrieren, die sich in einem teilweise sehr unmittelbaren Sinn auf die politische Realität ihrer Abfassungszeit beziehen, wie insbesondere Catherine Steel aufzeigt. Denn sie legt nahe, wie sehr der politische Erfahrungshintergrund, über den Cicero als Staatsmann verfügte, Abfassungszeit und insbesondere auch Tendenz seiner staatstheoretischen Werke der 50er Jahre prägt. Damit verbindet sich ihr Beitrag mit jenem von Carlos Lévy, wenn dieser aufzeigen kann, dass Ciceros Verständnis des Terminus *temeritas* als Äquivalent des griechischen Begriffs der προπέτεια durch dessen Erfahrungen unter der Alleinherrschaft Caesar geprägt ist. Wie geschickt Cicero konkrete Wirkabsicht im Hinblick auf eine Lösung der politischen Krise im 1. Jh. v. Chr. mit dem Anliegen, einen grundsätzlichen Beitrag zur antiken Staatstheorie zu leisten, austariert und dabei einen spezifisch römischen Zugriff auf diese entwickelt, verdeutlicht Jonathan Powell. So zeigt er auf, wie *De re publica* und *De legibus* eine gegenüber Ciceros griechischen Vorlagen alternative politische Philosophie entwerfen, die nicht auf einem utopischen Staatsentwurf aufbaut, sondern anhand einer theoriegeleiteten Analyse des römischen Gemeinwesens und seiner Entwicklung die Folgen erfolgreichen politischen Handelns evident machen und auf diese Weise zu klugem politischen Handeln anleiten will. Im Rückgriff auf Geschichte und Herausbildung des römischen Staates als gelungenes Beispiel für die Wirkmächtigkeit richtig angewandter politischer Klugheit zeigt sich dabei einmal mehr, wie sehr die Rückbindung an die konkrete römische Lebensrealität und ihre Geschichtlichkeit ein konstitutives Merkmal philosophischer Reflexion in Rom ist. Darüber hinaus ähnelt Ciceros Konzept von politischer Philosophie als praktischer Klugheit dem insbesondere in den Aufsätzen von Fosca Mariani Zini und Claudia Wiener herausgearbeiteten therapeutischen Anliegen in dessen *Tusculanae disputationes* und bei Seneca, insofern Philosophie hier wie dort als Lehre verstanden wird, die zur Gestaltung des guten Lebens anleiten soll, sei es nun in Bezug auf staatliches Zusammenleben oder aber im Hinblick auf das Wohl des Einzelnen.

Indem der Staatsgründer Romulus und die auf ihn folgenden Architekten des römischen Staates jene in *De re publica* entworfene politische Klugheit an den Tag zu legen in der Lage sind, noch bevor griechische Philosophie in Rom bekannt geworden ist, weist Cicero diesen ein autochthones Potential an *sapientia* zu, das auch ohne den Einfluss von jener ein Gemeinwesen von gleichsam idealer Verfasstheit hervorzubringen vermocht habe. In vergleichbarer Weise konfiguriert Cicero den von Jochen Sauer in seinem Beitrag thematisierten *mos maiorum*, der sich im exemplarischen Verhalten herausragender Römer der Vergangenheit manifestiert, als einheimisches Reservoire ethischen und praktischen Handlungswissens, welches der griechischen Philosophie gleichberechtigt an die Seite zu stellen und durch deren Rezeption daher keinesfalls obsolet geworden ist. So sehr Cicero mit seinen philosophischen Schriften für die Etablierung einer philosophischen Diskurskultur in Rom wirbt, so wenig gilt ihm diese also als überlegene Alternative zu jenen traditionellen Formen römischen Orientierungswissens, das er nicht zuletzt selbst immer wieder in seiner Wirkmächtigkeit hervorhebt. Vielmehr entwirft er ein Konzept von Philosophie, das auf jenem aufruht und auf diese Weise dessen Potential wieder neu und besser zur Geltung zu bringen vermag. In diesem spezifisch römischen Zugang zur Philosophie lokalisiert Cicero auch das Potential zur Überbietung seiner griechischen Vorbilder, insofern deren konsequente Engführung mit den autochthonen römischen Wissensformationen jene unbedingte Rückbindung an die Lebenspraxis sicherstellt, die verhindert, dass Philosophie jene weltfremde und damit letztlich unnütze Theorie bleibt, als die ihre zeitgenössische griechische Ausprägung aus römischer Perspektive wahrgenommen wird.

Der bei Cicero auf diese Weise selbstbewusst grundgelegte Ansatz, Philosophie aus der Perspektive eines dezidiert römischen Verständnishorizonts zu betreiben, setzt sich nicht nur in Senecas Strategie fort, stoische Ethik weniger durch den Rückgriff auf die strenge Schuldoktrin denn durch Anwendung traditioneller römischer Argumentationsmuster wie den Rückgriff auf aussagekräftige *exempla* zu vermitteln bzw. römische Kulturpraktiken hierfür in Dienst zu nehmen, wie Jula Wildberger in ihrem Beitrag anhand von Senecas Anpassung des stoischen Freundschaftsbegriffs an das entsprechende römische Verständnis erkennbar macht. Dieser ist offensichtlich für jegliche Auseinandersetzung mit Wissensbeständen prägend, wie Bardo Maria Gauly in seinem Beitrag über die *Naturalis historia* des älteren Plinius in luzider Deutlichkeit zu erkennen gibt, wenn er nicht nur die Unterschiede zwischen dieser und hellenistischer Naturkunde darlegt, sondern deren Eigentümlichkeiten darauf zurückzuführen vermag, dass Plinius' Auffassung von der Ordnung der Natur von dessen Verständnis der römischen Gesellschaft und der Rolle Roms in der Welt beeinflusst ist. Dass dieser Befund nicht nur für die Philosophie- und Wissensgeschichte der Antike relevant, sondern auch von hoher diachronischer Bedeutung ist, deuten Tobias Reinhardts abschließender Ausblick auf Augustinus sowie der Beitrag von Clara Auvray-Assayas an, wenn jener durchblicken lässt, dass die folgenreiche Auseinandersetzung des Kirchenvaters mit der akademischen Skepsis auf Ciceros lateinischer Neuinterpretation stoischer Terminologie aufbaut, und jene darlegt, dass die Weitergabe neuplatonischen Wissens an das Mittelalter ebenso von diesem beeinflusst ist bzw. im Kontext der Rezeption seiner philosophischen Schriften erfolgte. Auf diese Weise deutet sich an, dass jener römische Verständnishintergrund, der Rezeption, Wahrnehmung und Weiterentwicklung der Philopie in Rom bestimmt, *à la longue durée* auch die nachantike Wirkungsgeschichte der antiken Philosophie beeinflusst hat und für deren Würdigung zur Kenntnis zu nehmen ist.

Die Beiträge dieses Sammelbandes bilden somit ein dichtes Netz vielfältiger Bezüge zueinander, in dem sich gleichermaßen philosophische wie kulturgeschichtliche Grundkoordinaten einer Geschichte der Philosophie in Rom zu erkennen geben. Diese beginnt mit dem allmählichen und durchaus von Widerständen begleiteten Erwachen eines Interesses an griechischer Philosophie im Zuge des allgemeinen Hellenisierungsprozesses in Rom durch den zunächst nur temporären später zunehmend auch dauerhaften Aufenthalt griechischer Gelehrter und Philosophen in Rom. In dieses erst einmal allein von immigrierten Griechen getragene neue Kultursegment schalten sich ab der Wende zum 1. Jh. v. Chr. zunehmend auch Römer ein, so dass erstmals auch philosophische Werke in lateinischer Sprache entstehen. Dies ändert nichts daran, dass die Beschäftigung mit Philosophie für einen Römer der Begründung bedarf, und dies nicht zuletzt in Bezug auf die ihm in der römischen Gesellschaft traditionell zugewiesenen Rollen. Die philosophiegeschichtliche Bedeutung dieses kulturhistorischen Hintergrunds artikuliert sich darin, dass dieser anhaltende Rechtfertigungsdruck namentlich von Cicero produktiv umgedeutet und zur Grundlage einer nachhaltigen Veränderung der aus Griechenland rezipierten Lehren gemacht wird. Aus der Vorstellung, dass eine aus einem dezidiert römischen Verständnishorizont heraus betriebene Philosophie in der Lage ist, die griechischen Vorbilder zu übertreffen, entwickelt sich ein Typus von philosophischer

Reflexion eigener Prägung, der weniger auf terminologische Präzision und doktrinäre Kohärenz denn auf argumentative Bewährung vor dem Hintergrund der vielfältigen Herausforderungen der Lebensrealität abzielt und dabei alle Bereiche von dieser in den Blick nimmt. Dieser Kernbefund, auf den die Beiträge des Sammelbandes aus verschiedenen Perspektiven und in unterschiedlicher Nuancierung hinweisen, dürfte es letztlich vertretbar erscheinen lassen, weniger nur von Philosophie in Rom, sondern dezidiert von Römischer Philosophie zu sprechen.

VI

Die Tagung auf Schloss Hirschberg und der aus ihr hervorgegangene Sammelband hätten ohne die mannigfaltige Unterstützung vieler nicht realisiert werden können. Sie sollen hier abschließend dankend Erwähnung finden. Ein Dank geht an die Eichstätter Hilfskräfte Isabella Brummer, Jasmine Dorner, Madlen Renner und Johannes Sedlmeyr sowie an die Sekretärin der Eichstätter Klassischen Philologie Karin Strobl für die tatkräftige Unterstützung bei Organisation und Durchführung der Tagung. Für deren großzügige Finanzierung sei der Fritz-Thyssen-Stiftung für Wissenschaftsförderung, der Deutschen Forschungsgemeinschaft, der Eichstätter Universitätsgesellschaft sowie der Maximilian-Bickhoff-Stiftung gedankt.

Für die Aufnahme des vorliegenden Bandes in die Reihe „Beiträge zur Altertumskunde" gilt herzlicher Dank deren Herausgebern, vor allem Michael Erler. Für Lektorat und Einrichtung der Beiträge haben die Herausgeber vor allem den Hilfskräften der Professur für Klassische Philologie und Wirkungsgeschichte der Antike an der Katholischen Universität Eichstätt-Ingolstadt zu danken, namentlich Anne Fleischmann, Hannah Mendl, Matthias Paun, Markus Schinkel, Bastian Wagner und Dennis Will. Diese haben sich auch der beschwerlichen Arbeit der Registererstellung unterzogen. Die Koordination der Redaktionsarbeiten und die Kommunikation mit dem Verlag erledigte Isabella Brummer. Ebenso herzlich haben die Herausgeber schließlich dem Verlag Walter de Gruyter, namentlich Herrn Marco Michele Acquafredda und Herrn Johannes Parche für die hervorragende Zusammenarbeit und professionelle Betreuung des Projekts zu danken.

Eichstätt und Lille im September 2016　　　　　　　　　　Gernot Michael Müller
　　　　　　　　　　　　　　　　　　　　　　　　　　　　Fosca Mariani Zini

I. Kultur- und mentalitätsgeschichtliche Grundlagen der Philosophie in Rom

Philosophes et philologues hellénistiques, ambassadeurs et héros culturels à Rome: le cas de Cratès de Mallos

Jean-Christophe Jolivet

Parmi les innombrables ambassades que le monde hellénistique a envoyées à Rome, il en est une qui a laissé un souvenir marquant dans l'histoire de la philosophie: l'ambassade des philosophes Carnéade, Critolaos et Diogène, en 155 av. J.-C. L'événement est souvent présenté comme un moment important de l'histoire de la culture gréco-latine. Voici l'effet produit sur les Romains par les conférences des ambassadeurs:[1]

> Εὐθὺς οὖν οἱ φιλολογώτατοι τῶν νεανίσκων ἐπὶ τοὺς ἄνδρας ἵεντο καὶ συνῆσαν, ἀκροώμενοι καὶ θαυμάζοντες αὐτούς. μάλιστα δ' ἡ Καρνεάδου χάρις, ἧς δύναμίς τ' «ἦν» πλείστη καὶ δόξα τῆς δυνάμεως οὐκ ἀποδέουσα, μεγάλων ἐπιλαμβανομένη καὶ φιλανθρώπων ἀκροατηρίων ὡς πνεῦμα τὴν πόλιν ἠχῆς ἐνέπλησε, καὶ λόγος κατεῖχεν, ὡς ἀνὴρ Ἕλλην εἰς ἔκπληξιν ὑπερφυᾶς πάντα κηλῶν καὶ χειρούμενος ἔρωτα δεινὸν ἐμβέβληκε τοῖς νέοις, ὑφ' οὗ τῶν ἄλλων ἡδονῶν καὶ διατριβῶν ἐκπεσόντες ἐνθουσιῶσι περὶ φιλοσοφίαν [...] ὁ δὲ Κάτων ἐξ ἀρχῆς τε τοῦ ζήλου τῶν λόγων παραρρέοντος εἰς τὴν πόλιν ἤχθετο, φοβούμενος μὴ τὸ φιλότιμον ἐνταῦθα τρέψαντες οἱ νέοι τὴν ἐπὶ τῷ λέγειν δόξαν ἀγαπήσωσι μᾶλλον τῆς ἀπὸ τῶν ἔργων καὶ τῶν στρατειῶν [...] ἔγνω μετ' εὐπρεπείας ἀποδιοπομπήσασθαι τοὺς φιλοσόφους πάντας ἐκ τῆς πόλεως.

> Aussitôt les plus lettrés des jeunes gens allèrent trouver ces personnages et se réunirent pour les entendre et les admirer. Surtout le charme de Carnéade, dont l'influence était considérable et la réputation égale à l'influence, atteignait des auditoires nombreux et cultivés. Ce fut comme un vent impétueux, dont le souffle remplit la ville. Le bruit se répandit qu'un Grec, extraordinaire au point de frapper d'étonnement, charmant et domptant tout, avait inspiré aux jeunes gens une passion violente pour la philosophie, un enthousiasme qui leur faisait sacrifier, pour elle, toute espèce de plaisirs et de passe-temps [...] Mais Caton, dès le commencement, s'apercevant que le goût de l'éloquence gagnait toute la ville, en fut mécontent. Il craignait que, tournant leurs ambitions de ce côté, les jeunes gens ne s'attachassent à la gloire de la parole plutôt qu'à celle de l'action et des campagnes [...] Caton émit alors l'avis de reconduire, avec tous les égards possibles, tous les philosophes hors de la ville (traduction Latzarus).

---

[1] Plut. Cato mai. 22,2–6. Le texte est celui édité par Konrat Ziegler: Plutarchi vitae parallelae, vol. 1,1, Leipzig ⁴1969 (Bibliotheca scriptorum Graecorum et Romanorum Teubneriana).

Récemment encore, on a insisté sur le caractère idéalisé du récit plutarchéen, en soulignant sa fonction éminemment étiologique: „Wenn auch die äußeren Ereignisse wahrscheinlich korrekt sind, ist die Einführung der griechischen Philosophie und Rhetorik historisch nicht mit dieser Gesandschaft in Verbindung zu bringen."[2] Il ne s'agit pas ici de revenir en détail sur ce passage célèbre,[3] mais tout le monde conviendra sans doute que l'initiation de Rome à la philosophie a dû s'opérer par des voies plus diffuses et complexes; Cicéron lui-même le pressentait, affirmant qu'il devait déjà y avoir à Rome une forme de *sapientia* antérieure et qu'elle avait permis à cette ambassade de connaître un tel succès.[4] Une initiation à la philosophie *ex nihilo* ne lui paraissait pas vraisemblable.

Mon propos est de suggérer l'existence de points communs entre cette page célèbre et un récit concernant un autre ambassadeur, venu à Rome quelques années auparavant. Cet ambassadeur n'est pas mandaté par Athènes, mais par Pergame, parmi la foule des délégations venues congratuler le sénat à l'occasion de la victoire de Pydna; dans un contexte de relations diplomatiques intenses et complexes entre Rome et Pergame,[5] cet ambassadeur fait vraisemblablement partie d'une délégation menée par le frère du roi Eumène, Attale. Elle est évoquée par Polybe et Tite-Live, mais ces derniers se concentrent sur les aspects purement politiques et diplomatiques de l'histoire et passent sous silence le personnage qui nous intéresse.[6] On peut toutefois avancer l'hypothèse que le curieux récit qui commence le *De Grammaticis et rhetoribus* de Suétone se rattache à cet épisode diplomatique.[7] Il met en scène Cratès de Mallos, philo-

---

2 Carsten Drecoll: Die Karneadesgesandtschaft und ihre Auswirkungen in Rom: Bemerkungen zur Darstellung der Karneadesgesandtschaft in den Quellen, dans: Hermes 132 (2004), 82–91, ici 90–91.
3 Bibliographie récente dans Olivier Terwagne: Interpréter l'ambassade des trois philosophes en 155, dans: LEC 75 (2007), 347–379. Les témoignages sont rassemblés dans Hans Joachim Mette: Weitere Akademiker heute. Von Lakydes bis zu Kleitomachos, dans: Lustrum 27 (1985), 39–43.
4 Cf. Cic. Tusc. 4,5.
5 Cf. Roger Burnham Mc Shane: The foreign policy of the Attalids of Pergamum, Urbana 1964, 177–186; Esther V. Hansen: The Attalids of Pergamon. Second Edition, revised and expanded, Ithaca/London 1971 (Cornell studies in classical philology 36), 101–127: les relations entre Eumène et le sénat sont fluctuantes; les sources présentent l'ambassade de 168/167 comme une occasion pour le sénat de tenter de dissocier Attale de son frère Eumène.
6 Cf. Polyb. 30,1–3; Liv. 45,19–20.
7 Le problème chronologique essentiel est lié à la mention du roi Attale qui ne correspond pas à la datation *sub ipsam Enni mortem*. Dès lors force hypothèses ont été proposées. Il semble raisonnable de s'en tenir à ce second élément, qui permet de dater l'ambassade de Cratès en 167, ce qui la rattache à la grande ambassade envoyée par Eumène, dont le frère Attale était le

logue pergaménien, rival d'Aristarque, le fameux bibliothécaire d'Alexandrie. Suétone rapporte ainsi son séjour à Rome:[8]

> Grammatica Romae ne in usu quidem olim, nedum in honore ullo erat, rudi scilicet ac bellicosa etiam tum ciuitate, necdum magnopere liberalibus disciplinis uacante. Initium quoque eius mediocre extitit, siquidem antiquissimi doctorum, qui iidem et poetae et semigraeci erant, (Liuium et Ennium dico, quos utraque lingua domi forisque docuisse adnotatum est) nihil amplius quam Graecos interpretabantur, aut si quid ipsi Latine composuissent praelegebant [...] Primus igitur, quantum opinamur, studium grammaticae in urbem intulit Crates Mallotes, Aristarchi aequalis, qui missus ad senatum ab Attalo rege inter secundum ac tertium Punicum bellum sub ipsam Ennii mortem, cum regione Palatii prolapsus in cloacae foramen crus fregisset, per omne legationis simul et ualetudinis tempus plurimas acroasis subinde fecit assidueque disseruit, ac nostris exemplo fuit ad imitandum. Hactenus tamen imitati ut carmina parum adhuc diuulgata uel defunctorum amicorum uel si quorum aliorum probassent diligentius retractarent ac legendo commentandoque etiam ceteris nota facerent.

> Il y eut un temps où, à Rome, les études philologiques n'étaient pas même en pratique, et, à plus forte raison, pas à l'honneur: la cité était encore, en ce temps-là, fruste et belliqueuse, et ne vaquait guère aux occupations libérales. Les débuts ‹de ces études›, même, furent modestes, s'il est vrai que les plus anciens parmi nos savants, qui étaient tout à la fois des poètes, et à moitié grecs — je veux parler de Livius Andronicus et d'Ennius, dont il est connu qu'ils enseignèrent en l'une et l'autre langue à Rome et au dehors —, ne faisaient rien d'autre que d'interpréter les Grecs, ou, s'ils avaient eux-mêmes composé une œuvre en latin, d'en donner lecture publique [...] Donc, à mon avis, le premier à avoir introduit le goût de l'étude des textes[9] à Rome fut Cratès de Mallos, le contemporain d'Aristarque; envoyé au sénat par le roi Attale entre la deuxième et la troisième guerre punique, à peu près au moment de la mort d'Ennius, il tomba dans une bouche d'égout, dans le quartier du Palatin, et s'y cassa la jambe; durant toute la durée de son ambassade et de sa convalescence, il organisa de très nombreuses conférences et fit des exposés sans discontinuer. Il fut pour les nôtres un exemple à imiter. Nos lettrés n'imitèrent toutefois ‹Cratès› que dans la mesure où ils assuraient la révision de poèmes jusqu'alors peu diffusés soit de leurs amis défunts soit d'autres auteurs, s'ils avaient apprécié leurs œuvres, et les faisaient connaître à tous par des lectures publiques et des commentaires (traduction personnelle).

---

chef. Voir Marie-Claude Vacher: Suétone: Grammairiens et Rhéteurs, Paris 1993 (Collection des universités de France. Série latine 310), et Robert A. Kaster: C. Suetonius Tranquillus, De Grammaticis et Rhetoribus, edited with a translation, introduction, and commentary by Robert A. Kaster, Oxford 1995, ad loc.

8 Suet. gramm. 1–2, 3 = Cratès T 3 Broggiato: Le texte est celui édité par Vacher: Suétone (cf. n. 7).

9 Sur le sens exact du terme *grammatica* employé par Suétone voir Vacher: Suétone (cf. n. 7), 34–35; Kaster: Suetonius (cf. n. 7), 46–47.

1 Signification culturelle de l'ambassade de Cratès

La sécheresse du récit de Suétone, considéré parfois comme tiré de Varron, mais dont les sources sont mal connues,[10] ne lui a pas permis d'atteindre à la célébrité de celui de Plutarque. Il est toutefois facile de déterminer quelques traits partagés entre les deux récits: dans les deux cas, des savants grecs, dépêchés comme ambassadeurs à Rome, initient les Romains à des savoirs qui suscitent l'émulation, de façon assez contingente, dans l'un et l'autre cas;[11] dans un contexte où les ambassades hellénistiques sont choses courantes,[12] tout se passe pourtant comme si, à douze ans de distance, avaient lieu deux événements essentiels pour l'hellénisation des Romains et leur engouement pour la *paideia*. Dans les deux cas, des savants hellénistiques membres d'une ambassade deviennent des héros culturels dont la mission dépasse la simple diplomatie.

1.1 Culture et diplomatie

La critique contemporaine a tendance à considérer les données du récit de Suétone comme historiquement fiables,[13] mais il est rare que l'on s'écarte de ce court compte-rendu pour s'interroger sur la signification culturelle d'une telle ambassade. Il est vrai que, dans son isolement, le passage ne permet guère de conclusions directes: le seul autre texte à mentionner le nom de Cratès en lien avec Rome est la célèbre notule étiologique concernant le parchemin, dans la version qu'en donne Jean Lydus:[14]

> Χρόνῳ δὲ ὕστερον ὁ Πτολεμαῖος συμβουλεύοντος αὐτῷ Ἀριστάρχου τοῦ γραμματικοῦ τὴν Ῥωμαίων ἀσπάσασθαι προστασίαν πρῶτος χάρτην ἀποστείλας τὴν Ῥώμην ἐξένισεν.

---

10 Vacher: Suétone (cf. n. 7), XXX–XXXI, 59–60; Kaster: Suetonius (cf. n. 7), 45–46.
11 Pour Suétone voir Kaster: Suetonius (cf. n. 7), 45.
12 Voir par exemple Filippo Canali de Rossi: Le ambascerie dal mondo greco a Roma in età repubblicana, Roma 1997 (Studi pubblicati dall'Istituto Italiano per la Storia Antica 63).
13 Voir par exemple Aude Lehmann: Les débuts de la critique littéraire à Rome, dans: Luigi de Poli (éd.): Naissance de la science dans l'Italie antique et moderne. Actes du colloque franco-italien des 1er et 2 décembre 2000 (Université de Haute Alsace), Berne 2004, 139–162; Canali de Rossi: Le ambascerie dal mondo greco (cf. n. 12), 287 et 499.
14 Jean Lydus: *De mensibus* 1,28 = Cratès T 18 Broggiato. Le texte est celui édité par Richard Wünsch: Ioannis Lydi liber de mensibus, Leipzig 1898 (Bibliotheca scriptorum Graecorum et Romanorum Teubneriana).

ἀντευδοκιμεῖται δὲ ὅμως παρὰ τοῦ Περγαμηνοῦ Ἀττάλου, Κράτητος τοῦ γραμματικοῦ ἡγησαμένου τῆς σπουδῆς πρὸς ἔριν Ἀριστάρχου τοῦ ἀντιτέχνου αὐτοῦ· δέρματα γὰρ τὰ ἐκ προβάτων ἀποξέσας εἰς λεπτὸν ἔστειλε τοῖς Ῥωμαίοις τὰ λεγόμενα παρ' αὐτοῖς μέμβρανα· εἰς μνήμην δὲ τοῦ ἀποστείλαντος ἔτι καὶ νῦν Ῥωμαῖοι τὰ μέμβρανα Περγαμηνὰ καλοῦσιν.

Ensuite, Ptolémée, sur les conseils du philologue Aristarque, voulant s'attirer la protection de Rome, y envoya le premier du papyrus pour tisser avec elle des liens d'amitié. Mais Attale de Pergame entre en compétition <avec lui> pour la faveur <de Rome>, le *grammaticus* Cratès le poussait à ce zèle par rivalité envers Aristarque, son concurrent: ayant fait gratter des peaux de bêtes pour les affiner, il expédia aux Romains ce que chez eux on appelle des membranes. En mémoire de l'expéditeur, les Romains, aujourd'hui encore, nomment ces membranes 'parchemin'[15] (traduction personnelle).

Tout ce que l'on peut tirer de cette notice pour la question qui nous occupe est que la tradition a conservé le souvenir d'une rivalité diplomatique entre Pergame et Alexandrie à l'égard de Rome, rivalité dans laquelle les lettrés ont pu se trouver impliqués. Cette anecdote étiologique et étymologique, sans doute d'origine varronienne,[16] qui a trait non pas à l'invention du parchemin, mais à son développement comme support de remplacement,[17] renvoie visiblement à l'époque où d'une part se constitue la grande bibliothèque de Pergame, où d'autre part l'Égypte lagide est secouée de troubles internes qui auraient eu des conséquences sur les exportations de papyrus et auraient créé des difficultés d'approvisionnement à Rome, vers 173–168 av. J.-C.[18] Elle correspond ainsi peut-être à la date supposée de la visite de Cratès à Rome.

Cette histoire thématise – et par suite radicalise –, les influences respectives de Pergame et d'Alexandrie sous forme d'une *aemulatio* entre deux chefs

---

15 Richard R. Johnson: Ancient and Medieval Accounts of the 'Invention' of Parchment, in: CSCA 3 (1970), 115–122, particulièrement 115–116.
16 Une version plus sommaire de cette histoire d'*aemulatio* est en effet attribuée à Varron par Plin. nat. 13,70 = Varro, GRF Funaioli, 313: *Mox aemulatione circa bibliothecas regum Ptolemaei et Eumenis, supprimente chartas Ptolemaeo, idem Varro membranas Pergami tradit repertas; postea promiscue patuit usus rei qua constat immortalitas hominum*. Suétone a peut-être servi d'intermédiaire. Ne figurent chez Pline ni les noms des deux philologues, ni le rôle joué par Rome. Il y est simplement question d'*aemulatio* entre Eumène II et les rois d'Égypte circa bibliothecas. Après Johnson: Ancient and Medieval Accounts (cf. n. 15), 115–116, il ne peut s'agir que d'Eumène II (197–159), car les récits parallèles à celui de Varron, notamment celui de Lydus cité supra, font entrer en lice dans cette histoire Aristarque (c. 215–143), ce qui exclut Eumène I (263–241). L'anecdote a pu figurer dans le *De Libris*.
17 Cf. Rudolph Pfeiffer: History of classical scholarship: From the Beginnings to the End of the Hellenistic Age, Oxford 1968, 236.
18 Sur la rareté du papyrus à la fin de la République voir Elizabeth Rawson: Intellectual Life in the Late Roman Republic, London 1985, 45.

d'école dans la perspective d'une politique étrangère pro-romaine; elle met en scène les deux plus grands savants du temps, les deux plus grands spécialistes d'Homère, pleins de zèle et de jalouse émulation pour complaire à Rome[19] et va même jusqu'à représenter, spectaculairement, une triple concurrence culturelle: celle des souverains de Pergame et des rois d'Égypte, celle des philologues implicitement assimilés à des chefs d'écoles rivales, enfin celle de deux supports de l'écriture et du savoir: parchemin et papyrus. Il s'agit en fait d'une sorte d'archéologie consacrant d'une part l'égalité culturelle de Pergame et d'Alexandrie et d'autre part l'importance croissante de Rome comme centre intellectuel, du point de vue du monde hellénistique; l'apologue symbolise parfaitement la *translatio studii*, laquelle est représentée, concrètement, par l'exportation des supports même de l'écriture depuis les grands centres philologiques hellénistiques vers la nouvelle capitale du savoir.

Ceci permet de poser avec encore plus d'acuité la question suivante: quelle signification les rois de Pergame pouvaient-ils attacher au fait d'envoyer à Rome un de leurs plus grands lettrés? Il semble utile de tenter de répondre à cette question, en réfléchissant d'une part à la signification culturelle d'un tel événement par comparaison avec l'ambassade athénienne de 155, d'autre part à la personnalité scientifique de Cratès, enfin aux éléments traditionnels qui informent le récit de Suétone.

1.2 Enjeux culturels des ambassades

Si la notice romaine est beaucoup moins célèbre que le passage de Plutarque, ce n'est sans doute pas uniquement dû à sa sécheresse peu enthousiasmante, c'est aussi sans doute que dans la tradition savante et avec la distance des temps, Cratès apparaît comme un simple philologue et un obscur bibliothécaire; en revanche, le passage de la *Vie de Caton* relatant l'ambassade de 155 est paré du prestige de la philosophie. Le point de vue de Plutarque composant la *Vie de Caton* est bien évidemment radicalement différent de celui de Suétone écrivant le *De Grammaticis*. En outre, les données fournies par ce dernier sont fragiles et son témoignage ne peut être recoupé. Toutefois, sauf à remettre en cause

---

[19] Pfeiffer: History of classical scholarship (cf. n. 17), 235, n. 7, voit dans l'anecdote rapportée par Lydus un indice du rôle joué par Cratès dans l'organisation de la bibliothèque de Pergame sous Eumène II. Mais rien n'indique positivement que Cratès se soit occupé d'une quelconque bibliothèque. Kurt Wachsmuth: De Cratete Mallota, Leipzig 1860, 63, relève les quelques témoignages concernant les pinakes, les catalogues de la bibliothèque de Pergame. Il n'est pas impossible que Cratès ait participé à leur élaboration.

l'historicité de la visite de Cratès à Rome, on peut penser que l'une et l'autre ambassades devaient relever d'un projet diplomatique où l'enjeu culturel était au premier plan.[20] On a souvent souligné les particularités de l'ambassade de 155, entièrement composée de philosophes, et Cicéron en propose, comme on sait, une analyse éclairante dans les *Tusculanes*:[21]

> Sapientiae studium uetus id quidem in nostris, sed tamen ante Laeli aetatem et Scipionis non reperio quos appellare possim nominatim. Quibus adulescentibus Stoicum Diogenen et Academicum Carneadem uideo ad senatum ab Atheniensibus missos esse legatos, qui cum rei publicae nullam umquam partem attigissent essetque eorum alter Cyrenaeus alter Babylonius, numquam profecto scholis essent excitati neque ad illud munus electi, nisi in quibusdam principibus temporibus illis fuissent studia doctrinae.
>
> Pour ce qui est de l'étude de la sagesse, elle est sans doute déjà ancienne à Rome, mais cela n'empêche que je serais embarrassé pour citer des noms de philosophes antérieurs à Laelius et à Scipion. Du moins je constate que ceux-ci étaient des jeunes gens quand le stoïcien Diogène et l'académicien Carnéade furent envoyés par les Athéniens comme ambassadeurs auprès du sénat; or ces philosophes qui n'avaient jamais pris la moindre part au gouvernement, et dont l'un était de Cyrène, l'autre de Babylone, on ne les aurait jamais assurément tirés de leurs écoles et choisis pour cette mission-là, si certains personnages de premier plan, à cette époque, n'avaient pas eu le goût de la philosophie (traduction Humbert).

Cicéron remet en cause l'idée même que l'ambassade de 155 aurait constitué pour la philosophie à Rome un début absolu: de ce fait, le choix de philosophes qui n'étaient pas des Athéniens, qui étaient dépourvus d'expérience diplomatique et que „l'on avait tirés de leurs écoles" ne peut s'expliquer que si les autorités athéniennes savaient qu'un tel choix était pertinent. Pour le dire autrement, le prestige culturel, philosophique et rhétorique de l'ambassade,[22] faisait partie intégrante de sa visée diplomatique.[23]

---

20 Cf. Tua Korhonen: Self-Concept and Public Image of Philosophers and Philosophical Schools at the Beginning of the Hellenistic Period, dans: Jaako Frösén (éd.): Early Hellenistic Athens. Symptoms of a Change, Helsinki 1997 (Papers and monographs of the Finnish Institute at Athens 6), 33–102, particulièrement 40–42.
21 Cic. Tusc. 4,5. Le texte est celui de Max Pohlenz: M. Tullius Cicero: Tusculanae Disputationes, Leipzig 1918 (Bibliotheca scriptorum Graecorum et Romanorum Teubneriana).
22 Cf. Korhonen: Self-Concept and Public Image (cf. n. 20), 42.
23 Sur l'enjeu culturel de l'ambassade de 155 voir Jean-Louis Ferrary: Philhellénisme et impérialisme. Aspects idéologiques de la conquête romaine du monde hellénistique, de la seconde guerre de Macédoine à la guerre contre Mithridate, Rome 1988 (Bibliothèque des Écoles Françaises d'Athènes et de Rome. Série 1,271), 353–355.

L'ambassade pergaménienne joue sans doute elle aussi du prestige des lettrés du roi, dans un contexte où l'influence culturelle, artistique et religieuse de Pergame était très importante.[24] Les origines troyennes de Rome constituaient par exemple un thème essentiel des relations diplomatiques entre l'*Vrbs* et Pergame.[25] Cratès était précisément l'un des plus grands spécialistes d'Homère de l'antiquité. Était-il déjà bien identifié à Rome comme tel? Il est impossible de l'affirmer, mais ce n'est pas invraisemblable. Homère était la base de toute *paideia*,[26] au point que les recherches sur l'*Iliade* et l'*Odyssée* s'intégraient dans les programmes de recherche des grands centres philosophiques, comme ce fut le cas notamment pour le stoïcisme, avec Zénon et Chrysippe.[27] Comme le rappelle Gregory Nagy:[28]

> It may be easy to intuit, even in hindsight, the prestige of philosophy and the sciences in the era of the Ptolemies of Alexandria and the Attalids of Pergamon. It may be much harder, however, for us to keep firmly in mind, from a historical perspective, what scholars then considered to be the centerpiece of all higher learning: the study of the literary canon in general and of Homer in particular. It is perhaps the hardest thing of all to envision today an era of intellectual history when the prestige of all higher learning centered on the study of Homer.

Les recherches des dernières décennies ont certes largement démontré que les travaux linguistiques, allégoriques, cosmologiques, géographiques de Cratès sur Homère, source de tous les savoirs, ont exercé une influence profonde sur la

---

24 Cf. Ann Kuttner: Republican Rom looks at Pergamon, dans: HSCP 97 (1995), 157–178; Erich S. Gruen: Studies in Greek culture and Roman Policy, Leiden/New York/Köbenhavn/Köln 1990 (Cincinnati classical studies. New series 7), 15–33.
25 Cf. Gruen: Studies in Greek culture (cf. n. 24), 32.
26 Cf. par exemple Gregory Nagy: The Library of Pergamon as a Classical Model, dans: Helmut Koester (éd.): Pergamon: Citadel of the Gods, Harvard 1998 (Harvard Theological Studies 46), 185–232.
27 Les scholarques stoïciens s'adonnaient à la philologie homérique, Zénon, au premier chef, ayant même composé, aux dires de Diogène Laërce (7,4) cinq livres de Problèmes homériques aujourd'hui perdus, où il abordait sans doute des questions philologiques traditionnelles. Voir encore le témoignage de Dion. Chrys. 53 (36), 4–5 qui évoque le travail philologique de Zénon comme un travail de défense d'Homère, avec, semble-t-il, déjà un système de solutions des contradictions apparentes du texte homérique qui repose sur la distinction entre ce que le poète a dit „selon l'opinion" et „selon la vérité". Quant à Chrysippe, son intérêt pour Homère semble évident également. Voir Richard Goulet: La méthode allégorique chez les Stoïciens, dans: Jean-Baptiste Gourinat (éd.): Les Stoïciens. Études sous la direction de G. Romeyer Dherbey réunies et éditées par J.-B. Gourinat, Paris 2005 (Bibliothèque d'histoire de la philosophie. Nouvelle série), 93–119.
28 Nagy: The Library of Pergamon (cf. n. 26), 190–191.

pensée antique, en dehors du champ de la stricte philologie homérique, de Posidonios à Varron en passant par Strabon, Virgile et Philodème.[29] Mais il est difficile de dire si cette influence s'est exercée à Rome de son vivant.

La spécificité de l'enseignement cratétéen par rapport à l'approche alexandrine était de prendre les poésies homériques comme des textes scientifiques;[30] la conception d'un Homère *sophos*, détenteur et dispensateur, en particulier, de connaissances en matière de *physica ratio* était l'un des points saillants de l'interprétation stoïcienne; les préoccupations pergaméniennes consistaient plus précisément à extraire d'Homère la science géographique et cosmologique.[31] Les lettrés romains étaient-ils préparés à recevoir un tel enseignement? La lecture cratétéenne d'Homère n'était peut-être pas très éloignée de l'image du poète véhiculée par les *Annales* d'Ennius. Selon Lucrèce, comme on le sait, Homère, apparu en songe au *pater Ennius*, lui fait des révélations *de rerum natura*. Cela laisse supposer que, dès l'époque d'Ennius, Homère est considéré à Rome comme un physiologue, un sage détenteur de savoirs sur la nature, selon l'image qui est la sienne dans le Stoïcisme et chez Cratès.[32] Cratès aurait ainsi pu trouver chez ses auditeurs romains un public préparé à recevoir son enseignement sur Homère.

Mais il est possible que les orientations de la recherche pergaménienne n'aient pas entièrement correspondu aux attentes romaines en la matière. Le monde latin s'est sans doute d'abord préoccupé de savoir comment relier Rome d'une manière ou d'une autre au prestige du passé homérique: la question des origines troyennes, celle de l'ancrage du périple d'Ulysse dans la Méditerranée occidentale, à proximité de l'Italie, celle de l'implantation de héros homériques dans la péninsule par exemple. Dans cette optique en particulier, les thèses de Cratès relatives à l'*exoceanismos* – l'idée que le périple d'Ulysse avait eu lieu en dehors du monde connu[33] –, n'ont pas nécessairement remporté le même succès

---

29 Cf. Pfeiffer: History of classical scholarship (cf. n. 17), 241–242.
30 Voir par exemple Strab. geogr. 3,4,4 = Cratès fr. 75 Broggiato.
31 Voir par exemple Philip Hardie: Virgil's Aeneid. Cosmos and Imperium, Oxford 1986, 22–29; plus précisément sur Cratès voir par exemple Françoise-Hélène Massa-Pairault: Pergamo e la filosofia, Roma 2010 (Archaeologia perusina 18), 41–43.
32 Cf. Lucr. 1,126.
33 Cf. Alessandra Buonaiuto: L'exokeanismos dei viaggi di Odisseo in Cratete e negli Alessandrini, dans: A&R 41 (1996), 1–8; Jean-Christophe Jolivet: Le monde des cyclopes, figure d'un monde archaïque. Exégèse homérique et retractatio de la Cyclopie dans l'Enéide, dans: Jürgen Paul Schwindt (éd.): Le temps dans la poésie augustéenne. Zur Poetik der Zeit in augusteischer Dichtung, Heidelberg 2005 (Bibliothek der klassischen Altertumswissenschaften. Neue Folge, 2. Reihe, 116), 43–70.

que les spéculations dont témoigne, vers la même époque, Polybe. Selon Cratès, Ulysse avait voyagé au-delà des colonnes d'Hercule; pour Polybe, les aventures d'Ulysse ont lieu en Méditerranée, particulièrement autour de la Sicile, en un *esoceanismos*. Polybe considère que „l'essentiel s'est passé dans les eaux de la Sicile, pour le Poète comme pour tous les historiens régionaux qui s'occupent de l'Italie et de la Sicile."[34] L'enseignement subtil de Cratès aurait alors trouvé un écho, comme semble le suggérer Suétone, lors de son séjour romain, non pas dans le domaine d'une homérologie à visées scientifiques, mais d'un point de vue technique, dans la mesure où les compétences et l'enseignement du Pergaménien permettaient, sinon l'émergence, du moins le développement d'une philologie romaine prenant pour objet les textes romains, comme l'indique Suétone. Pour le dire autrement, le type d'exégèse homérique que pratiquait Cratès n'était pas nécessairement celui qui correspondait le mieux aux attentes de Rome en matière d'études homériques.

Quoi qu'il en soit, outre la question du prestige, la spécialisation des ambassadeurs a pu jouer un rôle dans l'un et l'autre cas: qui donc mieux qu'un dialecticien comme Carnéade était à même de plaider la cause d'Athènes auprès du sénat dans l'affaire d'Oropos? Cratès, de son côté, a pu contribuer à l'élaboration de discours d'apparat pour féliciter le sénat de la victoire sur la Macédoine, par exemple en utilisant des références mythologiques.[35] De ce point de vue, la célébration de la puissance romaine et de ses victoires pouvait trouver dans l'idéologie pergaménienne des références à reprendre; les modèles mythiques exaltant la royauté attalide pouvaient être adaptés à la célébration du pouvoir de Rome. Pour le premier siècle, on connaît, grâce aux travaux de Philip Hardie, l'influence profonde que l'interprétation politique pergaménienne de la gigantomachie a pu exercer sur l'*Enéide* de Virgile.[36]

1.3 Cratès, la philosophie et la politique culturelle des Attalides

Cratès a sans doute joué un rôle dans la politique culturelle des Attalides. Il représentait vraisemblablement sinon la bibliothèque de Pergame, du moins son prestige intellectuel, à un moment où les livres hellénistiques commencent à affluer dans Rome, et notamment les commentaires en tous genres qui com-

---

34 Strab. geogr. 1,2,15; voir Polyb. 34,2,4; 4,8.
35 Je dois ces deux dernières remarques à Jonathan Powell que je remercie.
36 Cf. Hardie: Virgil's Aeneid (cf. n. 31), 85–90.

posaient une part substantielle des fonds des bibliothèques royales.[37] Pergame expédie à Rome un de ses plus prestigieux érudits à peu près au moment où arrive dans la cité la bibliothèque de Persée.[38] Selon Isidore de Séville, ce fut le premier afflux massif d'ouvrages dans la capitale de l'empire.[39]

On suppose communément que le Critique a pu contribuer à l'élaboration de l'idéologie royale, mais aussi du prestige culturel du royaume:[40] comme le rappelle G. Nagy, les deux grandes bibliothèques hellénistiques – celle de Pergame et celle d'Alexandrie –, procèdent d'un modèle identique: elles ont pour vocation plus ou moins explicite de prendre le relais du Lycée en tant que centres scientifiques.

2 Cratès et le Portique

Si Cratès a véritablement dirigé la bibliothèque de Pergame,[41] on ne peut pas absolument exclure que sa réputation de philologue se soit doublée d'une certaine autorité philosophique. Ce que l'on sait du contexte pergaménien et certaines sources militent en ce sens. Il est bien connu que les Attalides marquèrent leur intérêt pour plusieurs figures en vue des écoles athéniennes, notamment l'Académicien Lacydès et le Péripatéticien Lycon;[42] il reste toutefois impossible d'affirmer que les rois de Pergame aient cherché à mettre un scho-

---

[37] Voir sur ce point les sources citées par Luciano Canfora: Les bibliothèques anciennes et l'histoire des textes, dans: Marc Baratin; Christian Jacob (éds.): Le pouvoir des bibliothèques. La mémoire des textes en occident, Paris 1996 (Bibliothèque Albin Michel: Histoire), 261–272, ici 266.
[38] Cf. Plut. Aem. 28,11: Paul-Emile permet à ses fils d'emporter les livres du roi. Les Athéniens envoient à sa demande le philosophe et peintre Métrodore pour éduquer ses enfants: Plin. nat. 35,135.
[39] Cf. Isid. orig. 6,5,1.
[40] Cf. Hardie: Virgil's Aeneid (cf. n. 31), 27–29.
[41] Les ouvrages classiques présentent le fait que Cratès était le chef de la bibliothèque comme allant de soi (ainsi Pfeiffer: History of classical scholarship [cf. n. 17], 235, ou encore Nagy: The Library of Pergamon [cf. n. 26]). Or on ne sait pas exactement si Cratès fut ou non bibliothécaire à Pergame; cela reste toutefois vraisemblable: Hansen: The Attalids of Pergamon (cf. n. 5), 409.
[42] Diog. Laert. 4,60; 5,67; Nagy: The Library of Pergamon (cf. n. 26), 213–214: „In this context, we may view the formation of the Library of Pergamon as closely parallel with the Attalids' cultivation of the major centers of learning at Athens (as represented by the three main philosophical schools there, the Academy, the Lyceum or Peripatos, and the Stoa)."

larque athénien à la tête de la bibliothèque.[43] De récentes recherches ont encore suggéré une mise en relation des travaux de Cratès et de leur inspiration stoïcienne avec le programme iconographique du palais de Pergame et, plus largement, il a été proposé de voir dans l'iconographie pergaménienne la marque de l'influence du Portique.[44] Cependant la seule source présentant explicitement Cratès comme un philosophe stoïcien est une notice de la Souda:[45]

> Κράτης Τιμοκράτους Μαλλώτης, φιλόσοφος Στωικός, ὃς ἐπεκλήθη Ὁμηρικὸς καὶ Κριτικός, διὰ τὴν καὶ περὶ τοὺς γραμματικοὺς καὶ ποιητικοὺς λόγους αὐτοῦ ἐπίστασιν, σύγχρονος Ἀριστάρχου τοῦ γραμματικοῦ ἐπὶ Πτολεμαίου τοῦ Φιλομήτορος.

> Cratès fils de Timocrate, natif de Mallos, philosophe stoïcien surnommé l'Homérique et le Critique à cause de l'attention qu'il porte aux questions de philologie et de poésie, contemporain d'Aristarque, sous Ptolémée Philométor (traduction personelle).

La désignation d'un savant comme philosophe, dans l'antiquité, pouvait sans doute avoir une signification assez large.[46] Ceci posé, sa réputation scientifique en faisait vraisemblablement un philosophe, et son prestige n'était peut-être pas loin d'égaler celui des scholarques athéniens.

2.1 Cratès, Diogène et Panétius

Du côté des relations de Cratès avec les philosophes de son temps, ce sont bien sûr ses liens éventuels avec Diogène le Babylonien, l'un des trois ambassadeurs de 155, qui retiennent l'attention. Cratès, dit-on souvent, fut disciple de Diogène. Aucune source antique ne permet de corroborer avec certitude cette *opinio*

---

43 Cf. Hansen: The Attalids of Pergamon (cf. n. 5), 396–397; on a tendance à tirer des conclusions excessives des quelques renseignements fournis par Diogène: Nagy: The Library of Pergamon (cf. n. 26), 214: „We may point to the story about Lacydes of Cyrene, a head of the Academy, whom King Attalus I (241–197 BCE) invited to Pergamon. Much is made of the words Lacydes reportedly uttered in declining the offer: 'Pictures should be viewed from a certain distance'. Eumenes II (197–158 BCE) invited Lycon, a Peripatetic philosopher, but he also declined. Finally Crates the Stoic accepted. As one summary puts it, 'The Stoics came, and so the Stoa accepted what the Academy and Lyceum had declined'." Il n'est dit nulle part, comme on le lit parfois, que Lycon organisa la bibliothèque de Pergame.
44 Cf. Massa-Pairault: Pergamo e la filosofia (cf. n. 31).
45 Souda 3, 182/2342 Adler = Cratès T 1 Broggiato.
46 Cf. Korhonen: Self-Concept and Public Image (cf. n. 20), 36: „Some persons, who had merely attended a philosophical school for some years, were characterized in our secondary materials as members of the school."

*communis.*⁴⁷ L'on doit donc se cantonner aux vraisemblances: on sait que Diogène s'intéressait particulièrement aux questions de grammaire, de logique et de musique.⁴⁸ Elève de Chrysippe, qui était lui-même un grand interprète d'Homère, il s'adonnait à l'interprétation de la théologie poétique en termes de *physica ratio*.⁴⁹ Cette interprétation allégorique était, on l'a dit, un élément essentiel de la doctrine de Cratès. Certes, la question des liens précis que la doctrine du Pergaménien entretenait avec l'allégorie stoïcienne, elle-même assez complexe à cerner,⁵⁰ est aujourd'hui débattue; mais il paraît probable que Cratès avait développé certaines lectures allégoriques de l'épopée archaïque pratiquées au sein du Portique et que d'autre part son interprétation d'Homère comme source de tous les savoirs a influencé certains Stoïciens majeurs, comme par exemple Posidonius.⁵¹ Moins strictement philologique que n'était celle des Alexandrins, plus intéressé à l'exégèse allégorique, le type d'interprétation que le Critique propose du texte d'Homère est difficilement dissociable d'une approche au moins partiellement fondée sur une réflexion philosophique.⁵² Il est admis aujourd'hui que Panétius fut son élève, d'après ce que dit Strabon qui, évoquant la ville de Mallos, donne l'indication suivante: Ἐντεῦθεν δ᾽ ἦν Κράτης ὁ γραμματικός, οὗ φησι γενέσθαι μαθητής Παναίτιος („c'est de là qu'était originaire Cratès, dont on dit que Panétius était le disciple"; traduction personelle).⁵³

---

47 Cf. Ilaria Ramelli; Giulio Luccheta: Allegoria. Volume I: L'età classica. Introduzione e cura di Roberto Radice, Milano 2004, 200.
48 Cf. Ilsetraut Hadot: Arts libéraux et philosophie dans la pensée antique, Paris 1984, 55–56.
49 Voir par exemple Cic. nat. 1,15,41: *quem [sc. Chrysippum] Diogenes Babylonius consequens in eo libro qui inscribitur de Minerua partum Iouis ortumque uirginis ad physiologiam traducens deiungit a fabula* („C'est à la suite de Chrysippe que Diogène, dans son traité intitulé Minerve, retranche l'enfantement de Jupiter ainsi que la naissance de cette vierge du domaine de la mythologie pour la transposer dans l'histoire naturelle"; traduction personelle).
50 Voir les mises au point de Goulet: La méthode allégorique chez les Stoïciens (cf. n. 27), 119: „La perspective de Cratès marque le terme d'une évolution qui part de l'interprétation physique des mythes pour culminer dans la glorification d'Homère comme savant et théologien. On peut estimer que l'ancien stoïcisme représente une position intermédiaire: l'interprétation des mythes n'était pas seulement une critique des mythes, mais déjà le dévoilement d'une théologie cosmique accessible aux origines de l'humanité et largement diffusée dans les récits d'Homère et d'Hésiode."
51 Cf. Maria Broggiato: Cratete di Mallo. I frammenti, La Spezia 2001 (Pleiadi 2), lx–lxi; sur l'allégorie stoïcienne voir les mises au point de Goulet: La méthode allégorique chez les Stoïciens (cf. n. 27) et Ramelli; Luccheta: Allegoria (cf. n. 47), 21–40.
52 Cf. Massa-Pairault: Pergamo e la filosofia (cf. n. 31), 39–61.
53 Strab. geogr. 14,5,16. Le témoignage de Strabon a été mis en doute par certains spécialistes de Panétius. Emmanuele Vimercati: Il mediostoicismo di Panezio, Milano 2004 (Pubblicazioni del Centro di Ricerche di Metafisica. Collana Temi metafisici e problemi del pensiero antico 97),

D'une façon générale, les études les plus récentes insistent sur les liens de la doctrine de Cratès avec le stoïcisme dans différents domaines: linguistique, allégorique, cosmologique.[54]

2.2 Livres stoïciens à Pergame

Dernier élément notable, relatif cette fois au corpus philosophique que pouvait contenir la bibliothèque de Pergame. On sait peu de chose à ce sujet, mais il semble avéré que les Attalides recherchaient les livres de philosophie[55] et les textes stoïciens étaient sans doute en honneur. On dispose pour le premier siècle d'un indice sûr d'un lien direct entre Rome et la bibliothèque de Pergame, en contexte stoïcien. L'unique personnage désigné explicitement dans nos sources comme bibliothécaire de Pergame, le Stoïcien Athénodore de Tarse, dit Cordylion (le bossu),[56] se rendit à Rome vers 68–67 avant J.-C. à la suite de Caton le Jeune. Ce dernier avait tout exprès, lors de son tribunat militaire en Macédoine, pris un congé de deux mois pour venir le trouver à Pergame.[57] En tant que bibliothécaire, Athénodore s'était occupé du corpus stoïcien, expurgeant la *République* de Zénon.[58] Il est probable que la bibliothèque de Pergame constituait un centre d'études philosophiques de premier plan.

18–22, suggère en revanche qu'un passage d'Eustathe peut être utilisé pour accréditer l'idée que Panétius fut bien l'élève de Cratès: Panétius aurait été intéressé par la théorie de l'anomalie.

54 Cf. Ramelli; Luccheta: Allegoria (cf. n. 47), 199–203.

55 Le célèbre récit de Strabon (13,1,54) mentionne leur ambition de s'emparer des livres d'Aristote; sur ce texte voir Nagy (cf. n. 26): The Library of Pergamon; Jonathan Barnes: Roman Aristotle, dans: Jonathan Barnes; Miriam Griffin (éds.): Philosophia togata II. Plato and Aristotle at Rome, Oxford 1997, 1–69.

56 RE s. v. Athenodorus (18), col. 2045 (von Arnim); DPhA A 498, (S. Follet); voir Diogène Laërce 7,34; Diogène traitait sans doute d'Athénodore dans la fin aujourd'hui perdue de son livre 7. La distinction entre Athénodore Cordylion et Athénodore Calvus, tous deux originaires de Tarse, mise en doute autrefois, est aujourd'hui affirmée beaucoup plus nettement: voir DPhA A, 498 (S. Follet), avec la bibliographie sur la question.

57 Cf. Plut. Cato min. 10 et 16; Cum Princ. Philosophandum 1,777a; Strab. geogr. 14,674.

58 Une partie des activités philologiques d'Athénodore nous est connue par un témoignage figurant dans la Vie de Zénon de Diogène Laërce (7,34). Selon le rhéteur Isidore de Pergame, Athénodore aurait supprimé ou frappé d'athétèse un certain nombre de passages qu'il jugeait inconvenants dans les écrits stoïciens, alors qu'il était en charge de la bibliothèque de Pergame. Il s'agissait apparemment, entre autres, de certains passages concernant l'amour et les femmes. Le zélé critique fut „découvert et mis en accusation" puis les passages concernés furent „restitués" à moins que l'on se soit contenté de remettre les livres en place. Diogène

2.3 Cratès critique

La caractérisation théorique essentielle de l'activité scientifique de Cratès se donne à lire dans la célèbre définition du terme *kritikos* d'après l'*Adversus Mathematicos* de Sextus Empiricus:[59]

> Ἐκεῖνος ἔλεγε διαφέρειν τὸν κριτικὸν τοῦ γραμματικοῦ καὶ τὸν μὲν κριτικὸν πάσης, φησί, δεῖ λογικῆς ἐπιστήμης ἔμπειρον εἶναι, τὸν δὲ γραμματικὸν ἁπλῶς γλωσσῶν ἐξηγητικὸν καὶ προσῳδίας ἀποδοτικὸν καὶ τῶν τούτοις παραπλησίων εἰδήμονα· παρ' ὃ καὶ ἐοικέναι ἐκεῖνον μὲν ἀρχιτέκτονι, τὸν δὲ γραμματικὸν ὑπηρέτῃ.

> Cratès disait que le critique diffère du grammairien. Selon lui, le critique doit être expert en la science du langage tout entière alors que le grammairien ne fait qu'expliquer les mots rares et rendre compte de l'accentuation: c'est le genre de choses dont il est connaisseur, ce qui fait que le critique ressemble à un architecte et le grammairien à un simple exécutant (traduction Dalimier).

La subordination du *grammatikos* au *kritikos* se fonderait sur la mise en œuvre par le second d'une doctrine sans doute en rapport avec le stoïcisme[60] concernant le langage et l'exégèse des textes littéraires, articulés peut-être, selon le sens que l'on donne à *logikè épistèmè*,[61] à la logique, l'une des branches du système stoïcien.[62] Telles étaient apparemment les catégories que la critique pergaménienne devait mettre en œuvre dans son jugement en matière de poé-

---

relate encore le scandale produit par l'obscénité de certaines exégèses allégoriques de Chrysippe (D. L. 7, 187–188 = SVF II, 1071).

59 Sext. Emp. adv. math. 1, 79 = Cratès fr. 94 Broggiato. Le texte est celui édité par Hermann Mutschmann: Sexti Empirici opera, vol. 3, 2e éd., Leipzig 1914.

60 Sur la question complexe des liens de Cratès avec le stoïcisme voir Broggiato: Cratete di Mallo (cf. n. 51), lxiii sqq.; Ramelli; Luccheta: Allegoria (cf. n. 47), 177–178, 200–203. Le plus raisonnable semble de considérer que Cratès, sans être forcément un stoïcien orthodoxe et systématique, empruntait certains éléments à la doctrine du Portique.

61 Sur le sens exact de *logikè épistèmè* voir David L. Blank (éd.): Sextus Empiricus. Against the Grammairians, translated with an introduction and commentary by David L. Blank, Oxford 1998, 140, ad loc.; il pourrait s'agir, soit de toute la logique du stoïcisme, soit, plus probablement, d'une acception plus générale englobant toute connaissance philosophique, ce qui s'inscrirait dans la perspective de la conception d'un Homère père de toute science. Voir aussi Ramelli; Luccheta: Allegoria (cf. n. 47), 201.

62 Blank: Sextus Empiricus (cf. n. 61), 262: „These items were considered to be given by tradition, rather than invented by the author [...] they were considered to be unsystematic and referred to as 'unordered' (amethodos)." Nous disposons de quelques renseignements sur la *kritikè* chez les disciples de Cratès grâce à un autre passage de Sextus Empiricus (adv. math. 1, 248 sqq.) qui en expose les divisions.

sie.⁶³ En outre, la hiérarchisation établie par Cratès entre *kritikè* et *grammatikè* reprendrait une distinction aristotélicienne établie entre l'*architektôn* qui est en possession d'une *technè* et ceux qui ne disposent que d'une *empeiria*.⁶⁴ S'il est vraisemblable que cette distinction est liée à la rivalité avec Alexandrie, sa portée exacte demeure difficile à évaluer.⁶⁵ Mais on sait, grâce notamment au *de Musica* de Philodème, que le terme de *kritikos* a été employé par Diogène de Babylone, dans un sens qui le rattache surtout à l'euphonie.⁶⁶ Ces éléments permettent de penser que Cratès l'Homèrique et le Critique déployait un art interprétatif qui devait avoir un lien plus ou moins explicite avec la philosophie.

Ces quelques indices permettent en tout cas de rapprocher la personnalité intellectuelle des acteurs des deux ambassades et leur signification culturelle respective, alors même que le récit de Suétone limite la signification et la portée de la présence du Pergaménien à Rome. Cratès est campé par Suétone dans un rôle assez peu vraisemblable de *protos heuretes* de la *grammatica* romaine, grâce à sa providentielle jambe cassée, et dans le même temps son influence se trouve limitée à des questions purement techniques qui relèvent strictement de la philologie. Cette limitation est peut-être à mettre en relation avec un schéma de progression culturelle appliqué par Suétone à son historique du développement de la *grammatica* à Rome.⁶⁷ Quoi qu'il en soit, sa visite apparaît comme

---

63 Blank: Sextus Empiricus (cf. n. 61), 259sqq.; un système proche serait sous-jacent à l'élaboration du De Homero du pseudo-Plutarque.

64 Cf. Broggiato: Cratete di Mallo (cf. n. 51), 249–250 et note 351 avec renvoi à Ps.-Plut. De Hom. 2,6,3; 2,213,1.

65 Le terme *kritikos*, dont le sens a d'ailleurs sans doute varié, se trouve également parfois employé à propos des Alexandrins. Aristonicos (scolie A ad Hom. Il., 5,83) semble désigner ainsi Aristarque; le terme kritikos est plus ancien que celui de *grammatikos*. Voir Broggiato: Cratete di Mallo (cf. n. 51), 250, note 353.

66 Voir David L. Blank: Diogenes of Babylon and the kritikoi in Philodemus: a preliminary suggestion, dans: Cron.Erc. 24 (1994), 55–62; James I. Porter: Οἱ κριτικοί: a Reassessment, dans: Jelle G. J. Abbenes; S. R. Slings; I. Sluite (éds.): Greek Literary Theory after Aristotle: a Collection of Papers in Honour of D. M. Schenkeveld, Amsterdam 1995, 83–109. Philod. de Musica 4, col. 136, 10–34: „En outre, quand <Diogène> dit que ceux qui pratiquent la musique ont une théorie très voisine de la critique, il est dans l'erreur non seulement <1°> dans la mesure où, persuadé que mélodies et rythmes contiennent du convenable et du non convenable, du beau et du laid, il admettait sans discussion que <la musique> est la théorie à même d'en juger, mais encore <2°> dans la mesure où toutes les considérations du même genre, il n'accordait pas le soin d'en juger à ceux qui pratiquent la philosophie; et, par Zeus, <3°> dans la mesure où la critique, de laquelle la musique serait, à l'en croire, très voisine par certains aspects, ce n'est pas à ceux-là, mais aux gens appelés critiques qu'il la concédait" (traduction Delattre).

67 Cf. Kaster: Suetonius (cf. n. 7), 45.

une sorte d'occasion manquée, dans la mesure où son auditoire romain semblerait n'avoir pas su s'approprier l'ensemble de la *doctrina* de Cratès (*hactenus tamen imitati*), par exemple, son explication allégorique d'Homère, sa cosmologie, les fondements philosophiques de sa linguistique, etc. Les quelques données qui précèdent permettent de remettre cette présentation en contexte.

3 Entre historiographie et anecdote

Toutefois, sans remettre en cause la réalité de cette ambassade, il faut se résoudre à n'en jamais pouvoir vraiment saisir les retombées intellectuelles réelles à Rome et l'on doit se tourner dans une autre direction.

3.1 Source pergaménienne sur les deux ambassades?

Dans les décennies qui ont suivi, les deux ambassades ont pu faire l'objet d'une élaboration historiographique à Pergame même. Le philologue Apollodore d'Athènes, disciple de Diogène le Babylonien,[68] quitta Alexandrie, où il avait été l'élève d'Aristarque, sans doute en 145, lors de l'expulsion des savants par Ptolémée VIII. Il se rendit à Pergame, à la cour d'Attale II, le personnage qui précisément conduisit à Rome, pour le compte de son frère, l'ambassade de 167. C'est à lui qu'Apollodore dédie son œuvre chronographique où il évoque très vraisemblablement, si l'on en croit une allusion de Cicéron, l'ambassade des philosophes athéniens de 155.[69] Les questions philosophiques avaient droit de cité

---

[68] L'*Index Stoicorum Herculanensis* mentionne encore Apollodore comme disciple de Panétius: Ilaria Ramelli: Allegoristi dell'età classica. Opere e frammenti, Milan 2007, 114 (T 5); Vimercati: Il mediostoicismo di Panezio (cf. n. 53), 39–40, note toutefois que cette donnée pose un problème chronologique.

[69] Voir DPhA, 1, „Apollodore d'Athènes", 271–272 (Dorandi); les fragments et témoignages sont réunis et traduits dans Ramelli: Allegoristi (cf. n. 68), 113–207. La chronique d'Apollodore devient une œuvre de référence. En 45 av. J.-C. Cicéron cherche des données sur l'ambassade de 155 et sur Athènes. On peut chercher la réponse dans Apollodore. Cic. Att. 12,23,2 (262 Sh. B.) = T 8 Ramelli: *quibus consulibus Carneades et ea legatio Romam uenerit, scriptum est in tuo annali. Haec nunc quaero, quae causa fuerit?* [...] *Praeterea, qui eo tempore nobilis Epicureus fuerit Athenis qui praefuerit hortis? qui etiam Athenis* πολιτικοὶ *fuerint inlustres, quae etiam ex Apollodori puto posse inueniri* („Sous quels consuls Carnéade s'est rendu à Rome et sa délégation, c'est écrit dans tes annales. La question que je pose maintenant, c'est d'en connaître l'origine [...] En outre, quel était à cette époque l'illustre Epicurien qui était à la tête du Jardin?

dans cette œuvre, comme les actions des grands hommes et plus généralement des données relevant de l'histoire culturelle.[70] Il paraît peu probable qu'un tel ouvrage, dédié à Attale, n'ait pas mentionné également Cratès et l'ambassade à laquelle il prit part. C'est sans doute le seul élément qui nous permette d'envisager l'élaboration d'un ouvrage où se trouvaient mentionnées les deux ambassades. Encore est-il impossible de savoir quel traitement la chronographie d'Apollodore leur réservait.

3.2 Kulturgeschichte

S'il est difficile d'attribuer de façon nette une origine commune à ces deux récits, il n'en demeure pas moins qu'ils se présentent tous deux comme des récits étiologiques relatant l'importation soudaine à Rome de la philosophie et de la philologie par des Grecs. L'influence des conférenciers se trouve justifiée de façon différente dans le récit de Suétone et dans celui de Plutarque: Suétone insiste à l'envi sur le nombre de conférences[71] et l'accident, un peu trop anecdotique pour être totalement crédible,[72] de la jambe cassée semble avoir été providentiel pour les lettres romaines: même Caton n'aurait pas fait chasser de Rome un homme qui s'était cassé la jambe! Tout se passe comme si le caractère saugrenu de cet accident permettait de justifier un long séjour de Cratès, dans un contexte où la méfiance des autorités romaines à l'égard des intellectuels grecs a pu se manifester à différentes reprises, sans qu'il faille peut-être l'exagérer.[73] Si l'expulsion des philosophes avec tous les honneurs à l'initiative de Caton n'a pas permis à l'ambassade de 155 de se prolonger, Cratès, lui, dispose de tout le temps nécessaire pour ses conférences. S'ajoute à cela l'attitude très stoïcienne d'un savant valétudinaire continuant son enseignement malgré ses maux, à l'instar de Posidonios haranguant Pompée sur son lit de souffrance.[74]

Quels étaient encore les hommes politiques illustres d'Athènes: je pense qu'on peut trouver aussi ces renseignements chez Apollodore"; traduction personelle).
70 Cf. Massa-Pairault: Pergamo e la filosofia (cf. n. 31), 20–21.
71 Noter que la fréquence des conférences est relevée pour l'ambassade de 155: Cic. de orat. 2,37,(155): *frequenter auditos*; Gell. Noct. Att. 6,14,8–10: *magno conuentu hominum dissertauerunt*.
72 Sur l'intérêt de Suétone pour ce genre de notations voir Vacher: Suétone (cf. n. 7), 59–60.
73 Cf. Ferrary: Philellénisme et impérialisme (cf. n. 23), 345–356; Gruen: Studies in Greek culture (cf. n. 24), 174–177.
74 Cf. Cic. Tusc. 2,25.

Le récit plutarchéen insiste sur l'enthousiasme et l'*ekplexis* de l'auditoire romain des philosophes de 155: les conférences des scholarques, Carnéade surtout, provoquent un engouement immédiat. Rien de tel n'est évoqué à propos des conférences de Cratès: le passage de Suétone se termine sobrement sur des avancées que Cratès a rendues possibles en matière de philologie; mais la dimension éducative est l'un des points communs les plus saillants des deux récits. Comme les scholarques athéniens, le Pergaménien initie les Romains; il le fait alors que la cité sort d'un état d'inculture lié à la guerre. Les deux textes semblent ainsi s'inscrire, explicitement pour le récit de Suétone, moins nettement pour celui de Plutarque – Caton craint toutefois que „les jeunes gens ne s'attachent à la gloire de la parole plutôt qu'à celle de l'action et des campagnes (militaires)" –, dans la droite ligne du lieu commun aristotélicien concernant le développement de la culture après une période de guerre:[75]

> Σχολαστικώτεροι γὰρ γιγνόμενοι διὰ τὰς εὐπορίας καὶ μεγαλοψυχότεροι πρὸς τὴν ἀρετήν, ἔτι τε <καὶ> πρότερον καὶ μετὰ τὰ Μηδικὰ φρονηματισθέντες ἐκ τῶν ἔργων, πάσης ἥπτοντο μαθήσεως, οὐδὲν διακρίνοντες ἀλλ᾽ ἐπιζητοῦντες.

> Disposant en effet de plus de loisirs grâce à la prospérité, et animés de plus d'ardeur généreuse pour la vertu, tout fiers en outre de leurs exploits avant et après les guerres médiques, ils s'adonnèrent à toutes les formes du savoir sans faire aucune distinction, passionnés qu'ils étaient de recherche (traduction personelle).

Comme on le sait, dans ce schéma d'histoire culturelle appliqué à Rome, les guerres puniques jouent un rôle analogue aux guerres médiques en tant que *terminus post quem*. Le récit de Suétone a explicitement recours à ce schéma: la cité est qualifiée de *bellicosa*. Il suit d'ailleurs plus ou moins nettement un schéma général identifiable de développement des *artes* peut-être hérité plus ou moins directement d'Aristote, via Varron.[76]

3.3 Kulturhelden

Mais en outre, l'apologue de Suétone reprend de façon assez nette un motif d'origine sophistique lié à la naissance de la civilisation, avatar du mythe de Prométhée rapporté par Protagoras[77] dont il a existé beaucoup de variations

---

75 Aristot. pol. VIII,6,1341a. Le texte est celui édité par William D. Ross: Aristotelis politica, Oxford 1957.
76 Cf. Kaster: Suetonius (cf. n. 7), 42–43.
77 Cf. Plat. Prot. 320c–322d.

dans l'antiquité:⁷⁸ un héros culturel apporte à une humanité primitive un art qui lui permet d'accéder à la civilisation. On sait que l'une des occurrences les plus remarquables de ce schéma est le célèbre tableau de l'humanité primitive évoquée par Cicéron dans le *De Inventione*:⁷⁹

> Nam fuit quoddam tempus cum in agris homines passim bestiarum modo uagabantur et sibi uictu fero uitam propagabant. Nec ratione animi quicquam sed pleraque uiribus corporis administrabant [...] Ita propter errorem atque inscientiam caeca ac temeraria dominatrix animi cupiditas ad se explendam uiribus corporis abutebatur, perniciosissimis satellitibus. Quo tempore quidam magnus uidelicet uir et sapiens cognouit quae materia et quanta ad maximas res oportunitas in animis inesset hominum, si quis eam posset elicere et praecipiendo meliorem reddere. Qui dispersos homines in agros et in tectis siluestribus abditos ratione quadam conpulit unum in locum et congregauit et eos in unam quamque rem inducens utilem atque honestam primo propter insolentiam reclamantes, deinde propter rationem atque orationem studiosius audientes ex feris et immanibus mites reddidit et mansuetos.

> Car il y eut une certaine époque où les hommes erraient dans les champs à l'aventure comme des bêtes et prolongeaient leur vie par une alimentation sauvage. Et ils ne menaient rien selon la raison de leur esprit mais la plupart de leurs activités grâce à leurs forces physiques [...] Ainsi, à cause de leurs errements et de leur ignorance, une dominatrice de l'esprit aveugle et irréfléchie, convoitise, usait sans mesure des forces corporelles, ses très nuisibles acolytes, pour s'assouvir. Et c'est à cette époque qu'un individu, à l'évidence un grand homme et un sage, conçut quelle ressource et quelle grande capacité pour les plus considérables entreprises se trouvaient dans l'esprit des hommes, pourvu que l'on pût les amener au jour et, à force de préceptes, les rendre meilleures. Et il regroupa en un endroit unique selon quelque plan raisonné les hommes, qui étaient dispersés dans les champs et qui se cachaient sous le couvert des forêts et les rassembla et, les initiant à tous les usages utiles et conformes à la morale – eux qui d'abord renâclaient par suite d'un manque d'habitude puis, grâce à l'explication rationnelle et à la parole oratoire, écoutaient avec plus d'attention –, de sauvages et barbares qu'ils étaient, il les rendit doux et tranquilles (traduction personnelle).⁸⁰

---

78 On peut mentionner par exemple Aelius Aristide: Défense de la rhétorique, 394–399. Voir une mise au point général dans Charles Oscar Brink: Horace on Poetry. The 'Ars Poetica', Cambridge 1971, 384–386.
79 Cic. inv. 1,2. Le texte est celui édité par Eduard Stroebel: M. Tullius Cicero: Rhetorici libri duo qui vocantur de inventione, Leipzig 1915.
80 Sur ce texte et sur les sources sophistiques du récit voir Carlos Lévy: Le mythe de la naissance de la civilisation chez Cicéron, in: Salvatore Cerasuolo (éd.): Mathesis e Philia, Studi in onore di Marcello Gigante, Naples 1995 (Dipartimento di Filologia Classica: Pubblicazioni del Dipartimento di Filologia Classica dell'Universita degli Studi di Napoli 11), 155–168.

Cratès fait passer, comme il a déjà été noté,[81] une Rome encore fruste (*rudis*) et belliqueuse (*bellicosa*) à un état de culture marqué par l'adoption de la philologie: les Romains se trouvent initiés à la découverte des *artes* par un *protos heuretes*, une sorte de Kulturheld.[82] Le récit de l'ambassade de 155 chez Plutarque ne permet certes pas de déceler nettement la reprise d'un tel schéma; toutefois, au-delà des données historiques, la dimension initiatique de l'ambassade suggère une mise en forme idéalisée, comme on l'a dit au départ; en témoigne la mention insistante de la fascination exercée par les orateurs philosophes, Carnéade surtout, subjuguant la cité: „Un Grec, extraordinaire au point de frapper d'étonnement, charmant et domptant tout, avait inspiré aux jeunes gens une passion violente pour la philosophie, un enthousiasme qui leur faisait sacrifier, pour elle, toute espèce de plaisirs et de passe-temps." L'*ekplexis* qui frappe les jeunes auditeurs romains n'est pas sans évoquer, comme un lointain écho, la puissance exercée par les héros culturels du monde primitif sur leur environnement animal, végétal ou minéral, dans des récits qui symbolisent l'introduction de la civilisation et l'instauration de la *sapientia*, comme le rappelle Horace:[83]

> Siluestris homines sacer interpresque deorum
> caedibus et uictu foedo deterruit Orpheus,
> dictus ob hoc lenire tigris rabidosque leones;
> dictus et Amphion, Thebanae conditor urbis,
> saxa mouere sono testudinis et prece blanda
> ducere quo uellet.
>
> Les hommes vivaient dans les bois quand un personnage sacré, un interprète des dieux, Orphée, les détourna du meurtre et d'une nourriture infâme, et voilà pourquoi l'on a dit qu'il domptait les tigres et les lions féroces; et d'Amphion aussi, fondateur de la ville de Thèbes, on a dit qu'il remuait les pierres au son de la lyre et, par douceur caressante de sa prière, les conduisait où il voulait (traduction personnelle).

---

81 Cf. Kaster: Suetonius (cf. n. 7), 42 sq., 47: „The explanatory phrases blend two topoi: the general depiction of humankind's rude state before the discovery of artes (e.g. Cic. inv. 1,2, Hor. ars 391ff., Quint. inst. 9,4,4, Isid. orig. 8,7,1), and the specific depiction of early Rome as a community of rough and ready citizen-soldiers before the influx of wealth and alien mores from foreign conquests gave scope to leisure and moral decay (e.g. Cato ORF fr. 163; Polyb. 31,25,3–8; L. Calpurnius Piso fr. 38 (HRR i. 137); Sall. Cat. 7–10; Diod. Sic. 37,3,1–5, Liv. 39,6,7–9)."
82 Cf. Kaster: Suetonius (cf. n. 7), ibid.
83 Cf. Hor. ars 391–399. Le texte est celui édité par François Villeneuve: Horace. Epîtres, Paris 1934.

Il a enfin été proposé de voir dans les deux récits deux occurrences remarquables d'un autre motif traditionnel, celui des interactions entre Rome et la culture hellénistique. Selon Stephen Hinds, dans ce schéma culturel se trouvent appariés, sur le modèle des relations supposées entre Pythagore et Numa Pompilius, un initiateur hellénistique et un Romain: Livius Andronicus, éducateur des enfants de la *gens Livia*, Cratès et Carnéade et leurs auditoires romains, Panétius et Scipion Emilien, Archias avec Lucullus et Catulus, Antiochus avec Lucullus et Parthénios de Nicée avec Cinna, Cornelius Gallus et Virgile:[84]

> The pattern of interaction thus delineated constitute a topos in Roman culture [...] The mixture of reality and self-fashioning in stories of Hellenistic mentorship can make it hard to analyse the historicity and importance of such Greek-Roman pairings.

4 Conclusion

Il ne paraît pas infondé, dès lors, de suggérer que la relation des événements des deux ambassades a pu être influencée par un certain nombre de traits traditionnels relevant de plusieurs schémas d'histoire culturelle. Ceci ne remet nullement en cause la réalité des faits, mais invite à relativiser la portée et la signification que certains récits confèrent à ces deux missions diplomatiques, sans pour autant dénier leur importance sur le plan des échanges intellectuels entre Rome et le monde hellénistique. En l'occurrence, aujourd'hui que la personnalité scientifique de Cratès est mieux connue, il semble utile de réévaluer le récit de Suétone en fonction du prestige dont bénéficiaient certainement la bibliothèque de Pergame et le Critique lui-même. Ce prestige dépassait assurément les compétences philologiques dont il dota, selon Suétone, les lettrés romains: du fait des liens évidents, quoique parfois difficiles à évaluer avec précision, que la doctrine de Cratès entretenait avec le Portique, il est peu probable que ce savant soit apparu à son auditoire romain comme un simple philologue. Ceci permet d'opérer un rapprochement des deux ambassades, celle des philosophes athéniens et celle du Pergaménien: Athènes initie Rome à la philosophie et à la rhétorique, Pergame initie Rome à l'étude des lettres, à l'occasion de missions diplomatiques dans lesquelles la question du prestige culturel jouait sans doute un rôle important. C'est peut-être ce qui explique que les deux récits survalorisent un événement singulier et l'influence d'une cité en particulier, là où des

---

[84] Stephen Hinds: Allusion and intertext. Dynamics of appropriation in Roman poetry, Cambridge 1998 (Roman literature and its contexts), 81.

influences multiples étaient depuis longtemps à l'œuvre dans le processus d'hellénisation de la culture romaine.

Römische Exempla-Ethik und Konsenskultur?

Philosophie und *mos maiorum* bei Cicero und Seneca

Jochen Sauer

1 Exempla und Konsenskultur

Eine der interpretatorischen Schwierigkeiten der philosophischen Werke Ciceros liegt in der Frage, wie philosophisches Anliegen und rhetorisch-literarische Form miteinander in Einklang zu bringen sind. Das Problem ist vor dem Hintergrund von Ciceros Bekenntnis zur Akademischen Skepsis mit überzeugenden Ergebnissen diskutiert worden.[1] In Ergänzung dazu will dieser Beitrag diese Fragestellung erneut vor dem Hintergrund einer römischen „präphilosophischen" Normenkultur in den Blick nehmen, um gemäß dem Thema dieses Ban-

---

[1] Hier nur einige zentrale Aspekte: In Übereinstimmung mit der probabilistischen Auffassung der Wahrheit in der Akademischen Skepsis gewinnt die Sichtung und Prüfung einzelner Auffassungen größeres Gewicht als die Konstruktion eines streng konsistenten Denkgebäudes. Dass das Erfassen des *veri simile* anderer Wege bedurfte als des Aufbaus eines in sich stringent geordneten Systems, zeigt sich in der Schultradition der Akademischen Skepsis. Mit Carlos Lévys umfassender Monographie (Carlos Lévy: *Cicero Academicus. Recherches sur les Académiques et sur la philosophie cicéronienne*, Rom 1992 [Collection de l'Ecole Française de Rome 162]) liegt für Ciceros akademischen Skeptizismus eine umfassende Darstellung vor, die besonders auch die Form der ciceronischen Philosophica berücksichtigt. Andreas Haltenhoff (Andreas Haltenhoff: Cicero und die Philosophie, in: Andreas Haltenhoff; Fritz-Heiner Mutschler [Hgg.]: *Hortus Litterarum Antiquarum*. Festschrift für Hans Armin Gärtner zum 70. Geburtstag, Heidelberg 2000 [Bibliothek der klassischen Altertumswissenschaften. Neue Folge 2,109], 219–233) hat erkannt, dass in formaler Hinsicht eine direkte Verbindung zwischen Aristoteles' Rhetorikdefinition zu Beginn seiner Rhetorik (Arist. rhet. 1,2,1 [1355b25 f.]: ἔστω δὴ ἡ ῥητορικὴ δύναμις περὶ ἕκαστον τοῦ θεωρῆσαι τὸ ἐνδεχόμενον πιθανόν – „Die Rhetorik ist die Kraft, alles ausfindig zu machen, was möglicherweise überzeugen kann") und einem von Cicero stark gemachten Grundsatz philosophischen Erörterns in den Tusculanen besteht (Cic. Tusc. 4,7: *quid sit in quaque re maxime probabile, semper requiremus* – „Was in jedem einzelnen Falle das glaubhafteste sei, werden wir unermüdlich fragen"). Die Ähnlichkeit des „philosophischen" *probabile* mit dem „rhetorischen" πιθανόν weist darauf hin, dass eine rhetorisch-topische Argumentation Überzeugungskraft und Wahrheitsnähe vereinen kann.

des nach dem ‚Römischen' in Ciceros Philosophica zu fragen. Der Vergleich mit Senecas Philosophica wird abschließend eine Kontrastfolie bilden.

Die Frage nach Strukturen traditioneller Normativität wird in der Cicero- und in der Seneca-Forschung zurückhaltend gestellt, lenken Cicero und Seneca schließlich selbst die Spur immer wieder auf die griechische Philosophie und ihre Rezeption in Rom. Formen präphilosophischer Normativität in Rom sind zudem aufgrund der Quellenlage bisweilen schwer zu rekonstruieren.

Vor dem Hintergrund der philosophischen Systeme der europäischen Neuzeit mag man dazu neigen, Philosophie mit Systematisierung oder gar Systembildung[2] in Verbindung zu bringen, eine Tendenz, der auch die hellenistischen Philosophenschulen folgten, und Besonderheiten praktischen Entscheidens und Handelns, die in Ciceros Philosophica ebenfalls in den Blick genommen werden, nachrangig zu beachten. Dabei fordert Cicero gewissermaßen dazu auf, auf beides den Blick zu richten, zumal die Dialogfiguren seiner Texte die Überbietungsleistung ihres Philosophierens gegenüber griechischer Philosophie darin sehen, einer mangelnden Berücksichtigung der menschlichen Lebenswelt entgegenzuwirken.[3] Dass Cicero mit Hinweisen dieser Art nicht nur meint, dass der (griechischen) Theorie eine wie auch immer geartete (römische) Praxis stärker an die Seite zu stellen ist, sondern dass auch die römische Lebens- und Normenwelt einen Teil der Theorieseite bildet, sollen die folgenden Überlegungen deutlich machen. Dabei wird die Tatsache, dass unser Wissen über die Normenkultur in Rom gerade in den letzten zwei Jahrzehnten stark erweitert worden ist, Anlass dafür sein, Ciceros und Senecas Schriften erneut in den Blick zu nehmen. Dies erfordert zunächst Rekonstruktionsbemühungen, denn wie die Normengenese in Rom strukturiert war, führt Cicero nicht weiter aus, hatte er es bei seinen primären Lesern, der republikanischen Funktionselite und ihrem

---

2 Zur Problematik des Systemdenkens als Kriterium bei der Bewertung von Philosophie im Allgemeinen, der ciceronischen Philosophie im Speziellen vgl. Haltenhoff: Cicero und die Philosophie (wie Anm. 1), 220.

3 Cic. de orat. 1,102; rep. 2,21: *Tum Laelius: nos vero videmus, et te quidem ingressum rationem ad disputandam novam, quae nusquam est in Graecorum libris. Nam princeps ille, quo nemo in scribendo praestantior fuit, aream sibi sumpsit, in qua civitatem exstrueret arbitratu suo: praeclaram ille quidem fortasse, sed a vita hominum abhorrentem et moribus* („Darauf erwiderte Laelius: Wir sehen es selbstverständlich, insbesondere auch, dass du bei der Erörterung des Themas eine neue Methode gewählt hast, die sich nirgends in der griechischen Literatur findet. Denn jener große Meister, den niemand im Schreiben übertreffen konnte, wählte sich einen Bauplatz aus, auf dem er ein Gemeinwesen nach seinen eigenen Vorstellungen errichtete: zwar ein vielleicht vorzügliches, aber lebensfremd und dem menschlichen Verhalten nicht entsprechend").

gebildeten Umkreis, schließlich mit einem Leserkreis zu tun, dem Formen traditioneller Normativität von Kindesbeinen an vertraut waren.

Dieser Beitrag wird zunächst zwei zentrale Charakteristika präphilosophischer Normativität in Rom betrachten: zum einen die Rolle der römischen Werte und historischen Exempla,[4] zum anderen die Besonderheit der politischen „Konsenskultur". Vor diesem Hintergrund werden schwerpunktmäßig die frühen Philosophica Ciceros, das heißt die staatsphilosophischen Schriften *De oratore*, *De re publica* und *De legibus*, verfasst in den fünfziger Jahren v. Chr., sowie die *Epistulae morales* Senecas, verfasst in den Jahren 62 bis 64 n. Chr., in den Blick genommen.

Zunächst zu den römischen Werten und Exempla: Ein zentrales Merkmal römischer Normativität lässt sich im *mos maiorum*, in der „Sitte der Vorfahren", fassen.[5] Die jüngere Forschung hat herausgestellt, dass die im *mos maiorum* subsumierten römischen Wertvorstellungen weder eine Prinzipienmoral noch eine für sich gedachte Entität darstellen, sondern vielmehr als ein lose zusammenhängender Komplex rein handlungsbezogener Orientierungen verstanden werden können,[6] exemplifiziert in herausragenden Gestalten der römischen Geschichte: Die mit den römischen Wertvorstellungen verbundenen Handlungserwartungen zeigen sich unmittelbar im modellhaften Verhalten herausragender Figuren der römischen Geschichte. Römische Wertbegriffe waren eng mit zugehörigen *exempla* verbunden, wie beispielsweise die Gestalt des Regulus mit *fides* oder die des Horatius Cocles mit *fortitudo*, so dass bei der Nennung eines bestimmten Wertbegriffs sofort entsprechende *exempla* assoziiert werden konnten. Somit handelt es sich beim *mos maiorum* um ein flexibles, interpretationsoffenes Konzept. Weder das Verhältnis der Wertorientierungen noch das

---

4 Im Weiteren werden mit historischen „Exempla" die „exemplarisch Handelnden", also stets Personen verstanden.
5 Grundlegend zum Begriff des *mos maiorum* ist Wolfgang Blösel: Die Geschichte des Begriffs *mos maiorum* von den Anfängen bis Cicero, in: Bernhard Linke; Mark Stemmler (Hgg.): *Mos maiorum*. Untersuchungen zu den Formen der Identitätsstiftung und Stabilisierung in der römischen Republik, Stuttgart 2000 (Historia. Einzelschriften 141), 25–97; hierzu ergänzend, teilweise in kritischer Stellungnahme: Egon Flaig: Ritualisierte Politik. Zeichen, Gesten und Herrschaft im Alten Rom, Göttingen 2003 (Historische Semantik 1), 83–88. Das Verhältnis von *mos*, *maiores* und *exempla* wird in den Blick genommen von Henriette van der Blom: Cicero's Role Models. The Political Strategy of a Newcomer, Oxford 2010, 1–25.
6 Grundlegend hierzu Andreas Haltenhoff: Wertbegriff und Wertbegriffe, in: Maximilian Braun; Andreas Haltenhoff; Fritz-Heiner Mutschler (Hgg.): *Moribus antiquis res stat Romana*. Römische Werte und römische Literatur im 3. und 2. Jh. v. Chr., München/Leipzig 2000 (Beiträge zur Altertumskunde 134), 15–29.

der *exempla* waren untereinander scharf definiert. Sie bedurften der Deutung[7] und waren daher prinzipiell in beliebigen argumentativen Kontexten verfügbar.

Von den historischen *exempla* zu trennen sind die juristischen Präzedenzfälle, gewöhnlich ebenfalls als *exempla* bezeichnet.[8] Juristische Präzedenzfälle exemplifizieren eine bestimmte Interpretation des juristischen Regelwerks. Dagegen liegt die Funktion historischer *exempla* darin, Handlungen moralisch-ethisch zu legitimieren oder die Geltungsbehauptung eines Werturteils einzulösen. Natürlich kann als juristischer Präzedenzfall grundsätzlich auch ein historisches *exemplum* verwendet werden. Im Allgemeinen gilt aber: Je älter ein *exemplum* ist, desto geringer ist sein juristischer Wert als Präzedenzfall,[9] da im juristischen Kontext Beispiele bevorzugt werden, die der gegenwärtigen Rechtsauslegung zeitlich nahe stehen, um so den Konsistenzanspruch juristischer Argumentation besser einlösen zu können.[10] Beim historischen *exemplum* ist es in der Regel umgekehrt: Je älter es ist, umso größer ist seine Autorität. So wird ein juristischer Präzedenzfall, der einigermaßen nahe an der Gegenwart (und der gegenwärtigen Rechtsauslegung) liegt, nur in wenigen Fällen das nötige Alter haben können, um als historisches Exemplum die nötige Autorität zu besitzen. Wenn Frank Bücher darlegt,[11] dass Cicero in seinen Reden vorwiegend Exempel aus der jüngeren Geschichte heranzieht, die als Präzedenzfälle seine Argumentation stützen, während er in den rhetorischen Werken eher *exempla* der weiter entfernteren Vorzeit bemüht, zeigt dies den skizzierten Sachverhalt: Zwischen historischen *exempla*, den allgemeinen Maßstäben des Handelns, und

---

7 Vgl. Andreas Haltenhoff: Institutionalisierte Geschichten. Wesen und Wirken des literarischen *exemplum* im alten Rom, in: Gert Melville (Hg.): Institutionalität und Symbolisierung. Verstetigungen kultureller Ordnungsmuster in Vergangenheit und Gegenwart, Köln/Weimar/Wien 2001, 213–217.

8 Ich folge hier der Unterscheidung von Henriette van der Blom: Cicero's Role Models (wie Anm. 5), 15, die zwischen „legal verdict" und „historical exemplum" differenziert.

9 Das hohe Alter eines Exempels ist – ebenso wie das Alter einer juristischen Regel – kein Vorteil. Vgl. Christoph Lundgreen: Regelkonflikte in der römischen Republik. Geltung und Gewichtung von Normen in politischen Entscheidungsprozessen, Stuttgart 2011 (Historia. Einzelschriften 221), 276, Anm. 787: „Das hohe Alter einer Regel hat allenfalls den potentiellen Vorteil von bereits mehreren Anwendungsfällen; das aber betont nicht *per se* das Alter der Regel, sondern ihre Iteration."

10 Ein solches ‚Exempel' muss nicht zwingend eine *innere* normative Kraft besitzen, sondern bezieht seine Normativität primär aus seinem juristischen Fallwert. Weitaus wesentlicher als eine inhärente normative Kraft ist bei einer solchen Art „Exempel" die innere Begründung und die juristisch solide Legitimation.

11 Frank Bücher: Verargumentierte Geschichte. *Exempla Romana* im politischen Diskurs der späten römischen Republik, Stuttgart 2006 (Hermes. Einzelschriften 96).

juristischen *exempla*, den Präzedenzfällen, ist zu unterscheiden. Eine Kultur, die es gewohnt ist, ihre Normen und Leitwerte nicht zu definieren oder zu systematisieren, sondern sie personifiziert in Tempeln zu verehren und in historischen Handlungsmodellen, den *exempla*, zu verkörpern, musste eher dazu neigen, eine Hermeneutik des richtigen Verständnisses zu entwickeln als nach Systembildung, Definierbarkeit ethischer Normen oder gar deren Ableitung zu suchen. Eine römische Philosophie, die Letzteres täte, liefe Gefahr, die tradierte normative Kultur zu unterminieren oder sie zumindest ersetzbar zu machen.[12]

Die neuere althistorische Forschung hat sich in den letzten Jahren zunehmend mit Regelkonflikten und ihrer Lösung in der römischen Politik beschäftigt.[13] Dabei ist vor allem der Umstand betont worden, dass Aushandlungsprozesse im römischen Staat der späten Republik durch die Überlappung unterschiedlicher Institutionen und Rechtssphären, schließlich durch eine hohe Zahl an Obstruktionsmöglichkeiten gekennzeichnet sind.[14] Zahlreiche Organe und Funktionsträger des römischen Staats besaßen die Fähigkeit, Entscheidungen zu blockieren. Sofern eine Entscheidung nicht durch die innerpolitischen Hierarchien der Akteure getroffen wurde, war römische Politik in hohem Maß auf Konsensfindung angelegt und – nicht weniger wichtig – auf Konsensinszenierung. Fragt man nach einer präphilosophischen Normativität, so ist das Zusammenspiel von Begründungsverfahren mittels *exempla* (gemeint sind hier sowohl normgebende Vorbilder als auch historische Präzedenzfälle) und Verfahren der Konsensfindung von Bedeutung.

---

12 Vgl. zu Ciceros Dialog *Laelius de amicitia* die Überlegungen von Ulrich Gotter: Ontologie versus *Exemplum*. Griechische Philosophie als politisches Argument in der späten römischen Republik, in: Karen Piepenbrink (Hg.): Philosophie und Lebenswelt in der Antike, Darmstadt 2003, 165–185.
13 Einschlägig ist Lundgreen: Regelkonflikte (wie Anm. 9), dort auch weitere Literatur.
14 Grundlegend zu Obstruktionsmechanismen in der späten Republik Loretana de Libero: Obstruktion. Politische Praktiken im Senat und in der Volksversammlung der ausgehenden römischen Republik (70–49 v. Chr.), Stuttgart 1992 (Hermes. Einzelschriften 59).

2 Cicero

2.1 Personen und Gesprächsregeln

Cicero zieht in seinen Philosophica häufig Personen als Dialogfiguren heran, die als *exempla* gelten können, wie etwa Gaius Laelius, Scipio Africanus oder Cato der Ältere, oder Personen, die zu Ciceros Zeit das Potential dazu hatten, wie zum Beispiel Cato der Jüngere, doch ist es auffällig, dass die von ihnen traditionellerweise verkörperten Leitwerte römischen Denkens in Ciceros Philosophica nicht unmittelbar Gegenstand werden: Ihre zentralen militärischen oder politischen Leistungen, weswegen sie gemeinhin als *exempla* gelten konnten und die zentraler Teil ihres senatorischen Rollenmusters waren, finden in der Regel nicht einmal Erwähnung; gleichwohl waren jene dem primären Leser natürlich präsent. Einschränkungen sind für die Vorreden zu machen,[15] denn dort wird zumindest indirekt auf ihre politischen Leistungen verwiesen. So stellt sich auch der präfatorische Cicero[16] in der Vorrede von *De re publica* selbst an den Schluss einer Aufzählung der großen Helden Roms, denen schwere Ungerechtigkeiten von ihren Mitbürgern angetan wurden:[17]

> Nam vel exilium Camilli, vel offensio commemoratur Ahalae, vel invidia Nasicae, vel expulsio Laenatis, vel Opimi damnatio, vel fuga Metelli, vel acerbissima Gai Mari clades, principum caedes, aliorum multorum pestes, quae paulo post secutae sunt. Nec vero iam meo nomine abstinent; et, credo, quia nostro consilio ac periculo sese in illa vita atque otio conservatos putant, gravius etiam de nobis queruntur et amantius.

> Denn da lassen sich folgende Ereignisse erwähnen: die Verbannung des Camillus oder die Erniedrigung des Ahala, der Hass auf Nasica, die Vertreibung des Laenas oder die Verur-

---

15 Die Praefationes und die eigentlichen Dialoghandlungen bewegen sich in unterschiedlichen kommunikativen Räumen. In den Vorreden adressiert Cicero seine Leserschaft und reflektiert metadiskursiv über Motive und Ziele seines jeweiligen Werkes; Philosophie wird aus einer übergeordneten Perspektive betrachtet. In der Dialoghandlung ist Cicero, soweit er als Dialogfigur am Gespräch teilnimmt, einer der Gesprächspartner, der sich in der Regel ebenso wie die anderen auf eine bestimmte Position festlegt.
16 Ich folge hier der Terminologie Widu-Wolfgang Ehlers: Der Philosoph Cicero, in: Forum Classicum 4 (2011), 264–273, hier 271, der zwischen dem historischen, dem dialogischen und dem präfatorischen Cicero unterscheidet.
17 Cic. rep. 1,6. Inwiefern sich mit dem duldsamen Leiden bereits eine besondere Form ziviler *virtus* etabliert, die dann im Hortensius in größerer Tragweite begründet wird (vgl. Jonathan Powell: Unfair to Caecilius? Ciceronian dialogue techniques in Minucius Felix, in: Simon Swain; Stephen Harrison; Jas Elsner [Hgg.]: Severan culture. Cambridge 2007, 177–189), soll hier nicht Gegenstand der Diskussion sein.

teilung des Opimius, die Flucht des Metellus oder die sehr bittere Niederlage des Gaius Marius, die Morde an führenden Männern und die Vernichtung vieler anderer, die kurz darauf folgte. Bald schonten sie nicht einmal meinen eigenen Namen; und ich glaube, weil sie sich durch unsere Umsicht und unseren Einsatz in jenem Leben und in jener Ruhe gut aufgehoben fühlen, klagen sie in unserem Falle noch heftiger und besorgter.

Setzt sich Cicero als Vorredensprecher in eine Reihe mit Camillus, Servilius Ahala, Scipio Nasica und anderer Größen der römischen Geschichte, so parallelisiert er sich als Dialogpartner in *De legibus* mit Demetrios von Phaleron, einem Griechen, dem es gelungen sei, nicht nur als guter Politiker zu wirken, sondern in dieser Rolle auch über eine tiefgründige Bildung zu verfügen:[18]

> Fuit enim hic vir, ut scitis, non solum eruditissimus, sed etiam civis e re publica maxime tuendaeque civitatis peritissimus.
>
> Dieser Mann war nämlich, wie ihr wisst, nicht nur hochgebildet, sondern auch ein Bürger, der sich um den Staat ganz besonders verdient gemacht hatte und größte Erfahrung im Einsatz zum Wohl der Bürgerschaft besaß.

Als Marcus in leg. 3,14 fragt, wen es denn gebe, der sowohl über philosophische Bildung als auch über staatsmännisches Geschick verfüge, deutet Atticus auf Marcus:

> [Marcus:] [...] Nam et mediocriter doctos magnos in re publica viros, et doctissimos homines non nimis in re publica versatos multos commemorare possumus; qui vero utraque re excelleret, ut et doctrinae studiis et regenda civitate princeps esset, quis facile praeter hunc [sc. Demetrium Phalereum] inveniri potest?
> [Atticus:] Puto posse, et quidem aliquem de tribus nobis.
>
> MARCUS: Denn wir können sowohl halbwegs gelehrte Männer, die in der Politik große Erfolge hatten, als auch hochgebildete Leute, die in der Politik nicht allzu viel geleistet haben, in großer Zahl erwähnen: Wer ließe sich aber so ohne weiteres außer diesem [sc. Demetrios von Phaleron] finden, der sich tatsächlich auf beiden Gebieten so auszeichnete, dass er sowohl in seiner wissenschaftlichen Arbeit als auch in der Leitung eines Gemeinwesens überragende Erfolge erzielte?
> ATTICUS: Ich glaube schon, dass sich jemand finden ließe, und zwar einer von uns dreien.

Hatte der präfatorische Cicero in der Vorrede von *De re publica* noch gegen die Philosophen und für den Primat des Staatsmanns argumentiert, so präsentiert

---

18 Cic. leg. 2,66.

er sich als Dialogpartner in *De legibus* als *sapiens*.[19] Dabei ist zu berücksichtigen, dass Ciceros primäre Leserschaft unter einem *sapiens* nicht zwangsweise einen ‚Weisen', sondern durchaus auch einen ‚lebensklugen' Menschen verstehen konnte.[20] Die Vorrede von *De oratore* ist hinsichtlich ihrer Gedankenwelt ähnlich der Vorrede von *De re publica*. Auch dort geht es um Innenpolitik, und auch dort schlägt Cicero die Brücke zwischen seiner gegenwärtigen Situation und den schweren Ungerechtigkeiten, die denen widerfuhren, die im Folgenden als Dialogpartner auftreten werden. Die Figuren in der Vorrede exemplifizieren *patientia* bzw. *labor*, einschließlich des präfatorischen Cicero,[21] als Dialogfiguren zeigen sie sich nicht mehr als Vertreter dieser Eigenschaften. Damit wird der Bereich der politischen Werte und Rollenmuster vom Raum der Reflexion distant gehalten:[22] Cicero nimmt dabei im Raum der Reflexion vornehmlich die zivile Seite des Gemeinwesens in den Blick.

Innerhalb der dialogischen Handlung, die den Kern der ciceronischen Philosophica ausmacht, stehen die längeren zusammenhängenden Ausführungen der Hauptgesprächspartner im Mittelpunkt: In Ciceros „frühen" Philosophica der 50er Jahre (*De oratore, De re publica, De legibus*) antworten die Hauptsprecher mit ihren längeren Ausführungen häufig auf eine *quid-sentis*-Frage, die von einem anderen Gesprächsteilnehmer formuliert wird.[23] Die *quid-sentis*-Frage intendiert eine grundlegende Stellungnahme, die den Gefragten nicht festlegt, wie und in welcher Form er antworten soll: Jedoch dürfte der Rezipient eher eine Beurteilung eines strittigen Falls als eine systematisch-stringente Darstel-

---

19 Cic. leg. 1,58–62. Zum inneren Zusammenhang beider Vorstellungen und zu Ciceros argumentativer Strategie vgl. Norbert Blößner: Cicero gegen die Philosophie. Eine Analyse von De re publica 1,1–3, Göttingen 2001 (Nachrichten der Akademie der Wissenschaften zu Göttingen, Philologisch-Historische Klasse 2001,3).
20 Vgl. OLD s.v. *sapiens*.
21 Die militärischen Leistungen der einzelnen Dialogfiguren, prominent etwa bei Scipio Africanus, jedoch auch prinzipiell grundlegend für das senatorisch-aristokratische Rollenmuster, werden nicht einmal erwähnt.
22 Damit begegnet Cicero m.E. auch dem Problem, dass im politischen Bereich besondere Regeln der Konsensfindung galten und dass dort die lebensweltlich zielführenden Kompromisse, die jenseits philosophischer Denkmuster lagen, durch eine philosophische Durchdringung entlegitimiert würden. Vgl. hierzu ausführlich: Jochen Sauer: Philosophie im politischen Raum? Überlegungen zu Ciceros Philosophica der 50er Jahre, in: Hermes (im Erscheinen).
23 So z.B. in *De legibus* die Anfangsfrage an Marcus (leg. 1,14) oder in *De re publica* an Scipio (rep. 1,34); vgl. ähnliche Formulierungen in rep. 1,33: *Scipionem rogemus ut explicet quem existimet esse optimum statum civitatis* („Wir wollen Scipio bitten, uns seine Auffassung von der besten Verfassung des Staates darzulegen").

lung eines klar umrissenen Gegenstands erwarten.[24] Auch in den Philosophica der vierziger Jahre v. Chr., in denen diese *quid-sentis*-Fragen nicht mehr gleichermaßen prominent vorkommen, präsentieren sich die Ausführungen der Hauptsprecher selbst dort, wo sie die Lehre einer philosophischen Schule zu referieren vorgeben,[25] selten als streng systematisch strukturiert. Speziell in der äußeren Form von *De natura deorum* und *De finibus* hat die Forschung eine starke Ähnlichkeit zur juristischen Auseinandersetzung gesehen, und zwar in der Abfolge von Plädoyer und Erwiderung und in der rhetorischen Binnenstruktur der Einzelreden.[26]

In den frühen Philosophica werden diese längeren monologischen Ausführungen durch kleinere dialogische Partien umrahmt, in denen die Gesprächspartner ihre Erwartungen an die Rede zum Ausdruck bringen und meist derjenige, der im Folgenden sprechen wird, die Voraussetzungen zum Verständnis seiner Ausführungen klärt; im Anschluss an die Rede reflektieren die Gesprächspartner das Gesagte. In den frühen Philosophica der fünfziger Jahre wird dabei stets Einigkeit erzielt,[27] in den späteren stehen sich oft die Hauptgesprächspartner mit verschiedenen Positionen gegenüber. Ein Hauptgesprächspartner zieht ein längeres Statement nicht zurück oder modifiziert es.

---

24 Nach Wolf Steidle erzeugt die Frage beim Rezipienten die Erwartung einer nun kommenden gutachterlichen Stellungnahme: Wolf Steidle: Einflüsse römischen Lebens und Denkens auf Ciceros Schrift De oratore, in: Museum Helveticum 9 (1952), 10–41, hier 19: „Sie [sc. die Form der Fragestellung] ist nicht logisch präzis, verlangt keine sachlich erschöpfende Auskunft oder Definition, wie es griechische Art nahelegen würde, sondern eine im Belieben des Antwortenden stehende, nach Umfang und Art je nachdem verschiedene gutachterliche Orientierung." Die Frage erinnere zudem an die Form, wie im römischen Senat das Votum eines Mitglieds eingeholt wird.
25 Dass in *De finibus* die Dialogfigur Cato nicht rein stoische Ethik entfaltet, sondern Catos Argumente peripatetisch durchwirkt sind, zeigt Philip Schmitz: *Cato peripateticus* – stoische und peripatetische Ethik im Dialog; Cic. fin. 3 und der Aristotelismus des ersten Jh. v. Chr. (Xenarchos, Boethos und ,Areios Didymos'), Berlin/Boston 2014 (Untersuchungen zur antiken Literatur und Geschichte 113).
26 Zur Rede des Torquatus und ihrer Erwiderung in *De finibus* einschlägig Brad Inwood: *Rhetorica Disputatio*: The strategy of de Finibus II, in: Apeiron 23 (1990), 143–164; außerdem Jürgen Leonhardt: Ciceros Kritik der Philosophenschulen, München 1999 (Zetemata 103); zu *De natura deorum* vgl. Christoph Schäublin: Philosophie und Rhetorik in der Auseinandersetzung um die Religion. Zu Cicero, *De natura deorum* I, in: Museum Helveticum 47 (1990), 87–101. Malcolm Schofield: Ciceronian dialogue, in: Simon Goldhill (Hg.): The End of Dialogue in Antiquity, Cambridge 2009, 63–84, hier 67, führt dies auf die Tatsache zurück, dass hier Konversation geübt werden soll: „But good conversation requires one to 'display' rather than 'deliver' (or as we might say 'expound') systems."
27 Cic. leg. 1,20,27; 3,12,38.

Die Einigkeit in den frühen Philosophica ist dem modernen Leser, der im philosophischen Diskurs an Kontroversen gewöhnt ist, ungewohnt, doch ist in dieser Einigkeit möglicherweise etwas anderes als reine Zustimmung zu sehen: Denn es zeigt sich darin auch die Bereitschaft der Gesprächspartner, einem Hauptsprecher Deutungsmacht zuzugestehen, soweit er die Grenzen des Akzeptablen nicht überschreitet. Man mag sich daran erinnert fühlen, wie Marcus im dritten Buch von *De legibus* den Wechsel zwischen Macht und Gehorsam, dem die römischen Magistrate unterliegen, beschreibt:[28]

> Neque solum eis praescribendus est imperandi sed etiam civibus obtemperandi modus; nam et qui bene imperat, paruerit aliquando necesse est, et qui modeste paret, videtur qui aliquando imperet dignus esse.
>
> Aber man muss nicht nur ihnen (scil. den Magistraten) einen Maßstab für das Befehlen, sondern auch den Bürgern einen Maßstab für das Gehorchen verordnen. Denn wer gut befiehlt, muss irgendwann einmal auch schon gehorcht haben, und wer besonnen gehorcht, scheint es wert zu sein, auch irgendwann einmal zu befehlen.

Dass die zuhörenden Hauptgesprächspartner, jedenfalls die älteren, dabei stets Obstruktionsmacht besitzen, zeigt sich etwa an folgenden Stellen: Im ersten Buch von *De re publica* wird das von den Dialogfiguren begonnene Gespräch über die astronomische Bedeutung der Doppelsonne durch Laelius abgebrochen (rep. 1,30). Das Obstruktionsrecht scheint hier darin zu bestehen, dass Laelius es vermag, weitere Stellungnahmen zu dem Thema zu unterbinden. Auf Nachfrage schlägt Laelius dann ein neues Thema vor, über das Scipio sprechen soll: Er möge erklären, welche Verfassung er für die beste halte. Nach einem Vorgespräch (rep. 2,34–38) setzt Scipio dieses Vorhaben unter Zustimmung aller in die Tat um.

In *De legibus* gesteht Cicero seinen beiden Gesprächspartnern explizit ein Obstruktionsrecht zu:[29]

> [Quintus:] Eas tu igitur leges rogabis videlicet quae numquam abrogentur?
> [Marcus:] Certe, si modo acceptae a duobus vobis erunt.
>
> QUINTUS: Selbstverständlich wirst du also nur solche Gesetze einbringen, die niemals abgeschafft werden können?
> MARCUS: Gewiss, wenn sie nur von euch beiden anerkannt werden.

---

28 Cic. leg. 3,5.
29 Cic. leg. 2,14.

Tatsächlich wird Marcus die Geltung der Gesetze, die er im Folgenden in Anlehnung an geltende römische Regelungen vorschlagen und kommentieren wird, an die Zustimmung der beiden Gesprächspartner binden. Quintus nimmt dieses Obstruktionsrecht an der Stelle, an der es um das Volkstribunat geht (leg. 3,19–29), auch tatsächlich wahr. Auch nach ausführlicher Argumentation durch den Hauptsprecher Marcus bleibt Quintus – mit Atticus' Unterstützung – bei seinem Einspruch.

Marcus' enge Vertraute Atticus und Quintus stellen somit potentielle Regulative dar, denen ein Obstruktionsrecht zukommt. In *De oratore* und *De re publica* übernehmen die ranghohen Gesprächspartner diese Rolle gegenüber den Hauptsprechern. Dass alle drei Dialoge der fünfziger Jahre in ähnlicher Weise gestaltet sind, führt zu der Hypothese, dass die Präsenz und die Regulierungsfunktion der Gesprächspartner für die „Philosophie" dieser Schriften unabdingbar ist. In der Interaktion der Gesprächspartner zeigt sich ein formalisiertes Verfahren, bestehend aus Vorgespräch, eigentlicher Stellungnahme und Nachgespräch, das durch die Deutungsmacht der Hauptsprecher und die Obstruktionsoption der Gesprächspartner gekennzeichnet ist. Konsens entsteht nicht durch Kompromisse oder durch Annäherung der Positionen, sondern durch die Akzeptanz der Deutungshoheit einzelner Sprecher, wobei die soziale Hierarchie der Gesprächsteilnehmer von Bedeutung ist. Konflikte sind selten; ihnen wird in den bisweilen langen Klärungsverfahren vorgebeugt.

2.2 Praktischer Verstand (*prudentia*) und Deutungsmacht

Zu dieser synchronen Konsensherstellung mittels Zustimmung durch Personen, die im Regelraum des Gesprächs mit Obstruktionsrechten ausgestattet sind, kommt die diachrone Kontinuitätsbehauptung hinzu. So lässt Cicero im zweiten Buch von *De re publica* die Dialogfigur Scipio betonen, er referiere (den eine Generation älteren) Cato d.Ä., wenn er beschreibe, wie das römische Gemeinwesen mittels der lebensweltlichen Klugheit seiner Gründer in den idealen Zustand gelangt sei. In *De legibus* bezieht sich Marcus wiederum auf Scipio.[30] Die Ausführungen werden so nicht nur synchron über die Zustimmung der Gesprächspartner, sondern auch diachron mit dem Verweis auf vorangegangene Urteile über denselben Gegenstand abgesichert.

Der ideale Staat hat nach Ciceros Einschätzung bereits einmal existiert und besaß Stabilität, denn Cicero suggeriert, wie Jonathan Powell in seinem Beitrag

---

[30] Cic. leg. 1,20,27; 3,12,38.

in diesem Band herausstellt, dass der römische Staat von 449 bis 129 v. Chr. praktisch unverändert bestanden habe.[31] Dabei geht Cicero nicht primär von dem Erfolg eines festen Sets von Einzelgesetzen aus,[32] die generell einen idealen Staat generierten, sondern sieht die Grundbedingung für die Genese und Stabilitätserhaltung dieses Staates darin, dass die Protagonisten mit dem richtigen Blick auf die Sache entscheiden und dabei ihrer inneren natürlichen Urteilskraft (*lex*) folgen. Diese *lex* – transzendiert in der Weltvernunft (*ratio summa*) – gebiete unmittelbar, was in einer jeweiligen Situation zu tun sei und was nicht. Cicero geht bei der Staatsgenese von der Gründung der Stadt bis 449 v. Chr. und dem Erhalt des Staates von 449 bis 129 v. Chr. offenbar von einem selbstgesteuerten Prozess aus, der auf Optimierung angelegt ist.

Dies zeigt sich in den Ausführungen von Ciceros Dialogfigur Scipio zur Genese des römischen Staats zu Beginn des zweiten Buches. In ihnen erläutert er, inwieweit das rechte Urteil der römischen Staatsgründer den römischen Staat allmählich und Schritt für Schritt in einen idealen, naturgemäßen Zustand gebracht hat.[33] Wenn Laelius in rep. 2,22 bemerkt, Scipio führe das, was Romulus aus Zufall oder Notwendigkeit getan hätte, auf die Vernunft (*ratio*) zurück, dann ist hier offensichtlich ein „verständiges Entscheiden" gemeint, dessen Praxis nicht aus einer wie auch immer beschaffenen Ethik abgeleitet wird. *Ratio* ist hier der „praktische Verstand": Romulus und die anderen Staatslenker sind hier nicht die traditionellen Exempla, die für Werte wie *virtus*, *pietas* oder Ähnliches stehen, sondern für den „richtigen Blick" in einer Entscheidungssituation;[34] dass sie bei der Stadtgründung auch *virtus* und *pietas* zeigten, bleibt unerwähnt; entsprechend nachrangig bleiben die Bereiche Bündnispolitik und Krieg, die bei der Entstehung der Größe Roms sicher auch im Urteil des historischen Cicero eine Rolle gespielt haben dürften. Ciceros Dialogfiguren nehmen

---

31 Vgl. Jonathan Powell (in diesem Band).
32 Die althistorische Forschung hat in der Zwischenzeit recht klar gesehen, dass es sich bei dem Gesetzeskodex, den Cicero in *De legibus* beginnend vom zweiten Buch entwickelt, um ein Reformprogramm handelt, das speziell auf seine Zeit gemünzt ist; in *De legibus* weist die Dialogperson Marcus zudem darauf hin, dass es darum gehe, die Gesetze so anzupassen, dass der Staat in den Zustand gelangt, in dem er sich zur Zeit Scipios befand (leg. 1,20).
33 Man sollte vielleicht anstatt von „vernunftgemäßem" Handeln eher von „verständigem" Handeln sprechen.
34 Man mag einwenden, dass Ciceros Cato hier einen verengten historischen Blick an den Tag legt. Hier ist jedoch Ciceros typisierender Umgang mit Geschichtlichkeit im Allgemeinen relevant. Vgl. Francesca Fontanella: Cicerone storico nel „de re publica", in: Marcella Chelotti; Mario Pani (Hgg.): Epigrafia e territorio. Politica et società. Temi di antichità Romane VII, Bari 1996, 227–334, hier 332–334.

einen dezidiert anderen Bereich in den Blick: Scipio betrachtet keine habitualisierten Verhaltensweisen, sondern allein die Entscheidungsfähigkeit des Individuums, das Richtige zu wählen. Sowohl die Lebensbereiche, mit denen römische Wertvorstellungen gemeinhin verankert waren, als auch die zugehörigen Handlungsmuster bleiben damit von Scipios Ausführungen distant. Anderenorts wird zwar explizit gesagt, dass ein Horatius Cocles in Übereinstimmung mit dieser *lex* und ein Tarquinius Superbus in Opposition zu ihr gehandelt haben,[35] doch geht es hier primär um die Entscheidung für das Richtige oder das Falsche; der Fokus ist nicht auf habitualisierte Verhaltensweisen wie *virtus-* oder *fides-*Handeln gerichtet.

Wenn diese Überlegungen zutreffend sind, gibt es für den Staatsmann keine im strengen Sinne fest definierbaren Regeln oder Prinzipien dafür, was das Richtige und was das Falsche ist, sondern der Staatsmann wählt das „Richtige" nach seinem (professionalisierten) Ermessen, und zwar auf der Basis vernünftiger Überlegung, empirischer Beobachtung[36] oder Beachtung der Tradition, unter Anwendung des rechten Augenmaßes. Auf der „Makroebene" resultiert daraus ein stabiles Gemeinwesen mit konstanter Verfassung, das dem Nutzen der Staatsbürger dient, und Gesetzen, die den Erhalt dieses Zustands gewährleisten.[37] Dass sich insbesondere die Vervollkommnung des „praktischen Verstands" (*ratio*) in einem Menschen als selbstgesteuerter Prozess darstellt, zeigt Cicero in *De legibus*:[38]

> Nunc, quoniam hominem, quod principium reliquarum rerum esse voluit, <ita> generavit et ornavit deus, perspicuum est illud (ne omnia disserantur), ipsam per se naturam longi-

---

[35] Cic. leg. 2,10.
[36] Jonathan Powell (in diesem Band) weist auf die Gleichrangigkeit theoretischer und empirischer Prinzipien hin: „Here again Cicero claims to combine two things in one: he inherited on the one hand the tradition of rational speculation about political communities derived, above all, from Plato's *Republic*, and, on the other, the empirical tradition of Aristotle and his Peripatetic successors which studied a large number of actual examples with a view to establishing general principles." Da der ideale Staat tatsächlich existent war, kann neben der Herleitung aus grundsätzlichen Erwägungen oder aus der Empirie auch immer ein adaptives Verfahren (Adaption der Gesetze zur Erreichung dieses idealen Zustands) zurückgegriffen werden. Vgl. zur mehrfachen Fundierung des Naturrechts in *De legibus* und die aus der Begründung in mehreren Begründungsmodi resultierende Unschärfe Jochen Sauer: Dichotomie in der Naturrechtskonzeption von Ciceros Schrift *De legibus?*, in: Rheinisches Museum 185 (2012), 65–84.
[37] Vgl. Cic. leg. 2,11: *Constat profecto ad salutem civium civitatumque incolumitatem vitamque hominum quietam et beatam inventas esse leges* [...] („Es steht in der Tat fest, dass zum Wohlergehen der Bürger, zur Erhaltung der Staaten und zum Leben der Menschen in Ruhe und Glück die Gesetze erfunden wurden").
[38] Cic. leg. 1,27.

> us progredi, quae etiam nullo docente, profecta ab eis quorum ex prima et inchoata intellegentia genera cognovit, confirmat ipsa per se rationem et perficit.

> Jetzt, da Gott den Menschen geschaffen und ausgerüstet hat, weil er wollte, dass dieser für alle übrigen Dinge verantwortlich sei, ist dies deutlich, dass sich die Natur selbst (um den Gedankengang abzukürzen) von sich aus weiterentwickelt; auch ohne irgendeine Anleitung stärkt sie allein aus sich heraus die Vernunft, wobei sie von den Gegebenheiten ausgeht, deren Erscheinungsformen sie aus einem ersten und ursprünglichen Verständnis kennt, und bringt sie zur Vollendung.

Dieser selbstgesteuerte Prozess wird nun, so Marcus in *De legibus*, von vielen Faktoren behindert; durch sie wird erklärbar, dass die Menschen oft nicht nach dem Richtigen strebten. Bildung und die richtige Instruktion mögen diese Hindernisse jedoch aus dem Weg räumen.[39]

Stabilität erhält der Staat nicht zuletzt durch das (Sprech-)Handeln eines weisen Menschen, der ganz offensichtlich nicht selbst „historisches *exemplum*" sein muss, sondern primär die Leistungen von *exempla* vermittelt und quasi als Katalysator für ihre Wirksamkeit tätig ist:[40]

> Cumque se ad civilem societatem natum senserit [Subjekt ist sapiens], non solum illa subtili disputatione sibi utendum putabit, sed etiam fusa latius perpetua oratione, qua regat populos, qua stabiliat leges, qua castiget improbos, qua tueatur bonos, qua laudet claros viros, qua praecepta salutis et laudis apte ad persuadendum edat suis civibus, qua hortari ad decus, revocare a flagitio, consolari possit afflictos, factaque et consulta fortium et sapientium cum improborum ignominia sempiternis monumentis prodere.

> Und wenn er merkt, dass er für die Gemeinschaft der Bürger geboren ist, wird er die Überzeugung vertreten, dass er sich nicht nur jener feinsinnigen, in die Einzelheiten gehenden Erörterungen, sondern auch einer weiter ausgreifenden zusammenhängenden Rede bedienen müsse, um mit ihr die Völker zu lenken, die Gesetze zu festigen, die Verbrecher zu züchtigen, die Rechtschaffenen zu schützen, die berühmten Männer zu loben, seinen Mitbürgern die zum Heil und zum Ruhm führenden Vorschriften auf überzeugende Weise zu erteilen, um so zur Sittlichkeit ermahnen, von Schandtaten abhalten und die Bedrängten

---

39 Vgl. Cic. leg. 1,32: *illud extremum est, quod recte vivendi ratio meliores efficit* („läuft alles darauf hinaus, dass die Lehre von der richtigen Lebensführung sie [scil. die Menschen] besser macht"); leg. 1,47: *Sed perturbat nos opinionum varietas hominumque dissensio, et quia non idem contingit in sensibus, hos natura certos putamus, illa quae aliis sic, aliis secus, nec eisdem semper uno modo videntur, ficta esse dicimus* („Aber die Verschiedenheit der Meinungen und die Uneinigkeit der Menschen verwirren uns, und weil dasselbe nicht auf die Sinneswahrnehmungen zutrifft, halten wir diese für von Natur aus zuverlässig; jenes aber, was den einen so, den anderen anders und denselben nicht immer gleich erscheint, halten wir für Einbildung").
40 Cic. leg. 1,62.

trösten zu können und die Taten und Beschlüsse der Tüchtigen und der Weisen in Verbindung mit der Schande der Verbrecher für alle Zukunft in der Erinnerung zu bewahren.

Die Bewertungsmaßstäbe des *sapiens* entspringen dabei offensichtlich keiner bloßen Prinzipienmoral, keiner bloßen Empirie oder keiner bloßen Anthropologie, sondern liegen allein in der Entscheidungskraft eines umfassend reflektierten Menschen. Geht man von Marcus' Argumentation in *De legibus* aus, so besitzt er jedoch die Fähigkeit, diese Begründungsmodi adäquat heranzuziehen.[41] Bei Cicero ist vor allem die Vorstellung eines (offenbar selbstgesteuerten) Prozesses bemerkenswert, infolge dessen aus dem rechten Entscheiden zahlreicher Individuen auch ein idealer Staat entsteht.

Hier zeigt sich der Übergang zwischen der ‚Mikrowelt' der einzelnen Entscheidungsträger, deren Handeln sich nicht in streng definierte Regeln fassen oder unter feste Prinzipien stellen lässt, und der ‚Makrowelt' des Gemeinwesens, das im Gegensatz dazu Regeln und eine Verfassung besitzt. Hieraus lässt sich auch ein ciceronischer Ansatz zur Lösung der Krise des römischen Staats sehen: die Professionalisierung der Staatsmänner,[42] die Transzendierung zentraler Eckpunkte der Staatsethik[43] und der Verfassung,[44] schließlich – und dies ist die zentrale These – die vorsichtige Überführung der Philosophie in einen rechtsähnlichen, verbindlichen Diskurs, man mag beinahe sagen: eine „Jurifizierung"[45] der Philosophie bzw. des philosophischen Diskurses.[46] Hier scheint eine erste, typisch ‚römische' Besonderheit ciceronischer Philosophie zu liegen.

---

41 Die hier zugrunde liegende Vorstellung ist am ehesten mit der Vorstellung in Aristoteles' Nikomachischer Ethik in Verbindung zu bringen, dass das richtige Handeln letztlich allein in der Hexis eines guten Politikers liegt.
42 Vgl. Jonathan Powell (in diesem Band): „Cicero's message is therefore the simple one that we all ought to become not only politicians, but political scientists."
43 Hierzu zählen etwa die staatsfundierende Rolle der Gerechtigkeit im 3. Buch von *De re publica* oder die anthropologischen Voraussetzungen für die Existenz einer Naturrechtlichkeit im 1. Buch von *De legibus*.
44 Hier sind besonders die Ausführungen Scipios zur römischen Mischverfassung sowie das dritte Buch von *De legibus* über die Magistratsgesetze wesentlich.
45 Unter Jurifizierung wäre dann ein Vorgang zu verstehen, bei dem ein philosophischer Diskurs in den Regelraum des juristischen Diskurses überführt wird. Elemente dieses Regelraumes wären z.B. Referenzierung auf frühere Urteilsbildung, Formalisierung des Gesprächsverfahrens, Äußerungen in Form „gutachterlicher" Stellungnahmen, Bezug auf unterschiedliche Begründungsmodi.
46 In *De legibus* präsentiert die Dialogfigur Marcus den praktischen Verstand und die Entscheidungskraft als Ausgangspunkt jeglicher Normensetzung. Dementsprechend hänge *lex* etymologisch im Lateinischen mit *delectus vis* (Entscheidungskraft) zusammen (leg. 1,19). Cicero transzendiert die Entscheidungskraft eines Menschen in seiner vollendeten Form als

Nicht philosophisch transzendiert werden in den beiden Schriften dagegen die konkreten zugrundeliegenden Verhaltensorientierungen, die Werte[47] oder historischen *exempla*: Indem sie dem philosophischen Diskurs distant bleiben, bleiben sie selbstreferentiell[48] und bilden als vorbildliche oder verwerfliche Handlungsmuster wichtige Referenzpunkte des idealen Politikers.[49] Auch dieses Charakteristikum, dass die Werte nicht angetastet werden und von Ciceros Philosophie des rechten Urteilens fern bleiben,[50] darf als typisch „römisch" bezeichnet werden. Sie gelten offenbar ganz unabhängig von philosophischer Ethik.

Ein Wertbegriff muss davon ausgenommen werden, der mit jener Weltvernunft, der *lex*, in enge Verbindung gebracht wird, und zwar im dritten Buch von *De legibus*: Es ist die Befehlsgewalt (*imperium*) eines Menschen, die unmittelbar mit der Gesetzmäßigkeit des Weltenbaus in Verbindung gebracht wird:[51]

> Nihil porro tam aptum est ad ius condicionemque naturae (– quod cum dico, legem a me dici intellegi volo –) quam imperium, sine quo nec domus ulla nec civitas nec gens nec hominum universum genus stare, nec rerum natura omnis nec ipse mundus potest.

> Außerdem ist nichts dem Naturrecht und den natürlichen Verhältnissen so eng angepasst – wenn ich dies so ausdrücke, dann soll man verstehen, dass ich damit das Gesetz meine –, wie Führung und Herrschaft, ohne die weder ein Haus noch eine Bürgerschaft noch ein Volk noch die gesamte Menschheit noch die ganze Schöpfung noch der Kosmos als solcher bestehen kann.

Verkörperung der Weltvernunft (leg. 1,18): *lex est ratio summa insita in natura, quae iubet ea quae facienda sunt, prohibetque contraria. Eadem ratio, cum est in hominis mente confirmata et perfecta, lex est* („Das Gesetz ist die höchste Vernunft, die in der menschlichen Natur liegt und alles befiehlt, was getan werden muss, und das Gegenteil verbietet. Dieselbe Vernunft ist das Gesetz, wenn sie im Geist des Menschen ihren festen Platz hat").

47 Dabei werden die Werte *benevolentia* und *amicitia* von Marcus explizit als anthropologische Eigenschaften benannt (leg. 1,33).

48 In *De legibus* beschreibt Marcus die Selbstreferenzialität der Werte eingehend; sie sind somit nicht in irgendeiner Weise ableitbar (leg. 1,40–52); vgl. hierzu Jochen Sauer: Philosophie im politischen Raum? Überlegungen zu Ciceros Philosophica der 50er Jahre, in: Hermes (im Erscheinen).

49 Cic. leg. 1,48: *Sequitur [...] et ius et omne honestum sua sponte esse expetendum [...] Quodsi ius, etiam iustitia; sin ea, reliquae quoque virtutes per se colendae sunt* („Es folgt nun die Feststellung [...], dass das Recht und alles sittlich Gute um ihrer selbst willen zu erstreben sind [...] Wenn aber das Recht, dann auch die Gerechtigkeit; wenn aber die Gerechtigkeit, dann müssen auch die übrigen Tugenden um ihrer selbst willen verwirklicht werden").

50 Vgl. Anm. 46.

51 Cic. leg. 3,3.

Auch wird oft dort, wo Kosmos und menschlicher Verstand parallelisiert werden, von *imperium* gesprochen. Wenn Cicero nun nicht, wie dargelegt, die traditionellen Wertbegriffe, sondern die Befehlsgewalt transzendiert, so scheint der Fokus dezidiert nicht auf eine Ontologie, sondern auf die Argumentations- und Interpretationsfähigkeit bzw. Deutungsmacht gerichtet zu werden, mit der die Erkenntnis des Richtigen und eine politische Wirksamkeit erreicht werden kann.

Vor diesem Hintergrund scheint Philosophie vor allem eine Hermeneutik (bzw. ein treffsicheres Erfassen) des Richtigen und eine Propädeutik für den richtigen Gebrauch von Macht zu sein und bildet die Voraussetzung zur wirkungsvollen Vergegenwärtigung von Modellen richtigen Handelns, den *exempla*. Jegliches Philosophieren mit der Vorgabe, sich auf eine Lehre zu konzentrieren und Modelle richtigen Handelns als Teil einer Paränetik zu sehen, steht hierzu im Widerspruch.

Eine inhaltliche Füllung der *ratio* in Form von streng definierten höchsten Prinzipien, Normen oder Leitwerten wird in *De re publica* ebenso wenig wie in *De legibus* angestrebt, vielmehr vervollkommnet sich die *ratio* im Handeln und Entscheiden der historischen römischen Protagonisten, ohne dass ihnen dieses bewusst sein muss.[52] So wird der Begriff *ratio* in *De legibus* schließlich als Menge verschiedener geistiger Tätigkeiten präsentiert, wobei die Bereiche des Argumentierens, Schlussfolgerns und Entscheidens dominieren:[53]

> Etenim ratio, qua una praestamus beluis, per quam coniectura valemus, argumentamur, refellimus, disserimus, conficimus aliquid, concludimus, certe est communis, doctrina differens, discendi quidem facultate par.

> Denn die Vernunft, durch die allein wir den wilden Tieren überlegen sind und mit deren Hilfe wir uns auf Vermutungen stützen können, Beweise führen, widerlegen, Erörterungen anstellen, etwas zu Ende denken und Schlussfolgerungen ziehen, ist gewiss allen gemeinsam; obwohl sie dem Grad ihrer Ausbildung nach unterschiedlich entwickelt ist, so ist sie doch hinsichtlich ihrer Lernfähigkeit gleich.

Die von Marcus hier aufgeführten geistigen Tätigkeiten, die der *ratio* zugeordnet werden, zielen vor allem darauf, eine Entscheidung bzw. ein Urteil in einer strittigen Frage oder einem Problem herbeizuführen. Die römischen Werte,

---

52 Es ist schwer vorstellbar, dass sich Romulus oder Numa aus Scipios Erzählung dessen bewusst gewesen wären, dass sie in ihrem verständigen Handeln der Weltvernunft gefolgt wären.
53 Cic. leg. 1,30.

soweit sie Handlungsmuster und habitualisierte Verhaltensweisen beschreiben, scheinen offenbar nicht von dieser *ratio* ersetzt werden zu können.

Fragt man nach einer einheitlichen Instanz, die zwischen den einzelnen Begründungsmodi vermittelt, so lässt sich allein die als *lex* bezeichnete *phronesis* oder *prudentia* des Einzelnen, die praktische Klugheit, finden. Die kosmische *summa lex* ist die Transzendierung des angemessenen Urteils eines Staatsmanns.[54] Ciceros Philosophie bildet eine im Prinzip juristische Grundsituation ab: Es geht um Entscheidungsfindung, und zwar zwischen verschiedenen Referenzpunkten und Positionen bzw. – in seinen Spätschriften – zwischen den Philosophenschulen. Die Vielfalt der dabei verwendeten verschiedenen Argumentationsformen und Begründungsmodi dokumentiert, welche Möglichkeiten der gebildete praktische Verstand (*ratio*) des Menschen zur Verfügung stellt,[55] um eine angemessene Entscheidung herbeizuführen. Dabei ist es natürlich auch legitim, einer zuvor getroffenen Einschätzung zu folgen, wie dies etwa Scipio zu Beginn von Buch 2 in Bezug auf Cato den Älteren zu tun vorgibt.

Es ist das ‚angemessene Urteil', das auch das Konsistenzproblem der griechischen Philosophie, das durch ihre Gliederung in verschiedene Schulen auftritt, zu lösen vermag. Die Anwesenheit der Angehörigen der römischen Führungsschicht in den Dialogen und die Tatsache, dass sie von ihren Obstruktionsrecht nicht Gebrauch machen, sondern zustimmen, gibt dem Urteil wiederum die nötige Autorität.

Die Inszenierung dieser praktischen Klugheit, wie sie oben erläutert wurde, nämlich eingebettet in einen Konsensrahmen einzelner mit Obstruktionsrechten ausgestatteter verstandesbegabter und gebildeter Gesprächspartner, ist das römische Gegenmodell zu den miteinander streitenden griechischen Philosophenschulen. Wenn Petra Gehring Ciceros „System" in *De legibus* als „trianguliertes Klugheitsuniversum" bezeichnet, in dem der Verstand eines gebildeten und erfahrenen Menschen zwischen den Polen „positives Recht", „übergeordnete Gesetzlichkeit" und „Anthropologie" vermittelt,[56] so ist damit die eine Seite klar beschrieben. Hinzu kommen bei den frühen Philosophica ein oder mehrere mit Obstruktionsrechten ausgestattete (und ebenfalls über *prudentia* verfügende) Gesprächspartner, welche die Klugheitsentscheidung in der Regel interpretierend kommentieren und ihr – bis auf wenige Ausnahmen – uneingeschränkt

---

54 Vgl. Anm. 47.
55 Vgl. Sauer: Dichotomie (wie Anm. 36), S. 83.
56 Petra Gehring: „Naturrecht als Verstandesrecht", Response zu Jochen Sauer: „Dichotomie in Ciceros Naturrechtskonzeption?". Workshop „Gesetz – Rhetorik – Gewalt", 24. Januar 2014, Exzellenz-Cluster *Formation of Normative Orders*, Universität Frankfurt a. M.

die Zustimmung geben. Die stete Anwesenheit verständiger Gegenüber wäre somit nicht allein literarische Einkleidung, sondern elementarer Bestandteil der ciceronischen Konzeption.

Fragt man nun, inwieweit die Dialogpersonen *exempla* darstellen, so muss man differenzieren: „Historische *exempla*" stellen die Dialogfiguren nicht dar, vielmehr Modelle, wie man als „Römer" philosophieren bzw. eine Entscheidung über ein Problem griechischer Philosophie herbeiführen kann. In dieser Hinsicht stehen sie den Fallbeispielen recht nahe. Die Geltung römischer Wertvorstellungen wird nicht angetastet, indem sie an eine wie auch immer geartete Prinzipienethik gekoppelt würden. Gemeinsam mit den römischen Werten hat die *lex* zwar, dass sie zum richtigen Handeln anleitet und vom falschen abhält (leg. 1,18): *lex est ratio summa [...] quae iubet ea quae facienda sunt prohibetque contraria* („Das Gesetz ist die höchste Vernunft, die alles befiehlt, was getan werden muss, und das Gegenteil verbietet"). Jedoch handelt es sich bei der *lex* um die Fähigkeit, richtig zu ermessen oder zu urteilen, nicht um eine habitualisierte Verhaltensweise. Somit scheint die *lex* die Werte erst zur Geltung führen bzw. die ‚historischen *exempla*' erst wirkungsvoll interpretieren zu können. Kurz gesagt: Die Dialogpartner verkörpern keine Werte, die der Interpretation bedürfen, sondern eine Fähigkeit, selbst zu interpretieren und Deutungsmacht auszuüben. Während Wertvorstellungen und *exempla* die Gesamtheit der römischen Bevölkerung betreffen (wenngleich einzelne Werte bisweilen in bestimmten Gruppen besondere Geltung besitzen), richtet sich Ciceros Philosophie des rechten Urteilens besonders auf diejenigen, deren zentrale Aufgabe im Urteilen und Entscheiden liegt: die Führungselite der späten Republik. Angehörige der römischen Führungselite stellen das Subjekt dieser Deutungsmacht dar, Objekt sind Positionen und Systeme griechischer Philosophie. Ciceros Schriften intendieren die Genese einer politisch aktiven Bildungselite, deren Fokus auf der Frage nach dem richtigen Urteilen liegt.[57]

2.3 Charakteristika der Argumentation

In der äußeren Form der Philosophica Ciceros scheinen mir vier Besonderheiten wesentlich zu sein, die auf das Ziel hinwirken, die Universalität des praktischen Verstands, Voraussetzung für die Perpetuierung und Optimierung der beste-

---

[57] Der Beitrag von Therese Fuhrer (in diesem Band) wird das soziale Rollenmuster der übernächsten Generation dieser Führungselite betrachten, wie es Seneca in seinen Philosophica entwirft.

henden Staatsordnung, darzulegen und dabei Anschluss an die anfangs skizzierten Elemente der präphilosophischen Normenkultur herzustellen. Es handelt sich dabei um Charakteristika der Darstellung, die geeignet sind, dem Zwang logischer Stringenz, der Abgeschlossenheit eines Systems und der Präzision definierter Begrifflichkeit und damit Elementen, die jedes „System" angreifbar machen, dezidiert entgegenzuwirken.

Dies betrifft erstens die stetige Betonung der Diskontinuität griechischer Philosophie: Griechische Philosophie tritt bei Cicero dem Leser meist auf der Basis der miteinander im Streit liegenden Philosophenschulen entgegen. Zudem ist häufig die Geschichtlichkeit griechischer Philosophie und damit die Diskontinuität innerhalb einer griechischen Philosophenschule Thema. Ciceros Dialogpersonen treten oft als Vertreter einzelner Schulen auf, doch ist ganz wesentlich, dass sie sich nicht als Philosophen inszenieren, sondern eher als Rezipienten, die über philosophische Themen und Gegenstände urteilen. Die Urteilsfähigkeit ist dabei das zentrale Merkmal, das alle Hauptgesprächspartner verbindet. In *De legibus* tritt Marcus als Schiedsrichter zwischen der Alten Akademie und Zenon auf. In den späten Philosophica wird die Auseinandersetzung der Schulen häufiger als Kontroverse inszeniert. Trotz der Vermittlung bleiben die einzelnen Positionen, die sich als stark oder weniger stark erwiesen haben, nebeneinander stehen, wenngleich sie unterschiedlich bewertet werden.

Um das Urteil und den Prozess der Urteilsfindung in den Vordergrund zu stellen, ist es zunächst nötig, die römische Diskussionsgemeinschaft vom zu beurteilenden Gegenstand, dem jeweiligen Thema der griechischen Philosophie, zu distanzieren. Stets werden daher die Dialogpartner als Rezipienten griechischer Philosophie präsentiert, die sich in der Deutungsmacht über griechische Philosophie[58] üben (dies betrifft die jüngeren) oder diese ausüben (dies betrifft die älteren),[59] nie als Philosophen. Römische Philosophie drückt sich

---

58 Die Deutungsmacht zeigt sich auch gegenüber den Orten: Gerade in den frühen Philosophica erinnert die Szenerie des philosophischen Gesprächs oft an eine Szenerie eines platonischen Dialogs. Dabei reflektieren die römischen Gesprächspartner gerade in den frühen Philosophica über ihre Entscheidung, einen solchen griechisch konnotierten Raum aufzusuchen, bisweilen streiten sie auch darum. Nie geht römische Szenerie in der griechischen auf, sondern bleibt stets distant. Darin, dass die Römer sich in ihren Philosophengärten an Orte platonischer Gespräche erinnert fühlen, liegt kein Epigonentum, sondern im Gegenteil: der Versuch, griechische Philosophie in Besitz zu nehmen: Griechische Philosophie ist Gegenstand, dem die Entscheidungsmacht der römischen Aristokraten übergeordnet ist.

59 Andreas Haltenhoff wählt das Verb ‚beherrschen': Haltenhoff: Cicero und die Philosophie (wie Anm. 1), 232: „Ihm [sc. Cicero] tritt Philosophie zunächst als ein Reservoir von Dogmen [...] entgegen, das er kritisch sichtet und darstellt. In diesem Sinn ‚beherrscht' er die Philosophie."

damit nicht in der einmaligen Entscheidung für ein wie auch immer kontinuierlich strukturiertes System aus, sondern stellt den Akt der Urteilsbildung ins Zentrum.[60]

Gegenüber streng kohärenter Systembildung bevorzugen die ciceronischen Philosophica die eher „weichen" Formen der Urteilsbildung und Ausübung von Deutungsmacht gegenüber streng kohärenter Systembildung. Formal überwiegen argumentative Passagen; narrativ-explikative Ausführungen, wie sie bei der systematischen Darstellung eines Gegenstands eher zu erwarten sind, sind selten. Diese Vorstellung erinnert ein wenig an das Bild, das sich die moderne althistorische Forschung vom römischen Staat macht. So schreibt Uwe Walter, dass „ein politisches System wie die res publica [stellte] kein ein für allemal institutionell fixiertes und stabiles, sondern vielmehr ein hoch prekäres Gebilde dar[stellte], in dem Zusammenhalt immer wieder neu zu befestigen, Konsens immer wieder zu erringen, Teilhabe und Integration immer wieder zu inszenieren waren".[61]

Nach dem ersten Punkt, der Diskontinuität des Systems und der Kontinuität der Entscheidungskraft, nun zum zweiten Punkt: der Mehrsträngigkeit der Argumentation und die Variation der Argumentationsform. Träger der Hauptargumentationen sind in Ciceros Philosophica verschiedene Personen, die Argumentationen verschiedener Arten, oft jedoch in dieselbe Richtung führen.

Die Gegenüberstellung der Staatsformen und die Beschreibung der römischen Staatsordnung als Mischverfassung im ersten Buch von *De re publica* werden von Scipio teilweise in zusammenhängender Rede, teilweise in einem mit Laelius geführten Elenchos entwickelt. Für die Schilderung der Genese des römischen Gemeinwesens im zweiten Buch führt Scipio Cato den Älteren an, dessen erzählende Darlegung er wiederzugeben vorgibt. Die Argumentation für die staatsfundierende Funktion der Gerechtigkeit im dritten Buch inszeniert Cicero als Debatte, in welcher Scipio und Laelius in unterschiedlichen Erwiderungen auf eine von Philus vorgetragene Gegenthese antworten.[62] Die auf unter-

---

60 Vgl. Francesca Fontanella: Politica e diritto naturale nel *de legibus* di Cicerone, in: dies. (Hg.): Politica e diritto naturale nel *De legibus* di Cicerone, Roma 2012 (Temi e testi 109), 115–132, hier 132.
61 Uwe Walter: Kein Anschluss unter dieser Nummer. Über den Versuch eines neuen „Staatsrechts" für Rom. Rez. zu: Michael Rainer: Römisches Staatsrecht. Republik und Prinzipat, Darmstadt 2006, in: Gymnasium 114 (2007), 475–485, hier 476.
62 Interessanterweise weist die Debatte an der Stelle, an der ein Wert, die Gerechtigkeit, verhandelt wird, zwei Auffälligkeiten auf. Entsprechend der dualistischen Struktur römischer Wertebegriffe gibt es ein Pro und Contra, und entsprechend der uneingeschränkten Verbindlichkeit des Wertes wird bereits zu Beginn der Debatte unmissverständlich klar gemacht, dass

schiedliche Personen verteilten und in unterschiedlichen Formen geführten Argumentationen, die in dem gemeinsamen Gespräch auf Zustimmung treffen, vermitteln den Eindruck von gemeinsam getragenen Überzeugungen, die jenseits einer systematisch entwickelten Philosophie liegen.[63]

In Cic. nat. deor. 2,20 äußert sich der Stoiker Balbus in Bezug auf die Tatsache, dass er die Existenz von Göttern nicht nur in einem, sondern mehreren Argumentationsgängen zu zeigen sucht, mittels eines Bildes: Während ein stehendes Gewässer schnell verschmutzt werde, geschehe dies bei einem fließenden Gewässer viel langsamer. So könne auch ein dichter Strom an Argumenten deutlich schwerer widerlegt werden als ein einzelnes, für sich allein stehendes. Man mag zunächst daran denken, dass hier die persuasive Wirkung der Rhetorik verbildlicht wird, doch mag sich in der Tatsache, dass mehrere Argumente von verschiedenen Perspektiven ein und dieselbe Sache (sicher jeweils mehr oder weniger gut) beweisen, dass es tatsächlich etwas mit der These ‚auf sich haben muss'. Eine solche Argumentation greift nicht nur von einer Seite, sondern umfasst den Gegenstand gewissermaßen. Sie gehört eher in den Bereich der Jurisprudenz als in den der Philosophie.

Drittens scheint mir die Unabgeschlossenheit des Diskurses wesentlich zu sein.[64] In *De legibus* wird Marcus von Quintus am Ende des ersten Buches darauf hingewiesen, dass er seine Überlegungen kurz fassen möge; tatsächlich vertagt Marcus die Erörterung über das höchste Gut und das schlimmste Übel (*De finibus bonorum et malorum*) auf einen späteren Zeitpunkt. Im Brutus wird am Ende des Buches vereinbart, das Gespräch soll in naher Zukunft fortgesetzt werden. Der Unabgeschlossenheit des einzelnen Gesprächs steht somit der Hinweis auf Fortsetzung oder zumindest Fortsetzbarkeit gegenüber. Was das ciceronische

---

nur die These der staatsfundierenden Funktion der Gerechtigkeit akzeptabel ist. Es geht also ausschließlich um die Begründung einer in jedem Fall unmissverständlich verbindlicher Wertauffassung, die selbst nicht Gegenstand der Verhandlung ist.

63 Mehrsträngigkeit und Multiperspektivität lassen sich auch auf der Mikroebene der Argumente finden. Vgl. dazu Jochen Sauer: Argumentations- und Darstellungsformen im ersten Buch von Ciceros Schrift *De legibus*, Heidelberg 2007 (Bibliothek der klassischen Altertumswissenschaften. Neue Folge 2,118).

64 Die Besonderheit, dass die Dialoge „open-ended" sind, sieht Schofield: *Ciceronian dialogue* (wie Anm. 26), als eine der beiden wesentlichen Charakteristika ciceronischer Dialoge. Er weist darauf hin, dass Cicero die Entscheidung letztlich in die Hände des Lesers gibt: „In dialogues such as *Academica*, *De finibus*, *De Natura Deorum*, and *De Divinatione* Cicero gives properly argued alternatives a real run for their money, and adopts a variety of literary strategies for indicating that further reflection on their merits and choice between them is left to the reader" (63). Die zweite Besonderheit liege, so Schofield, in der Präsenz des Autors Cicero als Dialogfigur, vgl. ebd., 64.

Philosophieren an Stringenz im strengen Sinne und Systemhaftigkeit verliert, das hat sie in Hinblick auf die Kontinuität der Diskussion.

Und viertens schließlich ist, wenn man versucht, die „Aussage" eines Werkes zu bestimmen, eine gewisse Unschärfe auffällig, die es schwer möglich macht, Ciceros philosophisches Denken zu einem System zu führen: Beispielsweise entwickeln im dritten Buch von *De re publica* Scipio und Laelius unterschiedliche Antworten auf Philus' These der staatsfundierenden Funktion der Ungerechtigkeit. Am Ende von *De natura deorum* schließt sich der Epikureer Velleius der Position Cottas an, die Dialogfigur Cicero dagegen dem Stoiker Balbus, so dass am Ende der Erörterung über die Natur der Götter zwei starke Positionen nebeneinander stehen, die skeptische des Cotta und die stoische des Balbus. Etwas Ähnliches lässt sich in *De finibus* beobachten: Cicero „votiert" zwar für die Alte Akademie bzw. den Peripatos, jedoch bleibt die Darlegung stoischer (bzw. stoisch-peripatetischer)[65] Lehre, die Cato im dritten Buch entfaltet, trotz einiger Abschläge, auch über das dritte Buch hinaus eine starke Position; die Kritik Ciceros im vierten Buch ist nicht annähernd so vernichtend wie die Kritik an der epikureischen Position des Torquatus.

Fragt man nach einer Erklärung für diese vier Charakteristika, so ist wesentlich, dass nach Ciceros Meinung der römische Staat in seinem idealen Zustand bereits einmal existiert hat, und zwar etwa ein bis zwei Generation vor ihm selbst, zur Zeit Scipios. Insofern gibt es für Cicero auch andere Wege, als den idealen Staat von übergeordneten Regeln abzuleiten oder ihn aus der Anthropologie des Menschen zu entwickeln: Er kann ihn an diesen idealen Zustand auch durch leichte Modifikationen des Bestehenden quasi adaptiv anpassen. In dieser Hinsicht enthielte Ciceros Konzeption eine Optimierungskonzeption, die sich auf verschiedene Modi stützt: nicht ausschließlich, aber auch auf den Regelraum eines philosophischen Konzepts, nicht ausschließlich, aber auch auf die Anthropologie, nicht ausschließlich, aber auch auf die Kontinuität der Tradition.

Als Ergebnis bleibt damit festzuhalten: Die Dialogfiguren exemplifizieren nicht ethische Normen, sondern exemplifizieren die Fähigkeit, treffsicher eine richtige Einschätzung zu finden, Verweise auf ihr politisches Handeln bleiben weitgehend auf die Praefationes beschränkt. Das Handeln der Dialogfiguren in Ciceros frühen Philosophica konzentriert sich somit auf den lebensweltlichen Verstand, der zwischen verschiedenen Positionen, Argumentationen und Begründungsmodi vermittelt. In der Schrift *De legibus*, die mit den konkreten idea-

---

[65] Vgl. zu dem peripatetischen Einschlag der Rede der stoischen Dialogfigur Cato Schmitz: *Cato peripateticus* (wie Anm. 25).

len Gesetzen weitaus mehr die praktische Politik in den Blick nimmt, zeigt sich diese Fähigkeit darin, dass der *sapiens* zwischen dem, was zu tun ist, und dem, was zu meiden ist, treffsicher zu differenzieren vermag. Die Hilfsmittel eines Weisen können *exempla* sein, er selbst zeichnet sich aber durch seinen Verstand aus, das Richtige zu wählen, und daneben durch seine Überzeugungskraft, das Richtige zu vermitteln. Damit fokussiert die *lex* auf eine zentrale „Kompetenz" des römischen Politikers, über welche dieser verfügen muss, um aus dem Reservoir an *exempla* die richtigen zu wählen und zu interpretieren. Somit stellen Ciceros Dialogfiguren Fallbeispiele für diese Kompetenz dar. Die häufig konstatierte Rhetorizität kann man aus dieser Perspektive nicht nur in der Tatsache begründet sehen, dass diese verstandesgemäße Überzeugung verständlich und überzeugend vermittelt werden muss, sondern auch darin, dass eine Entscheidung zwischen verschiedenen Polen einer Argumentationsform bedarf, die eher einer topisch orientierten Diskussion als einer logischen Präsentation entspricht. So lässt sich begründen, dass für Ciceros Kosmos der Verstandesurteile auch der Zugriff auf Philosopheme griechischer Philosophie dort, wo sie nicht als Diskussion zwischen konkurrierenden Philosophenschulen auftritt, als topisch beschrieben werden kann.[66] Ein weiteres Stück Verbindlichkeit für den römischen Leser gewinnen die Ausführungen durch die festen Gesprächsregeln und die Obstruktionsrechte der Teilnehmer. Die Formalisierung des „Verfahrens" vor und nach der Rede und die Regeln entsprechen einer politisch-juristischen Grundsituation.

3 Seneca

Betrachten wir abschließend Senecas Philosophica. Wenn man Senecas Schriften unter den vier für Ciceros Werk genannten Gesichtspunkten in den Blick nimmt, so fällt zunächst auf, dass sich in Hinblick auf den zweiten Punkt, die Mehrsträngigkeit der Argumentation, ein einigermaßen ähnlicher Befund findet: Auch Senecas Werk ist durch Mehrsträngigkeit und Multiperspektivität in der Argumentation gekennzeichnet. So wird ein und dasselbe Thema oft mehrfach besprochen und dabei von verschiedenen Blickwinkeln betrachtet und so dem Bewusstsein des Lesers eingeprägt. Seneca verwendet in *De vita beata* für

---

66 Vgl. hier Jochen Sauer: Argumentations- und Darstellungsformen (wie Anm. 63), insb. 237f.

die Möglichkeiten variierender Variation das Bild eines Heeres, dessen Soldaten in verschiedenen Formationen marschieren können:[67]

> Potest aliter quoque definiri bonum nostrum, id est eadem sententia non isdem comprendi verbis. Quemadmodum idem exercitus modo latius panditur modo in angustum coartatur et aut in cornua sinuata media parte curvatur aut recta fronte explicatur, vis illi, utcumque ordinatus est, eadem est et voluntas pro eisdem partibus standi, ita finitio summi boni alias diffundi potest et exporrigi, alias colligi et in se cogi [...] Licet, si evagari velis, idem in aliam atque aliam faciem salva et integra potestate transferre.
>
> Man kann auch auf andere Weise umreißen, was in unseren Augen ein Gut ist, also dieselbe Aussage formulieren, aber nicht mit denselben Worten. So, wie das gleiche Heer bald weiter ausschwärmt, bald fest die Reihen schließt und entweder, während die Flügel einschwenken, sein Zentrum im Halbkreis formatiert oder sich in gerader Linie entfaltet und doch seine Kampfkraft, wie immer es sich aufstellt, dieselbe bleibt, dazu die Bereitschaft, für dieselbe Sache einzutreten: Ebenso kann die Begriffsbestimmung des höchsten Gutes bald weitausholend und in aller Breite, bald zusammenfassend und gestrafft erfolgen [...] Man kann, falls man in die Breite gehen möchte, eben dies immer neu formulieren, wenn nur der Sinn unbeeinträchtigt erhalten bleibt.

Wichtig scheint mir dabei zu sein, dass es sich bei den Darstellungsmöglichkeiten einer Sache um verschiedene Formen handelt, die dasselbe (*idem*) unter Beibehaltung der Wirkabsicht bzw. des Bedeutungsgehalts (*salva et integra potestate*) vermitteln. Der Kern der Lehre und somit auch die innere normative Kraft scheinen von der Form der Vermittlung unabhängig zu sein, lediglich der Erfolg der Vermittlung hängt an der Darstellung. Sache und Weg scheinen voneinander getrennt zu sein.[68]

Bei den übrigen drei Punkten scheint sich Seneca noch deutlicher von Ciceros Philosophica abzuheben: In Hinblick auf den ersten Punkt, die Inszenierung von Diskontinuität, werden unterschiedliche Auffassungen innerhalb der Philosophie, insbesondere die Unterschiede der Philosophenschulen untereinander, deutlich weniger stark betont, als dies bei Cicero der Fall ist; auch spielt die Geschichtlichkeit der philosophischen Lehren eine geringere Rolle. Seneca

---

67 Seneca: De vita beata 4,1; 4,3. Vgl. hierzu ausführlich Fritz-Heiner Mutschler: Variierende Wiederholung. Zur literarischen Eigenart von Senecas philosophischen Schriften, in: Manuel Baumbach; Helga Köhler; Adolf Martin Ritter (Hgg.): Mousopolos Stephanos. Festschrift für Herwig Görgemanns, Heidelberg 1998 (Bibliothek der klassischen Altertumswissenschaften. Neue Folge 2,102), 143–159; außerdem Fritz-Heiner Mutschler (Hg./Übers.): Nachwort zu: L. Annaeus Seneca. *De vita beata*. Vom Glücklichen Leben, Stuttgart 1990, 99–119.

68 Vgl. den Beitrag von Claudia Wiener (in diesem Band), die zu dem Ergebnis kommt, dass den drei *Consolationes* Senecas letztlich dieselbe Auffassung zugrunde liegt.

argumentiert durchweg von einem stoischen Standpunkt aus und richtet seinen Blick dort, wo er auf die Lehre einer anderen Philosophenschule rekurriert, überwiegend auf das Gemeinsame. An erster Stelle finden Lehrsätze Epikurs Erwähnung und damit Sätze der Philosophenschule, die neben der Stoa in Rom die größte Breitenwirkung erlangt hat. Senecas Annäherung an den Epikureismus erscheint vor diesem Hintergrund eher defensiv, da seine Auseinandersetzung darauf hinwirkt, Diskontinuitäten zwischen den beiden Philosophenschulen, die ein philosophisch gebildeter Leser ohnehin wahrnehmen würde, abzubauen. Wie nicht zuletzt der Beitrag von Claudia Wiener deutlich macht, bleibt Seneca im System.

In Hinblick auf den dritten Punkt, die Inszenierung von Unabgeschlossenheit innerhalb der Diskussion, führen Senecas Dialoge die Argumentation meist zu einem Schlusspunkt. Senecas Darlegungen präsentieren sich zudem häufig als in sich abgeschlossene Antworten auf spezielle Fragen, die meist von einem fiktiven Interlokutor gestellt werden. Gleichwohl mag man etwa die Einzelbriefe des Briefcorpus der *Epistulae morales* durchaus als Fortsetzungstext lesen. Jedoch ist jeder Brief als in sich durchkomponierte Einheit strukturiert, Themen werden häufig wieder *ab ovo* aufgegriffen. Ein Briefabschluss jedoch, der beispielsweise dem Schluss von *De natura deorum* ähnelte, findet sich nicht.

Die Inszenierung oder Thematisierung von Unschärfen schließlich, der vierte Punkt, findet sich selten. Senecas Schriften neigen eher dazu, den Eindruck von Unschärfe nicht zuletzt durch pointierte Resümees oder eingängige Sentenzen zu vermeiden.

Betrachten wir nun das Verhältnis von philosophischer Reflexion und traditioneller Ethik. Im 95. Brief der *Epistulae morales* bestimmt Seneca das Verhältnis zwischen Theorie, Paränetik und Exempla folgendermaßen:[69]

> Ad virtutes transeamus. Praecipiet aliquis ut prudentiam magni aestimemus, ut fortitudinem conplectamur, iustitiam, si fieri potest, propius etiam quam ceteras nobis adplicemus; sed nihil agetur si ignoramus quid sit virtus, una sit an plures, separatae an innexae ut qui unam habet et ceteras habeat, quo inter se differant.

> Zu den Erscheinungsformen der sittlichen Vollkommenheit wollen wir jetzt übergehen. Vorschreiben wird jemand, die Klugheit hoch zu bewerten, der Tapferkeit uns zu eigen zu geben, der Gerechtigkeit, wenn es möglich ist, uns sogar näher als den übrigen Werken zu verbinden; doch nichts wird geleistet werden, wenn wir nicht wissen, was die sittliche Vollkommenheit ist, ob es eine einzige gibt oder mehrere, ob sie getrennt oder verknüpft sind – so dass, wer eine besitzt, auch die übrigen besitzt –, worin sie sich voneinander unterscheiden.

---

69 Sen. epist. 95,55.

Der Gedanke beginnt mit der fiktiven Annahme, es lehre jemand, Klugheit hoch zu schätzen, sich Tapferkeit anzueignen und vor allem der Gerechtigkeit zu folgen. Damit wird ein Set von drei zentralen römischen Wertbegriffen genannt, an denen man sich orientieren solle. Seneca jedoch weist darauf hin, dass eine solche Anweisung nichts bringe, wenn keine Reflexion über die *virtus* stattgefunden habe: ob es eine *virtus* gebe oder ob sie aus mehreren Elementen bestehe, ob sie getrennt oder verbunden sind. Hier scheint die theoretische Reflexion über das Wesen der *virtus* an die Stelle von belehrenden Modellen richtigen Handelns, den *exempla*, zu treten.

Welche Voraussetzungen geschaffen werden müssen, um zum richtigen Handeln zu gelangen, beschreibt die wenig später folgende Passage:[70]

> Actio recta non erit nisi recta fuerit voluntas: Ab hac enim est actio. Rursus voluntas non erit recta nisi habitus animi rectus fuerit: Ab hoc enim est voluntas. Habitus porro animi non erit in optimo nisi totius vitae leges perceperit et quid de quoque iudicandum sit, exegerit, nisi res ad verum redegerit. Non contingit tranquillitas nisi inmutabile certumque iudicium adeptis.

> Das Handeln wird nicht richtig sein, wenn der Wille nicht richtig ist. Davon nämlich geht die Handlung aus. Andererseits wird der Wille nicht richtig sein, wenn die seelische Verfassung nicht richtig ist: Von ihr nämlich rührt her der Wille. Mit der Verfassung der Seele ihrerseits wird es nicht zum besten bestellt sein, wenn sie nicht die Gesetze des gesamten Lebens in sich aufgenommen und entschieden hat, was sie über jeden Sachverhalt urteilen soll, also wenn sie nicht die Dinge auf den wahren Wert zurückgeführt hat. Nicht stellt sich Seelenruhe ein, wenn man nicht ein unwandelbares und sicheres Urteil gewonnen hat.

Es ist somit letztlich die Kenntnis der Gesetze des gesamten menschlichen Lebens und die damit verbundene Urteilskraft, welche die Grundlage für die richtige seelische Verfassung, somit für den rechten Willen und schließlich für das richtige Handeln bildet. Anders als bei Cicero bildet hier die Kenntnis von Gesetzmäßigkeiten des menschlichen Lebens die Grundlegung, richtig zu handeln. Eine Instanz, die unmittelbar das Richtige gebietet, wie sie bei Cicero in *De legibus* als *lex* erscheint, findet sich an dieser Stelle bei Seneca nicht. Eine Ethik, die in dem Maße wie Ciceros Darstellung an die traditionelle normative Kraft römischer Exempla anschlussfähig ist, entwickelt Seneca offenbar nicht.

Schließlich stellt Seneca am Ende des betrachteten Briefs den *praecepta* die *exempla* an die Seite. So verdeutlicht er, dass neben Lehrsätzen und Handlungsanweisungen auch modellhafte Vorbilder einen unmittelbaren Nutzen mit

---

70 Sen. epist. 95,57.

sich bringen. Die *exempla* scheinen, so legt es der Kontext des Briefes nahe, die *praecepta* zu flankieren. Eine größere normative Kraft als die *praecepta* scheinen sie jedoch nicht zu haben. Hinsichtlich der *exempla* bringe, so Seneca, nicht nur die Kenntnis des Aussehens und des Charakters großer Persönlichkeiten Nutzen, sondern auch die Kenntnis ihres Handelns:[71]

> Proderit non tantum quales esse soleant boni viri, dicere formamque eorum et lineamenta deducere, sed quales fuerint narrare et exponere, Catonis illud ultimum ac fortissimum vulnus per quod libertas emisit animam, Laeli sapientiam et cum suo Scipione concordiam, alterius Catonis domi forisque egregia facta, Tuberonis ligneos lectos haedinasque pro stragulis pelles et ante ipsius Iovis cellam adposita convivis vasa fictilis.

> Nützen wird es, nicht nur die Wesensart werthafter Männer zu beschreiben sowie ihre Gestalt und Gesichtszüge darzustellen, sondern auch zu erzählen und berichten, wie sie gewesen sind, Catos letzte und tapferste Wunde, durch die die Freiheit das Leben aushauchte, Laelius' Weisheit und das Einvernehmen mit seinem Scipio, des älteren Cato hervorragende Taten zu Hause und draußen, Tuberos hölzerne Speisesofas und Bocksfelle, die er anstelle von Decken hatte, und das irdene Geschirr, das vor dem Heiligtum Jupiters für das Festmahl aufgestellt war.

Seneca wählt als Beispiele für modellhafte Vorbilder, bei denen besonders ihr Handeln von Bedeutung ist, seiner Zielstellung entsprechend natürlich solche Persönlichkeiten Roms, die zur stoischen Paränetik passen. Am Rande sei bemerkt, dass es sich bei allen vier genannten Größen, bei Cato dem Jüngeren, Laelius, Scipio und Tubero auffälligerweise um Personen handelt, die als Protagonisten in Ciceros philosophischen Dialogen auftreten (wenngleich Tubero, den Seneca hier besonders betont, bei Cicero eine Nebenfigur ist). Hier sind diese Figuren im philosophischen Diskurs zu ethischen Exempla geworden.

4 Schluss

Damit möchte ich den kurzen summarischen Durchgang beenden. Es hat sich gezeigt, dass Ciceros Diskurs in *De oratore*, *De re publica* und *De legibus* recht gut an Vorstellungen präphilosophischer römischer Normativität anschlussfähig ist. Die von Cicero für seine Philosophica gewählten Darstellungsformen lassen sich nicht nur als Formen rhetorischer Präsentation sehen, die den Geltungsanspruch der präsentierten Gedanken einlösen sollen, sondern sie schei-

---

[71] Sen. epist. 95,72.

nen auch die Tiefenstruktur von Ciceros Philosophica zu bestimmen, die sich von häufigen Merkmalen, die moderne Interpreten in einem philosophischen Text suchen, wie definitorische Schärfe, stringente Beweisführung und systematische Abgeschlossenheit, abgrenzen. Wichtiges Merkmal ist stattdessen die differenzierte Urteilskraft der jeweiligen Hauptgesprächspartner, die dem Leser als Teilnehmer einer Gesprächshandlung entgegentreten. Die Positionen, die in der Gesprächshandlung standhalten, spannen ein gewisses Spektrum an Überzeugungen auf, welche den Rezipienten in seiner Auffassung des jeweiligen Themas der Schrift mehr oder weniger straff leiten. Währenddessen scheinen bei Seneca Lehre und Form der Vermittlung deutlich unabhängiger voneinander zu sein. Das mehrsträngige Argumentieren bzw. die variierende Wiederholung stellen Formen rhetorischer Präsentation einer grundsätzlich stringenten Lehre dar, mit denen ein paränetisches Ziel verfolgt wird, wobei die *exempla* einen Teil der Paränetik bilden und dem System subordiniert sind.

II. Gesellschaftliche und literarische Rollenkonzepte für eine Selbstdefinition des Philosophen in Rom

Philosophische Literatur in Rom als Medium der Definition sozialer Rollen

Therese Fuhrer

1 Vorbemerkungen: Literatur als Teil sozialer und politischer Diskurse

Literatur in ihrer sicht- und greifbaren Form – in Buchform – ist immer auch Teil eines sozialen Systems und wird damit auch Teil kultureller Praxis: Man kauft sich Bücher, liest sie, denkt über den Inhalt nach, spricht über sie, liest über sie oder geht zu Lesungen des Autors.[1] Diese Mechanismen des „literarisch kommunikativen Handelns", die sich, zumindest im westlichen Kulturkreis, in der Gegenwart beobachten lassen, dürften nach unseren Kenntnissen vor zwei Jahrtausenden in antiken politischen und kulturellen Zentren nicht grundsätzlich anders gewesen sein: Bücher bzw. Buchrollen waren Teil ihrer materiellen Umgebung, mit der Publikation und dem Verkauf wurden sie zu Parametern im Komplex eines umfassenderen Geschehens und ihre Inhalte wurden Teil politischer, sozialer und kultureller Diskurse. Allerdings waren dadurch, dass die Rezeption antiker Texte – ohne die Möglichkeit von Printmedien – zunächst vom Angebot der Rezitation und dann des Buchmarkts abhing, die Publikation und Verbreitung stärker auf die Bemühungen und damit die Selbstdarstellung und -vermarktung der Autoren selbst angewiesen.[2] In neuerer Zeit ist zur Vor-

---

[1] Zum „Sozialsystem Literatur" vgl. Renate von Heydebrand; Simone Winko: Einführung in die Wertung von Literatur, Paderborn u.a. 1996, 25–28.
[2] Zum Verständnis von Literatur als einem „kommunikativen Handeln" vgl. von Heydebrand; Winko: Wertung (wie Anm. 1), 25 (nach Siegfried J. Schmidt). Zu den antiken Praktiken der Publikation und Wirkung von Literatur vgl. Raymond J. Starr: The Circulation of Literary Texts in the Roman World, in: Classical Quarterly 37 (1987), 213–223, sowie – mit Einbezug der kommunikationswissenschaftlichen Forschung – die beiden neueren Arbeiten von Rex Winsbury: The Roman Book. Books, Publishing and Performance in Classical Rome, London 2009 (Classical literature and society), und Nikolaus Jackob: Öffentliche Kommunikation bei Cicero. Publizistik und Rhetorik in der späten römischen Republik, Baden-Baden 2005 (Nomos Universitätsschriften, Kommunikationswissenschaften 1), 51–99; skeptischer beurteilt Armin Eich: Politische Literatur in der römischen Gesellschaft. Studien zum Verhältnis von politischer und

stellung von Literatur als kultureller und performativer Praxis und zum *self-fashioning* antiker Autoren, die die eigene soziale Rolle rhetorisch inszenieren, vor allem in der angelsächsischen Forschung und im Bereich der römischen Literatur viel gearbeitet worden.[3]

Diesen Arbeiten ist gemeinsam, dass sie die antiken Texte als Teil kultureller, sozialer und auch politischer Prozesse verstehen, die mit ihren Inhalten Traditionen konservieren, an der Bildung der kulturellen Identität mitwirken, soziale Leitbilder stabilisieren oder zu deren Wandel beitragen, gesellschaftliches Rezeptwissen vermitteln oder Bildungseliten und deren Distinktionsmerkmale definieren. Es interessiert also vornehmlich die soziopolitische Funktion der antiken Literatur, im Besonderen derjenigen Texte, in denen für die römische Oberschicht relevante Praktiken diskutiert werden. Im Zentrum des Interesses stehen Ciceros rhetorisch-theoretische Schriften und Reden, historiographische Texte sowie gesellschafts- und literaturkritische Äußerungen in Prosa und Dichtung. Nur am Rande einbezogen werden jeweils Ciceros und Senecas philosophische Schriften, da sich diese nicht in erster Linie oder nur indirekt mit tages- und machtpolitischen Fragen auseinandersetzen und staats- und gesellschaftspolitische Fragen vielmehr auf einer theoretischen und abs-

---

literarischer Öffentlichkeit in der späten Republik und frühen Kaiserzeit, Köln u.a. 2000 (Passauer historische Forschungen 11), die Öffentlichkeitswirkung von Literatur im Rom der späten Republik und frühen Kaiserzeit. Zur Frage nach der Rezeption und Wirkung der Schriften Ciceros bzw. Senecas vgl. Hans Armin Gärtner: Ciceros De officiis und die römischen Institutionen, in: Andreas Haltenhoff u.a. (Hgg.): O tempora, o mores! Römische Werte und römische Literatur in den letzten Jahrzehnten der Republik, München/Leipzig 2003, 225–257 (Beiträge zur Altertumskunde 171); Eckard Lefèvre: Waren Philosophische Schriften Senecas zur Rezitation bestimmt?, in: Gregor Vogt-Spira (Hg.): Strukturen der Mündlichkeit in der römischen Literatur, Tübingen 1990 (ScriptOralia 19), 147–159.

3 Hervorzuheben sind die beiden dem New Historicism verpflichteten Arbeiten von Thomas N. Habinek: The Politics of Latin Literature: Writing, Identity, and Empire in Ancient Rome, Princeton 1998, bes. 137–150, und: ders.: Seneca's Renown: Gloria, Claritudo, and the Replication of the Roman Elite, in: Classical Antiquity 19 (2000), 264–303, sowie die Monographie von Matthew B. Roller: Constructing Autocracy. Aristocrats and Emperors in Julio-Claudian Rome, Princeton 2001, mit ihrem konstruktivistischen Ansatz. Mit dem Konzept des *self-fashioning* der antiken Autoren arbeiten John Dugan: Making a New Man. Ciceronian Self-Fashioning in the Rhetorical Works, Oxford 2005, und Henriette van der Blom: Cicero's Role Models. The Political Strategy of a Newcomer, Oxford 2010. Vgl. auch Brent Shaw: The Divine Economy: Stoicism as Ideology, in: Latomus 44 (1985), 16–54; Vasily Rudich: Dissidence and Literature under Nero. The Price of Rhetoricization, London u.a. 1997; Christopher Star: The Empire of the Self. Self-Command and Political Speech in Seneca and Petronius, Baltimore 2012; Catharine Edwards: Self-Scrutiny and Self-Transformation in Seneca's Letters, in: Greece & Rome 44 (1997), 23–38.

trakten Ebene und nur selten mit direktem Bezug auf aktuelle Ereignisse und prominente Akteure der Tagespolitik diskutieren.

Im Anschluss an die hier skizzierte Forschungsdiskussion will ich im Folgenden die Frage stellen, inwiefern auch die Philosophica Ciceros und Senecas neben ihrem Anspruch, philosophische Spezialliteratur zu sein, als Teil zeitbezogener politischer und im allgemeinen Sinn aktueller Diskurse verstanden werden können. Beide Schriftencorpora sind allein deshalb nicht ohne politische Relevanz, weil beide Autoren prominente Senatoren waren und weil das intendierte und auch explizit adressierte Publikum zur römischen Nobilität gehörte. Die Autorschaft dieser Schriften und die je spezifischen Rezeptionskontexte lassen den Schluss zu, dass ihre Publikation zumindest von den Angehörigen der sozialen Elite aufmerksam zur Kenntnis genommen wurde.[4] Allein die Tatsache, dass es sich bei diesen Schriften nicht um politische Literatur bzw. nicht um Textsorten wie Reden oder rhetorische oder juristische Traktate handelt, sondern explizit um Schriften zu philosophischen Themen, provoziert die Frage nach einer Wirkungsabsicht auch neben oder hinter der Funktion der Vermittlung von Fachwissen oder der Anleitung zum ‚guten Leben'.

Hier soll allerdings nicht die Frage nach der Autorintention gestellt werden, vielmehr geht es mir darum zu zeigen, dass philosophische Literatur in Rom, im Besonderen die Philosophica Ciceros und Senecas, als Medium verstanden werden kann, das in bestimmten historischen Kontexten gesellschaftsverändernd wirkt. Mit dem Begriff ‚gesellschaftsverändernd' ist hier nicht die Vorstellung einer dirigistischen Maßnahme oder einer sozialrevolutionären Zielsetzung verbunden, nicht einmal die Annahme einer intendierten Wirkung; vielmehr gehe ich davon aus, dass ein Text mit literarischem und philosophischem Anspruch immer zumindest das *Potential* hat, Denkgewohnheiten zu hinterfragen, Stereotype aufzubrechen und damit auch Verhaltensschablonen zu verändern

---

4 Die Doppelfunktion des Politikers und Philosophen wird sowohl für Cicero als auch für Seneca öfter betont; vgl. bes. Hermann Strasburger: Ciceros philosophisches Spätwerk als Aufruf gegen die Herrschaft Caesars, hg. von Gisela Strasburger, Hildesheim u.a. 1990 (Spudasmata 45); Gärtner: Ciceros *De officiis* (wie Anm. 2); Herbert Wassmann: Ciceros Widerstand gegen Caesars Tyrannis. Untersuchungen zur politischen Bedeutung der philosophischen Spätschriften, Bonn 1996 (Habelts Dissertationsdrucke, Reihe Alte Geschichte 43); Miriam T. Griffin: Seneca. A Philosopher in Politics, Oxford 1976, ²1992, und Manfred Fuhrmann: Seneca und Kaiser Nero. Eine Biographie, Frankfurt a. M. ²1999. Die Frage nach der medialen Funktion und potentiellen Wirkung ihrer Philosophica wird allerdings jeweils beiläufig gestellt. – Die Publikation philosophischer Schriften aus der Feder eines Politikers in exponierter Position (so beispielsweise Noam Chomskys oder Anthony Giddens') erregt in modernen und zeitgenössischen Gesellschaften in vergleichbarer Weise Aufmerksamkeit.

und – darum soll es mir im Folgenden gehen – soziale Rollen neu zu definieren. Ich benutze hier den in den modernen Sozialwissenschaften entwickelten und inzwischen klassisch gewordenen Rollenbegriff, dem die Vorstellung zugrunde liegt, dass die Menschen in der Gesellschaft „perpetuierte soziale Rollen" zu übernehmen haben, die mit bestimmten Werten und Normen verbunden sind.[5] Je nach sozialer Position und entsprechend dem Werte- und Normensystem einer sozialen Gruppe wird also ein bestimmtes Rollenverhalten erwartet und es wird mit Verhaltensregelmäßigkeiten gerechnet.

Der Werte- und Normenraum, in dem sich Cicero und Seneca bewegen, ist derjenige der römischen senatorischen und, im Falle Senecas, auch der höfischen Elite ihrer Zeit.

2 Ciceros Modellierung sozialer Rollen

Cicero macht in den Proömien der Philosophica der 40er Jahre wiederholt deutlich, dass er mit seiner konzentrierten schriftstellerischen Tätigkeit die eigene soziale Rolle neu definiert: Zur politischen Abstinenz gezwungen, stellt er sich als Gelehrter und Lehrer vor.[6] In diesen Texten geht es erklärtermaßen weniger darum, mit der systematischen Darstellung philosophischer Lehren als mit einem Bildungsauftrag gesellschaftsverändernd zu wirken. Das Wissen, auch in politisch nicht unmittelbar relevanten Bereichen, sowie die Gelehrsamkeit des Autors und in der Folge der Leser – der römischen Bürger – sollen positiv kon-

---

5 Das Zitat aus Manfred Fuhrmann: Persona, ein römischer Rollenbegriff, in: Odo Marquard; Karlheinz Stierle (Hgg.): Identität, München 1979 (Poetik und Hermeneutik 8), 101. Die Möglichkeiten, die das theoretische und begriffliche Instrumentarium der Rollentheorie für die Analyse antiker Literatur bietet, habe ich anderswo vorgestellt; vgl. Therese Fuhrer: Rollenerwartung und Rollenkonflikt in Catulls erotischer Dichtung, in: Elke Hartmann u.a. (Hgg.): Geschlechterdefinitionen und Geschlechtergrenzen in der Antike, Stuttgart 2007, 55–64; Therese Fuhrer; Samuel Zinsli (Hgg.): Gender-Studies in den Altertumswissenschaften: Rollenkonstrukte in antiken Texten, Trier 2003 (IPHIS 2), 7–13.

6 Cic. ac. 1,10–11; 2,6; fin. 1,10; Tusc. 1,5 und 7; 2,5; div. 2,1–6; nat. deor. 1,6–8. Dazu van der Blom: Role Models (wie Anm. 3), 311–315; Therese Fuhrer: Autor-Figurationen: Literatur als Inszenierung von Kompetenz, in: Therese Fuhrer; Almut-Barbara Renger (Hgg.): Performanz von Wissen. Strategien der Wissensvermittlung in der Vormoderne, Heidelberg 2012 (Bibliothek der klassischen Altertumswissenschaften N.F. 2,134), 139–140.

notiert werden. Die Publikation der Schriften kann somit auch als politische ‚Geste' verstanden werden.[7]

Für die vorliegende Fragestellung ist Ciceros Referat der stoischen, wohl unmittelbar auf Panaitios zurückgehenden *persona*-Theorie und der Lehre vom *decorum* in *De officiis* von Interesse. Es wird zwischen vier ‚Rollen' (*personae*) unterschieden, die ein Mensch in seinem Leben grundsätzlich zu übernehmen hat, d.h. ‚Masken', die man sich anlegen muss oder will, um seine ‚Pflichten' (*officia*) erfüllen zu können und um dem ‚Schicklichen' (*decorum*) und damit ‚Angemessenen' (griech. *prepon*) zu entsprechen.[8] Neben der Rolle, die dem Menschen als Angehörigem seiner Spezies auferlegt ist (1), übernimmt er die *personae*, die ihm (2) seine natürliche Veranlagung, (3) der soziale Ort (Herkunft, Position, Status, Prestige) und (4) der von ihm gewählte Lebensweg vorgeben.[9] Die ‚soziale Rolle', die jemand in der Gesellschaft übernehmen kann und soll, um seinen ‚Pflichten' in angemessener Weise gerecht zu werden, definiert sich durch das Zusammenspiel dieser vier *personae*.[10] Das ‚angemessene' Agieren in der jedem Einzelnen aufgrund dieser Voraussetzungen und Möglichkeiten zukommenden sozialen Rolle ist die Grundlage für das Bemühen, ein *bonus civis* zu sein.[11] Cicero illustriert diese Lehre mit einer Reihe von Exempla, mit denen er die *maiores* als vorbildliche, dem *decorum* entsprechende Rollenträger, mithin als Rollenmodelle, darstellt.

---

[7] Nach Egon Flaig: Ritualisierte Politik: Zeichen, Gesten und Herrschaft im Alten Rom, Göttingen ²2004 (Historische Semantik 1).
[8] Zum *decorum* bzw. griechisch *prepon* als Ausgangspunkt der Überlegungen vgl. off. 1,14; 17; 66; 93–100; 107–133; 141.
[9] off. 1,107 und 115.
[10] Die ciceronisch-panaitische Rollentheorie ist zuletzt umfassend diskutiert worden von Shadi Bartsch: The Mirror of the Self: Sexuality, Self-Knowledge, and the Gaze in the Early Roman Empire, Chicago 2006, 217–224; grundlegend bleiben Christopher Gill: Personhood and Personality. The Four-*personae* Theory in Cicero, De officiis I, in: Oxford Studies in Ancient Philosophy 6 (1988), 169–199, und Fuhrmann: Persona (wie Anm. 5), vgl. bes. 111: „Die Identität [...] ist eine vom ‚Stellenplan' der Gesellschaft aus betrachtete Größe, eine konventionelle Gegebenheit, ein ‚pattern', kurz: die perpetuierte soziale Rolle." Die Bedeutung des Panaitios hinter der in der *persona*-Vorstellung inhärenten ‚Individualisierungstendenz' hebt Elizabeth Asmis: Seneca's On the Happy Life and Stoic Individualism, in: Apeiron 23 (1990), 226–228, hervor. Zur Kritik an der Bedeutung, die der physiologischen Komponente zugewiesen wird, vgl. Bartsch: Mirror (s.o.), 218–219; Maximilian Forschner: Le portique et le concept de personne, in: Gilbert Romeyer Dherbey; Jean-Baptiste Gourinat (Hgg.): Les Stoïciens, Paris 2005, 293–317, hier 305. Vgl. auch Christina Kreuzwieser: Der Begriff *natura* und seine ethische Relevanz in Senecas Prosaschriften, Göttingen 2016.
[11] Vgl. bes. off. 1,124.

Der *homo novus* Cicero versucht also keineswegs, die eigene neue soziale Rolle bzw. den Rollenwechsel vom aktiven Staatsmann zum Privatgelehrten theoretisch zu begründen.[12] Er entwirft keine an die veränderte politische Situation angepassten Rollen für die Angehörigen der sozialen Elite in der *res publica*, die unter Caesars Alleinherrschaft neu zu organisieren war. Vielmehr operiert er weiterhin mit philosophisch fundierten ethischen Konzepten und mit dem Verweis auf die Exempla und daher mit den Verhaltensschablonen der „aristokratischen Schaubühne".[13]

Ähnliches lässt sich von den Persönlichkeiten sagen, die Cicero in den philosophischen Dialogen als Gesprächspartner auftreten lässt: Sie sind als Angehörige der republikanischen Führungsschicht gezeichnet; sie führen keine alternative Lebensweise vor, sondern nobilitieren die konventionelle Rolle des römischen Aristokraten durch philosophische Bildung, der sie sich in ihrer Freizeit widmen.[14] Ciceros Wirkungsplattform ist eine Öffentlichkeit, die sich an den traditionellen republikanischen Normen orientiert. Für ein aktives Mitglied dieser gesellschaftlichen Elite sind Status- und Prestigegewinn durch militärische und/oder politische Leistungen erklärte Ziele. Cicero selbst definiert seine eigene soziale Rolle allein in der Hinsicht neu, dass er sich als traditionell geprägten Rollenträger temporär außerhalb der gewohnten Situation agieren lässt. Seinen philosophischen Schriften kann also nur insofern das Potential zugewiesen werden, ‚gesellschaftsverändernd' zu wirken, als er mit ihrer Publikation in der öffentlichen Wahrnehmung dem traditionellen Rollenbild eine neue Facette hinzufügt: die des philosophierenden Politikers.

---

12 Dazu van der Blom: Role Models (wie Anm. 3), die als wichtigstes Mittel von Ciceros „political strategy" die Exempla betrachtet und nicht auf die Rollentheorie in *De officiis* eingeht. Ähnlich konzentriert sich Dugan: New Man (wie Anm. 3) auf die Modellierung des ciceronischen ‚Ich' in den rhetorischen Schriften bzw. Reden.

13 So Fuhrmann: Persona (wie Anm. 5), 102; ähnlich Gärtner: Ciceros *De officiis* (wie Anm. 2) und Gill: Personhood (wie Anm. 10), 185–188, der Ciceros *persona*-Theorie dem Rollenverständnis Epiktets gegenüberstellt, der die Bedeutung des generischen ‚Mensch-Seins' stärker gewichtet.

14 Cicero selbst sagt von sich, dass er die schriftstellerische Tätigkeit allein als Ersatz für die Aktivität im Dienst der *res publica* verstehe; vgl. ac. 1,11; 2,6; Tusc. 2,1; div. 2,6; off. 2,3–5; fam. 9,8,2; 5,15,3–4. Vgl. dazu auch Therese Fuhrer: Philosophische Schulen und ihre Kommunikationsräume im spätrepublikanischen und kaiserzeitlichen Rom, in: Felix Mundt (Hg.): Kommunikationsräume im kaiserzeitlichen Rom, Berlin/Boston 2012 (Topoi 6), 243–244.

3 Seneca als „Philosoph in der Politik"[15]

Seneca trat offenbar bereits zu Beginn seiner politischen Laufbahn unter Caligula als Autor philosophischer Schriften in Erscheinung.[16] Nach der Darstellung des Tacitus hat ihn Agrippina nicht zuletzt wegen der hohen Reputation seiner *studia* als Neros Erzieher aus dem Exil an den Kaiserhof geholt.[17] Ob mit den *studia* konkret die philosophischen Schriften gemeint sind, muss offen bleiben; Seneca scheint aber, zumindest gemäß Tacitus' Zeugnis, in der Öffentlichkeit auch als Gelehrter wahrgenommen worden zu sein, in der Rolle, die Cicero für sich nur als ‚Notlösung' definiert.[18] Der Kaiserhof engagierte also mit Seneca einen Intellektuellen, der sich auch publizistisch betätigte; offenbar war für das Regime mit dieser Berufung ein Prestigegewinn verbunden.[19]

Die philosophischen Abhandlungen Senecas schreiben sich also in einer anderen Weise in den zeitgenössischen politischen Diskurs ein als Ciceros Philosophica. Zum veränderten Produktionskontext kommt die grundsätzlich unterschiedliche inhaltliche Ausrichtung der beiden Schriftencorpora hinzu: Senecas Schriften stellen dezidiert die stoische Position und die stoischen Vorstellungen vom idealen Leben ins Zentrum und vermitteln praxisrelevantes ethisches Rezeptwissen in Form von adressaten- und damit teilweise auch situationsbezogenen Paränesen.[20]

Die lebensweltliche Kontextualisierung von Senecas Schriften hat allerdings bereits zu seinen Lebzeiten zu Irritationen geführt, nämlich zum von ihm selbst thematisierten Vorwurf der Doppelmoral: Die Schriften propagierten eine Lebensform gemäß stoischer Doktrin, die der historische Autor vergeblich um-

---

15 Damit übersetze ich den Titel der Monographie von Griffin: Philosopher in Politics (wie Anm. 4).
16 Zur Datierung von Senecas philosophischen Schriften vgl. Fuhrmann: Seneca (wie Anm. 4), 346–347; Griffin: Philosopher in Politics (wie Anm. 4), 395–411; James Ker: Outside and Inside: Senecan Strategies, in: William J. Dominik u.a. (Hgg.): Writing Politics in Imperial Rome, Leiden/Boston 2009 (Brill's companions in classical studies), 253–255.
17 Tac. ann. 12,8,2: *at Agrippina ne malis tantum facinoribus notesceret veniam exilii pro Annaeo Seneca, simul praeturam impetrat, laetum in publicum rata ob claritudinem studiorum eius.*
18 S.o. Anm. 14.
19 Dazu Griffin: Philosopher in Politics (wie Anm. 4), 61–63; Habinek: Seneca's Renown (wie Anm. 3), 279–280 und 288; Ker: Outside (wie Anm. 16), der sich seinerseits auf Habinek beruft.
20 Zur Veränderung der Form und Funktion von Senecas Philosophica, die in den Texten selbst reflektiert wird, vgl. Bartsch: Mirror (wie Anm. 10), 216–229; Miriam T. Griffin: Seneca on Society. A Guide to *De beneficiis*, Oxford 2013, 7–14.

zusetzen versucht habe.[21] Dieser Irritation oder sogar Aporie kann man ausweichen, indem man die stoische Lehre, die Seneca seinen *praecepta* zugrunde legt, wiederum de-kontextualisiert: Man kann sie als in sich kohärentes System verstehen und den paränetischen Ton der Schriften als Versuch der Umsetzung der theoretischen Philosophie in eine stärker auf die individuelle Lebenspraxis bezogene Form: Senecas philosophische Traktate und Briefe leiten den Leser/die Leserin an zur „Sorge um sich selbst", mit dem Ziel der Selbstvervollkommnung und schließlich der Unabhängigkeit von äußeren Gegebenheiten, letztlich auch von den konkreten Lebensumständen und der geschichtlichen Wirklichkeit.[22] Damit wird eine konzeptionelle Trennung zwischen dem reichen und mächtigen Höfling Seneca und dem Denker und Schriftsteller theoretisch legitimiert.[23] Die philosophische Literatur wird damit zwar als Produkt einer in der Öffentlichkeit bekannten Persönlichkeit gesehen, ihr Inhalt aber nach Möglichkeit vom historischen Kontext abstrahiert.

Dagegen wird in einer Reihe neuerer Arbeiten wiederum versucht, Senecas Philosophica konsequent zeitbezogen zu lesen. Für Vasily Rudich sind die Schriften mit ihren inhaltlichen Inkonsistenzen Ausdruck der Lage eines Dissidenten und gleichzeitig politisch Handelnden, der in einem totalitären System zur Anpassung an die jeweils geltenden Regeln der Macht gezwungen ist.[24] Auch Thomas Habinek moniert eine Doppelbödigkeit:[25] Zwar stelle Seneca die geltenden moralischen Wertvorstellungen und politischen Hierarchien in Frage

---

21 Zum antiken Vorwurf, von dem Tacitus in ann. 14,52,2 und Cass. Dio 61,10,3 berichten, vgl. Therese Fuhrer: The Philosopher as Multi-Millionaire: Seneca on Double Standards, in: Karla Pollmann (Hg.): Double Standards in the Ancient and Medieval World, Göttingen 2000 (Göttinger Forum für Altertumswissenschaften, Beihefte 1: Philologie), 201–219; Griffin: Philosopher in Politics (wie Anm. 4), 286–314; Rudich: Dissidence (wie Anm. 3), 89–96.
22 Das Konzept der „Sorge um sich selbst", nach Pierre Hadot (in Auseinandersetzung mit Michel Foucault), u.a. in: Philosophie als Lebensform. Antike und moderne Exerzitien der Weisheit, frz. Paris 1981, dt. Berlin ³2011; vgl. dazu Edwards: Self-Scrutiny (wie Anm. 3); Anthony A. Long: Seneca on the Self: Why Now?, in: Shadi Bartsch; D. Wray (Hgg.): Seneca and the Self, Chicago 2009, 20–36; Richard Alston; Efrosini Spentzou: Reflections of Romanity. Discourses of Subjectivity in Imperial Rome, Columbus, Oh. 2011 (Classical memories/modern identities), 9–16.
23 Senecas politisches Handeln an Neros Hof und sein Reichtum lassen sich im Sinn der stoischen Güterlehre als Adiaphora erklären, die an relativen Werten (*proegmena*) ausgerichtet sind und die den ethisch Fortschreitenden nur dann in seinem Streben nach dem guten Leben beeinträchtigen, wenn er sie über das *summum bonum* stellt. Dazu Fuhrer: Multi-Millionaire (wie Anm. 21).
24 Rudich: Dissidence (wie Anm. 3), 17–106.
25 Habinek: Politics (wie Anm. 3), 137–150, und Seneca's Renown (wie Anm. 3), passim.

und propagiere im Gegenzug eine strikt an der stoischen *virtus* orientierte Lebensführung. Dieser Versuch, eine reine ‚Tugendaristokratie' („aristocracy of virtue") zu etablieren, werde jedoch dadurch unterlaufen, dass Seneca in Sprache und Rhetorik den Habitus der römischen Aristokratie beibehalte, der auf soziale Distinktion ausgerichtet war. Damit perpetuiere er die Schwächen des Gesellschaftssystems. Auch Matthew Roller stellt die Frage nach der sozialen Wirklichkeit, in die sich die senecanischen Texte einschreiben, und kommt zum Schluss, dass als Leserschaft die im julisch-claudischen Prinzipat weitgehend entmilitarisierte Senatorenschicht zu denken sei.[26] Er orientiert sich dabei an der älteren Studie von Brent Shaw, der die stoische Philosophie als ideologische Grundlage für monarchische Herrschaftssysteme sieht, die sich seit hellenistischer Zeit etabliert hatten.[27] Roller geht sogar noch weiter, indem er der kaiserzeitlichen Stoa, namentlich Senecas Schriften, die Intention zuschreibt, der aristokratischen Elite Roms eine neue ethische Grundlage vermitteln und damit auch politisch stabilisierend wirken zu wollen.

4 Senecas Anthropologie der Schwäche

Dem Interpretationsansatz der genannten Studien ist sicher in dem Punkt zuzustimmen, dass die Wirkung der philosophischen Schriften Senecas im Prozess ihrer Rezeption nicht einzig darin bestanden haben kann, dass sie einzelne Individuen zur ‚Selbstsorge' anzuleiten vermochten. Dagegen sprechen einerseits die Präsenz des Autors im öffentlichen Leben und andererseits die rhetorische und performative Präsentation der Schriften.[28] Wirkungsabsicht und auch tatsächlicher Effekt im Prozess ihrer Rezeption dürften auch nicht allein die seelische Erbauung ‚gestresster' Angehöriger der sozialen und politischen Elite gewesen sein.[29]

---

26 Roller: Constructing Autocracy (wie Anm. 3), 64–126.
27 Shaw: Divine Economy (wie Anm. 3).
28 Habinek: Seneca's Renown (wie Anm. 3), 284–288, spricht von „writing as a performance" und von „theatricality". Vgl. auch Edwards: Self-Scrutiny (wie Anm. 3), 35–36; Lefèvre: Rezitation (wie Anm. 2), 154–159.
29 Dies versprechen die Titel der von Georg Schoeck und Gerhard Fink je getroffenen Auswahl senecanischer Zitate in: Seneca für Manager, Frankfurt a.M., Leipzig ³1994 (Lebendige Antike) bzw.: Seneca für Gestresste, Frankfurt a.M./Leipzig ²1997. – Die Adressaten der senecanischen Philosophica und ihre politischen Funktionen stellt Ker: Outside (wie Anm. 16), 258, zusammen.

Anders als Rudich, Shaw, Habinek und Roller sehe ich jedoch hinter Senecas Philosophica nicht die Intention, eine neue Ideologie zum Nutzen der Aristokraten in einem monarchischen und totalitären Regime zu entwerfen. Senecas Schriften können nicht als philosophischer Knigge für Mitglieder der römischen Oberschicht gelesen werden; sie sind keine Anleitung zu einem Leben, das sich den politischen Gegebenheiten anpasst und in der Folge erträglicher wird oder bequem ist. Das Menschen- und Rollenbild, das Seneca zeichnet, entspricht nicht, wie auch Roller anmerkt, den traditionellen römischen Vorstellungen von *virtus*; es steht ihnen vielmehr teilweise sogar entgegen, ist doch die stoische *virtus* keine politische und militärische Tugend.[30] Seneca entwirft aber auch nicht einfach neue Verhaltensschablonen, gemäß denen sich das an *ratio* und *virtus* orientierte Leben verwirklichen lässt. Was er dem traditionell republikanischen Rollenbild des römischen Senators und Adligen gegenüberstellt, ist nicht ein in einer Tugendaristokratie aufgehobenes Leben, das das neue politische und soziale Gefüge stabilisieren soll.

Für eine solche Wirkungsabsicht ist das Menschenbild, das Senecas philosophische Schriften zeichnen, zu pessimistisch. Sie bieten, wenn sie als Ganzes gelesen werden, keine erbauliche Lektüre für „Manager" und „Gestresste",[31] sondern vielmehr die Vorstellung, dass der Mensch einen ständigen Kampf mit physischen und psychischen Schwächen zu führen habe, dass er einer konstanten Auseinandersetzung mit beruflicher Überforderung, Hyperaktivität, Stress und der Gefahr des politischen Scheiterns und der sozialen Isolation ausgesetzt sei und bleibe. Es werden keine Exempla herangezogen, die einem an traditionellen Werten orientierten römischen Bürger zur Verhaltensorientierung dienen sollen. Auf Präzedenzfälle der römischen Geschichte wird zwar immer noch verwiesen, doch haben die Verweise oft die Funktion, ungewohnte habituelle Dispositionen und Situationen des Scheiterns aufzuzeigen. Die Exempla illustrieren körperliche Schwächen, Hässlichkeit, Armut, Schande, Exil, materielle und ideelle Verluste als reale Möglichkeiten des menschlichen Daseins.[32] Immer wieder wird diese Botschaft durch Sentenzen wie „Das Leben ist ein Kampf"

---

30 Roller: Constructing Autocracy (wie Anm. 3), bes. 99–100 und 104.
31 S.o. Anm. 29.
32 Die klassische Stelle ist Marc. 11,3: *quid est homo? quolibet quassu vas et quolibet fragile iactatu. [...] quid est homo? inbecillum corpus et fragile, nudum, suapte natura inerme, alienae opis indigens, ad omnis fortunae contumelias proiectum, cum bene lacertos exercuit, cuiuslibet ferae pabulum, cuiuslibet victima [...] sollicitudinis semper sibi nutrimentum, vitiosum et inutile.* Vgl. Helv. 10; nat. praef. 4.

oder „Das ganze Leben ist Sklaverei" bekräftigt;[33] das Beste sei, sich an diese Situation zu gewöhnen und sich auf das mögliche Unheil vorzubereiten: auf Krankheit, Gefangenschaft, physische Zerstörung, Feuersbrunst, Altersschwäche, soziale Isolation.[34] Zu rechnen ist mit Verbannung, Armut, Schande und finanziellem Ruin, auf die man sich nur dadurch vorbereiten kann, indem man sich selbst übungshalber in eine üble Situation versetzt (*malo malum opponitur*).[35] Armut, Schmerz und Leid teilt das Schicksal auch den Besten zu, und manchmal bleibt nur der Tod, und zwar sowohl Töten als auch Selbsttötung, als Möglichkeit.[36] Oft stellt der Autor Seneca sich selbst als Figur dar, die mit mentalen und physischen Schwächen behaftet ist. In der Verteidigung gegen die Reichtumskritik in *De vita beata* bezeichnet er sich als unheilbar schwach, im metaphorischen Sinn als Kranken, der ständig mit seiner Gicht zu kämpfen hat.[37] In *De constantia sapientis* berichtet er, man habe ihn wegen des kahlen Schädels, der schwachen Augen, der dürren Beine und seiner Statur verspottet, was ihn aber, da es offenkundig so sei (*quod apparet*), nicht verletzen dürfe;[38] denn auch der Stoiker Chrysipp sei wegen seiner äußeren Erscheinung von jemandem als „meerentstiegener Hammel" (*vervex marinus*) beschimpft worden, was diesen aber nicht gestört habe.[39] Der späte Seneca zeichnet sich als gebrechlichen Mann, der von – nun realer – Gicht und Asthma geplagt sei, und auch der Adressat der Briefe, Lucilius, wird als kranker Mann und damit als

---

33 epist. 96,5: *vivere militare est* bzw. tranqu. an. 10,3: *omnis vita servitium est*. Vgl. auch ira 2,8,2: „Das Leben ist wie in einer Gladiatorenkaserne" (*non alia quam in ludo gladiatorio vita est cum isdem viventium pugnantiumque*); epist. 107,2: *non est delicata res vivere*.
34 Vgl. const. sap. 6,5–7; tranqu. an. 11,7.
35 tranqu. an. 9,3: *cogendae in artum res sunt, ut tela in vanum cadant, ideoque exilia interim calamitatesque in remedium cessere et levioribus incommodis graviora sanata sunt. ubi parum audit praecepta animus nec curari mollius potest, quidni consulatur, si et paupertas et ignominia et rerum eversio adhibetur? malo malum opponitur.*
36 prov. 6,2–3: *filios amittunt viri boni: quidni, cum aliquando et occidant? in exilium mittuntur: quidni, cum aliquando ipsi patriam non repetituri relinquant? occiduntur: quidni, cum aliquando ipsi sibi manus adferant? [3] quare quaedam dura patiuntur? ut alios pati doceant; nati sunt in exemplar.*
37 vita beata 17,4: *non perveni ad sanitatem, perveniam quidem; delenimenta magis quam remedia podagrae meae compono, contentus si rarius accedit et si minus verminatur: vestris quidem pedibus comparatus, debiles, cursor sum.*
38 const. sap. 16,4: *in capitis mei levitatem iocatus est et in oculorum valetudinem et in crurum gracilitatem et in staturam: quae contumelia est quod apparet audire?*
39 const. sap. 17,1: *Chrysippus ait quendam indignatum, quod illum aliquis vervecem marinum dixerat.*

Leidensgenosse vorgestellt.[40] Beide sind sie geplagt von der ständigen Angst vor Schmerzen und Qualen.[41]

Auch die Exempla der Vertreter des *mos maiorum* dienen zur Illustration der Kontingenz des menschlichen Daseins. In der *Consolatio ad Helviam matrem* nobilitiert Seneca die Armut, in der er sich im Exil befinde, mit Hinweisen auf prominente Beispiele der römischen Geschichte: dass Agrippas Begräbnis mit Spendengeldern ausgerichtet werden musste, dass Regulus' Land auf Staatskosten bearbeitet werden musste, dass Scipios Töchter ihre Mitgift aus der Staatskasse erhielten.[42] In *De constantia sapientis* wird der republikanische Held Cato in einer Situation dargestellt, in der ihm die Toga vom Leib gerissen wird und er sich vom Forum retten muss, von einer Rotte von Menschen geknufft, beschimpft und bespuckt.[43] Auch die selbstlosen, sich für den Staat aufopfernden Helden Cicero und Augustus kommen zu Wort, doch lässt Seneca sie nun von ihren Ängsten und Nöten sprechen: Augustus stöhnt unter der Last seiner Verantwortung,[44] Cicero bereut sein bisheriges Leben und bezeichnet sich als ‚Halbfreien'.[45] Ein Konsul, ein Aedil, ein Star-Advokat – sie alle möchten ihre Ämter und Aufgaben am liebsten sofort niederlegen und sehnen sich nach dem Ende der Verpflichtungen.[46] Alle beruflich engagierten Menschen sind durch Stress in ihrer Leistungsfähigkeit stark eingeschränkt.[47]

Es findet also innerhalb der traditionellen römischen Werteordnung eine konsequente Umschichtung statt: Staatsämter, politischer und militärischer Ruhm, Besitz, Sozialprestige werden zwar nicht für bedeutungslos erklärt, doch mithilfe der stoischen Güter- und Providenzlehre in der sozialen und politischen Werte-Skala radikal herabgestuft oder auch mit bissiger Kritik bedacht,[48] selbst die Gelehrsamkeit ist wertlos, wenn sie sich auf reine Wissensfragen be-

---

40 epist. 54,1–2; 78,1; vgl. 55,2.
41 epist. 78,19; vgl. auch 14,4–6; 24,19.
42 Helv. 12. Vgl. tranqu. an. 8: Armut sei auch ein Merkmal der Götter, da sie ja nackt seien.
43 const. sap. 2.
44 brev. vitae 4,2: *non desiit quietem sibi precari et vacationem a re publica petere*.
45 brev. vitae 5,2–3: *semiliberum se dixit Cicero* (mit Zitat von Cicero epist. frg. 10,6 Watt).
46 brev. vitae 7,6–8: *plerosque certe audies [...] exclamare interdum ‚vivere mihi non licet' [...] [8] assecutus ille quos optaverat fasces cupit ponere et subinde dicit: ‚quando hic annus praeteribit?' facit ille ludos, quorum sortem sibi obtingere magno aestimavit: ‚quando', inquit, ‚istos effugiam?' diripitur ille toto foro patronus et magno concursu omnia ultra quam audiri potest complet: ‚quando', inquit, ‚res proferentur?' praecipitat quisque vitam suam et futuri desiderio laborat, praesentium taedio*.
47 brev. vitae 7,3.
48 brev. vitae 17,5–6; vgl. const. sap. 6,7.

schränkt.⁴⁹ Demgegenüber steht die – oft satirisch überspitzte – Darstellung der kulturellen Dekadenz und sozialen Depravation der römischen Gesellschaft, die als ständige Bedrohung wahrgenommen werden. Einen großen Teil von Senecas Schriften nimmt die Zeichnung der Mitglieder dieser Gesellschaft ein: Diese sind von Ehrgeiz getrieben, überdreht, arbeitssüchtig,⁵⁰ auch unbeherrscht, „Suff und Sex" ergeben,⁵¹ grausam, jedenfalls den Affekten unterworfen.⁵² Die teilweise als Karikaturen gezeichneten Menschentypen wirken wie Figuren aus der Satire, mit denen die Verfasstheit derjenigen Gesellschaftsschicht ins Visier genommen wird, der sich auch Autor-Ich und Adressaten zuordnen.⁵³

Neben der Frage nach dem idealen Leben, das von *ratio* und *virtus* geleitet sein soll, diskutieren Senecas Schriften also ein anthropologisches Konzept, in dem menschliche Schwächen, moralische und intellektuelle Unzulänglichkeit, Stress, Krankheit und Gebrechlichkeit, Hässlichkeit oder Unbeherrschtheit einen festen Platz haben. Mit diesem pessimistischen oder jedenfalls nicht idealisierenden, ungeschönten Menschenbild soll offenbar zum einen die Notwendigkeit der philosophischen Therapie, die die Schriften anbieten, deutlich gemacht werden; den Passagen kann somit eine pädagogische Funktion zugeschrieben werden. Die rhetorische und durch Exempla illustrierte Darstellung des Menschen als Mängelwesen und die vielfältigen Szenarien des Scheiterns lassen sich jedoch auch so lesen, dass damit die Gültigkeit der konventionellen (männlichen) sozialen Rollenbilder in Frage gestellt wird. Auch wenn die Datierung der meisten Schriften unklar ist,⁵⁴ kann man in diesen bisweilen realistisch anmutenden, bisweilen satirischen Porträts einen Bezug zum historischen Kon-

---

49 brev. vitae 13,3: ein *inane studium* und eine *speciosa rerum vanitas*.
50 brev. vitae 12.
51 brev. vitae 7,1; das Zitat stammt aus der Übersetzung von Gerhard Fink: L. Annaeus Seneca, Die kleinen Dialoge, Bd. 2, München 1992, 185.
52 tranqu. an. 2,7-9; brev. vitae 2,4-5.
53 Dies ist der Tenor der Arbeiten von Bartsch, vgl. zuletzt: Mirror (wie Anm. 10), 202. Vgl. auch Star: Empire of the Self (wie Anm. 3), bes. 5-11, der die Nähe der senecanischen Texte zu Petrons *Satyrica* herausstellt. – Dass Seneca dem menschlichen Versagen und moralischen Scheitern in den Philosophica so viel Raum gibt, ist ein Aspekt, der in der Forschung kaum beachtet wird; Ausnahmen sind die älteren Studien von Marc Rozelaar: Seneca. Eine Gesamtdarstellung, Amsterdam 1976, und Pierre Grimal: Seneca. Macht und Ohnmacht des Geistes = Sénèque ou la conscience de l'Empire, aus dem Frz. übers. von K. Abel, Darmstadt 1978 (Impulse der Forschung 24), die jedoch beide eine biographistische Deutung vertreten, und in Ansätzen Griffin: Seneca on Society (wie Anm. 20), 46-49; Michael Trapp: Philosophy in the Roman Empire. Ethics, Politics, and Society, Aldershot, Burlington 2008 (Ashgate ancient philosophy series), 220-222; Fuhrer: Autor-Figurationen (wie Anm. 6), 140-141.
54 Zur Datierungsfrage s.o. Anm. 16.

text und damit zur Situation unter den julisch-claudischen Kaisern sehen: Die römische politische und soziale Elite ist von der kaiserlichen Förderung und Gunst abhängig, sie muss mit Unwägbarkeiten rechnen, muss sich auf politische und soziale Isolation, Exil, Vermögensverlust einstellen können, auf den Verlust ihrer Würde, mithin darauf, dass man im politischen und auch privaten Alltag mit unbeherrschten, jähzornigen, grausamen, vergnügungs- und prestigesüchtigen, jedenfalls nicht der Vorstellung von altrömischer *gravitas* entsprechenden Menschen konfrontiert wird und selbst Gefahr läuft, so zu werden.[55] Allerdings wird jede Art von Schwächen, Krankheit, Scheitern und Versagen immer auch als menschliche Grundkonstante dargestellt. Das anthropologische Konzept Senecas definiert physische und psychische Schwächen als zeit- und kontextunabhängig und damit als unausweichliche Folgeerscheinung der menschlichen Natur. Dadurch, dass die ‚Fehler' philosophisch begründet werden, werden sie zwar nicht etwa legitimiert, aber theoretisch erfasst und erklärbar, und da die senecanischen Schriften wohl eine bestimmte Öffentlichkeitswirkung hatten, kann man davon ausgehen, dass dieses Menschenbild in der Wahrnehmung der römischen Oberschicht bekannt war.

Die Frage, wie intensiv und in welchem Rahmen die senecanischen Konzepte tatsächlich rezipiert und umgesetzt wurden, muss und mag offen bleiben;[56] von einem Wirkungs*potential* können wir aber immerhin ausgehen, und das, denke ich, lässt sich wie folgt beschreiben: Indem die Texte den Menschen immer wieder auch als Mängelwesen beschreiben, das zu scheitern und zu versagen pflegt, schaffen sie Frei- und Spielräume für neue Rollenbilder, auch – oder gerade – dann, wenn diese in satirischer Überzeichnung vor Augen geführt werden. Anders gesagt: Die Texte skizzieren einen Normenraum, der ein erweitertes Spektrum sozialer Rollen zulässt. Es wird nun beispielsweise möglich, anders als die von Cicero modellierten Rollenträger, ohne Gesichtsverlust von der öffentlichen Bühne abzutreten.[57] Gestützt auf die stoische Ethik werden Verdienste um die *res publica*, politische und militärische Erfolge und das damit verbundene soziale Prestige abgewertet. Im Gegenzug werden andere Verhaltensmöglichkeiten definiert und neue Handlungsgrammatiken entworfen. Diese

---

55 Das wird an den Exempla aus der Zeit von Caligulas und Claudius' Regime wiederholt deutlich gemacht. Zu den Versuchen, in den *Epistulae* Bezüge auf Nero zu finden (so z.B. Grimal: Macht und Ohnmacht [wie Anm. 53], 99–103), vgl. Ker: Outside (wie Anm. 16), 261.
56 Vgl. dazu Lefèvre: Rezitation (wie Anm. 2).
57 Vgl. tranqu. an. 4, bes. §§ 7–8: *quid tu parum utile putas exemplum bene quiescentis? [8] longe itaque optimum est miscere otium rebus, quotiens actuosa vita impedimentis fortuitis aut civitatis condicione prohibebitur; numquam enim usque eo interclusa sunt omnia, ut nulli actioni locus honestae sit.*

Definitionen und Entwürfe umfassen auch individuell bedingte Unzulänglichkeiten, politisches Scheitern oder fehlende finanzielle Mittel und beziehen die Anfälligkeit der Menschen für Affekte und moralische Entgleisungen mit ein, auch wenn diese auf der Basis der stoischen Ethik weiterhin keine *decora* sind, sondern als ‚Fehler' gelten müssen, die zu bekämpfen sind. Im Vergleich mit einem traditionell römischen Rollenverständnis, das auch Ciceros Auslegung der *persona*-Theorie zugrunde liegt, lassen die von Seneca skizzierten und öfter am Beispiel der eigenen Person diskutierten Habitusformen weitaus mehr Vorstellungs- und Definitionsmöglichkeiten zu, wie ein Mitglied der senatorischen Elite handeln und sich verhalten kann, als dies für den durch die Anforderung der *gravitas* disziplinierten Menschen altrömischen Gepräges je denkbar gewesen wäre. Das Rollenbild, das Seneca einem Angehörigen der politischen und sozialen Oberschicht vor Augen stellt, wird dadurch, dass Schwachsein und Scheitern Teil der, wenn auch nicht idealen, aber doch vertrauten und akzeptierten Verhaltensgrammatik werden, ausgesprochen flexibel.

5 Fazit

Auch wenn Seneca die von Cicero referierte *persona*-Theorie des Panaitios nicht explizit erwähnt, lassen sich in seiner Definition sozialer Rollen doch genau die Parameter erkennen, die sich aus den dort unterschiedenen vier *personae* ergeben: das Menschsein, die individuelle physische Disponiertheit, der vorgegebene soziale Ort und die selbstbestimmbare berufliche Situation.[58] Doch weitet er die Palette der Möglichkeiten, die sich aus der Kombinatorik dieser Rollen-Parameter ergeben, sozusagen nach unten aus und schafft oder lässt Raum für Schwächen. Diese sind der menschlichen Spezies, also durch die von der ersten *persona* (1) auferlegten Bedingung, grundsätzlich eigen.[59] Die dem Menschen von der *natura* oder dem *ingenium* zugewiesene *persona* (2) weist ihn vor allem in seine natürlichen Schranken und warnt ihn vor Fehleinschätzungen.[60] Das Leben gemäß der von sozialem Status (3) und gewähltem Beruf (4) bestimmten Rollen (*vivere sub persona*) wird als unangenehm und anstrengend beschrie-

---

58 Zu Senecas Adaptation der *persona*-Theorie vgl. Roller: Constructing Autocracy (wie Anm. 3), 91–92; Bartsch: Mirror (wie Anm. 10), 216–217 und 225–229, die allerdings Senecas Gebrauch der *persona*-Metapher im Sinn eines mehr oder weniger konsistenten Masken- und Verstellungs-Spiels versteht.
59 Vgl. bes. Marc. 11,3 (Zitat in Anm. 32).
60 tranqu. an. 6; vita beata 8.

ben.[61] Mit dieser stärker auf individuelle Stärken und Schwächen und weniger auf Öffentlichkeitswirkung ausgerichteten Diskussion der sozialen Rollen bewegt sich Seneca weg von der Vorstellung des von altrömischer *virtus* geprägten Rollenschemas.[62]

Der entscheidende Unterschied zwischen Ciceros und Senecas Verständnis von *virtus* und *persona* liegt jedoch darin begründet, dass Seneca als prominenter Senator und ‚Höfling' in seinen Schriften nun ein Menschenbild vertritt, für das physische und psychische Schwächen geradezu als konstitutiv erachtet werden. Der Autor dieser Schriften ist kein professioneller Philosophielehrer und Schulphilosoph, sondern ein Politiker, und die Schriften sind nicht, wie später Mark Aurels „Selbstbetrachtungen", für die Zirkulation im engeren Kreis bestimmt, sondern richten sich an die Angehörigen der Nobilität. Seneca betreibt kein *self-fashioning*, um sich im öffentlichen Leben neu oder anders zu positionieren; mit der literarischen Inszenierung neuer Habitusformen und Rollenbilder entwickelt er vielmehr eine ‚neue' Anthropologie, er betreibt – um einen Gedanken von Catharine Edwards weiterzuführen – ein *role-fashioning*.[63]

Senecas Schriften reagieren auf die Krise in einer Gesellschaft, in der die traditionellen Vorbilder nicht mehr lebbar sind. Doch konstruieren sie Verhaltensvorgaben, die stärker der menschlichen Defizienz und damit der Realität des menschlichen Daseins Rechnung tragen. Dadurch werden sie letztlich doch wieder de-kontextualisierbar und erhalten eine überzeitliche Relevanz.

---

61 tranqu. an. 17 (das Zitat in § 1).
62 In diesem Punkt gehe ich über die von Roller: Constructing Autocracy (wie Anm. 3) und Bartsch: Mirror (wie Anm. 10) vertretene Position hinaus, die Senecas Ethik als eine Art ‚Gegenangebot' zu der traditionalistischen römischen Tugend-Ethik verstehen; während Roller die sich ergebende Widersprüchlichkeit in Senecas Konzept der „aristocracy of virtue" herausstellt (s.o. S. 8), meint Bartsch eine Art Selbstspaltung zu erkennen (S. 200: „splitting of the ego"), die sich aus der gespielten Rolle und dem sich selbst beobachtenden Ich ergibt. Vgl. dagegen Kreuzwieser: Natura (wie Anm. 10).
63   Edwards: Self-Scrutiny (wie Anm. 3), 35–36.

Philosophie im Plauderton

Zum philosophischen Gehalt der Horazischen Episteln

Gernot Michael Müller

I

In seinem Aufsatz „Beantwortung der Frage: Was ist Aufklärung?", mit der Immanuel Kant im Dezember 1784 in der Berliner Monatsschrift auf eine entsprechende Frage des Berliner Pfarrers Friedrich Zöllner, erschienen exakt ein Jahr früher in derselben Zeitschrift,[1] zu reagieren gedacht, hat der Königsberger Gelehrte seine ebenso konzise wie berühmte Definition von Aufklärung gegeben, wonach diese den Ausgang des Menschen aus seiner selbst verschuldeten Unmündigkeit bedeute. Die Folgerung, die Kant daraus für jeden einzelnen Menschen ableitet, hat er dabei mit den Worten eines römischen Dichters ausgedrückt: Es ist Horaz, der mit seiner an Maximus Lollius in der zweiten Nummer des ersten Epistelbuches gerichteten Aufforderung *sapere aude*[2] in den Augen Kants offensichtlich über den protreptischen Diskurs der betreffenden Epistel hinaus die passenden Worte gefunden hat, um den imperativischen Gehalt der Aufklärung prägnant auf den Punkt zu bringen.[3] Mit dieser Auffas-

---

[1] Diese ist ediert in: Norbert Hinske (Hg.): Was ist Aufklärung? Beiträge aus der Berlinischen Monatsschrift, Darmstadt ³1981, 115.
[2] Hor. epist. 1,2,40.
[3] „Aufklärung ist der Ausgang des Menschen aus seiner selbst verschuldeten Unmündigkeit. Unmündigkeit ist das Unvermögen, sich seines Verstandes ohne Leitung eines anderen zu bedienen. Selbstverschuldet ist diese Unmündigkeit, wenn die Ursache derselben nicht am Mangel des Verstandes, sondern der Entschließung und des Mutes liegt, sich seiner ohne Leitung eines anderen zu bedienen. Sapere aude! Habe Mut dich deines eigenen Verstandes zu bedienen!, ist also der Wahlspruch der Aufklärung" (zitiert nach: Immanuel Kant: Was ist Aufklärung? Aufsätze zur Geschichte und Philosophie, hg. und eingeleitet von Jürgen Zehbe, Göttingen ⁴1994, 55–61, hier 55). Zu Argumentation, zeitgeschichtlichem und intellektuellem Kontext von Kants Aufsatz s. einführend Gerd Irrlitz: Kant-Handbuch. Leben und Werk, Stuttgart/Weimar 2015, 404–406 (mit Hinweisen zu weiterführender Literatur) sowie u.a. Horst Möller: Vernunft und Kritik. Deutsche Aufklärung im 17. und 18. Jahrhundert, Frankfurt a.M. 1986, 7f.; Jürgen Habermas: Strukturwandel der Öffentlichkeit. Untersuchungen zu einer Kategorie der bürgerlichen Gesellschaft, Frankfurt a.M. 1990, 81f.; Jens Kulenkampff: Religionsphilosophischer Hintergrund von Kants Frage „Was ist Aufklärung", in: Wilhelm Schmidt-

sung steht Kant im Kontext seiner Zeit offensichtlich nicht alleine da. Denn schon 1711 erscheint Horazens markante Aufforderung *sapere aude* auf dem Titel der von John Tolland herausgegebenen Wochenschrift ‚The Free-Thinker'.[4] Und 1736 ließ die gelehrte Gesellschaft der Alethophilen die Wendung als Motto auf eine Münze prägen, deren Ziel es war, einen Beitrag zur Verbreitung der Philosophie Christian Wolffs zu leisten.[5]

Die drei unterschiedlich bekannten Schlaglichter auf die programmatische Rezeption des Horazischen *sapere aude* im Kontext der Aufklärung weisen auf die Fortüne eines römischen Autors in einer der grundlegenden Epochen der jüngeren europäischen Geistesgeschichte, dessen Zugehörigkeit zu einer der philosophischen Richtungen der Antike in der ihm geltenden Forschung ebenso zur Debatte steht wie der philosophische Gehalt seines Œuvres von dieser überhaupt in Frage gestellt wird.[6] Allenfalls als wenig profunder Rezipient und Vermittler popularphilosophischer Inhalte akzeptiert, werden ihm zwar Affinitäten

---

Biggemann; Georges Tamer (Hgg.): Kritische Religionsphilosophie. Eine Gedenkschrift für Friedrich Niewöhner, Berlin/New York 2010, 319–337 und Markus Speidel: Erziehung zur Mündigkeit und Kants Idee der Freiheit, Frankfurt a.M. u.a. 2014, 29–35; zur Einordnung der Abhandlung in die Werkbiographie Kants s. Otfried Höffe: Immanuel Kant, München [7]2007, 31–45; einführend zur Epoche der Aufklärung s. Peter-André Alt: Aufklärung, Stuttgart/Weimar [3]2007, insb. 1–59, zu Kants Aufsatz ebd., 1–3.

4 Vgl. David Womersley; Paddy Bullard; Abigail Williams (Hgg.): „Cultures of Whiggism". New essays on English literature and culture in the long eighteenth century, Newark 2005, 88.

5 S. Claudio La Rocca: Was Aufklärung sein wird. Zur Diskussion um die Aktualität eines kantischen Konzepts, in: Deutsche Zeitschrift für Philosophie 53 (2004), 347–360, hier 348.

6 So etwa dezidiert Rainer Müller: Prinzipatsideologie und Philosophie bei Horaz, in: Klio 67 (1985), 158–167, hier 166. Italo Gallo: Orazio e la filosofia greca, in: Aufidus 20 (1993), 37–48, hier 38f. unterscheidet zwischen wirklichem filosofo und cultura filosofica, die Horaz durchaus in hohem Maße zueigen gewesen sei. Raymond Angelo Belliotti: Roman Philosophy and the Good Life, Lanham u.a. 2009 geht auf Horaz trotz des einschlägigen Themas nicht ein. Vgl. aber gegenteilig etwa schon Olof Gigon: Horaz und die Philosophie, in: ders.: Die antike Philosophie als Maßstab und Realität, Zürich/München 1977, 437–487 oder Alberto Grilli: Orazio e le filosofie minori, in: Atene e Roma 32 (1987), 8–18 und ders.: Orazio e il pensiero filosofico, in: Pier Vincenzo Cova; Gian Enrico Manzoni (Hgg.): Voci oraziane, Brescia 1993, 29–40. Die älteren Forschungspositionen fasst zusammen John Moles: Poetry, Philosophy, Politics and Play. Epistles 1, in: Tony Woodman; Denis Feeney (Hgg.): Traditions and contexts in the poetry of Horace, Cambridge 2002, 141–157, hier 141; Moles argumentiert selbst sehr überzeugend für den philosophischen Charakter des ersten Epistelbuches (für eine Auseinandersetzung mit den Argumenten der Gegenposition s. ebd., 143–149); weitere konzise Überblicke über die Forschungspositionen bis in jüngere Zeit geben Anthony Gini: Philosophy and word-play in the Epistles of Horace, Ann Arbor 1990, 1–4 und Niall Rudd: Horace as a Moralist, in: ders. (Hg.): Horace 2000: A celebration. Essays for the Bimillennium, London 1993, 64–88, hier 64f.

vor allem zu epikureischem Denken attestiert.[7] Jedoch lassen sich in seinem Œuvre durchaus auch Reflexe auf andere und dabei mit dem Epikureismus widerstreitende Positionen wie solche der Stoa greifen,[8] ohne dass diese zu einem kohärenten philosophischen Gedankengebäude integriert würden.[9] Wenig erstaunlich daher, dass eine philosophiegeschichtliche Forschung, die vorrangig an einer Systematisierung der einschlägigen Autoren nach den gängigen antiken Schulen interessiert ist, in Horaz allenfalls einen marginalen Vertreter antiker Philosophie zu erkennen bereit ist, bei dem sich eine grundsätzlichere

---

7 S. Norman Wentworth DeWitt: Epicurean Doctrine in Horace, in: Classical Philology 34 (1939), 127–134; Antonio Traglia: L'epicureismo in Orazio, in: Horatianum. Atti del IV Convegno di Studi Oraziani, Rom 1971, 41–54; Kajetan Gantar: Horaz zwischen Akademie und Epikur, in: Ziva Antika 22 (1972), 5–24; Pierre Grimal: Recherche sur l'épicurisme d'Horace, in: Revue des études latines 71 (1993), 154–160; s. ferner unter besonderer Berücksichtigung der Todesthematik im Gesamtwerk des Horaz Getrud Schwind: Zeit, Tod und Endlichkeit bei Horaz, Diss. Freiburg i. Br. 1965, 183–199 sowie Wilfried Stroh: De Horatio vitae praeceptore Epicureo, in: Joseph Ijsewijn u.a. (Hgg.): Acta selecta Octavi Conventus Academiae Latinitati Fovendae (Lovanii et Antverpiae, 2–6 Augusti MCMXCIII), Rom 1995, 183–205 mit umsichtiger Aufarbeitung der älteren Forschung. Beziehungen zwischen Horazens Œuvre und Lukrez arbeiten heraus Walburga Rehmann: Die Beziehungen zwischen Lukrez und Horaz, Diss. Freiburg i. Br. 1969 sowie insbesondere Rolando Ferri: I dispiaceri di un epicureo. Uno studio sulla poetica oraziana delle Epistole (con un capitolo su Persio), Pisa 1993 (Biblioteca di „Materiali e discussioni per l'analisi dei testi classici" 11), 81–131. Die verschiedenen Positionen im Hinblick auf die These, Horaz habe dem epikureischen Kreis in Herculaneum zugehört und dort bei Philodem epikureische Philosophie studiert, diskutiert Tatiana Tsakiropoulou-Summers: Horace, Philodemus and the Epicureans at Herculaneum, in: Mnemosyne 51 (1998), 20–29; besondere Affinitäten zu Philodem arbeitet heraus David Armstrong: Horace's Epistles 1 and Philodemus, in: David Armstrong; Jeffrey Fish; Patricia A. Johnston; Marilyn B. Skinner (Hgg.): Vergil, Philodemus, and the Augustans, Austin 2004, 267–299.
8 Vgl. Michael Erler: Horaz über den Wandel der Jahreszeiten: Epikureische und stoische Motive in carm. 1,4 und 4,7, in: Rheinisches Museum für Philologie 123 (1980), 333–336; Diane Demanche: Provocation et vérité. Forme et sens des paradoxes stoiciens dans la poésie latine, chez Lucilius, Horace, Lucain et Perse, Paris 2013 (Collection d'études anciennes 76), 231–328, v.a. 262–271; Moles: Poetry (wie Anm. 6), 149–151 mit Anmerkungen zum Verhältnis von stoischem und epikureischem Gedankengut in epist. 1,1; vgl. auch Gallo: Orazio (wie Anm. 6), 44–48.
9 Vgl. hierzu Rudd: Horace (wie Anm. 6), 66–71. Für eine knappe Diskussion, inwieweit sich Horaz dem Epikureismus zurechnen lässt, s. Michael Erler: Die Schule Epikurs, in: Hellmut Flashar (Hg.): Die Philosophie der Antike, Bd. 4: Die hellenistische Philosophie, Basel 1994 (Ueberwegs Grundriss der Geschichte der Philosophie), 203–380, 372f.; vgl. auch Grilli: Orazio (wie Anm. 6).

Auseinandersetzung mit Gehalt und Zielrichtung der philosophischen Aspekte in dessen Œuvre offensichtlich nicht lohnt.[10]

Derartige Zweifel an Horazens philosophischer Tauglichkeit scheinen Immanuel Kant nicht beschlichen zu haben. Dabei dürfte es weniger nur die für Horaz so charakteristische Kunst der konzisen Formulierung gewesen sein, welche Kant zu Zitat und anschließender interpretierender Übersetzung des Imperativs *sapere aude* im Kontext seiner Definition von Aufklärung bewogen hat.[11] Vielmehr verdichtet sich in jenem ein auf die protreptische Werbung für eine bestimmte Geisteshaltung abzielender philosophischer Anspruch, der im Kern ebenso für Kants Bestimmung der Aufklärung prägend ist. In der Tat meint diese, wie Kant im weiteren Verlauf seines Aufsatzes bekanntlich ausführt, weniger eine philosophische Lehre im engeren Sinne denn vielmehr einen Gesinnungswandel, der auf die intellektuelle Autonomie des Individuums und dessen Immunität gegenüber geistiger Fremdbestimmung zielt. Somit scheint Kants Rekurs auf Horazens Imperativ geeignet zu sein, den Blick für das spezifische Gepräge zu schärfen, welches das Horazische Œuvre in philosophischer Hinsicht aufweist, und dieses als durchaus veritable philosophische Leistung erkennbar werden zu lassen.

Vor diesem Hintergrund soll im Folgenden das erste Buch der Horazischen Episteln in den Blick genommen werden, dem der Imperativ *sapere aude* entstammt, um in einer kursorischen Lektüre exemplarischer Stücke nahezulegen, dass der philosophische Gehalt der Episteln weniger auf Rezeption und Weiterentwicklung einer bestimmten philosophischen Schule beruht, sondern in der Vermittlung einer bestimmten Lebenshaltung liegt, die für Horaz das Ziel ethischer Reflexion markiert.[12] In einem abschließenden Schritt soll diese im Kern

---

10 Dass Horazens philosophische Äußerungen in seinem Œuvre durchaus Kohärenz aufweisen, obwohl sich sein Sprecher-Ich immer wieder auf ganz unterschiedliche Schulen und Gewährsleute bezieht, arbeitet überzeugend Rudd: Horace (wie Anm. 6), 71–84 heraus.

11 Zum Zusammenhang von eingängiger sentenzenhafter Aussage, die teilweise auf griechische Vorbilder zurückgeht, und der Verwendung des Hexameters in den Episteln s. Stephen Harrison: Poetry, Philosophy, and Letter-Writing in Horace, Epistles 1, in: Doreen Innes; Harry Hine; Christopher Pelling (Hgg.): Ethics and Rhetoric. Classical Essays for Donald Russel on his Seventy-Fifth Birthday, Oxford 1995, 47–61, hier 51–54.

12 Für Lektüren des ersten Epistelbuches s. Eduard Fraenkel: Horace, Oxford 1957, 308–363; Michael J. McGann: Studies in Horace's First Book of Epistles, Brüssel 1969 (Collection Latomus 100), 33–87; Donato Gagliardi: Un'arte di vivere. Saggio sul I libro delle epistole oraziane, Rom 1988 (Biblioteca Athena, nuova serie 3), 9–32; Roland Mayer (Hg.): Horace, Epistles, Book I, Cambridge 1994, 39–48; Gini: Philosophy (wie Anm. 6), 19–85; Gregor Maurach: Horaz. Werk und Leben, Heidelberg 2001, 297–389; Kirk Freudenburg: Solus sapiens liber est. Recommissioning lyrik in Epistles 1, in: Tony Woodman; Denis Feeney (Hgg.): Traditions and contexts in

protreptische Absicht des ersten Epistelbuches zumindest ansatzweise auf deren formale Gestaltung als Kunstbriefe bezogen und angedeutet werden, dass Horaz mit der innovativen Verbindung von philosophisch-didaktischem Lehrbrief und heiter-alltäglichem Privatbrief das kongeniale literarische Medium zur Vermittlung seiner spezifischen Aussageintention geschaffen hat. Nur mehr als Ausblick soll diese mit Foucaults Konzept der Selbsttechnologie in Verbindung gebracht werden, um nahezulegen, dass Horaz mit seinen Episteln durchaus in der Tradition eines wesentlichen Anliegens antiker Moralphilosophie steht.

II

Dass Horaz mit dem ersten Buch seiner Episteln eine philosophische Intention verfolgt, geht aus seiner ersten Nummer unzweifelhaft hervor.[13] Sich gegenüber Maecenas auf seine Freiheit berufend,[14] angesichts seines vorgerückten Alters

---

the poetry of Horace, Cambridge 2002, 124–140 unter besonderer Berücksichtigung des Verhältnisses zwischen Sprecher-Ich und Maecenas; Philip Hills: Horace, London 2005, 93–105 und Niklas Holzberg: Horaz. Dichter und Werk, München 2009, 187–205, der eine Gliederung der insgesamt zwanzig Episteln in vier Pentaden erkennen zu können glaubt. Als Sammlung von Freundschaftsbriefen liest Ross Stuart Kilpatrick: The Poetry of Friendship. Horace, Epistles I, Edmonton 1986 das erste Epistelbuch. Vor diesem Hintergrund gliedert sie das Buch ebd., XXIII nach den Adressaten der Einzelbriefe. S. ferner Harrison: Poetry (wie Anm. 11); Andrew Morrison: Advice and Abuse: Horace, Epistles 1 and the Iambic Tradition, in: Materiali e discussioni per l'analisi dei testi classici 56 (2006), 29–61 sowie Hartmut Wulfram: Das römische Versepistelbuch. Eine Gattungsanalyse, Berlin 2008, 52–172, der mit den Episteln des Horaz die Gattung des römischen Versepistelbuches beginnen lässt (vgl. auch ebd., 137–152 für eine Lektüre von epist. 1 als wohlkomponiertem Gedichtbuch sowie ebd., 74–77 zum Verhältnis zwischen Horazens Episteln und Epikurs Lehrbriefen); vor dem Hintergrund, dass poetische Briefe sowohl das Spätwerk des Horaz als auch jenes des Ovid prägen, vergleicht beide miteinander Martin Korenjak: Abschiedsbriefe. Horaz' und Ovids epistolographisches Spätwerk, in: Mnemosyne 58 (2005), 46–61 und 218–234; für eine allgemeine Einführung in Horazens erstes Epistelbuch s. Rolando Ferri: The Epistles, in: Stephen Harrison (Hg.): The Cambridge Companion to Horace, Cambridge 2007, 121–131.

13 Für eine Lektüre der ersten Epistel des ersten Buches vgl. Hans Joachim Hirth: Horaz, der Dichter der Briefe. rus und urbs – die Valenz der Briefform am Beispiel der ersten Epistel an Maecenas, Hildesheim u.a. 1985 (Altertumswissenschaftliche Texte und Studien 13), zum Verhältnis von Briefform, philosophischem Inhalt und Rolle des Sprecher-Ichs s. ebd., 132–186; McGann: Studies (wie Anm. 12), 33–37 und ferner Wulfram: Römisches Versepistelbuch (wie Anm. 12), 65–81 speziell mit Blick auf die Programmatik der Wahl einer neuen Lebensform.

14 Zur historischen Identität der Adressaten des ersten Epistelbuches s. Mayer: Horace (wie Anm. 12), 8–11 und Walter Allen Jr. u.a.: The Addressees in Horace's First Book of Epistles, in:

die Öffentlichkeit fliehen zu dürfen, nimmt er sich als für diese Lebensphase adäquates Betätigungsfeld bekanntlich die Moralphilosophie vor:[15]

> Prima dicte mihi, summa dicende Camena,
> spectatum satis et donatum iam rude quaeris,
> Maecenas, iterum antiquo me includere ludo.
> non eadem est aetas, non mens.
> [...]
> nunc itaque et versus et cetera ludicra pono;
> quid verum atque decens, curo et rogo et omnis in hoc sum;
> condo et compono quae mox depromere possim.

> Du, besungen in meinem ersten Musengesang, du, den besingen soll auch mein letzter – du, Maecen, suchst mich, der ich doch oft genug vor den Zuschauern erschienen bin und schon mit dem Stab die Freiheit erhalten habe, wieder in der alten Gladiatorenschule einzuschließen? Mein Alter, mein Denken ist nicht mehr wie früher [...] Also lege ich jetzt meine Verse beiseite und all den übrigen Tand; was wahr, was geziemend, dem gilt mein Sorgen und Fragen, darin geh ich ganz auf. Ich heb jetzt auf und ordne, was ich mir später wieder hervorholen kann.

Zwar erweist sich die Inszenierung einer Alterskonversion zur Philosophie angesichts der Rekurrenz entsprechender Inhalte in *sermones* und *carmina* in der sich hier artikulierenden Programmatik als nur teilweise angemessen.[16] Doch

---

Studies in Philology 67 (1970), 255–266; zum Wechselverhältnis zwischen Adressaten und Selbstkonstruktion des Sprecher-Ichs in Horazens Œuvre s. Randall L. B. McNeill: Horace. Image, Identity, and Audience, Baltimore/London 2001, 35–60, speziell zum sozialen Stand der Adressaten ebd., 40–53; zur Inszenierung von Horaz' Sprecher-Ich und seinem Verhältnis zu seinem Patron s. ebd., 10–34; generell zum Design des Sprecher-Ichs im ersten Epistelbuch vgl. Gagliardi: Arte di vivere (wie Anm. 12), 33–53; Gini: Philosophy (wie Anm. 6), 19–50 und insb. 51–85; McNeill: Horace (wie oben), 1–9 sowie 10–35 zum Verhältnis zwischen Sprecher-Ich und Maecenas sowie schließlich Wulfram: Römisches Versepistelbuch (wie Anm. 12), 93–95.

15 Hor. epist. 1,1,1–4a; 10–12 (die deutschen Übersetzungen der Zitate stammen von Bernhard Kytzler). Für eine Charakterisierung dieser *recusatio* im Kontext dieses für die augusteische Dichtung typischen Motivs s. Colin William Macleod: The poetry of ethics: Horace, epistles 1, in: The Journal of Roman Studies 69 (1979), 16–27, hier 22f. Für eine Interpretation von epist. 1,1 ebd., 21–23.

16 Vgl. Rudd: Horace (wie Anm. 6), 65. Zum philosophischen Gehalt des Horazischen Œuvres vor dem ersten Epistelbuch s. Harrison: Poetry (wie Anm. 11), 50 mit Hinweisen zu weiterer Literatur; speziell zu den Oden s. Wolfgang Dieter Lebek: Horaz und die Philosophie: die ‚Oden', in: Aufstieg und Niedergang der Römischen Welt 2,31,3 (1981), 2031–2092; vgl. auch R. Müller: Prinzipatsideologie (wie Anm. 6), 159 sowie ferner Philip Thibodeau: Epicureanism in Horace Odes 1,24, in: The Classical Journal 98 (2003), 243–256; Beziehungen zwischen erstem Epistelbuch und Satiren hinsichtlich ihres philosophischen Gehalts arbeitet heraus Clarence

gilt trotz dieser Einschränkung festzuhalten, dass Horaz die Beschäftigung mit ethischen Fragestellungen als exklusiven Gegenstand seines Epistelbuches ankündigt, welchen er sodann als Garanten für den Erhalt bleibender Erkenntnisse von seinem bisherigen als rein spielerisch und damit weniger gewichtig charakterisierten dichterischen Schaffen abhebt.[17] Diese programmatische Eindeutigkeit, mit der sich Horaz für die ausschließliche Hinwendung zur Moralphilosophie entscheidet, findet indes keine Fortsetzung bei der Bestimmung von deren inhaltlichem Profil. Im Gegenteil: Komplementär zur eingangs gegenüber seinem Förderer Maecenas beanspruchten Freiheit im Hinblick auf Thema und Reichweite seines Dichtens versagt er sich einer Festlegung auf eine bestimmte philosophische Lehre und bleibt infolgedessen die Auskunft schuldig, welche Richtung sein Philosophieren nehmen soll:[18]

> ac ne forte roges quo me duce, quo lare tuter,
> nullius addictus iurare in verba magistri,
> quo me cumque rapit tempestas, deferor hospes.

Mendell: Satire as Popular Philosophy, in: Classical Philology 15 (1920), 138–147; vgl. auch den Hinweis bei Fraenkel: Horace (wie Anm. 12), 310; zum Verhältnis von philosophischem Anspruch und Sprecherinszenierung s. Morrison: Advice and Abuse (wie Anm. 12). Zur Datierung des ersten Epistelbuches s. Mayer: Horace (wie Anm. 12), 10f.

17 Vgl. Colin William Macleod: The Poet, the Critic, and the Moralist: Horace, Epistles 1,19, in: Classical Quarterly 27 (1977), 359–376, hier 360; Freudenburg: Solus sapiens (wie Anm. 12) und Moles: Poetry (wie Anm. 6), 143f. Zur Verbindung von Philosophie und Dichtung in den Episteln vor dem Hintergrund der *recusatio* von epist. 1,1 s. Macleod: Poetry of ethics (wie Anm. 15), 21f.; vgl. auch Carl Becker: Das Spätwerk des Horaz, Göttingen 1963, 38–45 und Hans-Christian Günther: Die Ästhetik der augusteischen Dichtung: Eine Ästhetik des Verzichts. Überlegungen zum Spätwerk des Horaz, Leiden/Boston 2010 (Studies on the Interaction of Art, Thought and Power 2), 10–46 sowie 47–82 zum Verhältnis von ethischer und biographischer Inszenierung des Sprecher-Ichs. Eine Tendenz zur Absage von einer als *lusus* verstandenen Dichtung ist bereits in carm. 3,26,1f. zu erkennen; vgl. Harrison: Poetry (wie Anm. 11), 49. Zur Verbindung von Philosophie und Dichtung vor Horaz s. ebd., 48 mit besonderer Aufmerksamkeit für die Einflüsse des Lukrez auf epist. 1,1, aber auch auf das Gesamtwerk des Horaz.

18 Hor. epist. 1,1,13–15. McGann: Studies (wie Anm. 12), 9–32 erkennt hier unter anderem den Einfluss von Panaitios und rückt das erste Epistelbuch dementsprechend in die Nähe zu Ciceros De officiis. Armstrong: Horace's Epistles 1 (wie Anm. 7) arbeitet in epist. 1 eine Tendenz zum Eklektizismus in Bezug auf verschiedene epikureische Doktrinen sowie solche anderer Schulen, die mit diesen harmonisierbar sind, heraus; ähnlich schon Grilli: Orazio e le filosofie (wie Anm. 6); vgl. auch Grilli: Orazio e il pensiero (wie Anm. 6) sowie in kritischer Auseinandersetzung mit Grilli Gallo: Orazio (wie Anm. 6), 41–44; s. ferner Wulfram: Römisches Versepistelbuch (wie Anm. 12), 77 m. Anm. 105.

> Und damit du nicht erst fragst, bei welchem Führer, in welcher Heimstatt ich mich berge: keinem hab ich mich ergeben, auf des Meisters Worte zu schwören! Wo immer das Wetter mich hintreibt, dort trete ich ein als Gast.

Das ironische Bild, sich im Hinblick auf die inhaltlichen Angebote der Philosophie wie ein Fähnchen im Wind zu verhalten, erinnert in seiner Kernaussage – dem Anspruch auf inhaltliche Autonomie – an den eklektischen Skeptizismus eines Cicero, welcher seine Weigerung, sich einer philosophischen Schule anzuschließen, im gleichen Tenor, nur noch expliziter als Ausdruck innerer Freiheit verstanden wissen wollte und sich dabei hin und wieder eines vergleichbar selbstironischen Tonfalls bedient hat.[19] Jedoch zielt Horazens Ablehnung, sich einem Lehrmeister bzw. einer Doktrin zu verschreiben, in eine andere Richtung als jene Ciceros, indem diese nicht die Einnahme eines unabhängigen Standpunkts im Blick hat, von dem aus die überlieferten Schulmeinungen einer Überprüfung in Hinblick auf Glaubwürdigkeit und Wahrscheinlichkeit unterzogen werden können, sondern einem Ansatz geschuldet ist, der sich jenseits von diesen ansiedelt oder zumindest nicht von diesen seinen Ausgang nimmt. In der Tat schließt Horaz seine einleitenden Angaben gegenüber Maecenas, wie er sein Vorhaben, sich im Folgenden ausschließlich mit moralphilosophischen Inhalten zu beschäftigen, auszuführen gedenkt, mit dem prägnanten Bekenntnis, sich ganz auf elementare Lehren beschränken zu wollen:[20]

> restat ut his ego me ipse regam solerque elementis.
>
> Es bleibt nur übrig, Richtung und Trost mir zu suchen bei folgenden einfachen Sätzen.

Und in der Tat ist der erste Lehrsatz, den Horaz daraufhin präsentiert, von suggestiver Einfachheit, wenn er den bedeutungsschweren Begriff der *virtus*[21] be-

---

19 Vgl. Cic. Tusc. 4,7 oder 5,33. Zur Affinität der zitierten Horazischen Aussage mit Ciceros Bekenntnis zur akademischen Skepsis s. Kilpatrick: Friendship (wie Anm. 12), XVII–XIX; vgl. ferner auch Roland Mayer: Horace's Epistles I and Philosophy, in: The American Journal of Philology 107 (1986), 55–73, hier 61–64 sowie Moles: Poetry (wie Anm. 6), 142f. Einen ehemaligen Schüler der Akademie nennt sich der Sprecher von epist. 2,2,43–45. Zum teilweise selbstironischen Skeptizismus Ciceros s. einführend Günter Gawlick; Woldemar Görler: Cicero, in: Flashar (Hg.): Die hellenistische Philosophie (wie Anm. 9), 991–1168, hier 1089–1118.
20 Hor. epist. 1,1,27.
21 Vgl. Werner Eisenhut: Virtus Romana, München 1973 (Studia et testimonia antiqua 13); ders.: „virtus" in der römischen Literatur, in: Friedrich Hörmann (Hg.): Werte der Antike, München 1975 (Klassische Sprachen und Literaturen 9), 54–71; zur Bedeutung von *virtus* im militärischen Kontext der republikanischen Zeit mit einer Diskussion vor allem der einschlägigen Zeugnisse bei Polybios s. Myles Anthony McDonnell: Roman Manliness – virtus and the Roman

reits im ganz grundsätzlichen Bemühen verortet, sich der Laster zu enthalten, sowie Weisheit und damit philosophisches Streben im Allgemeinen an der Vermeidung von Ignoranz festmacht:[22]

> virtus est vitium fugere, et sapientia prima
> stultitia caruisse.
>
> Anfang der Tugend ist es, das Laster zu fliehen, Anfang der Weisheit, der Torheit zu entsagen.

Indes griffe es zu kurz, Horaz vor diesem Hintergrund mit dem Verdikt eines philosophischen Leichtgewichts zu belegen. Vielmehr artikuliert sich in derartigen einfachen Lehrsätzen ein philosophisches Anliegen, das ganz bewusst nicht bei den überlieferten philosophischen Lehren und deren Diskussion, sondern bei den Menschen und deren Lebenssituationen ansetzt und aus diesen weniger komplexe und voraussetzungsreiche denn vielmehr allgemein verständliche Ratschläge für ein besseres Leben ableitet, wie er zuvor schon Gelegenheit hatte anzukündigen:[23]

> sic mihi tarda fluunt ingrataque tempora, quae spem
> consiliumque morantur agendi naviter id quod
> aeque pauperibus prodest, locupletibus aeque,
> aeque neglectum pueris senibusque nocebit.
>
> So fließt langsam dahin mir und unwillkommen die Zeit, die mir die Hoffnung, die mir den Entschluss verzögert, das tüchtig zu tun, was gleichermaßen den Armen nützt, gleichermaßen den Reichen, was gleichermaßen aber auch, lässt man es unbeachtet, jung und alt schaden wird.

Es geht Horaz folglich um eine Art Lebenslehre, die so konzipiert ist, dass sie allen Menschen gleichermaßen nützt und deren Gehalt dementsprechend all-

---

Republic, Cambridge 2006, 62–69 sowie Thomas Köves-Zulauf: Virtus und Pietas, in: Acta antiqua Academiae Scientiarum Hungaricae 40 (2000), 247–263; speziell zu Horaz s. Karl Büchner: Altrömische und horazische virtus, in: Die Antike 15 (1939), 145–153; zum Verhältnis von *virtus* und *sapientia* sowie der Frage, warum Horaz in epist. 1,2 Weisheit als Wagnis konfiguriert, vgl. ferner Gernot Michael Müller: Pourquoi la sagesse est-elle une entreprise? Les conseils éthiques d'Horace et leurs implications culturelles, in: Élisabeth Gavoille; François Guillaumont (Hgg.): Conseiller, diriger par lettre, Tours 2017, 237–252; s. ferner Gagliardi: Arte di vivere (wie Anm. 12), 55–68.
22 Hor. epist. 1,1,41–42a.
23 Ebd., 23–26.

gemeinverständlich formuliert ist.[24] Und also setzen deren Ratschläge bei solch grundlegenden Monita an, wie eben das Vermeiden von Fehlern sowie sich vor der Dummheit zu hüten,[25] Monita, welche zudem ganz konkrete Lebenssituationen im Blick haben:[26]

> [...] vides quae maxima credis
> esse mala, exiguum censum turpemque repulsam,
> quanto devites animi capitisque labore.
>
> Du siehst doch, mit welchem Einsatz von Leib und Leben du zu meiden trachtest, was du für die beiden größten Übel hältst: schmales Vermögen und schändliche Wahlniederlage!

Die Laster, denen Horazens Ratschläge entgegentreten wollen, entstammen folglich der Lebensrealität der römischen Oberschicht und beziehen sich auf das Streben nach öffentlicher Anerkennung und nach materiellem Besitz.[27] Lasterhaft ist dieses, weil der Mensch in seiner Unersättlichkeit dazu neigt, sich dabei aufzureiben, und zudem von der Sorge um deren Verlust geplagt wird. Konsequenz hieraus ist das Paradox, dass sich die Menschen zwar die Voraussetzungen für ein glückliches Leben schaffen, dieses aber nicht zu genießen verstehen, weil sie sich ganz in den vermeintlichen Zwängen des alltäglichen Strebens nach immer mehr verlieren und von diesem nicht mehr abzulassen in der Lage sind. Dies scheint Horaz beim Adressaten seiner fünften Epistel Torquatus zu befürchten, wenn er diesen mit folgenden Worten zu überzeugen versucht, seiner Einladung zu einem maßvollen Abendessen auf sein Landgut nachzukommen:[28]

> mitte levis spes et certamina divitiarum
> et Moschi causam: cras nato Caesare festus
> dat veniam somnumque dies; impune licebit
> aestivam sermone benigno tendere noctem.

---

24 Vgl. Macleod: Poetry of ethics (wie Anm. 15), 18f.; ebd., 17 stellt Macleod die Inszenierung des Sprecher-Ichs als Ratgeber in Horazens Episteln in den Horizont der in Rom verbreiteten Betätigung von Philosophen als Berater von Aristokraten; ebd. 17f. konstatiert er Ähnlichkeiten zu manchen Briefen Ciceros.
25 Zur Bedeutung von *stultitia* in epist. 1,1 und 1,2 s. G. M. Müller: Pourquoi la sagesse est-elle une entreprise? (wie Anm. 21), 241–243.
26 Hor. epist. 1,1,42b–44.
27 Vgl. Moles: Poetry (wie Anm. 6), 151–157.
28 Hor. epist. 1,5,9–12. Für eine kommentierende Lektüre dieses Gedichts s. John S. C. Eidinow: Horace's Epistle to Torquatus (Ep. 1,5), in: The Classical Quarterly 45 (1995), 191–199.

> quo mihi fortunam, si non conceditur uti?

> Lass ruhn nichtige Hoffnung, das Ringen um Reichtum und den Prozess des Moschus. Morgen, an Caesars Geburtstag, bietet das Fest Entschuldigung für langen Schlaf, ungestraft werden wir in freundlichem Gespräch die Sommernacht verlängern dürfen. Wofür dient mir das Glück, wenn ich es nicht nutzen darf?

Horazens Mahnungen zielen folglich darauf, im Angesicht von Besitz- und Karrierestreben der inneren Freiheit nicht verlustig zu gehen, welche sich für ihn vor allem darin manifestiert zu verstehen, im Hier und Jetzt zu leben, ohne sich von den Alltagssorgen dominieren zu lassen und infolgedessen stets nur dem Morgen Bedeutung beizumessen. Wie bereits in seinen *carmina* konvergieren Horazens Ratschläge für seine Adressaten somit im Plädoyer, sich ganz auf den Gegenwartsaugenblick zu konzentrieren, wie er es im Kontext der Episteln am prägnantesten in deren vierter gegenüber dem Dichterkollegen Albius zum Ausdruck gebracht hat:[29]

> inter spem curamque, timores inter et iras,
> omnem crede diem tibi diluxisse supremum.
> grata superveniet quae non sperabitur hora.

> Zwischen Hoffnung und Sorge, zwischen Furcht und Zorn betrachte jeden Tages Licht als dein letztes: Willkommen wird dir dann erscheinen die Stunde, die nicht mehr erhofft ward.

Es steht außer Frage und ist zudem bereits hinlänglich beschrieben worden, dass sich in Horazens Auffassung, sich durch innere Freiheit und Unabhängigkeit vom übermäßigen Streben nach Reichtum und Anerkennung den Weg zum glücklichen Leben zu bahnen, epikureisches Denken artikuliert.[30] Für den philosophischen Ansatz des Horaz ist jedoch signifikant, dass er diese Affinitäten nicht zum Anlass nimmt, seine Adressaten in epikureischer Ethik zu unterweisen, sondern dass er sich stattdessen alltäglicher Beispiele bedient, um diese davon zu überzeugen, jene Haltung der inneren Freiheit zu realisieren. Mithin vertraut er weniger dem Wortlaut epikureischer Lehrsätze, als vielmehr suggestiven *exempla*, an denen sich deren Wirksamkeit in der Lebensrealität seiner

---

[29] Hor. epist. 1,4,12–14.
[30] S. hierzu die Literatur in Anm. 7. Dass sich epikureisches Denken bei Horaz mit dem Rückgriff auf altrömische Tugenden wie Schlichtheit und Einfachheit verbindet betont R. Müller: Prinzipatsideologie (wie Anm. 6), 161 und 166; zur Verbindung von altrömischem Denken und griechischer ἀρετή in Horazens *virtus*-Begriff vgl. Büchner: Altrömische und horazische virtus (wie Anm. 21), 162f.

Adressaten unmittelbar unter Beweis stellen lässt, ohne dass diese beim Namen genannt werden müssen.[31] Diese unbedingte Adressatenbezogenheit setzt sich darin fort, dass er den Fokus seiner Protreptik[32] weniger auf das Ziel seines therapeutischen Anliegens legt, sondern vielmehr auf die grundsätzliche Bereitschaft, sich auf diesen einzulassen, wie aus dem Kontext der durch Kant berühmt gewordenen Aufforderung *sapere aude* erkennbar wird:[33]

> dimidium facti qui coepit habet. sapere aude.
> incipe. qui recte vivendi prorogat horam,
> rusticus exspectat dum defluat amnis: at ille
> labitur et labetur in omne volubilis aevum.

> Wer beginnt, besitzt bereits die Hälfte des ganzen Werkes – wage es, weise zu sein, fange an! Wer des rechten Lebens Stunde hinausschiebt, wartet wie jener Landmann darauf, dass des Flusses Wasser versiege; der aber gleitet dahin und wird weiter dahingleiten mit seinen Fluten wirbelnd in alle Ewigkeit.

Jene Dummheit oder Ignoranz, die Horazens programmatischem Lehrsatz aus der ersten Epistel zufolge[34] der Weisheit entgegensteht, liegt folglich darin, dass die Menschen bei körperlichen Leiden zwar ganz selbstverständlich den Arzt aufsuchen, sich ihre geistig-seelischen Befindlichkeiten aber nicht bewusst machen und deswegen auch keinen Bedarf erkennen, sich derer anzunehmen. Weisheit besteht somit zuallererst darin, die Therapiebedürftigkeit des eigenen Geistes zu erkennen, keinesfalls erst darin, deren Ziel – die vollständige innere Freiheit – tatsächlich erlangt zu haben.[35] Angesichts solcher maßvoller Ansprüche will Horaz auch den Verweis auf das eigene Mittelmaß nicht als Entschuldi-

---

31 Horazens Selbstinszenierung als philosophischer Lehrer, der weder Anspruch auf Vollständigkeit seiner Doktrin noch auf deren systematische Darstellung erhebt, hat einiges gemein mit dem Selbstverständnis philosophischer Lehrer der Kaiserzeit; vgl. Johannes Hahn: Aristokratie und Philosophie im Imperium Romanum. Philosophische Bildung, soziale Identität und Elitekultur in der Kaiserzeit, in: Gymnasium 117 (2010), 429–434.
32 Als Protreptikos, aus dem Bewusstsein und Verständnis für die menschliche Fehlbarkeit spricht, liest epist. 1,1 Macleod: Poetry of ethics (wie Anm. 15), 23; vgl. auch McGann: Studies (wie Anm. 12), 33.
33 Hor. epist. 1,2,40–43.
34 Vgl. nochmals epist. 1,1,41–42a (Zitat S. 123).
35 Vgl. Macleod: Poetry of ethics (wie Anm. 15), 18 mit Verweis auf Arrians Diatribe 2,11,1, in der dieser Epiktet mit den Worten referiert, Philosophie beginne beim Eingeständnis in die Schwäche, das Wesentliche im Leben erkennen zu wollen. S. auch Macleod: ebd., 17 für ein Verständnis antiker Ethik als Therapie der Seele. Zu Vorprägungen dieser Vorstellung bei Demokrit und Platon s. Harrison: Poetry (wie Anm. 11), 54.

gung akzeptieren. Denn auch wer nicht über außergewöhnliche Körperkräfte verfüge, so führt er sogar als allerersten Grundsatz in seiner ersten Epistel an, würde sich schließlich seines Körpers annehmen, wenn dieser leide. Das entscheidende Hindernis, um den von Horaz geforderten inneren Wandlungsprozess einzugehen, stellt also die Ausrede dar. Denn sich bessern könne jeder, so er sich nur den entsprechenden Ratschlägen öffne:[36]

> Non possis oculo quantum contendere Lynceus,
> non tamen idcirco contemnas lippus inungi;
> nec quia desperes invicti membra Glyconis,
> nodosa corpus nolis prohibere cheragra.
> [...]
> invidus, iracundus, iners, vinosus, amator,
> nemo adeo ferus est ut non mitescere possit,
> si modo culturae patientem commodet aurem.

> Nicht kannst gegen Lynkeus du streiten mit der Schärfe des Auges; doch solltest du auch nicht verschmähen, es zu salben, wenn es brennt. Und auch, wenn du es aufgibst, des unbesiegten Glykon Gliederstärke erreichen zu wollen, so wirst du doch nicht hindern wollen, dass frei dein Körper von Gichtknochen bleibt [...] Neid, Zorn, Trägheit, Trunksucht, Unzucht – niemand ist doch so verwildert, das er nicht milder werden könnte, leiht er der Kur nur geduldig ein Ohr!

Komplementär zu diesem ganz auf das menschliche Wesen und dessen Grenzen abgestimmten Ansatz inszeniert sich Horaz in seinen Episteln weniger als Lehrer einer bestimmten philosophischen Lehre denn als *exemplum*, das sich deswegen zur wiederholten Formulierung allgemeinverbindlicher Lehrsätze befähigt zeigt, weil es den seinen Adressaten empfohlenen Reflexionsprozess bereits selbst verinnerlicht und infolgedessen bestimmte Erkenntnisse für sich schon gewonnen hat.[37] In der Tat zielt Horazens Selbstmodellierung in den Episteln eben nicht darauf, sich als profunden Kenner philosophischer Lehren in Szene

---

36 Hor. epist. 1,1,28–32; 38–40.
37 Nach Demetrios: De elocutione 227 sollen Briefe dazu dienen, den Charakter des Sprechers offenzulegen, woraus sich eine Affinität zur biographischen Aussage ergibt; vgl. Harrison: Poetry (wie Anm. 11), 59. Der Verweis auf biographische Details dient in den Episteln freilich wie im gesamten Œuvre des Horaz zur Konstruktion eines spezifischen Horazischen „face", wobei er dieses über seine Werke hinweg immer mehr soziales Kapital im Sinne Bourdieus gewinnen lässt; vgl. Ellen Oliensis: Horace and the Rhetorik of Authority, Cambridge 1998, 1–5; zur Entwicklung des Sprechers in den Episteln s. auch Morrison: Advice and Abuse (wie Anm. 12), 37–56 sowie mit Diskussion der einschlägigen Forschungspositionen zum Verhältnis von biographischer Referenz und den verschiedenen Inszenierungen des Sprecher-Ichs in Horaz' Œuvre McNeill: Horace (wie Anm. 14), 1–9 („The Horaces of Horace").

zu setzen, sondern exemplarisch vor Augen zu führen, wie sich von der Analyse konkreter und allgemein bekannter Alltagssituationen zu allgemeinverbindlichen ethischen Lehrsätzen gelangen lässt.[38]

Indes lässt Horaz schon gegen Ende der ersten Epistel durchblicken, dass er seiner Forderung nach innerer Freiheit und Gelassenheit selbst noch nicht vollständig gerecht wird, wenn er seinem Widmungsträger Maecenas den Vorwurf macht, dass sich dieser zwar darüber beklage, wenn er nicht ordentlich gekleidet sei, es aber auf die leichte Schulter nähme, wenn er im Geiste konfus sei und von seinen widerstreitenden Leidenschaften geplagt werde:[39]

> si curatus inaequali tonsore capillos
> occurri, rides; si forte subucula pexae
> trita subest tunicae vel si toga dissidet impar,
> rides: quid mea cum pugnat sententia secum,
> quod petiit spernit, repetit quod nuper omisit,
> aestuat et vitae disconvenit ordine toto,
> diruit, aedificat, mutat quadrata rotundis?

> Wenn ich dich treffe, und ein ungeschickter Friseur hat meine Haare schief geschnitten, dann lachst du; wenn zufällig mein Unterhemd abgewetzt ist unter einer feinen Tunika, wenn die Toga schlecht sitzt, dann lachst du. Was aber, wenn mein Sinn mit sich selbst im Streite liegt, wenn er ablehnt, was er gesucht, wenn er sucht, was er jüngst noch übersehen hat, wenn er aufwallt wie die Brandung und meines Lebens ganze Ordnung durcheinanderbringt, einreißt und aufbaut, Eckiges wechseln lässt mit Rundem?

Horazens anschließende ironische Vermutung, dass Maecenas derartige innere Verwerfungen deswegen nicht ernst nehme, weil er diese als unter seinen Zeitgenossen weitverbreitetes Leiden ansehe, deutet einmal mehr darauf hin, dass der Autor der Episteln die eigentliche Herausforderung darin erblickt, seinen Rezipienten die Einsicht in deren geistige Therapiebedürftigkeit zu vermitteln. Zum anderen beschließt diese aber auch auf witzige Weise den ersten Einblick in eine Selbstmodellierung, die wiederholt zwischen den Polen souveräner Ratgebertätigkeit und Eingeständnis eigener Begrenztheit schwankt[40] und deswegen selbst auf Kritik und Rat wohlwollender Freunde angewiesen ist, wie Horaz am Ende von Epistel 1,6 gegenüber seinem Adressaten Numicius durchblicken lässt:[41]

---

38 Vgl. Hirth: Horaz (wie Anm. 13), 213–229.
39 Hor. epist. 1,1,94–100.
40 Weitere Beispiele wären etwa epist. 1,8,3–12 (Thematisierung der eigenen Willensschwäche); 1,15,42–46 und 1,17,3–4.
41 Hor. epist. 1,6,67f. Holzberg: Horaz (wie Anm. 12), 192 liest aus diesen Versen Ironie heraus.

vive, vale. si quid novisti rectius istis,
candidus imperti. si nil, his utere mecum.

Leb lang, leb wohl! Wenn etwas dir bekannt, das richtiger als dies, dann teil es unvoreingenommen schnell mir mit! Wenn nicht, dann folg diesen Regeln mit mir.

Dem Zugeständnis, dass sich angesichts der Bedingtheiten menschlicher Ausdauer Weisheit bereits im Wagnis manifestiert, sich auf den Weg der Selbstreflexion einzulassen, steht somit ein Sprecher gegenüber, der sich immer wieder offensiv als selbst noch nicht am Ziel Angekommener inszeniert und der gerade deswegen zum adäquaten Ratgeber und Vorbild für seine Rezipienten werden kann.[42] Der Verzicht auf explizite philosophische Argumentation eignet sich somit nicht zum Beleg für geringe philosophische Tiefe, sondern wird als bewusste Strategie erkennbar, um die spezifische protreptische Absicht des ersten Epistelbuchs wirksam umzusetzen, für welche sich der Rückgriff auf philosophische Doktrinen als kontraproduktiv erwiese. Denn als Ausformulierung abstrakter Werte und Zielvorstellungen baute diese unweigerlich eine Distanz zur Lebensrealität der Rezipienten auf und wäre daher ungeeignet, diese dort abzuholen, wo erst einmal die Bereitschaft zum Aufbruch grundgelegt werden muss. Überdies zwänge ein solcher Ansatz den Sprecher in eine gleichsam abgehobene Lehrerrolle,[43] welche dessen offensichtlichem Anliegen entgegenarbeiten würde, eine Vorbildfunktion für seine Rezipienten einzunehmen, die ihre Überzeugungskraft gerade aus ihrer identifikationsstiftenden Unvollkommenheit speist.[44]

---

42 McGann: Studies (wie Anm. 12), 97 bezeichnet den Sprecher des ersten Epistelbuches daher als „proficiens in wisdom", ähnlich Morrison: Advice and Abuse (wie Anm. 12), 50–51 und Wulfram: Römisches Versepistelbuch (wie Anm. 12), 77 m. Anm. 102. Aus diesem Grund neigt das Sprecher-Ich der Episteln immer wieder auch zur Selbstkritik; vgl. Macleod: Poetry of ethics (wie Anm. 15), 20f. sowie Morrison: Advice and Abuse (wie Anm. 12), 59; vgl. auch Ferri: Epistles (wie Anm. 12), 127. Zu den Parallelen zwischen dem Sprecher-Ich der Episteln und dem Sokrates Platons s. S. 134f. mit Anm. 62.
43 Harrison: Poetry (wie Anm. 11), 50 sieht in Horazens Sprecher-Ich daher eher einen Mitschüler denn einen Lehrer.
44 Hierin ist auch die Tendenz zur Selbstironie zu verorten, die Horazens Sprecher-Ich in den Episteln prägt und die zweifelsohne in der bekannten Selbsttitulierung als Schweinchen aus der Herde Epikurs am Ende von epist. 1,4 kulminiert (v. 15f.: *me pinguem et nitidum bene curata cute vises / cum ridere voles Epicuri de grege porcum*; „Wenn du lachen willst, besuche mich – fett und glänzend findest du mich, die Haut wohl gepflegt, ein Schweinchen aus Epikurs Herde"); dass Selbstironie absolut kein Argument gegen den philosophischen Anspruch des ersten Epistelbuches darstellt, legt mit Verweis auf die Philosophiegeschichte Moles: Poetry (wie Anm. 6), 146–148 dar; vgl. ferner auch Gagliardi: Arte di vivere (wie Anm. 12), 91–107. Der

Vor diesem Hintergrund erstaunt es nicht, dass Horaz sogar das übermäßige Streben nach der Tugend selbst als Hindernis für die innere Freiheit bewertet und infolgedessen in den Bezirk der zu meidenden Laster verbannt:[45]

> insani sapiens nomen ferat, aequus iniqui,
> ultra quam satis est virtutem si petat ipsam.
>
> Der Weise müsste eines Toren Namen tragen, des Ungerechten der Gerechte, strebte er selbst der Tugend mehr nach, als es richtig ist.

Komplementär zu seinem ebenso ironischen wie programmatischen Schlussgedanken der ersten Epistel, wonach auch der Weise nur ein Mensch sei,[46] liefert er hier gegenüber dem Adressaten Numicius sein wohl bemerkenswertestes Plädoyer dafür, die Schwachheit des menschlichen Geistes bei dem von ihm anempfohlenen Streben nach innerer Freiheit mitzubedenken und sich dementsprechend vor einer kontraproduktiven Überforderung bei diesem zu hüten. Denn das wiederholt inszenierte Eingeständnis, selbst immer wieder hinter der eigenen Forderung nach innerer Freiheit und Seelenruhe zurückzubleiben, kann nur die Konsequenz zeitigen, den eigenen Anspruch an die je eigenen Möglichkeiten und Kräfte anzupassen und dabei gelassen hinzunehmen, dass diese wohl immer zu schwach bleiben werden, um das gesteckte Ziel vollständig zu erreichen. Nicht von ungefähr hatte sich Horaz in der ersten Epistel einer positiven Definition der *virtus* enthalten und diese bereits mit der Bereitschaft, Laster zu meiden, identifiziert. Die entschiedene Forderung, sich auf den von Horaz vorexerzierten Prozess der Selbstreflexion und Selbsterkenntnis einzulassen, welche den von Kant rezipierten Imperativ *sapere audere* wirkungsvoll präludiert, erweist sich vor diesem Hintergrund als Anfang und Ziel in einem, insofern in ihr ein Ansatz konvergiert, der nicht an einem letztlich unerreichba-

---

Tendenz zur Selbstironisierung des Sprecher-Ichs entspricht auch, dass sich dieses in der abschließenden epist. 1,20 bescheidener präsentiert als seine Pendants in den Abschlussgedichten des zweiten und dritten Odenbuches; vgl. Harrison: Poetry (wie Anm. 11), 51 sowie ferner Hirth: Horaz (wie Anm. 13), 186–197 sowie 312–329 im Hinblick auf die spezifische Selbstinszenierung des Sprechers als *sapiens* und die Bedeutung des Gegensatzes von Land und Stadt für diese; zur Bedeutung des ländlichen Lebensraums für das Sprecher-Ich, auf die in diesem Beitrag nur hingewiesen werden kann, sowie zur Bedeutung dieses Konzepts in der augusteischen Literatur im allgemeinen s. Ferri: I dispiaceri (wie Anm. 7), 11–57; 140–143: vgl. auch Becker: Spätwerk (wie Anm. 17), 17–25.
45 Hor. epist. 1,6,15f. Diese Aussage steht im Kontext verschiedener Stellen in epist. 1, die als Ablehnung des stoischen Konzepts des Weisen gelesen werden können; vgl. Armstrong: Horace's Epistles 1 (wie Anm. 7), 275f.
46 Hor. epist. 1,1,106–108.

ren Ideal ausgerichtet ist, sondern in einem kontinuierlichen Prozess der Selbstbeobachtung und -therapie besteht, der bereits in seinem Vollzug ungeachtet vom konkreten Erfolg den Status von *virtus* und *sapientia* für sich beanspruchen darf.[47]

III

Das Bild der Wankelmütigkeit, mit dem Horaz gegenüber Maecenas in der ersten Epistel seine Unabhängigkeit von einer philosophischen Lehre bekannt hat,[48] erweist sich vor dem Hintergrund des soeben Dargelegten als zwar ironisch formulierte, aber insgesamt notwendige Konsequenz eines Anliegens, das seinen Adressaten keine philosophische Doktrin, sondern eine Haltung vermitteln will, die sich in jeder beliebigen Alltagssituation zu bewähren hat. Unabhängigkeit gegenüber konkreten Schulmeinungen ist somit Voraussetzung für jene Flexibilität und Offenheit, deren es bedarf, um das eigene Verhalten in jeder beliebigen Lebenssituation unvoreingenommen analysieren zu können, ohne sich den Blick bereits vorher durch eine bestimmte Sichtweise beeinflussen zu lassen. Mithin ist sie wesentliches Komplement einer Selbstinszenierung, welche die Befähigung unter Beweis stellen möchte, durch Beobachtungsgabe und Reflexion menschliche Schwächen aufdecken und Auswege für deren Überwindung aufzeigen zu können, um hierdurch für die Adressaten zum Ratgeber und Ansporn zu werden, es ihm gleichzutun.

Um diesen Intentionen gerecht zu werden, hat Horaz mit seinen Episteln das adäquate Medium geschaffen, indem er in seine Versepisteln[49] – als kohä-

---

[47] Vgl. ähnlich Andrew D. Morrison: Didacticism and Epistolarity in Horace, in: Ruth Morello; Andrew D. Morrison (Hgg.): Ancient Letters. Classical and Late Antique Epistolography, Oxford 2007, 107–131, hier 130f.
[48] Vgl. nochmals Hor. epist. 1,1,13–15; Zitat oben S. 121.
[49] Zu Vorläufern für Horaz' Versepisteln in der griechischen und lateinischen Literatur s. Elizabeth Hazelton Haight: Epistula item quaevis non magna poema est. A fresh approach to Horace's first book of epistles, in: Studies in Philology 45 (1948), 525–540, bes. 528–533 und 537–540 sowie Wulfram: Römisches Versepistelbuch (wie Anm. 12), 121–137; den Briefcharakter der Episteln arbeitet mit Hilfe von Vergleichen zu Ciceros Korrespondenz heraus Walter Allen Jr. u.a.: Horace's First Book of „Epistles" as Letters, in: The Classical Journal 68 (1972/73), 119–133; zum Kunstcharakter des ersten Epistelbuches s. McGann: Studies (wie Anm. 12), 89–100; zu dessen Kohärenz vgl. u. a. Becker: Spätwerk (wie Anm. 17), 46–53 und Katherine M. Thomas: Horace's „Epistularum Liber Primus": A structured Whole?, in: The Classical Bulletin 57 (1981), 49–53; s. auch Maurach: Horaz (wie Anm. 12), 378–389.

rente Sammlung für sich schon innovativ[50] – zwei Brieftraditionen für seine Zwecke produktiv integriert, den eher auf öffentliche Rezeption angelegten philosophisch-didaktischen Brief, wie ihn etwa Platon und Epikur gepflegt haben,[51] sowie den Privatbrief.[52] Der Rekurs auf letzteren hat zur Folge, dass Horazens Episteln inhaltlich facettenreicher ausfallen und infolgedessen argumentativ assoziativer aufgebaut sind als die philosophischen Sendschreiben der genannten griechischen Autoren.[53] Dies als Beleg für philosophische Oberflächlichkeit verbuchen zu wollen, hieße allerdings zu verkennen, dass in der spezifischen inhaltlichen und argumentativen Signatur der Horazischen Episteln eine bewusste Strategie vorliegt, die gekonnt auf deren soeben skizziertes Aussageprofil abgestimmt ist. Denn insofern es Horazens Ziel ist, unter Beweis zu stellen, dass philosophische Reflexion nicht in der Verinnerlichung bestimmter Lehren besteht, sondern sich in der Analyse des Alltags zu bewähren hat, dienen die scheinbar zufällig aus der Lebensrealität des Adressaten erwachsen-

---

50 S. Kilpatrick: Friendship (wie Anm. 12), XIII–XV mit Verweis auf Vorläufer in den Satiren des Lucilius (etwa 5, 186–189 M); s. auch Mayer: Horace's Epistles I and Philosophy (wie Anm. 19), 48–61; Morrison: Advice and Abuse (wie Anm. 12), 60; Hills: Horace (wie Anm. 12), 93 und ferner Wulfram: Römisches Versepistelbuch (wie Anm. 12), 137–152.
51 Vgl. zu dieser Beziehung Harrison: Poetry (wie Anm. 11), 47f.
52 Zur Verwendung des Briefes bei Horaz s. Hirth: Horaz (wie Anm. 13), 70–105; Ferri: I dispiaceri (wie Anm. 7), 59–80 (unter Berücksichtigung der für Horazens Sprecher-Ich konstitutiven Distanz zwischen Adressanten und Adressaten) sowie unter Diskussion der neuesten Forschungsliteratur Wulfram: Römisches Versepistelbuch (wie Anm. 12), 52–172 passim. Grundlegend zur Epistolarität von Horazens erstem Epistelbuch im Anschluss an das von Altman entwickelte Konzept der „epistolarity" (Janet Gurkin Altman: Epistolarity. Approaches to a Form, Columbus 1982) s. Anna de Pretis: „Epistolarity" in the first book of Horace's Epistles, New York 2004 (Gorgias studies in classics 5), zu Vorläufern und möglichen Modellen ebd., 33–35; s. ferner einmal mehr Wulfram: Römisches Versepistelbuch (wie Anm. 12), 95–110 zur Epistolarität der Horazischen Episteln und 110–121 zu deren Literarizität; vgl. auch Morrison: Didacticism (wie Anm. 47), v. a. 107–113, und 113–123, wo Morrison epist. 1 in Form und in Bezug auf den ethischen Inhalt Lukrez' De rerum natura gegenübergestellt. Affinitäten zwischen Horazens Episteln und der Lehrdichtung vor allem in Bezug auf das zweite Buch und insbesondere die ars poetica, aber auch mit Blick auf einzelne Nummern des ersten Buches lotet aus Christiane Reitz: Horaz' Literaturbriefe und die Lehrdichtung, in: Marietta Horster; Christiane Reitz (Hgg.): Wissensvermittlung in dichterischer Gestalt, Stuttgart 2005 (Palingenesia 85), 211–226.
53 In diesen Zusammenhang gehört auch Demetrios' Forderung, sich im Brief auf einfache Themen zu konzentrieren, die in einer einfachen Sprache formuliert werden sollen (s. De elocutione 231; vgl. auch ebd., 229); vgl. Harrison: Poetry (wie Anm. 11), 58–60.

den[54] und dabei assoziativ gewählten Themen dazu, in den engen Grenzen, die eine Epistel markiert, vorzuführen, wie es dem Sprecher gelingt, konkrete Alltagssituationen zu identifizieren, welche sich zur philosophischen Erörterung eignen, weil sich aus diesen die Notwendigkeit des von Horaz empfohlenen Therapieprozesses ableiten lässt. Das für Horazens Episteln typische briefliche Plaudern[55] über konkrete Lebenssituationen und deren spezifische Herausforderungen, aus denen sich Lehrsätze für eine bessere Lebensführung im Sinne innerer Freiheit und Ruhe ableiten lassen, will somit gleichsam en passant *exempla* einer erfolgreichen Applikation der von Horaz von sich selbst verlangten und seinen Adressaten empfohlenen philosophischen Haltung auf jenen Alltag generieren, für die sie auch konzipiert wurde. Zu dieser Intention gehört auch, dass die sich zur philosophischen Reflexion anbietenden Gelegenheiten mit solchen anderer Provenienz abwechseln. Denn erst in dieser Mischung lässt sich die Befähigung des Sprechers bzw. die grundsätzliche Möglichkeit vorführen, aus der Fülle von unterschiedlichen Situationen, Anforderungen und Themen, aus denen das Leben besteht, zielsicher jene herauszuventilieren, welche sich für die philosophische Reflexion produktiv machen lassen. Gerade indem diese in den Episteln nicht ausschließlich zum Gegenstand wird, artikuliert sich folglich das Plädoyer für philosophische Selbstreflexion als grundsätzliche Lebenshaltung.

Dieses hier nur ganz knapp skizzierte inhaltliche Profil der Episteln erinnert sichtlich an den ironisch-reflexiven Diskurs der Horazischen Satiren, die nicht nur wegen ihrer vergleichbaren metrischen Gestaltung im Hexamter, sondern auch durch entsprechende Fingerzeige des Horaz selbst[56] mit der späteren Sammlung in Zusammenhang gebracht werden dürfen.[57] Dort lässt er seine *persona* in Satire 1,4 die von dieser in den Episteln an den Tag gelegte und deren Adressaten programmatisch empfohlene Haltung auf die Erziehung des Vaters zurückführen, der ihn unterwiesen habe, indem er beispielhaft auf die Fehler der anderen verwiesen habe:[58]

---

54 Dass sich der Sprecher des ersten Epistelbuches entsprechend der Adressaten seiner Briefe inszeniert hebt de Pretis: Epistolarity (wie Anm. 52), 76f. hervor; vgl. auch McNeill: Horace (wie Anm. 14), 35–60.
55 Ähnlich Wulfram: Römisches Versepistelbuch (wie Anm. 12), 80 m. Anm. 114.
56 Vgl. etwa Hor. epist. 2,1,250f.
57 Schon allein wegen ihrer übereinstimmenden formalen Gestaltung im Hexameter werden Satiren und Episteln in der Forschung in Beziehung zueinander gesetzt. Zu den inhaltlichen Affinitäten zwischen beiden Werken s. u.a. Kilpatrick: Friendship (wie Anm. 12), XV sowie mit Bezug auf serm. 1,4 Rudd: Horace (wie Anm. 6), 65f.
58 Hor. serm. 1,4,103b–106. Die Übersetzungen aus den *sermones* stammen von Karl Büchner.

> liberius si
> dixero quid, si forte iocosius, hoc mihi iuris
> cum venia dabis: insuevit pater optimus hoc me,
> ut fugerem exemplis vitiorum quaeque notando.

> Hab ich etwas zu offen, hab ich vielleicht etwas spaßiger von mir gegeben, so wirst du nachsichtig mir das gewähren; hat doch der beste der Väter daran gewöhnt mich, dass meide ich sie, durch Beispiel bezeichnend jedes der Laster.

Diese Erziehung dient nicht nur zur Rechtfertigung jener kritischen Haltung, deren er sich in den Satiren befleißigt. Sie habe Horaz zudem eine entsprechende Haltung auch in Bezug auf sich selbst entwickeln lassen, indem er gelernt habe, mit wachen Augen durch die Straßen zu gehen und jede Gelegenheit zu nutzen, über das eigene Verhalten nachzusinnen und zu reflektieren:[59]

> neque enim, cum lectulus aut me
> porticus excepit, desum mihi: „rectius hoc est:
> hoc faciens vivam melius: sic dulcis amicis
> occuram: hoc quidam non belle; numquid ego illi
> imprudens olim faciam simile?" haec ego mecum
> compressis agito labris.

> Denn ich lass es, wenn Bett oder Halle mich aufnimmt, nicht an mir fehlen. „Das ist richtiger so; so werd ich begegnen den Freunden angenehmer; das war von einem nicht hübsch: tu ich etwa unversehens wie er etwas Ähnliches?" Solches bedenk ich bei mir selbst mit geschlossenen Lippen.

In der Perfektionierung dieser reflektierenden Haltung hat der Sprecher des ersten Epistelbuches nicht nur erhebliche Fortschritte gemacht, sondern er erlaubt sich, zudem als Vorbild und Ratgeber für seine Adressaten aufzutreten, der diesen eine ähnliche Haltung dringend empfiehlt.[60] Damit integriert er zwei Aspekte – die eigene Prüfung sowie die Mahnung an die Angesprochenen, es ihm gleichzutun –, welche auch der Sokrates Platons für sich beanspruchte, wenn er etwa in der Apologie über sich sagt:[61]

> ἐάν τ' αὖ λέγω ὅτι καὶ τυγχάνει μέγιστον ἀγαθὸν ὂν ἀνθρώπῳ τοῦτο, ἑκάστης ἡμέρας περὶ ἀρετῆς τοὺς λόγους ποιεῖσθαι καὶ τῶν ἄλλων περὶ ὧν ὑμεῖς ἐμοῦ ἀκούετε διαλεγομένου

---

59 Hor. serm. 1,4,133b–138a.
60 Vgl. Morrison: Abuse and advice (wie Anm. 12), 57 und 60 mit Verweis auf Demetrios: De elocutione 231f., wo dem Brief eine Ratgeberfunktion zugewiesen wird, die sich aus dessen Nähe zur Freundschaftsbekundung ergibt.
61 Plat. apol. 38A. Die Übersetzung stammt von Friedrich Schleiermacher.

καὶ ἐμαυτὸν καὶ ἄλλους ἐξετάζοντες, ὁ δὲ ἀνεξέτατος βίος οὐ βιωτὸς ἀνθρώπῳ, ταῦτα δ' ἔτι ἧττον πείσεσθέ μοι λέγοντι. Τὰ δὲ ἔχει μὲν οὕτως ὡς ἐγώ φημι, ὦ ἄνδρες, πείθειν δὲ οὐ ῥᾴδιον.

Und wenn ich wiederum sage, dass ja eben dies das größte Gut für den Menschen ist, täglich über die Tugend sich zu unterhalten und über die anderen Gegenstände, über welche ihr mich reden und mich selbst und andere prüfen hört, ein Leben ohne Selbstforschung aber gar nicht verdient gelebt zu werden, das werdet ihr mir noch weniger glauben, wenn ich es sage. Aber gewiss verhält sich dies so, wie ich es vortrage, ihr Männer, nur euch davon zu überzeugen ist nicht leicht.

Vor dem Hintergrund einer in den Satiren grundgelegten Selbstmodellierung, die sich aus den Polen von kritischer Beobachtungsgabe und Bereitschaft zur Selbstreflexion speist, inszeniert sich Horaz im ersten Epistelbuch folglich als eine Art *alter Socrates*, der bei allem Eingeständnis selbst noch auf dem Weg zu sein, gerade deswegen zum mahnenden Vorbild für seine Adressaten werden kann, es ihm gleichzutun.[62] Der philosophische Anspruch, den Horaz mit seinen Episteln verfolgt, speist sich also bewusst nicht aus der Zugehörigkeit zu einer bestimmten philosophischen Schule, weil es ihm vielmehr auf die Inszenierung einer Rolle ankommt, durch die er analog zum platonischen Sokrates weniger eine Lehre denn vielmehr das zu vermitteln vermag, was Michel Foucault mit dem Begriff der Technologie des Selbst bezeichnet hat.[63] Thema der Episteln ist in diesem Horizont die Selbstsorge und die Vermittlung jener Techniken der Selbstreflexion, welche jene ermöglichen. Horazens Ziel ist es bestenfalls in zweiter Instanz, eine Lehre zu vermitteln; ihm geht es um die Empfehlung einer auf die erfolgreiche Selbstsorge jedes Einzelnen abzielenden Methode, für die er

---

62 Vgl. hierzu die Beschreibung der Wirkung, die ein Gespräch mit Sokrates entfaltet, durch Nikias in Plat. Lach. 187E–188B. Insofern erweist sich die Erziehung des Horaz durch seinen Vater in serm. 1,4,105f. (siehe Zitat oben S. 134) als derjenigen des Platonischen Sokrates vergleichbar. Dass Sokrates nicht nur seine Gegenüber Selbstkritik lehrt, sondern sich auch in Bezug auf seine Person einer solchen befleißigt, geht neben dem obigen Zitat aus der Apologie unter anderem auch aus Plat. Phaidr. 229E–230A hervor. S. hierzu exemplarisch aus der älteren Literatur Gigon: Horaz (wie Anm. 6), 458f. sowie Morrison: Abuse and Advice (wie Anm. 12), 56f.; Mayer: Horace's Epistles I and Philosophy (wie Anm. 19), 72f.; Morrison: Didacticism (wie Anm. 47) 121–123 (mit Verweis auf die Sokrates-Darstellung in Xen. Mem. 1,1,11–16), 129; Moles: Poetry (wie Anm. 6), 146f.; vgl. auch Fraenkel: Horace (wie Anm. 12), 136f., der auf die Ähnlichkeit einiger Anfänge der Gedichte im zweiten Satirenbuch mit den Dialogen Platons hingewiesen hat; mit Bezug auf serm. 1 s. William Scovil Anderson: Essays on Roman Satire, Princeton 1982, 28–41 sowie Gini: Philosophy (wie Anm. 6), 4–18, der besondere Affinitäten zwischen den Episteln und Platons Kratylos nahelegt.
63 Vgl. Michel Foucault: Hermeneutik des Subjekts. Vorlesungen am Collège de France (1981/82). Aus dem Französischen von Ulrike Bokelmann, Frankfurt a.M. 2009, insb. 15–45.

sich selbst als zwar noch nicht vollkommenes, aber doch bereits hinreichend profiliertes Modell und Ratgeber inszeniert. Und es geht ihm damit um einen philosophischen Ansatz, der sich im Alltag zu bewähren vermag, nicht um abstrakte Theorie.

Es scheint also weniger Horazens Begabung zur prägnanten Formulierung gewesen zu sein, welche Kant dazu bewogen hat, dessen Wendung *sapere aude* für seine wirkungsmächtige Definition von Aufklärung heranzuziehen, sondern vielmehr eine fundamentale Verwandtschaft im Anliegen. Denn auch Kant geht es mit seinem Plädoyer, sich des eigenen Verstandes zu bedienen, um die Werbung für eine geistige Wandlung seiner Adressaten. So sehr die Zielrichtung Kants dann doch eine eigene und aus seiner Epoche heraus zu verstehende ist, so sehr weist sein berühmtes Horaz-Zitat doch darauf hin, dass dieser nicht nur in den Augen des Aufklärers einen unangefochtenen Platz im Bezirk antiker Philosophie verdient haben sollte.

III. Griechische Philosophen und ihr römisches Umfeld im 1. Jh. v. Chr.

The 'Academy' in Rome: Antiochus and his vetus Academia

Georgia Tsouni

Following what David Sedley has called a period of 'decentralisation' after Sulla's siege of Athens and the subsequent closure of the Athenian philosophical schools in the First century BCE,[1] Greek-speaking intellectuals who were active in the philosophical scene of Athens sought a new role. A great many emigrated to Rome and took themselves to the education of the Roman elite.[2] In this essay, I would like to focus on one of them, Antiochus of Ascalon. The case of Antiochus gives as a prime example to understand the mechanisms of transmission of Greek philosophy within the context of Roman political power, and illuminates the way the new context within which Greek philosophy operated, triggered important developments both in the social role of philosophers, but also, most importantly, in the philosophical orientation of the time.

---

[1] Sedley has identified this as "the most significant change to occur in the entire history of ancient philosophy" (David Sedley: Philodemus and the Decentralisation of Philosophy, in: Cronache Ercolanesi 33 [2003], 31–41, here 31).
[2] The creation of a Greek-speaking intellectual diaspora in the Roman world was well under way in the mid of the second century BCE, when intellectuals like Polybius and Panaetius were commissioned as advisors to members of the new global political power that emerged in the Mediterranean world. Philo of Larissa, the teacher of Antiochus, had already fled from Athens to Rome in 88 BCE in an attempt to avoid Mithridates' attaque, and his lectures in Rome at this time were attended by the young Cicero exercising a decisive influence on him. Other Greek-speaking philosophers, such as Diodotus the Stoic, Phaedrus the Epicurean, Staseas of Naples and, the most known due to the survival of his works, the Epicurean Philodemus, were active in Rome in the first half of the First century BCE and probably travelled to Rome from mainland Greece in order to avoid the difficult period which followed the Roman occupation of the region.

1 The Defense of philosophical *paideia* in the First Century BCE and Antiochus

When Antiochus made a name for himself with the movement of the 'Old Academy', activity in the physical space of the Platonic Academy at Athens had seized as a consequence of Sulla's siege. It is suggestive that at the beginning of Cicero's *De finibus* 5 (which takes place at the dramatic date of 79 BCE, almost seven years after Sulla's siege of Athens), Antiochus is depicted lecturing at the *Ptolemaeum*, a gymnasium built under the reign of Ptolemaus Philadelphos, and not in Plato's Academy.[3] This is where Cicero attends the lectures of Antiochus. The different location indicates a major shift in Academic identity that took place in the first half of the First century BCE. The continuity of Plato's school is, from Antiochus onwards, not based anymore on uninterrupted institutional succession, but is constructed on the basis of a new interpretation of the Academic tradition. According to Antiochus' understanding, the 'Old Academy''s identity consists in a set of doctrines, which were endorsed by all the members of the tradition.[4]

The visit to the Academy that Cicero depicts at the prologue to the last book of *De finibus* has all the characteristics of a nostalgic tour to a place known more for its past rather than its present. In what is one of the most evocative introductions to his dialogues, Cicero describes how he and his interlocutors, his brother Quintus, Marcus Piso, T. Pomponius Atticus and Cicero's cousin Lucius visit the spot of Plato's Academy, while on a grand educational tour to the Greek world in 79 BC;[5] in stark contrast to the gloomy reality resulting from the Roman siege of the city some seven years before, Athens appears there as an idealised space, the birthplace of the greatest politicians, poets, rhetoricians and philosophers, whose scenes of action (although deserted) offer a reminiscence of glory and inspiration for the Roman youth: Phalerum brings to mind the great rhetorician Demosthenes, whereas the, by that time, deserted Academy, makes one re-

---

[3] Cic. fin. 5,1: *Cum audissem Antiochum, Brute, ut solebam, cum M. Pisone in eo gymnasio, quod Ptolomaeum vocatur.* For the Ptolemaeum, see Paus. 1,17,2.
[4] Those who did not endorse Antiochus' understanding of a unitary, 'dogmatic' Academy are considered as heterodox in Antiochean passages, see e.g. Cic. de orat. 3,67 for the Antiochean rejection of the 'sceptic' Academy after Arcesilaus and Cic. fin. 5,13–14 for the rejection of all Peripatetics after Theophrastus. The new orientation in the understanding of the Academy is signaled in Sextus Empiricus by reference to a 'fifth Academy' in relation to Antiochus' movement, after the alleged 'fourth' Academy of Philo of Larissa, see S.E.P. 1,220.
[5] Fin. 5,1–5.

member Cicero's favourite, Carneades, and the legendary debates he held on that spot many decades before.[6] As Cicero puts it at *De finibus* 5,5:

> Multa in omni parte Athenarum sunt in ipsis locis indicia summorum virorum.
>
> In every quarter of Athens the mere sites contain many mementoes of the most illustrious men.

Athens thus appears at the beginning of the first century BCE to be on the map as an educational destination, but it is valued more as a landscape of memory, rather than of original intellectual production. In another striking passage from *De oratore* 3,43, the city of Athens, due to the symbolic value of education that it carries, is invested with *auctoritas*, a notion which unites uniquely the concepts of 'authorship' and 'authority'. This makes the city, according to Cicero, into 'a lodging for studies' from which the citizens are entirely aloof, and which are enjoyed only by foreign visitors.[7] In the eyes of Cicero, Athens is the birth-place of the most important philosophers of the past, and this legitimizes its value, irrespective of its decadence in the Roman period.

The idea that Greek philosophy and its representatives carry important symbolic capital (which could have political importance as well) was shared by many in Cicero's time. A plausible explanation for Antiochus' quick adjustment to the new political reality is not only his personal charisma as a 'convincing and able speaker'[8] but crucially the association of his teaching with the 'ancient tradition', which had gained value in Rome. Roman generals such as Lucius Licinius Lucullus, who became famous as the conqueror of Mithridates, were particularly keen to 'invest' on the venerable name of the Greek tradition and people like Antiochus were keenly sought to play the role of a 'friend and companion' to the political elite.[9] Antiochus followed Lucullus, as a philosophical

---

6 Fin. 5,4.
7 *Athenis iam diu doctrina ipsorum Atheniensium interiit, domicilium tantum in illa urbe remanet studiorum, quibus vacant cives, peregrini fruuntur capti quodam modo nomine urbis et auctoritate.* Cf. Cic. off. 1,1: *Quamquam te, Marce fili, annum iam audientem Cratippum idque Athenis abundare oportet praeceptis institutisque philosophiae propter summam et doctoris auctoritatem et urbis, quorum alter te scientia augere potest, altera exemplis, tamen, ut ipse ad meam utilitatem semper cum Graecis Latina coniunxi neque id in philosophia solum, sed etiam in dicendi exercitatione feci, idem tibi censeo faciendum, ut par sis in utriusque orationis facultate.*
8 See Plut. Luc. 42,3: πιθανὸν ἄνδρα καὶ δεινὸν εἰπεῖν τότε προστάτην ἐχούσης τὸν Ἀσκαλωνίτην Ἀντίοχον.
9 See Plut. Luc. 42,3: ὃν πάσῃ σπουδῇ ποιησάμενος φίλον ὁ Λεύκολλος καὶ συμβιωτήν. Antiochus and Lucullus met most probably in Greece after Sulla's siege, see John Glucker: Antiochus

advisor and perhaps also as mediator for the contacts of his Roman patron with the Greek-speaking local communities in the East, to Alexandria[10] and died while at his service.[11] It is from Alexandria in 87 BCE, following Lucullus, that Antiochus responds to Philo's so-called Roman books[12] and, through a treatise entitled *Sosus*,[13] for the first time openly challenges the Academic identity as represented by its institutional head. That Antiochus' teaching had an impact on other powerful Romans as well, is shown by the association of Varro and Brutus with Antiochus and his circle of students.[14] Leaving aside the political role that philosophers played next to members of the Roman ruling elite, intellectual claims played a role as well: According to the testimony of Plutarch, Lucullus by associating himself with Antiochus opposed Cicero, who was Philo's student and held opposing views on key philosophical issues, such as the possibility of secure knowledge.[15] The testimony of Plutarch suggests that holding pretensions to Greek wisdom by showing an interest for current philo-

---

and the Late Academy, Göttingen 1978 (Hypomnemata 56), 21. According to Glucker (ibid., 27) the approach of the two was based on predominantly political preoccupations: "Lucullus' choice of Antiochus [...] was made for reasons more immediately relevant to his political and military activities at the time." On the wider political benefits of acquiring a Greek speaking philosopher-advisor for Roman statesmen operating in the Hellenistic East, see ibid., 24–27. Still, Glucker seems to understate the symbolic capital associated with the pursuit of philosophical studies among the late-republican Roman elite. The latter is argued for in Michael H. Crawford: Greek intellectuals and the Roman aristocracy in the first century B.C., in: P. D. S. Garnsey; C. R. Whittaker (eds.): Imperialism in the Ancient world, Cambridge 1978, 193–207.
10 See Cic. Luc. 11.
11 According to the testimony of Cicero in Luc. 61, Antiochus died in the company of Lucullus during a campaign in Syria. The evidence from Philodemus' *Index Academicorum*, col. 34 also states that Antiochus spent most of his life in Rome and the eastern provinces in the service of generals and died in Mesopotamia following Lucullus. For an analysis of all the biographical evidence related to Antiochus, see Myrto Hatzimichali: Antiochus' biography, in: David Sedley (ed.): The Philosophy of Antiochus, Cambridge 2012, 9–30.
12 In Cic. ac. 11, we find the reference to two books of Philo, who reached Antiochus in Alexandria.
13 Cic. Luc. 12.
14 See Plut. Luc. 42 and Brut. 2,2 for the relationship between Brutus and Antiochus' brother Ariston. For Varro as a student of Antiochus, see Cic. ac. 1,12, as also David Blank: Varro and Antiochus, in: Sedley (ed.): Philosophy of Antiochus (as in n. 11), 250–289 and Carlos Lévy: Other followers of Antiochus, in: ibid., 9–30. Cf. also Cic. nat. deor. 1,16, where it is stated that Antiochus sent (or dedicated) a book of his to Balbus.
15 See Plut. Luc. 42: ὃν (sc. Ἀντίοχον) πάσῃ σπουδῇ ποιησάμενος φίλον ὁ Λούκουλλος καὶ συμβιωτὴν ἀντετάττετο τοῖς Φίλωνος ἀκροαταῖς, ὧν καὶ Κικέρων ἦν.

sophical debates was in the late republic a mark of distinguished rank to those who held high political offices.[16]

The interest in representatives of ancient wisdom, such as Antiochus, in the first half of the First century BCE is connected in Cicero with the defense of the importance of the educational role of philosophy for the young Roman elite. The didactic context of *De finibus* 5 (where Antiochean, i.e. 'Old Academic' ethics, is presented) is suggestive: At *De finibus* 5,7 Antiochus' school is advertised as the most suitable school for Lucius, the young cousin of Cicero, to follow. The relevant passage reads as follows:

> Ex eorum enim scriptis et institutis cum omnis doctrina liberalis, omnis historia, omnis sermo elegans sumi potest, tum varietas est tanta artium, ut nemo sine eo instrumento ad ullam rem illustriorem satis ornatus possit accedere. Ab his oratores, ab his imperatores ac rerum publicarum principes extiterunt.
>
> Not only may you derive from their writings and teachings (sc. of 'the Peripatetics') all liberal learning, all history, every choice form of style, but accomplishments in such variety that no one without such equipment can be properly prepared to approach any task of any distinction. From this school sprang the orators, from this school the generals and the governors of states.

Lucius, is meant to hear Antiochus' account of 'Old Academic' ethics and change his allegiance to him, since such a schooling would guarantee the greatest success in the Roman political arena. Accordingly, the importance assigned to political and rhetorical studies in the 'ancient tradition' that Antiochus represents (and more specifically, the Peripatos) is highlighted in the account of Piso, who acts as the mouthpiece of Antiochus at *De finibus* 5.[17]

The association of the old philosophical tradition and, more specifically the Peripatos (of which Antiochus was the major representative in the first half of the First century BCE), with political theory and rhetoric testifies to the value that Roman elites placed on philosophical *paideia* as a supplement to rhetorical and legal forms of education during the late Republic. In Plutarch, the educational role of Greek philosophy is connected to the emerging ideal of 'liberal education', or *humanitas*, of which Cicero appears to be the greatest proponent.[18] Cicero himself (and before him Scipio), belonged to a generation of Ro-

---

16 Examples for this are provided in Crawford: Greek intellectuals (as in n. 9).
17 For the same reason, the doctrines of the 'ancients' are recommended to the leading statesman Cato at fin. 4,61, as superior to those of the Stoics.
18 See e.g. fin. 5,54: *Multa praeclara in illo calamitoso otio scripsit* (*sc.* Phalereus Demetrius), *non ad usum aliquem suum, quo erat orbatus, sed animi cultus ille erat ei quasi quidam humani-*

man statesmen who embraced Greek *paideia* and assigned to it symbolic value, contrary to the voices who were critical of the influence of Greek (philosophical) ideas on Roman society.[19] Again, the important position given to the Antiochean voice in dialogues such as the *De finibus* forms part of the larger Ciceronian attempt to legitimise philosophical discourse for his Roman audience.

The cultivation of Greek philosophical views and its defense acquired a new meaning after the ascent of Caesar to power and Cicero's exclusion from political participation.[20] During this period, exercise in philosophical thinking came to substitute the loss of the free *res publica* and its deliberative and judicial functions. This becomes obvious especially in the prefaces to Cicero's dialogues. There, while commenting on his own activity, Cicero goes on to compare directly the *labor* of the political arena with the intellectual *labor*, the latter being the only means of public engagement and of 'honourable leisure' (*otium cum dignitate*) in the hands of those who have been deprived of participation into politics.[21] There is, furthermore, a sense in which the philosophical dialogue functions in Cicero's hands as a mouthpiece for the defenders of the republican order; all the speakers belong to the previous generations of *optimates* who held political office and who were associated with the glorious past of the *res publi-*

---

tatis cibus. Cicero is keen to present also Lucullus as a lover of Greek wisdom in the laudatory part of the homonymous dialogue, see e.g. Luc. 4. Cicero advertises in many cases in his correspondence his aspirations to Greek learning and excellent command of the Greek language and fashions himself as a lover of 'things Greek'. This becomes particularly clear in his correpondence with Atticus, see e.g. Att. 1,19,10.

19 Suggestive is Cicero's characterization as 'Greek and scholar' (γραικός and σχολατικός) at Plut. Cic. 5,2. Cf. Att. 1,1,15. The example of Marcus Cato and Publius Africanus is invoked in Cic. Luc. 5 as precedents for the appreciation of Greek wisdom in Rome. At the same time, Cicero himself is critical of the excessive imitation of Greek manners: see e.g. fin. 1,8–9 with reference to Albucius: *Res vero bonas verbis electis graviter ornateque dictas quis non legat, nisi qui se plane Graecum dici velit, ut a Scaevola est praetore salutatus Athenis Albucius?* Cicero uses this as an example to rebut those who refuse the value of philosophical treatises in Latin.

20 For the political importance of the late philosophical dialogues of Cicero as a 'tool' of resistance against the authoritarian rule of Caesar, see especially Ingo Gildenhardt: Paideia Romana. Cicero's Tusculan Disputations, Cambridge 2007 (Proceedings of the Cambridge Philological Society. Supplementary Volume 30).

21 See e.g. fin. 1,10: *Ego vero, cum forensibus operis, laboribus, periculis non deseruisse mihi videar praesidium in quo a populo Romano locatus sum, debeo profecto, quantumcumque possum, in eo quoque elaborare ut sint opera studio labore meo doctiores cives mei*; cf. nat. deor. 1,7 and div. 2,4–5. On writing philosophy as a way to engage into 'honourable leisure', see ac. 1,11: *medicinam a philosophia peto et otii oblectationem hanc honestissimam iudico*.

*ca.*²² Their interest in Greek philosophical ideas aims at highlighting the association of 'liberal' education of Greek provenance with the political order of the *res publica* and at offering a model of the ideal citizen of the republic. It is against this background, that Antiochus formulated his views of a unitary Academic tradition, the so-called 'Old Academy'. I turn now to Antiochus' teaching, and to an analysis of some of its aspects that made it such an appealing option for the Roman elite in the first half of the First century BCE.

2 Antiochus' 'Old Academy' and the quest for philosophical origins

Antiochus' movement explicitly appealed to the philosophical origins of the Academy, and presented its representatives as the originators of the most complete philosophical system. Thus, the success of the movement owed much, contrary to what one might expect, to its acclaimed lack of originality; it promised access to an illustrious philosophical past, while at the same time responding to the philosophical concerns that were occupying the Hellenistic schools. Suggestive for Antiochus' understanding of the Academic tradition is the following passage from *Academici libri* 1,17. As Varro puts it there, echoing Antiochus:

> Platonis autem auctoritate, qui varius et multiplex et copiosus fuit, una et consentiens duobus vocabulis philosophiae forma instituta est Academicorum et Peripateticorum, qui rebus congruentes nominibus differebant.
>
> Starting with Plato [*Platonis autem auctoritate*], a thinker of manifold variety and fertility, there was established a philosophy that, though it had two appellations, was really a single uniform *system* [*forma*], that of the Academic and the Peripatetic schools, which while agreeing in doctrine differed in name.

According to this passage, Antiochus found in Plato the origins of a complete and consistent philosophical system which was clearly articulated by Plato's successors. In line with its association with philosophical origins, Antiochus' 'Old Academy' is invested in the philosophical dialogues of Cicero with *auctori-*

---

22 For example, Q. Hortensius Hortalus, a famous orator of his time, is the main interlocutor of the homonymous dialogue which survives in a fragmentary form. Publius Cornelius Scipio Aemilianus Africanus is one of the main speakers in *De re publica*, together with his close associates C. Laelius, L. Furius Philus and his nephew Q. Aelius Tubero.

tas: the word relates, on the one hand, to the originator of a branch of knowledge, as in the above mentioned passage from the *Academic Books* to Plato as the originator of the 'Old Academic' philosophical system, but also, on the other hand, to the power to authorize or sanction.[23] In its second sense, the word carries an evaluative aspect, suggesting credibility and claims to truth. In Antiochean passages, this quality is ascribed to representatives of the 'old' philosophical wisdom, alongside legal experts and traditional members of the Roman political institutions, such as the Senate.[24] This again may be adduced to explain the success of Antiochus' movement: The *auctoritas* of the ancients had considerable value in a society, which presented the 'customs of the forefathers' (*mores maiorum*) and their *exempla* as a constant point of validation.[25]

That *auctoritas* is used in relation to Antiochus' 'Old Academy' in Cicero and is connected with the teaching of both Plato and Aristotle constitutes a significant turning point for the orientation of Greek philosophy. Through this association Antiochus' teaching raised positive claims of reliability and enjoyed wide approval by virtue of its connection with the founding fathers of philosophy.[26] Similarly, *gravitas*, alongside *auctoritas* a marker of social recognition and influence, is invoked in Antiochean passages to characterise the teaching of the 'Old Academy'.[27]

The quest of origins in all branches of knowledge was accompanied in the first century BCE by the desire to create repositories of wisdom in the new centres of power. Antiochus wrote in a period when the so-called 'esoteric works' of Aristotle were being rediscovered. The official story, based on the evidence of

---

[23] For an overview of the different meanings of the word, see Richard Heinze: Auctoritas, in: Hermes 60 (1925), 348–366.

[24] For preoccupation with the *auctores* or 'originators' of a field of study who may serve as models, cf. also Cic. de orat. 3,148 and with regard to the field of rhetoric, see *veteres doctores auctoresque dicendi* in ibid. 3,126.

[25] For a direct comparison between the ancient philosophers and the Roman forefathers, see Cic. fin. 4,62.

[26] Cf. David Sedley: Plato's auctoritas and the Rebirth of the Commentary Tradition, in: Jonathan Barnes; Miriam Griffin (eds.): Philosophia Togata II. Plato and Aristotle at Rome, Oxford 1997, 110–129, here 111: "Yet it is this Latin word which, by combining the notions of leadership, ownership, prestige, and validation, most informatively conveys the commanding status that the founder (the *auctor*) of a Greek philosophical system held in the eyes of its subsequent adherents."

[27] It is suggestive that the Peripatos after Theophrastus is in Piso's account at fin. 5,13 condemned by virtue of lacking gravitas: *concinnus deinde et elegans huius, Aristo, sed ea, quae desideratur a magno philosopho, gravitas, in eo non fuit; scripta sane et multa et polita, sed nescio quo pacto auctoritatem oratio non habet.*

both Strabo and Plutarch, suggests that after the conquest of Athens, Sulla took possession of Appellicon's library, which contained the school treatises of both Aristotle and Theophrastus, and brought it as booty to Rome.[28] Due to their pedigree and antiquity, the treatises were met with interest and following this, the first attempts at their meticulous study were made by a circle of grammarians, of whom Tyrannion is best known.

Beyond being an admirer of Greek learning, Lucullus, the patron of Antiochus, was in the possession of a library, which was housed in his hereditary estate in Tusculum. Suggestive of the new importance assigned to collections of manuscripts in this period is that such a library complex becomes the background of Cicero's *De finibus* 3; the book features Cicero going to the mansion of the young Lucullus in his search for some Aristotelian treatises (*commentarii*) and finding there Cato the Younger studying the Stoics.[29] The availability of Aristotelian treatises in Lucullus' estate suggests that it was a repository of Greek wisdom, most probably for material coming from Greece. This is confirmed by evidence in Plutarch, who refers to Lucullus' mansion as 'a home and prytaneium' (ἑστία καὶ πρυτανεῖον Ἑλληνικόν) for the Greeks who came to Rome.[30]

One may assume that through his association with Lucullus, Antiochus also gained access to his library, and was engaged into the interpretation of the texts that were available there. A plausible hypothesis is that Antiochus was among

---

28 Strab. 13,1,54: εὐθὺς γὰρ μετὰ τὴν Ἀπελλικῶντος τελευτὴν Σύλλας ᾖρε τὴν Ἀπελλικῶντος βιβλιοθήκην ὁ τὰς Ἀθήνας ἑλών, δεῦρο δὲ κομισθεῖσαν Τυραννίων τε ὁ γραμματικὸς διεχειρίσατο φιλαριστοτέλης ὤν. Cf. Plut. Sull. 26: Ἀναχθεὶς δὲ πάσαις ταῖς ναυσὶν ἐξ Ἐφέσου τριταῖος ἐν Πειραιεῖ καθωρμίσθη· καὶ μυηθεὶς ἐξεῖλεν ἑαυτῷ τὴν Ἀπελλικῶνος τοῦ Τηίου βιβλιοθήκην, ἐν ᾗ τὰ πλεῖστα τῶν Ἀριστοτέλους καὶ Θεοφράστου βιβλίων ἦν, οὔπω τότε σαφῶς γνωριζόμενα τοῖς πολλοῖς. Λέγεται δὲ κομισθείσης αὐτῆς εἰς Ῥώμην Τυραννίωνα τὸν γραμματικὸν ἐνσκευάσασθαι τὰ πολλά.
29 See fin. 3,7: *Nam in Tusculano cum essem vellemque e bibliotheca pueri Luculli quibusdam libris uti, veni in eius villam ut eos ipse, ut solebam, depromerem. Quo cum venissem, M. Catonem, quem ibi esse nescieram, vidi in bibliotheca sedentem, multis circumfusum Stoico-rum libris* and ibid. 3,10 (Cicero speaking): '*Commentarios quosdam*' inquam '*Aristotelios, quos hic sciebam esse, veni ut auferrem, quos legerem dum essem otiosus.*'
30 Plut. Sull. 42,1–3: Σπουδῆς δ' ἄξια καὶ λόγου τὰ περὶ τὴν τῶν βιβλίων κατασκευήν. καὶ γὰρ πολλὰ καὶ γεγραμμένα καλῶς συνῆγεν, ἥ τε χρῆσις ἦν φιλοτιμοτέρα τῆς κτήσεως, ἀνειμένων πᾶσι τῶν βιβλιοθηκῶν, καὶ τῶν περὶ αὐτὰς περιπάτων καὶ σχολαστηρίων ἀκωλύτως ὑποδεχομένων τοὺς Ἕλληνας, ὥσπερ εἰς Μουσῶν τι καταγώγιον ἐκεῖσε φοιτώντων καὶ συνδιημερευόντων ἀλλήλοις, ἀπὸ τῶν ἄλλων χρειῶν ἀσμένως ἀποτρεχόντων. [...] καὶ ὅλως ἑστία καὶ πρυτανεῖον Ἑλληνικὸν ὁ οἶκος ἦν αὐτοῦ τοῖς ἀφικνουμένοις εἰς τὴν Ῥώμην. Plutarch refers also to Lucullus' admiration for the grammarian Tyrannion at Luc. 19,7. There is no evidence, though, for an association of Tyrannion with Antiochus.

the first to read again the school treatises of the Academy and the Peripatos with a view to reconstructing their meaning and for the purpose of transmitting their teaching to, a primarily, Roman audience. This is confirmed by evidence from Piso's speech at *De finibus* 5,9–11; The Antiochean account of ethics begins there with a reference to the school treatises of the Peripatos on all three major (Hellenistic) areas of philosophical research, namely physics, ethics and dialectic.[31] The reference serves to show the sources from which Antiochus drew for his teaching. By drawing on the Peripatetic school treatises for his reconstruction of the 'Old Academic' philosophical system, Antiochus could invest his teaching with 'authoritative' sources. This gradually heralded a new period in the history of philosophy, characterized by the return to the very *lexis* of philosophical authorities.[32]

3 Conclusion

Antiochus was the first philosopher to offer a dogmatic reconstruction of Platonic and Peripatetic thought to a large Roman audience after the Academy's abrupt interruption as a living institution. His dogmatic interpretation of the Academic tradition and his attempt to involve Aristotle in the understanding of this tradition, although not long-lasting as an official school,[33] remained extremely influential in the subsequent centuries and, indirectly, still shape our understanding of both Plato and Aristotle as the *principes* of the philosophical discipline. I have argued that Antiochus' movement was both supported by the changing role of the educational value of Greek philosophy among the Roman elite during the first half of the First century BCE, as also by the authority assigned to philosophical origins during this era. These two factors contributed significantly to the popularity of the 'Old Academic' movement in the late Ro-

---

[31] See for example the reference to the zoological and botanical treatises of Aristotle and Theophrastus respectively, at fin. 5,10: *Aristoteles animantium omnium ortus, victus, figuras, Theophrastus autem stirpium naturas omniumque fere rerum, quae e terra gignerentur, causas atque rationes.*

[32] It is suggestive that Antiochus is not regarded as an 'exegete' in the Aristotelian tradition, contrary to Peripatetics of the second half of the First century BCE like Xenarchus. On the latter, see Andrea Falcon: Aristotelianism in the First century BCE, Cambridge 2012, esp. 21–25.

[33] Antiochus' school was continued after his death in 69 BCE by his brother Aristus and Aristus' own successor Theomnestus. But there is no recorded trace of it after the 40s BCE.

man republic, alongside of course the influence exercised by the content of the philosophical doctrines, that Antiochus attributed to the 'ancients', themselves.

Philodème et le portrait moral dans le livre X des *Vices* ([*L'Arrogance*], *PHerc.* 1008)

Daniel Delattre

Syro-jordanien hellénophone originaire de Gadara et professeur d'épicurisme, Philodème qui fut, comme son contemporain Cicéron nous l'apprend dans le *Contre Pison*, le philosophe attitré du consul L. Calpurnius Pison Caesoninus, beau-père de César, passa de ce fait la seconde partie de son existence en Campanie, en particulier à Herculanum. C'est, en tout cas, dans cette petite cité balnéaire du golfe de Naples que fut retrouvée il y a plus de 260 années sa riche bibliothèque philosophique à l'intérieur d'une splendide demeure ensevelie par l'éruption du Vésuve en 79, et nommée depuis sa découverte „Villa des papyrus" (ou encore „des Pisons"). A ces divers titres Philodème a toute sa place dans un volume consacré à „la philosophie à Rome", d'autant que sa fréquentation de l'élite intellectuelle romaine du temps, même si celle-ci était hellénophile et parlait le grec – la langue de la culture d'alors –, l'avait vraisemblablement amené à entendre aussi le latin, sinon à le parler couramment.

Nous allons nous intéresser ici à un aspect particulier de celle des parties traditionnelles de la philosophie qui semble avoir eu les faveurs de Philodème, l'éthique, à travers les colonnes finales – miraculeusement sauvegardées – de l'un des multiples rouleaux carbonisés relatifs aux „vices et aux vertus qui leur sont opposées".[1] Dans cet écrit consacré à l'arrogance (ὑπερηφανία) se rencontrent en effet nombre de portraits de personnages vicieux ou ravagés par leur passion, tantôt à peine esquissés, tantôt plus fouillés et développés, qui révèlent assurément chez notre philosophe une excellente connaissance de l'âme humaine et un goût affirmé de l'analyse psychologique: c'est ce que désigne l'expression de *moral portraiture* utilisée par Voula Tsouna[2] qui regrette expressément que cet aspect de la démarche du Gadaréen „n'ait pas reçu beaucoup d'attention dans la littérature" jusqu'ici.

---

1 La somme éthique des *Vices* était très vaste et comportait au moins dix livres (soit dix rouleaux distincts). Nous n'en avons plus aujourd'hui que les restes conséquents de quelques livres: deux livres dépourvus de numéro = *PHerc.* 1457 et 1675 principalement (sur la flatterie) et *PHerc.Paris.* 2 (sur la calomnie), et deux livres numérotés, le livre IX = *PHerc.* 1424 (sur l'économie domestique) et le livre X = *PHerc.* 1008 (sur l'arrogance).
2 Voir Voula Tsouna: The Ethics of Philodemus, New York 2007, 86.

Après avoir rappelé toute l'importance accordée à l'éthique par les philosophes médio-épicuriens (fin IIe–Ier s. avant notre ère), nous étudierons de près les colonnes finales de [*L'Arrogance*].[3] Cela nous permettra de mettre en lumière les fondements philosophiques et historiques de la pratique du portrait moral à l'œuvre dans les livres des *Vices* de Philodème, qu'il désignait lui-même du nom de „commentaires" (*hypomnèmata*).

1 Importance de l'éthique dans la philosophie médio-épicurienne

Il ressort clairement des écrits précédemment signalés que Philodème s'inscrivait dans une tradition éthico-psychologique remontant (au moins) au Lycée: celle des *Éthiques à Nicomaque* et *à Eudème* d'Aristote naturellement, et également celle de Théophraste, auteur bien connu des *Caractères*, mais aussi des *Economiques*. Ce dernier ouvrage, dont notre Epicurien souligne qu'il reprenait une part non négligeable des thèses proprement philosophiques de l'écrit homonyme de Xénophon tout en le complétant sur certains points,[4] est encore trop souvent de nos jours tenu pour non authentique (on l'édite généralement comme „pseudo-aristotélicien"), alors que pour le Gadaréen sa paternité théophrastéenne ne faisait pas le moindre doute.[5] Le protégé de Pison connaissait donc l'œuvre du disciple d'Aristote, mais aussi plusieurs écrits éthiques du fondateur même du Lycée auxquels il avait assurément accès,

---

3 Un tel sous-titre ne figurant pas dans la *subscriptio*, il convient de le reproduire entre crochets droits.
4 Voir Philodème: *L'Economie*, col. VII (fin) Jensen: „Eh bien donc, il n'est nullement nécessaire que nous perdions davantage notre temps avec les *Economiques* de Xénophon, car la suite du livre embrasse l'art de l'agriculture, qui se trouve dépendre d'un savoir-faire spécifique, et non de la philosophie [...] La chose est claire, assurément: nous avons déjà virtuellement discuté aussi la majeure partie des thèses de Théophraste, à travers notre résumé de l'ouvrage <de Xénophon>, ou plus exactement les thèses de tous les autres <spécialistes de l'économie>, puisque tous ont puisé à ce filon comme à la source la plus autorisée, ce que Théophraste [aussi] avait fait en son temps. Nous allons donc concentrer notre attention sur les points où <Théophraste> introduit des modifications" (trad. Delattre-Tsouna dans: Daniel Delattre; Jackie Pigeaud (éds.): Les Epicuriens, Paris 2010 [Bibliothèque de la Pléiade 564], désormais dénommé „Pléiade").
5 Voir *PHerc.* 1424 (*L'Economie*), col. VII et XXVII Jensen.

comme j'ai pu le constater en éditant le livre IV de *La Musique*.[6] Néanmoins, la théorie aristotélicienne de la vertu comme *juste milieu* entre deux excès considérés comme des vices ne semble pas avoir retenu plus que cela l'attention de Philodème (pour autant qu'on soit en mesure d'en juger), même si le titre de sa vaste somme éthique, *Les Vices et les vertus qui leur sont opposées*, peut apparaître comme un clin d'œil à un écrit pseudo-aristotélicien intitulé *Les Vertus et les vices*.

Toutefois, l'inversion de l'ordre des deux substantifs opérée par l'Epicurien n'est sans doute pas innocente, surtout quand le titre final, ou *souscription*, de certains rouleaux comme celui du livre X se résume à la forme minimaliste *Les Vices*. A l'évidence, ce qui intéresse d'abord et avant tout Philodème, ce n'est pas la vertu pour elle-même (elle appartient au sage naturellement),[7] mais l'éthique dans ses applications pratiques: comment le philosophe aidera-t-il efficacement, à l'instar du médecin, les hommes que leurs vices ont rendus „malades" à prendre conscience de ce qui leur gâche la vie au quotidien, de manière qu'ils puissent ensuite entreprendre de se défaire eux-mêmes des travers responsables de leur trouble et/ou éviter la fréquentation des personnes qu'ils auront identifiées comme vicieuses – étape indispensable pour pouvoir accéder à l'ataraxie et à la vie heureuse? En effet, comme M. Gigante[8] l'a bien montré, le Jardin depuis Epicure est convaincu de la puissance thérapeutique de la philosophie sur le plan moral (*philosophia medicans*). L'écoute attentive de la „voix de la chair" et la connaissance exacte de la nature de l'être humain, avec ses forces, mais surtout ses faiblesses et ses limites, connaissance que procure la science épicurienne de la nature ou *physiologia*, peuvent seules nous protéger définitivement contre ce qui cause notre malheur, en mettant en évidence les mécanismes purement naturels à l'origine des conduites excessives et pathologiques et en faisant apparaître comme infondées et vaines la peur des

---

6 Au moins de façon indirecte, par le biais du stoïcien Diogène de Babylone qui le citait, sinon directement. Voir Daniel Delattre: Philodème de Gadara, Sur la musique, livre IV, 2 vol., Paris 2007.
7 Parmi les titres des œuvres d'Epicure mentionnées par Diogène Laërce (X, 27–28), un seul a un rapport explicite avec cette thématique, *La Justice et les autres vertus* (= Pléiade 11).
8 Voir *Philosophia medicans* in Filodemo, dans: CErc 5 (1975), 53–61. Voir aussi Michael Erler: *Philologia medicans*. Comment les Épicuriens lisaient les textes de leur maître, dans: Thomas Bénatouil; Valéry Laurand; Arnaud Macé (éds.): L'Épicurisme antique, Paris 2003 (Les Cahiers philosophiques de Strasbourg 15), 217–253 (traduction de: *Philologia medicans*. Wie die Epikureer die Schriften ihres Meisters lasen, dans: Wolfgang Kullmann; Jochen Althoff [éds.]: Vermittlung und Tradierung von Wissen in der griechischen Kultur, Tübingen 1993 [ScriptOralia 61], 281–303).

dieux et celle de la mort qui obsèdent les humains. L'un des moyens privilégiés par Philodème pour permettre à la philosophie d'exercer ses effets curatifs est, en tout cas, parfaitement subsumé sous la formule τιθέναι πρὸ ὀμμάτων: il s'agit de „mettre sous les yeux", d'une façon suggestive et forte, les comportements nocifs des êtres vicieux, très souvent d'ailleurs présentés en étroite opposition à la conduite raisonnable du sage, si bien que le lecteur, poussé par de telles évocations „à se représenter en imagination ce que c'est que d'être superstitieux, arrogant, colérique, etc., et aussi ce que c'est que d'être le contraire", en „ressent de l'aversion non seulement pour des éléments isolés comme l'arrogance ou la rage, mais pour la personnalité globale de l'être arrogant ou colérique".[9] Faisant alors tout son possible pour ne pas lui ressembler,[10] il va se rapprocher du comportement opposé, celui du sage, parce que dans son calcul des plaisirs et des peines[11] il aura été éclairé comme il convient par ce qu'on lui a „mis sous les yeux".

Etant donné que le livre qui traite de l'*arrogance* comporte dans son titre final le chiffre grec 'I', c'est-à-dire „[livre] 10", ce sont au moins dix rouleaux-livres qui étaient consacrés par le Gadaréen aux „vices et [aux] vertus qui leur sont opposées, aux gens chez qui ils se rencontrent et aux domaines qu'ils concernent".[12] Telle est en effet la version la plus développée du titre de cette somme qu'on peut lire dans les souscriptions d'un des livres consacrés à la flatterie (*PHerc.* 1675) et du livre IX, dédié à l'*oikonomia*, la gestion du patrimoine (*PHerc.* 1424). En revanche, le titre initial du livre I, dont le *PHerc.* 222 contenait

---

9 Voir Tsouna: The Ethics (cf. n. 2), 87.
10 Voir Philodème, *Colère*, col. 3 Indelli: „C'est bien pourquoi, [en ajoutant <au nombre des maux qu'induit la colère>] ceux qu'on ignore complètement, ceux qu'on a oubliés, ceux dont on n'a pas pris en compte la gravité du moins, à défaut d'un autre aspect, et ceux qui ne s'observent pas en bloc du moins, *et en les mettant bien en vue, il provoque un grand frisson, en sorte que le rappel qu'ils sont près de soi fait qu'on les évite facilement.*" (trad. Delattre-Monet, p. 573 Pléiade).
11 Le calcul permanent des avantages et des inconvénients de chacun de nos choix selon le critère de la nécessité naturelle occupe une place essentielle dans la doctrine du Jardin; voir en particulier Epicure: Lettre à Ménécée X, 127, puis 129–130 = p. 47–48 Pléiade, et Maximes capitales VIII, XV, XXV et surtout XXIX et XXX = p. 52–57 Pléiade, et Philodème: [Choix et rejets], col. 11, 17–20 Indelli-Tsouna = p. 566 Pléiade.
12 Une reconstruction d'ensemble de ce gros ouvrage a été proposée par Mario Capasso: Les livres sur la flatterie dans le *De vitiis* de Philodème, dans: Clara Auvray Assayas; Daniel Delattre (éds.): Cicéron et Philodème. La polémique en philosophie, Paris 2001 (Études de littérature ancienne 12), 179–194; voir aussi la réponse à Capasso donnée par Annick Monet: La Flatterie de Philodème et l'organisation des *Vices* (réponse à Mario Capasso), dans le même ouvrage, aux p. 195–202.

le début et qui concernait expressément la *flatterie* (ὅ ἐcτι περὶ κολακείας), offre une variante intéressante: la précision „et des vertus qui leur sont opposées" manque, alors que les autres indications y figurent. Ainsi, outre la flatterie, qui occupait le livre I et dont les vices apparentés (parasitisme, obséquiosité, amour de la flatterie) remplissaient sans doute le livre II, Philodème s'est intéressé à l'*amour de l'argent* (φιλαργυρία) – et cela vraisemblablement dans le livre VIII,[13] puisque le sujet du livre IX est l'„économie", conçue comme acquisition et conservation de la richesse, et que la fin de ce rouleau récapitule l'attitude mesurée du sage épicurien face à la richesse: il ne la recherche pas pour elle-même ni ne la rejette par principe, mais se préoccupe de la mettre en commun avec ses amis et sait s'en passer si le sort lui est contraire. Ajoutons à cela un autre livre incertain, le *PHerc. Paris. 2*, qui a perdu son titre initial et ne présente qu'un reste infime de la souscription, mais qui traitait à l'évidence de la διαβολή, peut-être moins la *calomnie* telle que nous l'entendons en français aujourd'hui que l'*attaque personnelle* et, plus généralement, le plaisir pervers de la *zizanie*. Il est légitime d'imaginer que les vertus qui étaient opposées par notre Epicurien aux vices de la διαβολή et de la βαcκανία, le *dénigrement*, étaient entre autres „la haine de la méchanceté, l'amour de la vérité,[14] la générosité d'âme et le francparler" – toutes vertus au fondement même de l'amitié épicurienne –, parce que Philodème les énumère selon cet ordre dans l'une des colonnes finales de ce rouleau parisien.[15] Et toujours dans cette même colonne,[16] il rapproche du malin plaisir de la zizanie et du dénigrement „l'injustice, l'amour de l'argent, celui de la gloire et toutes les autres espèces du vice". On notera au passage la présence ici de l'un des vices examinés précisément dans *Les Vices et les vertus qui leur sont opposées*, la φιλαργυρία. Il se pourrait donc bien que la φιλοδοξία (l'*amour de la gloire*) également et peut-être, plus généralement, l'ἀδικία (l'*injustice*) aient fait l'objet d'une étude développée dans l'un ou l'autre des quatre livres non encore identifiés de cet ensemble éthique. Rien, en revanche, ne permet

---

13 De fait, Mario Capasso dans son article „Les livres" (cf. n. 12), p. 194, regroupe en le même et seul „livre incertain" toute une série d'*écorces* dans lesquelles le thème central paraît avoir été celui de l'amour de l'argent: ce sont les *PHerc*. 253, 415, 465, 896, 1090, 1613 et 1077 (fr. 8–10 et 12). En raison de la parenté thématique du livre IX, l'identification de ce livre comme étant le précédent, soit le livre VIII, ne me semble pas du tout invraisemblable.
14 A comprendre probablement comme la *sincérité*.
15 Il s'agit des l. 24–27 de la col. L Delattre, éditée et commentée par Annick Monet: Les fruits du figuier et de la vigne dans *La Calomnie* de Philodème (*P.Herc.Paris*. 2, fr. 240–241), dans: Fabrice Poli (éd.): Rencontres papyrologiques en Bourgogne. Actes de la Journée d'étude (26 octobre 2011) en hommage à Patrice Cauderlier, Nancy 2013, 91–106.
16 Col. L,17–20 Delattre.

d'assurer que l'un de ces livres traitait spécifiquement de l'ὕβρις, la *violence liée à la démesure*, comme le suggère (avec prudence, il est vrai) le *Catalogo dei Papiri Ercolanesi* (1979), même s'il n'y aurait aucune impossibilité à cela.

2 Cette somme considérable offrait-elle une unité et une homogénéité?[17]

Il est difficile de l'affirmer en l'état actuel de notre connaissance de son contenu, car Philodème avait fort bien pu rassembler, sous l'intitulé plutôt général et vague des *Vices*, les textes de cours ou de conférences rédigés sans doute à des époques et pour des circonstances différentes. Néanmoins, les divers vices qui viennent d'être évoqués ne sont pas sans rapport entre eux, puisque tous concernent les relations sociales et ont en commun de contribuer grandement à les pourrir d'une manière plus ou moins délibérée et consciente. L'égocentrisme, et plus largement l'individualisme (au sens actuel du terme), y apparaît en effet comme étant la caractéristique commune des gens vicieux dont s'occupe notre Epicurien, alors que, pour lui au contraire, la valeur sociale essentielle, la seule qui donne à l'existence humaine tout son sens et sa saveur, c'est, avec l'*intérêt bienveillant porté à autrui* (φιλανθρωπία) et la *sincérité* (φιλαλήθεια), l'*amitié* (φιλία). On croit d'ailleurs percevoir chez le Gadaréen, à travers ses longs développements éthiques, une aspiration profonde – quoique sans illusion probablement, parce qu'il sait bien (et l'écrit d'ailleurs explicitement) que „le genre humain est enclin (εὐεπίφορον) à la calomnie ou, en quelque manière, au dénigrement [...]; et il n'est pas [seulement] enclin à [cela], mais aussi à l'injustice, à l'amour de l'argent et de la gloire et aux autres espèces du vice"[18] –, une aspiration profonde, donc, à l'avènement d'une société enfin réconciliée par la grâce de l'enseignement d'Epicure, où l'homme n'aurait plus à se défier de son voisin ni à se protéger constamment de sa malveillance et de ses menées égoïstes.

---

17 Annick Monet (cf. n. 12) précise que le titre le plus complet parmi ceux qui sont conservés suggère différents angles d'attaque: 1. les „vices et vertus opposées", 2. les „personnes chez qui ils se rencontrent", mais aussi 3. „les domaines qu'ils concernent".
18 Col. L,11–20 Delattre.

3 Part respective d'Ariston et de Philodème dans les colonnes finales de [*L'Arrogance*]

Quelle place peut-on accorder à Philodème et Ariston, cité par lui comme source, dans les dernières colonnes de [*L'Arrogance*]? L'Epicurien introduit la conclusion de son étude de ce vice par une phrase qui, malheureusement, nous est parvenue en bien mauvais état. J'en ai proposé, avec Voula Tsouna dans *Les Epicuriens*, une traduction[19] fondée sur une restitution textuelle qui me paraît aujourd'hui pouvoir être assez sensiblement améliorée:

> Ariston[20] assurément, l'auteur d'[une lettre] *Sur la libération de l'arrogance*, n'a éprouvé, en vérité, [l'intempérance][21] que des [seules] personnes dont l'arrogance était due à la bonne fortune –[22] alors que le comportement arrogant n'est pas dû uniquement, [du moins], aux effets de celle-ci, mais aussi aux <causes> dont nous avons parlé précédemment pour notre part, et que sont nombreux aussi, ma foi, ceux qui ont dû leur gloire à la philosophie même, tels Héraclite, Pythagore, Empédocle et Socrate ainsi que quelques poètes fustigés autrefois par les auteurs comiques. Eh bien, quoi qu'il en soit, si des considérations sont aussi convaincantes que pourraient l'être, non sans vraisemblance, certaines considérations sur les types qu'<Ariston> s'est réservés, je vais présenter de façon sommaire leurs[23] potentialités (τὰς δυνάμεις αὐτῶν).

Ce passage, trop mutilé dans le papyrus pour pouvoir être restitué d'une façon parfaitement assurée, est en même temps décisif pour déterminer ce à quoi nous avons affaire dans les colonnes qui suivent et sur lesquelles s'achève le rouleau. S'agit-il, comme l'écrivait Jensen dans un article contemporain de son édition du texte,[24] de la pure et simple mise bout à bout, opérée par Philodème,

---

19 Voir p. 620 Pléiade.
20 On trouvera le nouveau texte que je propose et traduis ici en annexe II de la présente contribution. Toutes les références aux colonnes du *PHerc*. 1008 renvoient à l'édition de Christian Jensen: Philodemi Περὶ κακιῶν Liber decimus, edidit C.J., Leipzig 1911.
21 Je proposerais aujourd'hui de restituer les l. 14–16, en combinant les images multispectrales et les dessins, [τ]ἄκ[ρ]ατον (= l'intempérance) μὲν ἔ|παθεν [τῷ]ν [...] ὑπερ|ηφ[ά]νων [μό]γων (au lieu de ἐκείγων). Jensen, pour sa part, éditait [...] διον μὲν ἔ|παθεν [τῶν] [...] ὑπ[ε]ρ|ηφ[ά]νων [θιγ]ὼν <μόνον>.
22 On notera qu'il y a, à cet endroit dans le papyrus, un espace vide, large d'une lettre: il marque une coupure syntaxique, qui interdit de rapprocher le génitif pluriel qui précède de celui qui suit.
23 Comprenons: *de ces types* (d'arrogants), qui sont passés en revue par Philodème dans les colonnes finales.
24 Christian Jensen: Ariston von Keos bei Philodem, dans: Hermes 46 (1911), 393–406.

d'extraits condensés (pour les col. 10–16) et, (pour les col. 16–24), d'un long passage emprunté tel quel à la lettre d'un certain Ariston – dont il reste bien difficile de prouver qu'il s'agirait plutôt du péripatéticien de Céos, disciple de Lycon, que du stoïcien (plus ou moins orthodoxe) de Chio?[25] Ou bien seul le développement consacré aux gens rendus arrogants par la fortune serait-il à attribuer à Ariston, la suite étant redevable globalement à Philodème? Ou bien encore faut-il voir dans cette quinzaine de colonnes une élaboration de l'Epicurien, qui mêlerait à sa réflexion personnelle des emprunts, plus ou moins conséquents, à Ariston?

Il serait en effet curieux (sinon fort peu vraisemblable) que le disciple du Jardin qu'était Philodème ait conclu son livre sans intervenir du tout, en laissant entièrement la parole, et donc le dernier mot, à un philosophe d'une autre école que le Jardin, et antérieur de deux siècles (l'un et l'autre Ariston vécurent en effet au IIIe s.). Certes, on le sait un peu mieux désormais, bon nombre de ses „commentaires" résumaient, sous forme de montages de citations (sélectionnées généralement dans un esprit polémique), des écrits d'auteurs antérieurs; mais, pour autant qu'on puisse en juger à partir des papyrus ouverts et publiés, ces „digests" sont *toujours* suivis d'une reprise critique systématique par notre professeur d'épicurisme des thèses reproduites. [*L'Arrogance*] serait le seul cas connu à ce jour d'un livre philodémien qui se terminerait ainsi; d'où la légitimité de mettre en doute l'attribution du contenu des col. 10–24 de cet écrit au *seul* Ariston, même si son nom revient une seconde fois à la col. 16, l. 34 („comme le dit Ariston") et s'il est implicite dans la dernière colonne (col. 24, l.17: „*il* dit que [...]").

La question est assurément délicate, mais j'aurais pour ma part tendance à penser que, si les „types" d'arrogants successivement évoqués à travers les anecdotes historiques et les termes qui les désignent ont été vraisemblablement empruntés à Ariston pour être présentés sous une forme condensée par le Gadaréen – qui reprend librement et organise à sa guise les matériaux de sa source, en privilégiant tout naturellement ce qui s'accorde le mieux avec la doctrine du Jardin –, les „portraits" des arrogants ordinaires qui suivent semblent être redevables à l'Epicurien. Et „les potentialités" des arrogants que Philodème se pro-

---

25 Il s'agit d'Ariston de Céos (2e moitié du IIIe s.) pour Christian Jensen (cf. n. 24) et Marcello Gigante entre autres, tandis que Anna-Maria Ioppolo et Graziano Ranocchia, suivant Augusto Rostagni et Carlo Gallavotti en particulier, soutiennent, non sans arguments, qu'il s'agit du stoïcien de Chio (1ère moitié du IIIe s.). On retrouvera le rappel de toutes ces positions dans l'introduction de: Graziano Ranocchia: Aristone, *Sul modo di liberare dalla superbia* nel decimo libro *De vitiis* di Filodemo, Florence 2007 (Academia Toscana di Scienze e Lettere „La Colombaria" 237), 67–207.

pose de „présenter de façon sommaire" pourraient bien renvoyer au contenu même des col. 16 à 24 où sont *récapitulés*, non sans subtilité, les comportements *possibles* des arrogants en fonction du „type" auquel ils appartiennent. En tout cas, il est clair que l'expérience personnelle, et probablement douloureuse (ἔπαθεν se lit de façon sûre), dont Ariston faisait état dans sa lettre avait, du point de vue du Gadaréen, une efficacité réelle (celle du vécu) en matière de persuasion (καθάπ[ερ] ἂν ἀπεικ<ότ>ως τινὰ πείσειεν περὶ ὧν ἀπετέμετο). Efficacité suffisante, en tout cas, pour justifier qu'il retienne lui-même la leçon et fasse de même (κεφαλαιώςομαι) pour ses lecteurs, mais cette fois à partir de ses propres observations et expériences. En cela, Philodème reste toujours dans la perspective évoquée plus haut, à savoir qu'une „mise sous les yeux", concrète et vivante, des gens vicieux, de leurs travers et des conséquences néfastes induites par leurs vices ne saurait manquer de les amener à se corriger ou, au moins, à en protéger son lecteur en l'aidant à en prendre conscience.

La dernière partie du livre (col. 10–24) s'ouvre sur une longue série de conseils prodigués à *l'arrogant* en général, présenté comme celui qui *se sent bouffi d'orgueil* (ςυναιςθάνηται μετεωριζόμενος), tant la faveur du sort l'élève au-dessus de ses semblables:

„(col. 10) Si un beau jour *on se sent flotter dans les airs*, qu'on opère[26] un changement d'état d'esprit radical en se tournant vers les humiliations dont on a été précédemment victime du fait de la fortune, si l'on en a subi un jour!" [*lacune de 7–8 lignes*] [...] (col. 11) „qu'*on [se mette] sous les yeux* le caractère [versatile] et brutalement changeant de la fortune; [qu'on songe], quand on marche sur un escarpement, à ce mot d'Euripide [que] Denys n'avait pas tort de se faire répéter deux fois par jour: ‚Vois-tu que des tyrans aient connu une croissance prolongée de leur puissance?'; et qu'on se remémore d'une façon évidente dans quelle disposition on s'est soi-même trouvé en face de quelqu'un qui avait un comportement arrogant, et comment ensuite, *par la vertu de l'exemple, l'on [est rendu] soi-même à plus de mesure.*" Ainsi Dion[27] précisément en face de Ptoiodore de Mégare. Un jour que, parvenu à la maison de Ptoiodore de Mégare, il avait dû attendre un moment à la porte, Dion dit à l'homme qui l'accompagnait:

---

26 A partir de ce moment, se rencontre une longue série d'infinitifs sans verbe introducteur, qui ont probablement une valeur d'injonction.
27 Il s'agit du tyran Dion de Syracuse. Né en 402, il fut un ardent disciple de Platon, et mourut assassiné en 353; voir Plutarque: *Vie de Dion*, ch. 17, et Valère Maxime 4,1, Etrangers 3 (où l'hôte de Mégare est appelé Théodore).

„Peut-être bien que nous aussi, nous faisions là-bas[28] souvent cette sorte de choses!"[29]

Nous découvrons là, aussitôt après une première esquisse, pittoresque assurément, de l'arrogant – celui qui „ne se sent plus" quand la chance le favorise –, un premier ensemble de quatre recommandations de bon sens pour éviter l'arrogance – dont la deuxième et la dernière sont illustrées chacune d'un exemple anecdotique emprunté à l'histoire de la Sicile du IVe s. On notera au passage la présence d'une variante de l'expression épicurienne „se mettre sous les yeux" (ici [ἑαυτῶι προ]βάλλειν πρὸ ὀφ[θάλ]μῳ[ν]) et, quelques lignes plus loin, la précision „par la vertu de l'exemple" (διὰ τοῦ παραδείγματος), qui s'accorde bien à la démarche préconisée par notre philosophe pour aider les hommes à se débarrasser de leurs vices.

Mais les conseils qui vont dans le sens d'un comportement *mesuré* (μετρίους) –, à l'instar de celui du sage épicurien que Philodème a décrit longuement dans les col. 6 fin à 10, l. 11 – sont bien loin de s'arrêter là, puisque la série des portraits proprement dits de différents types d'arrogants ne commencera que vers la fin de la col. 16. Toutefois, au fil des considérations développées dans les six colonnes précédentes (11–16), les traits de l'arrogant vont se préciser peu à peu et gagner des couleurs supplémentaires. Ainsi, en fin de col. 11, l'arrogant est quelqu'un qui „fait valoir [...] les bienfaits de la fortune en *usant de la rhétorique pour se grandir*". Un peu plus loin, en col. 14, „l'arrogant n'est *pas capable de prendre conseil auprès d'autres personnes* – pour une part par présomption et, pour une autre part, par mépris des autres". En outre, la col. 15 introduit une distinction pertinente entre „l'homme hautain" (caractérisé par la μεγαλοψυχία), qui „méprise ceux que le sort favorise parce qu'il tire sa supériorité de son *importance morale*" et „l'arrogant" qui, lui, „regarde les autres de haut parce que, du fait de son *inconsistance morale*, il est rendu bouffi par ce qu'il possède". Et, à la toute fin de la même col. 15, on nous rappelle que, si l'arrogant „ne manque pas d'accorder de la valeur aux animaux quels qu'ils soient, et de s'attacher à eux (chevaux, chiens ou autres animaux du même genre), en revanche [il n'a que mépris pour] l'homme".

Les comportements qui caractérisent l'arrogant en général, parfois cruellement punis,[30] sont, dans ces six colonnes (10,31–16,29), illustrés par onze

---

28 A Syracuse, lorsque Dion était l'homme de confiance du tyran Denys l'Ancien, bien avant que Denys le Jeune, son fils et successeur, ne l'exile à Athènes.
29 Traduction Delattre-Tsouna (cf. n. 4) très légèrement modifiée.
30 Comme le note Ranocchia: Aristone (cf. n. 25), 28–29, une partie de ces exemples est positive, puisqu'elle met en exergue la sagesse de certains hommes d'Etat capables de modérer leur

anecdotes (bien connues des Anciens).[31] Elles mettent en scène plusieurs personnages historiques des Ve et IVe s.: dans l'ordre, Denys l'Ancien; puis ce même tyran et un homme arrogant; Dion et le tyran Ptoiodore de Mégare; Périclès et les Athéniens; l'arrogant Euripide fuyant Athènes pour finir ses jours auprès du roi de Macédoine Archélaos; Alexandre et un malheureux soldat; la sagesse de Denys de Syracuse; Démétrios de Phalère trahi par les Macédoniens; le musicien Timocréon de Rhodes; les Spartiates Agésilas et Lysandre; et enfin, pour couronner l'ensemble, le roi de Perse Xerxès et sa folie impie. Il est fort probable que cette accumulation d'anecdotes évoquant les leçons données ou reçues par de grands personnages qui maîtrisaient, ou non, leur arrogance soit précisément la marque de l'emprunt direct de Philodème à Ariston. D'autant que cet ensemble, scandé par vingt-et-un infinitifs à valeur de conseils, s'achève par une *paragraphos* renforcée.[32] Qui plus est, ce signe de coupure forte coïncide avec une courte phrase conclusive, qui annonce autre chose: „Voilà qui, assurément, suffit sur ce chapitre".

Enfin, dans les col. 16 fin–24, se multiplient comme à plaisir les évocations pittoresques de situations rencontrées par tout un chacun dans la vie de tous les jours, comme autant d'occasions de déployer les diverses nuances de l'arrogance. Et si les noms de Hippias et Socrate y sont mentionnés, c'est seulement à titre d'archétypes, et non parce qu'ils seraient critiqués pour eux-mêmes.[33]

On notera au passage que la composition et le style, qui sont désormais sensiblement différents,[34] ne paraissent guère éloignés de ceux que nous ré-

---

arrogance, tandis que les autres anecdotes rappellent les graves périls que l'arrogance peut faire courir.

31 Les anecdotes relatives à l'humiliation du musicien Timocréon de Rhodes, à l'échange entre Denys l'Ancien et une personne arrogante, et à „un mot désagréable" de Démétrios Poliorcète qui causa la défection de son armée en faveur de Pyrrhus (en 288, date la plus récente des événements mentionnés dans le livre) n'étaient pas encore connues, toutes les autres étant rapportées par Plutarque principalement, mais aussi par Xénophon et Valère-Maxime.

32 De fait, le signe en marge gauche de la colonne, accompagnant la *paragraphos* tracée sous la première lettre de la l. 28, est peu lisible aujourd'hui, et peut faire penser à une *coronis*, laquelle servait habituellement à marquer la fin des rouleaux, mais aussi des coupures structurantes à l'intérieur d'un livre.

33 C'est à travers le regard de leurs contemporains Platon et Xénophon que ces philosophes y sont évoqués, Hippias comme l'archétype de *l'homme qui-sait-tout*, et Socrate comme *l'homme ironique* par excellence.

34 Au point que Christian Jensen (cf. n. 20), XV–XVI, estimait qu'à partir de là Philodème recopiait mot pour mot ce qu'il lisait chez Ariston.

vèlent les colonnes finales de *La Calomnie*,[35] où est passée en revue, plus ou moins rapidement, une longue série de types voisins du „calomniateur" (διάβολος). Il s'agit de huit variantes, développées ou non, du „dénigreur", βάσκανος: (1) le cίλλος, „celui qui regarde les gens de travers" (col. R, 22); puis (2) une sorte de dénigreur dont la dénomination est perdue, et qui pourrait peut-être avoir quelque rapport avec les auteurs de comédies (col. S–T, mutilées); (3) le σκωπτής, „plaisantin" (col. T, 25 et suiv.); (4) le τρωκτής, „critique vétilleux" (col. U, 11, puis 21 et suiv.); (5) le χλευαστής, „moqueur" (col. V, 13 et suiv.); (6) le σαρκαστής, „sarcastique" (col. V, 20 et suiv.); (7) l'οὐδενωτής, „néantiseur" (col. W, 2 et suiv.) et enfin (8) le μυκτηριστής, „ricaneur" (col. W, 9–10). Après quoi Philodème récapitule à la col. X, 4, selon un ordre voisin, mais non identique,[36] les types de βάσκανος examinés depuis la col. R, 22 (cette fois, il n'y en a que 7):[37] (1) le cίλλος, „celui qui regarde les gens de travers"; (2) le διασκωπτής, „railleur"; (3) le διατιθέμενος εἰς μῶκον, „celui qui a une disposition à la raillerie"; (4) le χλευαστής, „moqueur"; (5) le τωθαστής, „goguenard"; (6) le σαρκαστής, „sarcastique" et enfin (7) le μυκτηριστής, „ricaneur". Le soin mis par l'Epicurien à distinguer des comportements et des travers très voisins l'amène à recourir à une multiplicité de qualificatifs, jusqu'à créer, par l'adjonction de préfixes, des termes nouveaux qui sont pour nous des *hapax*.

De la même manière, une dizaine de portaits-types plus ou moins proches de l'arrogant se succèdent au long des neuf colonnes (16 fin–24) qui concluent [*L'Arrogance*]. De longueurs variables eux aussi, ceux-ci nous présentent différentes déclinaisons – dont certaines qu'on ne s'attendrait pas à rencontrer ici, mais qui à la réflexion sont bien à leur place – du type de *l'arrogant* esquissé à la col. 10[38] comme étant (1) celui qui *se sent bouffi d'orgueil*[39]. De (2) *celui qu'on appelle „inconsidéré"* à (3) *l'homme suffisant*, en passant successivement par (4) *l'homme-qui-sait-tout* et *qu'on qualifie véritablement de „parfait touche-à-tout"*, (5) *celui qui affecte la gravité et se montre condescendant*, sans oublier (6) *l'homme ironique*, (7) *l'homme qui prend les gens pour des imbéciles* ou (8) *pour*

---

[35] L'édition du *PHerc.Paris. 2* qui contenait ce livre m'a été confiée par l'Institut de France et est en cours depuis 2004. La numérotation des colonnes à l'aide de lettres majuscules est provisoire (la col. Z étant la toute dernière du rouleau).
[36] A la col. X, 4–8 Delattre.
[37] Le τρωκτής et l'οὐδενωτής sont omis, tandis que Philodème ajoute le διατιθέμενος εἰς μῶκον.
[38] Aux l. 31–33.
[39] En grec, μετεωριζόμενος. On retrouvera chacun des mots grecs correspondant aux autres termes dans les pages qui suivent.

des imbéciles finis et deux de ses variantes: (9) ceux *qui tiennent les gens pour des nullités* ou (10) *pour des nullités absolues,* la revue des types de personnes qu'il convient de „soulager" (κουφίζειν)⁴⁰ de leur „arrogance" est impressionnante tant par sa richesse que par la finesse psychologique déployée par son auteur.

4 Fondements philosophique et historique du portrait moral chez Philodème

Il est difficile, ici, de ne pas rapprocher pareille accumulation de portraits dans les colonnes ultimes de [*L'Arrogance*], de la fin étonnante, elle aussi, d'un autre livre du Gadaréen, *Le Franc-Parler*, dont j'ai proposé une reconstruction bibliologique nouvelle en 2010.⁴¹ En effet, après une belle démonstration visant à prouver que le meilleur usage de la *parrhèsia* (ou franc-parler) revient au sage, Philodème est amené à faire la remarque suivante: „C'est chose difficile, pour ceux qui traitent intégralement <une question> sous forme abrégée,⁴² que de *présenter minutieusement* chaque espèce à la manière des <auteurs> qui construisent à fond chaque point, *sans rien laisser de côté.*"⁴³ S'ensuit alors une longue revue des différentes conduites des gens qui ou bien usent et tirent profit du franc-parler, ou bien en font un mauvais usage ou lui résistent.⁴⁴ Tout se passe comme si Philodème cherchait à mettre effectivement en œuvre dans la composition même de son propos l'injonction d'Epicure au § 36 de la *Lettre à Hérodote*: „ne se mettre en mémoire que ce qui permettra la perception de ce qu'il y a de plus capital dans les réalités, mais aussi *la découverte, dans leur détail, de la totalité des connaissances exactes*, une fois que les schémas les plus généraux auront été correctement appréhendés, retenus [...] et ramenés à des éléments et à des formules simples".

---

40 Le titre (ou, à tout le moins, le sujet) de la lettre d'Ariston est en effet Περὶ τοῦ κουφίζειν ὑπερηφανίας (*Arrogance*, col. 10,12–13).
41 Voir Daniel Delattre: *Le Franc-parler* de Philodème (*PHerc.* 1471): reconstruction bibliologique d'ensemble du rouleau, dans: Agathe Antoni; Graziano Arrighetti; Maria-Isabella Bertagna; Daniel Delattre (éds.): Miscellanea Papyrologica Herculanensia, vol. I, Pise/Rome 2010, 271–291.
42 Ce que fait précisément notre Epicurien.
43 Voir la fin de la col. 188 Delattre.
44 Voir plus loin l'Annexe II.

Reprenons maintenant les col. 16–17, où le lecteur s'amuse du sans-gêne et de l'égoïsme impudent de l'*inconsidéré* (ὁ αὐθάδης) observé dans sa vie quotidienne: aux thermes, au marché aux esclaves, à la palestre, en visite à l'extérieur et encore chez lui, quand on lui rend visite, et même à son écritoire! Cette variante de l'arrogant se caractérise par „le sentiment <que l'individu a> de sa propre valeur" mêlé „d'arrogance et de mépris, auxquels s'ajoute une bonne dose d'irréflexion".[45]

Lui succède, aux col. 17–18, „l'homme *suffisant* (ὁ αὐθέκαστος) <qui>, lui, n'est pas du tout irréfléchi ni dépourvu de raison, comme l'est l'inconsidéré; toutefois, le sentiment qu'il a d'être le seul homme intelligent l'amène à s'accrocher à ses propres idées et à se persuader qu'il fera toujours ce qu'il faut alors que, s'il recourait au jugement d'autrui, il ferait fausse route". On le suit cette fois en voyage, au marché, en campagne électorale ou dans des réunions entre amis, où il n'accepte de donner des conseils qu'à ceux qui, à coup sûr, suivront ses avis; et quand on lui fait remarquer ses propres échecs, il refuse de les endosser, tout en méprisant les gens „qui prennent l'avis d'autres personnes" parce que „lui seul a la barbe et les cheveux grisonnants et pourra survivre s'il se trouve totalement isolé"; autrement dit, parce que, à son avis, lui seul est adulte!

Mais (col. 18–20) il y a „encore pire que lui: *l'homme-qui-sait-tout*", ὁ παντειδήμων, dont le philosophe Hippias d'Elis est l'archétype. Ce dernier a en effet l'impudence de prétendre savoir tout faire dans tous les domaines, y compris les plus techniques, alors qu'il n'a que de vagues notions pour avoir, à l'occasion, vu des spécialistes à l'œuvre et qu'il est même parfois surpris en flagrant délit d'incompétence totale. Ajoutant aux défauts du précédent caractère „l'imposture" et „l'irréflexion", il passe en outre souvent pour un fou parce qu'il croit que lui seul est intelligent et n'a nul besoin d'autrui, et que „après chacun de (ses) échecs [...] il cherche refuge auprès des premiers venus, se reconnaissant alors inférieur aux êtres les plus vils".

Il est très remarquable, soulignons-le, que dans le développement additionnel au portrait de *l'homme-qui-sait-tout*, qui occupe la col. 20, le style rappelle de façon frappante celui dont use souvent Philodème dans ses commentaires. On y note en particulier l'accumulation de six propositions destinées à justifier l'affirmation que „*l'homme-qui-sait-tout est* atteint de la folie de Margitès", puisque „(1) on le surprend parfois en flagrant délit de ne pas maîtriser la moindre activité et (2) qu'il est incapable de surcroît d'envisager [...]; (3) que chez les touche-à-tout il n'y a que des relents de nombreuses connaissances,

---

45 Ou, mieux, d'inconscience.

mais pas de maîtrise; (4) que le résultat net de leurs apprentissages, ce sont non les réussites, mais les échecs [...]; (5) que la connaissance de beaucoup des savoir-faire [...] appelle davantage le blâme que l'éloge; (6) et que – à quoi bon, en effet, s'étendre sur le cas de gens qui divaguent? –, après chacun de leurs échecs, on les surprend à chercher refuge [...]".[46]

Ajoutons que la formulation même de l'incise, „à quoi bon, en effet, [...]?", qui accompagne la sixième et dernière justification est également très courante chez Philodème.[47] Cela induit à penser que, même si l'on admettait que les col. 18–19 soient une reprise plus ou moins directe de certaines observations présentes dans la lettre d'Ariston, Philodème avait, à tout le moins, jugé nécessaire d'insérer à la fin de ce portrait un ajout de son cru, introduit par „De plus, [...] outre tous les travers dont on vient de parler, [...]" (col. 20,1,4–5) et dans lequel il noircit encore davantage le tableau de *l'homme-qui-sait-tout*. En outre, deux notations incidentes successives – „aussi bien hier qu'aujourd'hui" (col. 21,5–6) et „<le verbe> *brenthuesthai*[48] et <le participe> *brenthuomenos*, on les utilisait, et on les utilise encore de nos jours" – sont à coup sûr des interventions de notre Epicurien qui soulignait ainsi ce que les remarques d'Ariston avaient toujours d'actuel au Ier s. avant notre ère.

Comme le mépris est indissociable de l'arrogance (col. 20,33–34), il n'est pas surprenant que[49]

> *celui qui affecte la gravité* (ὁ σεμνοκόπος) [...] singe <l'homme grave> dans ses propos [...], sa façon de composer son visage et ses regards, dans son vêtement, ses gestes et ses activités quotidiennes, [...] toise tout le monde, regarde les gens de travers, hoche la tête et déprécie ceux qu'il rencontre ou qu'on mentionne devant lui [...], accompagnant le tout d'un ricanement et d'une réponse, réduite à quelques mots, qui manifeste sa propre supériorité et ne tient compte de personne d'autre.

C'est alors que, sur deux colonnes complètes (col. 21,39–23,38), est brossé le tableau de *l'homme ironique*, ὁ εἴρων, défini d'emblée comme „une espèce

---

[46] De fait, on retrouve ce type de structure logique (en anaphore) par exemple dans *La Musique* IV, col. 85,2–11; 109,32–41; 135,2–7 et 140,41–141,25 Delattre, ou *Les Poèmes* V, col. 4,1–17; 29,34–30, 6; 32,7–22 Mangoni (voir traductions *ad loc*. dans la Pléiade, cf. n. 4).
[47] Col. 20,27–28: καὶ τί γὰρ δεῖ [...] λέγειν; En effet, ce type d'incise se rencontre par exemple dans *La Musique* IV, col. 106,39; 126,35–36; 151,11; *Les Poèmes* V, col. 4,18; *La Mort* IV, col. 33,5 et 23 Henry; ou encore *La Colère*, col. 13,11–12; 18,34–35; 20,28 et 33,24–25 Indelli (voir traductions *ad loc*. dans la Pléiade, cf. n. 4, excepté pour *La Mort*).
[48] C'est-à-dire „être condescendant" (littéralement: „s'encenser").
[49] Col. 21,5–15, puis 23–35.

d'*imposteur*" (ἀλαζών) et dont l'exemple par excellence est [...] Socrate.[50] A l'instar d'Epicure lui-même et des premiers épicuriens, Philodème vouait, on le sait, une détestation non dissimulée à ce philosophe[51] (alors même qu'il respecte ses disciples, Xénophon et Platon), et ce n'est sans doute pas un hasard si cette catégorie d'arrogance dissimulatrice est de loin la plus développée dans la présente revue. On pourrait toutefois s'étonner que, à la même époque, un autre Epicurien, un chevalier romain contemporain du Gadaréen, Pomponius Atticus, ait eu, au témoignage de son ami Cicéron,[52] une approche sensiblement différente de l'ironie. C'est qu'il en voyait surtout le côté positif, à la fois „enjoué et élégant", puisqu'il la qualifiait de *urbana dissimulatio*, parlant à propos de Socrate justement de sa „supériorité absolue en matière de grâce et de savoir-vivre (*humanitas*)" quand il recourait à „l'ironie (le mot grec est ici latinisé) et à l'art de dérober sa pensée".

Néanmoins, si l'attitude négative de Philodème et de ses prédécesseurs du Jardin envers Socrate tenait assurément à des désaccords doctrinaux manifestes, elle s'explique aussi, comme on le constate ici, parce que l'illustre Athénien recourait à une stratégie hypocrite et mensongère dans ses rapports avec autrui, incompatible à l'évidence avec deux des valeurs fondamentales du Jardin, le souci constant de la vérité et l'amitié. De fait, dans le portrait du sage (épicurien) que brossait le Gadaréen avant qu'il ne soit question d'Ariston, un accent tout particulier a été mis sur la valeur de la confiance et de l'amitié (col. 10, l. 1–11):[53]

> <C'est pourquoi>, [pour éviter de] donner l'impression d'outrager <autrui> en [ne le traitant pas de façon aimable], en ne lui faisant pas *confiance* comme à un *ami*, ou en ne l'obligeant pas par une intervention en sa faveur, <le sage est homme à> manifester,

---

[50] Son nom est mentionné à deux reprises, aux col. 22,37 et 23,37. Dans le premier passage, nous lisons: „<L'ironique> est également homme à faire étalage d'idées qu'il croit sages, et à les attribuer à autrui, *comme* Socrate le faisait avec Aspasie et Ischomaque" (dans *Les Economiques* de Xénophon); dans l'autre cas, bien que le texte soit mutilé, l'idée paraît être que „les mémoires relatifs à Socrate" contiennent un portrait achevé de l'ironique.

[51] Voir Eduardo Acosta Méndez; Anna Angeli: Filodemo, Testimonianze su Socrate, Naples 1992 (La scuola di Epicuro 13), Introduzione, p. 29–33, puis 102–138. Les fr. 4 et 5 (p. 152–154) reproduisent respectivement la col. 10 et les col. 21–23 de [*L'Arrogance*].

[52] Dans le *Brutus* (292) et le *De oratore* (2,269), voir Méndez-Angeli (cf. n. 51), 40–41.

[53] Au lieu de la conjecture de Jensen (cf. n. 20) οἳ [π]ιc[τεύο]γται (= être cru) ou celle de Ranocchia (cf. n. 25) οἳ [cυνε]θίζονται (= être accoutumé), je préférerais aujourd'hui restituer οἵ [γε ἀλη]θίζονται, forme moyenne équivalant à ἀληθεύουcι (= parler vrai) et utilisée par Hérodote et Plutarque, ou encore éventuellement οἵ [γ'ἀπλ]οΐζονται (= agir franchement *envers ses amis*) attesté justement dans les *Mémorables* de Xénophon (4,2,18).

quand besoin est, sa propre infériorité, à demander pardon et surtout à avoir constamment dans sa compagnie des *amis* qui [parlent vrai].

Ne devrait-on pas alors envisager la possibilité que Philodème, parfaitement informé du fait qu'à Rome l'ironie était l'objet d'une réévaluation de la part des intellectuels tels qu'Atticus et Cicéron qu'il fréquentait, ait voulu, à travers son portrait de l'ironiste, marquer vigoureusement son refus d'une telle position, hétérodoxe pour le Jardin, en insistant lourdement sur ses seuls aspects négatifs?

Enfin, le passage en revue des types d'arrogant s'achève sur l'évocation – fort expéditive (col. 24, l. 3–23) – de deux dernières catégories très proches l'une de l'autre (qui comportent chacune deux „degrés de véhémence" dans la „calomnie") et désignées d'ailleurs par quatre *hapax* (lesquels précisément ne manquent pas chez Philodème): „l'homme qui prend les gens pour des imbéciles [ou pour des imbéciles finis]" (εὐτελιcτής–ἐξευτελιcτής) et „celui qui prend les gens pour des nullités ou pour des nullités absolues" (οὐδενωτής–ἐξουδενωτής).[54] Ces individus, qui sont d'autant plus à redouter qu'ils cumulent avec l'arrogance une „<disposition à> la calomnie, à la médisance et à l'envie", apparaissent ainsi comme le couronnement de l'arrogance dans la noirceur, puisque les sept dernières lignes de la colonne (et du *volumen*), qui annoncent une suite (éventuelle) à ce livre pour compléter la somme des *Vices et vertus opposées*, constituent une „conclusion" fort laconique, bien dans la manière de Philodème.

On peut ajouter encore une raison d'ordre historique à la volonté de notre Epicurien de mettre ses contemporains en garde contre l'arrogance. En effet, comme Cicéron en témoigne dans son *Laelius*, réflexion éthique sur l'amitié, à Rome aussi l'arrogance[55] était tenue – à l'époque même où Philodème professait l'épicurisme en Campanie – pour un vice redoutable. On croirait d'ailleurs lire Ariston-Philodème quand l'orateur fait dire au Romain Laelius à propos du tyran Tarquin le Superbe, le violeur de Lucrèce:[56]

> Pourtant je me demande bien si avec un tel orgueil, une telle insolence, <Tarquin> aurait pu avoir un seul ami: le caractère de l'homme dont je parle ne pouvait lui attirer de vrais amis. De même, la richesse de bien des hommes très puissants exclut des amitiés fidèles. Non seulement la Fortune est aveugle, mais elle rend le plus souvent aveugles ceux

---

54 Dans ce dernier cas, autrui se trouve véritablement „néantisé" par l'arrogant.
55 Il existe plusieurs termes pour désigner ce vice chez Cicéron: *adrogantia, superbia, insolentia, contumacia* ou encore *fastidium*.
56 Cic. Lael. 54; traduction de L. Laurand (CUF), remaniée (voir le texte latin en Annexe I,2).

qu'elle a choyés; ils se laissent fréquemment emporter par le dédain et la morgue, et il ne peut rien y avoir de plus insupportable qu'un non-sage chéri de la Fortune. Et de fait, on peut le constater, l'exercice du commandement et du pouvoir ainsi que la prospérité transforment les gens dont le caractère était jusque là accommodant: ils méprisent leurs anciennes amitiés pour s'abandonner à de nouvelles.

Et au livre I[57] de sa *République*, il soulignait déjà les dangers que font courir à l'Etat „le déshonneur et l'arrogance insolente" qu'entraînent „les richesses, le renom et la puissance, quand ils ne s'accompagnent pas de réflexion et de modération à la fois dans la vie et dans le commandement des autres", ajoutant que „il n'y a pas d'espèce de cité plus dépravée que celle dans laquelle ce sont les plus fortunés qui sont tenus pour les meilleurs". Enfin, vers la fin du *Laelius*, Cicéron met en garde contre le péril que fait courir même aux „hommes sérieux et constants [...] l'habile flatterie":[58]

> En tout, la simulation est vicieuse: car elle empêche de juger le vrai et elle le fausse; mais elle est surtout contraire à l'amitié, car elle détruit la franchise sans laquelle il n'est pas d'amitié digne de ce nom [...] Celui qui flatte ouvertement, il n'est personne qui ne le perce à jour, à moins d'être tout à fait sot; mais celui qui est habile et dissimulé, il faut s'appliquer à éviter qu'il ne s'insinue. C'est qu'il n'est pas bien facile à reconnaître, car il flatte en allant jusqu'à contredire et, tout en feignant de disputer, il ne cesse d'approuver et, à la fin, il se rend et accepte sa défaite afin que celui dont il s'est joué paraisse l'avoir emporté en perspicacité. Quoi de plus honteux que de se laisser jouer?

De tels propos ne constituent-ils pas, dans une large mesure, un écho à la mise en garde formulée contre l'homme *ironique* par Philodème, dénoncé comme „une espèce d'imposteur" qui „dit le contraire de ce qu'il pense", habitué qu'il est à se moquer de ses interlocuteurs, et fait preuve d'une „extraordinaire capacité d'invention et de persuasion" en matière de dissimulation? Ainsi donc, le sectateur du Jardin pourrait aussi avoir jugé indispensable de consacrer un livre entier des *Vices* à l'arrogance sous ses diverses formes, pour des raisons d'actualité aussi, mais seulement, à mon avis, de manière accessoire.[59]

De l'étude qui précède, il ressort d'abord que le contenu des col. 10 à 24, colonnes finales de [*L'Arrogance*] de Philodème, ne peut être rapporté totale-

---

57 Cic. rep. 1,51 (voir le texte latin en Annexe I,4).
58 Aux § 92, puis 99; traduction de L. Laurand (CUF) remaniée (voir le texte latin en Annexe I,3).
59 De fait, le souci de Philodème d'envisager tous les cas de figure, y compris ceux qui ne se seraient pas encore rencontrés à son époque, traduit assurément une volonté d'universalité qui pourrait expliquer que ses *Commentaires* ne contiennent guère de réalités romaines aisément identifiables.

ment à Ariston, loin s'en faut! Sans doute la lettre de ce dernier *Sur la libération de l'arrogance* complétait-elle à point nommé l'étude de l'Epicurien par une illustration qui devait son pouvoir de persuasion à son caractère vécu et vivant; mais l'extrême fin de [*L'Arrogance*] (col. 16–24) met en œuvre, comme on a pu le constater, une façon de procéder, une méthode d'analyse et un style même trop analogues à ceux qu'on rencontre dans *La Calomnie* et aussi dans *La Colère* (même si ce dernier ouvrage de Philodème n'appartient pas à la série des *Vices*, mais à celle des *Passions*) pour que ces dernières colonnes ne soient pas de Philodème.

Alors, pourquoi avoir consacré tout un livre à l'examen de ce travers constant de l'humanité? On l'a vu, l'arrogance s'opposait, dans l'esprit de notre philosophe, aux valeurs épicuriennes de la confiance et de l'amitié, mais allait également à l'encontre d'une conception saine et réaliste de l'homme, dont Epicure n'a jamais accepté de dissimuler les limites, ou les faiblesses si l'on préfère – à la différence de ses principaux adversaires, les Stoïciens, pour qui le sage, étant un être idéal, n'avait, de leur propre aveu, peut-être même jamais existé. La question pour Philodème était donc aussi de prouver que, si c'est une tendance naturelle des hommes que de se montrer arrogants envers autrui, il est toujours possible au sage, conscient (par définition) de ses limites, de garder la maîtrise d'une faiblesse qui caractérise tous les êtres humains, pour peu qu'elle ait été reconnue comme telle. C'est en tout cas ce que, dans son livre consacré à la passion de la colère, Philodème a bien fait voir:[60] il existe en effet une „colère (ὀργή) naturelle", bien différente de la „rage" (θυμός, vice dont il faut se garder), et qui affecte Epicure comme tout un chacun; mais celle-ci est justifiée par le comportement d'autrui et ne dure pas. Et, s'il arrive au sage d'être *en colère*, il ne se met jamais *en rage* parce que la pratique constante de la philosophie le rend maître de soi, en lui faisant connaître clairement ce que réclame la nature, en l'occurrence la confiance et l'amitié qui nous apportent „la sécurité du côté des hommes".[61] De la même manière, pour résister à la tentation de l'arrogance à laquelle la Fortune expose presque inévitablement tout individu, s'imposent au sage le choix raisonné de l'ouverture à autrui dans un esprit de confiance et de sincérité et, par voie de conséquence, le rejet de tout mépris, „médisance, calomnie et envie", vices que l'arrogance cumule précisément. De la sorte, une fois „mis sous les yeux" les ravages que l'arrogance produit sur ceux qui en sont les victimes, après avoir analysé avec finesse les caracté-

---

60 Voir *La Colère*, col. 36–47 Indelli = p. 585–592 Pléiade.
61 Voir Epicure: *Maximes capitales* XIV, XXVII et XL = p. 54, 56 et 59 Pléiade, et *Sentence vaticane* 78 = p. 73 Pléiade.

ristiques des diverses formes de ce vice et des vices voisins et éclairé les mécanismes qu'ils recèlent, Philodème pensait contribuer efficacement à la correction des hommes et à l'amélioration des rapports sociaux, non seulement chez les Romains de son temps parmi lesquels il philosophait, mais aussi, de façon plus universelle, pour les générations futures, comme il se proposait de le faire dans *Les [Phénomènes] et les inférences*.[62]

5 Annexe I

1. Philodème: [*L'Arrogance*], col 10,1,11–31 (texte grec dans ma nouvelle restitution):

> [11] Ἀρίστων | το[ί]νυν [γ]εγραφὼς Περὶ τοῦ | κο[υ]φίζ[ειν ὑ]περηφανίας ἐ|πιστολὴ[ν τ]ἄκ[ρ]ατον μὲν ἔ|[15]παθεν [τῶ]ν δ[ι]ὰ τύχην ὑπερ|ηφ[ά]νων [μό]γων – οὐ μό|νο[ν διὰ τ[ά γ᾽ ἀ]πὸ ταύτης ὑπερ|ηφ[α]νού[ντω]ν, ἀλλὰ καὶ | δι᾽ ἃ προείπ[α]μεν ἡμεῖς, καὶ |[20] δῆ[τ]ᾳ καὶ δι᾽ αὐτὴν φιλοσο|φί[αν] πολλῶν δοξάντων, | ὡς [Ἡ]ρακλείτου καὶ Πυθαγό|ρου καὶ Ἐ[μ]πεδοκλέους | καὶ Σωκράτους καὶ ποιητῶν ἐνί|[25]ων, οὓς ο[ἱ] παλαιοὶ τῶν κω|μῳδογράφων ἐπεράπιζον· | ἀλλ᾽ ὅμως, εἴ τινα πείσει κ[α]|θάπ[ερ] οὐκ ἂν ἀπεοικ‹ό›τως τι|νὰ πείσειεν περὶ ὧν ἀπετέ|[30]μετο, κεφαλαιώσομαι τὰς | <u>δυ</u>νάμεις αὐτῶν.

2. Cicéron: *Laelius* 54:

> Quamquam miror *illa superbia et importunitate* si quemquam amicum habere potuit. Atque ut huius quem dixi [sc. Tarquinii] mores ueros amicos parare non potuerunt, sic multorum opes praepotentium excludunt amicitias fideles. Non enim solum ipsa Fortuna caeca est, sed eos etiam plerumque efficit caecos quos complexa est; itaque feruntur fere *fastidio et contumacia*, nec quidquam insipiente fortunato intolerabilius fieri potest. Atque hoc quidem uidere licet eos, qui antea commodis fuerint moribus, imperio, potestate, prosperis rebus inmutari, sperni ab iis ueteres amicitias, indulgeri nouis.

3. Cicéron: *Laelius* 92; 99:

> Cum autem *omnium rerum simulatio* uitiosa est (tollit enim iudicium ueri idque adulterat), tum amicitiae repugnat maxime: delet enim ueritatem sine qua nomen amicitiae ualere non potest [...] Aperte enim adulantem nemo non uidet, nisi qui admodum est excors:

---

[62] Col. 28: „Voilà bien pourquoi il est de meilleure méthode de procéder soit avant soit en cours de riposte [...] à l'exposition détaillée des vices communs répandus partout dans les raisonnements, pour [saisir sur le fait] les vices de raisonnement présents dans ‹les arguments de nos adversaires› qui ont été délaissés aussi bien que dans *ceux qui peut-être seront combinés plus tard, et que devront connaître ceux qui viendront après nous*" (p. 554 Pléiade).

callidus ille et *occultus* ne se insinuet, studiose cauendum est. Nec enim facillime agnoscitur: quippe qui etiam *aduersando saepe adsentetur*, et litigare se *simulans* blandiatur, atque ad extremum det manus uincique patiatur, ut is, qui inlusus sit, plus uidisse uideatur. Quid autem turpius quam inludi. Quod ut ne accidat, magis cauendum est.

4. Cicéron: *République* 1,51:

Nam diuitiae, nomen, opes uacuae consilio et uiuendi atque aliis imperandi modo *dedecoris* plenae sunt *et insolentis superbiae*, nec ulla deformior species est ciuitas quam illa in qua opulentissimi optimi putantur.

6 Annexe II

Organisation des colonnes finales du *Franc-Parler* de Philodème (dans la reconstruction du rouleau par mes soins):

Rappel de la dimension épicurienne du projet de Philodème: un abrégé qui traite à la fois intégralement la question et qui présente minutieusement chaque cas   col. 188[63] fin

Les différentes catégories de personnes qui usent du franc-parler et qui lui résistent

*Dans [quelle] disposition sera un sage quand certains
pratiquent un franc-parler (spécifique)*   col. 188 fin
Si, par ailleurs, le [philosophe, reconnu précisément
[comme] accompli, <usera du franc-parler> envers
un <philosophe> accompli, quand il ignore qu'il est accompli,
si un inconnu, même s'il est peut-être reconnu comme sage,
<en usera> envers un inconnu, et un philosophe et un lettré
<envers leurs semblables (?)>   col. 189 début

– ceux qui savent tirer profit du franc-parler et accueillir le rappel à l'ordre avec reconnaissance, dans le cadre d'un calcul bien mené   col. 189–195

Si d'autre part c'est un philosophe qui pratique le franc-parler en-

---

[63] La col. 188 Delattre correspond à la col. VII Olivieri, la col. 204 D. à la col. XXIII O. Dans les lignes qui suivent, les questions en italiques sont traduites directement du papyrus, tandis que les autres rubriques ne sont renderables.

vers lui [...]	col. 191
Mais de la part de ceux qu'il prépare à avouer leurs fautes, il ne supportera pas du tout des accès de franc-parler [...]	col. 193

– ceux qui ne savent pas ou ne peuvent pas en tirer profit col. 196–200
  Examen détaillé des résistances particulières au "franc-parler
  au sens commun du terme" (col. 200), liées au tempérament,
  à l'âge, aux faux semblants destinés à sauvegarder l'image
  de soi, ou encore à la recherche de la gloire

Les difficultés liées aux différentes catégories de personnes
– cas des maîtres:
  *Pourquoi [sont]-ils, davantage encore, aptes à pratiquer
  le franc-parler?* col. 200 fin
  *<Pourquoi, quand ils ont affaire à> des personnes plus
  intelligentes qu'eux-mêmes, des maîtres tout particulièrement,
  ne supportent-ils pas le franc-parler?* col. 201
– cas des „apprentis" éventuels:
  *[Pourquoi le] sexe féminin <a-t-il du mal à supporter
  le franc-parler?>* col. 202
  *Pourquoi, toutes choses égales d'ailleurs, ceux qui
  supportent le moins <le franc-parler> sont-ils des
  personnes dont les ressources et la réputation sont éclatantes ?* col. 203
  Pourquoi les gens les plus âgés se braquent-ils davantage? col. 204

IV. Zum Verhältnis von Philosophie und Rhetorik in philosophischer Literatur und rhetorischer Theorie

Beweishäufung bei Lukrez

Zum Verhältnis von Philosophie und Rhetorik
in philosophischer Literatur

Michael Erler

1 Einleitung

In Ciceros *De natura deorum* erweist sich Cotta als besonders gefürchteter Gegner des Epikureers Velleius. Dieser bereut es nach eigenen Worten, mit einem Akademiker, der zudem noch ein Redner ist (*cum Academico et eodem rhetore*), den Kampf aufgenommen zu haben.[1] Ein rhetorisch ungeschulter Akademiker sei zwar ebenso ungefährlich wie ein akademisch ungebildeter Redner, Cotta jedoch, so Velleius, sei deshalb gefährlich, weil er über rhetorische und über akademische Bildung verfüge, zumal wenn er ein geeignetes Publikum als Richter hat. Diese Bemerkungen des Velleius über eine Verbindung von philosophischer und rhetorischer Bildung kongruieren mit der Auffassung, die Cicero selbst vertritt. Jedenfalls erklärt er in seiner Schrift *De fato*,[2] dass er der Akademie die Wissenschaftlichkeit entleihe und im Gegenzug Fülle und Schmuck der Rede beisteuere. Er meint, über beides zu verfügen, und überlässt dem Partner, was er genießen will.[3] In der Tat ist zu beobachten, dass und wie Cicero in seiner philosophischen Argumentation rhetorische Strategien verwendet. Im ersten Buch der *Tusculanen* z.B. bietet er, nachdem er die gegnerische Position bereits glaubt entkräftet zu haben, als Zugabe einen *rhetorum epilogus*.[4] Und in

---

[1] Vgl. Cic. nat. deor. 2,1.
[2] Vgl. Cic. fat. 3.
[3] Zu Ciceros Selbstauffassung als Philosoph vgl. Jürgen Graff: Ciceros Selbstauffassung, Heidelberg 1963 (Bibliothek der klassischen Altertumswissenschaften. Neue Folge II,3,1); Woldemar Görler: Cicero zwischen Politik und Philosophie, in: ders.: Kleine Schriften zur hellenistisch-römischen Philosophie, hg. von Christoph Catrein, Leiden/Boston 2004 (Philosophia antiqua 95), 158–171.
[4] Vgl. Cic. Tusc. 1,112ff.; dazu Woldemar Görler: Zum literarischen Charakter und zur Struktur der Tusculanae disputationes, in: Christian Mueller-Goldingen; Kurt Sier (Hgg.): ΛΗΝΑΙΚΑ. Festschrift für Carl Werner Müller zum 65. Geburtstag am 28. Januar 1996, Stuttgart/Leipzig 1996 (Beiträge zur Altertumskunde 89), 189–215 (ND in: Görler: Kleine Schriften [wie Anm. 3], 212–239).

seiner Auseinandersetzung mit dem Epikureer Velleius bedient er sich keineswegs nur philosophischer, sondern auch rhetorisch-forensischer Mittel, um ihn zu widerlegen. Mag Ciceros Vorgehen in diesem konkreten Fall seine Quelle – Karneades – spiegeln, dessen rhetorische Vorgehensweise auch in philosophischem Kontext bekannt ist,[5] so ist unbestritten, dass er generell die *rhetorica forensis* in seiner Disputation anwendet.[6] Cicero steht mit seiner Verbindung von forensischer Rhetorik und philosophischer *argumentatio* nicht alleine. Auch bei Lukrez ist zu erkennen, dass er bei seiner Argumentation Methoden heranzieht, deren Herkunft man weniger in der Philosophie als in der forensischen Rhetorik suchen muss – und das nicht nur in Partien, die sich durch eine polemische Auseinandersetzung mit gegnerischen Positionen auszeichnen,[7] sondern durchaus auch da, wo er seinen Gesprächspartner Memmius und den Leser positiv zu einer philosophischen Haltung führen und von einer philosophischen Position überzeugen will. Die Verbindung philosophisch-rhetorischer *argumentatio* ist also schulübergreifend zu beobachten.[8] Es sei zudem daran erinnert, dass die Verbindung von Philosophie und Rhetorik von Cicero im römischen Kontext zwar eine besondere Legitimation erhielt, dass aber auch hier auf eine griechische Tradition hingewiesen werden kann. Dies lässt sich am Beispiel eines Elementes jener philosophischen Rhetorik feststellen, das bei Lukrez eine wichtige Rolle spielt und für das es im griechischen Bereich einen Terminus gibt, der sich zum einen bis zu Platon zurückverfolgen lässt und zum anderen seit Quintilian Eingang in römische Rhetorik-Lehrbücher gefunden hat. Es geht um jenes Element rhetorisch-philosophischer *argumentatio*, das Cicero als „Zugabe von Argumenten" bezeichnet, die philosophisch eigentlich überflüssig sind, weil bereits alles gesagt ist. Wir finden dieses argumentative Element bei Cicero, aber auch beim Epikureer Lukrez, bei Sextus Empiricus und sogar schon bei Platon und können zeigen, dass es aus forensi-

---

5 Vgl. Knut Kleve: On the beauty of God. A discussion between Epicureans, Stoics and Sceptics, in: Symbolae Osloenses 53 (1978), 69–83.
6 Vgl. Christoph Schäublin: Philosophie und Rhetorik in der Auseinandersetzung um die Religion. Zu Cicero, De natura deorum I, in: Museum Helveticum 47 (1990), 87–101.
7 Vgl. Carl Joachim Classen: Poetry and Rhetoric in Lucretius, in: ders. (Hg.): Probleme der Lukrezforschung, Hildesheim 1986 (Olms-Studien 18), 331–373 (zuerst in: Transactions and Proceedings of the American Philological Association 99 [1968], 77–118); Wolfgang Kullmann: Zu den historischen Voraussetzungen der Beweismethoden des Lukrez, in: Classen (Hg.): Probleme der Lukrezforschung (wie oben), 189–217 (zuerst in: Rheinisches Museum 123 [1980], 97–125).
8 Vgl. Tobias Reinhardt: Rhetoric in the fourth academy, in: Classical Quarterly 50 (2000), 531–547.

schem Kontext stammt. Zunächst also einige Bemerkungen zu Lukrez und Sextus Empiricus; dann wollen wir auf Aristoteles und Platon zurückblicken, um schließlich in den römischen Bereich zu Quintilian zurückzukehren.

2 Lukrez

Ein Merkmal des lukrezischen Gedichtes *De rerum natura* ist die häufige Verwendung von additiven Strukturen bei einer philosophischen Argumentation, eine Besonderheit, die eigentlich in die Tradition rhetorischer Beweisführung gehört, welche letztlich aus forensischem Kontext stammt.[9] Der Leser ist oft konfrontiert mit einer Fülle von alternativen Erklärungen für ein natürliches Phänomen oder mit ganzen Ketten von Argumenten für eine These. Nicht selten wird darüber hinaus beim Leser und beim im Text angesprochenen Memmius der Eindruck erweckt, dass man noch mehr sagen könnte oder dass man eigentlich schon mehr an Argumenten geboten hat, als die Beweisführung eigentlich erfordert.[10] Lukrez oder andere Epikureer vor ihm scheinen bisweilen nicht so sehr auf die Überzeugungskraft eines validen, kohärenten Arguments oder einer Erklärung zu vertrauen, um ihren Gesprächspartner oder den Leser zu überzeugen.[11] Vielmehr versucht er den Adressaten mit einer Fülle von alternativen Erklärungen für Phänomene auf der Erde oder am Himmel oder mit einer Reihe von Argumenten, die seine These bestätigen sollen, zu überfluten. In manchen Fällen scheint es geradezu, als wolle Lukrez einen Widerstand seiner Partner brechen. Jedenfalls spricht er wiederholt davon, dass es im menschlichen Herzen einen Stachel, einen *caecus stimulus cordi*, gibt, der dafür sorgt, dass der

---

9 Vgl. dazu Michael Erler: Chain of proof in Lucretius, Sextus and Plato. Rhetorical tradition and philosophy, in: Stéphane Marchand; Francesco Verde (Hgg.): Épicurisme et Scepticisme, Rom 2013 (Collana convegni 22), 25-43.
10 Vgl. Johann Loehr: Ovids Mehrfacherklärungen in der Tradition aitiologischen Dichtens, Stuttgart 1996 (Beiträge zur Altertumskunde 74), 175–188; zur Tradition der Erklärungshäufung vgl. Philip R. Hardie: Lucretian multiple explanations and their reception in Latin didactic and epic, in: Marco Beretta; Francesco Citti (Hgg.): Lucrezio, la natura e la scienza, Florenz 2008 (Nuncius. Biblioteca 66), 69–96 (ND in: ders.: Lucretian Receptions. History, the sublime, knowledge, Cambridge/New York 2009, 231–263).
11 Vgl. Diskin Clay: Lucretius and Epicurus, Ithaca (NY)/London 1983, 212–266; zum *lector doctus* und zur *recreatio* (Lucr. 1,942) vgl. Michael Erler: Physics and therapy. Meditative elements in Lucretius' De rerum natura, in: Keimpe A. Algra u.a. (Hgg.): Lucretius and his intellectual background, Amsterdam 1997 (Verhandelingen der Koninklijke Nederlandse Akademie van Wetenschappen. Afd. Letterkunde. Nieuwe Reeks 172), 79–92.

Mensch sich nicht durch *ein* schlagendes, rationales Argument überzeugen lässt.[12] Es bedarf deshalb ständiger Behandlung der zweifelnden Seele, kontinuierlicher Übung und Therapie, zu der offenbar auch eine Art von Überwältigen durch eine Fülle von Erklärungen und Argumenten gehört. Betroffen sind davon nicht zuletzt durchaus grundlegende Thesen epikureischer Physiologie, wie die Sterblichkeit der Seele, die Existenz des Leeren oder die des Atoms.[13] Ein Instrument, um den Widerstand von Gegnern argumentativ brechen zu können, ist die Methode der vielfachen Argumente – πλεοναχὸς τρόπος –, die Epikur selbst in einem Brief an Herodot und Pythokles erwähnt und die von Epikureern bis zu Diogenes aus Oinoanda im 2. Jh. n. Chr. praktiziert wird, um irritierenden Phänomenen ihren Schrecken zu nehmen.[14] Gemeint ist damit ein gehäuftes Angebot von Erklärungsalternativen für bestimmte Naturphänomene, die die Menschen in Unruhe versetzen können. In den Büchern 5 und 6 seines Lehrgedichtes *De rerum natura* fügt Lukrez Ketten von Ursachen für Phänomene am Himmel, wie das Leuchten des Mondes, Tag und Nacht oder Sonnenfinsternis, und für Phänomene auf der Erde, wie Blitz, Donner, Wolken oder Erdbeben, aneinander. Jede Erklärung wird dabei von ihm als wahr angesehen, solange sie konform geht mit den Phänomenen.[15] Denn es ist, wie Lukrez betont, nicht leicht zu sagen, welche Erklärungen in der Welt sicher sind; *sed quid possit fiatque per omne / [...] / id doceo plurisque sequor disponere causas, / motibus astrorum quae possint esse per omne* („aber was geschehen kann [...], das lehre ich, und dafür fahre ich fort, vielfache Gründe auseinanderzusetzen, die es für die Bewegung der Sterne im All geben kann").[16] Den Epikureer Lukrez stört es nicht, dass er bisweilen keine einzige präzise Bestimmung bieten kann, sondern er sieht gerade in der Vielfalt der Erklärungsmöglichkeiten eine wichtige Ingredienz seiner *physiologia medicans*.[17] Diese Methode vielfacher alternativer Erläu-

---

12 Vgl. Lucr. 3,874; zu *caecus stimulus cordi* als Quelle von Emotionen bei Lukrez und deren Therapie vgl. Michael Erler: Das Bild vom „Kind im Menschen" bei Platon und der Adressat von Lukrez' De rerum natura, in: Cronache Ercolanesi 33 (2003), 107–116.
13 Vgl. z.B. die Argumentation für die Existenz der Atome und des Leeren in Lucr. 1,265–328; 329–417. Lukrez reklamiert die Argumente für sich (vgl. Lucr. 1,412ff.).
14 Vgl. Epicur. Ep. Pyth. 86; Ep. Hdt. 78f.; Elizabeth Asmis: Epicurus' scientific method, Ithaca (NY) 1984 (Cornell studies in classical philology 42), 321–330; David N. Sedley: On signs, in: Jonathan Barnes u.a. (Hgg.): Science and Speculation. Studies in Hellenistic theory and practice, Cambridge 1982, 239–272, hier 267f.; Clay: Lucretius (wie Anm. 11), 199–212.
15 Vgl. Lucr. 5,509–771; 6,160–422.
16 Lucr. 5,527–530 (ÜS Martin).
17 Vgl. Titus Lucretius Carus: De rerum natura libri sex, volume III, ed. with Prolegomena, Critical Apparatus, Translation and Commentary by Cyrill Bailey, Oxford ²1947, 1660ff.; dazu Michael Erler: *Interpretatio medicans*. Zur epikureischen Rückgewinnung der Literatur im

terungen ist mitverantwortlich für den additiven Charakter vieler Passagen in seinem Lehrgedicht – gekennzeichnet durch eine *sive-sive*-Struktur.[18] Sie wird herangezogen, weil die Epikureer überzeugt waren, dass sie dabei helfen kann, den im Text angesprochenen Adressaten und den Leser von jener Furcht zu befreien, die durch irritierende Phänomene beim Menschen verursacht wird – sie wird angewendet als eine Medizin bei Menschen, die sich wie Kinder fürchten, wie Lukrez wiederholt betont.[19] Um dies zu bewirken, zählt nicht die einzig richtige Erklärung, sondern der Umstand und das Bewusstsein, dass es *überhaupt* eine Erklärung gibt – so die Überzeugung der Epikureer. Die Vielfacherklärung wird also zum Element einer *argumentatio medicans*, die von Furcht befreien will. Dies ist auch der Grund, warum Lukrez bisweilen nicht nur alternative Ursachenangaben, sondern auch Argumente häuft und dabei gerade zu erkennen gibt, dass er immer noch – als Zugabe – weitere bieten kann. Deshalb fordert Lukrez den Leser auf, zusätzlich selbst Beweise zu finden als Mittel einer Art von Selbsttherapie. So führt er eine Liste von 29 Argumenten auf, um die Sterblichkeit der Seele zu beweisen,[20] wobei er Ausdrücke wie *denique* und *praeterea* verwendet, um die additive Struktur zu betonen.[21] Auch hier wird deutlich: Wichtig ist nicht das *eine* schlagende philosophische Argument, sondern die Fülle von Beweisen, die oftmals als Zugabe wirken und gemeint sind und eine persuasive und therapeutische Aufgabe haben. Es geht also um Rhetorik, weniger um einen rein sachbezogenen, philosophischen Diskurs, wenn eine Auswahl von Argumenten aufgeboten wird, die als einzelne vielleicht schon hinreichend sind, um die These endgültig plausibel zu machen, die aber als Dreingabe eine persuasive Kraft entfalten sollen. Diese Mischung von philosophischer und rhetorisch-persuasiver Intention wird noch unterstrichen, wenn Lukrez in diesem Zusammenhang andeutet, dass er noch mehr Beweise in der Hinterhand hat als eine Art Geheimwaffe, von denen er aber für den Moment nicht Gebrauch machen will, und sie wird deutlich, wenn er seinen Partner

---

philosophischen Kontext, in: Marcel van Ackeren; Jörn Müller (Hgg.): Antike Philosophie verstehen. Understanding Ancient Philosophy, Darmstadt 2006, 243–256.
18 Vgl. Loehr: Ovids Mehrfacherklärungen (wie Anm. 10), 180–183.
19 Vgl. z.B. Lucr. 5,1091–1101; 6,80–89; zu Epikurs Philosophie als Medizin vgl. Epicur. frg. 221 Usener = Porph. Marc. 31; zu kindlicher Furcht von Erwachsenen vgl. Lucr. 2,55–58; 3,87–90; 6,35–38.
20 Vgl. Lucr. 3,417–829.
21 Vgl. Loehr: Ovids Mehrfacherklärungen (wie Anm. 10), 183.

auffordert, er solle doch selbst eigene Argumente entwickeln.[22] Lukrez erstrebt sozusagen eine argumentative Überwältigung, wie er selbst sagt:[23]

> Quapropter, quamuis causando multa moreris,
> esse in rebus inane tamen fateare necessest.
> multaque praeterea tibi possum commemorando
> argumenta fidem dictis corradere nostris.
> verum animo satis haec uestigia parua sagaci
> sunt per quae possis cognoscere cetera tute.

> Magst du deshalb auch zögern und noch so viele Einwände zusammentragen, du musst doch gestehen, dass es in den Dingen ein Leeres gibt. Und viele Beweise könnte ich dir noch anführen und so dir den Glauben an meine Worte zusammenkratzen (*conradere*). Aber deinem scharfsinnigen Geiste genügen auch schon diese geringen Spuren, dass du selber das Übrige sicher erkennen kannst.

Wie sein Meister Epikur es fordert, verfügt Lukrez in der Frage der Physiologie über einen Argumentationsschatz, den er je nach Situation einsetzen kann – Argumente also als fertige Waffe oder als Heilmittel, das man parat hat und nicht erst entwickeln muss.

3 Sextus Empiricus

Nun hat man die Herkunft einer derartigen Häufung von Argumenten insbesondere mit Blick auf die Erklärungsalternativen – πλεοναχὸς τρόπος – diskutiert. Manche sehen beim πλεοναχὸς τρόπος eine Reaktion auf Methoden, die im Peripatos, z.B. bei Theophrast, zu beobachten sind.[24] Andere Interpreten verweisen auf gelehrte aitiologische Dichtungen, wie etwa die *Aitien* des Kallimachos, in denen der *poeta doctus* den Leser mit einer Fülle von Beweisen konfrontiert, oder auf den Mythos allgemein, wo in der Tat eine Vielfalt von Erklärungen für Naturereignisse, Riten, Bräuche oder Namen gängig ist.[25] Wieder andere halten die additive Argumentationsstruktur in seiner Physiologie mit Blick auf die römische Rhetorik insgesamt für eine Eigentümlichkeit des Lu-

---

22 Vgl. Lucr. 1,400ff.
23 Lucr. 1,398–403 (ÜS Martin).
24 Vgl. Jaap Mansfeld: Epicurus Peripateticus, in: Antonina Alberti (Hg.): Realtà e ragione. Studi di filosofia antica, Florenz 1994 (Accademia Toscana di Scienze e Lettere La Colombaria, Studi 140), 29–47.
25 Vgl. Loehr: Ovids Mehrfacherklärungen (wie Anm. 10), 161–271.

krez.²⁶ Dies alles ist hilfreich, erklärt aber die Grundhaltung und Bereitschaft nicht, eine Vielfalt von Argumenten als persuasives Mittel auch im Kontext der Philosophie zu akzeptieren und ihr als eine therapeutische Strategie Raum zu geben. Epikurs Verständnis von Philosophie und Physiologie als *philosophia medicans* bietet einen passenden Rahmen, in dem dieses Verfahren einer *argumentatio medicans* willkommen ist. Und so scheint es sich auf den ersten Blick um eine Eigentümlichkeit epikureischer Physiologie zu handeln. Doch ist dies nur in gewisser Hinsicht wahr, nämlich mit Blick auf die Intensität, mit der die Epikureer von dieser Methode Gebrauch machen. Es sollte nämlich nicht übersehen werden, dass Epikur hier auf eine Tradition zurückgreift, die auch in anderen philosophischen Schulen zu beobachten ist, die bis zu Platon zurückverfolgt werden kann und letztlich in den Bereich der forensischen Rhetorik gehört. Erklärungs- und Argumentationshäufung mit therapeutischer Intention wird bei anderen Autoren ebenfalls verwendet. Es sei hier nur auf die Skeptiker und insbesondere die Schrift *Grundriss der pyrrhonischen Skeptik* von Sextus Empiricus verwiesen.²⁷ Es lässt sich zeigen, dass Sextus in diesem Werk Argumentationsketten einsetzt und diese Argumente als „Argumente ἐκ περιουσίας" bezeichnet, die er ausdrücklich immer wieder als nicht notwendig für das Erreichen des Beweiszieles, aber als zielführend für die Überzeugungsarbeit bei seinem Partner ansieht.²⁸ Zwar habe man den Beweis schon hinreichend geführt, sagt er in diesem Zusammenhang wiederholt, doch seien diese „Zugaben" hilfreich, um den Adressaten zu überreden, dass die *conclusio* wirklich wahr ist. Sextus deutet in diesem Kontext ebenfalls an, dass er mehr Beweise anführen könnte, wenn er denn wollte – er nennt das ἄλλα πλείω oder ὀλίγα ἀπὸ πολλῶν und lässt damit wie Lukrez erkennen, er habe nur eine Auswahl von Argumenten vorgeführt, könne aber mehr anbieten.²⁹ Die Ausdrücke „Argumente ἐκ περιουσίας" und ἄλλα πλείω kann man bei Sextus geradezu als *termini technici* für seine Art der *argumentatio* ansehen.³⁰ An mehreren Stellen bemerkt Sextus, er habe jetzt den Punkt erreicht, an dem sein Fall bewiesen sei, doch füge er gerne noch weitere Beweise hinzu. Er tut das dann, wenn man sich unter einer Vielzahl von Argumenten nicht für eines entscheiden kann oder soll. Das erinnert in der Tat an das Vorgehen des Lukrez. Gewiss, Epikureer und Skeptiker

---

26 Vgl. Classen: Poetry and Rhetoric (wie Anm. 7), 338ff., bes. 343ff.
27 Vgl. Sextus Empiricus: Outlines of Scepticism, translated by Julia Annas and John Barnes, Cambridge ²2000.
28 Vgl. S.E.P. 1,62; 1,76; 2,192; M. 5,86; 8,183; 262.
29 Vgl. S.E.P. 1,58; 85; 2,130; 3,20; 245; 273.
30 Vgl. S.E.P. 1,58.

unterscheiden sich in wesentlichen Punkten.³¹ Die Epikureer z.B. waren überzeugt, dass ihr Ziel, Befreiung von Furcht, nur durch eine dogmatische und systematische Naturlehre (Physiologie) erreicht werden kann. Skeptiker wie Sextus hingegen glauben dies gerade nicht. Wenn man keine schlagende Erklärung finden kann, gilt für sie als Folgerung oder Medizin, dass man sich von Urteilen enthalten soll. Gerade vor diesen Unterschieden aber bleibt die Konvergenz in der Methode bemerkenswert. Beide Schulen haben die Intention gemeinsam, mit der additiven Argumentationsmethode therapeutisch zu wirken und eine Medizin zur Heilung von Furcht anzubieten, um Glück beim Menschen zu ermöglichen.³² Wenn für Epikur nämlich jedes Argument leer ist, das keine Heilung bringt – wie wir hörten –, dann ist es für Sextus nach eigenen Worten erlaubt, jede Art von Argument – auch schwache – anzubieten, wenn sie nur eine persuasive Funktion haben.³³ Bei beiden, beim Epikureer Lukrez und beim Skeptiker Sextus, ist die Argumentations- und Erklärungshäufung Teil ihrer als *philosophia medicans* verstandenen Philosophie.

4 Tradition

Es ist nun weiterhin bemerkenswert, dass diese persuasive Strategie in philosophischem Kontext offenbar keine Erfindung dieser beiden hellenistischen Schulen ist, sondern sich weiter zurückverfolgen lässt. Man erkennt dies, wenn man sich von dem Terminus „Argument ἐκ περιουσίας" leiten lässt, den wir bei Sextus Empiricus wiederholt finden. Dieser Ausdruck ist recht selten. Bezeichnenderweise findet er sich aber einmal in der *Topik* des Aristoteles, wenn er den Unterschied zwischen notwendigen Argumenten und solchen Argumenten diskutiert, die als Zugabe dienen, aber bisweilen durchaus als besser angesehen werden können.³⁴ Und auch Platon selbst verwendet ihn einmal an einer ebenfalls bezeichnenden Stelle im Dialog *Theaitet*. Dort stellt Sokrates fest: Wenn er und sein Partner weise wären und alles, was sie im Kopfe hätten, hinreichend analysiert hätten, dann wären sie imstande, die verbleibende Zeit als Zugabe – ἐκ περιουσίας – damit zu verbringen, sich wie Sophisten im Wortkampf gegen-

---

31 Vgl. Marta Nussbaum: Therapeutic arguments. Epicurus and Aristotle, in: Malcolm Schofield; Gisela Striker (Hgg.): The norms of nature. Studies in Hellenistic ethics, Cambridge 1986, 31–74, hier 45f.
32 Epicur. frg. 221 Usener = Porph. Marc. 31 = frg. 25C Long/Sedley.
33 Vgl. S.E.P. 3,280f.
34 Vgl. Arist. Top. 3,2–3,118a.

seitig zu testen. Doch da sie nun mal keine Weisen seien, wolle er seriöse Argumente vorbringen.[35] Trotz aller Ironie wird deutlich, dass Sokrates also die andere Ausdrucksweise und Methode kennt. Für ihn freilich ist es keine Option, mit Beweisen als Zeitvertreib oder als Zugabe herumzuspielen, die nicht zielgerichtet und notwendig für die Wahrheitsfindung sind. Was Sokrates hier sagt, illustriert – wie hier nicht genauer ausgeführt werden kann – der Dialog *Euthydem*.[36] In diesem geht es im Rahmen einer Kontrastierung von fehlerhaften Argumenten der Eristiker und der seriösen, zielgerichteten Argumentation des Sokrates im Allgemeinen auch um einen generellen Umgang mit Argumenten. Dabei ist in der Tat zu beobachten, dass die Eristiker immer wieder andeuten, sie hätten mehr zu bieten, als sie vorzutragen bereit sind, oder sie preisen Argumente als Zugabe an. Sokrates hingegen zeigt nicht nur, dass sie in Wirklichkeit gar nichts Relevantes zu sagen haben, sondern dass er selbst derjenige ist, der über passende Beweisführungen verfügt. Man sieht also, dass der *Euthydem* einen unangemessenen Umgang mit einer argumentativen Strategie parodiert, die – wie sich erweisen wird – aus forensischem Kontext stammt und auf deren Tradition hier hingewiesen werden soll.

Zunächst sei festgehalten, dass Terminus und Methode des „Arguments ἐκ περιουσίας", folglich schon Platons Sokrates bekannt sind. Auch er versteht darunter offenbar solche Argumente, die für das Erreichen des Beweisziels als zusätzlich und nicht unbedingt notwendig angesehen werden. Freilich scheint Sokrates die Methode nicht nur zu kennen und zu parodieren, sondern – anders als später die Epikureer mit ihrer *physiologia medicans* oder Sextus – in Argumenten als einer Dreingabe kein seriöses philosophisches Geschäft zu sehen. Und dennoch: Obgleich Sokrates im *Theaitet* einem persuasiv-additiven Gebrauch von Beweisen kritisch gegenübersteht, ist gleichwohl zu beobachten, dass er diese rhetorische Strategie nicht nur kennt, sondern sie auch anwendet – dies jedoch in besonderen Kontexten. Um nur einige wenige Hinweise zu geben, sei z.B. an die *Apologie* erinnert, wo er erläutert, warum er trotz der Todesstrafe glücklich ist: Entweder sei der Tod nämlich das Ende von Allem (*finis*) oder Übergang (*transitus*) zu etwas Anderem.[37] Sokrates kann und will keine

---

35 Vgl. Plat. Tht. 154d–e.
36 Zum *Euthydem* vgl. Michael Erler: Der Sinn der Aporien in den Dialogen Platons. Übungsstücke zur Anleitung im philosophischen Denken, Berlin 1987 (Untersuchungen zur antiken Literatur und Geschichte 25), 213–256. Bei diesem Zurückhalten von Argumenten handelt es sich eher um die Parodie einer rhetorischen Methode als um eine Parodie esoterischen Verhaltens (so Thomas Alexander Szlezák: Platon und die Schriftlichkeit der Philosophie. Interpretationen zu den frühen und mittleren Dialogen, Berlin 1985, 49–65).
37 Vgl. Plat. Ap. 38c–42a, bes. 40c.

Präferenz erkennen lassen, obgleich man unterstellen darf, dass er eine solche Präferenz hat. Es geht ihm hier offenbar weniger um Erkenntnis und Wahrheit als vielmehr um – wie er selbst sagt – die Hoffnung (ἐλπίς), die aus der alternativen Option – *aut finis aut transitus* – erwächst, jene Hoffnung, welche den erwünschten therapeutischen Effekt hat, nach dem Sokrates für sich strebt, nämlich dem Tod ruhig und unbeirrt ins Auge sehen zu können.[38] Die Alternativerklärung ist also als Mittel anzusehen, eine positive Disposition zu erzeugen. Es sei darauf hingewiesen, dass die von Sokrates aufgeworfene Alternativerklärung *aut finis aut transitus* in der Tat später bei Cicero, Seneca oder Marcus Aurelius genau in diesem therapeutischen Sinne Karriere gemacht hat.[39] Sie soll – wie Cicero sagt – *levatio* von den Sorgen bewirken, eine Erkenntnis aber wird nicht erwartet. Sokrates ist also mit der persuasiv-therapeutischen Funktion einer vielfältigen Erklärung vertraut. Eben das darf auch für die Methode der Argumentationskette gelten. Im *Phaidon* wird beschrieben, wie eine Vielzahl von Beweisen für die Unsterblichkeit der Seele als Mittel für eine emotionale Therapie dient.[40] Wenn Sokrates sich nach dem sogenannten „Kreisargument" überzeugt gibt, dass dieses Argument hinreichend sei, um die Unsterblichkeit zu beweisen, aber doch bereit ist, ein weiteres hinzuzufügen, um die Sorgen und die Furcht seiner Partner zu mildern, dann ist auch hier die rhetorische Strategie „Argumente als Zugabe" (ἐκ περιουσίας) kenntlich.[41] Und wenn er am Schluss behauptet, dass es weitere Beweise geben könnte, erinnert dies an die Methode des ἄλλα πλείω, d.h. eines „mehr-in-der-Hinterhand-Habens". Sokrates unterstreicht die therapeutische Funktion dieser Argumentationsmodi noch, wenn er selbst seine Argumentation als παραμυθία, als Trostrede, bezeichnet, und damit auch hier eine auf Emotion zielende Strategie verfolgt. Die Argumente sollen also nicht nur beweisen, sondern auch mit Emotionen umgehen. So-

---

38 Vgl. Simon R. Slings: Plato's apology of Socrates. A literary and philosophical study with a running commentary. Edited and completed from the papers of the late Émilie de Strycker, Leiden 1994 (Mnemosyne Supplementum 137), 226ff.
39 Vgl. Cic. Tusc. 1,119; Sen. epist. 65,24; M. Aur. 7,32.
40 Vgl. Joachim Dalfen: Philologia und Vertrauen. Über Platons eigenartigen Dialog Phaidon, in: Grazer Beiträge. Zeitschrift für klassische Altertumswissenschaft 20 (1994), 35–57; Ernst Heitsch: Was Autor und Dialogpersonen des „Phaidon" von ihren Argumenten halten, in: Arthur Havlíček; Filip Karfík (Hgg.): Plato's "Phaedo". Proceedings of the Second Symposium Platonicum Pragense, Prag 2001, 78–95; Michael Erler: "Socrates in the Cave". Argumentations as Therapy for Passions in Gorgias and Phaedo, in: Maurizio Migliori u.a. (Hgg.): Plato Ethicus. Philosophy is Life. Proceedings of the International Colloquium Piacenza (Italy) 2003, St. Augustin 2004 (Lecturae Platonis 4), 107–120.
41 Vgl. Plat. Phd. 69e–72e; 78b–84b.

krates – so scheint es – ist mit der Strategie vertraut, die wir in Epikurs Physiologie und bei Sextus beobachtet haben.

5 Herkunft

Platon deutet darüber hinaus an, woher diese Strategie stammt. Denn in beiden angeführten Stellen handelt es sich um Partien mit forensischem Kontext. Bei der *Apologie* ist dies klar, aber auch im *Phaidon* ist davon die Rede, dass bei Sokrates' Argumentation eine wahre Verteidigung dargestellt wird und die Freunde seine wahren Richter sind.[42] Aus diesem Kontext erwachsen dann die Unsterblichkeitsbeweise. Was Platon anklingen lässt, bestätigt ein Blick in die Redner, bei denen man das „Argument als Zugabe" oder die Andeutung, dass man noch mehr Argumente habe, als Topoi findet. In der Tat galt z.B. Demosthenes als Experte für das Zusammenstellen von Argumentationsketten.[43]

Wir lesen im rhetorischen Handbuch des Quintilian – und damit kehren wir in den römischen Kontext zurück – eine bisher in diesem Zusammenhang offenbar übersehene Stelle, die unsere Vermutung bekräftigt, dass es sich beim „Argument als Zugabe" um eine philosophisch-therapeutische Strategie handelt. An einer für uns zentralen Stelle nämlich lobt Quintilian Cicero und dessen Rede *Pro Milone*, weil Cicero in dieser Rede zuerst zeige, dass Clodius ein hinterhältiger Mensch sei, und dann noch Argumente hinzufüge – *ex abundanti* nennt dies Quintilian:[44]

> Egregie uero Cicero pro Milone insidiatorem primum Clodium ostendit, tum addidit *ex abundanti*, etiam si id non fuisset, talem tamen ciuem cum summa uirtute interfectoris et gloria necari potuisse.

> Hervorragend hat indessen Cicero in der Rede für Milo zuerst klargemacht, dass Clodius der Attentäter war, dann aber als Dreingabe hinzugefügt, selbst wenn er es nicht gewesen wäre, hätte immerhin ein solcher Mitbürger zum höchsten Verdienst und Ruhm dessen, der ihm den Todesstoß versetzte, getötet werden können.

---

42 Vgl. Plat. Phd. 62c–69e.
43 Vgl. Lib. Arg. D. ὑπόθεσις τοῦ περὶ τοῦ στεφάνου λόγου 8f. (Text nach Libanius: Opera, vol. VIII, ed. Richard Foerster, Leipzig 1915 [ND Hildesheim 1963]; Walter Zürcher: Demosthenes. Rede für Ktesiphon über den Kranz, Darmstadt 1983 [Texte zur Forschung 40]); zur Argumentationsstruktur vgl. Arist. Top. 8,14,163a36–163b16; dazu Andreas Beriger: Die aristotelische Dialektik. Ihre Darstellung in der Topik und in den Sophistischen Widerlegungen und ihre Anwendung in der Metaphysik M 1–3, Heidelberg 1989, 74ff.
44 Vgl. Quint. inst. 4,5,15 (ÜS Rahn, modifiziert durch M.E.).

Er bietet hier also aus einer Rede Ciceros ein Beispiel für ein „Argument als Zugabe", das dieser vorträgt, obgleich der Fall argumentativ bereits gesichert ist – wir erinnern uns an Ciceros *epilogus* in den *Tusculanen*.[45] Vor allem aber verwendet Quintilian für dieses Prozedere einen lateinischen Terminus: *ex abundanti*. Dieser übersetzt offensichtlich den griechischen Ausdruck ἐκ περιουσίας, den wir bei Sextus Empiricus, aber auch schon bei Platon fanden, und beschreibt jene rhetorische Strategie, welche zu einem Merkmal der *physiologia medicans* der Epikureer wurde. Quintilian gebraucht den Ausdruck im gleichen Sinne einer eigentlich überflüssigen Zugabe an anderer Stelle, wenn er z.B. im fünften Buch davon spricht, dass man „neben anderen Beweismitteln für seine Sache zum Überfluss auch noch diesen Vertrauensbeweis seines guten Gewissens anbieten" wird,[46] oder wenn er im achten Buch die Argumentationsform *ex abundanti* zum Begriff des „Gesuchten" rechnet.[47] An einer anderen Stelle im gleichen Buch verwendet er den Ausdruck *cumulus ex abundanti*, um den Begriff ἐπεξεργασία als eine Aufhäufung aus Überflüssigem und Zugaben zu erklären.[48] Diese Formulierung findet man sonst nur noch zweimal bei Seneca, freilich in nicht rhetorischem Kontext im Sinne von „Überfluss".[49]

Dies alles bestätigt die Vermutung, dass die Strategie des „Arguments als Zugabe" und der Topos ὀλίγα ἀπὸ πολλῶν aus dem forensischen Kontext stammt, dass dies bekannt war und dass die Strategie auch in der römischen Rhetorik praktiziert wurde. Wir haben es also – wie Lukrez und Cicero zeigen – mit einer rhetorischen Strategie in der Philosophie zu tun, die bezeichnenderweise zunächst dort rezipiert wurde, wo es auch bei philosophischen Argumenten um *persuasio*, um Seelentherapie, also nicht um rein philosophische Wahrheitssuche geht, sondern darum, den Adressaten auf die Akzeptanz dieser Wahrheit vorzubereiten. Es ist zudem bezeichnend, dass an entsprechenden Stellen oft der irrationale Widerstand gegen rationale Argumentation bei Rezipienten thematisiert wird, ja dass sich seit Platon bei verschiedenen Autoren, wie z.B. bei Lukrez, in Ps.-Platons *Axiochos* oder bei Mark Aurel, in diesem Zusammenhang die Metapher vom „Kind im Mann" zur Bezeichnung der Quelle dieses irrationalen Widerstandes gegen die Rationalität stringenter Argumente

---

45 Vgl. Cic. Tusc. 1,112ff. (s.o.).
46 Vgl. Quint. inst. 5,6,2: *aut praeter alia causae instrumenta adiciet ex abundanti hanc quoque conscientiae suae fiduciam* (ÜS Rahn).
47 Vgl. Quint. inst. 8,3,56: κακόζηλον, *id est mala adfectatione, per omne dicendi genus peccat; nam et tumida et pusilla et praedulcia et abundantia et arcessita et exultantia sub idem nomen cadunt.*
48 Vgl. Quint. inst. 8,3,88: ἐπεξεργασία, *repetitio probationis eiusdem et cumulus ex abundanti.*
49 Vgl. Sen. dial. 10,3,4; benef. 1,11,5.

findet.⁵⁰ Im *Axiochos*⁵¹ z.B. gibt es nicht nur Argumentationshäufung und Hinweise auf weitere mögliche Argumente, sondern diese Argumente sind aus ganz verschiedenen Schulen, Akademie und Kepos, gesammelt. Das zeigt, dass hier nicht die philosophische *argumentatio*, sondern das rhetorische Streben nach *persuasio* und nach dem πιθανόν im Mittelpunkt steht.

6 Fazit: Rhetorik in der Philosophie

Bei der Untersuchung einer epikureischen Argumentationsform – „Argument als Zugabe" – haben wir gesehen, dass es sich um eine forensisch-rhetorische Strategie handelt, die auch in anderen Schulen praktiziert wurde, für die es einen *terminus technicus* gibt und die bis zu Platon zurückverfolgt werden kann. Zudem war zu beobachten, dass diese Strategie in die Philosophie integriert und zu einem Teil philosophisch-therapeutischer Argumentation und Darstellung geworden ist, die im römischen Bereich bei Lukrez und bei Cicero literarisch gestaltet wurde. Natürlich gehört es bei Cicero geradezu zum Programm, den alten Streit zwischen Rhetorik und Philosophie zu schlichten, indem er Philosophischem, z.B. in Form der Thesis, Raum im rhetorischen Kontext einräumt.⁵² Schon zuvor hatten Charmadas, Philon oder Karneades auch in der Philosophie Rhetorisches zugelassen.⁵³ Und zudem hatte Platon seinen So-krates im *Gorgias* zwar den Grundstein für den alten Streit zwischen Rhetorik und Philosophie legen, im *Phaidros* jedoch rhetorische Regeln für den Gebrauch von Rhetorik in

---

50 Vgl. Michael Erler: „Argumente, die die Seele erreichen". Der Axiochos und ein antiker Streit über den Zweck philosophischer Argumente, in: Klaus Döring u.a. (Hgg.): Pseudoplatonica. Akten des Kongresses zu den Pseudoplatonica vom 6.–9. Juli 2003 in Bamberg, Stuttgart 2005 (Philosophie der Antike 22), 81–95.
51 Vgl. Michael Erler: Zur literarisch-philosophischen Einordnung des Dialogs, in: Irmgard Männlein-Robert (Hg.): Ps.-Platon. Über den Tod, Tübingen 2012 (Sapere 20), 99–115.
52 Zum alten, nicht zuletzt von Platon vor allem im Gorgias angezettelten Streit zwischen Philosophie und Rhetorik ist immer noch wichtig: Hans von Arnim: Leben und Werke des Dio von Prusa, Berlin 1898, 4–114.
53 Vgl. Cic. de orat. 1; zu Charmadas vgl. Woldemar Görler: Älterer Pyrrhonismus. Jüngere Akademie. Antiochos aus Askalon, in: Hellmut Flashar (Hg.): Grundriss der Geschichte der Philosophie. Begründet von Friedrich Ueberweg, Basel 1994 (Die Philosophie der Antike Bd. 4/2: Die hellenistische Philosophie), 717–989, hier 906–908; Carlos Lévy: Les petits Académiciens: Lacyde, Charmadas, Métrodore de Stratonice, in: Mauro Bonazzi; Vincenza Celluprica (Hgg.): L'eredità platonica. Studi sul platonismo da Arcesilao a Proclo, Neapel 2005 (Elenchos 45), 51–77.

philosophischer Kommunikation einführen lassen, Regeln, an die sich Sokrates in den Dialogen hält und die sich als hermeneutische Schlüssel für die Interpretation seiner Dialoge erweisen.[54] Damit hat schon Platon die Philosophie für den Gebrauch von Rhetorischem geöffnet. Es ist daher von Interesse zu verfolgen, wie Philosophisches im Bereich der Rhetorik zunehmend Verwendung findet, wie Rhetorisches in der Philosophie funktionalisiert und literarisch wird. Hierauf sollte der kleine Hinweis auf Terminologie und Geschichte der rhetorischen Strategie „Argument als Zugabe" im philosophischen Kontext aufmerksam machen.

---

54 Überblick bei Michael Erler: Platon, in: Hellmut Flashar (Hg.): Grundriss der Geschichte der Philosophie. Begründet von Friedrich Ueberweg, Basel 2007 (Die Philosophie der Antike 2/2) 498–506.

Wieviel Philosophie braucht der Redner?

Zur Bedeutung der Philosophie
in der *Institutio oratoria* des Quintilian

Thomas Schirren

1 Rhetorik und Philosophie in der griechisch-römischen Tradition: ein schwieriges Verhältnis

1.1 Sophistische Anfänge bei Gorgias

Die Geschichte der Rhetorik als einer Techne beginnt für uns fassbar mit einer philosophischen Prämisse. Gorgias von Leontinoi schrieb einen Traktat über das Nichtseiende (Περὶ τοῦ μὴ ὄντος), in dem er nicht wie Parmenides vom Sein, sondern vom Nicht-Sein ausging: ‚Nichts ist' lautet daher seine erste Prämisse; ‚und wenn etwas wäre, dann könnte man es nicht erkennen' (zweite Prämisse); ‚wenn man es erkennen könnte, dann könnte man es nicht kommunizieren' (dritte Prämisse) scheint jeglicher Kommunikation – geschweige denn einer strategisch optimierten, wie es die Rhetorik ihrem Selbstverständnis nach sein will, den Boden zu entziehen. Und doch gewinnt gerade die Rhetoriktheorie hier von dieser *tabula rasa* einen Ausgangspunkt. Wenn es nichts gibt, das es zu kommunizieren gibt, dann kann man daran gehen, mit dem Wort, das an keine Referenz gebunden ist, Fakten zu schaffen. Die Frage von Wahrheit und Wahrhaftigkeit kann sich vor einem solchen radikalskeptischen Hintergrund eigentlich gar nicht stellen. Es spricht gleichwohl viel dafür, dass Gorgias diese Ausgangslage nicht als Legitimation eines kompromisslosen Machtdenkens nutzte, sondern in vielen Fragen dem common sense ethischer Vertretbarkeit folgte. Es sind wohl erst seine Schüler gewesen, die als athenische Politiker sich daran machten, die rhetorische Theorie machtpolitisch umzusetzen. Die Macht der Rede wurde erst in ihren Händen zu einer gefährlichen Waffe.[1]

---

[1] Es ist vor diesem Hintergrund überaus auffallend, dass Cicero in de orat. 3,59 Gorgias in seinem historischen Abriss nicht auf die Seite der skrupellosen Machtpolitiker schlägt, denen die Rhetorik eine willkommene Waffe ist, sondern mit Thrasymachos und Isokrates als *sapien-*

1.2 Platons Kritik am Rhetorikmeister und seinen Schülern

Das scheint jedenfalls die Analyse eines etwas jüngeren Zeitgenossen gewesen zu sein, der in einem seiner berühmten Dialoge den Meister und seine Schüler auftreten lässt. Während der Meister an der sokratischen Wissensfrage scheitern muss, da er sich schämt zuzugeben, dass er seinen Schülern nicht „das Gerechte" lehren kann, wenn er andererseits nicht für deren moralisches Fehlverhalten zur Verantwortung gezogen werden möchte,[2] schwingt sich Kallikles als Theoretiker jener Machtpolitik auf, wie sie uns in den Reden des Kleon und im Melierdialog bei Thukydides fassbar wird.[3] Besonders prägnant bringt die Bezeichnung ῥήτωρ dieses Verhältnis von rhetorischer Kompetenz und politischem Machtwillen zum Ausdruck. Denn damit ist nicht etwa wie in römischer Zeit der Redelehrer bezeichnet, sondern der aktive Politiker in der Boule oder der Volksversammlung, der sich mit Anträgen zu Wort meldet. In den Verhandlungen, die in diesen Institutionen geführt wurden, ging es gemäß dem Redeanlass stets um Fragen des Nützlichen, das freilich nicht selten mit Fragen der Moral kollidierte.[4] Doch Platon setzt auch an einem anderen Punkt an, indem er die vollmundigen Behauptungen der Rhetoriklehrer prüft: In deren Profession liege es, über jedwede Sache kompetent urteilen und sprechen zu können. Diese Generalkompetenz behält der Philosoph dem Dialektiker vor, der nach den Regeln von Dihairesis und Synagoge nicht nur die Redegegenstände analysiert, sondern auch erwägt, wie er das Analysierte den Rezipienten darbietet. Auch diese rezeptionstheoretischen Prozesse vollziehen sich dialektisch, indem man prüft, welche Seele für welche Reden bzw. Argumente aufgeschlossen ist. Nach diesen Ausführungen Sokrates' zu schließen ist rhetorische Persuasion nur als „Psy-

---

tiae doctor bezeichnet, der *quodam iudicio* sich von der Übernahme öffentlicher Ämter scheute, s.u. S. 200.

2 Plat. Gorg. 454b5-7 (Rhetorik beschäftigt sich mit dem Gerechten und Ungerechten); 456c-457c (der Rhetoriklehrer ist nicht für die Taten seiner Schüler verantwortlich) 460c7-461b2 (aufgezeigter Widerspruch der früheren Behauptungen).
3 Thuk. 3,37-3,40; 5,87-111.
4 So in der Debatte über Mytilene (3,37-48) oder den Verhandlungen über das Schicksal der Plataäer, die sich an die Spartaner ausgeliefert hatten (3,53-67). Auch im Dialog über die Melier kommt dies prägnant zum Ausdruck, wenn der Begriff der Gerechtigkeit überhaupt nur dann gelten soll, wenn gleiche Machtverhältnisse herrschen (5,89): δίκαια μὲν ἐν τῷ λόγῳ ἀνθρωπείῳ ἀπὸ τῆς ἴσης ἀνάγκης κρίνεται δυνατὰ δὲ οἱ προύχοντες πράσσουσι καὶ οἱ ἀσθενεῖς ξυγχωροῦσιν; s. dazu Thomas Schirren: Die Begründung der politischen Rhetorik bei den Griechen, erscheint in: Armin von Burkhardt (Hg.): Handbuch Politische Rhetorik, Berlin/Boston 2018 (Handbücher Rhetorik 10).

chagogie" denkbar.⁵ Und diese kann nur in einem Dialog gelingen. Im *Phaidros* wird der Konkurrent deutlich benannt 279b: Es ist Isokrates und das Gespräch über den Eros, das Sokrates mit einem Adepten des Lysias führt, ist ein Gespräch über die richtige Bildung, die ein junger Mann in Athen genießen soll. Die Rhetorik taugt nicht dafür, ist Sokrates' Meinung, nur die Philosophie kann den richtigen Weg weisen. Doch Isokrates hat sich auch explizit zur Bildungssituation geäußert.

1.3 Isokrates bemüht sich um einen Ausgleich

In der programmatischen Rede gegen all diejenigen, die sich als Spezialisten der höheren Bildung auf den Markt drängen (*Gegen die Sophisten*),⁶ schaltet sich der junge Rhetorikfachmann Isokrates in eine flammende, bildungspolitische Debatte ein. Er wendet sich dabei gegen die Anhänger des Sokrates, besonders gegen Platon, und der Sophisten gleichermaßen: Den Platonikern wirft er Wirklichkeitsferne vor. Diese Kritik unterscheidet sich von der im *Gorgias* und im *Theaitet* geäußerten⁷ darin, dass Isokrates die Möglichkeit, Gerechtigkeit zu lehren, überhaupt bestreitet. Isokrates zieht also gegen den berühmten sokratischen Intellektualismus zu Felde und beruft sich dafür auf die archaische Begrenztheit menschlichen Wissens. Der Mensch sei viel eher ein Meinender denn ein Wissender; die akademischen Philosophen nähmen sich zu viel vor, wenn sie glaubten, auf der Grundlage von zu erkennenden Entitäten (den platonischen Ideen) gesicherte Erkenntnis vermitteln zu können. Wie wenig sie selbst an ihren Bildungsplan glaubten, werde daran deutlich, dass sie die Kursgebühren bei Dritten deponierten, um nicht in die aporetische Situation eines Korax und Teisias zu geraten, die durch Fangschlüsse um ihr Honorar geprellt würden.⁸

---

5 Plat. Phaidr. 265d–266b; 271d–272b.
6 Isokr. or. 13 (κατὰ τῶν σοφιστῶν).
7 Plat. Tht. 173c–177c; Plat. Gorg. 484c–486d. Historisch gesehen antwortet Platon mit diesen Ausführungen freilich auf die Kritik des Isokrates, aber natürlich gehörte die Diffamierung der Philosophie als wirklichkeitsfern bereits zum common sense, wie ihn Isokrates repräsentiert. Zu einer genaueren Analyse des Verhältnisses s. Hartmut Erbse: Platons Urteil über Isokrates, in: Hermes 99 (1971), 183–197, außerdem jetzt zur Rede des Isokrates gegen die Sophisten Philipp Böhme: Isokrates, Gegen die Sophisten. Ein Kommentar, Berlin 2009 (Aktuelle Antike 3), 21–56.
8 Hugo Rabe (Hg.): Prolegomenon Sylloge: accedit Maximi libellus de obiectionibus insolubilibus, Leipzig 1931, ND 1995 (Bibliotheca scriptorum Graecorum et Romanorum Teubneriana. Rhetores Graeci 14), 26,11–27,3; Isokr. or. 13,1–8.

Den Sophisten wirft der junge Redelehrer vor, es nur auf Bereicherung abgesehen zu haben und die eigene Kompetenz dabei zu vernachlässigen. Dabei betont er später bei seinem Ansatz eines eigenen Bildungsprogrammes, dass in einem Feld wie der Rhetorik nichts so wichtig sei wie das Vorbild des Lehrers selbst. Die Sophisten könnten dagegen selbst oft nicht einmal richtig schreiben. Nun sei aber gerade die Rhetorik nicht wie das Schreiben beim Elementarlehrer zu lernen. Es gehe nicht um immer dieselben Elemente, die man nur anders gruppieren müsse – Rhetorik sei grundsätzlich nicht modular wie ein Baukasten zu denken, sondern etwas, bei dem auf die Naturanlage des Zöglings geachtet werden müsse und auf den individuellen Erfahrungsschatz. Man könne also keine allgemeinen Kurse anbieten, sondern müsse den individuellen Schüler im Blick haben. Isokrates geht sogar darüber hinaus und gibt zu bedenken, dass bei einem multifaktoriellen Geschehen wie der Persuasion es überhaupt fraglich sei, ob man jeden dazu ausbilden könne. Ist die Grundlage der technischen Verfeinerung nicht die Naturanlage des Redners? *In summa*: Die Sophisten haben überhaupt noch nicht verstanden, was eine Techne eigentlich ist und was ein Technit zu leisten hat. Das ist ein schwerwiegender Einwand gegen diejenigen, die sich gerade als Meister der Techne verstehen wollen (§ 9–15).

Nun gab es aber auch Sophisten, die technische Handbücher geschrieben haben: Sollten nicht wenigstens diese vorgeblichen Fachleute Bescheid wissen, was die Rhetorik als Techne zu bieten hat? Auch diese freilich werden vom Rhetor gescholten: Wer sich vornehme, eine Techne des Gerichtsstreits zu verfassen, gleiche jemandem, der die Rhetorik diffamieren, nicht aber deren Bedeutung als Fachvertreter unterstreichen wolle. Gerichtliches Streiten steht also eher im Zwielicht gesellschaftlichen Handelns und sollte auf keinen Fall Gegenstand einer sophistischen Unterweisung in Buchform (τέχνη γεγραμμένη) werden. Damit werde auch die Reichweite der Rhetorik entschieden verkürzt. Diese Konzentration auf die praktische Verwertbarkeit in Gerichtsprozessen erscheint Isokrates sogar noch problematischer als die vollmundigen Versprechen der Eristiker, unter denen wir die platonischen Akademiker zu verstehen haben, die sich immerhin noch um moralische Gerechtigkeit bemühten, während die Technographen es nur auf eine Anleitung zur Intrige und zur persönlichen Bereicherung (πολυπραγμοσύνη, πλεονεξία) abgesehen hätten (§ 19–20).

Die Kritik des Rhetor betrifft also alle „gescheiten Leute", die sich im Bereich der neu aufkommenden Rhetorik tummeln wollen. Sophisten sind sie in den Augen des Rhetoriklehrers allesamt, zwar nicht im pejorativen Sinne des Wortes, aber doch so, dass sie sich entweder die Sache viel zu leicht machen, sich in Spitzfindigkeiten verlieren oder schlicht nur auf persönlichen Profit aus sind. Die eigene Position bleibt dabei, wie oft bei Rundumschlägen, eher negativ bestimmt, d. h. als ein Bereich gefasst, auf den die geäußerte Kritik gerade nicht zutreffe.[9]

1.4 Aristoteles' Rhetorikkonzept

Aristoteles übernimmt die Kritik an den rhetorischen Technographen von Isokrates und Platon, indem er die sophistische Lehre von den Redeteilen als insofern unsachlich abtut, als es immer nur um eine affektische Beeinflussung gehe. Aber er gibt dann doch zu, dass Rhetorik eben eine Theorie der Kommunikation unter erschwerten Bedingungen ist: erschwert nämlich durch „die Schlechtigkeit" der Zuhörer, denen der klare Sachbeweis nicht zugänglich sei und die daher durch Affekte und das Ethos des Redenden überzeugt werden müssen. Immerhin aber konzediert Aristoteles in rhet. 1,2 (1356a) deren Einsatz, wenn er denn aus der Rede selbst hervorgehe. Philosophisch interessant ist indessen, dass Aristoteles den rhetorischen Syllogismos engstens mit seiner allgemeinen Topik verbindet, wie er gleich zu Beginn seines Traktates auch die Rhetorik als ein Gegenstück (ἀντίστροφος) der Dialektik bezeichnet. Und für unseren Zusammenhang ist wichtig, dass Aristoteles rhetorische und dialektische Fertigkeiten anthropologisch bestimmt, da wir „alle bis zu einem gewissen Grade prüfen und eine Position übernehmen, zu verteidigen und anzuklagen versuchen" (Arist. Rhet. 1,1 1354a3–6). Dennoch sieht Aristoteles Rhetorik und Philosophie als durchaus distinkte Wissenschaften an, ja genau genommen ist die Rhetorik auch nur eine *dynamis* (δύναμις), ein Vermögen, weil sie keinen abgegrenzten Gegenstandsbereich hat, sie ist keine wohldefinierte Wissenschaft (ἐπιστήμη ἀφωρισμένη).[10]

Nun war es gerade der Peripatos, der sich nach der Vorgabe durch den Schulgründer besonders mit der Rhetorik beschäftigte. Theophrast verfasste ein

---

[9] Zu weiteren Aspekten der antiken Auseinandersetzung über die richtige Bildung s. Thomas Schirren: Wie die alten Rhetoriker übereinander dachten, schrieben und redeten, in: Joachim Knape; Olaf Kramer; Thomas Schirren (Hgg.): Rhetorik – Bildung – Ausbildung – Weiterbildung, Berlin 2012 (Neue Rhetorik 13), 31–52; s. außerdem den Klassiker Hans von Arnim: Leben und Werke des Dio von Prusa. Mit einer Einleitung: Sophistik, Rhetorik, Philosophie in ihrem Kampf um die Jugendbildung, Berlin 1898.
[10] Zur Theoriegeschichte der Rhetorik s. auch Thomas Schirren: Rhetorik und Stilistik der griechischen Antike, in: Ulla Fix u.a. (Hgg.): Rhetorik und Stilistik. Ein Handbuch historischer und systematischer Forschung, Berlin u.a. 2008 (Handbücher zur Sprach- und Kommunikationswissenschaft 31,1), 1–25.

Werk über die Lexis (περὶ φράσεως),[11] das leider verloren ist, und Cicero gibt in seiner Jugendschrift *De inventione* 2,7–8 einen Überblick über diese Tradition, auf die wiederum Quintilian in der *Institutio oratoria* 3,1,13–15 zurückgreift, wahrscheinlich angereichert mit anderen Quellen, die für uns nicht fassbar sind. Übereinstimmend zeigen beide, dass in der Mitte des 4. Jh. v. Chr. einerseits Aristoteles und seine rhetorikhistorischen bzw. rhetoriktheoretischen Schriften eine Tradition begründeten, andererseits die Schüler des Isokrates. Irgendwann im Hellenismus, vielleicht erst durch Hermagoras von Temnos, von dem Quintilian sagt, er sei auf einem eigenen Weg zu einer Synthese dieser beiden Richtungen gelangt. Wenn man beiden glauben darf, so waren die Philosophen sogar engagierter bei der Sache (*vel studiosius* sagt Quintilian 3,1,15), und zwar sowohl Peripatetiker als auch Stoiker. Wolfram Ax ist diesen Nachrichten nachgegangen und hat sie in den Kontext der Schule des Aristoteles gestellt.[12] Inwieweit hier nicht nur ein enzyklopädisches Interesse an der Techne, sondern der Versuch einer philosophischen Durchdringung und Befruchtung der Rhetorik zu erkennen ist, mag angesichts der wenigen Fragmente dahingestellt bleiben. Immerhin wird Demetrios von Phaleron von Cicero als ein Sonderfall herausgestellt; denn ihm sei es gelungen, philosophische Disputation und politisches Wirken zusammenzubringen:[13]

> Post a Theophrasto [sc. doctus] Phalereus ille Demetrius, de quo feci supra mentionem, mirabiliter doctrinam ex umbraculis eruditorumque otioque non modo in solem atque in pulverem, sed in ipsum discrimen aciemque produxit: nam et mediocriter doctos magnos in re publica viros et doctissimos homines non nimis in re publica versatos commemorare possumus; qui vero utraque re excelleret, ut et doctrinae studiis et regenda civitate princeps esset, quis facile praeter hunc inveniri potest?

---

11 Die Fragmente bei: Theophrastos of Eresus. Sources for his Life, Writings, Thought and Influence, Bd. 2: Psychology, human psychology, living creatures, botany, ethics, religion, politics, rhetoric and poetics, music, miscellanea, ed. and trans. by William W. Fortenbaugh, Leiden u.a. 1993 (Philosophia antiqua 54,2), 528–548 (=Frg. 681–703).
12 Wolfram Ax: Quintilians Darstellung der peripatetischen Rhetoriktradition, in: Joachim Knape; Thomas Schirren (Hgg.): Aristotelische Rhetorik-Tradition: Akten der 5. Tagung der Karl und Gertrud Abel-Stiftung vom 5.–6. Oktober 2001 in Tübingen, Stuttgart 2005 (Philosophie der Antike 18), 141–152 nennt sechs Peripatetiker: Demetrios von Phaleron, Ariston von Keos, Hieronymos von Rhodos, Kritolaos, Ariston der Jüngere und Diodor. Von Demetrios haben wir immerhin Nachrichten über eine Schrift in zwei Büchern, die die *genera dicendi* zum Gegenstand haben (Fritz Wehrli [Hg.]: Demetrios von Phaleron, Basel ²1968 [Die Schule des Aristoteles. Texte und Kommentar 4], frg. 156–173). Hieronymos schrieb über Klauseln und über die *actio*. Ax schließt aus den wenigen Fragmenten, dass nach Theophrast im Peripatos die Bedeutung rhetoriktheoretischer Werke gering gewesen sei.
13 Cic. leg. 3,14.

Danach lernte bei Theophrast jener Demetrius von Phaleron, den ich vorher erwähnt hatte, und auf bewunderungswürdige Weise holte er die Lehre aus dem Schatten und der Muße der Gebildeten heraus und brachte sie nicht nur in die Sonne und in den Staub des Kampfplatzes, sondern inmitten des Kampfgeschehens und die vorderste Schlachtreihe. Denn auch nur mittelmäßig gebildete, jedoch bedeutende Politiker einerseits und hochgelehrte Männer, die sich in der Politik nur wenig bewährt haben, andererseits können wir nennen. Wer aber in beidem sich hervortat, so dass er der erste im Fachdiskurs und in der praktischen Politik war, wer könnte da leicht außer Demetrius gefunden werden?

Ähnliches findet sich auch bei Quintilian, wenn er in 2,4,41 festhält, dass Demetrius die fiktive politische Rede erfunden habe; Quintilian selbst scheint an diese Erfindung jedenfalls einmal geglaubt zu haben (2,4,42): *An ab ipso id genus exercitationis sit inventum, ut alio quoque libro sum confessus, parum comperi.* Die Tatsache aber, dass der von 317–307 als προστάτης in Athen wirkende Philosoph (ehe er nach seiner Vertreibung in Alexandreia die Ptolemäer politisch beriet) philosophische Dialektik und Rhetorik in einer Übungsform zu verbinden wusste, zeigt, dass im Peripatos tatsächlich an der Verbindung dieser beiden Disziplinen gearbeitet worden ist – und zwar mit politischer Zielsetzung.

2 Ciceros Versuch einer Überwindung des *discidium*

2.1 *De inventione* 1,1ff.

Genau diese Verbindung von philosophischer Bildung und politischer Verantwortung ist es, die nach Demetrius, der zugleich der letzte Attizist gewesen sei,[14] verloren gegangen ist – und erst von Cicero wieder hergestellt werden sollte. Bereits in seiner Jugendschrift führt er dies mit einer historischen Rückschau aus: Denn er stellte sich die Frage, ob die Rhetorik (*studium eloquentiae*) politisch eigentlich mehr Gutes als Schlimmes angerichtet habe. Zwar hätten sowohl der römische Staat[15] als auch andere Staatswesen durch die Redner viel

---

14 Quint. inst. 10,1,80.
15 Natürlich möchte man gerne wissen, an welche Ereignisse der junge Cicero hier dachte. Dazu müsste man aber zunächst auch einmal in Erfahrung bringen, wie jung der Autor eigentlich war, als er dieses Erstlingswerk verfasste, von dem er sich später brüsk distanzierte (Cic. de orat. 1,5): *quae pueris aut adulescentulis nobis ex commentariolis nostris inchohata ac rudia exciderunt vix hac aetate digna et hoc usu sunt, quem ex causis quas diximus tot tantisque con-*

Unheil erfahren, aber doch auch viel Gutes, nämlich überhaupt gegründete
Städte und einträchtige, soziale Gefüge. Diese Sachlage bringt der Autor auf die
einfache Alternative, *sapientia sine eloquentia parum prodesse, eloquentia sine
sapientia nimium obesse, prodesse numquam videtur* (ebd. 1,1): Philosophische
Weisheit verlöre ohne kommunikative Kompetenz ihren gesellschaftlichen Nutzen, doch schade kommunikative Kompetenz, wenn ihr philosophische Weisheit fehle, jedenfalls bringe sie keinerlei gesellschaftlichen Nutzen. Daraus
folgert Cicero das Idealbild des *vir publicis rationibus utilissimus*: Dieser bewaffne sich mit kommunikativer Kompetenz und könne so seine Lanze für die allgemeine Wohlfahrt (*commoda patriae*) brechen. Offenbar sieht Cicero noch
Begründungsbedarf für diese These und so fragt er nach den Ursprüngen der
eloquentia, die aus den „ehrenwertesten und besten Gründen" entstanden sei.
Diese Frage führt ihn auf einen angenommenen Urzustand. Aufgrund von Unwissenheit regierte die *cupiditas* die Menschen, die wie Tiere durch die Steppe
zogen. Religion, Vernunft fehlten ebenso wie rechtmäßige Ehe, so dass man
auch die eigenen Kinder nicht kannte, noch auch Gesetze und Billigkeit anerkannte. Da trat ein weiser Mann auf den Plan, der erkannte, welches Potential
in den noch tiergleich dahinlebenden Menschen verborgen war. Dieser *primus
inventor* habe *ratione quadam* (also durch irgendeinen Trick) die verstreut lebenden Menschen zusammengebracht und sie zu Nützlichem und Ehrenwertem
gelockt, wogegen diese sich zunächst wegen der Ungewohntheit gesträubt hätten (*primo reclamantes*), doch durch die Kombination von Gründen und kommunikativer Kompetenz sei es ihm gelungen, ihre Aufmerksamkeit zu erreichen
(*studiosius audientes*) und so habe er aus den wilden und unbeherrschten Lebewesen gute Mitbürger machen können (*mites reddidit et mansuetos*). Der Autor erzählt diese Geschichte vom „mutmaßlichen Anfang der Menschengeschichte", um den großen Einzelnen, der die anderen zum eigentlichen
Menschsein führt, zugleich als den zu erweisen, der *ratio* und *oratio* verbindet
und so als das eigentliche *proprium* des Menschen entdeckt. Denn nur als gesellschaftliche Wesen vermögen die Menschen über ihre partikulare Existenz
hinauszuwachsen und sogar das Gemeinwohl über das eigene zu stellen. Diese
Fähigkeit schreibt der Erzähler der *eloquentia* zu, die es vermöchte das, was die

---

secuti sumus). Man kann aus diesen Bemerkungen sicherlich keine Rückschlüsse auf das Abfassungsdatum ziehen, sondern man wird die Abfassung bis 80 v. Chr. setzen (RE VII A1 [1939]
1093 [W. Kroll]). Dann wäre nicht nur an die Gracchen, sondern auch an Sulla und seine Proskriptionen zu denken; in Cic. inv. 1,4 werden Cato, C. Laelius Sapiens, Scipio Africanus und
die Gracchen genannt, *quibus in hominibus erat summa virtus et summa virtute amplificata
auctoritas et* [...] *eloquentia*. Dieses Lob der Gracchen spricht natürlich nicht für eine Abfassung
nach der dictatura des Sulla 82 v. Chr.

Vernunft (*ratio*) entdeckt habe, so darzustellen, dass es akzeptiert wird. Nur so könne es gelingen, dass der Mensch die körperliche Gewalt, die ihm zu Gebote stehe, zurückstelle, um sich der Gewalt des Gesetzes zu beugen. Die Betonung, dass der Mensch hier den Drang nach Suprematie über andere unterdrücke, sich mit den anderen gleichstelle, obwohl ihm dieser wegen der langen Gewohnheit schon zu einer zweiten Natur geworden sei, ist auffällig. Der Erzähler vermeidet es offenbar, das Verhalten der frühen tierisch lebenden Menschen als natürlich darzustellen, wie es in der frühen Neuzeit üblich geworden ist. Daher betont er, dass der Geltungsdrang schon eine Naturkraft geworden sei (*quae iam naturae vim optineret*), weil dieses Verhalten schon so eingewurzelt gewesen sei. Es liegt nahe, für diese Entlastung der natura auf die Stoa zu verweisen, in der die rationale Anlage des Menschen grundgelegt ist. Sprache und Denken konvergieren im Logos (λόγος), wie dies der junge Cicero auch mit der Paronomasie von *ratio* und *oratio* deutlich zu machen scheint.[16] Aristoteles hat in seiner ‚Politik' den Menschen als ζῷον λόγον ἔχον definiert und im Logos sowohl die Vernunft als auch die Sprachfähigkeit gesehen.[17] Diese Verbindung findet sich allerdings bei Protagoras nicht, wie jedenfalls der sicherlich nicht echten Rede im gleichnamigen platonischen Dialog zu entnehmen ist: Danach ist der Menschen zwar ein Mängelwesen. Doch erst indem Zeus dem Menschen Scham und Rechtsgefühl verleiht, kann dieser die πολιτικὴ ἀρετή entwickeln.[18] Bezeichnenderweise genügt dem Sophisten nicht alleine die Sprachfähigkeit,[19] um den Menschen zu einem sozialen Wesen zu machen.[20] Die engste Parallele findet sich bei Isokrates. Im ‚Nikokles' (Isokr. or. 3) setzt sich der Rhetoriktheoretiker mit Kritikern der Rhetorik auseinander und verweist dafür auf die soziale Bedeutung der Rede:[21]

ἐγγενομένου δ' ἡμῖν τοῦ πείθειν ἀλλήλους καὶ δηλοῦν πρὸς ἡμᾶς αὐτοὺς περὶ ὧν ἂν βουληθῶμεν, οὐ μόνον τοῦ θηριωδῶς ζῆν ἀπηλλάγημεν, ἀλλὰ καὶ συνελθόντες πόλεις

---

16 S. Emp. adv. math. 8,275 (= SVF 2, Frg. 135) unterscheidet diese Doppelbedeutung mit den Adjektiven προφορικός (Rede) und ἐνδιάθετος (ratio): φασίν, ὅτι ἄνθρωπος οὐχὶ τῷ προφορικῷ λόγῳ διαφέρει τῶν ἀλόγων ζῴων (καὶ γὰρ κόρακες καὶ ψιττακοὶ καὶ κίτται ἐνάρθρους προφέρονται φωνάς), ἀλλὰ τῷ ἐνδιαθέτῳ.
17 Aristot. pol. 1253a9–18.
18 Plat. Prot. 320d–324c; dem Menschen wird die instrumentelle Vernunft verliehen (ἡ ἔντεχνος σοφία 321d1), mit der er sich um die Lebensnotwendigkeiten kümmern kann, doch lebt er nicht in größeren Verbünden, da er zwar sprechen, aber ohne Recht und Scham sich nicht in Städten ansiedeln kann (322b).
19 Plat. Prot. 322a6–7: φωνὴν καὶ ὀνόματα ταχὺ διηρθρώσατο τῇ τέχνῃ.
20 Hierzu weiteres bei Hans Blumenberg: Arbeit am Mythos, Frankfurt a. Main 1990, 359–389.
21 Isokr. or. 3,6.

ᾠκίσαμεν καὶ νόμους ἐθέμεθα καὶ τέχνας εὕρομεν, καὶ σχεδὸν ἅπαντα τὰ δι' ἡμῶν μεμηχανημένα λόγος ἡμῖν ἐστιν ὁ συγκατασκευάσας.

Da uns aber die Fähigkeit einander zu überzeugen gegeben ist und uns selbst zu verdeutlichen, was wir wollen, haben wir uns nicht nur vom tierischen Leben getrennt, sondern wir kamen zusammen und gründeten Städte, gaben uns Gesetze, erfanden Fertigkeiten; denn beinahe alles, was durch uns ersonnen wird, hat der Logos bereitgestellt.

Denn der Logos regle juristische und soziale Normen, die für das Zusammenleben erforderlich seien. Wer gut reden könne, den halte man auch für besonnen, ja die wahre und gerechte Rede sei ein Abbild einer guten und vertrauenswürdigen Seele.[22] Isokrates spezifiziert nun aber diesen Logos in der Sophistenrede durch den Zusatz πολιτικός. Mit πολιτικοὶ λόγοι sind alle diejenigen praktischen Fragen gemeint, die das Zusammenleben der Menschen bestimmen.[23] Für Cicero mochte ein solcher Gedanke naheliegend sein, um die Bedeutung der *sapientes oratores* zu unterstreichen. Schließlich kann man auch daran denken, dass die Stoiker eigentlich die Konvergenz von *ratio* und *oratio* im λόγος in ihren Studien zur Rhetorik hätten nutzen können. Zwar rechnen sie die Rhetorik zusammen mit der Dialektik zum λογικὸν μέρος der Philosophie (Diogenes Laertius 7,41–44),[24] doch sind Gedanken von gesellschaftstiftenden Funktionen des rhetorischen Logos nicht überliefert.[25] Entfernt vergleichbar wäre allenfalls eine Passage bei Diodor, die auf Poseidonius zurückgeht.[26] Reinhardt hält auch die Passage aus ‚De Inventione' 1,2 für poseidonisch; entscheidend ist hier das komplexe Entwicklungsmodell,[27] in dem die Technai eine besondere Rolle spielen.

---

22 Vgl. dazu Melanie Möller: Talis oratio – qualis vita. Zu Theorie und Praxis mimetischer Verfahren in der griechisch-römischen Literaturkritik, Heidelberg 2004 (Bibliothek der klassischen Altertumswissenschaften. Neue Folge 2,113), 90–101, bes. 96.
23 Isokr. or. 13,9; vgl. Christoph Eucken: Isokrates: Seine Position in der Auseinandersetzung mit den zeitgenössischen Philosophen, Berlin/New York 1983 (Untersuchungen zur antiken Literatur 19), 12–14.
24 Vgl. Cic. leg. 1,30 (=SVF 3, Frg. 343): *Etenim ratio, qua una praestamus beluis, per quam coniectura valemus, argumentamur, refellimus, disserimus, conficimus aliquid, concludimus certe est communis, doctrina differens, discendi quidem facultate par [...] interpresque mentis oratio verbis dicrepat, sententiis congruens.*
25 Stattdessen übernimmt das Gesetz diese Funktion (SVF 3, Frg. 308–332).
26 Diod. 1,1,3 = Poseidonios F80 Theiler. Hier geht es aber eigentlich darum, wie Logos des Historikers sich die weit verteilten Menschen in eine σύνταξις zusammenfinden, ein sehr kunstvoll formulierter Gedanke, der vielleicht den allzu naheliegenden Topos variieren soll.
27 RE 22,1 (1953) 805,47–806,17 [Reinhardt]; ähnlich ist Cic. de orat. 1,33–36. Im Unterschied zu Sen. epist. 90 sieht Poseidonius eine durch die Ausgesetztheit des Menschen ausgelöste Entwicklung, in der dann auch die Technai entdeckt werden. Einzelne treten als Führer hervor,

Doch zurück zu Ciceros ‚De inventione'. Die Sache der Beredsamkeit ist heikel. Denn trotz der innigen Verbindung von *oratio* und *ratio*[28] kann eine hohe rhetorische Begabung zum Missbrauch verleiten. Denn die besten Politiker sind diejenigen, die auch das Wort am besten zu führen verstehen, lassen diese sich aber zu sehr von der *audacia* hinreißen, so kann es zu politischen Katastrophen kommen. Die Folge ist, dass sich die *sapientes* in eine *vita quieta* zurückziehen und das Feld den skrupellosen, aber erfolgreichen Politikern überlassen. Der Rückzug vom praktischen öffentlichen Leben wird geradezu zum Erkennungszeichen der *sapientes*. Nur noch wenige Standhafte widersetzen sich dieser Entwicklung, die sowohl über kommunikative Kompetenz verfügen als auch moralischen Prinzipien verpflichtet sind: Genannt werden Cato, Laelius, Scipio und die Gracchen. Cicero bietet diese großen *exempla* auf, um eine Instanz zu schaffen, die das angestrebte Ideal sinnfällig macht. Zugleich scheint er sich mit diesen Personen gegen den Vorwurf wappnen zu wollen, dass er mit seinen Reformplänen unrealistisch wäre. Die Bewegung, die er in seiner fiktionalen historischen Rückblende beschreibt, vollzieht sich also in mehreren Phasen: 1. Die Menschen leben vereinzelt wie die sprachlosen Tiere; 2. ein Einzelner entdeckt die Macht des Wortes und bringt die Menschen zusammen; 3. einzelne optimieren ihre kommunikative Kompetenzen und nutzen diese, um sich persönliche Vorteile zu verschaffen; 4. die Intellektuellen räumen das Feld; 5. einzelne verantwortungsbewusste Männer bleiben jedoch im öffentlichen Leben

---

denen sich unterzuordnen natürlich ist. Dagegen lässt Willy Theiler (Hg.): Poseidonios. Die Fragmente, Bd. II: Erläuterungen, Berlin/New York 1982 (Texte und Kommentare. Eine altertumswissenschaftliche Reihe, Bd. 10,1) 385 mit Verweis auf Isokr. or. 3,6 keinen poseidonischen Einfluss gelten. Auch Karl Barwick: Das rednerische Bildungsideal Ciceros, Leipzig 1963 (Abhandlungen der Sächsischen Akademie der Wissenschaften zu Leipzig, Philologisch-Historische Klasse 54, Bd. 3), 21–24 schließt Poseidonius für Cicero aus, weil jener mit einem goldenen Zeitalter begonnen habe, das langsam depraviert worden sei. Das allerdings lässt sich sicherlich nicht gegen Cicero wenden, denn dieser könnte sich eben auf Positionen wie Sen. epist. 90,7 beziehen, in denen nach dem ersten Zusammenbruch des goldenen Zeitalters die Menschen verstreut lebten. Wilfried Stroh: Philosophie und Rhetorik in der antiken Bildungsgeschichte, in: Rolf Kussl (Hg.): Antike im Dialog, Speyer 2011 (Dialog Schule – Wissenschaft, Klassische Sprachen und Literaturen 45), 11–105, hier 65 denkt hier an den Philosophenkönigssatz aus der *Politeia* Platons (473c–e) als wichtigste Quelle für Cicero. Doch fehlt dort die Kulturentstehungslehre; gerade die weisen Staatslenker wie Solon und die Sieben Weisen werden aber bei Poseidonius genannt, wie auch von Cicero später in de orat. 3,56, s.u. S. 200.
[28] Diese stammt höchstwahrscheinlich von Isokr. or. 3,8–9 mit Barwick: Das rednerische Bildungsideal Ciceros (wie Anm. 27), 23, der auf die spätere stoische Unterscheidung von λόγος προφορικός und ἐνδιάθετος verweist (oben S. 197, Anm. 16).

und widersetzen sich; 6. das Gemeinwesen bleibt immer gefährdet. Cicero erreicht mit dieser Darstellung des status quo eine Art Signalwirkung: So wie es jetzt ist, muss man den wenigen Beherzten beispringen, um sie in ihrem Kampf für die *sapiens eloquentia* zu unterstützen. Man könnte dies als einen Appell verstehen, wie er als Exordialtopos zu verwenden ist: Die Lage ist ernst, und es gibt nur ein Mittel ihr zu begegnen: das in der *ars* archivierte Wissen, das ich im Folgenden entwickeln werde. Diese pseudohistorische Rückschau hat also nicht zum wenigsten auch eine protreptische Bedeutung.[29] Wenn man im anzustrebenden Ideal des *eloquens sapiens* im Grunde den Philosophenkönigssatz aus der Platonischen Politeia verwirklicht, so bekennt sich Cicero hier als Platoniker.[30]

2.2 Die Entwicklung in *De oratore* 3,45ff.

In *De oratore* 3,45ff. stellt sich das Ganze ziemlich anders dar. An die Stelle eines fiktiven Urzustandes tritt nun eine Reihe von *exempla Graeca et Latina*. Freilich hatte Crassus schon im ersten Buch 33–34 eine *laudatio* auf die kulturstiftende Bedeutung der *eloquentia* gehalten, die in vielem an inv. 1,2 erinnert. Ausgangspunkt in 3,45ff. ist die stoisierende Lehre von der Gleichheit aller *virtutes*. Dennoch gebe es besonders hervorstechende, wie z.B. die *eloquentia*, die sich zudem im Bereich intensiver intellektueller Tätigkeiten bewegt: *oratori, quae sunt in hominum vita […] omnia quaesita, audita, lecta, disputata, tractata, agitata esse debent* („Der Redner muss alles, was das Leben bietet, befragt, gehört, gelesen, diskutiert, durchdacht und behandelt haben"; 3,54). So umfasst sie einerseits die Wissenschaft (*scientia rerum*), andererseits vermag sie geistige Gegenstände und Motive (*sensa mentis et consilia*) zu kommunizieren, um die Zuhörer in eine bestimmte Richtung zu bewegen. Im Maße wie diese Fähigkeiten über anderen *virtutes* stehen (z.B. durch die gesellschaftliche Relevanz dieser Fertigkeiten), müssen sie nun auch an moralische Prinzipien und Regeln gebunden sein (*magis probitate iungenda summaque prudentia*), andernfalls machte man sich der gröbsten Fahrlässigkeit schuldig, da man die Waffen

---

29 Wenn Cicero tatsächlich Poseidonius benutzt hätte, dann hätte er nach Reinhardt (wie Anm. 27) an die Stelle der Philosophie die Beredsamkeit gesetzt. Ob im ursprünglichen Kontext eine Protreptik impliziert gewesen ist? Oder wäre es nicht viel passender, wenn Poseidonius den sophistischen Topos übernommen hätte, um daraus sein komplexeres Entwicklungsmodell zu bauen, an dessen Ende die höheren Technai und Epistemai stünden?
30 Philosophenkönigssatz Plat. rep. 5,473c–e; von Arnim: Dio von Prusa (wie Anm. 9), 97–104 dachte an Philon von Larissa als Quelle.

der Rhetorik in die Hände von Wahnsinnigen gäbe (*si dicendi copiam tradiderimus, non eos quidem oratores effecerimus, sed furentibus quaedam arma dederimus*; 3,55). Diese besondere Fähigkeit der Erkenntnis und Reflexion (*vis cogitandi*) einerseits, der verbreitenden, dimissiven Kommunikation andererseits (*vis pronuntiandi*) sei in der historischen Rückschau in mehreren Gruppen fassbar: 1. Die Sieben Weisen mit Lykurg, Solon, Pittakos repräsentieren diesen Typus; 2. Staatsmänner wie Themistokles, Perikles, Theramenes verbanden *dicere* und *facere*; 3. Rede-Theoretiker mit praktischem Anspruch seien Gorgias, Thrasymachos, Isokrates gewesen. Doch hätten Kritiker von Rhetorik und Politik eine Trennung dieser ursprünglich untrennbaren Bereiche herbeigeführt und so das *discidium linguae atque cordis* bewirkt, das ungesund, nutzlos und zu tadeln sei (*absurdum sane, inutile, reprehendendum*; 3,61); 4. Pythagoras, Demokrit, Anaxagoras stehen für ein rein theoretisches *otium*, das zwar für die Menschen das angenehmste sein mag, doch in dieser Wertschätzung schadet es dem politischen Zusammenleben. Zudem führt ein zu ausgedehntes *otium* zu überflüssigen Beschäftigungen und Fragen. Hier spricht sich eine gewisse altrömische Skepsis gegenüber der Gelehrtenexistenz gerade der *Graeculi* aus. Denn wenn auch den Römern solche Gelehrtheit abgeht, sollen Coruncanius, Fabricius, Cato und Scipio Africanus ein den Sieben Weisen vergleichbares Engagement für das Gemeinwesen repräsentieren.[31] Die ursprüngliche, von Cicero beschworene Einheit erkennt er in den *doctores*, die *praeceptores vivendi atque dicendi* waren (3,57), wie dem homerischen Phönix, der ein *orator verborum* und *actor rerum* gewesen sei.[32] Aber auch die Sophisten seien solche *doctores sapientiae* gewesen. Diese Junktur könnte man als eine Übersetzung der σοφιστικὴ τέχνη ansehen. Und tatsächlich haben sich ja die Sophisten als Meis-

---

31 Cicero nennt Tiberius Coruncanius (cos. 282 und 278) öfter (Cic. Lael. 18; 39; Cato 15; 27; 43), obwohl er kaum etwas von ihm weiß. Er zählt ihn auch sonst zu den *sapientes*. Coruncanius war *pontifex*; auch von C. Fabricius Luscinus' Beredsamkeit weiß Cicero wohl nichts; bekannt war dieser für seine militärischen Leistungen (RE 6,1931–1938 [Münzer]); M. Cato war beredt und von ausgezeichneter Rechtskenntnis; Scipio Aemilianus wird mehrfach in De oratore genannt (Anton D Leeman; Harm Pinkster; Jakob Wisse [Hgg.]: M. Tullius Cicero: De oratore libri III, Bd 1: Buch 1,1–165, Heidelberg 1981 [Wissenschaftliche Kommentare zu griechischen und lateinischen Schriftstellern 211]): 3,28: *gravitas orationis*; 2,154: Ruhm, Einfluss, Bildung des Africanus (nach Anton D Leeman; Harm Pinkster; Jakob Wisse [Hgg.]: M. Tullius Cicero: De oratore libri III, Bd. 4: Buch 2,291–367, Buch 3,1–95, Heidelberg 1996 [Wissenschaftliche Kommentare zu griechischen und lateinischen Schriftstellern], 224f.). Wenn aber Cicero sich mit diesen *exempla Romana* nicht auf ein eigenes *iudicium* stützen kann, wird das Konstruktive dieser Parallelaktion umso deutlicher. Der hier gebrauchte Plural mag diese summarische Unschärfe ins Bewusstsein heben.
32 Nach Hom. Il. 9,443: μύθων τε ῥητῆρ' ἔμεναι πρηκτῆρά τε ἔργων.

ter der Weisheit in die Tradition der älteren Weisheitslehrer gestellt. Und das war auch der Ansatzpunkt, von dem aus Platon die Sophisten kritisierte. Deshalb war es Sokrates, der die verhängnisvolle Trennung begonnen habe: Indem er nämlich den Namen Philosophie nur noch den theoretischen Studien vorbehielt, trennte er *dicere* und *sentire*, die ursprünglich und der Sache nach zusammengehörten (*re cohaerentes*) und das führte zum *discidium linguae atque cordis*. Nun habe sich aber alle Philosophie im engeren, sokratischen Sinne aus dem Vermächtnis des Sokrates entwickelt, und so könne diese Trennung von Seiten der Philosophen gerade nicht überwunden werden. Die Epikureer mieden das öffentliche Leben überhaupt; die Stoiker hätten eine zu rigoristische Anschauung, obwohl sie immerhin die *ars oratoria* als eine *virtus* ansähen. Die akademische Skepsis eines Arkesilaos wird für ihre Disputationskunst gelobt, doch erfülle sie eben wegen ihrer Skepsis gerade nicht die lebenspraktischen Voraussetzung für die Herstellung der verlorenen Einheit. Auch der so gelehrte Karneades konnte das nicht erreichen. Vielmehr trennen sich die Ströme der Rhetorik und der Philosophie immer mehr: Crassus benutzt, um dies zu veranschaulichen, ein einprägsames Bild. Der Strom der Philosophie mündet in ein Meer, das schöne, griechische Häfen umspült, während die Rhetorik sich in ein Meer ergießt, welches seine Klippen so gefährlich machen, dass sogar Odysseus darin herumgeirrt wäre. Die Philosophie ist eine allseits akzeptierte Disziplin, die Rhetorik ist unübersichtlich und gefährlich; sie kann ins Verderben stürzen. Trotz gewisser Parallelen zu *De inventione* lassen sich also deutliche Unterschiede aufweisen: Sokrates restringiert die Philosophie als eine von der Rhetorik differente Disziplin und kann so – trotz leuchtender Beispiele wie Themistokles und Perikles – die *doctores* aus der Politik in die Philosophie entführen. Nicht die gerissenen Redner vertreiben die *doctores* aus dem gesellschaftlichen Leben, sondern sie werden von einem Manne verführt, der seine hohen kommunikativen und kognitiven Fähigkeiten ganz in den Dienst der von ihm neu konzipierten Philosophie stellt. Was will Cicero damit erreichen? In den Tusculanen rühmt er Sokrates als den Erfinder der Ethik,[33] hier in *De oratore* wird er zum eigentlichen Trenner einer für Cicero gerade wegen der ethischen Implikation wichtigen Einheit von Rede und Wissen. Durch die Schriften seiner Schüler und die sich bildenden Philosophenschulen wird dieser Riss immer tiefer und schließlich ein unüberwindlicher Graben. Eine mögliche Antwort könnte lauten: Wenn durch die Erfindung der Ethik als Teildisziplin der Philosophie die Kongruenz von Worten und Taten aufgehoben wurde, weil deren ursprüngliche

---

33 Cic. Tusc. 5,10: *Socrates autem primus philosophiam devocavit e caelo et in urbibus conlocavit et in domus etiam introduxit et coegit de vita atque moribus rebusque bonis et malis quaerere.*

Einheit und Untrennbarkeit verkannt wurde, so will Cicero vor diese Trennung und zu dieser Einheit zurück; das möchte er dadurch erreichen, dass er die sokratische Absonderung als eine Art Irrweg bezeichnet, durch den beide Disziplinen höchst problematisch werden.[34] Quintilian wird an diese Auffassung anschließen.[35] Durch die philosophiehistorisch gegebene Fixierung von Sokrates scheint es möglich, die Bedingtheit dieser Entwicklung einzusehen und so auch zu erkennen, wie sie zu korrigieren ist.[36] Der Weg kann freilich auch für Cicero nicht darin bestehen, einfach nur das historische Rad zurückzudrehen. Cicero glaubt an die Macht der akkumulierten *scientia*, die alle geforderten Fähigkeiten zusammenfasse und einen *orator philosophus* hervorbringe. Immerhin hätte er sich dafür auf Dikaiarchs Unterscheidung von *vita activa* und *contemplativa* berufen können. Denn dieser hatte sich in einer Auseinandersetzung, von der Cicero in einem Brief an Atticus berichtet (Cic. Att. 2,16,3), gerade für die Höherbewertung der *vita activa* ausgesprochen. Eine andere Quelle (Frg. 31 Wehrli) überliefert, dass Dikaiarch die Sieben Weisen zumal als Praktiker ansah und damals der Begriff der Philosophie den ἀνὴρ ἀγαθός meine: „Denn damals forschten die Leute nicht, ob sie sich politisch betätigen sollten und wie, sondern sie engagierten sich einfach auf gute Weise in der Politik." An dieser Stelle im Dialog scheint Crassus sich ganz die Position des Dikaiarch zu Eigen gemacht zu haben. Aber anders als Dikaiarch – jedenfalls soweit wir das aus den Quellen ermitteln können – will er nicht ein *laudator temporis acti* bleiben, sondern sucht nach der Überwindung der Teilung. Wenn er die Philosophenschulen dann daraufhin mustert – nicht danach, welche die wahrste sei, sondern welche sich am besten mit der Rhetorik verbinden lasse[37] – so jagt er nicht einem vergangenen Phantom nach, sondern strebt eine Veränderung des status

---

34 Auf ein Abrücken von Sokrates verweist auch Stroh: Philosophie und Rhetorik in der antiken Bildungsgeschichte (wie Anm. 27), 68–69, der den Wechsel der Schuldzuschreibungen in ‚De inventione' vermerkt: Dort waren es die Winkeladvokaten, die die anständigen Intellektuellen in den Elfenbeinturm trieben, hier ist es gerade Sokrates, der für die Philosophie beansprucht, was zum Menschen als sprachbegabtem Wesen gehört. So ganz unvereinbar wie Stroh meint, scheint mir aber diese Konstruktion in ‚De oratore' auch nicht zu sein. Denn nachdem die Philosophen sich aus der Öffentlichkeit zurückgezogen haben, behalten sie sich auch die Bereiche der Ethik vor. Dadurch werden diejenigen, die sich noch öffentlich engagieren und moralisch integer sind, noch mehr isoliert. Man könnte übrigens angesichts der Etablierung der Ethik als kritischer Kunst an die romantische Konzeption des „Ur-teils" im Sinne der Kritik erinnern (Hölderlin, Urteil und Sein): Es wird gesondert, was ursprünglich eine unbefragte Einheit war (exemplum Phoinix); s. oben Anm. 32.
35 S.u. S. 216ff.
36 So Leeman; Pinkster; Wisse: M. Tullius Cicero, Bd. IV (wie Anm. 31), 212.
37 Diese Frage verfolgt auch Quintilian, s.u. S. 240ff.

quo an: Das kann nur dadurch gelingen, dass die Trennung der Disziplinen akzeptiert wird, um in der Folge nach einer interdisziplinären Verbindung zu suchen. Diese könne nicht so gelingen, dass sich das höhere Wissen der Redner in der Statuslehre erschöpfe,[38] sondern man müsse sich der philosophischen Argumentationslehre der Akademie und des Peripatos annehmen. Ein Mann wie Perikles habe gezeigt und durch sein Leben bewiesen, auf welcher philosophischen Höhe man sein müsse.[39]

Ehe wir uns Quintilian zuwenden können, muss man sich vergegenwärtigen und vor Augen führen, in welcher Situation die Philosophie und die Philosophen in der frühen Kaiserzeit waren. Nur so wird möglich zu ermessen, wie Quintilians Rednerideal im Spannungsfeld der Tradition und der zeitgenössischen Situation stand.

3 Die Situation der Philosophie im 1 Jh. n. Chr.

Zunächst ist daran zu erinnern, dass Philosophen immer wieder den Principes im Wege standen. Wie neuerdings betont worden ist, war dies aber nicht eine grundsätzliche Ablehnung der Philosophen, etwa der Stoa als republikanischer Opposition, sondern es waren einzelne Intellektuelle, die sich unbeliebt machten.[40] Mucianus hat Vespasian überredet, die Philosophen auszuweisen, nachdem es in öffentlichen Theatern zu provokanten Auftritten der kynisch-stoischen Gesellschaftskritiker gekommen war. Cassius Dio und Sueton lassen dabei erkennen, dass sie solcher Kritik ablehnend gegenüberstanden und die Zurschaustellung des philosophischen Habitus als anmaßend und unecht emp-

---

38 3,70 gibt einen kurzen Abriss der Fragen; vgl. Quintilian unten S. 245.
39 Hier greift Crassus auf den ironisch gefärbten Bericht aus dem Platonischen Phaidros zurück: Phaidr. 270a.
40 Immer noch grundlegend Ramsay MacMullen: Enemies of the Roman Order: Treason, Unrest, and Alienation in the Empire, Cambridge 1966, 46–94; doch s. die Kritik von Michael B Trapp: Philosophy in the Roman Empire: Ethics, Politics and Society, Aldershot 2007, 226–233. Eine gute Übersicht zum Verhältnis von Philosophie und Politik im frühen Principat vermittelt Jürgen Malitz: Philosophie und Politik im frühen Prinzipat, in: Hans W. Schmidt; Peter Wülfing (Hgg.): Antikes Denken – Moderne Schule. Beiträge zu den antiken Grundlagen unseres Denkens, Heidelberg 1988 (Gymnasium. Beihefte 9), 151–179.

fanden.⁴¹ Man wird bei aller unterstellten Regimetreue eine gewisse Berechtigung dieser Kritik am Auftreten der kynischen Intellektuellen nicht abweisen können. Denn die kynische Kritik, die sich vor allem am Luxus abarbeitete, der in den ersten Jahrzehnten des 1. Jh. stark zunahm,⁴² wurde auch von anderen, eher unverdächtigen Zeitgenossen abgelehnt.⁴³ Es spricht viel dafür, dass Ereignisse wie die Pisonische Verschwörung (65) grundsätzlich die Philosophen traf,

---

41 Cass. Dio 65,13,1 (3, p. 146 Boissevain): ὡς δ' οὖν καὶ ἄλλοι πολλοὶ ἐκ τῶν στωικῶν καλουμένων λόγων προαχθέντες, μεθ' ὧν καὶ Δημήτριος ὁ κυνικός, συχνὰ καὶ οὐκ ἐπιτήδεια τοῖς παροῦσι δημοσίᾳ, τῷ τῆς φιλοσοφίας προσχήματι καταχρώμενοι, διελέγοντο, κἀκ τούτου καὶ ὑποδιέφθειρόν τινας, ἔπεισεν ὁ Μουκιανὸς τὸν Οὐεσπασιανὸν πάντας τοὺς τοιούτους ἐκ τῆς πόλεως ἐκβαλεῖν, εἰπὼν ὀργῇ μᾶλλον ἢ φιλολογίᾳ τινὶ πολλὰ κατ' αὐτῶν. 65,15,5: Διογένης μὲν πρότερος ἐς τὸ θέατρον πλῆρες ἀνδρῶν ἐσῆλθε καὶ πολλὰ αὐτοὺς λοιδορήσας ἐμαστιγώθη, Ἡρᾶς δὲ μετ' αὐτόν, ὡς οὐδὲν πλεῖον πεισόμενος, πολλὰ καὶ ἄτοπα κυνηδὸν ἐξέκραγε, καὶ διὰ τοῦτο καὶ τὴν κεφαλὴν ἀπετμήθη („Als aber nun auch viele andere sich mit Berufung auf die sogenannte stoische Lehre hervortaten, unter denen auch Demetrius der Kyniker war, und oftmals und nicht in der für die Zuhörer geeigneten Form öffentlich Vorträge hielten und sich dabei den Anschein der Philosophie gaben, wodurch sie aber auch einige verdarben, überzeugte Mucianus Vespasian, alle diese Philosophen aus der Stadt auszuweisen, wobei er mehr aus Zorn vieles gegen sie sprach als aufgrund inhaltlicher Gründe." 65,15,5: „Diogenes kam früher in ein vollbesetztes Theater und wurde, da er diese Leute vielfach schmähte und beschimpfte, ausgepeitscht. Nach ihm brüllte Heras, da er glaubte nichts Schlimmeres zu erleiden, in kynischer Manier viel ungereimtes Zeug heraus; und deswegen wurde er enthauptet"); Suet. Vesp. 13,1: *Demetrium Cynicum in itinere obvium sibi post damnationem ac neque assurgere neque salutare se dignantem, oblatrantem etiam nescio quid, satis habuit canem appellare* („Den Kyniker Demetrius, der ihm auf dem Weg begegnete und nach seiner Verurteilung es weder für angemessen hielt, aufzustehen noch ihn zu grüßen, und irgendetwas daherkläffte, nannte er Hund und ließ es damit genug sein"); Gell. 15,11,3–5: *neque illis temporibus (Domitius Ahenobarbo et Crasso censoribus) nimis rudibus necdum Graeca disciplina expolitis philosophi ex urbe Roma pulsi sunt, verum etiam Domitiano imperante senatusconsulto eiecti atque urbe et Italia interdicti sunt. Qua tempestate Epictetus quoque philosophus propter id senatus-consultum Nicopolim Roma discessit* („In diesen weder allzu ungebildeten noch auf der anderen Seite durch griechische Wissenschaft ausgezeichneten Zeiten wurden die Philosophen aus Rom ausgewiesen, freilich wurden sie unter Kaiser Domitian durch einen Senatsbeschluss herausgeworfen und es war ihnen verboten, Rom und ganz Italien zu betreten. In dieser Zeit verließ auch der Philosoph Epiktet wegen dieses Senatsbeschlusses Rom nach Nikopolis"); Suet. Dom. 10,3: *cuius criminis occasione philosophos omnis urbe Italiaque summovit* („Bei Gelegenheit dieses Verbrechens [Hinrichtung von Senatoren] vertrieb er alle Philosophen aus Rom und ganz Italien").
42 Zur rhetorischen Form dieser Kritik Kristen Kennedy: Cynic Rhetoric: the Ethics and Tactics of Resistance, in: Rhetoric Review 18,1 (1999), 26–45. Historisch hinzuziehen ist Craig E. Manning: School Philosophy and Popular Philosophy in the Roman Empire, in: Aufstieg und Niedergang der römischen Welt II,36,7 (1992), 4995–5026.
43 So bei Sen. benef. 7,11,1ff; Gell. 9,2,8; Lukian. Fug. 14; Lukian. Alex. 8.

weil sie als mögliche Widerstandsnester verdächtig waren, auch wenn sie selbst nicht in Erscheinung traten.⁴⁴ Unter den Senatoren waren die Oppositionellen oft Anhänger der Stoa, wie etwa Thrasea Paetus. Für Tacitus ist dieser die inkorporierte *virtus* (*virtus ipsa*, so Tac. ann. 16,21,1–3),⁴⁵ deren Auslöschung Nero begehrte. Thrasea hatte sich bei verschiedenen Anlässen als nicht loyal genug gezeigt.⁴⁶ Alle diese Punkte hatte insbesondere der Ankläger Capito Cossutianus herausgehoben: Er zielt dabei auch auf die *exemplum*-Bedeutung ab, die der prominente Senator hatte (Tac. ann. 16,22,2–3):

> habet sectatores vel potius satellites, qui nondum contumaciam sententiarum, sed habitum vultumque eius sectantur, rigidi et tristes.

> Er hat Nachfolger oder besser: Anhänger, die zwar noch nicht die Schärfe seiner Sprüche, wohl aber die Haltung und die Miene nachmachen, nämlich unbeugsam und griesgrämig.

Es sei vergeblich, wenn Nero zwar Cassius Longinus ausweise, aber zulasse, dass die *aemuli Brutorum* sich gegen den Princeps auflehnen dürften. Als Thrasea nun dem Princeps mitteilt, er wolle zu den Vorwürfen Stellung nehmen, verweigert ihm Nero diese Möglichkeit, da er dessen freie Gesinnung und Unbescholtenheit fürchtet (*libertatem insontis ultro extimuit*). Als diesem der Todesbefehl überbracht wird, ist er gerade mit seinen Freunden zusammen, die ihm geraten hatten, *ut intemeratus impollutus quorum vestigiis et studiis vitam duxerit, eorum gloria peteret finem* (16,26,3). Er diskutiert mit dem Kyniker Demetrius

---

44 Nero verfügte die Verbannung des Musonius nach Gyaros (Tac. ann. 15,71,4), den Selbstmord des Seneca (ebd., 15,60,2–63), den Selbstmord des Thrasea Paetus (ebd., 16,33–35) und die Ausweisung des Demetrius (Philostr. Apoll. 4,42).

45 Tacitus gibt Thrasea eine besondere Bedeutung, was sich am Umfang der Darstellung zeigt. Erich Koestermann (Hg.): Cornelius Tacitus: Annalen. 4. Buch: 14–16, Heidelberg 1968 (Wissenschaftliche Kommentare zu lateinischen und griechischen Schriftstellern), 377f.; vgl. Mart. 11,2,1 zu den Stoikern und Plin. epist. 8,22,3 zu Thrasea als *vir mitissimus*; s. auch Malitz: Philosophie und Politik im frühen Principat (wie Anm. 40).

46 Als über Agrippina im Senat berichtet wurde, verließ er die Versammlung (Tac. ann. 14,12,1); bei den künstlerischen Darbietungen der Juvenalien ließ er es an Einsatz fehlen (entweder war er zu selten anwesend oder hatte zu wenig Beifall gespendet); als Antistius Sosianus zum Tode verurteilt wurde, setzt er eine Verbannung durch, die ihn natürlich suspekt machte; als Poppaea göttliche Ehren erwiesen wurden, war er absichtlich (*sponte*) abwesend; s. auch Christian Ronning: Der Konflikt zwischen Kaiser Nero und P. Clodius Thrasea Paetus. Rituelle Strategien in der frühen Römischen Kaiserzeit, in: Chiron. Mitteilungen der Kommission für Alte Geschichte und Epigraphik des Deutschen Archäologischen Instituts 36 (2006), 329–355.

noch über die Natur der Seele und die Trennung der Seele vom Körper,[47] als er sich die Adern öffnet und das Blut dem *Iupiter liberator* spendet, *ceterum in ea tempora natus* [...], *quibus firmare animum expediat constantibus exemplis* (16,35,1).

Einen Sonderfall senatorischer Opposition im frühen Prinzipat stellt die Figur des Curiatius Maternus dar, dem Tacitus im *Dialogus de oratoribus* ein berühmtes Denkmal setzt. Denn dieser wird zu Beginn des Dialogs von seinen Freunden gerade dabei angetroffen, wie er an einer Tragödie schreibt. Man will ihn warnen, dass er mit seinem ‚Cato' bereits Unwillen erregt habe (*offendisse potentium animos Catone dicitur*; 2,1) und fürchtet, dass er als Dichter seine eigene Person vielleicht ganz vergessen habe. Doch Maternus ist keineswegs naiv; er kontert, dass in seinem ‚Thyestes' das zu Sprache kommen werde, was er im ‚Cato' noch ausgelassen habe. Später sieht er sich als Dichter bestattet, mit einem Porträt, das gerade nicht die Züge der scharfen Kritiker trägt (*maestus et atrox*; 13,6), sondern ihn heiter und mit einem Dichterkranz zeigt; an eine öffentliche Verehrung ist nicht zu denken.[48] Der *artifex* lebt nur seine Kunst, aber kritisiert den Prinzipat. Maternus lehnt die Tätigkeit als *orator* ab und zieht es vor, stattdessen im Privaten zu leben, aber nicht verbittert, sondern heiter, nämlich als freier Dichter.

Unter den in Rom wirkenden Philosophen stechen die kynisch-stoischer Provenienz heraus; unter diesen sind uns vor allem Demetrius, Musonius und Epiktet durch verschiedene Quellen fassbar.[49]

1. Demetrius kann als Vertreter einer kynisch-stoischen Popularphilosophie angesehen werden, der in Rom unter Tiberius und Vespasian wirkte;[50] er hinterließ keine Schriften, sondern seine Vorträge wurden von seinen Schülern bewahrt. Seneca bewertet diesen durchweg positiv, doch hat man Zweifel an diesem Bild formuliert: Die paränetische Vorgabe der Texte verbietet eine kritische Stellungnahme, Apophthegmen wie das bei Cassius Dio 66,13,3: σὺ μὲν πάντα

---

47 Das Thema aus dem Platonischen *Phaidon*, den schon der jüngere Cato als Lektüre vor seinem Suicid wählte, s. Plut. Cato min. 68,2.
48 Zu Maternus s. Thomas Schirren: Campus oratorum, vatum nemora. Apers und Maternus' Kontroverse im Dialogus de oratoribus im Lichte einer Topographie der eloquentia, in: Christoff Neumeister; Wulf Raeck (Hgg.): Rede und Redner. Bewertung und Darstellung in den antiken Kulturen (Kolloquium Frankfurt a. M. 14–16.10.1998), Möhnesee 2000 (Frankfurter archäologische Schriften 1), 227–248; Gesine Manuwald: Der Dichter Curiatius Maternus in Tacitus' Dialogus de oratoribus, in: Göttinger Forum für Altertumswissenschaft 4 (2001), 1–20.
49 S. auch Trapp: Philosophy in the Roman Empire (wie Anm. 40).
50 Fragmente und eine gute Aufarbeitung bei Margarethe Billerbeck: Epictetus. Vom Kynismus, Leiden 1978 (Philosophia antiqua 34), bes. 18–43.

ποιεῖς ἵνα σε ἀποκτείνω, ἐγὼ δὲ κύνα ὑλακτοῦντα οὐ φονεύω („Du tust alles, damit ich dich töte, ich aber töte keinen bellenden Hund") passen so wenig ins Bild, dass man sich schwer tut, ein abschließendes Urteil zu fällen.[51] Tacitus lässt jedenfalls keinen Zweifel, dass er Demetrius für einen Scheinphilosophen hält, und stützt sich dafür auf die Rache, die Musonius durch seine Anklage gegen Egnatius Celer nahm, da Demetrius als Verteidiger des überführten Egnatius Celer in einem ungünstigen Lichte steht.[52] Bei Cassius überwiegt die Ablehnung der kynischen Schroffheit, die auch Seneca konstatiert.[53] Tatsächlich muss er sich gegen die *luxuria* gewandt und sie in rhetorisch anspruchsvoller Form gegeißelt haben.[54]

---

51 So Billerbeck: Epictetus (wie Anm. 50), 54–56.
52 Egnatius hatte seinerseits den beim Princeps missliebigen Barea Soranus, seinen Schüler und Patronus, angegriffen: Tac. ann. 16,32: *Et quantum misericordiae saevitia accusationis permoverat, tantum irae P. Egnatius testis concivit. cliens hic Sorani et tunc emptus ad opprimendum amicum auctoritatem Stoicae sectae praeferebat, habitu et ore ad exprimendum imaginem honesti exercitus, ceterum animo perfidiosus, subdolus, avaritiam ac libidinem occultans* („Und in dem Maße, wie die Grausamkeit der Anklage Mitleid hervorrief, zog Egnatius als Zeuge den Zorn auf sich. Er war ein Klient des Soranus und damals gekauft worden, um den Freund zu vernichten; so trug er den Anspruch der Stoa vor sich her. Durch Haltung und Miene geübt, den Anschein des Anstands auszudrücken, war er im Übrigen in seiner Gesinnung niederträchtig, verschlagen und versteckte Habgier und Lust"); Tac. hist. 4,40,3: *Iustam vindictam explesse Musonius videbatur, diversa fama Demetrio Cynicam sectam professo, quod manifestum reum amibitiosius quam honestius defendisset* („Musonius schien eine gerechte Strafe veranlasst zu haben, ganz anders sprach man von Demetrius – der sich zum Kynismus bekannte –, weil er einen überführten Angeklagten ehrgeiziger verteidigte als es der Anstand gebot"). Eine Neubewertung dieses Bildes von Demetrius nimmt John L. Moles: ‚Honestius Quam Ambitiosius'? An Exploration of the Cynic's Attitude to Moral Corruption in His Fellow Men, in: The Journal of Hellenic Studies 103 (1983), 103–123 vor, der sich – mangels Belege – dafür auf zweierlei stützt: 1. die allgemeine Philanthropie der Kyniker; 2. den Intellektualismus in ethischen Fragen. Demetrius hätte so den ‚gefallenen' Kollegen Egnatius zu Hilfe kommen wollen, um ihn wieder auf den Weg der Tugend zu bringen. Seine Verteidigung hätte freilich ganz sokratisch bei den Verfehlungen ansetzen und diese als Fehlschlüsse darstellen müssen, deren Falschheit vor Augen geführt worden wäre. Davon findet sich aber bei unseren Gewährsmännern keine Spur. Genau ein solches Verhalten wäre indes im Sinne des Diogenischen παραχαράττειν τὸ νόμισμα (‚Umprägung der Münzen') gewesen: Der Advokat legt alle Fehler offen und wirbt dann für Nachsicht aus allgemeinen menschlichen Rücksichten.
53 Sen. epist. 91,19: *Eleganter Demetrius noster solet dicere eodem loco sibi esse voces inperitorum quo ventre redditos crepitus. ‚Quid enim' inquit ‚mea, susum isti an deosum sonent?'* („Elegant pflegt unser Demetrius zu sagen, dass ihm die Stimmen der Unerfahrenen am selben Ort sind, wie die Geräusche, die aus dem Magen kommen; Was nämlich, sagt er, macht es für mich für einen Unterschied, ob diese von unten nach oben oder umgekehrt sich vernehmbar machen?").
54 Sen. benef. 7,8,2–7,10.

2. Musonius Rufus stammte aus dem Ritterstand und verschrieb sich der stoischen Philosophie. Auch er verfasste keine Schriften, sondern allein seine Schüler fixierten die Reden.[55] Auffallend ist, dass er wenig Veränderungen der stoischen Lehre vorgenommen zu haben scheint, andererseits aber auch gegen den Vulgärkynismus polemisierte. Er widmete sich offenbar bei seinen Vorträgen gerade dem täglichen Leben und so reichen seine Themen von der Barttracht bis zur vollständigen Gleichberechtigung von Mann und Frau als Grundlage einer guten Ehe (Frg. 11; 13). Gerade die Schlichtheit und Umfassendheit seiner Paränese, die keinen Lebensbereich ausspart, ließe sich im Sinne der Vereinigung von *dicere* und *sapere* deuten. Er kann so als ein Beispiel des *humani generis paedagogus* gelten.[56]

3. Dessen Schüler Epiktet ist durch die umfassenden Aufzeichnungen seiner Reden unvergleichlich viel besser überliefert. Für unseren Zusammenhang aufschlussreich ist die Kritik an den falschen Philosophen. In Epiktet: *Dissertatio-*

---

55 Tac. hist. 3,81,1: *Musonius Rufus equestris ordinis, studium philosophiae et placita Stoicorum aemulatus.* Aus Volsinii in Etrurien, von Nero 65 nach dem Scheitern der Pisonischen Verschwörung verbannt, s.o. S. 205. Galba rief ihn zurück und er wurde, als Vespasian auf die Philosophen verwies, zunächst offenbar ausgenommen. Möglicherweise wurde er später aber doch ausgewiesen und von Titus zurückgerufen (Hieronymos z. J. Abrah 2095 = 79 n. Chr.). Aufgezeichnet hat die Vorträge ein gewisser Lucius (zur Identität s. Eduard Zeller: Die Philosophie in ihrer geschichtlichen Entwicklung, Bd. 3,1, Leipzig ⁵1923, 756; Otto Hense [Hg.]: C. Musonii Rufi reliquiae, Leipzig 1905, XII). Die Fragmente aus Stobaios hat Hense (s. o.) gesammelt.

56 Sen. epist. 89,12–13: *Ariston Chius non tantum supervacuas esse dixit naturalem et rationalem sed etiam contrarias; moralem quoque, quam solam reliquerat, circumcidit. Nam eum locum qui monitiones continet sustulit et paedagogi esse dixit, non philosophi, tamquam quidquam aliud sit sapiens quam generis humani paedagogus* („Ariston von Chius sagte nicht nur, dass Naturphilosophie und Logik überflüssig seien, sondern sogar einander entgegengesetzt; auch die Moralphilosopie, die er als einzige übrig ließ, beschränkte er. Denn denjenigen Bereich, der die Mahnungen betrifft, schloss er aus und sagte, dieser gehöre in die Aufgaben der Pädagogen, nicht der Philosophen, als ob der Weise irgendetwas anderes wäre als ein Pädagoge des menschlichen Geschlechtes"). Orig. c. Cels. 3,66 nennt ihn ein παράδειγμα τοῦ ἀρίστου βίου („Beispiel des besten Lebens") und stellt ihn so neben Sokrates; die Suda M 208 charakterisiert ihn als φιλόκαλος γὰρ ὢν καὶ φιλάγαθος ὁ Μουσώνιος τοὺς πανταχόθεν εἷλκε παρ' ἑαυτόν, ὥσπερ ἡ μαγνῆτις τὸν σίδηρον („Ein Freund des Schönen und Guten, zog er von überall Menschen an sich, wie ein Magnet das Eisen"), das Bild aus dem Platonischen *Ion* 535 e–536d aufnehmend: Der Philosoph wird so mit dem Künstler verglichen, der die Macht des Gottes ausübt. Zum soziologischen Phänomen des Philosophen im Kreise seiner Schüler s. Johannes Hahn: Der Philosoph und die Gesellschaft. Selbstverständnis, öffentliches Auftreten und populäre Erwartungen in der hohen Kaiserzeit, Wiesbaden 1989 (Heidelberger althistorische Beiträge und epigraphische Studien 7), 67–85, bes. 74–80; Trapp: Philosophy in the Roman Empire (wie Anm. 40), 211–225.

nes 3,22,48–51 unterscheidet er die echten Kyniker von den ‚Performanzphilosophen': Während der echte Kyniker stets eine freundliche Miene zur Schau stellt, weil er ein positives Sendungsbewusstsein hat – ist er doch ohne Furcht und ohne Zorn, da er Gott in allen Wechselfällen des Lebens als seinen „Trainer" erkennt – trägt der falsche Kyniker einen falschen Anspruch vor sich her, was sich gerade in den Wechselfällen des Lebens zeigt, die er eben nicht als Ausbildung seiner Arete nutzt. Stattdessen bieten die Pseudophilosophen immer ein finsteres und kritisches Gesicht, mit der sie ihre Ablehnung ausdrücken, ohne indes an der eigenen Vervollkommnung zu arbeiten. Vergleichbar ist eine Anekdote, die Aulus Gellius von Herodes Atticus überliefert; dieser wird von einem Bärtigen um Geld gebeten; da erkundigt er sich, wer denn der Bittsteller sei:[57]

> Atque ille vultu sonituque vocis obiurgatorio philosophum sese esse dicit et mirari quoque addit, cur quaerendum putasset, quod videret: „Video" inquit Herodes „barbam et pallium, philosophum nondum video."

> Und jener sagt mit einem scheltenden Gesichtsausdruck und ebensolcher Stimme, dass er ein Philosoph sei und fügt hinzu, dass er sich wundere, warum Herodes überhaupt glaubt fragen zu müssen, was er doch mit eigenen Augen sehe; „ich sehe", sagt Herodes, „einen Bart und einen Mantel, einen Philosophen sehe ich noch nicht."

Es ist eben nicht der Bart, der den Philosophen ausmacht.[58] Die Forderung Ciceros nach Überwindung des *discidium linguae atque cordis*, indem der *orator*

---

57 Gell. 9,2,2.
58 Man hätte hier eine Perversion der eigentlichen kynischen Rhetorik zu sehen, die sich die Entlarvung von menschlichen Lastern auf die Fahnen schrieb, indem sie den kürzesten Weg zur Tugend empfahl; dazu Kennedy: Cynic Rhetoric (wie Anm. 42), die die kynische Rhetorik an der Parrhesia und der Diatribe aufzeigt: „Diatribe is an ‚insurgence tactic' that in its disruptive and misbehaved way highlights the political dimensions of ideal speech situations by making agency available through ‚bad' discursive behavior." Kynische Rhetorik bildet somit den klaren Gegenpol zur Rhetorik des *vir bonus* der ‚Institutio' Quintilians. Nicht weil Quintilian es an moralischer Dignität hätte fehlen lassen, sondern weil er den *orator* im Zentrum der Gesellschaft ansetzt, nicht an deren Peripherie, wo sich der Kyniker bewegt. Zur Erscheinung des Philosophen in der Kaiserzeit s. Hahn: Der Philosoph und die Gesellschaft (wie Anm. 56), 33–45, der unter anderem auf Plin. epist. 1,10,5–7 verweist, wo Euphrates beschrieben wird: *ad hoc* [Stil und Inhalt seines Vortrages] *proceritas corporis, decora facies, demissus capillus, ingens et cana barba*. Hahn, ebd., 41 stützt auch die These von der Randstellung des Kynikers: „Das ‚Verlassen' der Gesellschaft und – in seiner radikalsten, kynischen Variante – Lösung aus jeglicher gesellschaftsbedingten Rücksichtnahme und Verantwortung ist jedoch für den Philosophen, so ließe sich formulieren, mit dem gleichzeitigen Erwerb gewisser Sonderrechte ver-

sapiens sich politisch betätige, wurde durch das Bild, das die Philosophen in der Öffentlichkeit abgaben, wohl nur umso dringlicher. Es war Hermagoras von Temnos, dessen philosophisch reflektierte Reform der *inventio* durch ein ausgeklügeltes Fallsystem (die sogenannte Stasislehre) bewies, wie eine Synthese von philosophisch-ontologischer Kategorienlehre und rhetorischer Pragmatik gelingen kann. Aber auch die Natur der Affekte und Grundformen menschlichen Verhaltens waren in der peripatetischen Tradition ein Gegenstand, der immer auch rhetorisch reflektiert worden ist. Es ist ein dem Plutarch zugeschriebener Traktat über die Erziehung der Kinder, der die alte Frage nach den Lebensformen aufwirft:[59] Das praktische Leben ist ohne Philosophie ungebildet (ἄμουσος), das theoretische, also der Erkenntnis gewidmete Leben ist, wenn es die praktische Umsetzung aus dem Blick verliert, nutzlos. Eine Synthese dieser Lebensformen sieht die politische Betätigung vor, wobei man sich an die Philosophie anlehnt, und zwar nach Maßgabe der Möglichkeiten (τὰ κοινὰ πράττειν καὶ τῆς φιλοσοφίας ἀντιλαμβάνεσθαι κατὰ τὸ παρεῖκον τῶν καιρῶν). *Exempla* sind Perikles, Archytas, Dion von Syrakus, Epaminondas von Theben.[60]

Die Philosophie soll vor allem einen Schutz vor den Affekten bieten, um nicht in den βίος ἀπολαυστικός abzudriften. Nur so könne erkennbar bleiben, was schön, gerecht und anzustreben ist, wie man sich gegen die Götter, die Eltern, die Älteren, die Gesetze, die Kinder, die Hausangestellten verhalten solle: nämlich die Götter verehren, die Eltern ehren, vor den Älteren Respekt empfinden usw. Vor allem aber weder im Glück außer sich zu geraten, noch im Unglück sich übermäßig zu bekümmern. Man hat angesichts dieser Ausführungen den Eindruck, dass es vor allem darum geht, als kontrolliertes Mitglied in der Gesellschaft zu agieren, so als ob viele Männer dies nicht vermöchten und dadurch Unruhen stifteten. Solche popularphilosophischen Gedanken passen durchaus in die sozialethischen Positionen, wie sie sich etwa bei Seneca in *De ira*, in *De cohibenda ira* (*Moralia* 452–464) von Plutarch oder bei Musonius finden.[61] Dort sollen sie den Wert der Selbstbeherrschung aufzeigen, jener Beson-

---

knüpft." Wenn nun nur noch die Attitüde bleibt, so zeigt dies, dass kynische Rhetorik nicht unbegrenzt einsetzbar ist, wie alle Performanzstrategien.
59 Plut. De liberis educandis (Περὶ παίδων ἀγωγῆς) § 10, s. Trapp: Philosophy in the Roman Empire: (wie Anm. 40), 18–23.
60 Von diesen wird nur Perikles von Cicero in de orat. 3,56–57 genannt; doch in 3,137–139 erscheinen alle vier als Beispiele von Politikern, die einen philosophischen Mentor hatten.
61 William V. Harris: Restraining Rage: The Ideology of Anter Control in Classical Antiquity, Cambridge, MA 2001, 3 setzt an den Anfang seiner eingehenden Studie Musonius Frg. 36 (ed. Hense: C. Musonii Rufi reliquiae [wie Anm. 55]), das in Plut. De cohibenda ira 453d zitiert wird, und listet 127–128 andere Zeugnisse auf, die zeigen, wie das Thema gerade in der Kaiserzeit

nenheit (σωφροσύνη), die zu den vier sogenannten Kardinaltugenden zählt[62] und in diesem Verbund das politische Leben gestalten soll. In den *res gestae* des Augustus finden sich denn auch *virtus, clementia, iustitia* und *pietas*.[63] Verschiedene neuere Studien haben gezeigt, dass es gerade die Sophrosyne war, die in der hohen Kaiserzeit, eine „grundlegende Kategorie aristokratischen Selbstverständnisses" war.[64] Dabei sollte diese Tugend den Wettbewerb ums höchste Ansehen in der Gesellschaft regulieren und „die Gesellschaftsverträglichkeit individuellen aristokratischen Strebens nach öffentlicher Anerkennung sichern".[65] Man kann also zusammenfassend festhalten, dass sich in der Kaiserzeit eine philosophische *vulgata* bzw. Synkrasie herausbildete, deren praktische Anwendbarkeit und Angebot als Lebenshilfe nur um den Preis mangelnder Profilierung der einzelnen Schulen in deren internen wie externen Diskussion möglich waren. Die erwähnte Kritik an den Performanzphilosophen wirft ein charakteristisches Licht auf den Zustand der ehemals hochdifferenzierten philosophischen Schulen, da es nun nicht mehr auf die Inhalte ankam, sondern auf eine äußerlich sichtbare Haltung. Man könnte auch auf den stilistisch schlichten, aber durchaus paränetisch anspruchsvollen Stil der Diatribe verweisen, die

---

virulent war: außer Senecas Dialog s. auch noch Galen: De cognoscendis curandisque animi morbis (5,1–57 = CMG 5,4,1,1). Auch Philodem hatte eine Abhandlung περὶ ὀργῆς geschrieben.

62 σωφροσύνη, σοφία, ἀνδρεία, δικαιοσύνη; für die Besonnenheit fehlt eine echte Entsprechung im Lateinischen, *temperantia* hat sich nicht gänzlich durchgesetzt, die anderen sind *sapientia, fortitudo, iustitia*. Frühester Beleg ist Plat. rep. 427e. Dort steht der Quaternio für die beste politische Verfassung einer Polis. Dazu s. die eingehende Studie Helen North: Sophrosyne: Self-knowledge and Self-restraint, Ithaca 1966 (Cornell studies in classical philology 35), die 228–229 feststellt: „[...] Musonius Rufus, Seneca, Epictetus, and Marcus Aurelius abandoned any pretence of an interest in the theoretical aspects of *aretê*. Without exception these philosophers were concerned with practical applications of Stoic philosophy; as a result it is often hard to distinguish their Stoicism from the equally practical morality of Platonic or Cynic philosophers in the first centuries of the Empire. Stoics like Musonius and Epictetus, Platonists like Maximus of Tyre, Cynics like Dio of Prusa, even rhetors like Libanius and Themistius, preached essentially the same ethical doctrine. One of the concepts they share is the definition of sophrosyne as the restraint of the appetites."

63 R. Gest. div. Aug. § 34 (ἀρετή, ἐπιείκεια, δικαιοσύνη, εὐσέβεια). Trotz der Abweichungen ist aber erkennbar, dass Augustus sich mit diesen Tugenden als gerechter Herrscher legitimieren will. Dazu Karl Christ: Geschichte der römischen Kaiserzeit: Von Augustus bis zu Konstantin, München [4]2002, 88.

64 Johannes Hahn: Aristokratie und Philosophie im Imperium Romanum. Philosophische Bildung, soziale Identität und Elitekultur in der Kaiserzeit, in: Gymnasium 117 (2010), 425–450, hier 430.

65 Hahn: Aristokratie und Philosophie (wie Anm. 64), 430.

gleichermaßen von Philosophen wie Rhetoren gepflegt wurde.⁶⁶ Denn die Themen waren derart stereotyp, dass sie im Grunde wie *loci communes* die „gesellschaftliche Einbildungskraft" formten:⁶⁷ Armut, Verbannung, Alter, Tod, Sinnenlust (ἡδονή) und deren Gegenteil (πόνος), Apathie und Autarkie des Weisen, um nur die wichtigsten zu nennen.⁶⁸ Sie waren aber auch Themen, denen sich die Subjekte damals ausgesetzt sahen und gegen die es sich zu wappnen galt. Sie bilden also gewissermaßen das subjektorientierte Spiegelbild der allgemeinen gesellschaftlichen Zwänge. Die Quintessenz dieser Predigten war aber die Konstituierung und Pflege einer unzerstörbaren Tugend, die den Einzelnen und die Gesellschaft vor sich selbst und der Tyche schützte. Gerade angesichts dieser Tugendpredigten hat man immer schon gesehen, dass die Grenzen zwischen Philosophie und Rhetorik verschwinden.⁶⁹

Diese auf den ersten Blick vielleicht allzu selbstverständliche Betonung der Tugend für das Zusammenleben gewann freilich vor dem Hintergrund der *delatores* der Kaiserzeit wiederum eine besondere Relevanz. Das Unwesen von gewinngierigen Anklägern brachte es dahin, dass der juristische Terminus des *delator* (gleichbedeutend mit dem des *accusator*) in Misskredit kam und seine neutrale Bedeutung fast gänzlich verlor.⁷⁰ Quintilian tadelt dieses Unwesen mit scharfen Worten: Es gebe da viele, die die Redefähigkeit nur dazu nutzten, an-

---

66 S. dazu DNP 3 (1997) 530–532 [Görgemanns]; RAC 3 (1957) 990–1009 [Marrou Capelle], hier 992: „Die Diatribe hat also die Form einer zusammenhängenden propagandistischen, d.h. Wirkung beabsichtigenden und Wirkung erzielenden Rede. Und gerade wegen ihrer propagandistischen Absicht bedient sie sich, zumal in literarischer Stilisierung, einer großen Reihe rhetorischer Kunstmittel." Margarethe Billerbeck: Der Kyniker Demetrius. Ein Beitrag zur Geschichte der frühkaiserzeitlichen Popularphilosophie, Leiden 1979 (Philosophia antiqua 36), 3–11; zur kynischen Rhetorik der Diatribe s. Kennedy: Cynic Rhetoric (wie Anm. 42).
67 So der grundlegende Titel von Lothar Bornscheuer: Topik: Zur Struktur der gesellschaftlichen Einbildungskraft, Frankfurt a. M. 1976.
68 RAC 3 (1957), 993.
69 Dass in der Zweiten Sophistik diese Unterscheidung immer schwieriger wird, zeigt sich an der Auswahl der Bioi in Philostrats Vitae Sophistarum, dazu Hahn: Der Philosoph und die Gesellschaft (wie Anm. 56) 46–53; von Arnim: Dio von Prusa (wie Anm. 9), 113–114.
70 Theodor Mommsen: Römisches Strafrecht, Leipzig 1899, 383, Anm. 2; da dem Ankläger grundsätzlich eine Belohnung zustand, fanden sich in der Kaiserzeit immer Ankläger, die sich im staatlichen Auftrage betätigten und sich bereicherten. Der Princeps konnte *delatores* daher als eine wirksame Waffe nutzen und sich zugleich durch die Verurteilten Geld beschaffen. In republikanischer Zeit war freilich die Anklage auch immer mit dem Risiko verbunden, dass der Angeklagte sich wehrte und seinerseits auf *calumnia* klagte. Zwar gab es dieses Verfahren mit der Androhung der Ehrlosigkeit auch in der Kaiserzeit noch, doch nennt es Mommsen eine „außerordentliche Repression der souveränen Monarchie" und dürfe „kaum als der regelmäßigen Rechtspflege zugerechnet werden" (ebd., 495).

dere ins Verderben zu stürzen (2,20,2), denn ein „Leben ganz in der Anklage" zu führen (*vita accusatoria*), um sich Gewinn zu verschaffen, sei nichts anderes als Räuberei (*proximum latrocinio est*; 12,7,3), denn die Natur hätte dem Menschen übel mitgespielt, wenn sie die *facultas dicendi* als Gesellin des Verbrechens, die sich der Unschuldigkeit in den Weg stellte, und als Feind der Wahrheit dem Menschen gegeben hätte (12,1,2). Hier äußert sich Quintilian in ungewohnter Deutlichkeit und erinnert in seiner moralistischen Position an Platons Kritik an den Sophisten.[71] Gerade aber diese *delatores* waren andererseits wiederum nichts anderes als willkommene Belege für die Berechtigung, ja Notwendigkeit von diatribischen Predigten, indem es sowohl galt sich durch Verachtung des Reichtums vor den Wechselfällen der materiellen Existenz zu schützen als auch die Gier selbstsüchtiger Advokaten an den Pranger der Philosophie zu stellen. Angesichts dieser Entwicklung aber kann es auch nicht verwundern, wenn sich unter den Rednern ein gewisses *taedium philosophiae* einstellte. Aper bemerkt im Taciteischen *Dialogus*, dass man ehedem noch über gut platzierte philosophische *loci* gejubelt hätte, da man die *praecepta rhetorum* und *placita philosophorum* kaum kannte, heute dagegen wären das Ladenhüter, die niemanden von den Sitzen reißen könnten; denn auch wenn nicht alle *instructi* seien, so doch *certe imbuti*.[72]

---

[71] So überzeugend Michael Winterbottom: Quintilian and the vir bonus, in: The Journal of Roman studies 54 (1964), 90–97, der herausarbeitet, dass gerade in der Flavischen Epoche die Administration sich auf fähige *delatores* stützte (93). Quintilian war in dieser Kritik ein mutiger Mann, denn gerade unter Domitian waren die Delatorenprozesse besonders häufig. Wenn Aper im Taciteischen *Dialogus de oratoribus* 7,4 deren Berühmtheit preist (Crispus; Marcellus), so zeigt es das Verhalten von einzelnen Rednern, die alles vermochten (Winterbottom: Quintilian and the vir bonus, 95–96).

[72] Tac. dial. 19,3–5: *quod si quis adoratus philosophiam videretur et ex ea locum aliquem orationi suae insereret, in caelum laudibus ferebatur. nec mirum; erant enim haec nova et incognita, et ipsorum quoque oratorum paucissimi praecepta rhetorum aut philosophorum placita cognoverant. at hercule pervulgatis iam omnibus, cum vix in cortina quisquam adsistat, quin elementis studiorum, etsi non instructus, at certe imbutus sit, novis et exquisitis eloquentiae itineribus opus est* [...] („Wenn einer die Philosophie sehr verehrt zu haben schien und aus ihr irgendein Argument in seine Rede einflocht, wurde er mit Lobpreisungen in den Himmel gehoben. Und das war kein Wunder. Das war damals nämlich noch neu und unbekannt, und selbst unter den Rednern kannten nur ganz wenige die Vorschriften der Rhetoren oder die Lehrsätze der Philosophen. Aber, beim Hercules, nachdem das alles bekannt ist und im Zuhörerkreis kaum einer zu finden ist, der mit den grundlegenden Sätzen der Materien wenn nicht durchaus vertraut, so doch immerhin einen gewissen Umgang hat, braucht man neue und besondere Wege in der Beredsamkeit").

So war also die Situation in der Flavischen Epoche, als Quintilian sich anschickte, ein umfassendes Lehrbuch für Lehrende zu verfassen.[73] Dass er gleich zu Beginn seines Werkes die Bedeutung moralischer Qualitäten des *orators* unterstreicht, ist vor diesem Hintergrund nicht nur eine Reminiszenz an einen alten Streit zwischen zwei Bildungsinstanzen der antiken Welt,[74] sondern Quintilian nimmt sehr direkt Stellung zur praktizierten Rhetorik seiner Zeit. Man könnte sogar so weit gehen, dass die öffentliche Wahrnehmung der populären Philosophie in dieser Epoche die einzigartige Möglichkeit bot, die Kritik der Philosophen an der ubiquitären Rhetorik gänzlich zu ersticken.[75] Die folgenden Interpretationen einschlägiger Stellen aus dem Werk Quintilians, der sich die Erneuerung der Rhetorik durch seine ‚Institutio oratoria' zum Ziel gesetzt hat, mögen das verdeutlichen.

---

73 Quint. inst. 1 pr. 25: *quidquid utile ad instituendum oratorem putabamus in hos duodecim libros contulimus, breviter omnia demonstraturi* („Was auch immer wir für die Ausbildung des Redners für nützlich erachten, haben wir in diesen zwölf Büchern zusammengetragen, um alles in Kürze darzulegen").
74 Dazu den oben erwähnten Klassiker von von Arnim: Dio von Prusa (wie Anm. 9), 4–114, der jedoch bei Ciceros De oratore und dessen möglichen griechischen Vorlagen endet (bes. 98ff.); eine gute Aufarbeitung unter Berücksichtigung vieler neuer Ansätze und Positionen bei Stroh: Philosophie und Rhetorik in der antiken Bildungsgeschichte (wie Anm. 27), 15–17, der genau den Streit zwischen Antonius und Crassus zum Ausgangspunkt wählt und auf die Geschichte des Streites zwischen Rhetorik und Philosophie zurückblickt. Strohs Hauptthese ist der Versuch, von Arnim zu widerlegen: Nicht die Philosophie habe im 3. Jh. den Sieg davon getragen, sondern die Rhetorik, die es gar nicht nötig gehabt hätte, auf diesen Sieg noch zu verweisen, denn ihr Erfolg im Bildungssystem und in der Praxis sei fraglos gewesen (passim; zusammenfassend 93–96). Auf diese Position wird im Folgenden noch zurückzukommen sein.
75 Malitz: Philosophie und Politik (wie Anm. 40), 176 bemerkt lapidar zur Situation vor der Vertreibung der Philosophen unter Domitian des Jahres 93: „Wie man damals über solche Leute dachte, ist bei Quintilian (12,3,12) nachzulesen."

4 Quintilians Versuch einer Neubestimmung von *orator* und *ars oratoria*

4.1 Der *orator* als *vir bonus* – ein *sapiens togatus*?

Es hat ganz den Anschein, als ob Quintilian genau diese Diskussion über die Moralität zum Ausgangspunkt seiner umfassenden rhetorischen *ars* machen möchte, wenn er so beginnt:[76]

> Oratorem autem instituimus illum perfectum, qui esse nisi uir bonus non potest, ideoque non dicendi modo eximiam in eo facultatem sed omnis animi uirtutes exigimus. Neque enim hoc concesserim, rationem rectae honestaeque uitae, ut quidam putauerunt, ad philosophos relegandam, cum uir ille uere ciuilis et publicarum priuatarumque rerum administrationi accommodatus, qui regere consiliis urbes, fundare legibus, emendare iudiciis possit, non alius sit profecto quam orator.

> Wir aber bilden jenen vollkommenen Redner aus, der unbedingt ein moralisch guter Mann sein muss; daher fordern wir nicht nur, dass er über eine besondere Redefähigkeit verfügen, sondern alle geistigen Tugenden besitzen müsse. Und ich möchte auch das nicht einräumen, dass die Methode eines rechten und ehrenwerten Lebens, wie einige glaubten, den Philosophen überlassen werden müsse, da doch jener wirklich politisch wirkende Mann, der für die Verwaltung öffentlicher wie privater Angelegenheiten geeignet ist, der den Städten Rat erteilen, sie mit Gesetzen gründen und durch Gerichtsbarkeit von Fehlern befreien kann, wirklich niemand anderes sein kann als ein Redner.

Denn wir finden hier all jene Topoi wieder, die den Streit zwischen Philosophie und Rhetorik seit langem bestimmten: Als politischer Führer, Verfassungsgeber und Richter muss der Redner in seinem eigenen Leben integer erscheinen. Als *vir bonus* ist er eigentlich nichts anderes als der *sapiens*, von dem Cicero spricht[77] und den man als Modell in der Ethik der Stoa findet. Daher muss er alle

---

76 Quint. inst. 1 pr. 9–10.
77 Wenn Carl Joachim Classen: Quintilians Redner: ein vir bonus dicendi peritus, in: Carl Joachim Classen (Hg.): Aretai und Virtutes. Untersuchungen zu den Wertvorstellungen der Griechen und Römer, Berlin/New York 2010 (Beiträge zur Altertumskunde 283), 261–269, hier 261–262 betont, dass Cicero die Forderung moralischer Integrität nur wie eine „wünschenswerte Ergänzung" in *De oratore* 2,85 vorbringt, so ist dies natürlich ein problematischer Beleg, weil hier gerade Antonius spricht. In einer früheren Studie (Carl Joachim Classen: Ciceros orator perfectus. Ein vir bonus dicendi peritus?, in: ders.: Die Welt der Römer. Studien zu ihrer Literatur, Geschichte und Religion, Berlin/New York 1993 [Untersuchungen zur antiken Literatur und Geschichte 41], 155–167, hier 166) kommt er zum selben Ergebnis mit folgender Begründung: „Die Maßstäbe, die Cicero in der Erörterung zwischen Crassus und Antonius für den orator

virtutes umfassen. Dieser Gedanke geht auf die stoische Konzeption der Tugenden zurück.[78] In der Einheit der Tugenden drückt sich der stoische Monismus des Logos aus, der alles durchgängig gestaltet. Die richtige Handlung ist nur möglich, wenn der Logos diese anleitet,[79] und insofern sind alle Tugenden nur eine: nämlich die des Logos. Man kann auch in der stoischen Definition der Rhetorik als *scientia bene dicendi*, die Quintilian später in 2,15,33–34 mit dem

---

summus, perfectus, d.h. doctus, entwickelte und nach denen gemessen zu werden er selbst sich nicht zu scheuen brauchte, solange es um Bildung und praktische Erfahrung als orator ging, konnten nicht entsprechend für den vir bonus, probus, bene moratus entwickelt werden, weder in der Art, daß zwei voneinander abweichende Positionen schließlich zu einer Synthese gebracht werden, die das Ideal beschreibt, noch mit einem Ergebnis, als dessen reale Verwirklichung Cicero selbst, wenn auch unausgesprochen, hätte angesehen werden können. Insofern beschränkt sich Ciceros Werk auf Teilaspekte und verzichtet darauf, ein umfassendes Bild aller Qualitäten, die der Politiker besitzen sollte, und der Möglichkeiten, sie zu erwerben, zu zeichnen." Die Zurückhaltung Ciceros ist insofern nachvollziehbar, als er sonst für sich selbst ja den Titel des *sapiens* reklamieren müsste (so Winterbottom: Quintilian and the vir bonus [wie Anm. 71], 90: „But there is no doubt that Cicero was not primarily concerned with the moral aspect. As the leading orator of his day, he may have thought it indelicate or superfluous to stress that the perfect orator must be a good man"); daher scheint es wenig plausibel, dass Cicero so die eigentlich ja angestrebte Einheit von *dicere* und *sapere* zugleich habe preisgeben wollen.
78 Dazu SVF 3,280 (=Stobaios: Eclogae physicae et ethicae 2,63,6): πάσας δὲ τὰς ἀρετὰς ὅσαι ἐπιστῆμαί εἰσι καὶ τέχναι κοινά τε θεωρήματα ἔχειν καὶ τέλος, ὡς εἴρηται, τὸ αὐτό· διὸ καὶ ἀχωρίστους εἶναι· τὸν γὰρ μίαν ἔχοντα πάσας ἔχειν, καὶ τὸν κατὰ μίαν πράττοντα κατὰ πάσας πράττειν („Alle Aretai, soweit sie Wissenschaften und Technai sind, haben allgemeine Theorien und dasselbe Ziel, wie gesagt worden ist; deswegen auch seien sie nicht voneinander zu trennen. Wer nämlich eine hat, der hat alle zusammen und wer gemäß einer handelt, handelt gemäß aller"), s.o. S. 200. Classen: Quintilians Redner (wie Anm. 77) und Carl Joachim Classen: Der Aufbau des 12. Buches der Institutio oratoria Quintilians, in: Museum Helveticum 22 (1965), 181–190 sieht in Quintilians *vir-bonus*-Konzept allerdings vor allem eine Antwort auf die Kritik Platons, wofür er auf 2,15 verweisen kann, so auch Alan Brinton: Quintilian, Plato, and the vir bonus, in: Philosophy and Rhetoric 16 (1983), 167–184, der besonders die Verbindung von Weisheit, moralischer Güte und Beredsamkeit betont, aber auch die teleologische Natur der Rhetorik als einer Handlungstheorie, die Quintilian mit dem Platonismus gemeinsam hätte. Dazu Tobias Reinhardt; Michael Winterbottom (Hgg.): Institutio oratoria. Book 2, Oxford 2006, 236–239, die zu dem einleuchtenden Schluss kommen, dass die direkte Referenz zeige, dass Quintilian den bekannten Dialog hier als Hintergrund für die stoische Lehre der ‚gewussten Tugend' (dazu Max Pohlenz: Die Stoa. Geschichte einer geistigen Bewegung, Göttingen 1964, Bd. 1,124) nenne.
79 Es handelt sich dann um ein κατόρθωμα, das eigentlich nur dem *sapiens* gelingt, richtige Handlungen sind immerhin καθήκοντα, d.h. sie entsprechen der Natur, sind aber noch nicht mit dem nötigen Bewusstsein ausgeführt, s. Maximilian Forschner: Die stoische Ethik. Über den Zusammenhang von Natur-, Sprach- und Moralphilosophie im altstoischen System, Stuttgart 1981, 184–211, bes. 187–190.

vir-bonus-Ideal assoziiert, eine Explikation der moralischen Integrität sehen, die vom Redner gefordert wird: *nam et orationis omnes virtutes semel complectitur et protinus etiam mores oratoris, cum bene dicere non possit nisi bonus*.[80] Doch gleichsam als ob der philosophische Einschlag dieser ersten Definition zurückgewiesen werden soll, fährt Quintilian fort, dass die *ratio rectae vitae* mitnichten eine Domäne der Philosophie sei, vielmehr werde für das politisch-soziale Leben ein Kommunikator und Organisator gesucht, dessen Kompetenzen und Fähigkeiten zugleich in der *ars oratoria* ausgebildet werden. Wieder wird an das *studium scissum* erinnert, das politisches Handeln und moralische Reflexion getrennt habe. Vor dem Hintergrund der beiden Darstellungen Ciceros in *De inventione* und *De oratore* stellt sich daher die Frage, welche Position Quintilian hier vertritt: die des jungen Cicero in *De inventione*, die man die kulturhistorische Argumentation nennen könnte, oder die des späteren Cicero, der für das *studium scissum* auch die Ethik verantwortlich macht und die *desidia* der *sapientes*.[81] Dazu muss die Passage genauer betrachtet werden:[82]

> Fueruntque haec, ut Cicero apertissime colligit, quemadmodum iuncta natura, sic officio quoque copulata, ut idem sapientes atque eloquentes haberentur. Scidit deinde se studium, atque inertia factum est ut artes esse plures uiderentur. Nam ut primum lingua esse coepit in quaestu institutumque eloquentiae bonis male uti, curam morum qui diserti habebantur reliquerunt: ea uero destituta infirmioribus ingeniis uelut praedae fuit. Inde quidam contempto bene dicendi labore ad formandos animos statuendasque uitae leges regressi partem quidem potiorem, si diuidi posset, retinuerunt, nomen tamen sibi insolentissimum adrogauerunt, ut soli studiosi sapientiae uocarentur; quod neque summi imperatores neque in consiliis rerum maximarum ac totius administratione rei publicae clarissime uersati sibi umquam uindicare sunt ausi: facere enim optima quam promittere maluerunt.

> Diese Dinge waren, wie Cicero besonders übersichtlich zusammengestellt hat, wie von Natur verbunden, so auch in der Ausübung verknüpft, so dass dieselben Weise sind und auch für beredt gehalten wurden. Daraufhin aber teilte sich die Wissenschaft und durch Unbedachtheit ist es dahin gekommen, dass sie nun mehrere Künste zu sein schienen. Denn sobald die Sprache anfing, sich um Gewinn zu bemühen und es Gang und Gäbe wurde, die Gaben der Beredsamkeit übel zu nutzen, vernachlässigten diejenigen, die für beredt galten, die Pflege der Sitten: Diese tatsächlich verlassenen Dinge wurden den niederen Charakteren gleichsam zur Beute. Daher verachteten einige die Arbeit am guten

---

80 2,15,34: „Denn [diese Definition] umfasst sowohl alle Vorzüge der Rede als auch die Sitten des Redners, da nur der moralisch gute Mann gut reden kann."
81 S.o. S. 195ff. Dass Quintilian sich nicht nur auf Cic. de orat. 3,50–60, sondern auch auf inv. 1,3,4 bezog, bemerkte schon Francis H. Colson (ed.): M. Fabii Quintiliani Institutionis Oratoriae Liber I, Cambridge 1924, 7 ad 1 pr. 13.
82 Quint. inst. 1 pr. 13–14.

Sprechen und beschränkten sich auf die Bildung des Geistes und die Aufstellung der Lebensregeln und behielten damit, wenn man das denn teilen könnte, den besseren Teil für sich. Allerdings maßten sie sich den übermütigsten Namen an, so dass sie allein Anhänger der Weisheit genannt wurden. Das aber maßten sich nicht einmal die besten Befehlshaber noch diejenigen, die sich in den wichtigsten Versammlungen und der Verwaltung des ganzen Staates am berühmtesten umgetan hatten, an, sich jemals zuzusprechen: Denn sie wollten lieber das Beste tun als nur versprechen.

1. Phase: ursprüngliche Einheit: *sapientes* und *eloquentes* sind identisch; 2. Phase: *scissum studium*: Durch einen falschen Begriff der *ars* wird die Einheit der *artes* aufgehoben; Folge sind Missbrauch der Rhetorik, Vernachlässigung der *cura morum* durch die Redner; 3. Phase: Die *sapientes* vernachlässigen die Rhetorik und beschränken sich auf die *cura morum*; Folge ist Anspruch der *studiosi* als ewig Suchender (Theoriepostulat) und Abwertung der Praxis. Die ursprüngliche Einheit von *sapientia* und *eloquentia* findet sich in *De inventione* und *De oratore* gleichermaßen (1. Phase). In *De oratore* wird die einsetzende Trennung den Philosophen angelastet; Quintilian sieht dagegen eine doppelte Entwicklung: einerseits Missbrauch der Rhetorik, andererseits (vielleicht begünstigt durch den Missbrauch) Desinteresse der *diserti* an der *cura morum* (2. Phase). Diese 2. Phase nimmt auch Aspekte aus *De inventione* auf: moralische Schwäche der Redner und offenbar geringe öffentliche Wahrnehmung der *sapientes*, die die Vernachlässigung der *cura morum* geschehen lassen. Wenn sich dann die *sapientes* unter gänzlicher Vernachlässigung der gesellschaftlich relevanten Aspekte der Rhetorik, die ehedem die *sapientes diserti* auszeichneten, nur noch der Theorie verschrieben und sich als Philosophen (*studiosi sapientiae*) bezeichneten, wird die Trennung der *vita activa* von der *contemplativa* besiegelt (3. Phase). Im Nachsatz disqualifiziert Quintilian dies zudem auch noch als Kathedergelehrsamkeit.[83] Auch diese Argumentation folgt der Linie aus *De oratore*. Quintilian erreicht mit dieser Darstellung aber auch eine Herabsetzung der Philosophie. Wenn er dann noch einmal die *veteres sapientiae professores* gegen die zeitgenössischen Scheinphilosophen abhebt, da erstere noch leicht hätten leben können, was sie predigten, so entdeckt er bei den zeitgenössischen *vitia*, da sie ihr Philosophentum nicht durch *virtus* erreichen wollten, sondern sich allein durch eine finstere Miene und durch schlechtes Verhalten abgrenzen wollten. Hier attackiert der Rhetor offensichtlich die Kyniker seiner

---

[83] *Promittere* hier wie *profiteri*, worauf Georg Ludwig Spalding (ed.): M. Fabii Quintiliani De Institutione Oratoria Libri Duodecim: Libros I–III, Vol. I, Lipsius 1798, ad loc. verweist: *Idem hoc quod profiteri, unde etiam mox professorum mentio. dicitur autem de iis qui studium aliquod aut artem prae se ferunt.*

Tage. Die Kritik passt ganz in das Bild, das wir oben zeichneten.[84] Quintilian adaptiert also die Ciceronische Geschichte vom Zerfall der ursprünglichen Einheit, führt sie aber auch über diese Epoche hinaus, da die Philosophen sich nicht nur in ihren Elfenbeinturm zurückzögen, sondern bloß zum Schein philosophierten und sich der Tartüfferie hingäben. Anders als Cicero nennt Quintilian keine Namen.[85] Er spricht abstrakt und allgemein über eine Entwicklung, die

---

84 S.o. S. 204–207. Es ist klar, dass Quintilian sich als Rhetor des *vir-bonus*-Ideals von der Parrhe-sia als einer Art Antirhetorik absetzen muss, auch dann, wenn die Kyniker seiner Tage nicht nur Scheinphilosophen sind. Die parrhesiastische Rhetorik wurde von den am Rande der Gesellschaft stehenden Intellektuellen gepflegt und folgte einer ‚hit and run'-Strategie, dazu Kennedy: Cynic Rhetoric (wie Anm. 42), 295–301, die jedoch nur die Diogenische Philosophie untersucht. Die Parrhesie ist seit Foucaults Vorlesungen (Michel Foucault: Die Regierung des Selbst und der anderen. 2. Der Mut zur Wahrheit. Vorlesung am Collège de France 1983/84, Frankfurt a. M. 2010) Gegenstand jüngsten Interesses geworden: Petra Gehring; Andreas Gelhard (Hgg.): Parrhesia. Foucault und der Mut zur Wahrheit, Zürich/Berlin 2012, darin besonders Melanie Möller: Am Nullpunkt der Rhetorik? Michel Foucault und die parrhesiastische Rede, 103–120, hier 114–120, die über die Parrhesie als den „Nullpunkt der Rhetorik" nachdenkt. Quintilian äußert sich bezeichnenderweise zur *libertas* als Parrhesie folgendermaßen: *quae in aliis libertas est in aliis licentia vocatur* (3,8,48). Damit ist genau seine Stellung gegenüber den Kynikern bezeichnet: Wenn es Ausdruck einer ethischen Haltung wie der des römischen *vir bonus* ist, wird es akzeptiert, wenn sie aber aus kynischem Mund stammt, ist es eine Frechheit. Vgl. die Figur der παρρησία in 9,2,27, die Quintilian zweifach erklärt: Ist sie wie die *exclamatio* Ausdruck unmittelbarer Ergriffenheit (*quotiens vera sunt*), dann dürfe man sie nicht unter die figurierten Ausdrücke rechnen, denn was sei weniger figuriert (*figuratum*) als die Wahrheit (=Nullpunkt der Rhetorik)? Aber eben wegen dieser besonderen Wirkung als blanker Wahrheit, werde sie oft nur simuliert und falle so unter die Figuren. Oftmals sei sie nämlich Ausdruck von Schmeichelei (*adulatio*).

85 Dass Quintilian Sokrates verschweigt, liegt wohl daran, dass er ihn in der *Institutio oratoria* durchweg positiv erwähnt. Sokrates war zu einer Figur der moralischen Integrität geworden, dazu die Studie von Klaus Döring: Exemplum Socratis. Studien zur Sokratesnachwirkung in der kynisch-stoischen Popularphilosophie der frühen Kaiserzeit und im frühen Christentum, Wiesbaden 1979 (Hermes Einzelschriften 42), der 8, Anm. 31 festhält: „In der rhetorischen Literatur hat man sonst von Sokrates nur wenig Notiz genommen." Er sei aber sicherlich ein beliebtes Deklamationsthema gewesen. Als *exemplum virtutis* hatte er einen unbestrittenen Rang, den Quintilian nicht bestreiten durfte, indem er ihn wie Cicero für die Trennung von *sapere* und *dicere* verantwortlich machte. Insbesondere die Ablehnung der Kyniker, die Quintilian mit Epiktet teilte, musste ihn davor bewahren, Sokrates in ein schlechtes Licht zu stellen, ihn als Urheber der Trennung gar zum Stammvater der Pseudophilosophen zu machen, dazu Döring: Exemplum Socratis (ebd.), 43–79 bes. 45–46: „[D]ie zeitgenössischen Kyniker betrachtete er [sc. Epiktet] mit Abscheu (vgl. 3,22,50; 80). Sokrates war demgegenüber ein Mann gewesen, der wie jeder andere Frau und Kinder gehabt, sich als Staatsbürger betätigt, an Feldzügen teilgenommen, kurz, der wie wohl kein anderer der großen philosophischen Ahnherren ein

zu seiner Zeit zu einem höchst problematischen Zustand geführt hat.[86] Wie kann dieser überwunden werden?

Cicero sah die *eloquentia* als Werkzeug, um der *virtus* gesellschaftlich zum Sieg zu verhelfen: Dies lag in der anthropologischen Verankerung des Menschen als eines vernünftig redenden Wesens (*ratio* und *oratio*). Der Mensch werde durch die Beredsamkeit also seiner eigentlichen Bestimmung zugeführt. In der späteren Position von *De oratore* glaubt Cicero durch den wissenschaftlich gebildeten *orator perfectus* die verlorene Einheit wiederherstellen zu können. Ohne sich an die Schuldogmen halten zu müssen, mit denen Cicero sich als Akademiker auseinanderzusetzen hatte, scheint ihm die universale Gebildetheit des *orator perfectus* am ehesten durch die Lehre von der Einheit der *sapientia* (σοφία) gewährleistet zu sein: *Sit igitur orator vir qualis vere sapiens appellari possit, nec moribus modo perfectus [...], sed etiam scientia et omni facultate dicendi* (1 pr. 18) – „Es sei also der Redner ein Mann von solcher Art, wie man ihn tatsächlich weise nennen kann, aber nicht nur tadellos in moralischer Hinsicht, sondern auch durch sein Wissen und der gesamten Fähigkeit zu reden." Doch das, was dieser *orator perfectus* vermag, ist qualitativ eigentlich nichts anderes als was jeder Mensch kann, nur ist es bei jenem zur höchsten Perfektion gelangt. Dies ist wesentlich für den Versuch Quintilians, die ursprüngliche Einheit von *sapere* und *dicere* wiederherzustellen:[87]

> Quis enim non de iusto, aequo ac bono, modo non et vir pessimus, loquitur? Quis non etiam rusticorum aliqua de causis naturalibus quaerit? Nam verborum proprietas ac differentia omnibus qui sermonem curae habent esse communis. Sed ea et sciet optime et eloquetur orator: qui si fuisset aliquando perfectus, non a philosophorum scholis virtutis praecepta peterentur.
>
> Wer spricht nicht, beinahe noch der schlimmste Kerl, über das Gerechte, das Billige und Gute? Welcher Bauer fragt nicht einiges über die natürlichen Ursachen? Denn die Eigen-

---

normales Leben geführt und trotzdem seine sittliche Integrität stets unangefochten bewahrt hatte."

86 Zur Philosophie in der *Institutio oratoria* s. auch Gian Enrico Manzoni: Il retore Quintiliano di fronte ai filosofi, in: Pier Vincenco Cova (Hg.): Aspetti della ‚paideia' di Quintiliano, Mailand 1990 (Pubblicazioni della Università Cattolica del Sacro Cuore, Scienze filologiche e storia, Brescia 4), 143–172, der die ältere, insbesondere italienische und französische Literatur berücksichtigt. Er sieht weniger eine Ablehnung der Philosophie allgemein als einzelner Philosophen bzw. des Philosophen als einer öffentlichen Figur, signifikant ist etwa Seneca in Quint. inst. 10,1,123–131. Mir scheint aber Quintilians Anspruch einer Überwindung des *scissum studium* dabei übersehen zu sein; denn dafür bestreitet Quintilian der Philosophie das Recht der Alleinvertretung zu Fragen des Zusammenlebens, s.u. S. 228.
87 Quint. inst. 1 pr. 16–17.

tümlichkeit und Differenz der Bedeutungen müssen allen, die sich die Sprache angelegen sein lassen, gemeinsam sein. Aber der Redner wird das am besten wissen und zur Sprache bringen: Wenn es diesen perfekten Redner einmal gegeben hätte, würden die Vorschriften der Tugend nicht von den Philosophenschulen beansprucht werden.

Wir sprechen alle über das Gerechte und Gute, auch der Bauer fragt nach der Ursache der Naturphänomene. Mit der Bedeutung der Wörter haben grundsätzlich alle, die sprachlich kommunizieren, zu tun – der Redner aber sticht dadurch heraus, dass er es am besten vermag. Diese Graduierung ist das Argument, mit dem Quintilian nun als das *proprium* aller Menschen zurückfordert, was die Philosophen als das Ihrige in Besitz genommen hätten: Ethik, Naturwissenschaft und Logik. Die erkennbare Strategie ist dabei, dass die beklagenswerte Trennung dadurch überwunden werden soll, dass man vor diese zurückgeht und zeigt, dass die Philosophen allgemein menschliche Tätigkeiten als philosophische Erfindungen für sich reklamierten. Es gelte diesem Diebstahl zu begegnen. Wie überzeugend ist diese Argumentation? Der Schluss läuft wie folgt: Wenn klarerweise die Philosophenschulen keine Redner hervorbringen, der Redner aber immer schon mit Ethik, Naturwissenschaft und Logik operiert, dann können die Philosophen ihre Disziplinen nicht mit mehr Recht für sich beanspruchen als etwa die Rhetorik oder überhaupt alle Menschen. Das Argument erinnert etwas an die Begründung der Rhetorik durch Aristoteles in rhet. 1,1: Alle Menschen klagen an und verteidigen sich, erteilen anderen Ratschläge oder loben bzw. tadeln andere; wenn man den Erfolg bei solchen Handlungen beobachtet und Regeln aufstellt, dann kann man eine Techne konzipieren, die das systematisiert, was der normale Mensch mehr oder weniger aufs Geratewohl tut. So begründet Aristoteles die Rhetorik aus den menschlichen Kommunikationsformen. Natürlich wäre es falsch, nun grundsätzlich etwa Anklage und Verteidigung als proprietär rhetorische Handlungen anzusehen, nur weil sie in der Rhetorik optimiert werden. Etwa so argumentiert auch Quintilian. Nur weil die Philosophie bestimmte Bereiche des menschlichen Handelns untersucht und Regeln dafür aufstellt, bedeutet dies nicht, dass diese nur noch von Philosophen behandelt werden dürften. Die Folgen wären ja katastrophal. Vielmehr hat sogar die Rhetorik eher Anspruch auf diese Themen, weil der Mensch immer schon sprachlich handelt, wenn er über die Ziele seines Handelns nachdenkt oder für oder gegen etwas argumentiert. Quintilian führt dieses Argument folgendermaßen ein:[88]

---

88 Quint. inst. 1 pr. 12.

> An, si frequentissime de iustitia fortitudine temperantia ceterisque similibus disserendum est, adeo ut uix ulla possit causa reperiri in quam non aliqua ex his incidat quaestio, eaque omnia inuentione atque elocutione sunt explicanda, dubitabitur, ubicumque uis ingenii et copia dicendi postulatur, ibi partes oratoris esse praecipuas?

> Oder, wenn ganz oft über die Gerechtigkeit, Tapferkeit, Mäßigung und anderes dergleichen gesprochen werden muss, in dem Umfang, dass kaum irgendein Fall gefunden werden kann, in dem nicht irgendeine Frage aus diesen Bereichen einschlägig wäre und alle diese Dinge durch die inventio und elocutio zu entwickeln sind, kann man dann zweifeln, wo auch immer die Kraft des Geistes und der Redefluss gefordert wird, dass dort der Redner seinen ganz besonderen Platz hat?

Jeder rhetorische Fall (*causa*) hat Implikationen einer allgemeinen *quaestio*. Auch hier argumentiert er mit der Position des Crassus aus *De oratore*:[89] Der Redner müsse über umfassende und das heißt: philosophische Kenntnisse verfügen, damit er in jedem Einzelnen die allgemeinen Gesichtspunkte finden könne. Es ist dies die hermagoreische Lehre von Thesis und Hypothesis. Quintilian dreht dieses Argument aber herum und fordert, dass, weil immer schon allgemeine Gesichtspunkte zur Erörterung nötig seien, diese nicht in das Aufgabengebiet der Philosophie fallen könnten, da diese sich als eine Spezialdisziplin geriere. Diese Begründung ist für das Projekt Quintilians selbst nicht ungefährlich. Denn ebenso könnte man ja sagen, dass die Rhetorik als *ars* das ausdifferenziere, was wir alle immer schon im täglichen Miteinander sprachlich tun. So beginnt Aristoteles seine Rhetorikschrift (1,1; 1354a). Könnte man dann aber nicht auf die technischen Aspekte verzichten und auf die Natur des Menschen vertrauen? Im Grunde könnte diese Argumentation vielen *artes* die Grundlage entziehen.

4.2 *ars oratoria* als *virtus*

Ob sich nun Quintilian dieser Problematik bewusst war oder nicht, jedenfalls hält er es in 2,20 für geboten, diese Thematik noch einmal aufzugreifen. Denn „bedeutender ist die Frage, ob man die Rhetorik für eine der ‚mittleren Künste' ansehen soll, die an sich weder gelobt noch getadelt werden können,[90] sondern die nützlich sind oder auch nicht, je nach den moralischen Qualitäten derer, die sie anwenden, oder ob sie, wie es mehreren Philosophen richtig scheint, eine

---

[89] Zur Unterscheidung von Thesis und Hypothesis Cic. de orat. 3,104–125.
[90] Dies scheint ein stoischer Terminus zu sein, wie überhaupt dieses Kapitel stark von stoischen Dogmen und Philosophemen geprägt ist, vgl. SVF 3, Frg. 505, 525.

Tugend (*virtus*) sei" (2,20,1). Zunächst grenzt sich der Redelehrer von der Deklamations-Praxis ab, indem er dieser die Technizität völlig bestreitet, da diese Lehrer ohne Methode und schriftliche Unterweisung geradezu kopflos unbedacht zu Werke gehen (*multos video ruentes*),[91] oder als κακοτεχνία bezeichnet (Winkelkunst, Übelkunst), denn „ich glaube, dass es viele gab und noch einige gibt, die die Fähigkeit zu reden zum Verderben der Menschen ‚verdrehten'" (*convertere*; 2,20,2). Dann gebe es auch eine ματαιοτεχνία, ‚Vergebenskunst', die weder etwas Gutes noch etwas Schlechtes hervorbringt, sondern nur lauter vergebliche Dinge treibt (*vana*; 2,20,3). Das treffe für die Deklamationsrhetoren zu, die sich in weltferne Fiktionen verlören, wenn auch in hochgestochenen Konstruktionen. Gegen diese Zerrbilder einer Techne setzt Quintilian nun aber keine bessere *ars oratoria*, die eine wahre Techne wäre, sondern die Definition, dass die Rhetorik überhaupt eine *virtus* sei. Denn eine *virtus* werde im Moralischen dadurch bestimmt, dass man mit sich im Handeln übereinstimme;[92] desgleichen gelte nun in der Rhetorik, dass man im Sprechen mit sich übereinstimmen solle. Das mag vor dem Hintergrund einer Theorie von Sprache als Handlung, die für die Rhetorik ja grundlegend ist,[93] nachvollziehbar sein. Und nun kommt das entscheidende anthropologische Argument: Bestimmte *virtutes* werden dem Menschen als Keim gegeben, damit er sie in sich entwickle und

---

91 Reinhardt; Winterbottom: Institutio oratoria (wie Anm. 78), 366 verweisen auf den platonischen Vorwurf gegen die Rhetorik als ἄτεχνος τριβή (Plat. Phaidr. 260e5) und die aristotelische Definition der ἀτεχνία als μετὰ λόγου ψευδοῦς ποιητικὴ ἕξις, unterschieden von der τέχνη, die ποιητικὴ ἕξις μετὰ λόγου ἀληθοῦς ist (Aristot. eth. Nic. 6,4 bes. 1140a21–22). Zur Deklamation s. Wilfried Stroh: Declamatio, in: Bianca-Jeanette Schröder; Jens-Peter Schröder (Hgg.): Studium declamatorium: Untersuchungen zu Schulübungen und Prunkreden von der Antike bis zur Neuzeit, München 2003 (Beiträge zur Altertumskunde 176), 5–34; Dorothee Gall: Römische Rhetorik am Wendepunkt: Untersuchungen zu Seneca pater und Dionysios von Halikarnassos, in: ebd., 107–126.
92 Auch diese Definition ist stoisch: SVF 3, Frg. 293 (=Clem. Al. Paedagogus 1,13): ἡ ἀρετὴ διάθεσίς ἐστι ψυχῆς σύμφωνος ὑπὸ τοῦ λόγου περὶ ὅλον τὸν βίον („Die Tugend ist eine Disposition der Seele in Übereinstimmung mit der Vernunft und zwar für das ganze Leben"); Sen. epist. 31,8 definiert: *perfecta virtus sit aequalitas ac tenor vitae per omnia consonans sibi*; auch an SVF 3, Frg. 262: ἐπιστήμην ὧν ποιητέον καὶ οὐ ποιητέον ist zu denken (alle Stellen bei Reinhardt; Winterbottom: Institutio oratoria [wie Anm. 78], 370–371, die außerdem auf Anthony A. Long: The Harmonics of Stoic Virtue, in: Henry Blumenthal; H. M. Robinson [Hgg.]: Aristotle and the later tradition, Oxford 1991 [Oxford Studies in Ancient Philosophy. Suppl. Vol.], 97–116, verweisen). Übereinstimmung mit sich ist eine stoische Formel für die Führung des Logos, der unser eigentliches Selbst sei.
93 Dazu Thomas Schirren: Rhetorik, in: Ludwig Jäger; Werner Holly u.a. (Hgg.): Sprache – Kultur – Kommunikation. Ein internationales Handbuch zu Linguistik als Kulturwissenschaft, Berlin/Boston 2016 (Handbücher zur Sprach- und Kommunikationswissenschaft 43), 211–223.

entfalte, so in der Ethik – so aber auch in der Rhetorik: Denn wir sind von der Natur so ausgestattet worden, dass wir für unsere Interessen das Wort ergreifen können (*orare pro nobis*), wenn auch nicht vollkommen (*etiamsi non perfecte*). Doch darin unterschieden sich die Rhetorik und die Ethik von anderen Künsten, die den Tugenden fern stünden (2,20,5–7). Quintilian meint also offenbar, dass, so wie uns ein Rechtsempfinden und Trieb zum gerechten Handeln als Sozialtugend angeboren ist, auch Grundformen der Rhetorik zusammen mit der Sprachfähigkeit gegeben sind. Wenn das so sein sollte, und Quintilian kann sich in solchen Spekulationen auf die stoische Vorstellung der *virtus* stützen, dann hätte er ein Argument für die unmittelbare Zusammengehörigkeit von Sprechen und Moral. So gezwungen das auch erscheinen mag – auch Habermas' Theorie des kommunikativen Handelns legt Bestimmtes *a priori* zu Grunde. Dort geht Habermas davon aus, dass im Sprechen selbst bereits eine grundsätzliche Akzeptanz des Gegenübers und eine beiderseitige Verpflichtung auf rational nachprüfbare Argumente bestünden.[94] Im Falle der stoischen *virtutes*-Lehre kommt noch das Dogma der ἀντακολουθία hinzu, dass nämlich alle *virtutes* miteinander zusammenhängen, aufgereiht wie an einem Band. Wenn man eine verwirklicht, verwirklicht man zugleich alle, bzw. man kann eine einzelne gar nicht verwirklichen, wenn man nicht zugleich alle verwirklicht.[95] Hier hätte man das Herzstück der *vir-bonus*-Konzeption als Verwirklichung der höchsten Möglichkeit menschlichen Daseins. Die Rhetorik als *virtus* kann nur praktiziert werden, wenn man zugleich über alle *virtutes* verfügt und also ein *vir bonus* bzw. *sapiens* ist. Dass dies ein Ideal ist, dessen Erreichung dahin steht, räumt Quintilian selbst ein; doch hält er die Aufstellung eines solchen für unverzichtbar, um die *virtus oratoria* als *virtus humana* überhaupt zu erreichen.[96] Die *vir-bonus*-Forderung erfüllt somit die Funktion, aus der Rhetorik eine *ars* im höheren, d.h. moralischen Sinne zu machen, die nicht mehr *media* ist, sondern *bona*. Die Argumentationsschritte sind die folgenden:

1. Rhetorik ist eine *virtus* analog wie die *prudentia* (zu wissen, wann man etwas zu tun und zu lassen hat entsprechend zum Reden und Schweigen).

---

94 Jürgen Habermas: Theorie des kommunikativen Handelns, Bd. 1: Handlungsrationalität und gesellschaftliche Rationalisierung, Frankfurt a. M. ²1997, 141–151; 369–452.
95 Auf diese Lehre verweisen Reinhardt; Winterbottom: Institutio oratoria (wie Anm. 78), 363: SVF 3, Frg. 295–296; Galen braucht das Bild von der Schnur, an der alle *virtutes* aufgereiht seien: ὥσπερ ἐκ μιᾶς μηρίνθου δεδεμέναι.
96 So programmatisch Quint. inst. 1 pr. 18–19: [...] *qualis fortasse nemo adhuc fuerit, sed non ideo minus nobis ad summa tendendum est* („wie vielleicht noch niemand bis jetzt war, aber deshalb müssen wir um nichts weniger zum Gipfel streben").

2. Die Natur hat dem Menschen Anlagen zur Rhetorik gegeben (als sprachliches Wesen verfügt der Mensch zugleich über Grundformen sprachlichen Handelns).

3. Wenn schon die Dialektik als *virtus* angesehen wird,[97] dann a fortiori die Rhetorik, die doch viel mehr mit moralischen Fragen befasst ist.

Dieser Schluss ist nicht besonders stringent gebaut;[98] Quintilian sieht keinen argumentativen Bedarf, etwa die Analogie zwischen praktischer *prudentia* und Rhetorik zu beweisen; auch ist 2. eher eine Setzung denn ein bewiesener Satz, wie auch 3., der schon in die Nähe einer *petitio principii* kommt. Es ist somit deutlich, dass Quintilian diese Argumente wie von fremder Quelle lediglich zitiert. Für die eigentliche Begründung hält er besondere Argumente bereit. Und so reicht er noch Argumente *ex ipsis operibus* nach, d.h. er wechselt von der philosophischen Begründung zu einer, die der rhetorischen *ars* im engeren Sinne und ihrer Praxis entspricht. Diese stammen aus dem Handeln als *orator*: Man kann im *genus demonstrativum* nicht loben, wenn man nicht weiß, was die

---

97 So Cic. ac. 5; fin. 3,72; Diog. Laert. 7,46–47: Αὐτὴν δὲ τὴν διαλεκτικὴν ἀναγκαίαν εἶναι καὶ ἀρετὴν ἐν εἴδει περιέχουσαν ἀρετάς· τήν τ'ἀπροπτωσίαν ἐπιστήμην τοῦ πότε δεῖ συγκατατίθεσθαι καὶ μή· τὴν δ' ἀνεικαιότητα ἰσχυρὸν λόγον πρὸς τὸ εἰκός, ὥστε μὴ ἐνδιδόναι αὐτῷ· τὴν δ' ἀνελεγξίαν ἰσχὺν ἐν λόγῳ, ὥστε μὴ ἀπάγεσθαι ὑπ'αὐτοῦ εἰς τὸ ἀντικείμενον· τὴν δ' ἀματαιότητα ἕξιν ἀναφέρουσαν τὰς φαντασίας ἐπὶ τὸν ὀρθὸν λόγον („Die Dialektik selbst sei notwendig und eine Arete, die in ihrem Wesen bereits die Aretai umfasse; sich nicht vorschnell festzulegen sei das Wissen davon, wann man zustimmen muss und wann nicht; die Sorglosigkeit sei ein festes Argument gegenüber dem Wahrscheinlichen, so dass man nicht nachgibt; die Unmöglichkeit widerlegt zu werden sei eine Stärke der Vernunft, sich nicht von einem Argument auf das Gegenteil führen zu lassen; die Unmöglichkeit Vergebliches zu tun sei eine Haltung, die die Wahrnehmungen auf die richtige Vernunft zurückführt"). Diese sehr restriktiven Momente der Dialektik mögen erklären, warum Redner, die sich der stoischen Schule zurechnen und diese studiert haben, rhetorisch weniger erfolgreich waren. Etwa Rutilius sei zwar ein *doctus vir et Graecis litteris eruditus, Panaeti auditor, prope perfectus in Stoicis*, doch seine Redeweise fand wenig Beifall: Denn er pflog ein *peracutum et artis plenum orationis genus*, das *nec satis populari adsensioni accomodatum* sei (Cic. Brut. 114); noch deutlicher wird Cicero in de orat. 3,66: [Stoici] *orationis etiam genus habent fortasse subtile et certe acutum sed ut in oratore, exile, inusitatum, abhorrens ab auribus vulgi, obscurum, inane, ieiunum, ac tamen eius modi quo uti ad vulgus nullo modo possit* („Die Stoiker haben sicherlich eine Ausdrucksform, die vielleicht fein, sicherlich scharf ist, aber in dem Munde eines Redners [zu] dürftig, ungebräuchlich, unpassend für die Ohren des Volkes, unverständlich, inhaltslos, nüchtern, aber dennoch von solcher Art, dass man sie auf keinen Fall für das Volk nutzen kann"); s. Arthur E. Walzer: Quintilian's ‚vir bonus' and the Stoic Wise Man, in: Rhetoric Society Quarterly 33,4 (2003), 25–41.

98 So auch Reinhardt; Winterbottom: Institutio oratoria (wie Anm. 78), 370: „The (selected) philosophical arguments do not all argue to the same conclusion, but amount to one connected argument."

honesta und *turpia* sind, man kann im *genus deliberativum* nicht raten, wenn man den Nutzen nicht kennt; man muss couragiert sein, um furchtlos auch aufgewühlten Massen begegnen zu können; wenn der *orator* hier nicht ‚tapfer' auftritt, kann er keine tadellose Rede halten, kann er nicht tadellos agieren. Also muss der *orator perfectus* zugleich die *virtus* verwirklichen. Das zweite Argument ist schwächer: Jedes Lebewesen verfügt über eine *virtus*, durch die sie die anderen übertrifft: das Pferd über Schnelligkeit, der Löwe über Dynamik (*impetus*) usw. Der Mensch verfügt über *ratio* und *oratio*, die er als sein Eigenstes kultivieren und optimieren muss. Auch hier ist bereis vorausgesetzt, was zu beweisen wäre, nämlich die Rhetorik als *virtus* im stoischen Sinne. Zudem unterscheidet sich der Gebrauch von *virtus* in diesem Argument von dem im vorher erwähnten philosophischen Argument, doch spielt die Einheit aller *virtutes* für den *vir bonus* bzw. den *sapiens* eine zentrale Rolle.[99]

4.2.1 Einheit der *virtutes*

Somit bleibt als einzige einigermaßen verlässliche Argumentation, dass nach stoischer Auffassung die Tugenden eine Einheit bilden; für diese muss freilich vorausgesetzt werden, dass die Rhetorik auch eine *virtus* ist. Als Sprechhandeln liegt sie indessen im weiteren Bereich der Praxis, die grundsätzlich die Domäne der *virtus* ist. Problem ist allein die Verwirklichung dieses Ideals; nicht nur weil es schwer ist, immer zu erkennen, was die *virtus* gebeut, sondern auch weil nur die Perfektion gilt – die Annäherung ist zwar löblich, bleibt aber ohne Lohn. Und zurück zur Ausgangsfrage: Findet Quintilian einen Weg zur ursprünglichen Einheit von *sapere* und *dicere*? Theoretisch ja, denn nach dem Dogma der Antakoluthie sind alle *virtutes* beisammen und untrennbar verbunden. Doch funktioniert dieses Argument nur mit stoischen Prämissen, z. B. der des Logosmonismus, der sich im *sapiens* verwirklicht. Eine andere Frage wäre, ob der *sapiens orator* ein *philosophus* ist. Im Sinne des Ideals sicherlich, aber ist dieses Ideal außerhalb der Stoa denkbar?

Diese im Hintergrund stehende, eigentlich alles entscheidende Frage wird auch für das folgende Kapitel wichtig, wenn es um die Bestimmung der *materia artis* geht, die wohl besser *materia virtutis* heißen müsste. Hier fällt jenes Argument, das ich als Voraussetzung eben explizierte: Wenn die Philosophenschulen ihr Ideal des *sapiens* konstruieren, dann steht dieser jenseits dessen, was der Philosoph als Ethiker untersucht, er ist vielmehr bereits der *vir bonus*, und

---

99 Ähnlich argumentiert zu Quint. inst. 2,15 Walzer: Quintilian's ‚vir bonus' (wie Anm. 97).

das soll auch der *orator perfectus* sein. Als *vir bonus* bewegt er sich aber gerade in solchen Fragen, die proprietär zur Rhetorik gehören. Auch das soll ein Grund dafür sein, dass die Philosophie ungerechtfertigterweise im Bereich der Ethik Themen okkupiert habe, die der *orator* ‚im Leben' bearbeitet. Hier bietet Quintilian den Kompromiss an, dass eben beide Disziplinen dieselbe *materia* behandeln, aber je verschieden. Nicht der Gegenstand macht hier die *ars* aus, sondern die Art des Umgangs mit diesem. Also ist nicht eine *res* bestimmender Gegenstand (wie etwa die Frage der richtigen Handlung in der Ethik), sondern dass der *orator* jedweden Gegenstand kommunizieren kann (*omnes res quaecumque ei ad dicendum subiectae erunt*; 2,21,4). Damit weitet sich die *materia* zur *tota vita*, nämlich *omnia quaesita, audita, lecta, disputata, tractata* (ebd. 6). Die Gefahr einer Unbestimmtheit scheint Quintilian nicht zu sehen: Die *materia* sei nicht *infinita*, wohl aber *multiplex* – wie das Leben, in dem wir uns bewegen, könnte man ergänzen. Deshalb hat Cicero auch die maximale Forderung nach umfassendem Wissen aufgestellt, das sich der *orator perfectus* aneignen sollte.[100] Und weil eben das ganze Leben thematisch ist, insoweit es kommuniziert wird, kann auch die Philosophie keinen Alleinvertretungsanspruch im Bereich des richtigen Handelns erheben. Denn *bonum, utile, iustum* gehören ins Zentrum des menschlichen Sozialverkehrs, dieser ist vornehmlich durch Sprache und Sprechhandlungen strukturiert (man denke an die *genera-causarum*-Lehre), ergo kann die Rhetorik als eine *virtus dicendi* für sich beanspruchen, hier kompetent zu wirken. Somit sind für den Redner generalistische Kompetenzen gefordert, d.h. er muss sich ebenso mit *causae* wie *quaestiones* auskennen.[101] Diejenigen, die als Fachleute auftreten, wie etwa Ärzte und Handwerker, haben dem *orator* vielleicht Fachwissen voraus, wenn der *orator* aber sich mit dieser Kompetenz versieht, wird er als Kommunikationsspezialist besser über diese Gegenstände reden als die Fachleute dieses Gebietes. Ist damit nun der Weg zur verlorenen Einheit geebnet? Der Preis ist hoch: Die Einheit von *sapere* und *dicere* gehört zum Programm des stoischen Weisen, von dem bekanntlich nicht sicher ist, ob es ihn gegeben hat oder je geben wird. Aber das ist für den Zusammenhang unerheblich. Wichtig ist vielmehr, dass das Ideal steht, wenn auch auf stoischen Säulen.

---

100 Cic. de orat. 1,20.
101 Dies ist gegen einen von Cic. inv. 1,8 missverstandenen Hermagoras gewandt, der die allgemeinen *quaestiones* wiederum den Philosophen habe vorbehalten wollen; dazu Quint. inst. 3,5,14–15, der auch Ciceros Selbstkorrektur in orat. 45 und de orat. 2,133ff.; 3,120 erwähnt.

Im 12. und letzten Buch des Werkes wird gemäß dem Einteilungsschema der *institutio* in *ars, opus, artifex*[102] der *artifex* als *vir bonus* definiert, wobei der Autor auf die Bestimmungen des Anfangs und des zweiten Buchs zurückgreift. Denn hier im 12. Buch sollen die *instrumenta* vorgestellt werden, *instrumenta* freilich nicht *artis* sondern *oratoris*:[103]

> Haec sunt, quae me redditurum promiseram, instrumenta non artis, ut quidam putaverunt, sed ipsius, haec arma habere ad manum, horum scientia debet esse succinctus, accedente verborum figurarumque facili copia et inventionis ratione et disponendi usu et memoriae firmitate et actionis gratia.

> Das sind, wie ich zu liefern versprochen hatte, die Werkzeuge – nicht der Kunstlehre, wie manche glaubten, sondern von ihm selbst [sc. dem Redner], denn diese Waffen muss er zur Hand haben, mit deren Kenntnis muss er gegürtet sein. Hinzu kommt dann noch die geläufige Menge von Wörtern und Figuren, die methodische Auffindung, Dispositionsfertigkeit, Stärke des Gedächtnisses und Anmut der Aufführung.

Es geht also eigentlich nicht um die Herausbildung der letzten Perfektion, sondern hier sind, wie das Bild des Soldaten, der sich zur Schlacht rüstet, zeigt, eigentlich die absolut notwendigen Fertigkeiten genannt, und nicht zufällig tritt dann im absoluten Ablativ noch die ganze Coda der einzelnen Redestadien hinzu, von der *inventio* bis zur *actio*.[104] Die moralischen ‚Kompetenzen', die Quintilian als notwendig ansieht, sind somit gewissermaßen als Handwerkszeug bezeichnet.[105] Gleichsam als ob er antiphilosophischen Ressentiments seiner potentiellen Leserschaft entgegenwirken möchte, zitiert Quintilian zur Definition des *orator* als *vir bonus* eine berühmte Sentenz, die von Cato überliefert wird: die Formel, dass der *orator* ein *vir bonus* sei, der im Reden erfahren sei (*vir bonus dicendi peritus*).[106] Nun ist von Cato eine ähnliche Formel überliefert,

---

102 Quint. inst. 1 pr. 22: *unus accedet in quo nobis orator ipse informandus est: ubi qui mores eius [...] disseremus* („Ein Buch wird hinzukommen, in dem wir den Redner selbst formen müssen, dort werden wir auseinandersetzen, welche moralischen Eigenschaften er hat [...]").
103 Quint. inst. 12,5,1.
104 Die weiteren *instrumenta* sind dann Jurisprudenz (12,3) und Historiographie (12,4); in 12,5 kommt als Vollzugstugend dieser Kenntnisse die *praestantia animi* hinzu.
105 In diesem Sinne auch Classen: Quintilians Redner (wie Anm. 74).
106 Sen. contr. 1 pr. 9; weitere Stellen bei Henricus Jordan (Hg.): M. Catonis praeter librum De re rustica quae exstant, Stutgardiae 1860, 80; der Fr. 14 folgendermaßen angibt: *Orator est, Marce fili, vir bonus, dicendi peritus*. Der Sohn wird also direkt angesprochen und über das Wesen des *orator* instruiert. Das passt natürlich besonders gut zum Duktus der *Institutio oratoria* Quintilians.

nämlich *vir bonus est, Marce filli, colendi peritus, cuius ferramenta splendent*.[107] Leider lässt sich nicht sagen, welche der beiden Bestimmungen des *vir bonus* die frühere ist. Diese beiden Sätze sprechen aber über den *bonus* nicht als einen stoischen Weisen, sondern im Sinne der altrömischen Vorstellungen von Aristokratie, in der „Wert, Erfolg, Kompetenz und moralische Integrität nicht immer klar gesondert sind".[108] Für Quintilian bot dieser Satz vom *vir bonus* als erfahrenem Redner, der offenbar zu seiner Zeit schon kursierte,[109] die besondere Möglichkeit, eine auf den ersten Blick nicht stoisierende Position zu vertreten, wenn er vom Redner moralische Integrität verlangte, sondern auf ein römisches ‚rôle model' zu verweisen.[110] Für Leser freilich, die mehr wussten und die bereits behandelten Passagen noch im Kopf hatten, ist klar, dass in den Adern dieses römischen *vir bonus* stoisches Blut fließt.[111] Diese Form, auf mehreren Ebenen zu

---

107 „Der rechtschaffene Mann erfahren im Ackerbau, dessen Werkzeuge blank sind"; Serv. georg. 1,46 = Fr. 6 Jordan. Man beachte auch hier die Anrede an den Sohn Marcus.
108 So die umsichtige Interpretation von Reinhardt; Winterbottom: Institutio oratoria (wie Anm. 75), xlvii: „The adjective was capable of reflecting the value system of an aristocratic society, in which wealth, good fortune, competence, and moral goodness were not always clearly distinguished. [...] while on the core idea expressed in the phrase there may be common ground between Cato and the Stoics, the larger doctrinal framework into which the tenet was integrated in Stoic doctrine cannot conceivable have appealed to Cato (and saying this does not amount to crediting him with a crude and simple anti-Greek attitude)." Classens (Classen: Ciceros orator perfectus [wie Anm. 74]) Interpretation ist denn auch entgegenzuhalten, dass sie diese weitere Implikation des Begriffes nicht angemessen zur Geltung bringt, wenn es heißt: „Zunächst ist zu bemerken, dass in der catonischen Formulierung vir bonus nicht eine Forderung, sondern gleichsam die Beschreibung einer gegebenen Größe war. Mit Redefähigkeit ausgestattet, ist der vir bonus ein orator, mit der colendi peritia ein Landmann. Denn ob man nun vir bonus eher als politischen oder ethischen Begriff ansetzte; das Problem der moralischen Verantwortung des orator, des Redners oder Politikers, bleibt bestehen [...]."
109 Außer der Seneca-Stelle (o. Anm. 99) ist eine Stelle aus Plin. epist. 4,7,4-5 von Interesse, in der Regulus von Herennius Senecio als *vir malus dicendi imperitus* tituliert wird. Diese Anspielung ist deshalb so aufschlussreich, weil sie zeigt, dass man Catos Satz bereits vor Quintilian mit der Frage der Moral in der Rhetorik verband und zwar insbesondere bei den *delatores* (o. S. 212).
110 Ein anderer *locus classicus* ist der Vergleich in Verg. Aen. 1,148-156, wo der Redner, der die Massen beruhigt als *vir pietate gravis ac meritis* bezeichnet wird.
111 Catherine Atherton: Hand over Fist. The Failure of Stoic Rhetoric, in: Classical Quarterly 38 (1988), 392-427, hier 423: „Quintilian's rhetorical education (like Cicero's) is directed to the formation of an ideal orator, the ‚Romanum quendam sapientem' (12,2,6-7) who undoubtedly has some Stoic blood in his veins; but Quintilian seems to distance himself consciously from the Stoic model, while his appeals to support from the Stoa only on a few disputed points suggest independence elsewhere."

schreiben und rezipiert zu werden, ist für Quintilian nicht untypisch.[112] In diesem Falle ermöglicht ihm dies eine höhere Akzeptanz bei seinem Publikum. Denn die Einmischung und der Einsatz des Weisen im öffentlichen Leben waren gerade für die Stoa wichtig:[113]

> Πολιτεύσεσθαί φασι τὸν σοφὸν ἂν μή τι κωλύῃ, ὥς φησι Χρύσιππος ἐν πρώτῳ Περὶ βίων καὶ γὰρ κακίαν ἐφέξειν καὶ ἐπ' ἀρετὴν παρορμήσειν. καὶ γαμήσειν, ὡς ὁ Ζήνων φησὶν ἐν Πολιτείᾳ, καὶ παιδοποιήσεσθαι. ἔτι τε μὴ δοξάσειν τὸν σοφόν, τουτέστι ψεύδει μὴ συγκαταθήσεσθαι μηδενί. κυνιεῖν τ' αὐτόν· εἶναι γὰρ τὸν κυνισμὸν σύντομον ἐπ' ἀρετὴν ὁδόν, ὡς Ἀπολλόδωρος ἐν τῇ Ἠθικῇ. γεύσεσθαί τε καὶ ἀνθρωπίνων σαρκῶν κατὰ περίστασιν. μόνον τ' ἐλεύθερον, τοὺς δὲ φαύλους δούλους· εἶναι γὰρ τὴν ἐλευθερίαν ἐξουσίαν αὐτοπραγίας, τὴν δὲ δουλείαν στέρησιν αὐτοπραγίας. εἶναι δὲ καὶ ἄλλην δουλείαν τὴν ἐν ὑποτάξει καὶ τρίτην τὴν ἐν κτήσει τε καὶ ὑποτάξει, ᾗ ἀντιτίθεται ἡ δεσποτεία, φαύλη οὖσα καὶ αὕτη. οὐ μόνον δ' ἐλευθέρους εἶναι τοὺς σοφούς, ἀλλὰ καὶ βασιλέας, τῆς βασιλείας οὔσης ἀρχῆς ἀνυπευθύνου, ἥτις περὶ μόνους ἂν τοὺς σοφοὺς συσταίη, καθά φησι Χρύσιππος ἐν τῷ Περὶ τοῦ κυρίως κεχρῆσθαι Ζήνωνα τοῖς ὀνόμασιν· ἐγνωκέναι γάρ φησι δεῖν τὸν ἄρχοντα περὶ ἀγαθῶν καὶ κακῶν, μηδένα δὲ τῶν φαύλων ἐπίστασθαι ταῦτα. ὁμοίως δὲ καὶ ἀρχικοὺς δικαστικούς τε καὶ ῥητορικοὺς μόνους εἶναι, τῶν δὲ φαύλων οὐδένα.

> Sich politisch betätigen, sagen sie, werde sich der Weise, wenn ihm nichts im Wege steht, so sagt es Chrysippos im ersten Buch über die Lebensformen. Auch wird er von der Schlechtigkeit abhalten und zur Tugend rufen. Und er wird auch heiraten, wie Zenon in der Politeia sagt, und sich fortzeugen. Ferner wird der Weise keine Meinungen hegen, das heißt, er wird keiner falschen Sache seine Zustimmung geben. Er kann sich aber kynisch betätigen. Es sei nämlich der Kynismus der kurze Weg zur Tugend, wie Apollodor in seiner Ethik sagt. Nach Umständen könnte er auch Menschenfleisch essen. Nur er sei frei, die schlechten Menschen aber seien Sklaven. Es sei nämlich die Freiheit die Fähigkeit, selbst zu handeln. Die Knechtschaft hingegen sei die Beraubung von eigener Handlung. Es gebe noch eine andere Sklaverei, die in der Unterordnung bestehe, und eine dritte, die im Besessenwerden und der Unterordnung bestehe. Dieser ist die Herrschaft gegenübergestellt, doch auch diese ist schlecht. Die Weisen sind nicht nur frei, sondern auch Könige, weil die Königsherrschaft eine niemandem unterworfene Herrschaft ist, die nur bei den Weisen zustande komme, wie Chrysippos im ersten Buch über Zenons richtigen Gebrauch der Wörter sagt. Er sagt nämlich, dass es nötig sei, dass der Herrscher die guten von den schlechten Dingen unterscheiden kann. Das aber könne keiner der schlechten Menschen tun. In gleicher Weise seien auch nur sie zum Herrschen fähig und kompetent in Rechtsfragen und der Rhetorik. Von den schlechten Menschen aber niemand.

Bei dieser Auflistung der Tätigkeiten eines stoischen Weisen ist folgendes heraus zu heben: Es ist ein Stoiker mit kynischen Zügen, der auch vor Kannibalis-

---

112 Darauf weisen Reinhardt; Winterbottom: Institutio oratoria (wie Anm. 78), xlix–l hin.
113 Diog. Laert. 7,121–22.

mus nicht zurückschreckt, wenn die Umstände es erfordern. Andererseits wird er sich politisch betätigen, da er so der Schlechtigkeit steuern und zur Tugend rufen kann. Er wird bürgerliche Lebensformen annehmen, d.h. sich verheiraten und Kinder zeugen. Der Weise zieht sich also nicht zurück, sondern er führt wie Sokrates ein normales Leben.[114] Andererseits hegt der Weise keine ungeprüften Meinungen und das gibt ihm die Freiheit, sich ungebunden von Dogmen nur nach dem zu richten, was den Umständen entsprechend richtig ist, mag es auch allen menschlichen Satzungen und Gewohnheiten widersprechen. Daraus resultiert eine Freiheit, die den Weisen von den φαῦλοι unterscheidet. Freiheit bedeutet die Möglichkeit zu selbst gewählten Handlungen (αὐτοπραγία), wer das nicht vermag, ist unfrei. Deshalb sind nur die Weisen frei, alle anderen unfrei, ja, die Weisen sind die eigentlichen Könige. Denn nur diese können erkennen, was gut und was schlecht ist, das vermögen die Schlechten nicht. Kurz und gut, die Weisen sind nach dieser Darstellung eigentlich die wertvollsten Mitglieder einer Gesellschaft, und so sind sie auch die besten Beamten, Richter und Rhetoren. Sicherlich ist eine solche kynisch zugespitzte Philosophie denkbar weit entfernt von altrömischer *virtus*-Aristokratie. Aber vom Konzept her ist auch einsehbar, dass der *vir bonus* der *Institutio* einen ähnlichen Universalanspruch hat und wohl auch nicht unabhängig von diesem Ideal zu denken ist. Doch es ist auch nachvollziehbar, warum Quintilian diesen Weisen lieber in eine altrömische Toga kleiden möchte.

Es ist auffallend, dass die *vir-bonus*-Forderung auch bei Aelius Aristides erhoben wird, nämlich in seiner sog. 1. *Platonischen Rede* (*orationes* 28,102 ed. Keil): ὅτι τοῦ αὐτοῦ εἴη ἄνδρα ἀγαθὸν εἶναι καὶ περὶ λόγους ἀγαθόν („Dass es Sache desselben Mannes sei, ein guter Mann zu sein und tüchtig reden zu können"). Sohlberg hat für diese Position auf Diogenes von Babylon verwiesen, den wichtigsten Stoiker des 2. Jh. v. Chr., den Cato selbst 191 in Athen gehört haben mochte[115] und von dem ein Satz durch Philodem überliefert ist, der besagt, dass nur der Sophos ein Redner sei, ja dass nur der Sophos auch ein guter Bürger und Herrscher sei.[116] Diogenes scheint möglicherweise eine von der strikten Antakoluthia abweichende oder diese modifizierende Position vertreten zu haben, dass nämlich der beruflichen ἀρετή eine ethische zu entsprechen habe,

---

114 Siehe oben Anm. 85.
115 Dietmar Kienast: Cato der Zensor. Seine Persönlichkeit und seine Zeit. Mit einem kritisch durchgesehenen Neuabdruck der Redefragmente Catos, Heidelberg 1954, 49; 103.
116 Man denke an Quintilians Forderung: *Ne futurum quidem oratorem nisi virum bonum* (12,1,3). In diesem Sinne wird das *dictum* des Karneades (Cic. ac. 137) von Dirk Obbink; Paul A. Vander Waerdt: Diogenes of Babylon: The Stoic Sage in the City of Fools, in: Greek, Roman and Byzantine Studies 32 (1991), 355–396 gedeutet.

wenn es sich nicht um niedere *ars* handelt.¹¹⁷ Und genau diese berufsethische Forderung übernimmt Quintilian, verborgen unter römischer Toga.

4.2.2 Begründungsstrategien für den *vir bonus*

Im Folgenden gibt Quintilian noch drei weitere Begründungen für den *vir bonus*: ein soziologisches, ein technisches und ein philosophisches Argument. Das soziologische Argument ist anthropologisch grundiert und war ähnlich schon zu Beginn vorgebracht worden: Wenn der Mensch von Natur her ein sprachbegabtes Wesen ist, so muss diese Gabe für das Zusammenleben der Menschen nützlich und also der Gesellschaft förderlich sein. Jede Techne muss nützlich sein, also muss die Rhetorik als *ars* nützlich sein; der Weise kann die Techne in ihrer Bestform ausüben, ergo muss eine Ausbildung diesen Weisen als *vir bonus* im Blick haben. Diese teleologische Argumentation ist natürlich stoischen Ursprungs.¹¹⁸

Das technische Argument ist sehr deutlich aus der Praxis des *orator* gesprochen: Kein Redner könne frei sprechen, wenn er von der *mala conscientia* ge-

---

117 Wichtig in diesem Zusammenhang ist auch Strab. 1,2,5: οὐχ οἷόν τε ἀγαθὸν γενέσθαι ποιητὴν μὴ πρότερον γενηθέντα ἄνδρα ἀγαθόν („Dass es nicht möglich sei, ein guter Dichter zu werden, wenn man nicht zuvor ein guter Mann geworden sei"). Dort geht es um die μίμησις τοῦ βίου; der Dichter braucht Lebenserfahrung und sittliche Einsicht, um gute Dichtung produzieren zu können, s. David Sohlberg: Aelius Aristides und Diogenes von Babylon. Zur Geschichte des rednerischen Ideals, in: Museum Helveticum 29 (1972), 256–277, hier 268.
118 Doch natürlich finden wir ähnliche Argumente auch bei Isokrates, s.o. S. 198. Die ethische Redlichkeit fordert auch Isokrates, wie kaum verwundern kann: Isokr. or. 3,7. Jean Cousin (Hg.): Quintilien, Institution oratoire. Texte établi et traduit par Jean Cousin, livre 7, Paris 1980 (Collection des Universités de France), 7 vermutet, dass Cato diese Gedanken vielleicht durch die berühmte Philosophengesandtschaft im Jahre 155 vernommen hat. Allerdings gehörte er ja zu denen, die sich dafür einsetzten, dass die *Graeculi* nicht zu lange in Rom bleiben sollten. Auch darin natürlich ein gutes rôle model für Quintilian. Dazu Plut. Cato mai. 22–23; übertreibend wohl Plin. nat. 29,7,14; eine griechenkritische Haltung (diesmal gegen die griechische Medizin) drückt sich auch in Frg. 1 der *libri ad Marcum filium* aus (ed. Jordan), überliefert bei Plin. nat. 29,7,14. Vgl. Roland Gregory Austin (Hg.): Quintiliani Institutionis Oratoriae Liber XII, Oxford 1948, 169–171. Der Verweis auf die Gesandtschaft bzw. eine Rezeption griechischer Lehre durch Cato ist in einer späteren Studie von Sohlberg: Aelius Aristides und Diogenes von Babylon (wie Anm. 117) bestätigt worden, der Parallelen zwischen Quintilian und Aelius Aristides aufzeigt, die auf Diogenes von Babylon schließen lassen, dessen Schriften, wie die Papyri belegen, weit verbreitet waren, s. auch Reinhardt; Winterbottom: Institutio oratoria (wie Anm. 78), xlii–xlv. Das liegt auf der Linie einer Kulturentstehungslehre (s.o. S. 195ff; S. 200), die m.E. eine stark stoische Färbung aufweist.

plagt werde; um die Mühen des Studiums zu ertragen, müsse man eine innere Lauterkeit haben. Der tugendhafte Mensch könne leichter zum Wahren und Guten überreden als der lasterhafte Mensch. Der Einsatz des Ethos, könnte man sagen, fällt dann leichter, wenn die Performanz nicht allzu weit vom tatsächlichen Ethos entfernt ist.[119] Schlechte Menschen dagegen verbissen sich oft in ihren Persuasionsbemühungen und wirkten dadurch nicht entspannt, was das *conciliare* erschwere.

Die philosophischen Argumente beziehen sich durchweg auf moralische Fragen; Quintilians Hauptlinie der Argumentation ist, dass im rhetorischen Handeln gerade keine Simulation moralischer Qualitäten möglich sei, wie noch Aristoteles postulierte: Daher könne ein *orator* auch niemals einen schlechten Charakter haben. Auch könne jemand, der tatkräftig ist, nicht tapfer (*fortis*) sein, ohne zu wissen, was *fortitudo* ausmache. Die Aufgaben des *orator* seien so gewichtig, dass höchste moralische Integrität notwendig sei: Er dürfe weder von Gier korrumpiert sein noch sich durch Gunstbezeugungen von seiner Aufgabe abbringen lassen, noch sich durch Furcht einschüchtern lassen. Seine gesellschaftliche Aufgabe sei vielmehr so herausgehoben, dass diese Rolle nicht von beliebigen Dienstleistern übernommen werden könne:[120]

> Non enim forensem quandam instituimus operam nec mercennariam uocem neque, ut asperioribus uerbis parcamus, non inutilem sane litium aduocatum, quem denique causidicum uulgo uocant, sed uirum cum ingenii natura praestantem, tum uero tot pulcherrimas artis penitus mente complexum, datum tandem rebus humanis, qualem nulla antea uetustas cognouerit, singularem perfectumque undique, optima sentientem optimeque dicentem.

---

119 Das widerspricht der Position des Aristoteles, der darauf Wert legt, dass das ἦθος τοῦ λέγοντος in der Rede performiert werden müsse: Arist. rhet. 1356a8–13: δεῖ δὲ καὶ τοῦτο συμβαίνειν διὰ τοῦ λόγου ἀλλὰ μὴ διὰ τοῦ προδεδοξάσθαι ποιόν τινα εἶναι τὸν λέγοντα· οὐ γάρ, ὥσπερ ἔνιοι τῶν τεχνολογούντων, <οὐ> τίθεμεν ἐν τῇ τέχνῃ καὶ τὴν ἐπιείκειαν τοῦ λέγοντος, ὡς οὐδὲν συμβαλλομένην πρὸς τὸ πιθανόν, ἀλλὰ σχεδὸν ὡς εἰπεῖν κυριωτάτην ἔχει πίστιν τὸ ἦθος („Es muss aber auch dieses durch die Rede geschehen, aber nicht durch die vorherige Annahme, dass der Sprecher ein bestimmter Mensch ist; nicht nämlich, wie einige der Technologen meinen, setzen wir nicht in die Techne auch die Anständigkeit des Sprechers, weil sie nichts beitrüge zur Überzeugung, sondern das Ethos hat sozusagen beinahe die bedeutendste Überzeugungskraft"). Der Versuch von Möller: Am Nullpunkt der Rhetorik? (wie Anm. 84) 109, Anm. 16, dennoch aus dieser Stelle eine „implizite Empfehlung zur tatsächlichen Aufrichtigkeit" abzuleiten, ist verfehlt, so überraschend die Eindeutigkeit des Aristoteles hier auch sein mag.
120 Quint. inst. 12,1,25.

> Wir bilden ja nicht irgendeinen auf dem Forum tätigen Hilfsarbeiter aus noch eine käufliche Stimme, noch – um nicht schärfere Ausdrücke zu bemühen – einen immerhin praktischen Streitanwalt, den man im Volksmund kurzum causidicus nennt, sondern einen Mann, der durch seine Naturanlage hervorsticht, der die Fülle der besten artes durchaus im Geiste umfasst hält, der sich schließlich ganz dem menschlichen Leben widmet, einen Mann, den vorher keine frühere Zeit gekannt hat, einen einzigartigen, in jeder Hinsicht vollkommenen, in höchstem Maße intelligenten und bestens sprechenden Mann.

Der *orator* agiert also in Situationen, die durch die Emotionslage der beteiligten Personen und die sonstigen Umstände besonders sind. Wenn er etwa Soldaten Mut zusprechen will, muss er deren Angstgefühle ‚umorganisieren'. Dies wird in Ausnahmesituationen dem Redner besser gelingen, der auch selbst von den Werten durchdrungen ist, die er vermitteln soll: „Denn wie man sie auch immer verdecken möchte: Die Vortäuschung verrät sich schließlich selbst, und niemals ist die Redefähigkeit so groß, dass sie nicht ins Stammeln gerät und hängen bleibt, sooft die Worte sich vom Geist entfernen" (12,1,29). Dieses Argument gebraucht Quintilian immer wieder in diesen Zusammenhängen: Im echten Leben müssen echte Einstellungen und Gefühle wirken, sonst leidet der rhetorische Erfolg. Dies ist zwar einerseits ein technisches Argument, aber andererseits auch ein philosophisches, da die gerade in der Philosophie der Kaiserzeit propagierte Entsprechung von Reden und Tun maßgeblich ist. Doch könnte man aus Perspektive Quintilians entgegenhalten: Diese Einheit ist eine ursprüngliche, vor der Philosophie liegende. In einem weiteren Schritt begegnet Quintilian nun Einwänden, dass solche Forderungen nach Echtheit und Authentizität der *ars oratoria* zuwiderliefen. „Der *vir bonus* vertritt nur anständige Fälle, und diese verteidigt auch ohne Fachwissen die Wahrheit hinreichend durch sich selbst" (12,1,33). Die Gründe, die Quintilian dagegen vorbringt, sind eher technischer Natur: Es nütze dem Redner, wenn er auch die Perspektive der Ungerechten einnehmen könne, allein schon um dann diese umso leichter widerlegen zu können. Dabei beruft sich der Rhetor auf Karneades, der bei der Philosophengesandtschaft bekanntlich sowohl *pro* als auch *contra iustitiam* gesprochen habe.[121] Vor allem aber redet er auch einer Zweckrationalität das

---

121 Lact. inst. 5,14,3f.: *Disputavit de iustitia copiose audiente Galba et Catone Censorio maximis tunc oratoribus. sed idem disputationem suam postridie contraria disputatione subvertit et iustitiam quam pridie laudaverat sustulit, non quidem philosophi gravitate, cuius firma et stabilis debet esse sententia, sed quasi oratorio exercitii genere in utramque partem disserendi* („Er sprach gewandt über die Gerechtigkeit, Galba und Cato der Zensor waren seine Zuhörer, die damals die größten Redner waren. Aber derselbe untergrub seine Erörterung am folgenden Tag durch eine gegenteilige und die Gerechtigkeit, die er am Vortage lobte, widerlegte er, nicht zwar mit dem Gewicht eines Philosophen, dessen Meinung fest und unverrückbar sein muss,

Wort: Man müsse nicht nur betrachten, welchen Fall der Redner übernehme (*qualem causam*), sondern auch weshalb und mit welcher Absicht. So erlaubt Quintilian, wie auch die Stoiker, die Lüge, wenn diese aus höheren Gesichtspunkten gerechtfertigt erscheint.[122]

Barbara Cassin hat dem Verhältnis von Rhetorik und Philosophie bei Quintilian eine ausführliche Studie gewidmet, die von der Behauptung Quintilians ausgeht, *philosophia enim simulari potest, eloquentia non potest*[123] („Philosophie lässt sich nämlich simulieren, Beredsamkeit aber nicht"; 12,3,12). Damit beschließt Quintilian den Abschnitt über die juristischen Kompetenzen, die sich der Redner verschaffen müsse. Alle diese Studien seien im Sinne der *instrumenta* (s.o. S. 229) notwendig, wenn man ein guter Redner werden wolle, doch mieden viele diese Mühen, manche verachteten die *praecepta oratoria* und setzten sich mit langen Bärten in die Philosophenschulen. In der Öffentlichkeit gäben sie sich als griesgrämig, zuhause dagegen ausgelassen und bezögen ihre eigene Autorität aus der Verachtung der anderen. Cassin interpretiert diese Sentenz als eine komplexe Bezugnahme auf die Kritik, die Platon und Aristoteles an den Sophisten übten, die sich nämlich als Scheinphilosophen gäben. Offenbar also könne man Philosophie als Habitus verstehen und als solcher unterliege er auch der Simulation. Der Redner aber könne nicht nur durch seinen Habitus als Redner auftreten und wirken, er müsse als Redner handeln, nämlich mit Sprache handeln, wie man hinzusetzen kann. Eine erhebliche Stütze der *vir-bonus*-Argumentation liegt nämlich in der Annahme, dass der Redner ein wirklicher *vir bonus* ist. Nur ein Mensch, der wirklich und intentional das Gute will, darf auch lügen, weil er das gute Ziel auch dieses Handelns dabei nicht aus den Augen verliert. Der *vir bonus* ist notwendig, weil dieser die eigentlich wertneu-trale Kunst der Rede durch einen positiven Wert bestimmt – man könnte geradezu sagen: sie durch einen positiven Wert veredelt. Demgegenüber bleibt die Philo-

---

sondern in Form einer Übungsrede, in der man nach beiden Seiten hin erörtert"); Plut. Cato mai. 22,3; Woldemar Görler: Älterer Pyrrhonismus. Jüngere Akademie. Antiochos aus Askalon, in: Hellmut Flashar (Hg.): Die Philosophie der Antike. Band 4/2: Die hellenistische Philosophie, Basel 1994 (Grundriss der Geschichte der Philosophie), 717–989, hier 853.

122 Quint. inst. 12,1,38 und S. Emp. adv. math. 7,42–45 (= *adv. dogmaticos* 1,42–45). Dazu auch Walzer: Quintilian's ‚vir bonus' and the Stoic Wise Man (wie Anm. 97), der darin eine so enge Parallele sieht, dass er dieses Dogma als Beleg für die Stoisierung des *vir bonus* nimmt. Wichtig ist ja in beiden Fällen, dass *orator* und *sapiens* durchaus wissen, was die Wahrheit ist, sie aber aus bestimmten Gründen diese nicht sagen können. Aber nur der *sapiens* darf lügen, wie auch nur der *vir bonus* tatsächlich *per definitionem* höhere Ziele verfolgt.

123 Barbara Cassin: Philosophia enim simulari potest, eloquentia non potest, ou: le masque et l'effect, in: Rhetorica 13,2 (1995), 105–124.

sophie ein Streben, das sich nie erfüllen kann – sollte man dieses Streben nicht auch simulieren können?[124]

4.2.3 *vir bonus* als *Romanus quidam sapiens*

Dieses ist im Kopf zu behalten, wenn Quintilian im Folgenden die philosophischen Stoffe erörtert, die der Redner beherrschen müsse: „Wenn also der Redner ein tüchtiger Mann ist, dieser aber diesseits der Tugend nicht verstanden werden kann, muss die Tugend, auch wenn sie gewisse Anstöße aus der Natur nimmt, dennoch durch Wissenschaft perfektioniert werden" (12,2,1). *Citra virtutem* bedeutet, dass man über die moralischen Qualitäten nur sprechen kann, wenn man *virtus* praktiziert, das aber verlangt ein Verstehen dessen, was *virtus* ist.[125] Also muss man *virtus* verstehen und praktizieren, wenn man sich darüber äußern will. Und so fließen die Fähigkeiten zur freien Rede aus den innersten Quellen der Weisheit (12,2,6: *dicendi facultatem ex intimis sapientiae fontibus fluere*); hierzu gehören Naturphilosophie und Ethik, denn was über das Gerechte, Gleiche, Wahre und Gute gesagt wird, ist eigenster Gegenstand der Rhetorik (*quae de iusto aequo vero bono dicuntur propria oratoris sunt*). Hier übernimmt er also die Position des Crassus in *De oratore*.[126] Doch Quintilian möchte wiederum Kautelen einbauen. Die Studien müssten im hellen Licht des Forums betrieben werden, denn der *orator* agiere als *civis Romanus*, ja er solle ein *Romanus quidam sapiens* sein (12,2,7), der sich in allem selbst ein Bild von den Dingen machen müsse und sich nicht ins philosophische Seminar zurückziehen dürfe.[127] Denn die Philosophen bildeten diejenige *vitae secta*, die am weitesten von den Aufgaben des *orator* entfernt sei (ebd. 6). Welcher Philosoph habe sich in den Gerichtshöfen je einen Namen gemacht? Welcher selbst Staatsgeschäfte übernommen, deren Theorie doch zu den bevorzugten Gegenständen der Philosophen gehörten? Doch andererseits spielten die *studia sapientiae* auf dem Forum und in den Schulen keine Rolle, sondern zögen sich in die *porticus* und *gymnasia* zurück. Daher könne der auszubildende *orator* in den Rhetorenschu-

---

124 Zur *bona voluntas* s.u. S. 243.
125 Diese Voraussetzungen stehen in der Tradition des sogenannten griechischen Intellektualismus seit Sokrates' Gleichung von Tugend und Wissen.
126 Nennung in 12,2,5: *Neque enim frustra in tertio de Oratore libro L. Crassus cuncta [...] propria esse oratoris adfirmat ac philosophos [...] uti rhetorum armis, non suis*. Er bezieht sich wohl auf Cic. Brut. 81; 107; 123.
127 Hier bezieht Quintilian sich natürlich auf die Kontroverse von Kallikles und Sokrates im Plat. Gorg. in 484c5–485e2, s.o. S. 190–191.

len keine philosophische Unterweisung erwarten, die jedoch notwendig ist. Notwendig ist freilich nicht die Philosophie, so hatte Quintilian ja schon früher stets betont, sondern der von der Philosophie okkupierte Gegenstand, da das Leben des *orator* mit dem Wissen der göttlichen und menschlichen Dinge engstens verbunden ist. Um sich dieses Wissen zu verschaffen, müsse die Literatur konsultiert werden, die der einzige Hort geblieben sei, wo man noch etwas über die *virtus* lernen könne. Das ist nun eine seltsame Konjunktion: Einerseits soll dem *orator* die Luft des offenen Forums um die Nase wehen, andererseits soll er dieselbe in die Gelehrsamkeit vergangener Zeiten versenken, um dort zu lernen, wie man richtig handelt. Doch genau diese neue Konjunktion wäre es, die der Philosophie als ungeliebter Sachwalterin den Garaus machte! Denn alle deren Gegenstände seien doch ureigenste Sache der Rhetorik![128] Was folgt, ist eine eher ‚akademisch' anmutende Darlegung der drei Teile der Philosophie, nämlich *naturalis, moralis, rationalis*.[129] Dies ist nun das thematische Herzstück des vorliegenden Aufsatzes, nämlich was der Redner eigentlich aus dem durch die Philosophie usurpierten Bereich des gesamten Lebens für seine Tätigkeit benötigt. Es ist gemessen an der in der *Institutio* immer wieder angesprochenen Problematik doch erstaunlich wenig. Doch sei damit nicht gesagt, wie es inhaltlich zu bewerten ist.

1. *Pars rationalis* ist im Wesentlichen mit Fragen der Semantik beschäftigt (*proprietas vocis*;[130] *ambigua aperire*;[131] *perplexa discerne*) und gehört natürlich

---

128 „Wenn doch einmal die Zeit käme, in der ein perfekter Redner, wie wir ihn uns wünschen, diese Kunst, die wegen ihres anmaßenden Namens [sc. nämlich dem der Philosophie!] und der Unzulänglichkeiten von einigen, die deren Gutes zerstören, so in Misskredit geraten ist, sich zu eigen machte und gleichsam wie wiedererlangtes Eigentum in das Gesamt der Beredsamkeit einbrächte" (12,2,9). Man hat angesichts dieser Worte an die Ausweisung der Philosophen durch Domitian 94 erinnert, so Colson: M. Fabii Quintiliani Institutionis Oratoriae Liber I (wie Anm. 81), xxv; man kann auch so weit gehen, hier eine unterwürfige Geste gegenüber Domitian zu erkennen. Zurückhaltender jedoch Austin: Quintiliani Institutionis Oratoriae Liber XII (wie Anm. 118), 78.
129 Stoische Einteilung nach Zenon (Diog. Laert. 7,39); Apollodor von Seleuka nennt das die Topoi; vgl. Cic. ac. 5,19: *fuit ergo iam accepta a Platone philosophandi ratio triplex, una de vita et moribus, altera de natura et rebus occultis, tertia de disserendo et quid verum, falsum quid rectum in oratione pravumve, quid consentiens quid repugnans esset iudicando* („Es war also schon von Platon eine dreifache philosophische Methode akzeptiert, nämlich Ethik, Naturphilosophie und die verborgenen Dinge, drittens zu Fragen des Wahren, Falschen und was im sprachlichen Ausdruck richtig und verkehrt, was im Urteil übereinstimmend, was widersprechend ist"); Sen. epist. 89,9: *Philosophiae tres partes esse dixerunt et maximi et plurimi auctores: moralem, naturalem, rationalem.* moralis übersetzt also ἠθική.
130 Dieses Thema hatte Quintilian schon zu Beginn genannt (1 pr. 16–17).

in den ganzen Bereich der Hermagoreischen ζητήματα λογικά, aber auch νομικά, denn es kann sowohl um Fragen der Definition als auch um solche der Gesetzesauslegung gehen.[132] Quintilian schränkt aber sogleich ein, dass in Prozessen diese Form der zugespitzten eigentlich dialektischen Argumentationen weniger erfolgreich sei, da man nicht nur unterrichten (*docere*), sondern auch bewegen und erfreuen soll. Außer Hermagoras wäre hier auch noch an die Aristotelische Unterscheidung von Rhetorik und Dialektik zu erinnern, mit der die *Rhetorik* beginnt: Rhetorik sei ein Seitenstück, ἀντίστροφος, der Dialektik. Doch interessanterweise nennt er auch die Topik nicht explizit,[133] doch ist dem Kenner klar, dass der Vergleich mit der Ringerschule und den dort vermittelten *numeri* auf solche Topoi zielt, die zwar vom Anfänger in der Hitze des Gefechtes kaum angewandt werden können, wo durch *pondus*, *firmitas* und *spiritus* mehr erreicht werde, die aber dem erfahrenen Ringer eine *copia* bereitstellen, aus der er im Falle des Bedarfs auswählen kann. Doch warnt der erfahrene Lehrer ausdrücklich davor, als Redner allein mit dialektischer Schärfe zu agieren: Denn mancher, der mit viel Scharfsinn brilliert, erreicht damit nichts, so wenig wie Insekten, die man als flüchtige Tiere auf dem freien Boden leicht greifen kann, mögen sie in engen Ritzen und Spalten auch leicht entkommen; man begibt sich nämlich seiner eigenen Kräfte, wenn man in Haarspaltereien verfällt. Quintilian zeichnet hier ein sehr einseitiges Bild der Dialektik, nämlich das der Begriffsbestimmung, wie sie in den platonischen Dialogen vorgeprägt ist. Diese im engeren Sinne philosophischen Aspekte einer Disputierkunst (*disputatrix*; 12,2,13) fallen unter das allgemeine Verdikt lebensfremder Verstiegenheiten, mit denen sich die Philosophenschulen beschäftigen. Das mag auch der Grund dafür sein, dass Quintilian hier jegliche Verweise auf die Topik unterlässt, obwohl sie einschlägig wäre. Es sei auch daran erinnert, dass sich etwa *proprietas* und *ambiguitas* in eigenen Abschnitten finden, hier aber nicht darauf verwiesen wird.

2. Der Teil der Moralphilosophie sei im *genus deliberativum* und *demonstrativum* von Nöten, grundsätzlich sei aber eine Behandlung des Gleichen und Guten in allen Redesituationen notwendig. Insbesondere aber die *quaestio generalis* könne nur unter Einbeziehung moralischer Fragen behandelt werden.

---

131 ἀμφιβολία wird in 7,9,1–15 behandelt: *Amphiboliae species sunt innumerabiles, adeo ut philosophorum quibusdam nullum videatur esse verbum, quod non plura significet: genera admodum pauca* („Es gibt unzählige Formen von Amphibolien, so sehr, dass einigen Philosophen kein Wort zu existieren scheint, das nicht mehreres bezeichnete, Gattungen von Amphibolien gibt es aber nur ziemlich wenige").
132 Zur *proprietas* in diesem Zusammenhang von Begriffsbestimmungen: 7,3,3; im Bereich des *ornatus*: 8,2,1–11.
133 Die natürlich ausführlich in 3,8 und Buch 7 erörtert wird.

Schließlich gelte, dass in jeder juristischen Frage *aut verborum proprietate aut aequi disputatione aut voluntatis coniectura continetur*: Denn *natura permixta est omnibus istis oratio* (12,2,19–20)! Auch hier fällt die Knappheit auf, die sich aber daraus erklärt, dass Quintilian die Topik dieser Reden bereits ausführlich erörtert hat und hier nur noch einmal in Erinnerung zu rufen braucht, ohne freilich explizit darauf zu verweisen.

3. Die Naturphilosophie schließlich umfasst auch die *pars moralis*, wenn es etwa um die Frage geht, ob es eine Weltenlenkung gibt,[134] woraus dann auch Verpflichtungen für den Weisen im öffentlichen Leben erwachsen können. Des Weiteren sind es die Fragen der Auguren, die im Horizont der gesamten Natur erörtert werden müssen. Hier folgt Quintilian einer stoischen Linie, die insbesondere Poseidonios ausgeführt hat. Und so sind es die Naturphilosophen, die als Lehrer bedeutender Rhetoren die Verbundenheit von Rhetorik mit der *philosophia naturalis* belegen: Perikles als Schüler des Anaxagoras,[135] Demosthenes als Schüler des Platon[136] und Cicero als Akademiker werden als *exempla* genannt.

4.3 Der *orator* muss sich philosophisch nicht festlegen

Wenn Quintilian sich im Folgenden (12,2,23–31) den Philosophenschulen zuwendet, und zwar unter der Frage, welche dieser Schulen für den *orator instituendus* die geeignetste wäre, so ist es für den ganzen Umgang mit der Philosophie in der *Institutio* bezeichnend, wenn er vorausschickt, dass es wohl keinen Wettkampf unter vielen Philosophenschulen geben könne, Epikur sei überhaupt ein Gegner jeglicher *disciplina*,[137] Aristipp, der Schüler des Sokrates und Gründer der Kyrenaiker, habe jeden *labor* gemieden, da er ja der Lust folgte; Pyrrhon zweifle als Skeptiker die Existenz von Richtern, Publikum und Senat

---

134 In 3,5,6 und 5,7,35 als beliebtes Deklamationsthema einer *quaestio generalis* bekannt.
135 Plat. Phaidr. 269–270a; Cic. de orat. 3,138.
136 Tac. dial. 32; Cic. Brut. 121; Plut. Dem. 5, was aber wenig Glauben verdient, s. dazu Austin: Quintiliani Institutionis Oratoriae Liber XII (wie Anm. 110), 86.
137 In de orat. 3,63 steht dem *orator* die epikureische Philosophie als Erbin der Lust (*patrocinium voluptatis*) besonders fern; sie wird indessen nicht eigens bekämpft, sondern man möchte sie unbehelligt in die Gärten ziehen lassen. Auffallend ist, dass Lucretius von Quintilian sehr abschätzig behandelt wird (Quint. inst. 10,1,87), wohl aus dem Grunde, weil die epikureische Philosophie dem eigenen Bildungsideal zu fern stand, s. dazu Carlo Di Giovine: Osservazioni intorno al giudizio di Quintiliano su Lucrezio, in: Rivista di filologia e di istruzione classica 107 (1979), 279–289; Manzoni: Il retore Quintiliano di fronte ai filosofi (wie Anm. 86), 143–172.

überhaupt an und könne somit auch keine Hilfe für den *orator* sein. Natürlich sind diese Bemerkungen nicht ohne Tendenz gesagt: Aus den vielen Philosophenschulen werden zunächst mit knappen Bemerkungen jene ausgesondert, die sich als Hedonisten oder radikale Skeptiker in keine *ars* fügen zu können scheinen. Nur die Epikureer können freilich noch als eine damals überhaupt vertretene *secta* angesehen werden.[138] Die folgenden ‚big three' der antiken Philosophie, nämlich Akademie, Peripatos und Stoa, halten alle drei relevanten Inhalte oder Methoden bereit: Die Akademie empfehlen manche wegen ihrer Skepsis, da sie das in *utramque partem disserere* entwickelt hat. Dass diese Methode rhetorisch wirksam ist, ließe sich durch entsprechende *oratores* belegen, die besonders erfolgreich waren (*praestantissimi oratores*). Die Peripatetiker werden für die Entwicklung der Thesis gerühmt, über die Quintilian in der *Institutio* ja ausführlich handelt.[139] Die Stoiker stehen für eine ausgefeilte und stren-

---

138 Der Kepos stand der Rhetorik eher ablehnend gegenüber, Philodem scheint die epideiktische Rhetorik als Theorie und Praxis der Prosa retten zu wollen: Michael Erler: Epikur, in: Flashar (Hg.): Die Philosophie der Antike. Band 4/2 (wie Anm. 121), 203–380, hier 339–341. Die große Zeit hatte der Epikureismus freilich in der ausgehenden Republik, wie die philosophischen Dialoge Ciceros, Vergil und Horaz bezeugen; in der frühen Kaiserzeit zeigen die Briefe Senecas die Bedeutung dieser Schule, die sich bis zur Spätantike verliert; Plutarch setzt sich mit den Lehren Epikurs kritisch auseinander (nämlich in drei erhaltenen Traktaten: *Non posse suaviter vivi secundum Epicurum*; *Adversus Colotem*; *An recte dictum sit latenter esse vivendum*; im 2./3. Jh. bringt Diogenes von Oinoanda eine umfangreiche Inschrift in einer Stoa der Agora seiner Heimatstadt mit den wichtigsten Dogmen an: s. Italo Gallo: La polemica antiepicurea nel de latenter vivendo di Plutarco: Osservazioni e note esegetiche, in: Gabriele Gannantoni; Marcello Gigante (Hgg.): Epicureismo greco e romano. Atti del congresso internazionale, Napoli 19–26 maggio 1993), Neapel 1996 (Elenchos 25), 929–937; Giovanni Indelli: Plutarco, bruta ratione uti: una risposta a Polistrato, de irrationali contemptu, in: ebd., 939–949; Martin Ferguson Smith: A 'Herculaneum' in the Mountains of Turkey: Oinoanda as a Source of Epicurean Texts, in: ebd., 951–968; Jürgen Hammerstaedt: Strategien der philosophischen Darstellung für ein Laienpublikum in der Inschrift des Diogenes von Oinoanda, in: Irmgard Männlein-Robert u.a. (Hgg.): Philosophus Orator. Rhetorische Strategien und Strukturen in philosophischer Literatur. Michael Erler zum 60. Geburtstag, Basel 2016, 259–278; Jan Erik Heßler: τὸν σοφὸν οὐ δοκεῖ ῥητορεύσειν καλῶς? Rhetorik in TextenEpikurs, in: ebd., 161–180; Graziano Arrighetti: Filodemo, le technai e la retorica, in: ebd., 181–202; zum Epikureismus in der Kaiserzeit und Spätantike s. insbesondere den Überblick bei Michael Erler: Epicureanism in the Roman Empire, in: James Warren (Hg.): The Cambridge Companion to Epicureanism, Cambridge u.a. 2009, 46–64.
139 3,5,4–15 unterscheidet er zwischen ὑπόθεσις und θέσις und zeigt die Abhängigkeit der speziellen Fragen von den allgemeineren, die jetzt ungerechtfertigterweise zur Philosophie geschlagen würden, dabei setzt er sich intensiv mit Ciceros scheinbar wechselnden Positionen in inv. 1,8 und de orat. 2,133 auseinander. Die These, dass, was im Allgemeinen bewiesen sei, auch im konkreten Falle gelte, bildet dabei den Kernpunkt einer letztlich peripatetischen

ge Schlusstechnik, die sie zum Dogma veranlasste, dass man von einer einmal erfolgten Überzeugung nicht ablassen könne.[140] Dennoch lege sich der *orator* nicht fest und werde zu keinem *sectator* einer bestimmten Schule. Denn es gehe bei diesen theoretischen Fragen nur um das oratorische *opus*, „zu dem er von selbst strebe, und dessen Kandidat er sozusagen ist, wenn er denn zukünftig einmal in seinem Lebenswandel und in seinen rednerischen Fähigkeiten vollkommen sein wird" (12,2,27). Und deshalb seien selbst gewählte *exempla*, sprich vorbildlich agierende Redner, das Beste für den Rhetorikschüler. Quintilian zeigt sich mit diesen Bemerkungen wieder als Praktiker und Römer, der den Wert der *exempla* weit höher ansetzt als den von theoretischen Studien. Bei der Behandlung von Themen wie der Tugend, dem Staat, der Vorsehung schließlich kann rednerische Brillanz eingeübt und bewiesen werden. Damit schließt sich ein Kreis, denn genau diese Themen sind es, die eigentlich philosophische waren. In der Rückführung dieser *loci communes* als Lebensthemen in ihre rhetorische Heimat verweist der Autor implizit auf die wiederhergestellte Einheit von *dicere* und *sapere*, die vor der Frage der geeigneten Philosophenschulen liegt. Denn genau das sind auch die Themen, mit denen man als *orator* moralisch auf die Menge einwirken kann.[141] Wenn er daran anschließend dem *orator* einen Schatz von *dicta memorabilia* empfiehlt, so hätte man es mit genau jenen Markern zu tun, die in Sammlungen wie denen von Valerius Maximus vorliegen.[142]

Diskussion. Zur Doxographie s. Diog. Laert. 5,1,3: [Ἀριστοτέλης] πρὸς θέσιν συνεγύλαμναζε τοὺς μαθητὰς, ἅμα καὶ ῥητορικῶς ἐπασκῶν. Dazu die Studie von Cristina Viano: Quintiliano e la storia della filosofia: l'uso delle quaestiones philosopho convenientes, in: Rhetorica 13 (1995), 193–207, bes. 199ff. Sie zeigt einleuchtend, dass die *quaestiones generales* auch in der Doxographie zur Rubrizierung der Philosophen genutzt wurden (Was denkt Philosoph X über das Problem p?). Die Beispiele, die Quintilian nennt, sind einerseits solche der Deklamtionsschulen, andererseits aber auch philosophiehistorisch relevante.
140 Das zeigt auch eine Anekdote, die Plutarch in de stoic. rep. 8,1034e–f (SVF 1, Frg. 78) überliefert: Auf die Maxime, man solle kein Urteil fällen, ehe man die andere Seite gehört habe, entgegnet Zenon: „Entweder hat der Erstredner bewiesen, dann muss man den Zweitredner nicht anhören (das Problem hat dann ja schon seine Grenze) oder er hat nicht bewiesen (das ist nämlich dasselbe, wie wenn er nicht zum Prozess erschienen wäre oder wenn er zwar erschienen wäre, aber nur Unsinn von sich gegeben hätte). Also hat er entweder bewiesen oder nicht. Folglich muss man den zweiten nicht anhören, wenn er redet." Daher spürt Austin: Quintiliani Institutionis Oratoriae Liber XII (wie Anm. 118), 88 wohl zurecht eine grundsätzliche Ablehnung der Stoiker: „Q. displays the full dislike of the rhetorician for the philosopher."
141 Dass diese Themen auch gerade beliebte Deklamationsthemen waren (*locus philosophumenos*; Sen. contr. 1,7,17), wäre eigentlich ein Gegenargument. Daher betont Quintilian gerade die moralischen Implikationen dieses Sprechhandelns.
142 Dazu Thomas Schirren: Quam efficax est animi sermonisque abscisa gravitas – Dicta als Marker symbolischer Interaktion, in: Therese Fuhrer; Damien Nelis (Hgg.): Acting with words.

Es ist wiederum bezeichnend, dass Quintilian hierbei den Charakter von Buchgelehrsamkeit zu vermeiden sucht und so tut, als ob man die *exempla* tatsächlich aus dem Leben kennenlernen sollte. Denn so sehr die Griechen sich durch *praecepta* hervorgetan haben, die Römer übertreffen sie durch die praktischen *exempla* (12,2,30).[143]

4.3.1 Das *vir-bonus*-Ideal kommunikationstheoretisch betrachtet

Was gewinnt Quintilian nun durch die Figur und die Argumentation des *vir bonus*? Zunächst könnte man ja einwenden, dass damit der Rhetorik eine Last zugemutet wird, die sie unmöglich tragen kann. Denn jeder Redner müsste nun nicht nur Wissen zu moralischen Fragen besitzen, sondern dieses Wissen auch anwenden und leben. Wie sollte das in den Rhetorikschulen vermittelt werden? Wir stehen wieder mit Sokrates, Gorgias und Kallikles im Gespräch. – So sehr Quintilian die *ars oratoria* neu beleben möchte, kann er sich dennoch nicht auf die *ars media* zurückziehen, sondern er will eine *ars bona* und eine *bona voluntas oratoris* proklamieren. Die Reform der *corrupta eloquentia* soll den Sündenfall der Rhetorik, verursacht durch die Techniten einerseits und die Philosophen andererseits, überwinden und eine *eloquentia* schaffen, in der der *eloquens* zu sich selbst kommt: nämlich als kommunikatives, soziales Wesen. So wie Kommunikation ohne Gesellschaft nicht möglich ist, so auch keine Gesellschaft ohne Kommunikation. Gesellschaft aber setzt eine Werteordnung voraus. Soziale Werte können nur erkannt werden, wenn sie kommuniziert werden, daher muss die Kommunikation bestimmten Regeln unterworfen werden:[144] Die Hauptregel ist das Ideal des *vir bonus* als universalen Kommunikators, an dem sich alle Kommunikation orientieren muss.[145]

Communication, rhetorical performance and performative acts in Latin literature, Heidelberg 2009 (Bibliothek der klassischen Altertumswissenschaften. Neue Folge 2,125), 79–100.
143 Austin: Quintiliani Institutionis Oratoriae Liber XII (wie Anm. 118), 90 bemerkt dagegen, dass diese abschließende Passage über die historischen *exempla* hier schlecht passte; mir scheint aber, dass die *dicta* sehr gut in die ganze Argumentation der wiederzuerlangenden Einheit passen. Wenn Quintilian in 12,4 diesen Faden wieder aufgreift, so gehört dies zum Duktus abschließender, verstreuter Bemerkungen, die das 12. Buch insgesamt kennzeichnen, s. Cousin: Quintilien (wie Anm. 118), 3–9; Classen: Quintilians Redner (wie Anm. 77); auch Classen: Der Aufbau des zwölften Buches der Institutio oratoria Quintilians (wie Anm. 78).
144 Hier könnte man etwa an die vier Konversationsmaximen von Paul Grice denken: Quantität, Qualität, Relevanz, Modalität.
145 Hier wäre auch an Habermas zu denken, s. o. Anm. 94.

4.4 Einige Seitenblicke auf Philosophen in der *Institutio oratoria*

Wenn sich auf diese Weise die Linie bestimmen lässt, wie Quintilian den alten Konflikt zwischen Philosophie und Rhetorik interpretiert und einer Lösung zuführen möchte, so lassen sich vereinzelte Bemerkungen zu Philosophen im Gesamt der *Institutio* durchaus zur Stützung dieser These heranziehen.

1. Im Abschnitt über die *copia verborum* (10,1) spricht Quintilian ab § 81 über die Philosophen als *auctores imitandi*. Platon wird als bester Stilist gelobt (*quis dubitet Platonem esse praecipuum* [...]), Xenophons schlichte Süße (*iucunditas*), Aristoteles' Wissen, die Menge und Verschiedenheit seiner Schriften, der Scharfsinn seiner Entdeckungen werden gerühmt, Theophrast scheint seinem Namen alle Ehre zu machen und die Stoiker hätten zwar der Stilistik wenig Mühe gewidmet, seien aber doch in ihren Schlüssen besonders wirksam.[146] Seneca wird von § 125–131 untersucht. Im Unterschied zu den anderen, älteren Philosophen kritisiert er dessen *fractum genus dicendi* scharf, da er den Jüngeren ein schlechtes Vorbild sei. Seneca schwelge nämlich in *dulcia vitia*, mag er auch ein großes Talent gewesen sein.[147] Der Rhetor versucht so die Philosophie als *genus scribendi* zu vereinnahmen, indem er vom Inhalt nur so viel gelten lässt, als dies stilistisch relevant ist, und ansonsten auch hier wieder beklagt, dass sich die Philosophen vom Inhalt genommen hätten, was eigentlich Eigentum der Redner als Kommunikatoren gewesen sei (10,1,35–36).

2. Die Frage der Stilistik (11,1) geht Quintilian grundsätzlich an, indem er nach dem *aptum* fragt, das von den Philosophen breiter erörtert worden sei. Doch schon Cicero habe in *De oratore* (3,210) erkannt, dass das *aptum* jeweils

---

[146] Diese Reduktion auf den stilistischen Wert philosophischer Werke hat manchen Philosophen empört, so berichtet Gell. 1,9,10 von seinem Lehrer, dem Platoniker Lukios Kalbenos Tauros: *Est etiam, inquit, pro Iuppiter, qui Platonem legere postulet non vitae ornandae, sed linguae orationisque comendae gratia, nec ut modestior fiat, sed ut lepidior* („Es gibt ja auch, beim Jupiter, jemanden, der verlangt, Platon zu lesen, nicht um sein Leben zu verschönern, sondern um seinen sprachlichen Ausdruck und die Rede zu frisieren und nicht um bescheidener, sondern um feinsinniger zu werden"); Hahn: Der Philosoph und die Gesellschaft (wie Anm. 56), 86.

[147] Vgl. auch Henry F. Culver: Quintilians condemnation of Seneca, in: The Classical Bulletin 44 (1967), 26–28; Otto Seel: Quintilian oder: Die Kunst des Redens und Schweigens, Stuttgart 1977, 207–211; Thomas Schirren: philologia ancilla rhetoricae. Leseübungen für die rhetorische Brillanz? Quintilians philologische Empfehlungen, erscheint in: Gregor Bitto; Anna Ginestí Rosell (Hgg.): Philologie auf zweiter Stufe. Literarische Rezeptionen und Inszenierungen hellenistischer Gelehrsamkeit, Heidelberg 2018 (Bibliothek der klassischen Altertumswissenschaften).

situativ bestimmt werden muss. Nun sind es aber gerade die Philosophen, die ihren Anspruch moralischer Überlegenheit sehr unpassend vor sich her tragen (*philosophiam ex professo [...] ostentantibus parum decori sunt*; § 33). Dagegen stellt er nun den *vir civilis vereque sapiens*, seinen *vir bonus, qui se non otiosis disputationibus, sed administrationi rei publicae dederit, a qua longissime isti, qui philosophi vocantur, recesserunt* („den Ehrenmann, der sich nicht mit müßigen Unterhaltungen aufhält, sondern ganz der staatlichen Politik verschreibt"). „Die ‚die Philosophen' genannt werden" zeigt deutlich, dass die selbsternannten Sachwalter moralischer Fragen kläglich scheitern, wenn sie das kommunikativ umsetzen sollen, was sie theoretisch entwickelt haben. Auch Seneca ließe sich hierfür als *exemplum* verfehlter Stilistik anführen. Dagegen der *vir civilis*: Er hat bereits in seinem praktischen Sinn festgelegt, was zu erreichen ehrenwert ist (§ 35). Diese Kritik an den zeitgenössischen Philosophen war indessen schon gut vorbereitet gewesen und so stützt sich das gegenseitig: Wenn die kynischen Philosophen der Gegenwart Tartüfferie betreiben, beweist das, dass die Philosophen sich mit den moralischen Fragen und solchen des angemessenen gesellschaftlichen Auftretens nicht auskennen. Es wird also vom konkreten Verhalten auf ein theoretisches Defizit zurückgeschlossen.

3. Die Dialektik, die dem *orator* in der zusammenhängenden Rede nur bedingt dienlich ist, lässt Quintilian bei der Wahl von *exempla* gelten und zeigt die dialektischen Wege, wie man den ‚sokratischen Fragen' begegnen kann. Solange sich die Philosophie auf diesem Niveau der Hilfswissenschaft bewegt, wird sie also geduldet.

4. Die rhetorischen Fälle (*quaestiones, causae*) waren immer wieder Gegenstand einer Kontroverse, da die Philosophen die allgemeinen Fragen (also unter Absehung konkreter Umstände und Personen) für sich beanspruchten.[148] Quintilian stellt fest, dass in jeder Spezialfrage (*quaestio finita*) eine *generalis quaestio* (*infinita*) verborgen ist (*amplior est semper infinita, inde enim finita descendit*; 3,5,8). Hier vermeidet es Quintilian auf die ontologische Ebene zu wechseln, um zu beweisen, warum das Verhältnis von *speciale* zu *generale* so zu bestimmen ist. Es fällt nicht die leiseste Andeutung, vielmehr versucht er mit Cicero und Hermagoras auszukommen. Es ist klar, dass er hier der Philosophie tributpflichtig wäre. Indem er das aber vermeidet, beschneidet er sie in ihrer Rahmenkompetenz für Fragen, die er als das zentrale Geschäft des *orator* ansehen muss (Statuslehre, *inventio*).

---

148 Cicero hat zunächst (inv. 1,8) die *quaestiones* für den *orator* abgelehnt, später aber ausdrücklich akzeptiert (de orat. 2,133).

5.[149] Ähnliches gilt für die Statuslehre in 3,6. Quintilian 3,6,23–24 zitiert die zehn Aristotelischen Kategorien, die ja eigentlich in die *inventio* gehören (Cic. de inv. 1,34ff.) als *elementa*. Eine eigene Benutzung der Kategorienschrift (1b25–2a4) wird allgemein nicht angenommen, sondern man vermutet eine spätere rhetorische Quelle, ebenso wie für das Zitat der Statuslehre bei Aristoteles (rhet. 1417b21–27) in § 49. Auch was er § 37 von Poseidonius zitiert (*P. in duo dividit: vocem et res*) ist sekundär. Der Umgang mit diesen Quellen lässt erkennen, dass für Quintilian das Terrain bereits so beackert ist, dass er die Pionierleistungen der Philosophie für unerheblich hält. Sie werden nur doxographisch mitgeteilt, aber nicht weiter reflektiert.

Es zeigt sich also deutlich, dass Quintilian sowohl die Philosophie als Fach als auch deren Vertreter durch die Konzeption des *vir bonus* als *vir civilis* zurückzudrängen sucht und für die Ausbildung des Redners weitgehend entbehrlich hält. Dass er dafür unter seinen Zeitgenossen viel Zustimmung erhalten wird, liegt an der öffentlichen Wahrnehmung der stoisch-kynischen Philosophen. Ob er sich damit auch bei Domitian andienen wollte, der gerade einmal wieder Philosophen ausgewiesen hatte, ist dann nur noch ein weiterer Grund, sicherlich nicht das Hauptmotiv. Denn als öffentlich besoldeter Rhetoriklehrer war es Quintilian darum zu tun, die Rhetorik als Bildungsmacht neu zu etablieren. Dies schien ihm nur durch eine Zurückdrängung der Philosophie möglich.

---

149 S.o. S. 209.

V. Ciceros politische Philosophie und die Krise der römischen Republik

Philosophising about Rome: Cicero's *De re publica* and *De legibus*

Jonathan G. F. Powell

To begin by generalizing from the theme of this volume: what might it mean to describe any kind of philosophy in local terms? In the weakest sense, it can refer simply to the origin or residence of its practitioners. Rather more strongly, it can refer to a style of philosophy associated with a given cultural centre, or the language used to express it; more strongly still, to a 'school' in either the institutional or non-institutional sense. But there is also another sense in which a philosophy can belong to a particular place, not by being created there, but by being transplanted there as into a new setting, and not only incorporated as part of the local culture, but applied to the task of philosophising about the local conditions. Thus it acquires a new subject-matter which was not (or not primarily) envisaged by its original creators, and it may itself be transformed in the process.

It is this sense, rather than any of the others, that we need above all to bear in mind when reading Cicero's two dialogues on political philosophy, *De re publica* and *De legibus*. These works are partly about political communities in general and laws in general, but they are also concerned very much with Rome. So much has always been obvious, but the two works have given rise to varying reactions and interpretations. It must of course be admitted that the text of *De re publica* as we have it is fragmentary, and that of *De legibus* as transmitted in the manuscripts is both incomplete and corrupt; these facts evidently make it more difficult than it would otherwise have been to see whatever coherence exists in these texts. However, one may suspect that this is not the only factor, and that preconceived ideas about Cicero himself as a Roman political thinker have also played their part.

Some modern views of *De re publica* have no doubt taken their cue from Mommsen, who alleged that Cicero identified the historical Roman Republic as the ideal state of the Greek philosophers. For the great nineteenth-century historian, himself writing at a time when "philosophies of history" were much in fashion, this was a combination of bad philosophy and bad history, a hopeless confusion of idealism with reality. Yet it can be argued that this confusion – which Mommsen was in my view quite right to disparage – is a product of modern interpretation rather than of the plain meaning of Cicero's text. There is an alternative view compatible with the evidence of the text as we have it. This is that Cicero made a conscious decision to see whether he could *apply* the principles of political philosophy, as developed by the Greeks (and perhaps reinterpreted to some extent by himself), to the material of Roman historical experience, and at the same time use the latter to *exemplify* the former for the benefit of his Roman readers. In that case, there would be a straightforward and not at all surprising logical relationship between the philosophy and the history: the principles were those developed by the Greeks, but they were to be applied to the subject-matter of Rome, and, one supposes, in due course to the question of how Rome itself could be better governed – although the state of the text allows us to reach clear conclusions only about the theoretical half of the enterprise.

To achieve this, neither philosophical nor historical principles need be distorted: it is rather a question of testing the former against the latter. For example (to anticipate some points which I shall develop below) it would have been natural for a Roman encountering Plato or Polybius to enquire whether the predictions of those writers about constitutional change actually worked in the case of Rome. Cicero's reply is that, despite their attractiveness in themselves, they did not; for in the history of Rome, the tyranny of Tarquin developed straight out of monarchy without the intervening stages postulated by the Greek theorists. Thus, that particular part of Greek political theory had to be amended in the light of Roman experience. On the other hand, Aristotle and his successors had predicted that a constitution of the 'mixed' or balanced type would be likely to be stable; this did indeed seem to be the case, since the Roman example of the type (according to the prevalent historical interpretation accepted by Cicero) had endured from the middle of the fifth century until the latter half of the second, starting to show signs of strain only in the time of the Gracchi (at the time when the dialogue of the *De re publica* itself is set). In that case the Roman experience functions simultaneously as a didactic example to illustrate the kind of thing that the theory refers to, and as a test case to confirm its validity.

Given this framework, my primary aim in this chapter is to work towards a coherent understanding of Cicero's thought in his writings on political theory, rather than to isolate elements of it that can be identified as "original" or "Roman". Almost all Cicero's basic political concepts are, in fact, both Greek and Roman: they originate in Greek political thought, but in applying them to Roman subject-matter Cicero is able either to suggest amendments to them, or to draw out their significance for Rome. Cicero himself made claims for originality largely in regard to his method of exposition; it is difficult for us to check on this objectively as we do not have the full range of Greek writings on which he could have drawn, but there is no compelling reason to disbelieve his claim.¹

In the course of this discussion, I draw on a number of earlier studies of my own published over the last quarter century, in which more detailed argument and references to previous literature may be found. What is presented here is, no doubt, to some extent a personal angle on the issues; other recent studies place the emphasis somewhat differently and may be seen as complementary to the present approach.² Nor do I make any attempt to be comprehensive: there are other areas (for example, Cicero's relationship to Aristotle and the Aristotelian tradition of political theory; and the question of how Cicero here envisaged the role of rhetoric in political debate and persuasion) which would need to be covered in detail in order to achieve a full understanding. If there is an overall guiding principle in my dealings with these texts, it is, I suppose, that I take Cicero's political dialogues seriously as philosophical *enquiries* into the principles of political and/or legal theory and into how they may be profitably applied to Roman reality, rather than as literary disguises for this or that dogmatic message about how political communities (or Rome in particular) ought to be organized. To put it another way, I take them as examples both of genuine attempts at dialogue writing in the Platonic manner, and of the Neo-Academic method of enquiry (itself, of course, based on a view of Plato's dialogues) which is familiar from Cicero's later philosophical writings. Despite Cicero's determination in *leg.* 1,39 to keep the Academy at a distance,³ the Academic spirit has (if my interpretation is in any sense correct) left its mark all over the text of *De re publica*.

---

1 Cic. rep. 2,21; cf. note 10 below. References to *De re publica* and *De legibus* are to my Oxford Classical Texts edition (Jonathan G. F. Powell [ed.]: M. Tulli Ciceronis De Re Publica, De Legibus, Cato Maior de Senectute, Laelius de Amicitia, recognovit breviqué adnotatione critica instruxit, Oxford 2006). Where my numeration of fragmentary sections differs from that previously current, I add a reference to Ziegler's numbering.
2 James E. G. Zetzel: Political philosophy, in: Catherine Steel (ed.): The Cambridge Companion to Cicero, Cambridge 2013, 181–195, emphasises the problem of the relationship of the individual statesman and the community; Jed W. Atkins: Cicero on Politics and the Limits of Reason, Cambridge 2013 identifies the 'limits of reason' of his title as the unifying factor in the argument of both dialogues, and offers an interesting new angle on the relationship between ideal and reality in Cicero's political thought. The present paper was substantially drafted before the appearance of these two contributions; this is not on the whole the place to pursue detailed points of disagreement with them (though one such does arise in note 4 below).
3 Woldemar Görler: Silencing the Troublemaker: *De legibus* 1,39 and the Continuity of Cicero's Scepticism, in: Jonathan Powell (ed.): Cicero the Philosopher: Twelve Papers, Oxford 1995, 85–113, is a classic treatment of this passage, demonstrating that it does not in the least detract

This is not to say that one needs to maintain a systematic agnosticism as to Cicero's own views. Each pair of books in the *De re publica* was introduced by an elaborate preface in Cicero's own person, in which his views on some matters are made as clear as could be wished. The preface to Book 3 argues strongly for the necessity of political participation; Cicero evidently saw signs of a retreat from politics among intelligent Romans, partly under Epicurean influence, and wished to present strongly the case for politics as a superior form of human activity, in which those with the necessary talents have an obligation to be involved. The preface to Book 3 appears to have been an elaborate account of the achievements of the human mind in both theoretical and practical spheres, culminating in the establishment of well-organised political communities.[4] The preface to Book 5, which we know only from a long quotation in St. Augustine, contained a striking lament for the decline of Roman political life and the scarcity of good politicians (unfortunately we do not know what else it contained). The prefaces show a rich literary and philosophical pedigree: for example, there are reminiscences of Plato's *Gorgias* in the first preface and of the *Protagoras* in the preface to Book 3, and the view of the political community as the culmination of natural human potential has a very Aristotelian sound to it. Cicero here presents these views on his own authority as the combined heir of both Plato

---

from Cicero's sceptical stance: see esp. p. 97, where Görler's argument leads to the conclusion that In "its entirety, *leg.* 1,39 is a confession of Academic scepticism".

4 This appears already from the fragments as customarily ordered, but is more striking if my proposed relocation of 3,3 OCT = 5,6–7 Z. is accepted. I gave brief reasons for this in my preface to the Oxford Classical Text edition (pp. vii–viii) and repeat them here for the benefit of any who prefer to read them in English. The fragment is preserved on an odd leaf of the palimpsest (fol. 199–200). It was assigned by Mai to Book 5, but this placing, though it has become traditional, seems to have been mere guesswork. Many pages of the palimpsest bear running headings specifying which book they come from, but this one does not: it could therefore theoretically (other things being equal) come from any of the books. The palimpsest as a whole was written by two scribes with identifiably different handwriting styles, conventionally denoted 'A' and 'B': this leaf is in the hand of scribe 'B', which otherwise is to be found only in book 3 (books 1 and 2 were written by scribe 'A'; what survives of book 3 is in the hand of 'B'; scribe 'A' has taken over again in what little survives of book 4). The palaeographical argument is not conclusive, but the hypothesis that this is from book 3 is most economical as it minimises the number of changes of scribe. The style of exposition is summary and didactic in a way that otherwise occurs mainly if not exclusively in the prefaces; there is a complete absence of any linguistic markers to show that this passage might be part of a dialogue. Finally, the subject matter coheres excellently with the general argument of the preface of Book 3; the mention of the category of the *rector rei publicae* (here in the particular form of the legislator) is not premature here, since the concept was already introduced in 2,51. Zetzel: Political philosophy (as in note 2) disagrees, but advances no argument in support of the traditional ordering.

and Aristotle, and unambiguously sets out to refute those (like the Epicureans) who counseled withdrawal from public life.

At the same time we should not confuse Cicero with his characters; his Scipio, Laelius and the rest are imaginary creations, and while they may well in some sense symbolise aspects of Cicero's own attitudes, none is any more his "mouthpiece" than the others. In many cases, they are a means of dramatising conflicting views. The most obvious example is the debate on justice in Book 3; but one may also point to the well-known passage in Book 1, where Scipio's apparent enthusiastic support for monarchy (as the best of the three "simple" constitutions) is set beside Laelius's cautious scepticism and courteous refusal to be convinced by Scipio's arguments. The way to resolve these dialogic conflicts is not always to assume straightforwardly that one side wins and the other loses; they should rather be viewed as an exercise in genuine rational enquiry in which more than one view is possible, and only further rational debate can take the debate forward. We do not even need to raise the question whether the author himself was committed to any of the views he expresses through the dialogue; the likelihood is that, in some cases, he felt tempted both ways. As I expressed it in my 1996 article, "there is a Scipio and a Laelius in many of us. It could possibly be suggested that Cicero is here consciously or unconsciously presenting two complementary aspects of his own personality."[5]

With these preliminaries in mind, then, I now attempt to trace the progress of Cicero's enquiry into political philosophy and its application to Rome. First of all, Cicero assumes from the outset that there are principles of political philosophy or political science, *ratio rerum civilium*, and that this is not merely an abstract theoretical enquiry but can help politicians in practice to do their job better.[6] Cicero begins, in the prologue to *De re publica* 1, by setting forth his own supposedly unique qualifications to write on the subject. His political experience as a Roman consular (and, moreover, one who claimed to have saved the state from conspiracy and to have re-established concord) was combined with an acquaintance with the entire range of Greek writings on political philosophy from Plato onwards; thus he was more theoretically aware than most Roman politicians and more practically experienced than most Greek philosophers.

What then did the ancient political scientist's expertise consist in? The first desideratum was to give an account of the essential features of a *res publica* or

---

[5] Jonathan Powell: Second Thoughts on the Dream of Scipio, in: Papers of the Leeds International Latin Seminar 9 (1996), 13–27, at 20–21. A not dissimilar approach to the dialogue form is adopted by Atkins: Cicero on Politics (as in note 2) 33–46.
[6] E.g. Cic. rep. 1,11; 1,13; 1,33.

politeia (1,39ff.) which included well-defined citizenship, the possibility of collective action in pursuit of common interests, and the existence of some organ of government capable of deliberation on matters of policy and of putting into effect whatever policy was decided on. Whether this constitutes a 'state' in the modern sense is for modern political philosophers to decide, though it has usually been thought convenient to use the word. Recent discussions of Cicero's definition of *res publica* have taken their starting point from Malcolm Schofield's now well-known 1995 article,[7] in which he suggested that some aspects of Cicero's definition of *res publica* are original to him, depending as they do on an accidentally fruitful analysis of the Latin words *res* and *populus*. At the same time, Cicero's thought does not entirely eclipse the Greek ideas that lurk behind it: even in the Ciceronian definition a *res publica* still looks very like a Greek *polis* or *politeia*, and the treatment of *res* as property (equivalent to the "wealth" in "commonwealth") calls to mind Greek phrases such as *ta tês poleôs* or *to koinon* (+ genitive).

The next step was to classify states into types according to the proportion of the citizens involved in decision-making; hence Cicero takes over the standard Greek division into monarchy, aristocracy and democracy, each of which has its good and bad varieties, giving six in all. After that, Cicero proposes to trace the history of changes between one type and another. On that basis, the political scientist might claim to predict what changes were likely to happen in the future, and, in the basis of that, to predict also how to effect changes for the better or to anticipate and prevent changes for the worse.[8] It is this *predictive* function of political science that Cicero here emphasises. This is not surprising, for any kind of analytical study becomes capable of application precisely when it starts to make predictions about the real world. It is for this reason that I venture to prefer the term "science" rather than "philosophy" to render Cicero's *ratio* in this context. His alternative term *prudentia*, used to characterise the 'wisdom' of the expert politician, is explicitly derived from *providere* "to foresee"; thus again emphasising the predictive role of political theory.[9]

Cicero's first message is therefore the simple one that, in order to be sure of making a success of the political enterprise, it is not enough to be a politician; one also needs to become a political scientist. A politician may acquire some kind of foresight by natural ability or experience, but such a person's predic-

---

[7] Malcolm Schofield: Cicero's Definition of *Res Publica*, in: Powell (ed.): Cicero the Philosopher (as in note 3), 63–81.
[8] Cic. rep. 1,45; 1,64–65; 2,45.
[9] Cic. rep. 6 fr. 1 OCT = 1 Z.

tions will remain no more than hunches unless they can be reinforced by rational principles, derived either theoretically or empirically. To put it in Platonic terms with which Cicero was doubtless familiar from, e.g., his reading of the *Gorgias*, politics needs to become a *techne* (or even an *episteme*), not just an *empeiria*. That this is possible, i.e. that there is an underlying rationality in the matter of politics, which the political scientist can grasp, Cicero does not doubt. Here again, he claims to combine two things in one: he inherited on the one hand the tradition of rational speculation about political communities derived, above all, from Plato's *Republic*, and, on the other, the empirical tradition of Aristotle and his Peripatetic successors which studied a large number of actual examples with a view to establishing general principles. For this combination, he claims novelty through the mouth of one of his dialogue characters: Laelius compliments Scipio on his *ratio ad disputandum nova, quae nusquam est in Graecorum libris* ("new method of discussion, which is not found anywhere in the books of the Greeks").[10]

Suppose then that we have become political scientists: what kind of predictions will we be able to make? In the first instance, predictions about the changes that are likely to happen to states as different interests within them compete for power. Here the budding Roman political scientist faced a problem, for there were different models to choose from. There was Plato's model (in the *Republic*) of a one-way decline from the ideal state through timocracy, aristocracy, oligarchy, democracy and finally tyranny, the worst possible condition for a state to be in. Competing with this was the cyclical model which we meet in Polybius, the famous *anakyklosis*, in which the different so-called 'constitutions' change into one another according to a set of rather complex principles. Although Cicero acknowledges both of these theories (and indeed uses Polybian imagery from time to time),[11] he does not fully recommend either. He has, in fact, two different objections which apply equally against both of them. One is that the struggle for power between monarchs, aristocrats and the people is not so much like a regular cycle of change as like a triangular ball game in which, at each point of change, the ball may be transferred in either of two directions (1,68), thus of course significantly increasing the number of theoretically possible patterns of historical change. The other is that all that is needed to change a good form of government into its bad equivalent is for the ruler or rulers to change. If a good king is succeeded by a bad one, for example, or if a good ruler becomes corrupted, monarchy has *ipso facto* changed into tyranny; there is no need for a com-

---

10 Cic. rep. 2,21.
11 For example, Cic. rep. 1,45 and 2,45 where the metaphor of circular motion is used.

plicated *anakyklosis* to explain that. The point is repeated several times.[12] Similar changes can happen in an aristocracy or a democracy: the basic structure remains the same but the moral character of the rulers can deteriorate. An aristocracy can be corrupted, or a better faction can be succeeded by a worse one; a democracy can degenerate into a mob. The lesson of this is that all the "simple" forms of government are precarious: they depend for their survival on the character of those in power. None of this is specific to Rome, of course; but what is clear is that Cicero's version of the theory of constitutional change is considerably amended from what he could have found in either Polybius or Plato, and, one may add, considerably more realistic.

An influential tradition of Greek thought, with its roots in Aristotle, had attempted to provide a recipe for stability in the famous 'mixed constitution' which combined elements of the three "simple" forms of government. Polybius famously applied the theory of the mixed constitution to Rome, and Cicero accepts the essentials of this analysis. It is to be noted that Cicero evidently thought the Roman Republic provided a better example of a mixed constitution than the canonical Greek examples, such as Sparta and Crete; but that does not mean that the Roman constitution is represented as an ideal (I have argued this point elsewhere).[13] It is precisely an *example* to illustrate the actual historical evolution of a mixed constitution, showing the stages it passed through in reality (as distinct from those that Plato or Polybius thought it ought to have passed through). It starts from the simple monarchy of Romulus, who first turned an assortment of fugitives into a *res publica*, and proceeds through the establishment of the Senate and the popular assemblies, the tyranny of Tarquin, the largely aristocratic rule of the Senate in the early Republic, the Secessions of the Plebs, the resulting compromise which recognised the people's rights, the oligarchy of the Decemviri, and the final establishment of the fully-fledged Republican constitution from 449 onwards. This account of the development of Rome has, for Cicero, the advantage that almost all the canonical forms of constitution

---

[12] Cic. rep. 1,44; 1,65; 2,47–8; 2,51.

[13] Jonathan G. F. Powell: Were Cicero's Laws the Laws of Cicero's Republic?, in: Jonathan G. F. Powell and John A. North (edd.): Cicero's Republic, London 2001 (Bulletin of the Institute of Classical Studies, Supplement 76), 17–40. An attempt to reinstate a form of the 'ideal' interpretation has since been made by Elizabeth Asmis: A new kind of model: Cicero's Roman constitution in *De Republica*, in: American Journal of Philology 126 (2005), 377–416, largely followed by Jed Atkins: Political philosophy (as in note 2), 57–61. It may well be true that Cicero regarded the Republican constitution as in some sense a model (without splitting hairs about the various things this might mean); but my concern was rather with its function as an example in Scipio's argument, which Scipio himself makes explicit at 2,66.

are exemplified (only "good" democracy is lacking, of the kind later to be exemplified in 3,36 OCT = 48 Z. by the maritime republic of Rhodes). It also offers an illustration of Cicero's adoption of the Aristotelian tendency to see particular *elements* of a constitution as being monarchical, oligarchic or democratic. The Roman monarchy, he claims, contained elements of both aristocracy (the Senate) and democracy (the popular assemblies) although to begin with this did not change its essential nature. This point is important for Cicero, because he can then insist that the Servian constitution is still a monarchy. In order to carry his point about the critical importance of the moral character of the rulers in a 'simple' constitution, he must establish that the constitution was still (despite the presence of the other elements) a simple monarchy at the time when the good king Servius Tullius was succeeded by the tyrant Tarquinius Superbus. The implied contrast is with the developed Republican constitution, which not only contains all three elements but has a proper balance between them, so that it does not depend so heavily on individual personalities for its survival.

Cicero evidently held that the constitution of his own time (or at least of the dramatic date of the dialogue in 129 BC) was essentially that of 449 and that no major changes of the kind recognised by ancient political theorists had happened since then. Modern historians might question the wisdom of framing the enquiry in this way; but we should not be misled into thinking that Cicero was actuated by a blind nostalgia for the Rome of, say, the fifth century BC. Rather, he makes two points which stand in a strong contrast to each other. The first point is that purely in terms of the type of constitution it exemplified, the Roman Republic had indeed (as Cicero understood it) remained the same for a long period – 320 years counting from 449 to the dramatic date, i.e. over half the lifetime of the city. This seemed to be strong evidence that the mixed constitution was indeed stable in the way that the philosophers claimed it was. Cicero's second, contrasting point is that despite this fact, deep divisions had developed in the community in the years leading up to the dramatic date of the dialogue. The date was surely not chosen at random (despite Cicero's apparent willingness to experiment with alternative scenarios)[14] but did indeed represent, for Cicero and his readers, a point of crisis which marked the beginning of the problems from which the Republic was still suffering. The conclusion to be drawn from these two points taken together must logically have been this: that whatever might be the solution to the problems of Rome in Cicero's own time, constitutional adjustment could not be it. Rome already had a constitution of the best

---

14 Q. fr. 3,5; on Cicero's changes of plan see Peter L. Schmidt: The Original Version of the *De Re Publica* and the *De Legibus*, in: North; Powell (eds.): Cicero's Republic (as in note 13), 7–16.

possible type, and so the solution must lie elsewhere. (One may observe that even without making positive suggestions, a political philosopher can perform a useful service by pointing out where the solution is *not* to be found.) We can even put this in more concrete terms: to replace the existing machinery of the Republic by (e.g.) a form of one-man rule would not be the answer, as it would be tantamount to replacing a superior and more stable form of government by an inferior and more precarious one.[15]

Cicero's account of the historical development of the Roman state has, then, two functions within the argument: one is to provide examples to illustrate the validity of the political theory, and the other is to show that the condition of Rome was unlikely to be improved by altering the constitution. As such, its functions seem at first sight to be very different from those of the imaginary community in Plato's *Republic*. However, – as I have recently argued elsewhere – we should not presuppose that Cicero interpreted Plato's ideal state exactly as we do.[16]

To summarise briefly what I argued there: there seem to have been two strands in the history of ancient interpretations of Plato's *Republic*. One of these is the Aristotelian one, which takes the ideal city literally as a prescription for how a state ought to be run. On that basis, it was possible for Aristotle to criticise Plato's blueprint as impractical and in some ways undesirable. But Cicero would not have got his interpretation of Plato primarily from Aristotle or the Peripatetic tradition. He would have got it from the representatives of the Academy whose lectures he heard in Rome in his youth, Philo and/or Antiochus. How then did the Academic tradition interpret Plato's ideal city? Perhaps surprisingly, we do not know directly. But there is an indication in Cicero himself of the kind of interpretation that he may have learnt from his Academic teachers. Elsewhere, we happen to have on record a statement of the early Academic Xenocrates that the cosmic description in the *Timaeus* was not to be taken (as Aristotle took it) as a literal account of how the world came to be, but was the

---

[15] The notion that *De re publica* is in some way a prophecy of the Augustan principate still surfaces from time to time, e.g. Andrew Lintott: The Theory of the Mixed Constitution at Rome, in: Jonathan Barnes; Miriam Griffin (eds.): Philosophia Togata II: Plato and Aristotle at Rome, Oxford 1997, 70–85, at 85. I see little reason to suppose that Cicero would have failed to recognise Augustus' autocracy for what it was, even when it was dressed up in Ciceronian language about the 'best constitution'.

[16] Jonathan G. F. Powell: Cicero's Reading of Plato's Republic, in: Andrew Sheppard (ed.): Ancient Approaches to Plato's Republic, London 2013 (Bulletin of the Institute of Classical Studies, Supplement 117), 35–57.

equivalent of a mathematician's diagram.¹⁷ Now in *De re publica* 2,52 the speaker Scipio describes his account of the history of Rome precisely as a diagram in which he will be able to point to the sources of good and bad political changes *tamquam virgula* (a *virgula* is a mathematician's pointer). I regard it as highly plausible to suppose that the Academics interpreted Plato's ideal city not as a literal description of an ideal society but as having the function of a mathematical diagram, devised in such a way that it was easier to see the principles of justice and injustice than it would be in any real example (indeed, Socrates almost says this in *rep.* 368e). If this is true, Cicero's assignment of an exemplary and illustrative function to the history of the Roman state would correspond exactly to the function which he himself thought Plato's ideal city had in the argument of the *Republic*.

If the above points are accepted, then Cicero's way of philosophising about Rome is not, after all, a chimerical mixture of bad philosophy and bad history but is perfectly straightforward and logical. It may possibly carry the traces of an alternative – and indeed quite plausible – way of reading Plato's *Republic* which went back, through Cicero's teachers, to the early years of the Academy; but if that is not the case, then the remaining option is to suppose that it is Cicero's own.

Passing to Book 3, we find another feature with an Academic ancestry, this time universally acknowledged: the set-piece debate for and against justice. In another recent paper[18] I re-examined the evidence for Carneades' supposed Roman lectures and found (again to summarise a rather complex argument) that, on balance, it seems most likely that they never existed, but were invented by Cicero for the purpose of this very dialogue. There is no doubt that the dialogue technique of *disputatio in utramque partem* is meant to mirror the practice of the Academics. But the main reason why the speaker Philus invokes Carneades is to excuse himself for arguing for views in which he does not himself believe. The elaborate scenario involving Carneades' visit in 155 BC, hooked on to the historically documented embassy led by the three philosophers, is merely – in my view – a piece of historical fiction, inserted to give some plausibility to a Roman character reproducing sceptical Academic arguments. Some of the arguments, in fact, go back to Glaucon in Plato's *Republic*; others appear to be genuinely Carneadean; while yet others must be more recent in origin, as they

---

17 Simplicius: In Arist. de caelo 136a34–137a3 (pp. 303–4 Heiberg) = Xenocrates fr. 154 I–P.
18 Jonathan G. F. Powell: The Embassy of the Three Philosophers to Rome in 155 B.C., in: Kathryn Tempest; Christos Kremmydas (eds.): Hellenistic Oratory: Continuity and Change, Oxford 2013, 219–248.

depend on Roman historical events which post-date the demise of Carneades. Here, again, Cicero is philosophising about Rome. The principles he applies are those of the Academy, but the subject-matter is (among other examples taken from all over the known world) Rome and its empire. The temptation to criticise the *De re publica* for treating Rome in the context of the theory of the Greek city-state, and ignoring its status as a hegemonic power, should therefore be resisted. If we had the whole of the Justice Debate in Book 3, it would be easier to see that one of its main themes was the justice or injustice of Rome's rule over the Mediterranean, but there are enough allusions in the extant text to make it clear that this was, in fact, the case.[19]

In an essay published in 2012[20] I argued that the argument of books 3–6 of *De re publica* could well have been articulated according to a structure based on the four Platonic virtues. Justice in the community and in its external relations is the subject of Book 3, while temperance and public morals evidently formed the subject of Book 4. Here the fragmentary nature of the evidence makes it difficult to generalise, but it is clear that there were several passages in Book 4 where Roman methods of enforcing morality (the censorship, the *patria potestas*, and so on) are recommended in comparison with their Greek equivalents. Book 4 will also have contained some proposals on education, a topic which is introduced clearly at the beginning of Book 4.[21]

Here I may point in passing to a possible solution to a problem that I had still not solved at the time when I published the Oxford Text of *De re publica*. There is a pair of fragments which concern the scientific explanation of the alternation of night and day and the changes of the seasons.[22] In default of any certain location, I placed these towards the end of the book, on the basis of a tentative hypothesis that they might be part of a peroration on the topic of the regularity of the cosmos, which a well-regulated community should emulate (the topos is found elsewhere in Cicero).[23] However, an alternative solution occurred to me in discussion with one of my students, and I now think this is much more likely. It is clear that the topic of education figured significantly in Book 4. I venture to suggest that these fragments were part of a discussion of

---

19 Cic. rep. 3,9 OCT = 16 Z.; Lact. inst. 5,16,4 (ad 3,12 OCT); 3,14 OCT = 28 Z.; 3,18 OCT = 24 Z.; 3,22 OCT = 37 Z.; 3,34 OCT = 41 Z.
20 Jonathan G. F. Powell: Cicero's Republic and the Virtues of the Statesman, in: Walter Nicgorski (ed.): Cicero's Practical Philosophy, Notre Dame, Indiana, 2012, 14–42.
21 Cic. rep. 4,1 OCT = 3 Z.; cf. 4 fr. 3 OCT = 3 Z.
22 Cic. rep. 4,24–25 OCT = 4,1 Z.
23 E.g. Cic. Cato 77. It does not seem to be quite explicit anywhere in the surviving text of *De re publica*, although parts of the *Somnium Scipionis* come close to it.

astronomy as a subject in a proposed educational curriculum for Cicero's aspiring politicians. Plato's Guardians had notoriously studied astronomy. The same study had already been recommended by the speaker Scipio in book 1, partly for its intellectual and moral benefits, and partly as an antidote to superstition. This would have been sufficient to justify its appearance in such a context, but there was another important reason for Roman politicians to get acquainted with astronomy: this concerned their responsibility for regulating the calendar. In the 50s BC, the calendar had notoriously failed to reflect astronomical reality and was open to arbitrary manipulation (recall Cicero's concerns that an intercalary month might be added to his governorship in Cilicia). One may suppose that one of Cicero's suggestions for reorganising the Republic on more rational principles might involve educating the politicians in the principles of astronomy, in such a way that they would in future get the calendar right. Not only would this suggestion have been an eminently reasonable one to make at the time of writing; it would be one that was actually in a way put into practice, only a few years after the publication of *De re publica*, with Caesar's reform of the calendar.

The last two books of the dialogue concern the ideal citizen, *optimus civis*, alias the *rector rei publicae*. There seems now to be reasonably general agreement that I was right when I argued, twenty years ago, that this phrase names a profession or occupation, that of the statesman or politician.[24] As such it is not an original Roman concept but a translation of the Greek word *politikos*, for which no equivalent previously existed in Latin. In Cicero's presentation it applies in the first instance to the whole category of those who take part in political activity, but especially to those who devote themselves to it and do it well. Politics is carried on by politicians; and for politics to be done successfully it is necessary that politicians should be good at their job. We may deduce from various parts of the text something of what Cicero thought constituted optimal performance in the political class.[25] The notion that politicians should become in effect professionals, and study the theory of their occupation as well as practise it, was probably surprising to most of Cicero's readers. Apart from that, Cicero through his characters, at different stages of the argument, sets out some of the statesman's moral and intellectual qualifications. For example, Scipio at *De re publica* 1,52 presents an ideal of a statesman who is entirely lacking in

---

[24] The *rector rei publicae* of Cicero's *De Republica*, in: Scripta Classica Israelica 13 (1994), 19–29.
[25] See e.g. Cic. rep. 1,1ff.; 1,23; 1,35–6 (especially); 3,5 OCT = 4–5 Z.; 5,2–3 OCT = 5,8 and 5,3 Z.; 6,1–2 OCT = 6,1 Z.; 6,17 OCT = 6,13 Z.

self-interest and who himself obeys the laws that he imposes on others, holding up his own life as a pattern for his fellow-citizens to follow: such a paragon could easily assume monarchical power (according to Scipio – not necessarily Cicero's own view) were it not for the difficulty of forming policy entirely on one's own. In the famous passage 2,51 (where the word *rector* is first introduced), the statesman is said (again by Scipio) to be "good and wise and skilled in what is beneficial and honourable for citizens". The later books appear to have explored the intellectual skills in more detail, e.g. legal knowledge (at least at the level of general jurisprudence), knowledge of Greek literature, and eloquence.[26]

The surviving fragments of these books are, however, excessively meagre, despite their obvious importance. As mentioned above, it is known that Book 5 was introduced by a lamentation about the scarcity of good politicians in contemporary Rome. Cicero had made Scipio argue in Book 3 that even if one has a constitution of the best possible kind, it cannot work unless the principles of justice are observed. Here we see another stage of what is essentially the same argument, that even if one has the best kind of constitution, it cannot work unless there is a supply of good statesmen with the proper expertise and the proper virtues of character.

What does not emerge from the surviving text is any concrete or detailed suggestion for how one might ensure a supply of good statesmen of this kind. If we wished to be indulgent to Cicero we might conceive that some suggestions for this were included in the lost parts of the text; or else we could refer to the *De legibus*, which makes a valiant if not perhaps entirely convincing attempt to embody general moral principles in a law code, and which introduces some additional checks such as a perpetual censorship and a Greek-inspired guardianship of the laws. However, on the subject of education – central of course to Plato's agenda in his *Republic* and *Laws*, and doubtless the key to good public morals and to intelligent political participation both now and then – the extant text of the *De legibus* is again virtually silent. Cicero as speaker in the dialogue (3,29–30) promises a discussion of the topic, and Atticus promises to remind him if he forgets; but that is all. The loss of the discussion of education in *De re publica* 4, and of everything from the latter part of *De legibus* 3 onwards, has deprived us of the majority of what Cicero wrote on this issue. Book 5 of *De re publica* certainly contained some remarks on the need for the politician to know something of law and of rhetoric. One significant passage is preserved on the palimpsest (5,3–4 OCT), in which the speaker (probably Scipio, though this is

---

[26] Cic. rep. 5,3–4 = 5,3–5 Z.; Grillius *Ad Cic. Inv.* 1–4.

not guaranteed) says that the politician needs to be a just man and for that reason needs to be *summi iuris peritissimus*, but should not get diverted by the practice of the law, *responsitando et lectitando et scriptitando*. What exactly Cicero meant by *summi iuris peritissimus* is not at first entirely clear, but his statements on the matter elsewhere suggest that he has in mind an understanding of the basic principles of law and justice. His position here seems not very different from the one he adopts, on the one hand, in the *Pro Murena* towards Servius Sulpicius, who is supposedly too much of a legal professional to make a successful politician; or, on the other hand, in *De legibus* 2 towards the Scaevolae, who as professional jurists are preoccupied with fine distinctions and cannot see the wood for the trees. One may also think of the discussion in *De oratore* about the extent to which the orator needs to master the details of the law.

As for the skills of rhetoric, it is clear from the testimony of the rhetorician Grillius (note 26 above) that he expected his ideal statesman to be eloquent, but some negative remarks about *rhetores* and the effects of oratory appear to have been made by Scipio in the dialogue.[27] Cicero said more than enough elsewhere on this topic for it to be necessary to suppose that he said anything substantially new or different in the lost parts of *De re publica*. Evidently, communication skills were necessary for the politician, but they should not be misused.

What we never really find out is whether Cicero proposed any form of education specifically in politics or political philosophy, and if so, what form that should take. Given that his message initially seems to be that politicians should become professionals, it would seem logical that they should learn about political theory and practice as part of their education. But unfortunately we do not know what Cicero had to say in detail on this point.

To conclude discussion of *De re publica*, it should finally be reiterated that nowhere in the extant text of the dialogue is there any proposal for an ideal state or ideal constitution different from the existing Roman one; and there is no clear indication that there was any mention of such a thing in the lost parts. There clearly was an attempt to delineate the qualities of the ideal statesman or politician, but there seems little doubt that, for Cicero, an important part of the ideal statesman's expertise is precisely his ability to operate within an actual, imperfect system – since no perfect system of a Platonic kind is to be found on earth. This however does not prevent Cicero from trying in the *De legibus* to envisage and to formulate a more perfect system of constitutional law than currently existed in Rome or other states (after all the ideal statesman is also

---

27 Cic. rep. 5,6 OCT = 11 Z.; fr. dubia 8 OCT = Amm. Marc. 30,4,10.

seen as, at least sometimes, a legislator). Hence a problem arises in the *De legibus* which does not obtrude itself to a significant extent in the extant text of *De re publica* – namely, as I suggested in my 2001 article,[28] a tension between the universalising preoccupations of philosophy and the particular concerns of contemporary Rome.

The law code of the *De legibus* is explicitly supposed to be a statement of Natural Law, that is to say, of the universal moral principles which underlie any civilised legal system and which Cicero tries to make explicit rather than, as in most actual legal codes, leaving them to be deduced. Thus he thinks it worth while to enunciate general principles such as that commands should be just, and to lay down second-order principles (such as that there should be a *lex annalis* governing the tenure of magistracies) without concerning himself with the details. Nevertheless, he is so steeped in the Roman constitution and in Roman legal language that he often seems to mistake particular, local Roman arrangements for the requirements of Natural Law. He does make some effort to avoid precise Roman terminology; for instance praetors are called *iuris disceptator* rather than *praetor*. But still Cicero has no doubt that there must be praetors, with similar functions and occupying a similar position in the hierarchy of magistrates to actual Roman ones. We should not, perhaps, be too hard on Cicero's apparent lack of imagination in this regard. A modern designer of an ideal constitution would probably find it difficult, and perhaps not even desirable, to think of alternatives to many of the arrangements that are to be found in a majority of modern states, such as representative parliamentary democracy, government by party, a salaried professional judiciary, and so on. That judicial functions should be exercised by elected annual magistrates with no legal qualifications was as axiomatic to Cicero as it is outlandish to us.

It should emerge from what has already been said – and further detail would confirm it – that both *De re publica* and *De legibus* are intensely Roman in terms of their subject-matter and viewpoint as well as their setting. They were in many respects highly relevant to Roman preoccupations at the time they were written; the philosophy they contain is Greek in origin, but reinterpreted for Rome (which does not mean that the concepts are fundamentally altered, but merely that they are explained in terms that would make sense to a Roman reader). That said, Cicero's message to his Roman readers was, I think, almost

---

[28] As in note 23 above; see also Jonathan G. F. Powell: Cicero's adaptation of legal Latin in the *De legibus*, in: Tobias Reinhardt; Christian Rauer (eds.): Aspects of the Language of Latin Prose, in Honour of Michael Winterbottom, Oxford 2005 (Proceedings of the British Academy 129), 117–150.

the reverse of what it has sometimes been taken to be. He was not trying to set up the antique Roman constitution as an ideal to replace those of the philosophers. Rather, what he was suggesting was that he could help Romans to think better about their current political problems by putting them in a more universalising, philosophical context. The problems of Rome could be solved, he suggests, only if Roman politicians devote themselves to becoming professional statesmen and experts in the science of politics; and the *De re publica* itself provides the first object-lesson in how this might be done.

Seen this way, Cicero's message starts to sound more than a little like Plato's invitation to imagine what would happen if politicians were to become philosophers; and surely that is not accidental. Cicero's ideal ruling class should not just be practical politicians but they should also be intellectuals; they should study the first principles of political theory, comparative law and institutions, and the history of their own and other countries. So much is explicit in the text; but more is perhaps implicit, as I argued in a 1996 article already referred to (as in note 5 above). The Roman characters in the dialogue, idealised as they are, provide exemplars of what true Roman politicians should be like. When Scipio speaks in praise of astronomy and natural science in Book 1, he is being represented as a sort of Romanised Platonic philosopher-guardian, who prefers to spend his time contemplating the heavens, but (though the "cave" is not explicitly mentioned) descends into the realm of human affairs out of a sense of duty. In fact, part of his speech on this point virtually translates the corresponding passage of Plato.[29]

Despite all this idealism, we are not allowed to forget that this Roman philosopher-guardian, soon after the dramatic date of the dialogue, was found dead in his bed, suspected murdered by his relatives. There is a pessimistic as well as an idealistic side to the *De re publica*; and there seems to have been a strong sense, towards the end of the dialogue, that desperate times call for desperate measures. The last section before the concluding myth was evidently a recommendation of tyrannicide, which after all was both a Greek tradition and a Roman one (and in both traditions was regarded as legal, moral and heroic). Probably in writing that passage Cicero was more preoccupied with implicitly justifying his own action in executing the Catilinarians a decade before, than with looking ahead to possible future assassinations; but it was only seven more years after the publication of *De re publica* that Brutus and Cassius put the theory of tyrannicide into practice, the former calling on the name of Cicero as he did so. Although it would be over-simple to suggest that the *De re publica* led

---

[29] Cic. rep. 1,27 cf. Plat. rep. 540b4–5.

directly to the Ides of March, it is not, perhaps, an exaggeration to say that it pointed in that direction for those who wished to be taken there.

In terms of what I take Cicero's Roman message to have been, it must be acknowledged with hindsight that the work was almost a complete failure. The predictions about the stability of the mixed constitution were falsified by the Civil War and subsequent developments. The envisaged class of expert philosophical politicians, selflessly devoted to maintaining harmony and concord, did not materialise, and this perhaps is not in the end very surprising. An equally dismal fate awaited the book: with the exception of the concluding ornamental myth which suited the tastes of the late-antique Neoplatonist aristocracy, all copies save one were lost, and that one was mutilated and overwritten, to be rediscovered only in the early nineteenth century. Since then it has been the subject of many and various misunderstandings, and presented as almost anything other than what it really was: an attempt to apply Greek political theory to diagnosing the problems of the Roman Republic. Since what has survived is mostly the first third of the work, and what has been lost is largely the last two-thirds, it is not surprising that in our extant text the theory bulks larger than its practical application, and the problems appear more clearly than the solutions.

One cannot avoid the temptation to read the *De re publica* against the background of the contemporary Roman political situation. In a private letter (Att. 8,11,1) Cicero subsequently made it quite clear that he did not think of either Pompey or Caesar as measuring up to the standard of the ideal *rector rei publicae*: *dominatio quaesita ab utroque est, non id actum, beata et honesta civitas ut esset* ("both of them have been aiming at domination, not devoting their efforts to the wellbeing and honour of the community"). Yet this unambiguous condemnation is not there – could not have been there, for obvious reasons of tact – in the text of the dialogues themselves (at least, it is not there in the extant parts, and the onus of proof is on those who would claim that it was there in the lost parts). Hence modern scholars continue to argue that Cicero cast (for example) Pompey in the role of ideal *rector*, or at least hoped that he could be induced to live up to the ideal.[30] Perhaps Cicero did entertain such hopes from time to time; if so, they were soon frustrated. His candid assessment of his own failure only serves to draw attention back to the central problems which he raised in these dialogues: the problem of how, if at all, one could bring about a state of affairs in which government is undertaken in the interests of the governed, by politicians who have the skills and moral qualities that are ideally needed for the job, and the converse problem of how to ensure that those with

---

30 Most recently Asmis: A new kind of model (as in note 13).

the requisite qualities actually do participate successfully in politics, instead of leaving the political arena to be dominated by those who desire only power for themselves. Cicero could not solve those problems then, and it is uncertain whether we can solve them now; but Cicero's message for his readers both ancient and modern is that it is still worth the attempt.

Re publica nihil desperatius: salvaging the state in Cicero's pre-civil war philosophical works

Catherine Steel

When Cicero summarised his philosophical output in the second book of *De divinatione* (*div.* 2,1–4) written in 44 B.C., he treated all the prose treatises that he had written since his consulship (with the single puzzling exception of *De legibus*) as a single *oeuvre*. No distinction is drawn between 'philosophy' and 'rhetoric' or between works written before and after the watershed of the Civil War and the period of Cicero's active participation in that conflict. *De re publica* – which he describes as written when he held *gubernacula rei publicae* – is included in the list after the trio of *De natura deorum*, *De divinatione* itself and the prospective *De fato*; and, invoking the practice of Aristotle and Theophrastus, his *oratorii libri*, including *De oratore* alongside *Orator* and *Brutus*, are given at the end of the catalogue. But his claim to have left *nullus philosophiae locus* unilluminated in Latin should be seen as an early stage in their reception rather than a reliable guide to the process of composition, one which imposed system on a series of works which, during the process of their composition, had not had such a rationale. If the three works written in the fifties B.C., that is *De oratore*, *De re publica* and *De legibus*, are considered as a discrete group, they emerge as products of a very specific and changing political environment, which posed for Cicero a series of challenges about his own achievements, influence and power at the same time as it set up a new and distinctive iteration of the Roman *res publica*'s perennial difficulty with individual power: the individual in question being not Caesar, but Pompeius. Moreover, and despite the strong links between the three works in terms of structure and style, a progression from *De oratore* to *De legibus* can be traced, which reflects large albeit ultimately ephemeral changes at Rome in the second half of the 50s.

The links between Cicero's literary career and his public activity have been extensively investigated in recent years.[1] One element in this question is the

---

1 John Dugan: Making a New Man. Ciceronian self-fashioning in the rhetorical works, Oxford 2005; Catherine Steel: Reading Cicero. Genre and Performance in Republican Rome, London

degree of variation across time. On even the latest dating for Cicero's earliest works, he was active as a writer for nearly four decades, and different kinds of published text are prominent at different moments during this span of time according to the nature of Cicero's public *persona* and activity.² Prior to his debut as an orator he briefly explored the possibilities of *otium*, in his poetry, and of theoretical writing, in *De inventione*; once an advocate, oratory was apparently all-encompassing until he had secured the position of consul, and the record of published works tells a story of increasing engagement with the concerns of the *res publica*, as civil cases and murder committed by non-senators gives way to the crimes arising from the tenure of *imperium*, and senatorial clients.³ The crisis during Cicero's consulship in 63 sparked an obsessive interest in seizing control of memorialisation, both through the presentation of the speeches he delivered in 63 as a corpus of oratory, and in exploring the possibilities of other genres of writing, poetry as well as prose, and Greek as well as Latin.⁴ The periods during which the two series of treatises were composed – the three works from the 50s and the encyclopaedic collection of rhetorical and philosophical works written between 46 and 44 – were ones when Cicero's political activity was curtailed, and oratory was much less prominent among Cicero's written outputs at those times. The final unexpected political challenge of 44–43 demanded not only a new kind of oratory but a new approach to communication, in which the texts of speeches work alongside letters to create, or so Cicero hoped, a Mediterranean-wide coalition to challenge Antonius.⁵ Letters, indeed, would seem to be the only written form in

---

2005; Ingo Gildenhard: Creative Eloquence. The construction of reality in Cicero's speeches, Oxford 2011; Yelena Baraz: A Written Republic. Cicero's political philosophy, Princeton 2012; Sarah Culpepper Stroup: Catullus, Cicero and a society of patrons. The generation of the text, Cambridge 2012.

2 On the composition of *De inuentione*, see Anthony Corbeill: Rhetorical education in Cicero's youth, in: James May (ed.): Brill's Companion to Cicero: Oratory and Rhetoric, Leiden 2002, 23–48.

3 Cicero's first senatorial client was Fonteius, whom he defended in 69 B.C. See further Catherine Steel: Cicero's Autobiography. Narratives of Success in the pre-consular orations, in: Cahiers Glotz 23 (2012 [2013]), 251–266.

4 Cic. Att. 2,1,3, on his ‚consular orations'; other compositions, prospective and actual, recur through book 2 of the letters to Atticus.

5 On the period of the *Philippics*, Krešimir Matijevic: Marcus Antonius: Consul, Proconsul, Staatsfeind. Die Politik der Jahre 44 und 43 v. Chr, Rahden 2006 (Osnabrücker Forschungen zu Altertum und Antike-Rezeption 11); Gesine Manuwald: Cicero, Philippics 3–9, 2 vols., Berlin 2007 (Texte und Kommentare 30); Jon Hall: Saviour of the republic and Father of the Father-

constant use throughout his career; and yet, whilst we can fairly assume that Cicero did write frequently as a young man to friends and acquaintances, the editorial processes to which the archive was subjected – which, as White has demonstrated, were highly interventionist – created an epistolary Cicero of mature years (nearly 40 when the surviving correspondence begins) and political clout (*Att.* 1,1 begins the record by framing the question, will Cicero win the consular election?).[6]

Cicero was thus engaged in writing philosophy at two distinct and quite brief periods during a much longer writing career. Between 55 and – perhaps – 51 he planned and, to a large extent drafted, three substantial treatises on what might broadly be termed political theory. Five or so years later, he began a series of treatises which aimed to deal systematically and comprehensively with the topics of philosophy. The two sets of works offer numerous constrasts, despite the attempt of *div.* 2 to integrate them into a whole. The former claims a special relationship with Plato, though one evident in style and setting rather than detailed content; it uses a dialogue format which subordinates systematic instruction to naturalistic conversation; and is the product of a relatively slow compositional process.[7] The latter is designedly eclectic in its philosophical allegiances, relentlessly didactic, frequently experimental in format and composed with astonishing speed, which underpins the plausible hypothesis that, in this second phase, Cicero borrowed extensively from the works he consulted, albeit with, at the least, wholesale editorial intervention combined with substantial original composition.[8]

---

land: Cicero and political crisis, in: Catherine Steel (ed.): The Cambridge Companion to Cicero, Cambridge 2013, 215–229.
6 Peter White: Cicero in Letters: Epistolary Relations of the Late Republic, Oxford 2010, 31–61.
7 On the links with Plato, Jean Louis Ferrary: L'archéologie du re publica (2,2,4–37,63). Cicéron entre Polybe et Platon, in: Journal of Roman Studies (1984), 87–98; James Zetzel: Plato with pillows: Cicero on the uses of Greek culture, in: David Braund; Christopher Gill (eds.): Myth, History and Culture in Republican Rome, Exeter 2003, 119–138; Jed W. Atkins: Cicero on the relationship between Plato's Republic and Laws, in: Anne Sheppard (ed.): Ancient Approaches to Plato's Republic, London 2013 (Bulletin of the Institute of Classical Studies, Supplement 117), 15–34; on dialogue, Malcom Schofield: Ciceronian Dialogue, in: Simon Goldhill (ed.): The End of Dialogue in Antiquity, Cambridge 2008, 63–84.
8 On the later series, Ingo Gildenhard: Paideia Romana. Cicero's Tusculan Disputations, Cambridge 2007 (Cambridge classical journal, Supplementary volume 30); Yelena Baraz: Written Rome (as in n. 1); cf. Cic. Att. 12,52,3: ἀπόγραφα sunt, minore labore fiunt: uerba tantum adfero, quibus abundo ("They are copies, and emerge without much effort; I only bring the words, which I have in quantity").

There are also characteristics which both sets share: a concern to place philosophy in a historicised Roman context, an overt relationship with Greek texts and a claim that philosophical composition is a form of public service. Above all, both sets are the products of political environments which were, from Cicero's perspective, deeply unsatisfactory and which led to his disengagement from active public life. However, it is important to recall that the nature of the political crisis was very different in each case. When Cicero wrote the second series, Rome was an autocracy; Cicero had even resumed some public activity after the period of internal exile at Brundisium, but the speeches he delivered in this period show, through their form, the extent of the transformation in Roman society under Caesar's dictatorship.[9] In the late 50s, Cicero was a senior consular engaged in the affairs of the *res publica*; and though the problem of individual power was also acute at this time, it was a matter of the relationship between individual and the *res publica* rather than a question of tyranny and the extinction of the *res publica*. I suggest that the three treatises from this period are animated by a conviction that the state of the *res publica* is capable of amelioration, a process in which Cicero himself can and should play a key role. Further, this conviction is intimately related to the position and behaviour of Pompeius Magnus, whose place in the *res publica* shaped the way that Cicero approached the question of personal power and the role of the individual. It is also possible to argue that changes in approach over the course of the three works reflect developments in the political environment at Rome between Pompeius' second and third consulships.

The first definite indication that Cicero was engaged in writing *De oratore* is a notice of its completion in a letter to Atticus datable to mid-November 55 (Att. 4,13,2): *de libris oratoriis factum est a me diligenter; diu multumque in manibus fuerunt; describas licet* ("I've been hard at work on my oratorical books. I've had it in front of me a great deal; you can make a copy"). The consuls of this year were Pompeius and Crassus, for the second time; they had won those positions at elections whose manipulation, through violence, went far beyond the normal

---

9 Pro Marcello looks ahead to imperial panegyric, however far it may be argued that it struggles with the form of tyrannical praise; see David Levene: God and Man in the Classical Latin Panegyric, in: Proceedings of the Cambridge Philological Society 43 (1997), 66–103; John Dugan: Cicero and the Politics of Ambiguity, in: Catherine Steel; Henriette van der Blom (eds.): Community and Communication: Oratory and Politics in Republican Rome, Oxford 2013, 211–225; *Pro Ligario* and *Pro rege Deiotaro* mimic the form of Republican oratory while indicating unambiguously that decisions now lie with Caesar: Jeffrey Johnson: The Dilemma of Cicero's Speech for Ligarius, in: Jonathan Powell; Jeremy Paterson (eds.): Cicero the Advocate, Oxford 2004, 371–399; Andrew Lintott: Cicero as Evidence, Oxford 2008, 317–321, 335–337.

competitive urges of the Roman elite and relied in part on the votes of Caesar's soldiers, demonstrating that the alliance between the three men, which had appeared to unravel after its immediate ends were served during Caesar's consulship in 59, had been effectively renewed.[10] Cicero's distaste at the situation as their renewed co-operation became apparent over the summer of 56 can be seen in letters to Atticus and Quintus.[11] His decision to write a large-scale prose work in a form other than a speech can be linked to these political developments which he found so troubling.

Nonetheless, the year 55 was not the first moment that Cicero responded to what he perceived as a transformation of the *res publica* for the worse by contemplating a turn to new literary forms. In 59, extensive surviving correspondence with Atticus, beginning in April 59 (Att. 2,4–2,17) shows Cicero responding to the nature of Caesar's first consulship by considering withdrawal from active political engagement. By the time that Cicero had left Rome for the spring break, and thus resumed the correspondence with Atticus (Att. 2,4) his attitude had shifted from the earnest reflection of Att. 2,3, from December 60, in which he considers his options for Caesar's consulship – framing his argument in explicitly Socratic terms – before concluding that he must continue his opposition to Caesar and his allies. In Att. 2,4 gloom about the *res publica* is combined with plans to engage in a substantial piece of literary composition: Cicero claims that he has decided *statui* [...] *nihil iam de re publica cogitare* ("I have decided [...] to think nothing about the state"). Withdrawal and study continue to be the dominant aspects of this sequence of, even in the face of news of Pompeius' ever closer rapprochement with Caesar, leading Cicero to conclude that Pompeius had monarchical ambitions (2,17,1): ὁμολογουμένως τυραννίδα συσκευάζεται ("He is obviously working towards absolute power"). The great work that Cicero was planning at this point was one on geography; he had already written a prose account of his consulship, but this work would have been the first time that he turned to a theoretical prose work, which did not directly record his own activities, for over two decades. It would have been a

---

10 Fergus Millar: The Crowd in Rome in the Late Republic, Ann Arbor 1998 (Jerome lectures 22), 164–166; Alexander Yakobson: Elections and Electioneering in Rome. A study of the political system of the late Republic, Stuttgart 1999 (Historia Einzelschriften 128), 160–171; Robin Seager: Pompey the Great. A political biography, 2nd ed., London 2002, 120–122.

11 Cic. Att. 4,5,1–3; 4,8a,2; Cic. Q. fr. 2,9,3. His response to events during 55 itself is much more difficult to gauge, as he and Atticus were both in Rome for much of the year (the exception being in the late spring, when Cicero, as often left Rome during the holiday around the *feriae Latinae*) as was his brother Quintus, who had returned from Sardinia in June 56 (Q. fr. 2,8 seems to have been prompted by a short trip from Rome on Quintus' part).

new departure and it seems reasonable to link the decision to what seemed to be a changed political world.

The final part of the second book of letters to Atticus (2,18–2,25) were written between June and August or September 59, when Cicero had returned to Rome and Atticus departed for Greece. The analysis of political events in these letters is not entirely coherent, but at least two elements can be identified which contributed to Cicero's conclusion that the situation was bad, and likely to become worse. One is the novelty of Caesar's power, and the threat that it therefore poses to the freedom of private individuals and even of other magistrates.[12] The second is the universal hostility felt towards Pompeius and Caesar.[13] Although Cicero does not talk explicitly about war in these letters, it is clear that observations such as *haec quo sint eruptura timeo* ("I am afraid of where this will explode"; Att. 2,20,5) and *sed certe uidentur haec aliquo eruptura* ("This seems sure to explode somehow", Att. 2,22,5) reflect an anxiety that intense political factionalism will turn into violent conflict – as had happened in 88 and again in 87, when Cicero was an adolescent in Rome. Thus the letters combine a belief that the unrestrained power of Caesar was itself the problem, and a fear that power will provoke some form of resistance. The problem is one of consensus: the *res publica* is in danger because the mechanisms which ensure that it does genuinely involve all its members – all *genera, ordines* and *aetates*, as Cicero puts it in Att. 2,19,2 – are under threat. To this extent, Cicero's perception of the situation during Caesar's consulship is slightly different from his earlier anxieties in the period after his consulship. He did react to Clodius' acquittal in 61 with the observation that *rei publicae statum illum [...] elapsum scito esse de manibus* ("Be sure that condition of the state [...] has slipped through our fingers"; Att. 1,16,6), but even in same letter Cicero congratulates himself on his success in rallying the *boni*. At the end of that year, after a long hiatus in the correspondence with Atticus, he describes the *res publica* as *infirma, misera commutabilique* ("weak, wretched and changeable"; Att. 1,17,8) whilst writing at length about the details of the political environment and his own contribution thereto. The *res publica* was under threat: but action was still worthwhile, in contrast the emphasis on withdrawal evident in the letters from 59.

Cicero, however, never completed his work on geography that he was planning in 59; indeed, there is little evidence that he made much progress at all. There may have been aspects of the project itself which turned out to be

---

12 Cic. Att. 2,18,1–2; 2,20,3.
13 Cic. Att. 2,19,2–3; 2,21,1–5; 2,22,6; 2,23,2; 2,25,1–2.

unappealing: but there were also differences between the crises of 59 and of 56–55, not least in terms of Cicero's own involvement. He was sidelined in 59, but so was everybody else except Caesar, Pompeius and their immediate allies. In 56, general chaos was supplemented by personal failure. The eight-month period which followed Cicero's return from exile in September 57 was one in which Cicero was, to a very great extent, able to demonstrate his *auctoritas*. He overturned Clodius' dedication of the site of his house; he successfully resumed his role as an advocate, with no fewer than four attested acquittals in the first four months of 56 (Asicius, Calpurnius Bestia, Sestius and Caelius); and he played an active role in senatorial debate, including challenging Clodius (particularly over the events which he recorded in the speech *De haruspicum responsis*) and Caesar over land legislation. Cicero was not exactly 'independent', whatever that might mean in republican Rome, since he had declared close allegiance to Pompeius immediately on his return through his support for the special command on the corn supply, and took no action which was demonstrably against Pompeius' interests during this period (Pompeius' interests over the Egyptian question were notoriously difficult to discern).[14] In fact, to a greater extent than ever before or after, Cicero was living out in these months his ideal of harmonious co-operation with Pompeius whilst fulfilling the role of a senior consular.

This happy state ended abruptly after the spring break of 56, during which Pompeius and Caesar mended their relationship; and Pompeius then instructed Cicero's brother Quintus to inform Cicero that henceforward he needed to moderate his behaviour to accord with the wishes of Caesar as well as Pompeius' own wishes. It is quite clear from Cicero's descriptions of what happened that this was, and was perceived as, a major shift in his position. To Atticus, in June 56, he describes his recantation as *subturpicula* and bids farewell to *recta uera honesta consilia* ("rather offensive [...] upright, honest, decent behaviour"). In the long apologia to Spinther from 54 (fam. 1,9), Cicero offered, in response to Spinther's query as to how he could possibly have spoken for Vatinius, a narrative of events since his return from exile, in which Pompeius' request to Quintus provoked in Cicero fundamental reflection on his conduct (fam. 1,9,10):

---

14 On the political environment of this period, Anthony Corbeill: The function of a divinely inspired text in Cicero's *De Haruspicum Responsis*, in: Dominic Berry; Andrew Erskine (eds.): Form and Function in Roman Oratory, Cambridge 2010, 139–154; Mary Beard: Cicero's 'Response of the Haruspices' and the Voice of the Gods, in: Journal of Roman Studies 102 (2012), 20–39.

> Haec cum ad me frater pertulisset et cum tamen Pompeius ad me cum mandatis Vibullium misisset ut integrum mihi de causa Campana ad suum reditum reseruarem, conlegi ipse me et cum ipsa quasi re publica conlocutus sum.
>
> When my brother had brougth this news to me and when Pompeius had sent Vibullius to me with instructions not to intervene in the Campanian question until he returned, I gathered myself and spoke as though with the res publica itself.

The letter as a whole is written with extraordinary care, alert to the position of letters as mediators of status and obligation, and such networks provide for Cicero a major determinant of what he should do: his allegiance to Pompeius is based on a relationship dating back to *adulescentia*; his developing relationship with Caesar assisted by their *uetus amicitia* and Caesar's known commitment to cultured behaviour.[15] But Cicero also provides a theoretical and philosophical structure which supports this appeal to personal links. Particularly striking is the quasi-prosopopoeia of the *res publica* as a dialogue partner for Cicero as he reflected, in the spring of 56, on what he was to do. He also appeals to Plato's guidance, referring both to his observation that citizens resemble their leaders, and to his comment that civic struggle should be limited to words; violence should not be used in familial or state contexts.

The existence and characteristics of *De oratore* are advertised in some detail towards the close of the letter (fam. 1,9,23):

> Scripsi etiam (nam me iam ab orationibus diiungo fere referoque ad mansuetiores Musas, quae me maxime sicut iam a prima adulescentia delectarunt) – scripsi igitur Aristotelio more, quem ad modum quidem uolui, tris libros in disputatione ac dialogo 'de oratore', quos arbitror Lentulo tuo fore non inutilis; abhorrent enim a communibus praeceptis atque omnem antiquorum, et Aristoteliam et Isocratiam, rationem oratoriam complectuntur.
>
> I have written – for I am separating myself from speaking and turning back to the gentler Muses, in whom I have delighted above all since my earliest youth – I have written, in Aristotelian style, or at least that is what I wanted, three books of a dialogue 'On the Orator', which I think will not be without any use for your Lentulus; they avoid standard instruction and cover the whole oratorical method of the ancients, both Aristotelian and Isocratean.

---

15 On fam. 1,9, Werner Schneider: Vom Handeln der Römer: Kommunikation und Interaktion der politischen Führungsschicht vor Ausbruch des Bürgerkriegs im Briefwechsel mit Cicero, Hildesheim 1998, 238–318; Jean E. Bernard: Du discours à l'épistolaire: les échos du "Pro Plancio" dans la lettre de Cicéron à Lentulus Spinther (*Fam.* 1,9), in: Rhetorica 25,3 (2007), 223–242.

Its presence is far from accidental: one way of reading fam. 1,9 is as a practical appendage to *De oratore*, which shows how the *orator* deals with actual political crisis. Part of the problem that Cicero faced in 56 and 55 was that – unlike Caesar's terrifying grip on power in 59 – the political landscape was very variegated. Caesar, Pompeius and Crassus ensured the election of Pompeius and Crassus as consuls for 55 and managed to keep M. Cato out of the praetorship for that year, but in 55 two of the tribunes of the plebs were hostile to the consuls, if ineffectual, Cato as a *priuatus* opposed their activities, forcing a violent response, and their opponents were elected to the consulship for 54.[16] Cicero's political stance of aligning himself with Pompeius and Caesar was thus very obviously a choice among a number of possible lines of action. His reconciliation with Vatinius came early in the year (he had opposed his candidacy for the praetorship, but once Vatinius was elected he dropped his hostility) and, apart from his defence of Caninius Gallus in the autumn, Cicero's main public occupation during 55 was responding to the attacks he faced from Piso Caesoninus. Piso was surely delighted to find on his return from his province of Macedonia that Cicero was so vulnerable, and the *In Pisonem* suggests that he seized the opportunity adroitly to dismiss Cicero's manoeuvrings against him as the futile efforts of a deluded lackey.

Cicero's decision to write a substantial prose work on oratory thus took place in an environment that was much more personally challenging than is often acknowledged. The nature of *De oratore*'s achievement has been emphasised in recent work: its scale, its ambition, the confidence with which it reshapes Greek models into a distinctively Roman creation, and the skill with which technical rhetorical instruction is combined with a discursive account of public speech at Rome.[17] These claims are undeniable, but do not override more local concerns. The preface's description of a crisis for the *res publica* which poses for Cicero the dilemma of participation versus *otium* smacks of special pleading, insofar as Cicero's claims to be occupied in saving the state, during the second consulship of Pompeius and Crassus, might seem to many readers implausible. More importantly, *De oratore* is a profoundly inconclusive work,

---

16 The tribunes Aquillius Gallus and Ateius Capito attempted to block the passage of the *lex Trebonia*; Domitius Ahenobarbus and Appius Claudius were elected to the consulship of 54, the former bitterly opposed to Pompeius and Caesar.

17 Erik Gunderson: Staging Masculinity. The rhetoric of performance in the Roman World, Ann Arbor 2000, 187–222; Elaine Fantham: The Roman World of Cicero's *De orator*, Oxford 2006; John Dugan: Making a New Man (as in n. 1), 75–171; Matthew Fox: Cicero's Philosophy of History, Oxford 2007, 111–141; Joy Connolly: The State of Speech. Rhetoric and political thought in ancient Rome, Princeton 2007, 96–157.

which refuses to provide answers to the questions it poses and at times leaves its characters in explicit uncertainty.[18] Cicero's demonstration, through the adoption of dialogue format, that the conduct of individuals within the Roman *res publica* was a matter about which, like the topics of Greek philosophical dispute, firm conclusions may not be reachable is a more surprising move than we, habituated to dialogue as a medium for philosophy at Rome largely through Cicero's own writings, tend to grasp. The philosophical consequences have been well discussed elsewhere; but the practical implication also needs to be emphasised. *De oratore* shows how political disagreement can take place and be managed. In the context of 55, when political disagreement was turning into lethal violence, that was a message with urgent resonance. And insofar as *De oratore* suggests there may be a solution, it appears to be persuasive speech-oratory. It is nonetheless frustratingly hard to identify further necessary conditions which *De oratore* establishes for controlled disagreement. The participants in *De oratore*'s dialogue knew one another intimately; many were related to each other; they shared an educational background; and they were all participants in the *res publica*, as magistrates, ex-magistrates, advocates and – in the case of four of the seven participants – priests. They do not, that is, provide a test case for the capacity of speech to manage disagreements among a diverse group. Perhaps the dialogue's location among the fundamentally like-minded points to what was, elsewhere, Cicero's response to intractable civil disagreement, namely the forcible elimination of some individuals from the *res publica* on the grounds that their conduct had turned them into non-citizens.[19] Do the strong links which already existed between the participants in *De oratore* undermine its credibility as a demonstration of the capacity of persuasive speech to mediate difference? The presence of Sulpicius among the interlocutors, who would, less than three years later, institute a crisis (and abandon an exemplary friendship) during his tribunate perhaps signals the limits of civilised discourse, as does the impending disaster which hangs over this gathering in September 91, namely the political crisis which had already led to the breakdown of trust between the consul Philippus and the Senate (with Crassus taking a lead in the latter's opposition to the consul) and which would soon contribute to the outbreak of war between Rome and its Italian allies.[20]

---

[18] Cic. de orat. 1,262.
[19] Jill Harries: Cicero and the Jurists. From Citizens' Law to the Lawful State, London 2006, 185–229.
[20] Cicero refers to the political crisis at de orat. 1,24 and 3,2. On Sulpicius, Jonathan Powell: The Tribune Sulpicius, in: Historia 39 (1990), 446–460.

Another area to which the date of composition is directly relevant is the relationship between *De oratore*'s reflections on political leadership and the position and activity of Pompeius. It is tempting to read *De oratore* as a reflection on Cicero's own career, in which Crassus' exceptionally demanding recipe for the orator matches the range of skills which Cicero had shown over the years, and in which the concluding invocation of Hortensius as the future of Roman oratory silently points to Cicero, who surpassed him. But such a reading risks making Crassus' the dominant voice; Antonius began his contribution in book one by challenging the identification that Crassus has made between orator and statesman (de orat. 1,209–215). For Antonius, an orator is simply someone who can speak competently in forensic cases; public life requires speech, but it does not require eloquence (de orat. 1,213–215):

> [...] atque eum puto esse, qui et uerbis ad audiendum iucundis et sententiis ad probandum accommodatis uti possit in causis forensibus atque communibus: hunc appello oratorem [...] neque uero, si quis utrumque potest, aut ille consili publici auctor ac senator bonus ob eam ipsam causam orator est aut hic disertus atque eloquens, si est idem in procuratione ciuitatis egregius, illam scientiam dicendi copia est consecutus: multum inter se distant istae facultates longeque sunt diuersae atque seiunctae [...].

> [...] And I think he is the man who can use, in forensic cases and public debates, words that are pleasant to listen to and arguments which have the capacity to persuade; him I call an orator [...] nor indeed, if someone can do both, is either the good senator and proposer of public policy thereby an orator, nor has the eloquent speaker, if he is also outstanding in directing the state, acquired that skill through facility in speaking: these skills are very different and entirely distinct and separate [...].

If a reader were to take seriously both definitions, then it would become difficult to ignore Pompeius. He was *the* dominant figure at Rome; and, as such, when in Rome, a frequent communicator with people and Senate.[21] He also had some forensic experience, and seems to have been a more than competent speaker: but the nature of his skill is less important here than the possibility that speech might matter as an aspect of his power. He was arguably not an *orator* on an Antonian definition, but he clearly was involved *in procuratione ciuitatis*: what kind of speech was required of such a man in order to maintain the *res publica*? The Roman elite constantly faced the problem of containing outstanding individuals; even if the precise dynamics of the Pompeius problem were the product of Sulla's constitutional change the broader issue was long-standing. *De oratore* suggests that any answer must tackle how the elite speak within civil

---

[21] Henriette van der Blom: Pompey in the contio, in: Classical Quarterly 61 (2011), 553–573.

society and that a Pompeius willing to engage with his peers through speech is a Pompeius who can operate within the res publica.

Pompeius is even more apparent in *De re publica*: not only is that work more explicitly concerned with the nature of political leadership, its setting also leads reflections towards Pompeius. No one individual was dominant in 91 in a manner comparable to Pompeius' position between 55 and 52, but Scipio Aemilianus in 129 did offer a parallel. Moreover, *De re publica* puts Scipio alongside Laelius and emphasises their friendship (rep. 1,18). Cicero had used the friendship between Scipio and Laelius in 62 as an analogy for the relationship he wanted to have with Pompeius in the only surviving letter from Cicero to him (fam. 5,7).[22] Further parallels between the two men can be drawn: excellence in military leadership, a record of being summoned by the people to solve intractable problems, association with intellectuals and perhaps even liability to assassination. If the argument is accepted that *rector rei publicae* is simply Cicero's phrase for what we might call a ‚statesman', then the idea that one purpose of *De re publica* is to grapple with Pompeius' status becomes even more compelling.[23] By the time Cicero started working on *De re publica* in the spring of 54, Pompeius' position had arguably become even stronger than it had been during his second consulship; through the *lex Trebonia* he held five years' *imperium* but – entirely without precedent – was running his province through legates whilst remaining himself near Rome and intervening in political life at Rome, with Senate meetings held outside the *pomerium* in order to accommodate his attendance. This was a new kind of power; what were its implications? Was Rome's mixed constitution sufficiently robust to incorporate this new development in its long history of constitutional development? Cicero had reflected in detail on the nature of Pompeius' extraordinary power as early as 66, when he delivered his speech *De imperio Cn. Pompei*, in support of the proposal to give Pompeius the command against Mithridates, and created a magnetic description of Pompeius as the ideal Roman general who combined skill, courage and divine favour with a spotless probity. It is attractive to see in *De re publica* a veiled return to exhortation directed at Pompeius, though now his responsibilities are to the *res publica* as a whole.[24]

---

22 Jean E. Bernard: La sociabilité épistolaire chez Cicéron, Paris 2013 (Babeliana 16), 268–281.
23 Jonathan Powell: The *rector rei publicae* of Cicero's *De re publica*, in: Scripta Classica Israelica 13 (1994), 19–29; more generally, Malcolm Schofield: Saving the City. Philosopher-Kings and other Classical Paradigms, London 1999, 178–194.
24 That is, *De re publica* and *De imperio Cn. Pompei* can be read as the earliest Roman examples of the 'mirror for princes' genre, to which Cicero's *Pro Marcello* is more commonly seen as a contribution, and which emerges clearly in the writings of the younger Seneca: Susanna

The date at which the text of *De re publica* was finalised is unclear, but if it was finished during 53 it very soon received optimistic endorsement in the events of 52, when Pompeius, as sole consul, effected an extraordinary, though short-lived political transformation that seemed to cure the problem of political violence and re-establish orderly government.[25] For Cicero, even as civil war threatened, it was *illo diuino tertio consulatu* (Att. 7,1,4). *Diuinus* is significant: Pompeius had, however briefly, assumed the status of one who would receive the reward described by Scipio at the end of book 6 of *De re publica*. The effects of Pompeius' third consulship may also be visible in *De legibus*, though its composition history is a notorious problem. Its contemporary setting, as a dialogue between Cicero, Quintus Cicero and Atticus, permits reference to Pompeius and each of the dialogue's characters praise his actions; their words are not so precise as to clarify dating, though sufficiently warm as to suggest that they may be directly influenced by the consulship of 52. 'Atticus' notes (de leg. 1,8) that if Cicero were to write contemporary history he could praise Pompeius; his restoration of the tribunes' powers in 70 is the sole flaw in his otherwise splendid career for 'Quintus' (3,22), and this act is then defended by 'Marcus' (3,26). More speculatively, it is possible that the tranquillity of Rome after the conviction of Milo and the election of Metellus Scipio as Pompeius' consular colleague might have contributed to broader issues in the composition and tone of *De legibus*. It does not portend imminent crisis, as the two earlier works do; and it has a contemporary setting – perhaps because where there is less wrong, there is less potential to cause offence? Whilst the work continues to demonstrate the potential of dialogue form to accommodate difference, it offers much more emphatic direction through 'Marcus'' exposition of an ideal law code, whose basic validity is not questioned by 'Atticus' or 'Quintus'. It is a more optimistic work about the Roman *res publica* and its capacity to serve the interests of its citizens in more or less its current form. The difficulty with such an interpretation is that it would force the date of composition well into the second half of 52, since it would imply that Pompeius' third consulship affected the whole tendency of *De legibus* and did not result only in a small number of complimentary observations.

Cicero's turn to philosophy in the 50s reflected a very different environment from that in which he was writing the series of works composed between 46 and

---

Braund: Praise and Protreptic in early imperial panegyric, in: Mary Whitby (ed.): The Propaganda of Power: the role of panegyric in Late Antiquity, Leiden 1998 (Mnemosyne Supplementum 183), 53–76. I am grateful to Carlos Lévy for his observations on this point.

25 Robin Seager: Pompey the Great (as in n. 10), 133–151.

44. This earlier series begins at the time of – and perhaps is even initiated by – the public demonstration of Cicero's weakness and dependence on Pompeius in late spring of 56, a weakness that remained until the outbreak of civil war. These treatises attempt to enhance Cicero's *auctoritas* through their novelty and seriousness as well as to make a claim about the significance of eloquent public speech which is far from borne out by his actual practice as an orator between 57 and 51. In addition, the most immediate challenge to the stability of the *res publica* was not Caesar, absent in Gaul, but Pompeius. He, as well as Cicero, should be read against the remedies which Cicero reflects on in these treatises, and his success in 52 provides a possible context for the greater confidence and optimism which is discernible in *De legibus*. As events turned out, a Pompeian *rector rei publicae* proved a dead end in Cicero's political theory: when he resumed philosophical composition, it was in a political environment now transformed into autocracy.

VI. Skeptizismus und Erkenntnistheorie bei Cicero und Augustin

De la rhétorique à la philosophie: le rôle de la *temeritas* dans la pensée et l'œuvre de Cicéron

Carlos Lévy

Entre la philosophie grecque et la philosophie romaine, je vois, sur un plan très général, cette différence que la première est constamment à la recherche du concept, tandis que la seconde sait se contenter de la notion. Le concept enferme le réel en une unité de sens, il a pour vocation de découvrir l'un sous la multiplicité des apparences. La notion, elle, accepte l'approximation, la multitude des composantes, elle n'entend pas imposer un cadre unique, préférant la suggestion, au risque de pratiquer celle-ci à travers des notations parfois contradictoires. À qui affirmerait sans hésiter la supériorité du concept sur la notion, je dirais que celle-ci n'est pas nécessairement le signe d'une incapacité à formaliser, à conclure, qu'elle peut être perçue comme un chantier ouvert que l'on lègue aux générations futures. De ce fait, la notion peut fort bien être un concept en devenir. Le meilleur exemple en est la *voluntas*.[1] A l'extrême variété des termes grecs désignant l'action volontaire, Cicéron avait substitué la seule *voluntas*, qui, dans son œuvre philosophique, a un champ sémantique vaste, allant du désir rationnel du sage à la décision d'un *stultus*, mais sans une définition qui recouvre le tout. C'est par son effort, prolongé par ceux de Sénèque et de Saint Augustin, que la volonté est devenue, au fil des siècles, l'un des concepts les plus importants de la philosophie occidentale. Mais toutes les notions présentes dans la pensée romaine n'ont pas connu le même succès. Il en est qui ne sont jamais devenues véritablement des concepts philosophiques et qui ne suscitent qu'un intérêt des plus mesurés parmi les chercheurs. *Temeritas* est assurément de celles-là, le plus souvent considérée dans les textes philosophiques comme étant une simple traduction-calque de la *propeteia*, concept lui-même assez peu fréquent dans les textes philosophiques grecs. Pour aller un

---

[1] Voir sur ce point André Jean Voelke: L'idée de volonté dans le stoïcisme, Paris 1973; Brad Inwood: The Will in Seneca the Younger, in: CPh 95 (2000), 44–60; Rainer Zöller: Die Vorstellung vom Willen in der Morallehre Senecas, München/Leipzig 2003 (Beiträge zur Altertumskunde 173); Carlos Lévy: De la critique de la sympathie à la volonté. Cicéron, De fato, 9–11, in: Stefano Maso (éd.): Cicerone De fato. Seminario internazionale (Venezia, 10–12 luglio 2006), Venise 2012 (Classici 35), 17–34.

peu plus avant dans l'analyse de ce terme, j'étudierai d'abord les emplois de *propeteia* et de *temeritas* avant Cicéron, puis la présence de *temeritas* dans l'œuvre de l'Arpinate, enfin je dirai quelques mots sur ce qui est venu après lui.

1 *temeritas* et *propeteia* avant Cicéron

1.1 Brève histoire de la *temeritas* précicéronienne

L'étymologie de la notion nous donne une indication des plus intéressantes. *Temere, temeritas*, appartiennent à la même racine que *tenebrae* et remontent à un *temus, eris* primitif.[2] Agir *temere*, c'est donc, littéralement, se comporter comme si l'on vivait dans les ténèbres. La richesse symbolique et métaphorique de l'obscurité assurait nécessairement la complexité de la notion. Mais, par là-même, Cicéron n'était nullement obligé d'utiliser *temere, temeritas* pour exprimer la *propeteia*, qui exprime originellement le fait de se précipiter sans contrôler son mouvement, dans la clarté comme dans l'obscurité. A vrai dire, il lui arrive d'utiliser l'expression *assensionem praecurrere*,[3] plus proche de l'original grec, pour désigner un assentiment précipité, et il aurait pu tout aussi bien utiliser *praeceps*, qui eût été l'équivalent le plus juste,[4] mais, il est exact que dans un cas comme dans l'autre le substantif manquait. Comme Sénèque le fera après lui,[5] il arrivera à Cicéron de concilier le grec et le latin en associant *temere* et *praeceps*.[6] Je ne crois pas pourtant que ce soit la seule raison pour laquelle il ait renoncé à les utiliser. En fait, il avait dans son langage et, tout particulièrement dans sa culture littéraire, cette famille *temere/temeritas*, dont il estimait

---

[2] Voir Alfred Ernout; Antoine Meillet: Dictionnaire étymologique de la langue latine. Histoire des mots, Paris ⁴1959, *s.v.* 683.
[3] Cic. ac. 1,45: *neque hoc quicquam esse turpius quam cognitioni et perceptioni assensionem approbationemque praecurrere.*
[4] Voir Ernout; Meillet: Dictionnaire étymologique (cf. n. 2), 99: „qui va ou tombe la tête en avant (sens propre et figuré)", étymologie qui apparaît encore plus clairement chez Plaute, dans le *Rudens*, 671–673: *qui scelestus sacerdotem anum praecipes / reppulit propulit perquam indignis modis / nosque ab signo intimo vi deripuit sua.* Dans les *Académiques*, la seule utilisation de *praeceps* se trouve en Luc. 68: *ita enim finitima sunt falsa veris eaque quae percipi non possunt <iis quae possunt> (si modo ea sunt quaedam; iam enim videbimus), ut tam in praecipitem locum non debeat se sapiens committere.*
[5] Sen. benef. 7,26,5: *Hoc accedat temeritas praeceps et numquam fidele consilium daturus timor et mille errores, quibus volvimur.*
[6] Cic. Luc. 68.

qu'elle permettait de mieux exprimer ce que les Grecs avaient rendu par *temeritas*, sans renoncer aux spécificités traditionnelles de la langue latine. Il convient donc d'explorer les usages antérieurs au corpus cicéronien.

C'est dans le langage tragique que l'on trouve les premières occurrences des termes de cette famille, pour désigner une action commise de manière irréfléchie. Dans une *palliata* de Caecilius Statius,[7] un personnage lance:

> Quaeso, ne temere hanc rem agas, ne iracunditer.
>
> Je t'en prie, ne fais pas cela de manière irréfléchie, sous le coup de la colère.

Il commence par exhorter son interlocuteur à ne pas agir dans l'irréflexion, puis il précise ce qui en est le moteur, en quelque sorte, à savoir la colère. C'est également dans une tragédie que l'on trouve la première coloration philosophique donnée à cette notion, de manière étonnamment précoce, puisque l'on rencontre ces deux vers chez Pacuvius, qui emploie le doublet *temeritas/temeritudo*, preuve d'une réelle familiarité avec la notion:[8]

> Sunt autem alii philosophi, qui contra Fortuna negant
> Vllam miseriam esse, temeritatem esse omnia autumant.
>
> Mais il existe des philosophes qui, à l'inverse, affirment qu'aucun malheur n'est causé par la Fortune et prétendent que tout n'est qu'irréflexion.

Je ne suivrai pas ceux qui pensent qu'il est question dans ce passage de philosophes aristotéliciens.[9] Les penseurs auxquels il est fait allusion sont selon moi plus probablement les Stoïciens, qui se refusent à admettre que l'on puisse rendre la Fortune responsable de ses malheurs, alors que ceux-ci sont liés à nos assentiments erronés, autrement dit au fait que notre raison est perturbée par la passion. On remarquera la facture fortement dogmatique de l'affirmation *teme-*

---

[7] Caecilius Statius, v. 78 Ribbeck.
[8] Pacuvius, v. 372–373 Ribbeck, frg. 262 dans Petra Schierl: Die Tragödien des Pacuvius. Ein Kommentar zu den Fragmenten mit Einleitung, Text und Übersetzung, Berlin/New York 2006 (Texte und Kommentare 28). Le fragment est tiré de rhet. Her. 2,23,36, où il est accompagné d'un jugement sévère: *nam hic infirma ratione utitur, cum ait uerius esse temeritate quam fortuna res geri*. Pour Schierl, le texte reprend la distinction entre τὸ αὐτόματον et la τύχη dans Arist. phys. 2,4,195b,31–33. La première partie du second vers fait problème, le texte que nous donnons ici est celui de Ribbeck, repris par Schierl.
[9] Voir Giovanna Garbarino: Roma e la filosofia greca dalle origine alla fine del II secolo a.C. Raccolta di testi con introduzione e commento, Turin 1973 (Historica politica philosophica 6,2), 614 n. 2.

ritatem esse omnia dans laquelle *temeritatem* se trouve à la fois en position grammaticale d'attribut et en situation sémantique de cause, puisqu'on peut penser que tous les malheurs et souffrances ont leur origine dans la *temeritas*. Cette capacité de la notion à concentrer en elle tout ce qui relève de l'irrationalité apparaîtra un peu plus tard dans un fragment de discours de Papirius Carbo Arvina, où la *temeritas* apparaît comme l'exact opposé de la *sapientia*, opposition sémantique renforcée par un chiasme:[10]

> patris dictum sapiens temeritas filii comprobavit.
>
> La témérité du fils a montré le bien fondé de la sage parole du père.

Rien de systématique dans tout cela cependant. À l'opposé de ces tentatives théâtrales de formalisation, nous pouvons citer un autre texte de caractère dramatique, je veux parler du passage du *Mercator* de Plaute, où, dans l'énumération des tracas provoqués par l'amour, la *temeritas* n'est que l'un des multiples vices provoqués par la passion amoureuse.[11] Tout au plus, l'utilisation d'*adeo* paraît-elle signaler que l'on accède à un pallier supérieur en matière d'ignorance et d'inconséquence. On notera également que, si la remarque de caractère philosophique que nous avons trouvée chez Pacuvius est un *unicum* avant Cicéron, cela ne signifie pas que les fragments qui nous sont parvenus ne contiennent pas d'autres indications intéressantes. Il convient de signaler, en particulier, la connotation politique qui semble avoir été présente dès le début. Pacuvius fait de la *temeritudo* une caractéristique des tyrans et Afranius ou, en tout cas, l'un de ses personnages, proclame qu'il rejette la *temeritatem vulgariam*.[12] Or Cicéron se situera dans cette tradition lorsqu'il parlera de l'*error et temeritas populorum* et qu'il stigmatisera la *temeritas* de Marc Antoine, personnage à vocation tyrannique.[13] Pour autant tout n'est pas clair dans l'utilisation pré-cicéronienne de *temeritas*. On peut, notamment, se demander pourquoi Térence, pourtant réputé plus fin psychologue et plus philosophe que Plaute n'emploie jamais ce mot. Dans onze cas sur douze, c'est l'adverbe *temere* qu'il

---

10 Henrica Malcovati: Oratorum Romanorum Fragmenta Liberae Rei Publicae 1, Turin 1953, frg. 4., p. 304, cf. Cic. orat. 213.

11 Plaut. Merc. 25–30: *insomnia, aerumna, error, terror et fuga, / ineptia stultitiaque adeo et temeritas, / incogitantia excors, immodestia, / petulantia et cupiditas, malevolentia, / inertia, aviditas, desidia, iniuria, / inopia, contumelia et dispendium*. *Inertia* est une leçon de Leo, pour sortir du problème posé par la métrique, et remplacer *inhaeret* donné pas les manuscrits.

12 Voir v. 149 Ribbeck: *Heu, non tyrannum noui temeritudinem*.

13 Cic. rep. 1,52.

emploie, ce qui ne signifie pas que l'on ne puisse pas en tirer quelques conclusions. Il n'est pas indifférent à cet égard que *temere* soit utilisé chez lui négativement, l'expression la plus fréquente étant: *non temere*. C'est là peut-être que se trouve l'explication de l'apparente anomalie. En effet, alors que Plaute éprouve une sorte de jubilation à évoquer les ravages de la *temeritas*, Térence l'exorcise *a priori*, en ne l'évoquant que pour la nier. *Nihil temere agendum* sera également un thème présent chez César,[14] pourtant si différent à la fois de Térence et de Cicéron, et l'on pourrait dire la même chose du thème de l'*audacia*, connoté négativement chez lui, alors qu'on aurait pu attendre tout autre chose d'un militaire, tout comme il le sera dans les discours et les traités philosophiques de Cicéron.[15] Sans doute faut-il mettre cela sur le compte de l'horreur qu'éprouvait l'*imperator* pour tout ce qui relevait de l'improvisation brouillonne. Alors que, chez Cicéron, il s'agit surtout de la condamnation de ceux qui ont l'audace de prétendre s'affranchir du *mos maiorum* et de l'autorité des institutions de la *res publica*, César, peut-être parce qu'il avait appris de l'épicurisme que l'action se détermine en fonction d'un calcul, demande à ses soldats une volonté sans faille, ce qui est tout autre chose que de la *temeritas*.

1.2 Le concept de *propeteia*

La variété des emplois de *temeritas* dans la littérature pré-cicéronienne contraste avec la relative simplicité de l'histoire de *propeteia*. Il s'agit d'un terme présent dans tous les textes principalement, mais non exclusivement philosophiques, depuis les débuts de l'époque classique, jusqu'à la fin de l'époque byzantine. A ce titre, il mériterait une attention plus grande que celle qui lui a été jusqu'à présent consacrée par la recherche. A en croire Diogène Laërce, c'est dès le VIIème siècle av. J.C. que la *propeteia* devint un thème de réflexion morale, très exactement depuis Périandre, qui fut à la fois, cela ne s'invente pas, philosophe et tyran.[16] Elle était pour celui-ci l'exact contraire de l'*hèsuchia*, l'une représentant la beauté morale, l'autre le risque inhérent à une attitude irréfléchie: „La tranquillité est une belle chose. La précipitation conduit à la chute." Si nous regardons rapidement ce qu'il en était chez les principaux philosophes, la

---

14 Caes. Gall. 5,28,3.
15 Voir Joseph Hellegouarc'h: Le vocabulaire latin des relations et des partis politiques sous la République, Paris 1963, s.v. *temeritas* (247, 258); *audax, audacia* (116, 196, 203, 246, 283, 528, 529), ainsi que, d'une manière générale, les analyses de Guy Achard: Pratique rhétorique et idéologie politique dans les discours ‚optimates' de Cicéron, Leiden 1981.
16 Diog. Laert. 1,97: ἔλεγε δὲ καὶ τάδε· καλὸν ἡσυχία· ἐπισφαλὲς προπέτεια.

propeteia est très peu présente chez Platon, deux références sûres seulement, dont la seule un tant soit peu intéressante se trouve dans les *Lois*,[17] où il est question d'éviter que l'on ne se précipite *propetôs* vers les plaisirs. La fréquence est, en revanche, plus grande chez Aristote, l'élément le plus intéressant étant l'association de la *propeteia* à l'*akrasia*, concept qui occupera une place importante dans l'éthique stoïcienne, comme négatif de l'*enkrateia*. Aristote oppose dans l'*Ethique à Nicomaque* les téméraires qui sont en fait des lâches, puisqu'ils appellent de leurs vœux les dangers, mais s'en détournent au moment critique, et le véritable courageux, qui est vif dans l'action et serein dans les moments qui la précèdent.[18] Le texte le plus significatif se trouve cependant un peu plus loin, dans un passage où Aristote distingue deux formes de l'*akrasia*: l'intempérance, la *propeteia* donc; la faiblesse: *astheneia*.[19] Dans le premier cas, l'individu trop impulsif ne reste pas fidèle au résultat de sa délibération, dans le second, c'est l'absence de délibération qui fait qu'il est le jouet de ses passions. La réflexion aristotélicienne a, de toute évidence, préparé celle des Stoïciens, pour qui la *propeteia* est fondamentalement la précipitation dans les affirmations, autrement dit dans l'usage de l'assentiment.[20] C'est en effet entre Sceptiques et Stoïciens que la *propeteia* va devenir un thème plus important de controverses.

Du côté stoïcien, on note que la présence de la *propeteia* est modeste chez les premiers philosophes de cette école. En tout cas, à en juger par les fragments qui nous sont parvenus, ce fut Chrysippe qui, le premier, définit la *propeteia* comme un travers affectant non seulement les affirmations, mais toute la conduite de celui qui est incapable de contrôler l'assentiment à ses représenta-

---

17 Plat. leg. 792d.
18 Arist. eth. Nic. 1116a,7–9. Sur cette question voir, en particulier, Donald Davidson: How is Weakness of the Will Possible?, dans: Joel Feinberg (éd.): Moral Concepts, Oxford 1968, 93–113, maintenant dans: Donald Davidson, Essays on Action and Events, Oxford 1980, 21–42; Constantine Sandis: How to Act Against Your Better Judgement, dans: Philosophical Frontiers 3 (2008), 111–123, ainsi que l'ensemble des contributions contenues dans Christopher Bobonich; Pierre Destrée (éds.): Akrasia in Greek Philosophy, from Socrates to Plotinus, Boston/Leiden 2007 (Philosophica antiqua 106).
19 Arist. eth. Nic. 1150b19: ἀκρασίας δὲ τὸ μὲν προπέτεια τὸ δ' ἀσθένεια.
20 Diog. Laert. 7,48. Que la *propeteia* soit devenue un thème que l'on se rejetait de l'un à l'autre dans les polémiques, cela apparaît dans l'*Adv. Colotem* 1124b, où nous apprenons que, pour Colotès, la théorie de l'*epochè* était un discours de jeunes écervelés (μειρακίων λαμυρῶν καὶ προπετῶν), à quoi l'Académicien Plutarque réplique que c'est l'Epicurien Pythoclès qui les a rendus tels. C'est cependant dans les controverses entre Sceptiques et Stoïciens que la *propeteia* devint un thème plus important.

tions.²¹ La question se pose de savoir si c'est bien lui qui a distingué deux types d'assentiments erronés, l'assentiment faible (*asthenès*) et l'assentiment *propetès*,²² alors que, pour Zénon, selon Cicéron,²³ l'opinion a deux sources: l'assentiment faible et l'assentiment erroné. Si l'on jette un rapide coup d'œil sur la postérité, la *propeteia* est pour Epictète le signe du renoncement à faire usage de la raison dans les questions relatives à l'éthique, alors que l'être humain se sert de celle-ci en géométrie ou pour apprécier le poids d'un objet.²⁴ A l'inverse, le Cynique est pour lui celui qui sait éviter l'assentiment précipité, la volonté irréfléchie, le désir qui manque son but, en un mot tout ce qui se propose une fin et agit trop vite pour pouvoir l'atteindre. Pour Epictète comme pour Musonius Rufus, la *propeteia* est l'un des travers qu'il faut écarter pour que la vie soit sereine et joyeuse, notamment, et nous avons là une notation de caractère historique, parce que parler trop vite c'est s'exposer à Rome d'être écouté par des soldats habillés en civil et d'être conduit aussitôt en prison.²⁵ En revanche, aucune occurrence du terme chez Marc Aurèle, pas plus qu'il n'évoque l'*akrasia*, comme s'il avait choisi de traiter avec un souverain mépris ces évocations de l'intempérance.

Si l'on en vient aux témoignages en langue grecque sur la Nouvelle Académie, l'évaluation est plus difficile encore. En effet, il n'y a pas une seule mention de ce terme dans les deux traités que Plutarque a écrits contre les Stoïciens. Cette absence est d'autant plus difficile à comprendre que Plutarque se réfère de manière relativement abondante à la *propeteia* dans les autres *Moralia* et dans les Vies. Pour Sextus Empiricus, qui lui non plus ne parle pas de *propeteia* dans son exposé des arguments néoacadémiciens, les Néopyrrhoniens n'ont pas pour vocation de supprimer les phénomènes mais de lutter contre la *propeteia* des dogmatiques.²⁶ Comment ne pas donner son assentiment de manière précipitée

---

21 Diog. Laert. 7,46 = SVF 2,130.
22 Voir Galien, *de animi peccatis dignoscendis* 1, Vol. 5, p. 58K = SVF 3,172. Galien ne mentionne pas sa source à cet endroit, mais il est vrai que ce passage est précédé d'une grande lacune.
23 Cic. ac. 1,41: *ex qua existebat etiam opinio, quae esset imbecilla et cum falso incognitoque communis.* Voir également au § 42: *errorem autem et temeritatem et ignorantiam et opinationem et suspicionem et uno nomine omnia quae essent aliena firmae et constantis assensionis a uirtute et sapientia remouebat.* Voir sur cette question Carlos Lévy: Le concept de doxa, des Stoïciens à Philon d'Alexandrie. Essai d'étude diachronique, dans: Jacques Brunschwig; Martha Craven Nussbaum (éds.): Passions and Perceptions, Cambridge 1993, 250–284.
24 Epict. diatr. 1,28,28.
25 Ibid., 4,13,5.
26 Sext. Emp. P.H. 1,20.

à des représentations? Tel est le problème que se pose Sextus qui, en bon médecin, se propose de guérir la *propeteia* par la raison. Etant donné la continuité au moins partielle entre la Nouvelle Académie et le néopyrrhonisme, par l'intermédiaire d'Enésidème,[27] il est fort possible que cette définition de la *propeteia* comme la parfaite antithèse de la sagesse inhérente à la suspension du jugement ait été ‚empruntée' par Enésidème à la Nouvelle Académie.

Les conclusions que je tirerai de ce rapide survol sont les suivantes:

1. La *temeritas* décrit toute une série de comportements, elle les stigmatise d'un point de vue éthique et politique, elle est le rappel aux valeurs de la cité, la *grauitas*, la durée comme expression d'une forme de rationalité historique. La *propeteia*, en tout cas dans sa version stoïcienne, se définit par une structure psychologique dans laquelle se trouve identifié un mauvais usage de l'assentiment.

2. L'absence de la *propeteia* dans les témoignages grecs sur la Nouvelle Académie ne signifie rien probablement par elle-même, étant donné le petit nombre et la brièveté de ces témoignages. Elle rend néanmoins bien plus difficile l'évaluation de l'apport personnel de Cicéron.

2 Cicéron

2.1 La *temeritas* dans les textes non-théoriques cicéroniens

Il y a, dans le corpus cicéronien, plus de deux cents occurrences de mots construits sur la racine *temer-*. À vrai dire, il n'est aucun secteur du corpus dans lequel le mot ne soit abondamment représenté, ce qui prouve bien qu'il s'agit là d'une notion centrale de la pensée du consul-philosophe. Je dirai quelques mots des emplois autres que philosophiques, avant d'entrer dans l'utilisation qui en est faite dans les *Academica*. Toutes les utilisations sont évidemment négatives, mais avec un spectre très large de nuances, pouvant aller de la simple irréflexion jusqu'aux actes les plus criminels. Il importe donc de résumer ce vaste champ sémantique.

---

[27] Voir sur cette question: Carlos Lévy: Pyrrhon, Enésidème et Sextus Empiricus: la question de la légitimation historique dans le scepticisme, dans: Aldo Brancacci (éd.): Antichi e moderni nella filosofia di età imperiale. Atti del II colloquio internazionale, Roma, 21–23 settembre 2000, Naples 2002 (Elenchos 34), 299–326.

La *temeritas*, à la base, est un mouvement irréfléchi qui, en tant que tel, ne comporte pas de caractéristiques immédiatement déterminées, comme on le voit dans ce passage:[28]

> Itaque, patres conscripti, videtis non temeritate redemptionis aut negoti gerendi inscitia, sed avaritia, superbia, crudelitate Gabini paene adflictos iam atque eversos publicanos.
>
> C'est pourquoi, Pères Conscrits, vous voyez que les publicains ont subi un grave dommage et ont été presque ruinés, non pour avoir fait preuve de précipitation dans le rachat ni pour leur incapacité à gérer leurs affaires, mais à cause de la cupidité, l'arrogance, la cruauté de Gabinius.

La *temeritas* n'est certainement pas ici un terme à connotation positive, mais elle semble quand même avoir une forme de moindre négativité par rapport aux termes très durs qui sont employés pour décrire l'attitude de Gabinius. Plus exactement, Cicéron, en bon avocat, va au-devant des deux reproches qui pourraient être adressés aux républicains, mais il en tire parti pour suggérer qu'au pire on pourrait mettre en cause leur irresponsabilité ou leur incompétence, nullement leur malhonnêteté.

Lui-même ne s'estime pas être à l'abri de la *temeritas*, au moins d'un point de vue rhétorique, lorsque, dans une lettre à Atticus de mars 48, il commence par dire qu'il se repent d'avoir agi inconsidérément par rapport à la guerre civile, avant de conclure que, finalement, il avait agi *consideratissime*.[29] Face à une situation sans précédent, une guerre civile d'une cruauté inouïe dont l'issue était imprévisible, il a finalement agi de la manière la plus prudente, autrement dit en s'abstenant de prendre une décision définitive que le chaos des événements ne permettait pas de justifier rationnellement. Attitude différente dans une autre lettre à Atticus, de décembre 48,[30] où il assume cette fois sa *temeritas*, refusant d'admettre, malgré l'insistance d'Atticus, qu'il s'agissait là de *prudentia*. Coquetterie littéraire ou profonde lucidité, en tout cas cela nous permet de voir à quel point, pendant toute cette terrible période, le problème de la *temeritas* a été pour Cicéron une préoccupation et un thème de réflexion constants. Si l'on tente d'approfondir le contenu de la notion, par rapport à l'*impetus*, terme plus neutre, la *temeritas* représente le point précis où l'élan devient incontrô-

---

28 Cic. prov. 11.
29 Cic. Att. 9,10,2: *do, do poenas temeritatis meae. etsi quae fuit illa temeritas? quid feci non consideratissime? si enim nihil praeter fugam quaereretur, fugissem libentissime, sed genus belli crudelissimi et maximi, quod nondum vident homines quale futurum sit, perhorrui.*
30 Cic. Att. 11,8,1: *poenas pendo temeritatis meae, quam tu prudentiam mihi videri vis; neque te deterreo quominus id disputes scribasque ad me quam saepissime.*

lable et commence à s'orienter vers des conséquences fâcheuses, qu'il s'agisse d'événements funestes ou de dégradation de la condition morale d'un individu ou d'un peuple. Nous en avons la preuve dans ce passage du *Pro Plancio*, où Cicéron dit que le peuple se laisse séduire par toute sorte de manœuvres,[31] qui le conduisent à agir

> impetu non numquam et quadam etiam temeritate.
>
> mais assez souvent par saillie et par caprice.

Dans un tel contexte, *impetus* désigne le principe même de la dynamique, *temeritas* l'évaluation morale, nécessairement négative, de cette dynamique. A partir du moment où elle est déclenchée, l'itinéraire vers la sagesse devient impraticable:[32] *Numquam enim temeritas cum sapientia commiscetur nec ad consilium casus admittitur*. La *temeritas* apparaît ainsi comme le renoncement du sujet, individuel ou collectif, à assurer son autonomie par rapport au flux des événements qui tend à l'envahir. Plus grave encore, lorsqu'elle se transforme en ethos, elle devient synonyme des tares à l'origine desquelles elle se trouve. Quand Pison est caractérisé par son *audacia* et par sa *temeritas*,[33] il est évident que ce n'est pas seulement son irréflexion qui est ainsi dénoncée, mais la totalité d'une personnalité caractérisée par l'incapacité d'agir selon la raison et selon une morale exigeante. Il ne s'agit plus de l'impétuosité enfantine, terme auquel la *temeritas* est parfois associée,[34] mais de la perversité d'une âme dans laquelle les passions négatives se sont durablement installées, indurées. C'est évidemment en ce deuxième sens que la *temeritas*, qui se caractérise par la légèreté, l'inconséquence, peut être qualifiée de *gravissimum verbum*.[35] La *temeritas* c'est aussi, nous l'avons vu, l'irréflexion propre à la masse, *temeritatem multitudinis*,[36] même lorsqu'elle est réunie en assemblée populaire, autrement dit dans le cadre prévu par le *mos maiorum*. À ce compte, la *temeritas* est l'un des corollaires de la *levitas* grecque, comme cela apparaît abondamment dans le *Pro Flacco*, où le *consilium* des optimates romains est opposé à la *temeritas* du ré-

---

31 Cic. Planc. 9.
32 Cic. Marcell. 7.
33 Cic. Pis. 39.
34 Cic. Brut. 25,4: *quisquam ergo ita timet profligatum ut neque potentiam eius qui exercitum victorem habeat neque temeritatem pueri putet extimescendam esse?*
35 Cic. Rab. Post. 2.
36 Cic. Sest. 103, Mil. 11.

gime démocratique.[37] Plus généralement, dans bon nombre de discours, les tares sont énumérées en même temps que ce qui permet de les dépasser, or ce qui est opposé à la *temeritas*, c'est le *consilium*. Que cette incapacité à réfléchir, avec son corollaire, le mépris des normes sociales, la subversion de toute éthique puisse aboutir, au moins rhétoriquement, à la perte de la raison, c'est ce que montre ce passage du *De domo*, dans lequel on notera une savante progression allant de la *temeritas* au *furor*:[38] *omnia contra leges moremque maiorum temere, turbulente, per vim, per furorem esse gesta*.[39] L'ambiguïté de la *temeritas* tient à cela précisément: d'une part, elle est le point de départ de l'irrationalité, donc elle peut apparaître comme moins grave que le *furor*; d'autre part, précisément parce qu'elle est à l'origine de toute folie, de toute perversité, elle peut se voir attribuer la responsabilité de toutes les aberrations qui résultent de son expansion.

2.2 Du *De inventione* aux *Academica*

Un effort de théorisation de la notion apparaît déjà dans les œuvres de caractère rhétorique. Dès le *De inventione*, la première œuvre cicéronienne, écrite selon son propre témoignage alors qu'il était *puer aut adulescentulus*, autrement dit autour de 86 av. J.-C.,[40] la *temeritas* est mise en relation avec un désir qui cherche par tous les moyens à se satisfaire, en utilisant les forces du corps.[41] C'est également dès ce premier traité que la *temeritas* se trouve qualifier un usage pervers de l'assentiment:

Inv. 1,25: temere assensisse,
Inv. 2,10: ne cui rei temere atque arroganter assenserimus.

Ces expressions sont très proches de celles que l'on retrouve dans les *Academica*. Si l'on tient compte du fait que le *De inventione* suit de près l'enseignement

---

37 Cic. Flacc. 19.
38 Cic. dom. 68.
39 Voir également har. rep. 55: *plenusque inconsideratissimae ac dementissimae temeritatis*.
40 Cic. de orat. 1,5.
41 Voir Cic. inv. 1,2 : *ita propter errorem atque inscientiam caeca ac temeraria dominatrix animi cupiditas ad se explendam viribus corporis abutebatur, perniciosissimis satellitibus*. Sur ce passage, voir Carlos Lévy: Le mythe de la naissance de la civilisation chez Cicéron, dans: Salvatore Cerasuolo; Marcello Gigante (éds.): Mathesis e Philia. Studi in onore di Marcello Gigante, Naples 1995 (Pubblicazioni del Dipartimento di Filologia Classica dell'Università degli Studi di Napoli 11), 155–168.

de Philon de Larissa,[42] il y a là un élément de plus en faveur de l'enracinement de ce premier traité dans l'enseignement, à la fois rhétorique et philosophique, du dernier scholarque de l'Académie. On notera à cet égard que cette perception de la *temeritas* comme le symptôme d'un mauvais usage de l'assentiment ne figure dans aucun autre traité rhétorique, ni même dans le *De re publica*, où pourtant la *temeritas* joue un rôle non négligeable, à côté de l'*audacia*. Elle ne ressurgit que dans les *Academica*. Or cela est d'autant plus remarquable que la *propeteia* ne paraît figurer dans aucun traité rhétorique grec comme étant liée à la problématique académico-stoïcienne de l'assentiment.[43]

Le fait que, pendant près de quarante ans, Cicéron a utilisé la *temeritas* en fonction de termes traditionnels latins, comme le pôle opposé au *consilium*, sans jamais se référer à l'assentiment, alors même qu'il connaissait le concept de *propeteia*, prouve que ce fut le choc de la guerre civile qui, en brisant définitivement le cadre de la *res publica* qui était devenu pour ainsi dire son lieu naturel, le ramena à la phase scolaire de sa vie, lorsque, en compagnie de quelques autres jeunes Romains, il suivait avec passion l'enseignement de Philon de Larissa. Le nom de celui-ci ne sera pratiquement plus jamais mentionné par Cicéron pendant cette même longue période. Il faut cependant se garder d'une double erreur qui serait de penser que, entre le *De inventione* et les *Académiques*, la philosophie ne joua aucun rôle dans sa vie, ou, inversement, que l'expérience accumulée pendant toutes les années où le *forum* occupa la première place ne lui fut d'aucune utilité lorsqu'il entreprit d'écrire son œuvre philosophique en langue latine. Je voudrais à cet effet commenter deux fragments intéressants dans la perspective qui est la nôtre.

Le premier nous a été transmis par Lactance lequel se réfère explicitement au troisième livre des *Libri Academici*:[44]

> Quod si liceret ut iis qui in itinere deerravissent sic vitam deviam secutos corrigere errorem paenitendo, facilior esset emendatio temeritatis.
>
> S'il était permis à ceux qui se sont trompés de route de corriger leur erreur par le repentir, après s'être trompés de vie, la témérité serait plus facile à corriger.

---

42 Voir Carlos Lévy: La rhétorique et son contexte. Quelques remarques sur l'enseignement rhétorique de Philon de Larissa, dans: Luc Brisson; Pierre Chiron (éds.): Rhetorica philosophans. Mélanges offerts à Michel Patillon, Paris 2010, 95–106.
43 Sur cette question, voir Thomas Bénatouïl: Vertus dialectiques et défi sceptique: les Stoïciens et les Académiciens, dans: Thomas Bénatouïl; Michel Le Du (éds.): Le retour des vertus intellectuelles, Strasbourg 2006 (Cahiers Philosophiques de Strasbourg 20), 79–108.
44 Lact. inst. 6,24,1.

Nous n'avons pas le contexte de ce passage, mais Lactance nous dit qu'il illustrait le refus cicéronien d'admettre la possibilité du repentir efficace. Avec la prudence nécessaire dans l'interprétation de fragments aussi brefs, nous remarquons cependant que la *temeritas* n'est pas seulement une notion gnoséologique, elle aboutit à la *vita devia* que rien ne peut corriger.

Il convient ensuite de mentionner un passage autrement plus célèbre, que nous trouvons dans le *De officiis*:[45]

> Declaravit id modo temeritas C. Caesaris, qui omnia iura divina et humana pervertit propter eum, quem sibi ipse opinionis errore finxerat principatum.
>
> L'impudence de César l'a récemment montré, lui qui renversa tous les droits humains et divins à cause de cette fiction de principat qu'il s'était créé pour lui-même par une erreur d'opinion.

Dans cette phrase, le mot qui me semble être le plus important est *modo*. Il désigne évidemment toute la période de la dictature de César, décrite comme celle de la confusion absolue des valeurs. Or cette période est caractérisée comme étant celle de la *temeritas*. L'œuvre philosophique, et en particulier les *Academica*, apparaît donc en situation de réflexivité, pour ainsi dire immédiate, par rapport à une situation politique qu'elle ne mentionne pas fréquemment de manière explicite, tandis que les allusions plus ou moins cryptées sont nombreuses,[46] mais dont elle s'efforce de décrypter le pourquoi au-delà de l'événementiel.

2.3 *temere, temeritas* dans les *Academica*

Je partirai d'un constat très simple. Le terme latin que Cicéron a choisi pour traduire la *hormè*,[47] *adpetitio*, figure trois fois dans le discours, disons stoïcien pour simplifier, de Lucullus, et une seule fois dans celui de Cicéron, et encore est-ce en référence au stoïcisme.[48] Or nous savons par Plutarque que les Nouveaux Académiciens n'avaient pas été indifférents à la question de la *hormè*, puisque Arcésilas aurait répondu aux Stoïciens que la *hormè* était suffisante

---

[45] Cic. off. 1,26.
[46] Voir Carlos Lévy: Cicero Academicus. Recherches sur les Académiques et sur la philosophie cicéronienne, Rome 1992 (Collection de l'École Française de Rome 162), *passim*.
[47] Plut. adv. Col. 1122a–c.
[48] Cic. Luc. 108.

pour assurer l'action, l'assentiment étant superflu et cause d'erreur.[49] Il est vrai que ce passage de Plutarque est d'une extrême complication et que la discussion dure encore entre ceux, qui veulent y voir l'expression *propria persona* de la pensée d'Arcésilas et ceux dont je suis, qui pensent qu'il s'agit plutôt d'un ensemble dans lequel on peut distinguer plusieurs strates. Il est inutile d'entrer ici dans ce débat, car ce qui me paraît important c'est que la question de l'articulation entre l'assentiment et l'*adpetitio* n'intéresse pas Cicéron, alors qu'elle constitue l'un des points fondamentaux de la gnoséologie stoïcienne. La *temeritas* se substitue à la problématique de l'*impetus*, ou, plus exactement, elle en est la forme moralisée. Ce qui importe le plus à Cicéron dans les *Academica*, et il en est autrement dans le *De fato*, ce n'est pas de comprendre comment la *hormè* peut fonctionner sans assentiment, c'est de mettre en garde contre la *temeritas*, autrement dit le moment où la pulsion de vie tend à se transformer en affirmation exclusive de soi, au risque de se dresser contre la vérité.

Le monde tel que les Néoacadémiciens le conçoivent est un univers de ténèbres, c'est la caverne platonicienne sans aucune ouverture vers la lumière: *omnia latere in occulto*, dit Cicéron en exprimant la pensée d'Arcésilas.[50] Le statut de cette clôture de la caverne demeure problématique: arme polémique contre les Stoïciens? expérimentation académicienne du passage à la limite à l'intérieur même du platonisme? entraînement non-contrôlé sur la voie du scepticisme le plus radical? Tout cela demeure très controversé dans la recherche actuelle.[51] En tout cas, dans ce monde de ténèbres, la *temeritas* est chez elle, jusque dans l'étymologie. La seule forme de perfection possible est donc la conscience de l'erreur, ce qui du même coup transforme l'assentiment précipité en faute morale, que stigmatise l'utilisation de l'adjectif *turpe*:[52]

> [...] cohibereque semper et ab omni lapsu continere temeritatem, quae tum esset insignis cum aut falsa aut incognita res approbaretur, neque hoc quicquam esse turpius quam cognitioni et perceptioni assensionem approbationemque praecurrere.

---

49 Voir Anna Maria Ioppolo: Su alcune recenti interpretazioni dello scetticismo dell'Accademia. Plutarch. *Adv. Col.* 26,1121F–1122F: una testimonianza su Arcesilao, dans: Elenchos 21 (2000), 333–360 et notamment 342. Carlos Lévy: Plutarque juge et partie: à propos des débats entre l'Académie, le Jardin et le Portique, dans: Aitia 3 (2013), URL: http://aitia.revues.org/71; Eleni Kechagia: Plutarch Against Colotes. A Lesson in History of Philosophy, Oxford 2011.
50 Cic. ac. 1,45.
51 Voir la synthèse de Woldemar Görler: Die jüngere Akademie im Allgemeinen, dans: Hellmut Flashar (éd.): Die Philosophie der Antike, vol. 4: Die hellenistische Philosophie, Basel 2004 (Grundriss der Geschichte der Philosophie), 774–785.
52 Cic. ac. 1,45.

> Il faut toujours retenir sa témérité et la prévenir de tout dérapage, elle qui se manifeste avec éclat lorsqu'on approuve quelque chose de faux ou d'inconnu. Or rien n'est plus *honteux* que de permettre à l'assentiment et à l'approbation de se précipiter en devançant la connaissance et la perception.

Ici, la formulation est telle que la *temeritas* n'apparaît pas comme une modalité perverse de l'*impetus*, mais comme l'*impetus* lui-même en tant qu'il conduit irrémédiablement à la faute, envisagée moins comme une erreur gnoséologique que comme un scandale de nature éthique. Un élément intéressant semble avoir été laissé de côté par les commentateurs. Au § 114, Cicéron reproche à Lucullus de considérer comme très honteux et téméraire (*turpissimum et plenissimum temeritatis*) l'assentiment à ce qu'on ne connaît pas, tout en proclamant un savoir absolu dans tous les domaines de la philosophie. Le problème est que ni Lucullus, dans son discours de la première version, qui nous est parvenu complet, ni Varron, dans celui la seconde, dont nous n'avons qu'une partie, n'utilisent jamais *turpe* pour stigmatiser l'assentiment précipité, c'est une notation purement cicéronienne qui exprime la perception axiologique qu'il a du monde et de l'action. Lorsque Lucullus dirige contre la Nouvelle Académie l'argument de l'apraxie,[53] il le fait, certes de manière véhémente, en décrivant les conséquences catastrophiques qui résulteraient de la suppression de l'assentiment (*totam vitam evertunt funditus*), mais il ne parle jamais de *turpitudo* à propos d'une telle attitude. Dans les polémiques entre Stoïciens et Néoacadémiciens, l'argument de l'apraxie s'intègre dans une dialectique où chacun s'efforce de conduire son adversaire à une position absurde, définitivement intenable. Cicéron, lui, juge tout cela à l'aune de la conversion philosophique de la *turpitudo*. Celle-ci, expression de la morale sociale et, à ce titre, inlassablement présente dans les discours et dans les traités rhétoriques, devient dans les traités philosophiques, après la ruine de la République, la faute morale par excellence.[54] Etre Académicien, c'est avant tout éviter la *turpitudo*, la faute. Quelle faute? Cicéron a certainement quelque part en tête le désastre moral que représente à ses yeux l'action de l'homme qu'il considère comme l'incarnation de la *temeritas*, autrement dit César. Peut-être est-ce aussi, plus

---

53 Cic. Luc. 31.
54 Cic. Tusc. 2,31: *hoc posito et verborum concertatione sublata tantum tamen excellet illud quod recte amplexantur isti, quod honestum, quod rectum, quod decorum appellamus, quod idem interdum virtutis nomine amplectimur, ut omnia praeterea, quae bona corporis et fortunae putantur, perexigua et minuta videantur, <igitur> ne malum quidem ullum, nec si in unum locum conlata omnia sint, cum turpitudinis malo comparanda.*

indirectement, une manière de revenir sur ses propres procédures de choix, dont il ne pouvait ignorer, quoi qu'il en dît, le caractère pour le moins contestable, et en tout cas contesté. Inversement, celui qui réussit à combattre victorieusement la *temeritas* acquiert la stature d'un héros philosophique. Lorsque Cicéron évoque l'admiration de Clitomaque pour son maître Carnéade, qu'il comparait à Hercule, il écrit:[55]

> Herculi quendam laborem exanclatum a Carneade, quod ut feram et inmanem beluam sic ex animis nostris adsensionem id est opinationem et temeritatem extraxisset.
>
> Carnéade a accompli un travail digne d'Hercule en arrachant à nos âmes cette bête sauvage et immonde, c'est-à-dire l'opinion et la témérité.

L'assentiment, qui pour les Stoïciens, est le lieu où doit se construire la sagesse, autant dire la perfection rationnelle, se trouve ici littéralement subverti par son identification à l'opinion et à la *temeritas*. Tout assentiment est, dans l'optique néoacadémicienne, précipité, puisqu'il prétend appréhender la totalité du vrai à partir de la finitude humaine. Les Stoïciens sont ainsi transformés en praticiens permanents et en hérauts de cette même *temeritas* qu'ils prétendaient rejeter.

La nature fondamentalement éthique à mon sens du scepticisme cicéronien ne signifie pas pour autant que la *temeritas* n'intervienne pas dans d'autres champs de la philosophie. Je n'en donnerai ici deux exemples, dans lesquels on voit que la réflexion de l'Arpinate sur cette notion n'a cessé de s'enrichir:

1. En Tusc. 2,47, elle reçoit un fondement ontologique, devenant l'un des éléments du dualisme platonicien que, dans cette œuvre, Cicéron assume comme source de son inspiration, même s'il s'exprime en termes stoïciens:

> Est enim animus in partis tributus duas, quarum altera rationis est particeps, altera expers. Cum igitur praecipitur, ut nobismet ipsis imperemus, hoc praecipitur, ut ratio coërceat temeritatem.
>
> L'âme est divisée en deux parties, dont l'une participe de la raison, tandis que la seconde en est dépourvue. Lorsqu'il est enseigné que nous devons commander à nous-mêmes, cela signifie que la raison doit brider la témérité.

La *temeritas* devient donc ici la dénomination utilisée par Cicéron pour désigner toutes les formes de l'irrationnel, dans le contexte d'une conception dualiste de l'âme. C'est là l'un des points où son scepticisme néoacadémicien s'infléchit en

---

55 Cic. Luc. 108.

platonisme, dans une démarche qui annonce le moyen platonisme, dont nous avons été un certain nombre à souligner ces dernières années la composante sceptique.

2. Dans les traités de physique, la question de la *temeritas* acquiert une dimension cosmique. Si la perfection rationnelle de la conduite humaine implique le rejet de la témérité, comment le monde lui-même pourrait-il avoir été créé *temere* ? Cette question exigerait à elle toute seule une autre étude. Je me contenterai de remarquer ici la récurrence de l'expression *temere et casu* dans le *De natura deorum* et le *De divinatione*. Celle-ci n'a, à ma connaissance, aucun équivalent dans les textes philosophiques grecs. *Casu* vise évidemment la conception épicurienne d'un monde créé par le hasard, mais *temere* ? Qui a jamais affirmé que le monde aurait été créé par un dieu agissant de manière irréfléchie ? *Temere* doit donc être ici compris, me semble-t-il, comme une projection cicéronienne, achevant de systématiser le rejet de la *temeritas*, ainsi condamnée non seulement au niveau du sujet de la connaissance et de l'action, mais aussi par rapport à la *res publica* et à la réalité cosmique.

3 Excursus: de la témérité au péché

L'importance de la *temeritas* dans la philosophie latine me paraît confirmée par la densité de sa présence chez quelqu'un qui a lu Cicéron, mais se situe philosophiquement loin de lui, je veux parler de Sénèque. Celui-ci, dans ses tragédies comme dans ses textes théoriques, ne cesse de fustiger cette tare des comportements humains, dans des termes qui parfois ne sont pas si éloignés de ceux de Cicéron. Cela confirme la lente élaboration d'un continuum philosophique romain, fondé beaucoup plus sur le partage d'un même langage que sur l'accord des identités philosophiques. L'analyse de *temeritas* chez Sénèque nécessiterait au moins une autre étude, qu'il est impossible de mener à bien ainsi. Je m'attarderai en revanche un peu sur une œuvre qui a directement sa source dans les *Académiques*, je veux parler du *Contra Academicos* de Saint Augustin.

Etrangement, Augustin n'utilise qu'une seule fois *temeritas*. Il s'agit du passage, Acad. 2,7,19, dans lequel, à travers l'exemple de l'impossibilité de connaître le fils, si on ne connaît pas le père, Augustin tourne en dérision la prétention académicienne de connaître le vraisemblable alors qu'on ne connaît pas le vrai. C'est dans ce contexte qu'il dit que si celui qui affirme la vraisemblance, suit comme probable ce que la rumeur publique a propagé, il ne peut être accusé de témérité : *nam si ut probabile sequitur quod crebra fama iactavit, nullius temeritatis argui potest.* La *temeritas* est ici limitée à une sorte d'anticonformisme, le refus de se plier à la *doxa* commune, considérée, au moins dans un premier temps comme étant le fondement du probable. Il est vrai cependant qu'Augustin emploie souvent *temere*, mais parce que cet adverbe porte sur une action ou sur un propos assumés de manière prématurée, non sur une personnalité dans sa totalité, il n'a pas la complexité que nous avons entrevue dans l'utilisation de *temeritas* par Cicéron. Nous n'en donnerons qu'un exemple:[56]

> Nam cum me interrogares, quid mihi de Academico sapiente videatur, respondi videri mihi, quod videatur sibi scire sapientiam, ne aut temere me scire affirmarem aut illum non minus temere scire dicerem.

> En effet, quand tu me demandais ce qu'il en est selon moi du sage académicien, j'ai répondu qu'à mon sens il croit connaître la sagesse, de peur d'affirmer témérairement que je sais ou de dire non moins témérairement que le sage sait.

Temere indique ici la précaution méthodologique qui permet d'éviter à Augustin l'erreur et de dégrader en quelque sorte l'image du sage en l'associant à l'erreur par l'intermédiaire de l'irréflexion. Certes l'erreur est mise en relation avec la faute morale.

Jusque-là, il y a dans ce double souci un lien de continuité évident avec les *Academica*. Ce qui change tout, c'est que, si pour Augustin aussi l'erreur est une faute morale, (*omnis qui errat peccat, omnis tamen qui peccat aut errare conceditur, aut aliquid peius*), celle-ci n'est pas pour autant désignée par *temeritas*. Le *peccare* augustinien fait intervenir une dimension nouvelle, absente de la notion cicéronienne. Cicéron stigmatisait la *temeritas* à la fois comme erreur épistémologique et comme faute morale. Chez Augustin apparaît une nouvelle instance, celle d'un Dieu à la fois transcendant et incarné, qui ne peut être exclu de l'interprétation et de l'évaluation des fautes humaines. Après tout, le progressif rétrécissement du champ sémantique de *temeritas*, la non-transformation de la notion en concept, ou plus exactement la non-pérennisation de l'effort cicéronien de conceptualisation, trouve son explication dans le fait que le péché s'est substitué à la témérité dans le vocabulaire de la faute.

---

56 Aug. c. acad. 3,4,9.

4 Conclusion: entre *temeritas* et *auctoritas*, la porte étroite

Au § 60 du *Lucullus*, dans l'un des passages les plus célèbres des *Academica*, parce qu'il occupe une place centrale dans tous les débats sur le dogmatisme ésotérique de la Nouvelle Académie, Lucullus reproche aux Académiciens de ne rien avoir trouvé depuis le temps qu'ils débattent de tout *in utramque partem*. „Quels sont ces mystères?", leur demande-t-il, „pourquoi cacher votre pensée comme une chose honteuse?" La réponse qu'il attribue aux Académiciens est celle-ci: „Pour que nos disciples suivent la raison plutôt que l'autorité." Ainsi formulée, la réponse néoacadémicienne apparaît comme une définition d'un libre-examen avant la lettre, rejetant tout critère autre que celle de la rationalité. Cicéron fait-il sienne cette position? La réponse ne peut être que nuancée. Il est certain qu'en philosophie comme en politique, il ne peut admettre que l'on se remette à l'autorité d'un seul, c'est ce qui est dit explicitement, au moins en ce qui concerne la philosophie, en Luc. 9. Cependant, dans le détail de son discours, son attitude ne peut être qualifiée de rejet pur et simple de l'autorité. Avant d'entrer dans le détail des questions gnoséologiques, il expose dans les §§ 72 à 76 la longue liste des philosophes, essentiellement des Présocratiques,[57] dans lesquels il voit des précurseurs de la pensée du doute absolu. Lucullus avait accusé les Néoacadémiciens d'être, comme les Gracques, des séditieux essayant de trouver des justifications historiques bien peu convaincantes à leur entreprise. Cicéron répond que les Néoacadémiciens n'invoquent que de philosophes *nobilissimi* et il termine en disant:[58] *satis multa de auctoribus*. Bien sûr, il faut faire la part de la polémique et même du jeu, puisqu'en permanence le registre politique interfère dans la démonstration philosophique, mais on ne peut nier, me semble-t-il, que pour Cicéron, il était beaucoup plus facile de condamner la *temeritas* des dogmatiques, qui, dans son esprit, était aussi celle de César, que de penser lui-même sans référence à aucune *auctoritas*.

---

57 Voir l'introduction dans Carlos Lévy; Lucia Saudelli: Présocratiques latins. Héraclite. De Varron à Saint Augustin, Paris 2014 (Fragments 17), IX–LXX.
58 Cic. Luc. 76.

Cicero and Augustine on Grasping the Truth*

Tobias Reinhardt

Sometimes the history of philosophy can be illuminated by studying the development of philosophical terminology. The particular way in which Cicero renders in Latin the Hellenistic debate about the cataleptic impression influences the way in which Augustine talks about, and possibly conceives of, certain epistemological problems and in which he formulates new views – views which were to remain seminal long after the end of antiquity.[1] The purpose of this study is to describe this process with greater precision and accuracy than earlier attempts have done.

To anticipate, Stoics speak of grasping objects by means of cataleptic impressions which reveal themselves and their cause. *Percipere uisum* can for Cicero mean 'grasping an object by means of a cataleptic impression', i.e. grasping the object and the impression it gives rise to, but since *uisum* can also denote the impression alone and since there are situations in which Cicero needs to talk about mental items only, *percipere uisum* can also mean the grasping of an impression only. This terminological shift of Cicero's allows Augustine to restrict what we can 'grasp', i.e. have secure knowledge of, to truths which are unrelated to the external world and are not representations of objects or states-of-affairs in it.

The Stoics believe we can grasp objects in the world around us by means of self-warranting cataleptic impressions. As they put it, using cognates of the verb καταλαμβάνειν,[2] we experience impressions which are capable of grasping or of

---

* Translations are my own unless otherwise indicated. I am grateful to J. N. Adams and M. Thakkar for advice, to G. M. Müller and F. Mariani Zini for inviting me to participate in the conference at Hirschberg, and to the other participants for their questions and comments.
[1] Noted by, e.g. Charles Brittain: Cicero – On Academic Scepticism, Indianapolis/Cambridge 2006, xliii–iii.
[2] Already Plato uses verbs from the semantic field 'to grasp', though not καταλαμβάνειν, in connection with the mental grasp of something; see Anthony Arthur Long: Zeno's Epistemology and Plato's *Theaetetus*, in: Theodore Scaltsas; Andrew S. Mason (eds.): The Philosophy of Zeno. Zeno of Citium and his legacy, Larnaka 2002, 115–31, at 123 on λαμβάνειν, ἀναλαμβάνειν, προσλαμβάνειν, and ἐφάπτεσθαι. Long also observes that in Stoic texts καταλαμβάνειν is used of true items only, while the terms used by Plato can be applied to truths and falsehoods alike.

affording a grasp (καταληπτικός). In Stoic fragments we also find the term καταληπτός, 'capable of being grasped', i.e. morphologically the passive counterpart of the active καταληπτικός, but while the latter is a frequently attested attribute of impressions, the former is a rarely attested attribute of objects in the world, not because these are not grasped by means of cataleptic impressions (they are), but because objects in the world are not problematic for Stoics – to call them capable of being grasped would, outside of dialectical debate, be a statement of the obvious. The few instances where καταληπτός is used of objects in Stoic texts confirm this: e.g. someone is said to be καταληπτός as a sage, i.e. it is not someone's graspability qua object which is at issue, but whether one can apprehend through perception if someone is a sage.[3] Cataleptic impressions by themselves do not lead to beliefs. For beliefs to ensue from them, the mind has to assent to them. Once they have been assented to, they are called a 'grasp' (κατάληψις) sc. of the object. Κατάληψις is a *nomen actionis*, and its sense is active. At the same time, because καταλήψεις are impressions which have been assented to, they are mental items; this is not an unusual shift in meaning for nouns of this formation (δόσις = the giving > gift, payment;[4] cf. natatio = the swim > swimming pool). The verb καταλαμβάνειν, unless it is modally qualified, goes with κατάληψις rather than καταληπτικὴ φαντασία: we grasp an object when we have a cataleptic impression of it and assent to it, not just by having a καταληπτικὴ φαντασία. A formulation which is not present in the Greek record on the Stoics is that we grasp impressions by assenting to them, but I will later discuss material which suggests that a later Stoic, or a Stoicising Academic like Antiochus, might have used such an expression.

The cataleptic impression is defined by Zeno in the following way:[5]

καταληπτικὴ (sc. φυντασία) δέ ἐστιν ἡ (i) ἀπὸ ὑπάρχοντος καὶ (ii) κατ' αὐτὸ τὸ ὑπάρχον ἐναπομεμαγμένη καὶ ἐναπεσφραγισμένη, (iii) ὁποία οὐκ ἂν γένοιτο ἀπὸ μὴ ὑπάρχοντος.

A cataleptic impression is one which is from what obtains, imprinted and stamped on in exact accordance with what obtains, which could not come about from what does not obtain.

The definition consists of three clauses. The first two of these pick out enclosing subsets within the class of impressions (which initially divides into true and false impressions), while the third clause is capable of two interpretations, on

---

3 Aet. plac. IV,9,17 = SVF 1,204.
4 See, e.g., Émile Benveniste: Noms d'agent et noms d'action en indo-européen, Paris 1948, 76.
5 S. Emp. adv. math. 7,248 = SVF 1,59, p. 18,7–9 = frg. 247 Hülser.

the first (stronger) of which it represents a further restriction, while it only represents a clarification but no substantial alteration on the second.⁶ On the interpretation of τὸ ὑπάρχον in (i) hangs an issue on which Sextus and Cicero disagree and which will become important below:⁷ Sextus, in his comments on the definition in *Aduersus Mathematicos* 7,249, takes the term to mean 'an actually existing object', which entails that the first clause stipulates that the cataleptic impression be an impression as opposed to an empty figment of the mind which does not have its origin in a real object (φάντασμα); this leaves veridicality to be established by the second clause. By contrast, Cicero, in *Lucullus* 42 and 112, takes τὸ ὑπάρχον to mean 'that which obtains' or 'that which is the case' (*uerum*), which shifts veridicality into the first clause.⁸ The main reason for thinking that this is correct is that the alternative reading, which would leave it to the second clause to establish veridicality, would have the third clause reiterate that the kind of impression at issue would have to meet the condition specified in the first clause, which would be of no use.⁹ Cicero tells us that the original Zenonian definition of the cataleptic impression consisted only of the first two clauses, and that the third one was added after Arcesilaus urged that there might be an impression just like one which meets the criteria specified by the definition but which is false.¹⁰ The addition of this clause, as well as the objection which motivated it, gave rise to a series of anti-Stoic arguments intended to show that, for any true impression we have, there could be a false one just like it. These so-called arguments from ἀπαραλλαξία or non-distinctness made it incumbent on the Stoics to show that, at least under certain conditions, our impressions did not just match an object exactly but were also identifiable for

---

6 See, e.g., Michael Frede: Stoics and Skeptics on Clear and Distinct Impressions, in: Michael Frede (ed.): Essays in Ancient Philosophy, Oxford 1987, 151–76, at 165; Gisela Striker: Academics fighting Academics, in: Brad Inwood; Jaap Mansfeld (eds.): Assent and Argument – Studies in Cicero's Academic Books. Proceedings of the 7ᵗʰ Symposium Hellenisticum (Utrecht, August 21–25, 1995), Leiden 1997 (Philosophia antiqua 76), 257–276, at 265–266.
7 See Frede: Stoics and Skeptics (as in n. 6), 164–165; David Sedley: Zeno's Definition of the *phantasia kataleptike*, in: Scaltsas; Mason (eds.): The Philosophy of Zeno (as in n. 2), 133–154.
8 The meaning of ὑπάρχειν is captured by Ada Bronowski: The Stoic Theory of Lekta, D.Phil. thesis Oxford 2010, 145: "'Ὑπάρχειν is the term which specifically designates the status of lekta when they are true, in virtue of the κατηγόρημα's being true of a body, attesting thus the particular ontological status facts have in Stoic ontology"; see also 148–50 on the occurrence of ὑπάρχον in the definition. Cf. Pierre Hadot: Vorgeschichte des Begriffes ‚Existenz' — ΥΠΑΡΧΕΙΝ bei den Stoikern, in: Archiv für Begriffsgeschichte 13 (1969), 115–127, at 126.
9 See Sedley: Zeno's Definition (as in n. 7), 138–139.
10 Cic. Luc. 77.

us as caused by the object in question.¹¹ Moreover, impressions are not mental images of the world which the perceiver can look at. Rather, they amount to an openness to the world, 'indicating in themselves also their object' to the perceiver; consider the following fragment:¹²

> φαντασία μὲν οὖν ἐστι πάθος ἐν τῇ ψυχῇ γιγνόμενον, ἐνδεικνύμενον ἐν αὐτῷ καὶ τὸ πεποιηκός· οἷον ἐπειδὰν δι' ὄψεως θεωρῶμεν τὸ λευκόν, ἔστι πάθος τὸ ἐγγεγενημένον διὰ τῆς ὁράσεως ἐν τῇ ψυχῇ. καὶ <κατὰ> τοῦτο τὸ πάθος εἰπεῖν ἔχομεν, ὅτι ὑπόκειται λευκὸν κινοῦν ἡμᾶς· ὁμοίως καὶ διὰ τῆς ἁφῆς καὶ τῆς ὀσφρήσεως. Εἴρηται δὲ ἡ φαντασία ἀπὸ τοῦ φωτός· καθάπερ γὰρ τὸ φῶς αὐτὸ δείκνυσι καὶ τὰ ἄλλα τὰ ἐν αὐτῷ περιεχόμενα, καὶ ἡ φαντασία δείκνυσιν ἑαυτὴν καὶ τὸ πεποιηκὸς αὐτήν.

> An impression is an affection occurring in the soul, which indicates in itself also its cause. Thus, when through sight we observe something white, the affection is what is engendered in the soul through vision; and it is this affection which enables us to say that there is a white object which activates us. Likewise when we perceive through touch and smell. The word 'impression' is derived from 'light'; just as light reveals itself and whatever else it includes in its range, so impression indicates itself and its cause (Transl. Long & Sedley, modified).

When Cicero renders the debate between Stoics and Academics into Latin, he does this, as I am arguing elsewhere,¹³ on the basis of an antecedent analysis of how the various philosophical positions about perceptual experiences map onto attitudes towards perception which are encoded into pre-philosophical Latin usage. A consequence of this is that passages which introduce Cicero's 'translation' for a technical Greek term would be misread if they were taken to mean that Cicero intended the two terms to correspond to each other in an uncomplicated way. Indeed, the Latin terms, which are frequently neologisms, are sometimes silently dropped immediately after their introduction in favour of different expressions.

Consider the following two passages:

---

11 On such arguments see Striker: Academics (as in n. 6), at 266–272; Casey Perin: Academic Arguments for the Indiscernibility Thesis, in: Pacific Philosophical Quarterly 86 (2005), 493–517. Cf. Cic. Luc. 40,58 for the distinction between a difference between impressions qua mental imprint or alteration and a difference which can be recognised by the perceiver.
12 Aet. plac. IV,12 = SVF 2,54 = LS 39B.
13 Tobias Reinhardt: To See and To Be Seen: on Vision and Perception in Lucretius and Cicero, in: Katharina Volk; Gareth D. Williams (eds.): Roman Reflections. Essays in Latin Philosophy, Oxford 2016, 63–90.

Si illud esset, sicut Zeno definiret, tale uisum (iam enim hoc pro φαντασία uerbum satis hesterno sermone triuimus).[14]

If the latter was as Zeno defined it – i.e., as an impression (by now we are sufficiently used to this word for phantasia from yesterday's discussion) (Transl. Brittain).

Alterum est quod negatis actionem ullius rei posse in eo esse qui nullam rem adsensu suo conprobet. Primum enim uideri oportet, in quo sit etiam adsensus (dicunt enim Stoici sensus ipsos adsensus esse, quos quoniam adpetitio consequatur actionem sequi) – tolli autem omnia si uisa tollantur.[15]

The second is your denial of the possibility of action of any kind by someone who fails to approve anything with assent. One must first have an impression, which itself involves assent. You see, the Stoics claim that our perceptions are themselves assents and that action follows them (because impulse results from them); hence, everything goes if <apprehensible> impressions go (Transl. Brittain; his emphasis).

The first passage informs us that *uisum* is Cicero's translation for the term φαντασία.[16] This seems straightforward, although we may wonder already here if *uisum* could not designate either the impression or the object which causes it, or indeed both. In the second passage the sense requires *uisa* to mean not just 'true impressions' but 'cataleptic impressions' (sc. a sub-class of true impressions).[17] This raises a number of questions, like whether it should surprise us that this shift in meaning is not more clearly marked, but also how exactly it is achieved given existing uses of *uideri*. In response to the latter, we can observe that in cases of prototypical (sc. veridical) seeing two claims are made at the same time: that there is an object within the ken of the perceiver on which she is focusing, and that the perceiver has a visual experience of this object. Put differently, in instances of veridical seeing objects in the world present themselves in the experience of the perceiver. Correspondingly, the term *uisum*, if construed with reference to prototypical *uidere*, refers to object perceived and visual experience had of it at the same time. Putting it like that may sound as if *uisum* in this sense is ambiguous in that it has two quite distinct referents, an object in

---

14 Cic. Luc. 18.
15 Cic. Luc. 108.
16 *Visum* was used before Cicero in the sense of 'appearance'; see OLD s.v. 1 and nn. 18 and 23 below.
17 See Cic. ac. 41: *quod autem erat sensu comprensum id ipsum sensum appellabat, et si ita erat comprensum ut conuelli ratione non posset scientiam*; Aet. plac. IV,8,12 and IV,9,4 = SVF 2,72 and 2,78.

the world and its mental representation,[18] but in fact the suggestion is that *uisa* in the sense at issue are so called because external objects present themselves in the experience of the perceiver. *Visum* in the sense of 'cataleptic impression' reflects a naive realist view of perception.

My contention is that the phrase *percipere uisum*, whereby *uisum* has the sense of 'cataleptic impression' in the way just described, has to be considered as the fundamental reference point in interpreting Cicero's account of the debate between Stoics and Academics. *Percipere uisum* so understood means to grasp the object and the impression it causes at the same time, by assenting to

---

18 *Visum* can have two distinct referents at the same time, but whether it should be so construed in a given case depends, or so I think, on complex factors, including the meaning of any verb whose grammatical object *uisum* is and the artistic intent (to use a term from the museum of literary criticism) of the author. This may be illustrated by two occurrences of *uisum* outside of a philosophical context. A case where the assumption of two referents feels necessary is Propertius 2,6,27–30 (P. is speaking of obscene wall paintings): *quae manus obscenas depinxit prima tabellas / et posuit casta turpia uisa domo / illa puellarum ingenuos corrupit ocellos / nequitiaeque suae noluit esse rudes* ("It was the artist who first painted lewd panels and set up indecent pictures in a virtuous house, who corrupted the innocent eyes of girls, refusing to leave them ignorant of his own depravity", transl. Goold). On first approach, *uisa* are the paintings *qua* object seen; this is suggested by *posuit (casta [...] domo)*. And yet, Paolo Fedeli: Properzio: Elegie, Libro II. Introduzione, testo e commento, Cambridge 2005 (Area 45), at 212 comments on the passage: "nel v. 28 *visa* non perde qui del tutto il senso proprio di 'apparizioni', 'visioni'", by which, I take it, he means that the paintings are not just tableaux on the wall: an indecent image must do more than be on display to have its corrupting force: it must register with the observer (this is arguably stated in lines 29–30). Here it would seem that both perspectives are required and are to be taken simultaneously. Contrast Dido's ill-omened sacrifice (Verg. Aen. 4,450–6): *tum uero infelix fatis exterrita Dido / mortem orat; taedet caeli conuexa tueri. / quo magis inceptum peragat lucemque relinquat, / uidit, turicremis cum dona imponeret aris, / (horrendum dictu) latices nigrescere sacros / fusaque in obscenum se uertere uina cruorem; / hoc uisum nulli, non ipsi effata sorori* ("Then it was that unhappy Dido prayed for her death. She had seen her destiny and was afraid. She could bear no longer to look up to the bowl of heaven, and her resolve to leave the light was strengthened when she was laying offerings on the incense-breathing altars and saw to her horror the consecrated milk go black and the wine, as she poured it, turn to filthy gore. She told nobody what she had seen, not even her sister", transl. West, modified). Here *uidit* initially suggests that we are dealing with an instance of prototypical seeing, while *uisum* raises at least the question whether Dido's imagination has in fact played a trick on her and she is hallucinating (in which case *uidit* would be seeing qua perceptual experience only); cf. Arthur Stanley Pease: *Publi Vergili Maronis Aeneidos Liber Quartus*, Cambridge, Ma. 1935, on 4,456: "Virgil may think of this *uisum* as an hallucination on the part of Dido." Here it is either one or the other, for the text is delicately balanced on the edge between the two possibilities, and its effect depends on the reader sharing Dido's uncertainty about what she has seen.

it.[19] This formulation is explicit on one important point which the corresponding Greek formulations do not convey: that in assenting to a cataleptic impression we acquire a secure hold of not just the object, but also of the impression it causes, in such a way that it is excluded that what we have actually assented to is an impression just like the one we took ourselves to assent to.[20] The phrase *percipere uisum* thus construed implies that the Stoic position is supposed to be immune to the charge of ἀπαραλλαξία.[21]

However, while *percipere uisum* in its archetypal sense is an elegant way of referring to the grasping of mind-independent facts through perception, Cicero may find himself in situations where he needs to talk about impressions or even cataleptic impressions qua mental items only, e.g. when he reports Zeno's definition (which is of a mental item, not of objects and the impressions caused by them at the same time), or when his focus is on our secure grasp of an impression as opposed to one just like it. In this case he may use expressions like *percipere uisum* and mean the grasping of a mental item only, without thereby implying or being committed to the view that such impressions do not represent objects in the world or are, in the case of cataleptic impressions, veridical and self-warranting representations of them. In general, ancient sceptics, Academics or Pyrrhonists, have been appropriately characterised as property sceptics, not external world sceptics: they do not take the step which later philosophers will take, of disputing that there is an external world beyond our consciousness, and instead query whether it is appropriately and accurately presented in our experience.[22] A passage which illustrates this is the following, in which the scep-

---

[19] See also section 2. of Reinhardt: To See and To Be Seen (as in n. 13).
[20] However, as Brittain: Cicero (as in n. 1), at xliii n. 84 notes, the later Stoic Hierocles (c. 2 AD) states that the apprehension (ἀντίληψις) of something white has to be coordinated with a perception (αἴσθησις) of oneself being whitened, which suggests that he took two cataleptic impressions to be involved in one's conscious perception of something white (Elements of Ethics VI,1–6); cf. Ilaria Ramelli; David Konstan: Hierocles the Stoic: Elements of Ethics, Fragments, and Excerpts, Atlanta 2009 (Writings from the Greco-Roman world 28), at 16 and 53.
[21] Whether the Stoic position was *originally* meant to be insulated against the kind of objection which was later formulated as the (various types of) argument from ἀπαραλλαξία is a separate question. Within the *Academica*, Cicero does not present the doctrine as one which has, in this respect, evolved over time. Julia Annas: Stoic Epistemology, in: Stephen Everson (ed.): Epistemology, Companions to Ancient Thought 1, Cambridge 1990, 184–203, argues that the Stoic position was originally indeterminate regarding an awareness requirement being placed on one's self-warrantingly true perceptions and was forced into an externalist position – one which does without an awareness requirement – by the considerations from ἀπαραλλαξία.
[22] See Myles Burnyeat: Idealism and Greek Philosophy: What Descartes Saw and Berkeley Missed, in: Philosophical Review 91 (1982), 3–40; Michael Frede: A Medieval Source of Modern

tic refuses to ascribe a particular colour to the sea, but has no hesitation to refer to the sea with a deictic pronoun (*illud*):[23]

> Mare illud, quod nunc Fauonio nascente purpureum uidetur, idem huic nostro uidebitur, nec tamen adsentietur, quia nobismet ipsis modo caeruleum uidebatur mane rauum [...].
>
> This stretch of sea, which now looks dark as the west wind gets up, will look the same to our wise person. Yet he won't assent <to this impression>, because it looked green to use a moment ago, and it will look gray in the morning [...] (transl. Brittain).

Scepticism, in: Regina Claussen; Roland Daube-Schackat (eds.): Gedankenzeichen. Festschrift für Klaus Oehler zum 60. Geburtstag, Tübingen 1988, 65–70; contrast Gail Fine: Sextus and External World Scepticism, in: Oxford Studies in Ancient Philosophy 23 (2003), 341–385. In saying that ancient sceptics are not external world sceptics, I intend to make a comment on the evidence we have. If a sceptic had found himself in a suitable dialectical situation, it is likely that he would have argued against the existence of a world external to our minds.

23 Cic. Luc. 105. It seems safe to exclude the possibility that in this passage the object – the sea – is itself meant to be taken as a mind-dependent component of the perceptual experience of the Academic sage at that moment, because of the communicative situation (the speaker invites the addressee to share focus). But it will be as well to note that the mere presence of deictic and other spatial expressions does not by itself establish the reference to the outside world (cf. also OLD s.v. *uideo* no. 3a: "[emphasizing the presence of the obj. of the vb.] To see; [also indicating the presence of the subj. in the locality of the obj.]"). When we read, of Hector's dream appearance to Aeneas, in Verg. Aen. 2,270–273: *in somnis ecce ante oculos maestissimus Hector / uisus adesse mihi largosque effundere fletus, / raptatus bigis ut quondam aterque cruento / puluere perque pedes traiectus lora tumentis* ("in slumbers, I dreamed that Hector, most sorrowful and shedding floods of tears, stood before my eyes, torn by the car, as once of old, and black with gory dust, his swollen feet pierced with thongs", transl. Fairclough/Goold), the phrase *ante oculos* should give us pause. It seems unsatisfactory to explain it with the rigid conventions of epic language, which supposedly allow for the paradoxical inclusion of *ante oculos* just because it is conventional, even in cases where there is nothing there to be seen *ante oculos* and any eyes are, one would think, closed. It seems preferable to think that *ante oculos* characterises the subjective feel of the dream appearance – it is *as if* Hector was before Aeneas' eyes. Contrast Verg. Aen. 2,772–773: *infelix simulacrum atque ipsius umbra Creusae / uisa mihi ante oculos et nota maior imago* ("there rose before my eyes the sad phantom and ghost of Creüsa herself, a form larger than her wont", transl. Fairclough/Goold), where real seeing takes place and where there is something *ante oculos*, but it is a *simulacrum*. See also Marie-Dominique Joffre: Les conditions morphosyntaxiques de l'ambiguïté volontaire – l'emploi de *videor* dans les chants II et III de l'Énéide, in: Louis Basset; Frédérique Biville (eds.): Les jeux et les ruses de l'ambiguïté volontaire dans les textes grecs et latins. Actes de la table ronde organisée à la Faculté des Lettres de l'Université Lumière Lyon 2 (23–24 novembre 2000), Lyon 2005 (Collection de la Maison de l'Orient et de la Méditerranée 33), 91–99, at 96–97.

There are, however, two passages which need to be explained if we are to contend plausibly that Cicero's terminological choices in this area are the result of careful deliberation and acute analysis rather than the combined product of an insufficient understanding of the issues and hasty production. In these two passages Cicero introduces a Greek term (καταληπτόν), but gives an explanation of its reference which is at variance with the Greek record.

One of these is *Lucullus* 18, to be discussed below. The other is *Academicus Primus* 40–42, where Varro, in an account of the history of philosophy from Socrates to the Stoics, explains the modifications which Zeno made to the epistemology of the *ueteres*:

> "Plurima autem in illa tertia philosophiae parte mutauit. in qua primum de sensibus ipsis quaedam dixit noua, quos iunctos esse censuit e quadam quasi impulsione oblata extrinsecus – quam ille φαντασίαν nos uisum appellemus licet, et teramus hoc quidem uerbum, erit enim utendum in reliquo sermone saepius – sed ad haec quae uisa sunt et quasi accepta sensibus assensionem adiungit animorum, quam esse uult in nobis positam et uoluntariam. (41) uisis non omnibus adiungebat fidem sed is solum quae propriam quandam haberent declarationem earum rerum quae uiderentur; id autem uisum cum ipsum per se cerneretur, comprehendibile – feretis haec?"
>
> ATT. "nos uero" inquit; "quonam enim alio modo καταληπτὸν diceres?"
>
> VA. "Sed cum acceptum iam et approbatum esset, comprehensionem appellabat, similem is rebus quae manu prenderentur; ex quo etiam nomen hoc duxerat [at] cum eo uerbo antea nemo tali in re usus esset, plurimisque idem nouis uerbis (noua enim dicebat) usus est. Quod autem erat sensu comprensum id ipsum sensum appellabat, et si ita erat comprensum ut conuelli ratione non posset scientiam, sin aliter inscientiam nominabat; ex qua existebat etiam opinio, quae esset imbecilla et cum falso incognitoque communis. (42) sed inter scientiam et inscientiam comprehensionem illam quam dixi collocabat, eamque neque in rectis neque in prauis numerabat, sed soli credendum esse dicebat. E quo sensibus etiam fidem tribuebat, quod ut supra dixi comprehensio facta sensibus et uera esse illi et fidelis uidebatur, non quod omnia quae essent in re comprehenderet, sed quia nihil quod cadere in eam posset relinqueret, quodque natura quasi normam scientiae et principium sui dedisset unde postea notiones rerum in animis imprimerentur; e quibus non principia solum sed latiores quaedam ad rationem inueniendam uiae reperiuntur. errorem autem et temeritatem et ignorantiam et opinationem et suspicionem et uno nomine omnia quae essent aliena firmae et constantis assensionis a uirtute sapientiaque remouebat."

> But he changed very many things in the third part of philosophy. There he first of all said something new about the senses themselves, which he regarded as conjoined from, on the one hand, a kind of impact on the mind from the outside – he called this phantasia, and we can may call it *uisum*, 'impression'; and let us hang on to this term, for there will be further occasions to use it in the rest of our conversation – but to the impressions which have, as it were, been picked up by the senses he added the assent of the mind, which he wants to reside with us and be subject to our will. (41) He did not extend credibility to all impressions but only to those which have a certain, peculiar way of revealing those things

of which they are impressions; but such an impression, if you consider it just by itself, is apprehensible – do you think you understand?
Atticus replied: Yes – for how else could one say καταληπτόν in Latin?
Varro: But once it has been accepted and approved, he called it 'apprehension', similar to those things which are grasped with a hand: from this he also drew the term because nobody had used this word previously of this subject, and in general he used very many new words (for what he was saying was new). But that which had been apprehended by sense perception, that he called sense perception itself, and if it was so firmly grasped that it could not be dislodged by argument, scientific knowledge, otherwise ignorance; from the latter stemmed also opinion, which he regarded as a weak state and shared with false and unknown impressions. (42) But between scientific knowledge and ignorance he placed apprehension (which I mentioned above), and apprehension counted neither among what is good nor among what is bad, and said it alone was deserving of our trust. It was because of the apprehension that he placed trust in the senses, because, as I said above, an apprehension which arose from the senses seemed to him to be true and reliable, not because it grasped everything that was in an object, but because it omitted nothing which could fall under it, and because nature had given apprehension as a standard for scientific knowledge and as a starting point. It was also the source from which later our conceptions would be stamped on the mind; from these not just the starting points but also the broader pathways towards the establishment of discursive knowledge are found. But error, rashness, ignorance, mere opining, supposition, and in a word everything that is alien to firm and solid assent he removed from virtue and wisdom.

What is in need of explanation in this passage, in general and also given what I have said above, is that Cicero says that an impression of the kind which he has just introduced (a cataleptic impression, sc. a mental item), considered by itself, i.e. before it has been assented to, is to be called *comprehendibile*, 'that which can be grasped'.[24] In reply to the question if this was tolerable, Atticus asks how else one is supposed to render καταληπτόν. Cicero's translation of the Greek term is correct as far as the sense of the term is concerned, but he applies it to (cataleptic) impressions rather than objects in the world, and in a context where we would expect him to introduce impressions which are capable of grasping sc. objects in the world (i.e. καταληπτικαὶ φαντασίαι).

I had explained above that *percipere uisum*, where *uisum* is used for 'cataleptic impression', means 'to grasp an external object by means (or: in) an impression'. That this conception of what it means to have a cataleptic impression is in the background in our passage, too, is suggested by a rather inconspicuous detail: *comprehensio* (=κατάληψις), the deverbative noun of a synonym of *per-*

---

[24] The context precludes the possibility that *comprehendibilis* is instrumental/active in meaning; see Manu Leumann: Lateinische Laut- und Formenlehre, Munich 1977 (Handbuch der Altertumswissenschaft 2,2,1), at 348–349 for this option in principle.

cipere, is used in a passive sense ([41] *comprehensionem appellabat, similem is rebus quae manu prenderentur*), i.e. the mental item which is grasped, and in an active sense (*comprehensio facta sensibus et uera esse illi et fidelis uidebatur, non quod omnia quae essent in re comprehenderet* [...]), i.e. the mental item which grasps.[25] (That in the latter case *comprehenderet* features in a nega-ted clause introducing a rejected reason seems unproblematic, since what is rejected is the notion that a *comprehensio* grasps all features of the object as opposed to salient ones.) The presence of the double perspective on grasping in our passage tells against a simple mistake on Cicero's part, because he does even here show awareness that the καταλήψεις resulting from cataleptic impressions are held to grasp objects.

Given that there was no confusion in Cicero's mind as to how the notion of grasping relates to impressions in Stoic thought, his use of καταληπτόν with reference to an impression must have struck him as not problematic. Three possible reasons for this are the following. First, the terminological cluster centering on καταλαμβάνειν became, already in the Hellenistic period, common currency in philosophical debate generally and was used in ways which represented a deviation from their original Stoic usage. The Cyrenaics held that the only thing we can be certain of are our bodily affections as opposed to representational states like impressions, and in the Greek sources this position is reported as the view that only these affections can be grasped;[26] Cicero was familiar with the Cyrenaic position, as is clear from references to it in the *Academica*.[27] Second, the debates about ἀπαραλλαξία mentioned above, which postdate the formulation of the definition of the cataleptic impression of course, at times created the need to claim that one was undergoing an impression A as opposed to an impression B which was exactly like it in every respect,[28] and it seems conceivable that this was expressed in Greek as 'grasping an impression A',

---

25 This is recognised by the OLD s.v. *compr(eh)ensio* no. 5a and b, but not by the ThLL. The shift between grasping an object (of some sort) with the mind and grasping the mental item corresponding to an object is anticipated in the Rhetorica ad Herennium: contrast 2,30: *res breuis est, ut facile memoria comprehendatur*, and 3,20,33: *rei* [...] *memoriam* [...] *una nota et imagine simplici comprehendimus*. See Mario Puelma: Die Rezeption der Fachsprache griechischer Philosophie im Lateinischen, in: Freiburger Zeitschrift für Philosophie und Theologie 33 (1986), 45–69, at 55 n. 20.
26 See Voula Tsouna: The Epistemology of the Cyrenaic School, Cambridge 1998, 30–61, esp. 32 n. 2.
27 E.g., Cic. Luc. 142.
28 See above, n. 11. Impressions can conceivably be different from one another *qua* alterations of the ἡγεμονικόν and yet be identical regarding their phenomenal content.

even if no such formulation is attested. Third, the Stoic view is that we have impressions which reveal themselves and their object, while we assent to impressions not objects represented by them. If one does not conceive of the possibility that there might be no world external to ourselves at all, as nobody in classical antiquity did (see above), then saying that one grasps an impression, used as a shorthand for grasping an object by means of an impression, would not sound like 'being certain about the content of one's perceptual beliefs qua subjective states only' as it does to the modern reader, conditioned as we are through brain-in-the-vat scenarios and the like.[29]

It also seems relevant that Cicero, had he wanted to render καταληπτικός, would have encountered various problems. One is the absence of an active verbal adjective meaning 'capable of φ-ing' in Latin. A *uisum comprehendens* would have meant an impression which actually grasps as opposed to being able to, and thus might at best have been suitable as a rendering of κατάληψις, for which, as we saw, Cicero uses deverbative *nomina actionis* matching the Greek term morphologically. A phrasal term involving a clause, like *uisum quod comprehendere potest*, would have sat uncomfortably with the archetypal *percipere uisum*: the potential for misunderstanding that objects perceived can grasp would have been too great. *Visum quod comprehendere potest* would also have run into the problem that *uisum* had an established sense of 'apparition' before Cicero.[30] So the ridiculous notion of ghosts being able to seize things would not have been far off, and we remember in this connection that Cicero himself made fun of the Epicurean Catius who rendered the term εἴδωλον as *spectra*, which is the origin of English 'spectre' and is likely to have evoked the association with 'ghost' already in Cicero's time.[31]

In Augustine's works we find the notion that we can have secure knowledge only of three kinds of truths, such that nobody can confuse them through some

---

29 This also answers the question why Cicero used Greek terms at all if he knew his application of the term to impressions to be a deviant one: he did not take this view, as is also suggested by the fact that Cicero has Atticus supply the Greek term καταληπτόν in dialogue.
30 It is due to the accidents of survival that chronologically the earliest instances of *uisum* come from Cicero; cf. Verg. Aen. 4,450–456 (as in n. 18), which surely is not evidence for the early reception of the Academica.
31 See Cic. fam. 15,16,1–2 (with the reply by Cassius, 15,19,1): I am assuming that Cicero's point that it was unlikely that *spectra* were in our power (so that they can be summoned at will) combines substantial philosophical criticism with a joke (*in meane potestate ut sit spectrum tuum, ut, simul ac mihi collibitum sit de te cogitare, illud occurrat?*). See also Reinhardt: The Language of Epicureanism in Cicero, in: Tobias Reinhardt; Michael Lapidge; James Noel Adams (eds.): Aspects of the Language of Latin Prose, Oxford 2005, 151–177, at 156.

similarity with what is false (*Contra Academicos* 3,10,23: *nec similitudine aliqua falsi ea quisquam potest confundere*):[32] logical truths ('There is one world or there is not'), mathematical truths ('Three times three is nine'), and reports of immediate experience ('This tastes pleasant to me').[33] The similarity with the third clause of Zeno's definition of the cataleptic impression is not accidental. We also find traces of a notion that our cognitive reach is restricted to the mental, which was to prove an influential one in the history of philosophy down to the present day. Both notions can arguably be linked to Augustine's engagement with Cicero's *Academica*, and to Cicero's speaking of grasping *uisa* as opposed to grasping objects through or by means of impressions. In this section I want to look at the linguistic mechanics which enable this philosophical development, without suggesting that the latter can be reduced to the former.

As is well recognised, it is part of Augustine's wider philosophical agenda in *Contra Academicos* to reject Ciceronian scepticism so as to be able to claim that faith is a necessary condition for attaining knowledge. This explains Augustine's initially paradoxical engagement with Zeno's definition of the cataleptic impression: he characterises his three types of defensible knowledge claims in terms derived from Cicero's renderings of Zeno's definition, while rejecting the possibility of perceptual experience affording knowledge of states of affairs in the world.

The following three texts from Cicero, Augustine, and again Cicero illustrate how Augustine can do this:

(i) Cum enim ita negaret quicquam esse quod comprehendi posset (id enim uolumus esse καταληπτόν[34]), si illud esset, sicut Zeno definiret, tale uisum (iam enim hoc pro φαντασία

---

32 Similar passages are listed by Blake D. Dutton: Augustine, Academic Scepticism, and Zeno's Definition, in: Augustiniana 53 (2003), 7–30, at 24.

33 The three examples, taken from c. acad. 3,10,23–11,26, e.g. in Gareth B. Matthews: Knowledge and Illumination, in: Eleonore Stump; Norman Kretzmann (eds.): The Cambridge Companion to Augustine, Cambridge 2001, 171–184, at 172.

34 So the Aldina and Turnebus. Most editors print ἀκατάληπτόν (thus Reid, Plasberg, Schäublin following the manuscripts, which are, however, a rough guide at best on Greek words), citing *negaret* as the reason why the negative Greek term was needed here. However, Cicero would have written something like *diceret nihil esse quod comprehendi posset* if an assertion made by Philo that everything was non-apprehensible was at issue here. This conclusion is only reached towards the end of the extract (*nihil posse comprehendi*), while Philo's intervention is presented as a rejoinder to Zeno's definition. The Greek term is clearly meant to correspond to *quicquam esse quod comprehendi posset* only. Independently, ac. 1,41 discussed above points to the same conclusion. Luc. 18, like ac. 1,41, gives the impression that it introduces the term.

uerbum satis hesterno sermone triuimus) – (ii) uisum igitur impressum effictumque ex eo, unde esset, quale esse non posset, ex eo, unde non esset (id nos a Zenone definitum rectissime dicimus: qui enim potest quicquam comprehendi, ut plane confidas perceptum id cognitumque esse, quod est tale, quale uel falsum esset possit?) – hoc cum infirmat tollitque Philo, iudicium tollit incogniti et cogniti, ex quo efficitur nihil posse comprehendi.[35]

For when he denied that there was anything that could be grasped (this we want to be our rendering of καταληπτόν), if this [*illud* referring back to *quicquam* [...] *quod comprehendi posset*] was, as Zeno defined, such an impression (for we had used this word – *uisum* – already for φαντασία yesterday) – namely, an impression imprinted and moulded from that (object) from which it derived, of such a nature that it could not be as it is if it derived from an object from which it did not derive (we say that this definition of Zeno's is entirely correct: for how could anything be grasped, in such a way that you have complete confidence that it has been apprehended and cognised, which was of such a nature that it could also be false?) – by weakening and removing this proviso, Philo removes the ability to distinguish between what is cognised and what is not, which yields that nothing can be grasped.

Et omnia incerta esse non dicebant solum, uerum etiam copiosissimis rationibus affirmabant. (i) Sed uerum non posse comprehendi ex illa Stoici Zenonis definitione arripuisse uidebantur, qui ait id uerum percipi posse, (ii) quod ita esset animo impressum ex eo unde esset, ut esse non posset ex eo unde non esset. Quod breuius planiusque sic dicitur, his signis uerum posse comprehendi, quae signa non potest habere quod falsum est. Hoc prorsus non posse inueniri, uehementissime ut conuincerent incubuerunt. Inde dissensiones philosophorum, inde sensuum fallaciae, inde somnia furoresque, inde pseudomeni et soritae in illius causae patrocinio uiguerunt. Et cum ab eodem Zenone accepissent, nihil esse turpius quam opinari, confecerunt callidissime, ut si nihil percipi posset, et esset opinatio turpissima, nihil umquam sapiens approbaret.[36]

And that everything is uncertain they not just asserted, but also supported with numerous arguments. But that the true could not be grasped they seemed to obtain from that definition of the Stoic Zeno, who said that true item could be apprehended[37] which was imprintted on the mind by that from which it derived in such a way that it could not have arisen from that from which it did not derive. This can be said more crisply and plainly in the following way: that the true can be grasped due to those marks which that which is false cannot have. And that could not be found, as they were at great pains to convince everyone of. Accordingly, in support of this cause of theirs they stressed the disagreements of philosophers, the errors of the senses, dreams and perturbed mental states, and fallacies and sophisms. And because they accepted the claim of the same Zeno that nothing was more objectionable than opining, they brought it about very cleverly that, if nothing can

---

35 Cic. Luc. 18.
36 Aug. c. acad. 2,5,11.
37 See below on the question of whether *uerum* is an attribute or a complement.

be grasped and if opining was most objectionable, then the sage would never assent to anything.

(Arcesilaus) quaesiuit de Zenone fortasse quid futurum esset si nec percipere quicquam posset sapiens nec opinari sapientis esset. ille, credo, nihil opinaturum, quoniam esset, quod percipi posset. quid ergo id esset. 'uisum', credo. 'quale igitur uisum?' tum illum ita definisse: ex eo quod esset sicut esset impressum et signatum et effictum. post requisitum etiamne si eius modi esset uisum uerum quale uel falsum. hic Zenonem uidisse acute nullum esse uisum quod percipi posset, si id tale esset ab eo quod est cuius modi ab eo quod non est posset esse. recte consensit Arcesilas ad definitionem additum, neque enim falsum percipi posse neque uerum si esset tale quale uel falsum; incubuit autem in eas disputationes ut doceret nullum tale esse uisum a uero ut non eiusdem modi etiam a falso possit esse.[38]

Arcesilaus asked Zeno, as we may assume, what would happen if the sage was not able to grasp anything and if the sage was not supposed to opine. Zeno, I suppose, replied that the sage would not opine, because there was something which could be grasped. 'Namely?' asked Zeno. 'An impression' was, I believe, the answer. 'And what kind of impression?' Then Zeno defined it as follows: an impression which was imprinted, stamped, and moulded from that which is, in such a way as it is. The next question turned on whether this was so, too, in a case where the true impression was such that it could also be false. Here Zeno saw clearly that there could be no impression which can be grasped if it derives from what is in such a way that it could also derive from that which is not. Arcesilaus agreed that it was right (for Zeno) to make an addition to the definition, for neither what is false nor what is true could be securely grasped if the latter was of such a quality as the former, but he devoted particular effort to these debates in order to show that there was no impression from something true which could not have the same quality and derive from something false.

Contra Academicos 2,5,11 is the first passage in that work where Zeno's definition occurs. It cannot be ruled out that Augustine used the second edition of the *Academica* as a point of reference here, but if he did, the substantial similarities between *Lucullus* 18 and *Contra Academicos* 2,5,11, down to the grammatical lay-out of the sentences introducing the definition (highlighted through small Roman numerals above), suggest that, as far as this passage is concerned, there was very little recasting between Cicero's first and second edition.

Fuhrer has shown that the apparent shift from *uisum* to *uerum* in *Lucullus* 18 and *Contra Academicos* 2,5,11, respectively,[39] requires an explanation, and has

---

38 Cic. Luc. 77.
39 See Therese Fuhrer: Das Kriterium der Wahrheit in Augustins ‚Contra Academicos', in: Vigiliae Christianae 46 (1992), 257–275, at 257–265; Fuhrer: Augustin, Contra Academicos (vel De Academicis), Bücher 2 und 3, Berlin/New York 1997 (Patristische Texte und Studien 46), 151–153.

suspected Augustine of advancing his own agenda by manipulating the Ciceronian model and replacing one term with the other. Augustine does indeed advance his own agenda here (which is to obtain from Zeno's definition as formulated by Cicero the insight that only truths can be grasped, and to interpret — in a second step — these truths as something other than perceptual representations of the external world), but he does it not by a sleight of hand, but by an acute reading of Cicero's text.[40] As I noted above, the correct interpretation of Zeno's definition must be that veridicality is established through the first not the second clause. Cicero does rather elegantly capture this point in *Lucullus* 77 (*ex eo quod esset sicut esset*), the second passage in *Lucullus* where he talks about Zeno's definition at some length, while he fails to translate the first clause of Zeno's definition in *Lucullus* 18 in such a way that it establishes the truth of the impression as opposed to its causal origin in an actually existing object, as already Reid noted.[41] What Augustine does, then, is correct or at least clarify what Cicero says in *Lucullus* 18 through reference to *Lucullus* 77. (That *Contra Academicos* 2,5,11 draws on more than one Ciceronian passage is also clear from the reference to *signa* immediately following, on which see below.) If according to *Lucullus* 77 a cataleptic impression is a true impression (sc. true in virtue of the fact that it derives from an actually obtaining state of affairs, obtaining in virtue of a predicate being true of an object) which meets further conditions, then it is no misrepresentation to say (in *Contra Academicos* 2,5,11) that according to Zeno we grasp the truth by grasping a particular truth which meets further conditions, bearing in mind that impressions and what exactly they are have at this point not yet featured in *Contra Academicos*.

Fuhrer renders *uerum* or *id uerum* in *Contra Academicos* 2,5,11 as 'true object' ('wahres Objekt').[42] This would seem to amount to two different claims about this passage: that *id* or *id uerum*[43] refers to the object of perception (i.e. to

---

40 While we have no reason to believe that Augustine had any access to the Greek background or would have been able to make use of it, we have every reason to think that he was a highly sophisticated reader of Cicero, well able to make the kind of intra-textual connection which I am about to posit.
41 James S. Reid: M. Tulli Ciceronis Academica, London 1885, 195.
42 Fuhrer: Augustin (as in n. 39), 151; Fuhrer: Kriterium (as in n. 39), 264.
43 Fuhrer considers the possibility that *uerum* in *id uerum* is a complement not an attribute. The context makes it clear that regarding something as 'true' which may be 'false' (however either term is interpreted) is not at issue, and since *id uerum percipere* cannot be interpreted as object, complement, and verb with *percipere* being factive (so as to mean 'to grasp that which is true as true'), *uerum* must be an attribute. (On factive verbs see Paul Kiparsky; Carol Kiparsky: Fact, in: Manfred Bierwisch; Karl Erich Heidolph [eds.]: Progress in Linguistics. A

an external object), and that *uerum* means 'actually underlying' ('tatsächlich zugrundeliegend'), of a particular object.[44] However, other details of the passage preclude the possibility that *id (uerum)* refers to an object perceived and that *uerum* means 'actually underlying' here. The way in which the sentence continues makes it clear that a truth imprinted on the mind by the object (*animo impressum ex eo unde esset*) is at issue, which forces the reader to interpret the truth in question as a mental item even in the absence of the term *uisum*, which Augustine only introduces later. (We must remember here that the readership presupposed by *Contra Academicos* was in all likelihood not expected to make sense of Augustine's text by reading it against Cicero's *Academica*.) That truths are said to be marked out by *signa* points in the same direction, since in the *Academica* Cicero speaks of the signs of cataleptic impressions as marks of their catalepticity (e.g. *Lucullus* 111: *signum*, 110: *nota*).

My interpretation, which assumes no shift between object perceived and experience had within 2,5,11, also makes it easier to understand how Augustine can later switch from *uerum percipere* to expressions like *ueritatem percipere* (e.g. *Contra Academicos* 2,6,14; 2,9,22; 3,3,5) in relevantly similar contexts, which would otherwise be a dubious move.[45]

Contra Academicos 3,9,21 offers a proof that the conditions set by the Zenonian definition can be met; I quote the beginning of the section:

> Tamen quod Zeno definiuit, quantum stulti possumus, discutiamus. Id uisum ait posse comprehendi, quod sic appareret, ut falsum apparere non posset. Manifestum est nihil aliud in perceptionem uenire. Hoc et ego, inquit Archesilas, uideo, et hoc ipso doceo nihil percipi. Non enim tale aliquid inueniri potest. Fortasse abs te atque ab aliis stultis; at a sapiente cur non potest? Quamquam et ipsi stulto nihil responderi posse arbitror, si tibi dicat ut illo memorabili acumine tuo hanc ipsam Zenonis definitionem refellas, et ostendas eam etiam falsam esse posse; (A) quod si non potueris, hanc ipsam quam percipias habes, (B) si autem refelleris, unde a percipiendo impediaris non habes. Ego eam refelli posse non uideo et omnino uerissimam iudico. Itaque cum eam scio, quamuis sim stultus, nonnihil scio.

---

collection of papers, The Hague/Paris 1970 [Ianua linguarum, Series maior 43], 143–173; on factive attitudes see Timothy Williamson: Knowledge and Its Limits, Oxford 2000, at 5–8 and 21–38.) This is in line with the Ciceronian use of *percipere*, which is itself modelled on καταλαμβάνειν in this respect (but note the deviant use in Cic. Luc. 77: *neque enim falsum percipi posse neque uerum si esset tale quale uel falsum*; contrast, e.g., Luc. 83: *e quibus primum est, esse aliquod falsum uisum; secundum, non posse id percipi*).

44 Fuhrer: Augustin (as in n. 39), at 151 cites Cic. Luc. 77 and 112, passages where to my mind *uerum* renders τὸ ὑπάρχον in the sense explained above.

45 For these passages see Fuhrer: Kriterium (as in n. 39), 265.

But let us discuss what Zeno has defined, as far as stupid people like us are able to. He said that *uisum* can be grasped which appears in such a way as a falsehood cannot appear. It is clear that nothing else enters into perception. 'That I see, too', said Arcesilaus, 'and for that reason I teach that nothing can be perceived. For no such thing can be found.' Maybe not by you and by other stupid people, but why can a sage not find it? I for one think that nothing can be said in reply to a stupid person if he tells you that you, with your famous acumen, should refute that very definition of Zeno's, and should show that it, too, can be false. (A) If you can't do this, you will have one thing that you do perceive – the definition itself, (B) but if you do refute it, you have nothing that would prevent you from perceiving. I do not see that it can be refuted and regard it as wholly true. Therefore, when I do know that definition, even though I am stupid, I know something.

Two passages after 2,5,11 resume the Zenonian definition in some detail, 3,9,18 and 3,9,21. Both feature *uisum* in the position where 2,5,11 had *uerum*. In order to read 3,9,21 coherently with 2,5,11, we need to assume that *uisum* here means 'that which has appeared truly' as opposed to 'that which has appeared (whether truly or not)' – Augustine takes Zeno to claim that humans can grasp true items of a certain kind (namely necessarily true items). *Vt falsum apparere non posset* means '(in such a way) as the false cannot appear', not '(in such a way) that the *uisum* cannot appear false', i.e. *sic* [...] *ut* must mean 'in such a way as', and *falsum* must be the grammatical subject of the clause in which it features. This is suggested by 3,9,18, where the formulation is: *tale scilicet uisum comprehendi et percipi posse, quale cum falso non haberet signa communia*. In this sentence *tale* [...] *quale* favours reading *sic* [...] *ut* in 3,9,21 as 'in such a way as', and the *uisum* is said to share, as a matter of fact, no mark with the false, as opposed to not appearing false. Appearance of truth would be a property which true and (some) false *uisa* share; Augustine is concerned with the kind of appearance only true *uisa* can have. A similar argument could be made from 2,5,11.

In the rest of the extract, the definition is then argued for and taken to be one instance of something one can know (*itaque cum eam scio, quamuis sim stultus, nonnihil scio*), i.e. one instance of a *uisum* that one can grasp. In this paragraph *uisum* has completed its journey to the sense 'that which has appeared truly' as an unambiguously subjective state, as opposed to the Ciceronian instances of *uisum* as a referential mental state *qua* mental state. A little later (3,11,26) Augustine will expand on knowledge of subjective states in virtue of the fact that they are subjective states.

And when in 3,11,24 Augustine comes to designate the whole of our subjective experience as 'quasi-world' (*quasi terra*) which we can 'see' even while asleep (3,11,25: *Etiamne, inquies, si dormis, mundus est iste quem uides? Iam dictum est, quidquid tale mihi uidetur, mundum appello*), then we can contrast this with *Lucullus* 105 above, where the deictic pronoun in *mare illud* is an invitation by the speaker, extended to the listeners, to consider something in the external world, about whose colour we cannot be certain, but whose existence we naturally assume.

Cicero's talking about the grasping of *uisa* as opposed to objects enabled the emergence of Augustine's quasi-world in which sceptical (and other) scenarios continue to be played out in contemporary epistemology and philosophy of mind.

VII. Argumentationstechniken für eine Philosophie als Therapie: Cicero und Seneca im Vergleich

Argumentation als Trost

Bemerkungen über Ciceros Tusculanen, Buch I

Fosca Mariani Zini

1 Einleitung: der Anwalt und der Arzt

Kann uns die Philosophie als Therapie der Seele sowohl von der Todesangst, vom körperlichen und geistigen Schmerz als auch von den Leidenschaften befreien?

Die *Tusculanae disputationes* bestehen scheinbar aus einem Gespräch unter Freunden in Ciceros Villa in Tusculum. Tatsächlich handelt es sich um einen Dialog mit sich selbst, der als innerer Konflikt verstanden wird.[1] Der Kontext dieser Auseinandersetzung ist somit das Theater des Bewusstseins:[2]

> Quin etiam mihi quidem laudabiliora uidentur omnia, quae sine uenditatione et sine populo teste fiunt, non quo fugiendus sit (omnia enim bene facta in luce se conlocari uolunt), sed tamen nullum theatrum uirtuti conscientia maius est.

> Mir scheint jedenfalls all das lobenswerter, was ohne Zurschaustellung und ohne Dabeisein des ganzen Volkes geschieht, nicht als ob man das fliehen müsste – denn alle edlen Taten wollen im Lichte erscheinen –, aber dennoch ist keine Bühne größer für die Tugend als das eigene Bewusstsein.

Diese innere Zerrissenheit betrifft jedoch nicht nur das Verhältnis von Leidenschaft und Vernunft, sondern sie bezieht sich vielmehr auf die widersprüchlichen Thesen, die über den Tod, die Angst, den Schmerz und die Leidenschaften vertreten werden können. Die kontradiktorische Natur der Leidenschaften sowie der Meinungen, die nicht übereinstimmen, entspricht genau der Uneinigkeit mit sich selbst, worin die Krankheit der Seele besteht. Die Leidenschaften

---

[1] Vgl. Margaret Graver: Cicero on the Emotions. Tusculan Disputations 3 and 4, Chicago/London 2002; Ingo Gildenhard: Paideia Romana. Cicero's Tusculan Disputations, Cambridge 2007.
[2] Cic. Tusc. 2,64. Übersetzung von Olof Gigon: Gespräche in Tusculum, Zürich/München 1991, S. 135.

sind aber vorübergehend, während die Fehlerhaftigkeit der Meinungen ein dauernder Zustand sein kann. In jedem Fall gilt:[3]

> Sed in animo tantum modo cogitatione possumus morbum ab aegrotatione seiungere; uitiositas autem est habitus aut adfectio in tota uita inconstans et a se ipsa dissentiens. Ita fit ut in altera corruptione opinionum morbus efficiatur et aegrotatio, in altera inconstantia et repugnantia.

> Bei der Seele können wir nun begrifflich die Krankheit vor der Kränklichkeit unterscheiden. Die Fehlerhaftigkeit dagegen ist ein Zustand und eine Eigenschaft, die den ganzen Lebenswandel unbeständig und in sich uneins macht. So entsteht aus einer bestimmten Verderbnis der Meinungen die Krankheit und Kränklichkeit, aus einer anderen die Unbeständigkeit und Widersprüchlichkeit.

Folglich besteht die Gesundheit der Seele in der Gleichmäßigkeit der Teile, aus denen sie zusammengesetzt ist. Wobei Gleichmäßigkeit hier meint, was Cicero *temperatio* (Tüchtigkeit) der Seele nennt, welche gegeben ist, „wenn ihre Urteile und Meinungen miteinander übereinstimmen".[4] Da die Zerrissenheit nicht nur in der Unvereinbarkeit der Leidenschaften, sondern auch in der Widersprüchlichkeit der Meinungen besteht, ist das unendliche Untersuchen der Skeptiker manchmal vom Schmerz geprägt. Obwohl man Cicero oft als Rhetoriker bezeichnet, hat er sich selbst immer zur „akademischen" Philosophie bekannt, die dem sokratischen Zweifel treu bleiben wollte. Das antidogmatische Verfahren der *Academia* (d.h. die Argumentation *in utramque partem*) führt daher dazu, jedes endgültige Urteil in Klammern zu setzen oder, genauer gesagt, seine Zustimmung zu suspendieren (*epoche*), um die Untersuchung fortsetzen zu können. Man kann sich zu Recht fragen, bis zu welchem Punkt der Skeptiker seinen Skeptizismus leben könne, oder anders gesagt, ob er im Ernst skeptisch sein könne. Nun erkennt Cicero, dass Pyrrhon streng die Folgen des methodischen Skeptizismus entwickelt hat, die in eine vollständige Aphasie münden.[5] Daher lehnt er einen solchen radikalen Skeptizismus ab und zieht die sokratische skeptische Methode vor. Auf den Einwand, dass keine pragmatische Entscheidung auf diese Weise getroffen werden könne, erwiderten die Akademiker, dass das pragmatische Leben keine Sicherheit fordert, sondern nur einen vernünftigen Orientierungssinn (*eulogon*). Der griechische Akademiker Karneades, der

---

[3] Cic. Tusc. 4,29; S. 186.
[4] Cic. Tusc. 4,29; S. 187.
[5] Da alle Thesen widersprüchlich sind, ist folglich keine gültiger als eine andere, somit sind alle gleichgültig in dem Sinn, dass keine gültig ist. Also kann man keine einzige These vertreten, so dass man schweigen muss.

großen Erfolg im Rom des 2 Jh. v. Chr. hatte, unterschied zwischen der Zustimmung und der Annahme einer Theorie. Cicero scheint in den *Academica* diese Beurteilung wieder aufzunehmen.[6] Der Weise soll nämlich sprechen, überzeugen und Entscheidungen treffen, eine politische Rolle spielen und die unglücklichen *proficientes* trösten.[7] In dieser Hinsicht sind die Heilmittel vielfältig und die Therapie der Seele soll sich immer an dem spezifischen Individuum anpassen. Folglich vergleicht Cicero die Arzneien mit den Verfahren, die er vor dem Gericht benutzt:[8]

> Nimirum igitur, ut in causis non semper utimur eodem statu (sic enim appellamus controuersiarum genera), sed ad tempus, ad controuersiae naturam, ad personam accommodamus, sic in aegritudine lenienda quam quisque curationem recipere possit uidendum est.

> Jedenfalls: wie wir bei Auseinandersetzungen nicht immer von denselben Gegebenheiten ausgehen – so nennen wir die verschiedenen Arten der Beweisführung –, sondern uns an die Situationen, an die Art des Streitfalles und an die Person anpassen, so muss man auch beim Lindern des Kummers darauf achten, welche Art von Heilmittel ein jeder zu ertragen vermag.

Der Vergleich kann auf den ersten Blick erstaunen. Der Anwalt soll Beweise bringen, um einen Angeklagten zu verteidigen oder zu beschuldigen, während ein Therapeut die Krankheit eines Patienten behandeln und dessen Schmerz lindern soll. Der Vergleich ist aber keine bloße Metapher, sondern weist darauf hin, dass die Trostrede der Philosophie eine argumentative Rede ist, die wie die Argumentation vor Gericht in einem Streit überzeugende Beweise erbringen soll. Der Arzt der Seele sowie der Anwalt benutzen Argumente, die erlauben,

---

6 Cic. ac. 2,148.
7 Vgl. Woldemar Görler: Untersuchungen zu Ciceros Philosophie, Heidelberg 1974 (Bibliothek der klassischen Altertumswissenschaften, Neue Folge 2,50); Myles Burnyeat (Hg.): The Sceptical Tradition, Berkeley 1983 (Major thinkers series 3); Carlos Lévy: Cicero Academicus. Recherches sur les Académiques et sur la philosophie cicéronienne, Rom 1992 (Collection de l'École Française de Rome 162); Alessandro Grilli: Scuole filosofiche e filosofi a Roma nell'età di Cicerone e Cesare, in: Giovanni Aricò; Massimo Rivoltella (Hgg.): La repubblica romana da Mario Silla a Cesare e Cicerone, Mantova 1990, 43–64; Mario Bonazzi: Accademici e Platonici: il dibattito antico sullo scetticismo di Platone, Milano 2004 (Filarete, Sezione di Filosofia 213); Clara Auvray-Assayas: Cicéron, Paris 2006 (Figures du savoir 37); Therese Fuhrer: La filosofia a Roma, in: Lorenzo Perilli; Daniela P. Taormina (Hgg.): La filosofia antica. Itinerario storico e testuale, Turin 2012, 417–441; Raphael Woolf: Cicero: the Philosophy of a Roman Sceptic, London/New York 2015.
8 Cic. Tusc. 3,79; S. 172.

plausible und wahrscheinliche Schlussfolgerungen abzuleiten. Die notwendigen Schlussfolgerungen und die Gewissheit des Bewusstseins sind für die Therapie der Seele sowie für die Gerichtsfälle nicht geeignet:[9]

> Geram tibi morem et ea quae uis ut potero explicabo, nec tamen quasi Pythius Apollo, certa ut sint et fixa, quae dixero, sed ut homunculus unus e multis probabilia coniectura sequens. Vltra enim quo progrediar, quam ut ueri similia uideam, non habeo; certa dicent ii qui et percipi ea posse dicunt et se sapientis esse profitentur.

> Allerdings wird das, was ich sagen werde, nicht sicher und unverrückbar sein wie die Worte des pythischen Apollon, sondern eben nur die Rede eines beliebigen Menschen, der dem nachgeht, was sich für die Vermutung als Plausibles erweist. Denn ich vermag nicht weiterzuschreiten als bis zu dem Punkte, wo ich Wahrscheinliches erblicke. Gewissheit sollen jene bringen, die behaupten, diese Dinge könnten begriffen werden, und die sich selbst als Weise bezeichnen.

Nun gibt es zwei Gründe für diese Stellungnahme, die über den Vergleich des Arztes mit dem Philosophen Rechenschaft ablegen. Der erste betrifft Ciceros Darstellung der seelischen Krankheit, der zweite dessen Auffassung der Argumentation.

2 Die Diagnose und die Therapie

Wenn die Seelenteile nicht übereinstimmen, überwiegen Widersprüchlichkeit, Unbeständigkeit, Erschütterung und Verwirrung der Seele. Folglich wird die Einheit des Selbst erschüttert und sogar zerstört. Die Verwirrung der Seele bei der Verliebtheit und deren Begehren ist besonders gefährlich für die Integrität des Selbst.[10] Die Freundschaft soll keine Gefahr für die Autonomie der Weisen darstellen:[11]

---

9 Cic. Tusc. 1,17; S. 63.
10 Vgl. Jackie Pigeaud: La Maladie de l'âme. Étude sur la relation de l'âme et du corps dans la tradition médico-philosophique antique, Paris 1981; Richard Sorabji: Emotion and Peace of Mind. From Stoic Agitation to Christian Temptation, Oxford 2010; Gretchen Reydams-Schils: The Roman Stoics. Self, Responsability and Affection, Chicago/London 2005; Thomas Bénatouil: Philosophic Schools in Hellenistic and Roman Times, in: Mary Louise Gill; Pierre Pellegrin (Hgg.): A Companion to Ancient Philosophy, Malden 2006 (Blackwell companions to philosophy 31), 415–429.
11 Cic. Tusc. 3,72–73; S. 169.

> Quasi fieri ullo modo possit, quod in amatorio sermone dici solet, ut quisquam plus alterum diligat quam se. Praeclarum illud est et, si quaeris, rectum quoque et uerum, ut eos qui nobis carissimi esse debeant aeque ac nosmet ipsos amemus; ut uero plus, fieri nullo pacto potest. Ne optandum quidem est in amicitia, ut me ille plus quam se, ego illum plus quam me; perturbatio uitae, si ita sit, atque officiorum omnium consequatur.

> Wie wenn es möglich wäre, was man in der Liebessprache zu behaupten pflegt, dass man nämlich einen Anderen mehr liebt als sich selbst. Denn eines ist zwar edel, und, wenn Du das wissen willst, auch richtig und wahr, dass wir diejenigen, die uns die liebsten sein müssen, ebenso lieben wie uns selbst. Dass wir sie mehr lieben, ist in keinem Falle möglich. In der Freundschaft ist dies nicht einmal zu wünschen, dass der Andere mich mehr liebe als sich und ich ihn mehr als mich selbst. Denn wenn das so wäre, würde sich eine Verwirrung des Lebens und aller Pflichten ergeben.

Offensichtlich hängt die Verwirrung der verliebten Seele von einer falschen Einschätzung ab, die zwei Fehler begeht. Einerseits kann man erkennen, dass die übertriebene Liebe auf Grund einer falschen Meinung, d.h. der Vorstellung mutmaßlicher Güter, zustande kommt. Die Begierde (*libido*) ist das Vermeinen eines künftigen Gutes, das man gerne gegenwärtig und greifbar haben möchte. Also behaupten die Stoiker zu Recht, dass die Leidenschaften der Ausdruck einer falschen Meinung seien, die auf der Vorstellung eines künftigen oder gegenwärtigen Gutes oder Übels beruhen würde.[12] Andererseits handelt es sich um ein falsches Werturteil: Die Größe der Leidenschaften sowie die Bemessung der vermutlichen Güter und Übel sind irrtümlich eingeschätzt. Folglich scheint das Unerwartete so hart zu sein. Man hat keine Zeit zu überblicken, wie groß das ist, was einem plötzlich begegnet. Der Ablauf der Zeit zeigt aber, dass er selbst das Übel mildert. Die Vorstellung des Übels und der mit ihr einhergehende Schmerz sind nicht ewig, sondern ändern sich im Lauf der Zeit:[13]

> Sensim enim et pedetemptim progrediens extenuatur dolor, non quo ipsa res immutari soleat aut possit, sed id quod ratio debuerat, usus docet minora esse ea quae sint uisa maiora.

> Denn ein Schmerz, der unvermerkt und langsam weiterläuft, verschwindet allmählich, nicht weil die Sache selbst sich veränderte oder sich verändern könnte, sondern weil die

---

12 Daraus kann man schließen, dass die grundlegenden Leidenschaften vier sind: die Begierde (*libido*) bezieht sich auf die kommenden Güter; die Freude (*laetitia*) ist die gegenwärtige Meinung eines anwesenden Gutes; die Angst (*metus*) stellt sich ein drohendes Übel vor; der Kummer (*aegritudo*) ist das gegenwärtige Vermeinen eines gegenwärtigen Übels. Vgl. Cic. Tusc. 4,11–12; S. 180–181.
13 Cic. Tusc. 3,54; S. 162.

Erfahrung uns lehrt, was die Vernunft uns hätte lehren sollen, dass nämlich das, was uns als allzu groß erschien, in Wahrheit viel kleiner ist.

Also sollte die Philosophie als Therapie der Seele eine Trostrede, d.h. eine argumentative Therapie sein, weil Cicero wie die Stoiker davon überzeugt ist, dass die Leidenschaften das Ergebnis einer Meinung und eines Werturteils seien, die die Abstufungen sowie die Realität des Schmerzes ermessen oder vergleichen würden. Die Heilmittel sind vielfältig:[14]

> Haec igitur officia sunt consolantium, tollere aegritudinem funditus aut sedare aut detrahere quam plurumum aut supprimere nec pati manare longius aut ad alia traducere. Sunt qui unum officium consolantis putent malum illud omnino non esse, ut Cleanthi placet; sunt qui non magnum malum, ut Peripatetici; sunt qui abducunt a malis ad bona, ut Epicurus; sunt qui satis putant ostendere nihil inopinati accidisse (ut Cyrenaici). Chrysippus autem caput esse censet in consolando detrahere illam opinionem maerenti, si se officio fungi putet iusto atque debito. Sunt etiam qui haec omnia genera consolandi colligunt (alius enim alio modo mouetur), ut fere nos in Consolatione omnia in consolationem unam coniecimus; erat enim in tumore animus, et omnis in eo temptabatur curatio. Sed sumendum tempus est non minus in animorum morbis quam in corporis [...].

> Das sind also die Aufgaben der Tröster, den Kummer entweder ganz zu beseitigen oder ihn zu lindern oder ihn soweit als möglich zu verringern oder ihn zu unterdrücken und nicht zu gestatten, dass er sich weiter ausdehne, oder die Gedanken auf anderes abzulenken. Einige meinen, es sei die einzige Aufgabe des Tröstenden, zu zeigen, dass das vermeinte Unglück kein Unglück sei, so Kleanthes; Andere, zu zeigen, dass es kein großes Unglück sei – so die Peripatetiker. Andere wiederum lenken vom Übel zum Guten ab, wie Epikur. Andere halten es für genügend, zu zeigen, dass das Unglück nichts als ein unerwartetes Geschehen sei. Chrysippos endlich meint, bei Trösten sei es die Hauptsache, den Trauernden von der Meinung zu befreien, er erfülle eine gerechte und geschuldete Pflicht. Noch andere kombinieren alle diese Arten des Tröstens – denn diesem hilft diese, jenem eine andere –, wie auch wir in der Consolatio alles zu einer einzigen Tröstung aufgeboten haben. Denn die Seele war damals verwundet und jede Art von Heilung wurde an ihr versucht. Man muss sich jedoch bei den Krankheiten der Seele nicht weniger Zeit lassen, als bei denen des Leibes.

Auch wenn Cicero auf verschiedene philosophische Therapien hinweist, bevorzugt er die stoischen argumentativen Arzneimittel.[15] Cicero entlehnt den Stoikern nämlich zwei grundlegende therapeutische Methoden. Er ist wie die Stoiker überzeugt, dass die Meinung über die Leidenschaft aus zwei Teilen besteht. Einerseits denkt derjenige, der trauert, dass er an einem mutmaßlichen Übel

---

14 Cic. Tusc. 3,75–76; S. 171.
15 Ciceros Kritik an Epikur findet sich in Cic. Tusc. 3,40–46; gegen die Peripatetiker vgl. Tusc. 4,41–42 und 48, passim.

leidet. Er bildet sich die Meinung, dass X ein Übel sei. Andererseits denkt derjenige, der trauert, dass er eine spezifische Haltung in Bezug auf seinen Schmerz einnehmen soll. Er denkt, dass er Y oder Z tun soll, z.B. weinen während einer Beerdigung. Folglich muss die Therapie versuchen, entweder das erste Urteil oder das zweite Urteil zu ändern. Der Tröster kann so beweisen, dass das vermeintliche Unglück kein Übel ist, oder kein großes Übel ist (so Kleanthes). Er kann aber auch (so Chrysippos) den Trauernden von der Meinung befreien, er erfülle eine gerechte und geschuldete Pflicht, wenn er weint oder verzweifelt.[16]

Die Methode von Kleanthes eignet sich aber für den Weisen, der des Trostes nicht bedarf (*qui consolatione non eget*).[17] Denn einige Übel sind wirklich schmerzhaft, indem sie die Seele selbst betreffen. Die Methode von Chrysippos ist der Wahrheit angemessen, aber schwerlich im Augenblick des Trauerns anzuwenden (*Chrysippi ad ueritatem firmissima est, ad tempus aegritudinis difficilis*[18]):[19]

> Magnum opus est probare maerenti illum suo iudicio et quod se ita putet oportere facere maerere.

> Denn es ist eine schwierige Sache, einem Trauernden zu beweisen, er trauere wegen seines Urteils und weil er meine, es sei seine Pflicht, so zu handeln.

Das ist der Grund, weshalb der Arzt der Seele sich immer an die Person anpassen sollte, so wie der Anwalt die spezifischen Beweisverfahren der jeweiligen Situation entsprechend anwenden sollte. Folglich kann die stoische Therapie unwirksam sein, wenn sie den eigentümlichen Umständen und der Individualität der Patienten nicht gerecht wird, zumal die Stoiker denken, dass der Schmerz kein Übel sei, weil das Glück nur in der Tugend bestehe.[20] Die Kritik Ciceros an diesem Punkt ist bissig. Vielleicht sei diese Überzeugung wahr, aber sie werde niemanden vom Schmerz befreien. Das Argument der Stoiker ist aus zwei Gründen abwegig. Einerseits behaupten sie, dass der Schmerz kein Übel sei, aber sie erkennen, dass es besser sei, ihn zu vermeiden, weil er ein Übel sei, das schwer zu ertragen ist. Folglich widersprechen sie sich. Andererseits beschränken sie sich darauf, eine Definition zu geben, ohne die Frage zu stellen,

---

16 Cic. Tusc. 3,64.
17 Cic. Tusc. 3,77; S. 171.
18 Cic. Tusc. 3,79; S. 172.
19 Cic. Tusc. 3,79; S. 172; leicht geänderte Übersetzung.
20 Cic. Tusc. 2,17, S. 115.

ob der Schmerz jemandem etwas ausmacht oder nicht. Cicero wendet sich gegen Zenon:[21]

> „Nihil est, inquit, malum, nisi quod turpe atque uitiosum est." Ad ineptias redis. Illud enim, quod me angebat, non eximis. Scio dolorem non esse nequitiam; desine id me docere; hoc doce doleam necne doleam, nihil interesse. „Numquam quicquam, inquit, ad beate quidem uiuendum, quod est in una uirtute positum; sed est tamen reiciendum." Cur? „Asperum est, contra naturam, difficilis perpessu, triste, durum." Haec est copia uerborum, quod omnes uno uerbo malum appellamus, id tot modis posse dicere. Definis tu mihi non tollis dolorem, cum dicis asperum, contra naturam, uix quod ferri tolerarique possit; nec mentiris; sed re succumbere non oportebat uerbis gloriantem. „Dum nihil bonum, nisi quod honestum, nihil malum, nisi quod turpe" – optare hoc quidem est, non docere.

> „Nichts ist ein Übel außer der Schande und dem Laster." Du kehrst zu Dummheiten zurück. Von dem, was mich bedrückt, befreist Du mich nicht. Ich weiß ja, dass der Schmerz kein Laster ist: Höre also auf, mich dies zu lehren. Lehre mich, dass es keinen Unterschied macht, ob ich Schmerz empfinde oder nicht. Er sagt: „Es macht keinen Unterschied, jedenfalls im Hinblick auf das glückselige Leben, das ausschließlich in der Tugend beruht. Aber dennoch muss man ihn verwerfen." Warum? „Es ist hart, gegen die Natur, schwer zu ertragen, traurig, mühsam." Das ist eine Sprachbegabung, wenn man auf so viele Weisen sagen kann, was wir alle mit einem einzigen Worte als Übel bezeichnen. Du definierst mir den Schmerz, aber Du nimmst ihn nicht weg, wenn Du ihn rau nennst und gegen die Natur und so, dass man ihn kaum ertragen und aushalten kann. Du lügst gewiss nicht. Aber man soll sich nicht an Worten ergötzen und in der Sache unterliegen: „wenn es nichts Gutes gibt als die Tugend und nicht Übles als die Schande" das heißt wünschen, aber nicht lehren.

Die eiskalte Einschätzung des Übels und von dessen Verachtung ist also eine schwierige und ergebnislose Therapie, die keinen festen, beruhigenden Trost bewirkt. Obwohl der Kummer nicht von Natur aus entsteht, sondern durch unsere Vorstellung und eine gewisse Aufforderung zum Schmerzen (*quod non natura exoriatur, sed iudicio, opinione, sed quadam inuitatione ad dolendum*), kann er nicht verschwinden:[22]

> [...] morsus tamen et contractiuncula quaedam animi relinquetur.

> [...] ein Zucken und eine kleine Verzerrung der Seele werden übrig bleiben.

Gegen die Härte des Schmerzes und die Strenge der stoischen Therapie erwidert Cicero:[23]

---

21 Cic. Tusc. 2,29–30; S. 120–121.
22 Cic. Tusc. 3,83; S. 174; leicht geänderte Übersetzung.
23 Cic. Tusc. 3,12; S. 144.

> Non enim e silice nati sumus, sed est naturale in animis tenerum quiddam atque molle, quod aegritudine quasi tempestate quatiatur [...] Ne aegrotus sim; si, inquit [i. e. Crantor, in nostra Academia] fuerim, sensus adsit, siue secetur quid siue auellatur a corpore. Nam istuc nihil dolere non sine magna mercede contingit inmanitatis in animo, stuporis in corpore.

> Denn wir sind ja nicht aus Stein geboren, sondern es ist in der Seele von Natur aus etwas zartes und weiches, was durch den Kummer wie durch den Sturm erschüttert wird [...] Ich möchte nicht krank werden, aber wenn ich es werden sollte, so möchte ich die Empfindung bewahren, mag etwas geschnitten oder etwas vom Körper wegoperiert werden. Denn jene Schmerzlosigkeit ist um zu großen Preis erkauft, die Unmenschlichkeit der Seele und die Lähmung des Körpers.

Die Überzeugung, dass die Schmerzlosigkeit zur Unmenschlichkeit der Seele führt, entsteht nicht nur aus der Einsicht in die Strenge der stoischen Therapie, sondern hängt auch von der neuen Bedeutung ab, wie sie der Krankheit der Seele verliehen wird. Die Therapie der Seele Ciceros versucht nicht, die Philosophie der Stoiker der pragmatischen römischen Kultur anzupassen. Sie besitzt vielmehr eigentümliche und sogar originelle Eigenschaften, indem sie neue Begriffe wie *inmanitatis* bildet und wichtige Veränderungen an den alten Begriffen vornimmt. In dieser Hinsicht transformiert Cicero die Bestimmungen der Krankheit der Seele und des Schmerzes.

Im Gegensatz zu den Stoikern versucht Cicero, die Trennung zwischen dem Weisen und dem Törichten aufzuheben. Er ist nämlich davon überzeugt, dass die Schwäche des Denkens sowie des Handelns konstitutiv zum Menschen gehört. Also behauptet Cicero, dass die Leidenschaften keine bloßen Krankheiten (*morbi*) seien, sondern Verwirrungen (*perturbationes*):[24]

> Haec enim fere sunt eius modi quae Graeci πάθη appellant; ego poteram morbos, et id uerbum esset e uerbo, sed in consuetudinem nostram non caderet. Nam misereri, inuidere, gestire, laetari, haec omnia morbos Graeci appellant, motus animi rationi non obtemperantis, non autem hos eosdem motus concitati animi recte, ut opinor, perturbationes dixerimus, morbos autem non satis usitate, nisi quid aliud tibi uidetur.

> Denn diese [i.e. Angst, Begierde, Zorn] sind es ungefähr, die die Griechen pathe nennen. Ich könnte sie Krankheiten nennen, und dies wäre eine wörtliche Übersetzung, würde aber unserer Gewohnheit nicht entsprechen. Denn die Griechen nennen Mitleid, Neid, Vergnügen, Freude, dies alles Krankheiten: Bewegungen der Seele, die der Vernunft nicht gehorchen. Wir aber bezeichnen diese selben Bewegungen einer erregten Seele mit Recht, wie mir scheint, als Leidenschaften, denn Krankheiten wäre zu ungebräuchlich, es sei denn, Du seiest anderer Ansicht.

---

[24] Cic. Tusc. 3,7; S. 141–142.

Anders gesagt: die Krankheiten der Seele werden als konstitutive Kennzeichen betrachtet, so dass die Bedeutung ihrer Pathologie sich verändert. Die Therapie geht den Weisen wie den Törichten an, oder besser gesagt einen jeden selbst:[25]

> Ad te igitur mihi iam conuertenda omnis oratio est; simulas enim quaerere te de sapiente, quaeris autem fortasse de te.
>
> Denn Du tust so, als ob Du nach dem Weisen fragtest, aber vermutlich fragst Du in Wirklichkeit nach Dir selbst.

Da der Weise nicht nur die Welt verachten soll, um zur Seelenruhe zu gelangen, sondern auch sich selbst trotz der widrigen Umstände in einem politischen Zusammenhang zu formen hat, beruht die Therapie auf zwei wichtigen neuen Arzneien: die Verwandlung des Schmerzes in Anstrengung (*labor*); die Stärkung des Vertrauens (*fides*). Da der Weise selbst lernen soll, dem Schmerz zu widerstehen und ihn auszuhalten, führt die Gewöhnung an die Anstrengungen (*labor*) dazu, den Schmerz zu ertragen, um seine politische Pflicht zu erfüllen, ohne an seine eigene Ruhe zu denken. Statt der Entsagung hat die lateinische Kultur einen neuen Begriff eingeführt, *labor*, der den Griechen fehlte:[26]

> Interest aliquid inter laborem et dolorem. Sunt finitima omnino, sed tamen differt aliquid. Labor est functio quaedam uel animi uel corporis grauioris operis et muneris, dolor autem motus asper in corpore alienus a sensibus. Haec duo Graeci illi, quorum copiosior est lingua quam nostra, uno nomine appellant. Itaque industrios nomine illi studiosos uel potius amantis doloris appellant, nos commodius laboriosos; aliud est enim laborare, aliud dolere. O uerborum inops interdum, quibus abundare te semper putas, Graecia! Aliud, inquam, est dolere, aliud laborare. Cum uarices secabantur C. Mario, dolebat; cum aestu magno ducebat agmen, laborabat. Est inter haec quaedam tamen similitudo; consuetudo enim laborum perpessionem dolorum efficit faciliorem.
>
> Es gibt nun einen Unterschied zwischen Anstrengung und Schmerz. Sie sind zwar nahe verwandt, aber dennoch unterscheiden sie sich. Die Anstrengung ist eine Leistung der Seele oder des Körpers bei einer besonders schweren Aufgabe und Verpflichtung, der Schmerz aber eine raue Bewegung im Körper, die von den Sinnen abgelehnt wird. Diese beiden Dinge werden von den Griechen, deren Sprache doch reicher ist als die unsere, mit einem einzigen Worte bezeichnet. So nennen sie denn die arbeitswilligen Menschen mühebereit oder noch eher schmerzliebend, wir dagegen mit größerem Rechte arbeitsam. Denn arbeiten und Schmerz empfinden sind verschiedene Dinge. Wie arm bist du doch zuweilen an Worten, Griechenland, obschon du immer meinst, du hättest eine Überfülle davon! Sich Mühen und Schmerz empfinden sind, sage ich, zweierlei. Als dem C. Marius

---

25 Cic. Tusc. 4,59; S. 200.
26 Cic. Tusc. 2,35–36; S. 123.

die Krampfadern wegoperiert wurden, empfand er Schmerzen. Als er in der Sommerhitze eine Marschkolonne anführte, mühte er sich. Dennoch gibt es unter ihnen eine gewisse Ähnlichkeit. Denn die Gewöhnung an Mühen macht das Ertragen von Schmerzen leichter.

Da die Leidenschaften eng von einer trügerischen Vorstellung eines gegenwärtigen oder eines künftigen Gutes oder Übels abhängen, braucht der Weise eine richtige Einschätzung der Zeit, um trotz unsicherer Umstände recht zu handeln. Während die Angst ein Misstrauen ist, das die kognitiven und pragmatischen Kapazitäten lähmt, drückt das Vertrauen die vernünftige Erwartung von etwas Gutem aus, mithin den Anspruch, gegenwärtige und künftige Projekte zur Ausführung zu bringen. Es handelt sich nicht um Illusion oder Hoffnung, sondern um ein spontanes, natürliches und konstitutives Vertrauen (*fiducia*) auf den vernünftigen Charakter unserer Fähigkeiten. In diesem Zusammenhang darf man das Vertrauen nicht als Glauben an jemanden verstehen, sondern als Fähigkeit, jemandem zu glauben. Der Glaube ist, wie das Versprechen, ein performativer Akt: Er beschränkt sich nicht darauf, einen kognitiven Akt auszudrücken, sondern er bringt die Realität selbst hervor, auf die der Akt sich bezieht:[27]

> Et si fidentia, id est firma animi confisio, scientia quaedam est et opinio grauis non temere adsentientis, metus quoque est diffidentia expectati et impendentis mali, et, si spes est expectatio boni, mali expectationem esse necesse est metum.

> Und wenn die Zuversicht als das sichere Vertrauen der Seele, eine Art von Wissen ist und eine ernstzunehmende Meinung eines Menschen, der nicht voreilig zustimmt, so ist die Angst ein Misstrauen im Hinblick auf ein erwartetes und drohendes Unheil; und wenn die Hoffnung die Erwartung von etwas Gutem ist, so ist die Angst notwendigerweise die Erwartung von etwas Schlimmem.

Außerdem bildet das Selbstvertrauen die Identität des Weisen heraus, auch wenn die Angst oder der Schmerz, jedwede Leidenschaft eine solche Identität erschüttern kann:[28]

> Qui fortis est, idem est fidens – quoniam confidens mala consuetudine loquendi in uitio ponitur, ductum uerbum a confidendo, quod laudis est. – Qui autem est fidens, is profecto non extimescit; discrepat enim a timendo confidere.

> Wer tapfer ist, hat Selbstvertrauen (fidens) – ich verwende das Wort fidens, nicht confidens, weil diesem Wort durch Gewohnheit ein schlechter Sinn beigelegt wird, durchaus ohne Recht, da das Wort von confidere kommt, was ein Lob ist –, und wer Selbstvertrauen

---

27 Cic. Tusc. 4,80; S. 208.
28 Cic. Tusc. 3,14; S. 145.

hat, wird sicher nicht Angst haben. Denn Vertrauen und Fürchten widersprechen einander.

Das Vertrauen (*fides/fiducia*) ist also ein wichtiges Element der Therapie als Trostrede, das der Arzt der Seele mit dem Anwalt teilt. Da die Plädoyers wegen wahrscheinlicher Argumente *facere fidem* sollen, ohne die Gewissheit zu bringen.[29]

Welche Art Argumentation eignet sich für eine solche Trosttherapie, deren Verfahren der juristischen Auseinandersetzung so ähnlich sehen?

3 Die topische Argumentation

Die dialektische aristotelische Argumentation spürt die logischen Schwächen in der Rede des anderen oder in der eigenen Argumentation auf. Somit schlägt der dialektische Beweis nicht den direkten Weg ein, sondern beruht auf dem Verfahren, jede Argumentation indirekt auf die Probe zu stellen, indem sie deren Schlussfolgerungen untersucht. Aber Cicero ist überzeugt, dass diese dialektische Methode sich nicht für die Diskussion über die ethischen Werte eigne. Er beschränkt sich nicht darauf, die Beredsamkeit und die Rhetorik an die erste Stelle zu setzen, während Aristoteles der Dialektik den Vorrang vor der Rhetorik gegeben hatte. Die Verbindung zwischen Dialektik und Rhetorik führt ihn dazu, eine originelle Argumentationsmethode vorzuschlagen, die korrekterweise „topisch" genannt werden müsste. *Topica* ist der Titel des Werks, das Aristoteles der Dialektik widmete. Cicero schrieb auch eine *Topica*, in der er bekennt, im Kielwasser von Aristoteles zu segeln. In der Tat tritt er ein solches Erbe an, um es tiefgreifend zu transformieren. Es handelt sich um eine neue Gestaltung des Denkens, einen neuen Versuch, die Gesetze des Denkens und seiner argumentativen Verfahren zu verstehen. Dabei werden alle Beispiele in Ciceros Topik von dem juristischen Bereich entliehen. Man könnte vermuten, dass für Cicero die Vorgänge der rechtlichen Argumentation die grundsätzlichen Modalitäten des Denkens ausdrücken, das die historische Realität des *mos maiorum* verkörpert. Einerseits ist die juristische Argumentation als Erzeugnis des *mos maiorum* keine ontologische Realität, sondern ein historischer diskursiver Bereich, dessen Schlussfolgerungen eine gewisse plausible Allgemeinheit beanspruchen können. Andererseits erlaubt dieses Vorbild, nicht nur formelle Aussagen zu ver-

---

[29] Vgl. Fosca Mariani Zini: Crédibilité, croyance, confiance. Le legs de la tradition romaine, in: Revue de Métaphysique et de morale 2 (2010), 179–194.

wenden, sondern auch Werturteile, Überzeugungen und Vermutungen, wie sie sich für die plausible Argumentation in den Gebieten von Jura, Politik, Ethik und Therapie eignen.[30] In dieser Hinsicht wäre es ein Missverständnis, die rhetorische Erregung der Leidenschaften (*mouere*) in der Argumentationstheorie Ciceros zu betonen.

Zwei eindeutige Zeichen scheinen diese Vorsicht zu belegen. Einerseits ist das Ziel des *mouere* in den *Topica* ausgeschlossen, andererseits spielen hier die *externi loci* eine geringe, fast unbedeutende Rolle.[31] Und diesem Sachverhalt muss man Beachtung schenken. Bei Aristoteles gab es einen wichtigen Unterschied zwischen technischen und nicht-technischen Beweisen. Erstere sind die logischen Argumente, die auf einer logischen Methode beruhen, während letztere im Gegenteil keine spezifisch rationale Sachverständigkeit verlangen. Zu ihnen zählen z.B. Geständnisse, die durch Folter erzwungen worden sind, oder schriftliche Dokumente, vor allem Zeugenaussagen. In Bezug auf diesen aristotelischen Unterschied führt Cicero eine bedeutsame Veränderung ein. Das Paar technisch/nicht-technisch wird durch das Paar *loci interni/externi* ersetzt. Es folgt daraus, dass beide bei Cicero zu den technischen Beweisen werden, weil beide auf der Methode der Argumentation *in utramque partem* beruhen. Anders gesagt versucht Cicero, auch die Zeugnisse als argumentative oder fast-argumentative Beweise zu betrachten.[32] Das *mouere* spielt offenkundig eine bedeutende Rolle, aber *facere fidem*, die eine motivierte Zustimmung beanspruchende Glaubwürdigkeit der Argumente, ist wichtiger als die Leichtgläubigkeit, die von der Manipulation der Emotionen verursacht wird. Die Beweislast zu tragen, ist für Cicero die erste Aufgabe der Argumente.

Wenn wir seine Plädoyers lesen, können wir bemerken, dass Cicero viele verschiedene Strategien anwendet, aber der Kern der Rede ist die logische Ar-

---

30 Vgl. Mario Bretone: Cicero e i giuristi del suo tempo, in: ders.: Tecniche e ideologie dei giuristi romani, Neapel 1971 (Storia del pensiero giuridico 1), 63–88; Wilfried Stroh: Taxis und Taktik. Die advokatische Dispositionskunst in Ciceros Gerichtsreden, Stuttgart 1975; Jonathan Powell; Jeremy Paterson (Hgg.): Cicero The Advocate, Oxford 2004; Jill Harries: Cicero and the Jurists. From Citizens' Law to Lawful State, London 2006; Catherine Steel; Henriette Van der Blom (Hgg.): Community and Communication: Oratory and Politics in Republican Rom, Oxford 2013; Fosca Mariani Zini: Cicero on Conditional Right, in: Dov M. Gabbay u.a. (Hgg.): Approach to Legal Rationality, Dordrecht 2010 (Logic, Epistemology, and the Unity of Science 20), 45–70; dies.: Les topiques oubliés de Cicéron, In: Joel Biard; Fosca Mariani Zini (Hgg.): Les lieux de l'argumentation. Histoire du syllogisme topique d'Aristote à Leibniz, Turnhout 2010 (Studia artistarum 22), 69–92.
31 Cic. top. 24; 72–78.
32 Cic. part. 48; 51; de orat. 2,119.

gumentation. Die *Topica* sind nicht nur einem Anwalt gewidmet, dessen Ziel es ist, das empfindliche Publikum zu überzeugen, sondern einem bedeutenden Juristen, der lernen will, wie schwierige Streitfälle zu beurteilen seien. Also sind die wahrscheinlichen Argumente des Anwalts und deren plausible Urteile keine Anwendungen der Philosophie, sondern deren Vorbild in einem kognitiven Kontext, der von Ungewissheit geprägt ist. Solche Ungewissheit und Plausibilität charakterisieren desgleichen die Therapie der Seele.

Nun bestehen die Verfahren einer topischen Argumentationstheorie nicht in einer Deduktion, die eine notwendige Schlussfolgerung von den Prämissen ableitet, deren Vermittlung von einem gemeinsamen Prädikat (als *medium*) abhängt, das in der Schlussfolgerung nicht vorkommt. Denn die topische Argumentation führt eine topische Maxime (eine Maxime, die von einer der *topoi/loci* stammt) ein, die es erlaubt, die Schlussfolgerung zu rechtfertigen, sofern sie sich der Maxime anpasst. Heute könnte man sagen, dass die Maxime als ein Ticket (und sie kann nur in diesem engen Sinn als *medium* betrachtet werden) wirkt, das erlaubt, die Zustimmung zu den Prämissen auf die Zustimmung der Schlussfolgerung zu übertragen.[33] Ein solches Verfahren ist analytisch: Es sucht nach den Argumenten, die eine These, die man vertreten möchte, stützen könnten. Die *inuentio* besteht in einer solchen topischen Erfindung. Das ist auch der Grund, weshalb die angewendeten Maximen implizit in der endgültigen Aussage verbleiben. Das Ergebnis der topischen Erfindung soll glaubwürdig sein, sofern das Publikum das Argument in eindeutiger Weise verstehen soll, und mit ihm zugleich auch dessen Rechtfertigung.

Wie geht eine topische Argumentation vor? Ich gebe ein Beispiel aus Cicero, das von Boethius analysiert wurde. Die synthetische *formula* des folgenden Arguments lässt sich folgendermaßen übertragen:[34]

> Ius ciuile est aequitas [...] autem aequitatis utilis est cognitio; utilis est ergo iuris ciuilis scientia.

> Zivilrecht ist Gleichheit [...] aber die Kenntnis der Gleichheit ist nützlich; folglich ist die Kenntnis des Zivilrechts nützlich.

---

33 Vgl. Jochen Sauer: Argumentations- und Darstellungsformen im ersten Buch von Ciceros Schrift *De legibus*, Heidelberg 2007 (Bibliothek der klassischen Altertumswissenschaften, Neue Folge 2,118).
34 Cic. top. 2,9. Ich entlehne hier die methodologische Perspektive von Roberto Pinzani: Prove e sillogismi topici in Boezio, in: Joel Biard; Fosca Mariani Zini (Hgg.): Les lieux de l'argumentation (wie Anm. 29), 119–140.

Zwei Bemerkungen ergeben sich. Einerseits wäre es ein Irrtum, dieses Argument als einen Syllogismus der ersten Figur (*Barbara*) zu betrachten. Sicher, wenn man bestimmen würde, dass A = ius ciuile, B = aequitas, C = utile, dann könnte man schreiben:

$$A \times B$$

$$B \times C$$

$$\overline{}$$

$$A \times C$$

Wenn man aber dieses Argument und dessen *inuentio* explizit aussagen möchte, sollte man die Elemente wie folgt entwickeln oder, besser gesagt, enthüllen. Man möchte die folgende These beweisen: Das Zivilrecht ist eine nützliche Kenntnis, oder, besser gesagt: „nützliche Kenntnis" zu sein, ist ein Prädikat, das sich vom „Zivilrecht" aussagen lässt. Nun kann man in dem topischen Schema der Definition finden, dass die Definition von „Zivilrecht" die „Suche nach Gleichheit" oder einfach nur „Gleichheit" ist. Ist einmal diese Definition gegeben, kann man die Maxime ableiten, gemäß welcher „alles, was mit einer Definition X verbunden ist (d.h. als *copula*), sich von den Dingen aussagen lässt, deren Definition X ist". Da nun „Gleichheit ein nützliche Kenntnis ist", kann die Definition des Zivilrechts mit der Aussage „nützliche Kenntnis" übereinstimmen; und dadurch kann wiederum „nützliche Kenntnis" dem Zivilrecht zugeschrieben werden.

Statt eine reine Deduktion abzuleiten, überträgt die aus der topischen Anleitung der Definition bezogene Maxime die Zustimmung zu den Prämissen auf die Zustimmung zur Konklusion. Die Maxime erlaubt, das Vorderglied mit dem Hinterglied folgerichtig zu verbinden. Wenn x = ius ciuile, y = aequitas, z = utile, und df = Definition, vb = verbunden als *copula*, dann gilt:

$$xRdfy, zRvby, \quad \Rightarrow Max$$

$$Max" \Rightarrow zRvbx$$

$$\overline{}$$

$$xRdfy \Rightarrow zRvbx$$

Die Maxime ist in diesem Fall: xRdfy, zRvby, ⇒ zRvbx.

Auch wenn sie nicht mehr in der Konklusion auftaucht, ist sie *inuoluta* in der kurzen *figura* des Arguments. Sie kann in Klammern gesetzt werden, weil sie erkennbar in der Konklusion ist. Die Art von Schlussfolgerung weist auf den spezifischen *locus* hin, den das Argument anwendet, um die These zu beweisen. In dieser Hinsicht ist es für das Publikum einfach, die Beweisverfahren nachzuvollziehen.

Anderseits sind die Beweise der topischen Argumentation nur glaubwürdig, plausibel. Der Gebrauch der Maxime ist nicht axiomatisch, weil deren Legitimität fragwürdig ist. Wenn die Maxime „die Gegensätze der Gegensätze sind Gegensätze" auf den ersten Blick plausibel zu sein scheint, so sind andere Maximen, wie etwa: „was vorher kommt ist wertvoller, als das, was nachher kommt" weitaus problematischer. Sie gelten nur als maximale Regeln. Aber zu den Besonderheiten der *Topoi* gehört, dass sie eine Kontroverse nicht entscheiden können, weil man sie sowohl für als auch gegen dieselbe These einsetzen kann. Beispielsweise kann man dank des topischen Musters des „mehr oder weniger" Aussagen wie die folgende formulieren: „Wenn sogar die Gelehrten nicht alles wissen, habe ich das Recht, weniger zu wissen als sie (ich habe eigentlich das Recht, unwissend zu sein)." Ich könnte trotzdem genauso sagen: „Weil sogar die Gelehrten nicht alles wissen, kann ich mehr wissen als sie (also verdienen sie den Namen Gelehrte nicht)." Deshalb machen die *loci* niemanden zu einem Spezialisten in irgendeinem Fach. Folglich sind die topischen Beweise nur glaubwürdig und wahrscheinlich.

Außerdem kann eine bestimmte These durch verschiedene *loci* bewiesen werden. Die *inuentio* besteht darin, die überzeugendsten topischen Verfahren in der spezifischen Situation anzuwenden.

Also trägt Cicero dazu bei, die topische Argumentation in eine Logik der Relationen zu entwickeln, in der die Maximen die Schemata dieser Relationen (z.B. Ursache/Wirkung; Ganzes/Teil; mehr/weniger) strukturieren. Diese Perspektive ist ziemlich neu. Nach der aristotelischen Logik ist es schwer zu verstehen, wie z.B. die folgende Inferenz vorgeht: „Wenn X der Vater von Y ist, dann ist Y der Sohn von X." Man findet nämlich bei Aristoteles nur Spuren einer solchen relativen und sogar komparativen Argumentation.[35] Galenos hingegen unterscheidet zwischen hypothetischen, dialektischen und relativen Syllogismen.[36] Diese Perspektive ist bedeutungsvoll. Einerseits impliziert eine solche Logik der Relationen keine schwere metaphysische Entscheidung oder Voraus-

---

35 Aristot. top. B 10,114b38–115a14.
36 Gal. inst. log. 16,23–17,4.

setzung. Da diese Argumentation Relationen oder Beziehungsnetze behandelt, nicht objektive Eigenschaften, entspricht sie den philosophischen Vorstellungen Ciceros, nämlich denen der platonischen Akademie.

Andererseits kann diese Logik der Relationen topische Beweisverfahren vorschlagen, um Ähnlichkeiten zu vergleichen oder Analogien zu erschließen, die erlauben die Wahrscheinlichkeit zu etablieren. Das ist der Grund, weshalb die *loci* des Vergleiches (*minora ex maioribus, maiora ex minoribus, paria ex paribus*), der Ähnlichkeit, der Differenz in den *Topica* Ciceros eine wichtige Rolle spielen.[37] Außerdem erlauben diese Vergleichsoperationen, Analogien zu schließen. Es ist wichtig, weil die Analogie eine zentrale juristische Strategie ist, sofern sie erlaubt, durch das Vergleichen einen Fall zu behandeln, den die Gesetze noch nicht vorgesehen haben.

Cicero benutzt sehr oft solche diskursiven Strategien, nicht nur in seinen Anwaltsreden, sondern auch in seinen philosophischen Texten, in denen die Therapie der Seele auch eine Trostrede sein soll.

4 Sind die Toten unglücklich?

Ich möchte jetzt nur ein Beispiel einer solchen topischen Argumentation analysieren, das sich im ersten Buch der *Tusculanae disputationes* findet. Cicero fragt sich zunächst, ob der Tod ein Unglück für alle sei, d.h. ebenso für jene, die tot sind sowie für jene, die sterben müssen. Er belegt sofort, dass der Tod mindestens für die bereits Toten kein Übel ist.[38] Dies wäre ein wichtiger Gewinn. Wenn der Tod für die Toten kein Unglück wäre, so würde das Menschsein von einer großen Last befreit.[39]

In Hinsicht auf seine Therapie der Seele ist Ciceros Ausgangspunkt die irrtümliche Vorstellung eines künftigen Übels, die Angst sowie Misstrauen verursachen wird: Die Menschen in der Unterwelt sind unglücklich. Aber der anonyme Freund, den Cicero zu überzeugen versucht, dass die Toten nicht

---

37 Cic. top. 68–71; Quint. inst. 5,10,87–93.
38 Cic. Tusc. 1,9: *Quoniam autem etiam mortui miseri sunt, in miseriam nascimur sempiternam* („Wenn aber auch die bereits Gestorbenen noch unglücklich sind, so werden wir zu ewigem Unglück geboren"). Dann versucht Cicero zu beweisen, dass der Tod kein Übel ist, auch nicht für jene, die sterben müssen. Er stellt so zwei Thesen auf, die er zu prüfen versucht: Wenn die Seele unsterblich wäre, wäre der Tod kein Übel; wenn die Seele sterblich wäre, wäre der Tod kein Übel.
39 Cic. Tusc. 1,15; S. 63.

unglücklich sind, stimmt ihm zu, dass die unglückliche Vorstellung der Unterwelt nur eine Erfindung der Dichter und der Maler sei (*quae poetarum et pictorum portenta*).[40] Wenn die Unterwelt kein unglücklicher Ort ist, dann ist kein Unglücklicher in der Unterwelt. Aber ein solches Argument reicht nicht für die Beruhigung der Seele. Einerseits sind die Vorstellungen hartnäckig. Anderseits geht es ja gerade darum, das Gegenüber zu überzeugen und seine motivierte Zustimmung zu gewinnen.

Der Dialog fährt wie folgt fort:[41]

> Si ergo apud inferos miseri non sunt, ne sunt quidem apud inferos ulli./ Ita prorsus existimo./ Vbi sunt ergo ii quos miseros dicis, aut quem locum incolunt? Si enim sunt, nusquam esse non possunt./ Ego uero nusquam esse illos puto./ Igitur ne esse quidem?/ Prorsus isto modo, et tamen miseros ob id ipsum quidem, quia nulli sint./ Iam mallem Cerberum metueres quam ista tam inconsiderate diceres./ Quid tandem?/ Quem esse negas, eundem esse dicis. Vbi est acumen tuum? Cum enim miserum esse dicis, tum eum, qui non sit dicis esse./ Non sum ita hebes, ut istud dicam./ Quid dicis igitur? Miserum esse uerbi causa M. Crassum, qui illas fortunas morte dimiserit, miserum Cn. Pompeium, qui tanta gloria sit orbatus, omnis denique miseros, qui hac luce careant./ Reuolueris eodem. Sint enim oportet, si miseri sunt, tu autem modo negabas eos esse qui mortui essent. Si igitur non sunt, nihil possunt esse; ita ne miseri quidem sunt.

> Wenn nun aber die Unglücklichen in der Unterwelt nicht sind, so sind sie überhaupt nicht in der Unterwelt./ Dies meine ich gerade./ Aber wo sind dann die, die Du unglücklich nennst, und was für einen Ort bewohnen sie? Wenn sie nämlich sind, müssen sie wohl irgendwo sein./ Ich meine aber, dass sie nirgends sind./ Und auch, dass sie gar nicht sind?/ Gewiss, und dennoch unglücklich – gerade deshalb, weil sie nicht sind./ Mir wäre bald lieber, Du hättest Angst vor dem Kerberos als dass Du so unüberlegtes Zeug redest./ Wieso?/ Du behauptest, dass einer gleichzeitig ist und nicht ist. Wo ist Dein Verstand? Du nennst jemanden unglücklich und behauptest damit, dass er ist, und sagst gleichzeitig, er ist nicht./ So dumm bin ich doch nicht, dass ich dies behaupte./ Was meinst Du denn?/ Dass beispielsweise M. Crassus unglücklich ist, weil er durch seinen Tod seine ganzen Reichtümer verloren hat, oder Cn. Pompeius, weil er solchen Ruhm hat aufgeben müssen, und dass überhaupt alle unglücklich sind, die dieses Licht nicht mehr sehen./ Du fällst in den selben Widerspruch zurück. Wenn jemand unglücklich ist, so muss er sein. Du hast aber soeben erklärt, dass jene, die tot sind, nicht mehr sind. Wenn sie also nicht sind, so können sie auch keine Eigenschaften haben. Sie sind auch nicht unglücklich.

Wenn man dieses Argument Ciceros enthüllen möchte, könnte man in fünf Schritten vorgehen:

---

40 Cic. Tusc. 1,11; S. 60.
41 Cic. Tusc. 1,11–12; S. 60–61; leicht modifizierte Übersetzung.

1. Wenn *kein* Unglücklicher in der Unterwelt ist, dann ist *niemand* in der Unterwelt.
2. Wenn *niemand* in der Unterwelt ist, dann ist dort *kein* Toter (d.h. „die Du unglücklich nennst").
3. Wenn *dort kein* Toter ist, dann ist *nirgends ein* Toter.
4. Wenn *ein* Toter nirgends ist, dann ist *kein* Toter.
5. Wenn *kein* Toter ist, dann ist kein Toter *unglücklich*.

Auf den ersten Blick scheint diese Kette einen Sorites aufzubauen. Sie geht durch Subtraktionen vor und das Hinterglied des ersten Satzes wird zum Vorderglied des zweiten Satzes und so weiter. Wenn die Unterwelt als eine Menge betrachtet werden kann, dann subtrahiert das Argument schrittweise die Unglücklichen, die Toten, niemanden, sodass man fragen kann: Wer bleibt dann in der Unterwelt? Der Sorites aber subtrahiert graduell eine kleine Anzahl aus einer unbestimmten Menge bis zu dem Punkt (z.B. die Haare des Kopfes oder ein Haufen Staub), an dem man fragen könnte, ob die Menge noch eine bestimmte Menge sei. Cicero subtrahiert hingegen keine kleine Anzahl, sondern allmählich die Totalität jeweiliger Arten von Individuen. Außerdem sind die Quantitäten, die die Kette subtrahiert, verschiedener Natur, während das Prädikat, das man subtrahiert, im Sorites immer das gleiche ist. Statt ein Sorites zu sein, erbringt dieses Argument die Beweiskraft eines Polysyllogismus, der dem Sorites sehr ähnlich ist, sodass er mit ihm oft verwechselt wird. Der Polysyllogismus bewirkt eine Kette, in der das Prädikat der ersten Prämisse zum Subjekt der zweiten Prämisse wird und so weiter, bis zur Konklusion, wo das Subjekt der ersten Prämisse mit dem Prädikat der letzen Prämisse verbunden ist. Das heißt:

$$aRb, bRc, cRd \Rightarrow aRd$$

In diesem Fall kann man schließen: Wenn kein Unglücklicher in der Unterwelt ist, dann ist kein Toter unglücklich. Cicero möchte nämlich beweisen, dass die Toten nicht unglücklich sind. Dass sie nicht sind oder nicht in der Unterwelt sind, ist kein genügendes tröstendes Argument. Aber zur Besonderheit dieses Arguments gehören seine topischen Verfahren,[42] in denen der *locus* des Verhältnisses der Teile zum Ganzen eine bedeutende Rolle spielt: Denn die Unterwelt wird als ein Ganzes betrachtet. Da die topische Argumentation mit der

---

42 Weil die Prämissen, in den traditionellen Beispielen des Sorites/Polysyllogismus, auf dem Ausdruck der Eigenschaften der Definition beruhen.

Logik des Konditionalen eng verbunden ist, kann die Verbindung zwischen Vorderglied und Hinterglied in einer konditionellen Inferenz artikuliert werden, die sich für eine Logik der Relationen eignet.[43]

In dieser Hinsicht, könnte man feststellen, dass der erste Konditional auf der topischen Relation zwischen dem Ganzen und dem Teil beruht. Wenn die Unterwelt das Ganze der Unglücklichen wäre, wären alle Teile die Unglücklichen, aber da dort kein Unglücklicher ist, gibt es niemanden. Die Form der Maxime des ersten Konditionals kann sein: Wenn man alle Teile eines Ganzen subtrahiert, dann subtrahiert man das Ganze, d.h. das Ganze hat keine Teile, sodass es leer ist.

$$\forall \alpha (xRtot.\alpha),$$

$$\neg(x)Fx, \neg\exists xFx = (x)\neg Fx \Rightarrow \neg\exists\alpha[\ (x)Fx\ ]$$

Nun möchte Cicero beweisen, dass, wenn niemand in der Unterwelt ist (da kein *Unglücklicher* ist), dann umso weniger die Toten, die *unglücklich* genannt werden. Der zweite Konditional benützt offenkundig den *locus ex minore*, der ein Verfahren der Analogie ist. Der dritte Konditional beruht ebenso auf der Analogie, aber *a fortiori*. Wenn die unglücklichen Toten nicht in der Unterwelt sind, dann sind sie nirgends, weil der einzige Ort, wo die Unglücklichen sein könnten, die Unterwelt wäre. Anders gesagt: kein Ort, nirgends.

Interessanterweise laufen die Bemerkungen Ciceros über den Ort darauf hinaus, die stoische Theorie des Bestehens zu vertreten. Wie die Stoiker denkt auch Cicero, dass das *ti*, etwas, ebenso die Dinge impliziert, die existieren, wie die Dinge, die bestehen oder sind, ohne eine Existenz zu haben (z.B. die Zeit, der Ort, das *lekton*). Das ist der Grund, weshalb die Diskussion über die Unterwelt als Ort und deren Determinationen sowie über den ontologischen Status der Toten sinnvoll ist: Solche Dinge bestehen oder sind, ohne zu existieren.[44] Das Verfahren des vierten Konditionals wird also greifbar. Da die Toten an keinem Ort bestehen, sind sie nicht (*non esse*). Um was für eine Art von Nichtsein

---

43 Vgl. Anthony Speca: Hypothetical Syllogistic and Stoic Logic, Leiden 2001 (Philosophia antiqua 87).

44 Vgl. Sen. epist. 58,13–15; Jacques Brunschwig: La théorie stoïcienne du genre suprême et l'ontologie platonicienne, in: Jonathan Barnes; Mario Mignucci (Hgg.): Matter and Metaphysics, Neapel 1988 (Elenchos 14), 19–127; Victor Caston: Something and Nothing: the Stoics on Concepts and Universals, in: Oxford Studies in Ancient Philosophy 17 (1999), 145–213; Fosca Mariani Zini: *Aliquid*: être quelque chose, in: Shahid Rahman; Juliele M. Sievers (Hgg.): Normes et fictions, in: Cahiers de Logique et d'Épistémologie 11 (2011), 75–94.

handelt es sich? Cicero betont: Die Toten *nulli sunt*. Die Toten sind etwas, das nicht existiert.[45] Etwas von ihnen (d.h. die Seele) wird unsterblich sein, aber sie existieren nicht effektiv.

Folglich ist das letzte Konditional einfach zu verstehen: Da die Toten nicht existieren, können sie keine effektive und reale, d.h. wahrnehmbare Eigenschaft besitzen. Die Maxime könnte lauten: Wenn kein x existiert, dann existiert keine Eigenschaft F von x, in diesem Fall das Unglück.

Da die Leidenschaften das Ergebnis einer Meinung und eines Werturteils sind, soll die Therapie der Seele die Abstufungen sowie die Realität des Schmerzes richtig ermessen oder vergleichen. Ebenso soll die Argumentation stufenweise verfahren. Einerseits zeigen die Beweise nur mutmaßliche Schlussfolgerungen, sodass die Gewissheit niemals erreicht wird. Anderseits ist die motivierte Zustimmung das Ergebnis eines komplexen Argumentationsnetzes. Der Kampf gegen Angst oder Schmerz verlangt, die Untersuchung fortzusetzen und die Thesen andauernd zu überprüfen. Die Anstrengung (*labor*) ist auch eine logische Aufgabe.

Das ist der Grund, weshalb der Freund Ciceros einen Vorbehalt anmeldet, auch wenn er die Argumentation bereits bewiesen hat: Wenn die Toten nicht existieren, so können sie nichts (*nihil*) sein. Sie sind also nicht unglücklich (*Si igitur non sunt, nihil possunt esse; ita me miseri quidem sunt*). Sein Vorbehalt lautet:[46]

> Non dico fortasse etiam quod sentio; nam istuc ipsum, non esse, cum fueris, miserrimum puto.

> Vielleicht drücke ich nicht klar genug aus, was ich meine. Denn eben dies, nicht zu sein, nachdem man gewesen ist, halte ich für das Unglücklichste.

Ciceros Erwiderung wendet eine Analogie an:[47]

> Quid? Miserius quam omnino numquam fuisse? Ita qui nondum nati sunt miseri iam sunt, quia non sunt, et nos, si post mortem miseri futuri sumus, miseri fuimus, ante quam nati.

---

45 Man könnte in diesem Fall zwischen E und E! sein, d.h. zwischen Sein und Existieren, sodass man schreiben könnte: ∃x¬E!x, es gibt Dinge, die nicht existieren: vgl. Frederic Nef: L'objet quelconque. Recherches sur l'ontologie de l'objet, Paris 1998, 138–139; *passim*.
46 Cic. Tusc. 1,12; S. 61.
47 Cic. Tusc. 1,13; S. 61. Vgl. Lucr. 3,919–922: *Nec sibi enim quisquam tum se vitamque requirit, / cum pariter mens et corpus sopita quiescent / Nam licet aeternum per nos sic esse soporem, / nec desiderium nostri nos adficit ullum*. Über ähnliche Argumente bei Cicero und Lukrez vgl. Jaap Mansfeld: Doxography and Dialectic, in: ANRW II,36,4 (1990), 3145–3146.

> Ego autem non commemini, ante quam sum natus, me miserum; tu si meliore memoria es, uelim scire ecquid de te recordere.
>
> Wie? Für unglücklicher als überhaupt niemals existiert zu haben? So sind dann jene, die noch nicht geboren sind, unglücklich, weil sie nicht sind, und wir, die wir nach dem Tode unglücklich sein werden, sind schon unglücklich gewesen, bevor wir geboren wurden. Ich erinnere mich allerdings nicht daran, vor meiner Geburt unglücklich gewesen zu sein. Falls Du ein besseres Gedächtnis hast, würde es mich schon interessieren, ob Du Dich an irgendwelche Erlebnisse erinnerst.

In diesem Fall verwendet Cicero die Analogie, die *paria ex paribus* vorgeht. So kann das *paria ex paribus*-Argument Ciceros hier zusammengefasst werden: Wenn niemand sich daran erinnert, traurig vor seiner Geburt gewesen zu sein, so ist es wahrscheinlich, dass niemand nach dem Tod empfinden wird, traurig zu sein. Die analoge Erklärung wäre: Wenn a und b (vor der Geburt und nach dem Tod zu sein) und der unvorhergesehene Fall y (nach dem Tod nicht traurig zu sein) die Eigenschaft Φ (keine Wahrnehmung zu haben) teilen, und Φ für x zutrifft (vor der Geburt nicht traurig zu sein), dann sollte Φ auch für y zutreffend sein.

Am Ende einer solchen Trostrede wird das Menschsein wahrscheinlich von einer großen Last befreit. Die Toten wenigstens sind nicht unglücklich. Für die anderen, die noch sterben müssen, gibt es andere Beweise, die noch einmal topisch sind. Sie werden uns davon überzeugen, dass es zu bevorzugen ist, an die Unsterblichkeit der Seele zu glauben, auch wenn man sich in Gefahr begibt, mit Platon in die Irre zu gehen (*Errare [...] malo cum Platone [...]*).[48]

Mit solchen topischen Argumenten kann nach Cicero die Philosophie als Therapie der Seele die allgemeine sowie individuelle Todesangst erträglich machen und über den Verlust unserer Toten, meiner auch, trösten.

---

[48] Cic. Tusc. 1,39; S. 72.

Stoa ohne stoische Terminologie?

Senecas Vermittlungsstrategien

Claudia Wiener

Die stoische Ethik konvergiert zwar in wichtigen Bereichen (wie etwa der Selbstkontrolle als Manifestation der *virtus*) mit dem Werteverständnis der römischen Oberschicht; wenn aber der Tugendrigorismus der Stoa von einem potentiellen Interessenten oder stoischen Adepten verlangt, dass er Bereiche wie politischen Erfolg, Gesundheit, Vermögen und vielleicht sogar die Familie geringer oder doch anders werten soll, als es ihm sein Selbstverständnis empfiehlt,[1] wird ein Autor wie Seneca mit Widerstand und Ablehnung seiner Leser vorab rechnen: *scio male audire apud imperitos sectam Stoicorum tamquam duram nimis* („Ich weiß, dass die Stoiker bei weniger gut Informierten in dem üblen Ruf stehen, zu streng zu sein").[2]

Die kommunikations- und persuasionsstrategischen Maßnahmen, die Seneca anwendet, um die konsequente Lebensgestaltung nach den Leitlinien der Stoa empfehlen zu können, sollen in diesem Beitrag untersucht werden. Zum einen hilft ihm die Modellierung der Sprecher- und Adressatenrolle. Der Leser wird in der kommunikativen Konstellation entweder zum Beobachter eines Gesprächs zwischen Seneca und dem Adressaten, wobei er sich stärker mit Senecas Rolle identifizieren wird; oder er identifiziert sich mit dem Adressaten, so dass er sich an die Stelle des angesprochenen Du in diesem literarischen Dialog setzt. Zum anderen sind es Senecas Überzeugungsstrategien, die ihr Ziel aus zwei gegensätzlichen Richtungen erreichen: Entweder werden die Übereinstimmungen zwischen stoischem und traditionellem Werteverständnis hervorgehoben, indem die Differenzen als möglichst geringfügig und die ethischen Anforderungen als selbstverständliches, natürliches Verhalten dargestellt werden. Oder die stoischen Anforderungen können dadurch gerechtfertigt werden,

---

[1] In diesem Band ruft das der Beitrag von Therese Fuhrer eindrücklich ins Bewusstsein. In ihrer thesenartigen Kürze ist für das Thema die Einleitung in Jürgen Blänsdorfs Beitrag zur Autarkie in den *Epistulae morales* aufschlussreich: L'interpretation psychologique de l'autarkeia stoicienne chez Sénèque, in: Raymond Chevallier; Rémy Poignault (Hgg.): Présence de Sénèque, Paris 1991 (Caesarodunum, Bis 24), 81–93.
[2] Sen. clem. 2,5,2.

dass die Unzulänglichkeit des bisher akzeptierten Wertekanons nachgewiesen wird; mit dieser Erkenntnis wird ein elitäres Überlegenheitsgefühl erzeugt, das mit der Gruppenzugehörigkeit zur *secta Stoica* verbunden wird.

1 Vorüberlegung: Senecas Selbstpositionierung als Philosoph – *animum facere* im stoischen Kontext

Sich auf Senecas Vermittlungsstrategien zu konzentrieren, rechtfertigt sich im Kontext dieses Bandes deswegen, weil Seneca darin eine vorrangige Aufgabe seines philosophischen Wirkens und generell der römischen Philosophie sieht. Denn seine innovative Leistung für die Entwicklung oder Verteidigung des stoischen Systems sehen nicht nur andere kritisch,[3] sondern selbst Seneca bewertet sie gern bescheiden. Um aus vielen Beispielen dafür[4] ein in seiner Bildersprache typisches herauszugreifen, sei hier Brief 64 der *Epistulae morales* angesprochen; dort bezeichnet Seneca Menschen, die wie er selbst Philosophie betreiben, als Erben der großen Philosophen:[5]

> Veneror itaque inventa sapientiae inventoresque; adire tamquam multorum hereditatem iuvat [...] Sed agamus bonum patrem familiae, faciamus ampliora quae accepimus.
>
> Ich habe daher großen Respekt vor den Erfindungen der Philosophie und ihren Erfindern; die Erbschaft so vieler Vorgänger anzutreten, ist ein gutes Gefühl [...] Dann wollen wir

---

3 Berühmt ist Quintilians Urteil über die paränetische Qualität von Senecas Werk, die auf Kosten der philosophischen Genauigkeit geht (inst. 10,1,129: *in philosophia parum diligens, egregius tamen vitiorum insectator fuit* – „In der Philosophie war er nicht gründlich, doch herausragend darin, gegen moralische Schwächen zu Felde zu ziehen"); vgl. dazu Winfried Trillitzsch: Seneca im literarischen Urteil der Antike. Darstellung und Sammlung der Zeugnisse, Amsterdam 1971, Bd. I, 65; das Kapitel zur Eigenbeurteilung Senecas (Bd. I, 19–43) bleibt in der Auswertung der Ich-Rolle in den Dialogen und Briefen noch unreflektiert, indem die Aussagen immer nur als autobiographisches Zeugnis verstanden werden, ohne dass die Funktionen im jeweiligen literarischen Kontext differenziert bestimmt würden.
4 Eine Zusammenstellung von Aussagen zu seinem Selbstverständnis als Philosophielehrer in den Briefen gibt u.a. Miriam Griffin: Seneca's pedagogic strategy: *Letters* and *De beneficiis*, in: Robert W. Sharples; Richard Sorabji (Hgg.): Greek and Roman Philosophy, 100 BC – 200 AD, vol. I, London 2007 (Bulletin of the Institute of Classical Studies, Supplement 94,1), 89–113, bes. 89.
5 Sen. epist. 64,7.

auch die Rolle eines guten Familienoberhaupts übernehmen und das übernommene Vermögen vermehren!

Das klingt zwar bescheiden, aber mit dem Bild des *pater familias* wird beim Römer die Vorstellung vom verantwortungsvollen Verwalter eines Familienvermögens evoziert, das den nächsten Generationen ungeschmälert oder besser noch angewachsen zur Verfügung stehen soll. Mit einer Analogie zur Medizin vertieft Seneca diese positive Selbstpositionierung: Wie ein Arzt kein eigenständiger Forscher sein muss, doch mit kundiger Anwendung der Heilkunst helfen soll, so ist der römische Stoiker trotzdem ein hilfreicher Anwender von Erfindungen griechischer Denker:[6]

Animi remedia inventa sunt ab antiquis; quomodo autem admoveantur aut quando, nostri operis est quaerere.

Heilmittel für die Psyche sind schon vor langer Zeit erfunden worden; aber wie sie angewandt werden sollen oder wann, das herauszufinden, ist unsere Aufgabe.

Soweit bestätigt Seneca gängige Ansichten vom Verhältnis der griechischen Vordenker und Erfinder zu den römischen Anwendern, die schon Cicero vertreten hat. Doch die Einführung der *pater familias*-Metapher leistet im römischen Selbstverständnis noch mehr; sie vermittelt unterschwellig, dass es eine Pflicht und ein Merkmal der *pietas* ist, sich mit Philosophie zu beschäftigen, weil sie ein wertvolles geistiges Erbe und Familiengut innerhalb der philosophischen *secta* bzw. *gens Stoica* ist. Diese Pflicht zur Vermögensvermehrung muss nicht durch einen neuen Beitrag zum System der Stoa erfüllt werden, das in sich geschlossen und (gerade in Senecas Darstellung) auch dogmatisch weitgehend stabil scheint. Die Einleitungsszenerie dieses 64. Briefs hat die Aufgabe des Philosophen schon angedeutet: Bei einem *convivium* unter Freunden hat die Lesung aus dem Werk des Philosophen Q. Sextius[7] eines gezeigt: Die Wirkung auf den Hörer ist eine entscheidende Qualität; Kraft (*vigor*) muss ein Philosoph ausstrahlen. Erneut werden wir durch eine Metapher in den Vorstellungsbereich der Medizin geleitet: Das Gegenbild zur physischen Kraft der Sextius-Schriften sind die anämischen Schriften vieler Philosophen (*scripta exanguia*). Obwohl diese blutleeren Schriften etwas leisten, was als Beitrag zur Sicherung des Systems intellektuell sicher nicht unbedeutend ist – *instituunt, disputant,*

---

6 Sen. epist. 64,8.
7 Seneca selbst war Schüler von Sextius' Schülern Sotion und Fabianus (vgl. auch Sen. nat. 7,32,2; epist. 59,7 und 73,12); vgl. dazu: Hans von Arnim, RE II A,2 (1923), Sextius 10, Sp. 2040–2041.

cavillantur –, ist ihr Defizit doch gravierend, weil ihnen die motivierende Wirkung auf den Leser fehlt:[8]

> Instituunt, disputant, cavillantur, non faciunt animum, quia non habent.
>
> Sie unterweisen, sie disputieren und sie treiben Sophistereien – aber sie machen keinen Mut, weil sie keinen haben.

Seneca umgeht mit der suggestiven Kraft von Analogien die Einwände, die das lange problembeladene Verhältnis von Rhetorik und Philosophie zu Recht in Erinnerung rufen könnten. Die Evidenz der Vorstellung von der körperlichen Kraftlosigkeit, die diese lebensfernen Philosophen selbst in ihren intellektuellen Leistungen ausstrahlen, wirkt so stark auf den Hörer, dass man gar nicht nachfragen will, ob denn der stoische Philosoph überhaupt etwas anderes als die Rationalität ansprechen muss, weil *animus* und *ratio* idealerweise identisch sein sollten. Wozu muss ein stoischer Philosoph denn motivieren, womöglich gar emotionale und irrationale ‚Seelenkräfte' ansprechen, wenn er logische Gründe hat? Seneca wird die Diskussion in den *Epistulae morales* etwas später und dann bereits auf einer höheren Reflexionsstufe verfolgen, vor allem in dem berühmten Briefpaar 94 und 95 zum Verhältnis von Dogmatik (*decreta*) und Paränetik (*praecepta*), dem zuletzt John Schafer eine Monographie gewidmet hat, um es als programmatisch für Senecas Verständnis als Lehrer hervorzuheben.[9]

Gegen das Klischee vom Stoiker als einem blutleeren Redner, für den die rationalen Argumente und Argumentationsformen ausreichen, wie es Cicero prominent sowohl in den rhetorischen Schriften wie auch in seinen philosophischen Dialogen aufgegriffen hat,[10] führt Seneca einen engagierten Feldzug – so engagiert, dass man aus seinen kritischen Bemerkungen über stoische Syllogismen eine Ablehnung der Logik vermuten könnte; das hat u.a. Jonathan Bar-

---

8 Sen. epist. 64, 3.
9 John Schaffer: Ars Didactica. Seneca's 94th and 95th Letters, Göttingen 2009 (Hypomnemata 181); dieser weist S. 69 ebenfalls auf die Bedeutung von Brief 64 in diesem Sinn hin.
10 Vor allem im Vergleich mit dem Peripatos und seinem Beitrag zur Redekunst etwa in *Brutus* 113–122 anhand des Rednerpaars P. Rutilius und Q. Aelius Tubero; das Verhältnis von Philosophie und Rhetorik wird im ersten Buch von *De oratore* anhand der Positionen des Stoikers Mnesarchos und des Akademikers Charmadas exemplifiziert, wobei M. Antonius Mnesarchos' Rede als „dornigen, dürftigen Redestil" (*spinosa, exilis oratio*; 1,83) abwertet. Auch die Sprechweise seiner Dialogteilnehmer in den philosophischen Dialogen wird entsprechend ihrer Zugehörigkeit zu Philosophenschulen charakterisiert und bewertet.

nes richtig gestellt.¹¹ Die Logik gehört für Seneca evident nach Brief 89 als einer von drei Bereichen zum stoischen System und schließt dort die Rhetorik ein.¹² Selbst in Brief 113, wo Seneca die Gefahr aufdeckt, dass die Anwendung von Syllogismen im Sinne von Sophismen zum Selbstzweck werden kann, und sich humorvoll von der berüchtigten stoischen *subtilitas* distanziert, lässt er sich trotzdem auf die nur scheinbar unnütze *quaestio* ein, ob die Tugenden Lebewesen seien. Sie führt ihn nämlich doch zu einem Bereich der Ethik, der für sein Selbstverständnis als Philosoph zentral ist: zum Verhältnis von *animus* und Tugenden bei menschlichen Handlungsentscheidungen. Tugenden sind keine Einzelwesen, die die Seele zu einer Hydra mit vielen Köpfen machen würden; die Tugenden selbst handeln nicht, sondern sie führen den *animus* zur Handlungsentscheidung: Dazu werden die Handlungsimpulse (*impetus*) kontrolliert und durch Beurteilung (*iudicium*) wird die Zustimmung (*assensio*) zu einer Handlung gegeben oder verweigert. Im *animus*, wo diese Entscheidungen fallen, ist also auch der Sitz der *virtutes*. Dass die Handlungsentscheidung nach stoischer Auffassung ein mehrstufiger Prozess ist,¹³ scheint mir für Senecas Auffassung eine Erklärung zu liefern, dass zur Vermittlung von Philosophie nicht nur *ratio* allein, sondern auch *animum facere* nötig ist. Natürlich ist die *ratio* die Grundvoraussetzung, damit der Entscheidungsprozess richtig verläuft. Aber selbst eine Affekthandlung ist ein rationaler Entscheidungsprozess, wie Seneca in *De ira* demonstriert.¹⁴ Die Einteilung der Ethik in Brief 89 ist bei Seneca deshalb nach diesem Modell in drei Stufen vorgenommen: Unsere Handlungen resultieren aus der Bewertung der eintreffenden Reize und der Situation (*inspectio suum cuique tribuens et aestimans, quanto quidque dignum sit;* [...] *pretia rebus inponere* – „die Überprüfung, die jedem das Seine zuweist und einschätzt, wieviel ein jedes wert ist; [...] den Dingen ihren Wert zuweisen"), aus

---

11 Jonathan Barnes: Logic and the imperial Stoa, Leiden 1997 (Philosophia antiqua 75).
12 Vgl. dazu Jula Wildberger: Seneca und die Stoa: Der Platz des Menschen in der Welt, Berlin/New York 2006 (Untersuchungen zur antiken Literatur und Geschichte 84), Bd. 1, 133–152.
13 Grundlegend dazu Brad Inwood: Ethics and Human Action in Early Stoicism, Oxford 1985, 52ff.
14 Sen. dial. 4,2–4. Vgl. dazu die Diskussion der bisherigen Forschung bei Miriam Griffin: Seneca on Society, Oxford 2013, 125–132. Zur Bedeutung des Dreischritts für das Konzept der Erziehung zur Tugend und das Verhältnis von Askesis und Willen bei Seneca vgl. Thomas Baier: Seneca als Erzieher, in: Thomas Baier; Gesine Manuwald; Bernhard Zimmermann (Hgg.): Seneca, philosophus et magister, Freiburg i.Br./Berlin 2005 (Paradeigmata 4), 49–62. Eine scharfsinnige Analyse zur Rückwirkung des Modells auf die stoische *ira*-Klassifikation als *cupiditas* gibt Katja Maria Vogt: Anger, present injustice and future revenge in Senecas De ira, in: Katharina Volk; Gareth D. Williams (Hgg.): Seeing Seneca whole. Perspectives on Philosophy, Poetry and Politics, Leiden/Boston 2006, 57–74.

der Kontrolle des Handlungsimpulses selbst (*ut impetum ad illa capias ordinatum temperatumque* – „dass du den Impuls dazu als einen geregelten und kontrollierten aufgreifst") und aus der Durchführung der Handlung (*ut inter impetum tuum actionemque conveniat, ut in omnibus istis tibi ipse consentias* – „dass eine Übereinstimmung zwischen deinem Handlungsimpuls und der Handlung besteht, so dass du in all diesem mit dir selbst in Einklang bist").[15] In jeder dieser drei Phasen lauert jedoch die Gefahr des Scheiterns: Miriam Griffin hat deshalb mit gutem Grund auch die didaktische Diskussion um das Verhältnis von *praecepta* und *decreta* in Brief 94 und 95 als Fortführung dieses dreiteiligen Modells erklärt: Senecas Verteidigung der *praecepta* zielt nach ihrer Deutung vor allem auf den Bereich der *actio*, die die gelungene Umsetzung der getroffenen Entscheidung garantieren muss.[16] Aber selbst die richtige Bewertung des Reizes und die Kontrolle der Affekte setzt Vorbereitung und Übung voraus. In jeder Handlungsentscheidung muss sich der *magnus animus* manifestieren, d.h. der erhabene Standpunkt und die Überlegenheit über alle Begierden und Ängste müssen gewahrt bleiben: die Freiheit von Verlustängsten oder Unterlegenheitsgefühlen, die Freiheit vom Wunsch, eine Beleidigung heimzuzahlen, oder vom Ehrgeiz eines gesellschaftlichen und beruflichen Aufstiegs.

2 Die Modellierung der Adressaten- und Sprecherrolle

Seneca steht mit dem Aufruf zur *askesis* nicht isoliert da. In Arrians Sammlung von Epiktets Lehrgesprächen[17] finden wir genauso wie bei Musonius und etwas später in Plutarchs *Moralia*[18] vergleichbare Anleitungen und Strategien. Auch

---

15 Alle Zitate Sen. epist. 89,14.
16 Griffin: Seneca on Society (wie Anm. 14), 125–132.
17 Benjamin Lodewijk Hijmans: ἌΣΚΗΣΙΣ. Notes on Epictetus' Educational System, Utrecht 1959; John M. Cooper: The Relevance of Moral Theory to Moral Improvement in Epictetus, in: Andrew S. Mason; Theodore Scaltsas (Hgg.): The Philosophy of Epictetus, Oxford 2007, 9–19.
18 Aufschlussreich ist besonders das zweite Kapitel in der Studie von Lieve van Hoof: Plutarch's Practical Ethics. The Social Dynamics of Philosophy, Oxford 2010. Dort wird neben der Identifikationsmöglichkeit mit den Sprecherrollen vor allem Plutarchs zweistufiges Therapiekonzept in Krisis (Beurteilung) und Askesis (Habitualisierung) demonstriert. Die Kontrastierung von Plutarchs Habitualisierungsübungen und Senecas Training, das sich nur auf rationale Selbstreflexion konzentriere, ist allerdings übertrieben; auch Seneca plädiert beispielsweise für eine Reduzierung der Zornanlässe (wie emotionale Bindung an Luxusgüter, Situationen

diese Autoren legen ihre Empfehlungen in Gesprächssituationen einem Gegenüber nahe oder einer Sprecherrolle in den Mund, mit der sich der Leser identifizieren kann. Doch gerade die *Dialogi* scheinen in der Inszenierung kommunikativer Situationen im Vergleich zu den *Epistulae morales* unambitioniert zu bleiben. Sie alle haben zwar einen Widmungsadressaten, doch scheint Seneca zwischenzeitlich aus dem Blick zu verlieren, wen er zu Beginn angesprochen hat; nicht selten wird sogar ein fiktiver Interlokutor eingeführt, obwohl in einem philosophischen Dialog doch eigentlich der Adressat den Widerspruch formulieren müsste.[19] Deutlicheren Modellcharakter scheinen bestimmte Exempelfiguren oder Sprecher, die mit einer Redeeinlage eingeführt werden, zu haben. Wenn die Individualität des Adressaten weniger ausgeprägt ist, fördert das die Identifikationsmöglichkeit für den Leser, denn er kann sich selbst von der Du-Anrede angesprochen fühlen; Seneca gelingt es so, ihn aus der Beobachterhaltung zu lösen und in das Gespräch zu integrieren, also die kommunikative Situation von einer Dreierkonstellation auf eine direkte Sender-Empfänger-Verbindung zu reduzieren. Es kann jedoch für manche Ziele günstiger sein, wenn der Leser sich nicht mit dem Adressaten identifiziert, sondern als Beobachter eine reflektierende Haltung beibehält oder sich damit sogar mit dem Sprecher Seneca identifiziert. So entwickelt sich die kommunikative Situation, wenn wir Senecas Gesprächstherapie mit Trauernden lesen, über deren Situation und psychischen Zustand wir sehr viel erfahren. In diesem Fall bleiben wir eher als Beobachter außerhalb der Kommunikationssituation, auch wenn wir Anteil am Schicksal der Betroffenen nehmen. Als Beobachter verstehen wir den Dialog in seiner Exempelfunktion; je stärker wir uns dagegen mit dem Du identifizieren, desto eher vollziehen wir die Lektüre als eine *praemeditatio* und Übung, wobei Seneca jedoch darauf achtet, dass wir Methode, Wirkung und Ziele des Therapeuten reflektierend anerkennen.

Für die didaktische Konzeption und Strukturierung der *Epistulae morales* haben die Studien von Cancik, Hadot und Maurach[20] einen enormen Erkennt-

---

beruflichen Stresses u.ä.); selbstverständlich liegt der Schwerpunkt von Senecas Anleitung auf der rationalen Bewertung einer Situation oder eines ‚Gutes'; sein Training muss sicherstellen, dass der Patient sich überhaupt auf die rationale Reflexion einlässt.
19 Für *De ira* hat z.B. Roland Malchow diese Frage ausführlich mit der Forschungsliteratur von Hirzel an diskutiert: Kommentar zum zweiten und dritten Buch von Senecas Schrift ‚de ira' (= dial. 4 und 5), Erlangen 1986, 11–15.
20 Hildegard Cancik (Untersuchungen zu Senecas *Epistulae morales*, Hildesheim 1967 [Spudasmata 18]) hat an den Arten der Briefbeziehung gezeigt, wie Seneca unterschiedliche Formen der didaktischen Vermittlung im Wechsel von Paränese und Doxographie anwendet. Ilsetraut Hadot (Seneca und die griechisch-römische Tradition der Seelenleitung, Berlin 1969 [Quellen

niszuwachs gebracht; parallel dazu hat mit der Analyse von Form und argumentativen Strukturen der *Dialogi* Karlhans Abel in den 60er Jahren die Wende in der Bewertung von Senecas Essayistik eingeleitet.[21] Abels Analyse hebt zu Recht hervor, dass den Schriften eine klare Beweisstruktur zugrunde liegt, die er nach Aristoteles' Gliederung in der Rhetorik in Beweisthema (πρόθεσις) und beweisenden Teil (πίστις) mit entsprechender Variation in der *partitio* beschrieben hat.[22] Sein Versuch, die *Dialogi* in den Zusammenhang eines systematisch aufgebauten moraldidaktischen Lehrwerks zu bringen, überzeugt dagegen weit weniger; wo er Senecas persönliche Anliegen (etwa die apologetische Tendenz in *De vita beata* oder das Bittgesuch in der *Consolatio ad Polybium*) als vorrangige Intention sieht und er diese Schriften aus dem zu rekonstruierenden Lehrwerk ausklammern möchte, verstellt ihm das den Blick darauf, dass gerade im argumentativen Vorgehen die Übereinstimmungen dieser Schriften mit den anderen *Dialogi* nicht zu leugnen sind.

Es hilft in dieser Frage, Senecas Wahl von literarischen Gestaltungsmöglichkeiten nicht nur aus der Beweisstruktur der forensischen Rhetorik abzuleiten, sondern aus einer jeweils unterschiedlichen kommunikativen Zielsetzung, indem eine stärker handlungsbezogene Rede (im protreptischen, paränetischen, therapeutischen Kontext) von einer diskursiven Rede abzusetzen ist, die Geltungsansprüche problematisiert (etwa in der doxographischen Darstellung und darauf aufbauenden Auseinandersetzung mit anderen philosophischen Lehren).

---

und Studien zur Geschichte der Philosophie 13]) hat den Lehrplan der Briefe nach dem Vorbild hellenistischer Philosophenschulen in einer dreiphasigen Extension von Sentenzen zu wissenschaftlichen Lehrwerken mit Zwischenphasen der Komprimierung und Einübung der *regulae vitae* u.a. durch Meditation nachgewiesen. Gregor Maurach (Der Bau von Senecas *Epistulae morales*, Heidelberg 1970 [Bibliothek der klassischen Altertumswissenschaften, Neue Folge 2,30]) hat diese Ergebnisse durch Einzelbriefanalysen bestätigt und vertieft. Jüngere Studien haben die Einteilung der Briefgruppen untersucht: Erwin Hachmann (Die Führung des Lesers in Senecas *Epistulae morales*, Münster 1995 [Orbis antiquus 34]) kommt zu einer Gliederung in Briefkreise auf dem Weg zur *bona mens* (1–12, 13–29) und *mens perfecta* (30–65); Beat Schönegg (Senecas *Epistulae morales* als philosophisches Kunstwerk, Bern/Berlin/Frankfurt a.M. u.a. 1999 [Europäische Hochschulschriften 578]) vertieft die Beobachtungen zur philosophischen Pädagogik.

21 Fünf der *Dialogi* sind behandelt in: Karlhans Abel: Bauformen in Senecas Dialogen, Heidelberg 1967 (Bibliothek der klassischen Altertumswissenschaften, Neue Folge 2,18).

22 Karlhans Abel: Die ‚beweisende' Struktur des Senecanischen Dialogs, in: Pierre Grimal (Hg.): Sénèque et la prose latine, Vandœuvres, Genève 1991 (Entretiens sur l'antiquité classique 36), 49–81.

Die Modellierung der Adressaten- und der Sprecherrolle ist in den *Epistulae morales* leichter zu beschreiben, weil sie von Seneca selbst reflektiert bzw. gelenkt wird. Die philosophiedidaktische Konzeption ist mit dem Rollenverständnis und dem jeweils signalisierten Fortschritt des Schülers und des Lehrers eng verbunden.[23] Die Adressatenrolle in den *Dialogi* kann in dem ununterbrochenen Gespräch eines Dialogs nicht oder doch nur schwierig in ihrer Entwicklung vorgeführt werden. Der Adressat muss also zu Beginn in einem bestimmten Zustand bzw. Verhältnis zur stoischen Philosophie charakterisiert werden.

Wir können dabei einige stoa-affine Adressaten ausmachen, die als *proficientes* gekennzeichnet sind.[24] Einen zuverlässigen Hinweis darauf, dass Seneca zu einem Adepten der stoischen Philosophie spricht, gibt uns das medizinische Bild von der Genesung aus schwerer Krankheit und der Gefahr des Rückfalls. Seneca führt Serenus als den Adressaten von *De tranquillitate animi* mit einer Eigendiagnose ein: Er fühle sich wie in einem Zwischenzustand zwischen Krankheit und Gesundheit (*nec aegroto nec valeo* – „ich bin nicht krank und nicht gesund")[25]; dieser Befund bildet den Ausgangspunkt für Senecas Kurs zum *magnanimitas*-Training, das sich demnach wohl an einen Leser richtet, der selbst Ambitionen auf eine Selbstformung mit Hilfe der stoischen Ethik hat. Zur Bestätigung, dass diese Analogie zur körperlichen Anfälligkeit für *proficientes* kennzeichnend ist, kann die Gefährdung des Adepten im Unterschied zum gefestigten Weisen in Brief 72 der *Epistulae morales* herangezogen werden:[26]

> Hoc, inquam, interest inter consummatae sapientiae virum et alium procedentis, quod inter sanum et ex morbo gravi ac diutino emergentem, cui sanitatis loco est levior accessio: hic nisi adtendit, subinde gravatur et in eadem revolvitur, sapiens recidere non potest, ne incidere quidem amplius.

Der Unterschied zwischen einem Mann im vollendeten Zustand der Weisheit und einem, der noch auf dem Weg dahin ist, ist derselbe wie zwischen einem Gesunden und einem,

---

23 Empfehlenswert ist Miriam Griffins komprimierte Präsentation, um das Konzept der *Epistulae morales* mit Senecas Anlage von *De beneficiis* zu vergleichen: Griffin: Seneca's pedagogic strategy (wie Anm. 4), bes. 95–101.
24 Für das Verständnis von *proficiens* kann man auf die *Epistulae morales* zurückgreifen: Die Frage, wie sich die Abstufungen vollziehen, ist allerdings viel diskutiert, denn die Dreistufung der προκόπτοντες, die Seneca in Brief 75 je nach dem Grad an Überwindung der *vitia* vornimmt, ist zwar in ihrer Systematik suggestiv; doch zuvor, in Brief 72, gibt es nur eine Zweiteilung, nämlich den (typisch stoischen) Schwarz-Weiß-Kontrast zwischen einem Weisen und einem Nicht-Weisen, der noch Rückfälle wie nach einer schweren Krankheit erleiden kann. Für die *Dialogi*-Adressaten kann diese Zweiteilung schon ausreichen.
25 Sen. dial. 9,1,2.
26 Sen. epist. 72, 6.

der sich von schwerer und langer Krankheit erholt und für den Gesundheit schon ein Anfall, der leichter ist, bedeutet: Wenn er nicht aufpasst, dann verschlimmert sich sein Zustand gleich wieder und er erleidet einen Rückfall; doch der Weise kann keinen Rückfall erleiden, ja er kann nicht einmal ein Stückchen weiter hineinfallen.

Zur Gruppe der philosophisch vorgebildeten Adressaten zählt der Bruder Novatus/Gallio. Seneca hat ihm *De ira* und *De vita beata* gewidmet, aber nirgends einen Hinweis darauf gegeben, dass er als Anhänger oder Sympathisant der Stoa gelten könnte. Vielmehr scheint es günstig, dass er beim Adressaten allgemeine philosophische Bildung voraussetzen kann, ohne dass dieser schon auf eine bestimmte Schule festgelegt wäre. Denn beide Schriften haben einen hohen diskursiven Anteil, mit dem explizit und mit den schuleigenen Mitteln die Auffassungen und Lehrmeinungen anderer Philosophenschulen widerlegt werden. Der Widmungsadressat fungiert damit als Identifikationsangebot für einen Leser, der erst von den Vorteilen der stoischen Doktrin gegenüber anderen Schulen überzeugt werden muss.

Die Leistungsfähigkeit der Stoa im Bereich der Psychotherapie demonstriert Seneca, indem er den Adressaten als hilfsbedürftigen Patienten modelliert. Die Diagnose der psychischen Erkrankung und die Analyse des Patienten ist bei den *consolationes* innerhalb der *Dialogi* grundlegender Bestandteil von Senecas Krisentherapie, aber eben auch das Signal, an welchen Typus von Adressaten und Leser sich die Schrift richtet. Seneca scheint mir gerade mit dieser literarischen Form um eher stoa-ferne Leser zu werben. Er wählt Adressaten, die entweder selbst bisher keine philosophischen Ambitionen hatten (Polybius) oder zwar stoa-affine Menschen waren, die jedoch in der Krise oder aus anderen Gründen von dieser Orientierung abgekommen sind und sich deshalb nicht selbst helfen können: Sowohl Marcia, die Tochter des Cremutius Cordus, wie seine Mutter Helvia sollten zwar durch ihr Umfeld stoisch vorgeprägt sein, doch betont Seneca bei seiner Mutter Helvia, dass ihr Mann ihr von Philosophiestudien abgeraten habe.[27] Bei Marcia kontrastiert Seneca ihr aktuelles Verhalten mit dem stoischen Ideal, das sie früher verkörpert hat.

Seine eigene Rolle konstituiert Seneca bekanntermaßen in den *Epistulae morales* dadurch, dass er sich ebenfalls als *proficiens* und als Lernenden präsentiert, indem er frühere Fehler, die er überwunden hat, eingesteht oder Lucilius seine Gedanken und Wünsche vertraulich mitteilt, die er dann selbst als unge-

---

[27] Das wird nun gern als römisch-patriarchalische Haltung dem Seneca Rhetor zum Vorwurf gemacht; wir sollten dabei aber immer bedenken, dass Seneca junior in seinen Schriften möglichst plakativ den Wissensstand seines Patienten vorstellt, weil er als Identifikationsangebot für den Leser dienen soll.

rechtfertigt zurückweist. Die motivierende Wirkung dieser Haltung ist evident: Wenn selbst derjenige, dessen Lehrerrolle vom Adressaten (und Leser) akzeptiert ist, zuvor einmal auf derselben Stufe wie der Schüler stand, kann an seinem Erfolg abgelesen werden, dass eine positive Entwicklung menschenmöglich ist. Jeder, auch der Lehrer selbst, kann gelegentlich einen Rückfall in alte Denkmuster und gewohnte Wertbegriffe erleben; entscheidend ist dabei jedoch, dass er den Fehler selbst erkennen und korrigieren konnte, weil er das Ideal im Auge behalten hat. Seneca schmälert damit also gar nicht seine Autorität, sondern setzt sich als Leitfigur für die Normalmenschen, die sich um die eigene moralische Fortentwicklung anhand einer Zielvorstellung redlich bemühen. Für die *Dialogi* gilt dasselbe Vorgehen. Zweifellos hat Seneca mit dieser Selbstmodellierung auch eine Selbststilisierung im Blick, mit der er auf die Angreifbarkeit seiner exponierten Stellung im politischen Leben reagiert, für die uns Tacitus den Suillius-Prozess als Brennpunkt dieser Vorwürfe gestaltet hat.[28] Neben dem didaktischen Effekt des Understatements ist es zudem der Verblüffungseffekt, der in *De vita beata* schützend wirkt, wo Seneca den Angriffen seiner Gegner zuvorkommt, indem er sie selbst ausspricht. Sein eher unheroisches Verhalten im Exil, das aus der Begnadigungsbitte in der *Consolatio ad Polybium* und aus der Selbsttröstung in der *Consolatio ad Helviam matrem* spricht, entgeht keinem Leser; trotzdem sollten wir nicht mit Abel[29] daraus zu schnell folgern, dass Seneca in diesen Schriften zugunsten privater Zwecke von der moraldidaktischen Intention abkommt. Sie demonstrieren den Versuch der Autotherapie als Notwendigkeit, sich in Krisensituationen selbst zu helfen; sie führen zumindest einen Teilerfolg vor, nämlich das Ertragen der Situation, ohne zu verzweifeln; ein perfekter Erfolg soll offenbar nicht inszeniert werden.

---

28 Tac. ann. 13,42. Vgl. jüngst dazu Anna Lydia Motto: Seneca's quest for the *vita beata*, in: Athenaeum 97 (2009), 187–196, die diese Selbstmodellierung allerdings nicht als didaktisches Mittel sieht, sondern als schützendes *understatement* versteht, indem sie die Haltung in Bezug zur politischen Situation der Entstehungszeit von *De vita beata* (58/59 n. Chr.) setzt und Senecas Angreifbarkeit als mächtiger Berater des Kaisers und reichster Mann betont, wie sie u.a. durch den Suillius-Prozess bei Tacitus (ann. 13,42) zum Ausdruck gebracht sei. In Auseinandersetzung mit Therese Fuhrers Beiträgen zum Thema (The Philosopher as Multi-Millionaire: Seneca on Double Standards, in: Karla Pollmann [Hg.]: Double Standards in the Ancient and Medieval World, Göttingen 2000 [Göttinger Forum für Altertumswissenschaft, Beihefte 1], 201–219 und dies.: Seneca. Von der Diskrepanz zwischen Ideal und Wirklichkeit, in: Michael Erler; Andreas Graeser [Hgg.]: Philosophen des Altertums – Vom Hellenismus bis zur Spätantike, Darmstadt 2000, 91–108) hat dem Verhältnis von Leben und Werk jüngst Jan-Wilhelm Beck einen ausführlichen Essay gewidmet (Aliter loqueris, aliter vivis. Senecas philosophischer Anspruch und seine biographische Realität, Göttingen 2010).
29 Abel: Die beweisende Struktur (wie Anm. 22), 51.

3 Strategien in therapeutischen Schriften: Unterscheiden sich *consolationes* an stoische Adepten von Trostschriften an philosophische Laien?

Die *consolationes* bilden eine Gruppe innerhalb der *Dialogi*, die durch ihre Vergleichbarkeit in Thematik und Aufbau gut geeignet ist, um zu überprüfen, ob je nach Widmungsadressaten Unterschiede in Zielsetzung und therapeutischem Vorgehen zu beobachten sind. Über die Rekonstruktion der Trosttopik hinaus, die bei Seneca nicht originell ist, sondern auf eine lange Tradition zurückgeht,[30] interessiert uns hier der Einsatz der Topoi, wenn wir *consolationes* in den *Epistulae morales* und *Dialogi* auf ihren Adressatenbezug hin vergleichen.

Die therapeutischen Schritte der *consolatio*, mit denen Seneca das schwierige Ziel erreicht, sind jeweils in der Abfolge gleichbleibend;[31] Unterschiede sind in der Proportionierung festzustellen. Bevor überhaupt irgendeine Konsolationstopik angewandt werden kann, muss der Patient als erstes aufnahmefähig für die rationale Argumentation gemacht werden (*animum facere*). Diese Motivierung erreicht Seneca erstaunlicherweise, indem er den Patienten zusätzlich zum frischen Schmerz noch an frühere Leiden erinnert (in der medizinischen Metaphorik i.d.R. als *cicatrices* bezeichnet). Durch die Vergegenwärtigung früherer Schmerzerfahrungen wird der auf sein aktuelles Leid konzentrierte Patient aufmerksam gemacht, weil ihn das Gespräch persönlich aufrührt; mindestens so wichtig ist aber die Stärkung des Selbstvertrauens, weil dem Patienten bewiesen wird, dass er ähnliche Verluste schon einmal erfolgreich überwunden hat. Er ist also in der Lage, die aktuelle Situation zu meistern.

Erst dann setzt Seneca mit dem argumentativen Teil ein, in dem die Bewertung der Situation mit dem Patienten diskutiert wird. Die Argumente für eine

---

30 Horst-Theodor Johann: Trauer und Trost. Eine quellen- und strukturanalytische Untersuchung der philosophischen Trostschriften über den Tod, München 1968 (Studia et testimonia antiqua 5). Zur Forschungsdiskussion um die Rekonstruktionsvorschläge des als Archetypus aufgefassten Werks des Krantor gerade mit Bezug auf Senecas Schriften vgl. John E. Atkinson: Seneca's ‚Consolatio ad Polybium', in: ANRW II,32,2, Berlin/New York 1985, 860–884, bes. 867–869.

31 Für die *Dialogi* habe ich das zu zeigen versucht: Die therapeutische Konzeption von Senecas Consolationes, in: Ulrich Schlegelmilch; Tanja Tanner (Hgg.): Die Dichter und die Sterne. Beiträge zur lateinischen und griechischen Literatur für Ludwig Braun, Würzburg 2008 (Würzburger Jahrbücher für Altertumswissenschaft, Neue Folge, Beiheft 2), 67–99.

Neu- und Umbewertung der Situation sind aus dem Schatz der Konsolationstopik genommen und bei adressatenbezogener Varianz doch relativ komplett eingesetzt: Gegen das Selbstmitleid lassen sich Beispiele vieler anderer Betroffener beibringen; gegen das Hadern mit dem Schicksal wird der *condicio humana*-Topos eingesetzt, um nachzuweisen, dass die Todeserfahrung natürlicher Bestandteil des menschlichen Lebens ist. Auch die Kürze des Lebens ist nur relativ und für die ethische Qualität nicht aussagekräftig. Ein wichtiger Teil der stoischen Argumentationstradition geht, wie wir u.a. von Cicero wissen,[32] auf Chrysipp zurück: Die Vorstellung von der Trauer als Pflichterfüllung gegenüber dem Verstorbenen oder der Gesellschaft muss als falsch erwiesen werden.

Im Anschluss an diesen argumentativen Teil wird dem Patienten die Konzentration auf eine wichtige Aufgabe empfohlen, die er in der Familie, im Beruf oder im Bereich intellektueller Betätigung (Literatur, Philosophie) übernehmen sollte. Zugleich wird ihm eine Orientierungsfigur aus der näheren Umgebung vorgestellt, die ihm bei der Überwindung der Trauer als Vorbild dienen kann. Hier finden wir die *praecepta*, um die als richtig erkannte Haltung auch praktisch umzusetzen (*actio*).

In der Zielsetzung seiner Therapie soll (nach Abels Einschätzung) Seneca in den drei *consolationes* der *Dialogi* insofern einen Unterschied zwischen möglichen *proficientes* und dem stoa-fernen Polybius machen, als er nicht explizit den hohen Anspruch der Stoa formuliert, die Trauer nicht nur zu lindern zu wollen, sondern den Patienten dazu zu bringen, den Schmerz ganz aufzugeben.[33]

Tatsächlich ist darin ein Unterschied zu konstatieren, dass Seneca in der *consolatio* an seine Mutter dieses stoische Ziel explizit setzt und sein methodisches Vorgehen begründet.[34] Ganz sicher können wir allerdings nicht sein, dass bei Polybius das nicht der Fall war, denn gerade der Anfang der *consolatio* an Polybius ist nicht überliefert, wo Seneca gern die typische Zielformulierung

---

32 Cic. Tusc. 3,76.
33 Abel: Die ‚beweisende' Struktur (wie Anm. 22), 52, ist der Ansicht, dass Seneca „die stoische Apathieforderung durch die Metriopathie der Alten Akademie und des Peripatos, teils mit Rücksicht auf den Adressaten, teils mit Blick auf die eigene Person" ersetzt. Abel geht von dem persönlichen Anliegen Senecas als Hauptmovens für diese Schrift aus und argumentiert, dass Senecas Absicht eines Gnadengesuchs mit der Predigt von stoischer Schicksalsverachtung unvereinbar wäre. Das ist bedenkenswert, doch stellt sich Seneca selbst auch hier nicht als Weisen dar und im Unterschied zum Todesfall ist seine Verbannung durch den Gnadenakt des Herrschers rückgängig zu machen. Auch stoische Schicksalsverachtung bedeutet nicht, dass man alles ertragen muss, ohne eine Änderung der Situation zu versuchen.
34 Sen. dial. 12,4.

einsetzt. Der Argumentationsteil, den Seneca als Antwort auf die fiktiven Anklagereden gegen Fortuna gestaltet, läuft jedenfalls auch bei Polybius auf das Ziel hinaus, dass Trauer in allen Punkten als sinnlos erkannt wird.[35] Polybius darf keine Trauer zeigen, weil er in seiner beruflichen Tätigkeit selbst Stärke bewahren und andere trösten muss. Der Kaiser wird ihm als Vorbildfigur für die erfolgreiche Überwindung privaten Schmerzes vorgestellt. Der Unterschied zur *consolatio* an seine Mutter besteht vielmehr darin, dass Seneca bei Polybius Formulierungen vermeidet, die als typisch stoisch identifiziert werden könnten; die Argumente werden aus der Sicht des Verantwortung tragenden und im Staatsdienst tätigen Menschen vorgebracht. Seneca demonstriert, dass die stoischen Anforderungen in Übereinstimmung mit den gesellschaftlichen Vorstellungen von Trauerüberwindung bei verantwortungsvollen Staatsdienern sind. Wir sollten also Seneca nicht vorwerfen, dass er von den Anforderungen der Stoa abweicht, nur weil er im Sinne der Vermittlung eine Übereinstimmung mit der gesellschaftlichen Erwartungshaltung verdeutlicht. Bei Marcia spricht Seneca zwar nicht explizit den Unterschied zwischen dem Ziel aus, die Trauer zu lindern, und dem Ziel, sie beseitigen zu wollen; doch ist das Einschreiten gegen den Schmerz (dial. 6,1,1: *obviam ire dolori tuo*) zweifellos mit diesem stoischen Ziel verbunden, weil Marcias Trauer als perverses Lustgefühl (dial. 6,1,7: *prava voluptas*) so ehrenrührig dargestellt wird, dass sie im Anschluss an die *consolatio* die Trauer nicht aufrecht erhalten könnte.[36] Wie bei Helvia verwendet auch hier Seneca die medizinische Bildlichkeit, um die notwendige Härte im Vorgehen (und damit in der Zielsetzung) zu begründen: *Non possum nunc per obsequium nec molliter adgredi tam durum dolorem: frangendus est* („Ich kann in der jetzigen Situation gegen einen so verhärteten Schmerz nicht mit Nachgiebigkeit und auch nicht auf sanftem Weg vorgehen: Er muss gewaltsam beseitigt werden"). Dass Seneca seine Zielsetzung adressatenbezogen variiert, kann also in den *Dialogi* nicht nachgewiesen werden und ist für den Stoiker auch nicht zu erwarten.

Ein deutlicher Unterschied in der Art, wie Seneca sich dem Patienten nähert, zeigt sich dazu in den *Epistulae morales*. Nehmen wir zum Vergleich zwei Briefe, die sich an stoische *proficientes* richten: eine *consolatio* an Lucilius in Brief 63 anlässlich des Todes seines engen Freundes Flaccus und in Brief 99 eine *obiurgatio* an den gemeinsamen Bekannten Marullus, der sich beim Verlust seines kleinen Sohnes übertriebener Trauer überlässt. In beiden Briefen verzichtet Seneca darauf, sich erst behutsam Zugang zum Patienten zu verschaffen. Bei

---

35 Sen. dial. 11,4.
36 Sen. dial. 6,1,5–8, Zitat: 6,1,8.

Lucilius kann er auf die Erfolge des gemeinsamen Lehrgangs vertrauen. Anders ist es bei Marullus; aber auch hier scheint die Autorität der stoischen Lehre und von Senecas Arzt- und Lehrerrolle so unangezweifelt, dass er ohne Umschweife mit der Paränese in Form einer Mahnung oder Verhaltensanweisung beginnen kann.

Seinem Lucilius, der einen Freund durch einen unerwarteten Todesfall verloren hat, gibt Seneca schon im ersten Satz die konkrete Anweisung, nachdem er so kurz wie möglich sein Mitgefühl bekundet hat: *Moleste fero decessisse Flaccum, amicum tuum, plus tamen aequo dolere te nolo* („Es tut mir leid, dass dein Freund Flaccus gestorben ist, ich will trotzdem nicht, dass du mehr als angemessen Schmerz empfindest").[37] Seneca reflektiert hier offen die Zielsetzung, indem er zwar zunächst ein Maßhalten in der Trauer empfiehlt, zugleich aber betont, dass er eigentlich das Idealverhalten empfehlen müsste, auf Trauer ganz zu verzichten. Es ist demnach ein Zugeständnis an den frischen Zustand der Trauer; es zeigt sich, dass auch der *proficiens* Lucilius noch gefährdet ist, so dass Seneca sein Ziel nicht direkt einzufordern wagt. Mit dem Zugeständnis ersetzt er die in den *Dialogi* übliche Phase des Zugangs zum Patienten. Argumentativ wird in diesem Brief dann jedoch die extreme Zielforderung als leicht erreichbar nachgewiesen. Dazu wird im nächsten Abschnitt nicht mehr über das Idealverhalten gesprochen, sondern über das andere Extrem, das unzweifelhaft unsympathisch wirkt: Die übertriebene Trauer (*plus aequo dolere*)[38] wird als ein Zurschaustellen der Gefühle, als eine Form der *ambitio*, entlarvt. Damit wird das argumentative Ziel des nächsten Abschnitts vorgegeben, den Trauernden von der Vorstellung der Pflichterfüllung abzubringen. Das geht Seneca hier wesentlich effizienter an als in den *Dialogi*: Mit Mitteln der Logik weist Seneca für den *proficiens* Lucilius nach, dass die Rechtfertigung für das demonstrative Trauerverhalten auf einem Denkfehler beruht: nämlich auf der falschen Gleichsetzung der Pflicht, das Andenken an einen Freund zu wahren, mit der (scheinbaren) Pflicht, das Andenken durch unaufhörliche Trauer aufrecht zu erhalten. Widerlegt wird diese Gleichsetzung *memoria* = Trauer mit dem besonders überzeugenden Naturargument: Es ist allgemeine Erfahrung und folglich natürliches Verhalten, dass ein Vergessen der Trauer bei allen Menschen eintritt, sobald sie abgelenkt werden.[39] Die Aufrechterhaltung der Trauer ist demnach ein willentli-

---

37 Sen. epist. 63,1.
38 Sen. epist. 63,1.
39 Sen. epist. 63,3. Die Ablenkung als Therapie gegen Trauer setzen beispielsweise die Epikureer ein, was Seneca selbst gegenüber seiner Mutter Helvia als wenig hilfreich ablehnt (dial. 12,17,2).

cher Akt, kein natürlicher Vorgang. Argumentativ hat Seneca damit zwei Ziele erreicht: Nachdem erstens die falsche Vorstellung einer pflichtgemäßen Trauer ausgeredet ist, wird zweitens die scheinbar harte Idealforderung, gar nicht zu trauern, als eine natürliche Konsequenz erklärt, die leicht zu erfüllen ist, wenn man sofort mit der eigentlichen Freundespflicht beginnt: nämlich eine angenehme Erinnerung (63,4: *iucunda recordatio;* 63,7: *defunctorum cogitatio dulcis ac blanda*) an den Verstorbenen aufzubauen. Der Rest des Briefs widmet sich dem Training, wie man die Verlustsituation anders zu bewerten lernt, um seine eigene Einstellung dazu schließlich zu ändern. Für seinen strategischen Einsatz der Rolle des unvollkommenen Lehrers finden wir zudem am Ende des Briefs 63 erneut einen Beleg: Seneca macht Lucilius Mut, indem er zugibt, selbst früher nicht einmal die Anforderung der maßvollen Trauer erfüllt zu haben, als sein Freund Annaeus Serenus gestorben sei. Diese *confessio* dient dazu, das prophylaktische Training der *praemeditatio malorum* (oder sagen wir lieber: *incommodi*, denn als ein *malum* sollen diese Verluste ja nicht mehr bewertet werden) einzuführen; Seneca demonstriert an seinem eigenen Fehler und Rückfall, wie er hätte verhindert werden können. Die frühere Unzulänglichkeit des jetzt erfolgreichen Lehrers erweist den Erfolg eines solchen Trainingsprogramms.

Im Unterschied zu den *Dialogi* kann Seneca also bei Lucilius wesentlich schneller und mit Hilfe von *praecepta* zur Zielformulierung kommen. Der argumentative Teil der Situationsumbewertung wird für Lucilius knapp und verhältnismäßig abstrakt abgehandelt. Der Beweis, dass Andenkenpflege und Trauer nicht identisch sind, und die Erinnerung an den *condicio humana*-Topos reichen aus. Die neue Aufgabe, die Lucilius empfohlen wird, besteht in der perfektionierten Situationsumbewertung, nämlich eine *iucunda recordatio* ohne alle schmerzlichen Gedanken aufzubauen.

Extrem harsch geht dagegen Seneca in Brief 99 mit Marullus um, der seinen kleinen Sohn verloren hat. Die kommunikative Konstellation des Briefs ist ungewöhnlich, denn er richtet sich gleichzeitig an zwei Adressaten: Lucilius wird darauf angesprochen, dass der gemeinsame Freund Marullus sich unangemessen verhalte, weil er über den Tod des Kindes nicht hinweg komme. Seneca zitiert daraufhin den Brief, mit dem er Marullus wieder zur Vernunft bringen will. Marullus' Verhalten und der Brief dienen als ein Exempel. Die kommunikative Situation ändert sich, weil sich Lucilius damit in der typischen Beobachterrolle des Lesers befindet; wie der Leser der *Epistulae morales* sonst das Lehrer-Schüler-Verhalten zwischen Seneca und Lucilius beobachtet, so wird jetzt Lucilius ebenfalls auf den Standpunkt des Lehrers gehoben, um das Fehlverhalten des gemeinsamen Freundes zu bewerten (und damit vor eigenem Fehlverhalten gewarnt zu werden).

Seneca hat den Brief an Marullus explizit nicht als *consolatio*, sondern als Strafpredigt (99,1: *obiurgatio;* 99,2: *convicia*) angelegt. Der Tadel wird nicht nur mit dem übertrieben langen Trauern begründet; selbst der Anlass dieser Trauer wird als unangemessen bewertet: Ein Söhnchen im Babyalter zu verlieren, ist weit weniger schlimm als einen guten Freund zu verlieren. Das mag mentalitätsgeschichtlich für die Vormoderne zutreffen,[40] doch mit Blick auf die argumentative Zielsetzung erfüllt die scharfe Kritik an dem uns heute verständlichen Verlustgefühl des Vaters Marullus einen psychologisch kalkulierten Zweck: Hier soll die Trauer dadurch ganz ausgetilgt werden, dass ihr Anlass negiert wird. Zu Beginn wird geradezu kaufmännisch argumentiert, dass in das Kind noch wenig Zeit und Hoffnungen investiert worden seien;[41] in einem späteren Teil des Briefs wird betont, dass das Baby ein engeres Verhältnis zu seiner Amme als zu seinem Vater gehabt habe.[42] Die Gnadenlosigkeit, die in dieser Argumentationsweise liegt, wird später evident dadurch abgemildert, dass dem unglücklichen Vater ebenfalls empfohlen wird, ein liebevolles Andenken an das Kind aufzubauen, wie es selbstverständlich jedem Familienangehörigen zustehe.[43] Senecas herzlos wirkender Einstieg verdankt sich zu einem großen Teil dem therapeutischen Ansatz, hier mit einer Schockbehandlung Marullus von dem diagnostizierten Selbstmitleid abzubringen. Er muss bei seiner Ehre gepackt werden, um aus seinem Selbstmitleid herausgeholt zu werden: Deshalb wirft Seneca ihm sein Versagen als stoischer *proficiens* vor, indem er nachweist, dass er schon bei einem verhältnismäßig geringen Verlust zusammengebrochen sei, also nicht einmal eine der leichteren Bewährungsproben des Schicksals bestanden habe.

Der Mittelteil dieser *consolatio* bringt die zu erwartenden Argumente von der Kürze des menschlichen Lebens und der *condicio humana*, wie Seneca sie auch bei Polybius und Marcia eingesetzt hat: Jeder Mensch muss sterben, und

---

40 Ich danke Andreas Urs Sommer (Freiburg) für eine anregende Diskussion im Rahmen der Tagung ‚Friedrich Rückerts Kindertodtenlieder' und darf hier auf seinen Beitrag ‚Die Philosophen und der Kindstod' verweisen, der nicht nur sozial- und mentalitätsgeschichtlich den Wandel im Umgang mit dem Tod von Kindern greifbar zu machen versucht und im Tagungsband erschienen ist: Ralf Georg Czapla (Hg.): „…euer leben fort zu dichten". Friedrich Rückerts „Kindertodtenlieder" im literar- und kulturgeschichtlichen Kontext, Würzburg 2016 (Rückert-Studien 21), 19–48.
41 Sen. epist. 99,2–3 und 11.
42 Sen. epist. 99,14: *Sine dubio multum philosophia profecit, si puerum nutrici adhuc quam patri notiorem animo forti desideras* („Zweifellos hat die Philosophie bei dir viel erreicht, wenn du psychisch so stark bist, dass du einem Kind nachtrauerst, das noch der Amme vertrauter was als dem Vater").
43 Sen. epist. 99,15 und bes. 21–22.

die Lebenszeit eines Erwachsenen sei nicht viel länger als die des Kindes.[44] Die Situationsumbewertung wird hier zudem trainiert, indem der Vater davor gewarnt wird, sich die Hoffnungen auf einen idealen Sohn auszumalen; vielmehr müsse er sich das mögliche Scheitern der Erziehung vor Augen führen, wie ja die meisten Söhne der römischen Oberschicht eher Anlass zum Schmerz für die Eltern böten.[45]

Wie in Brief 63 ist auch in Brief 99 die Zurschaustellung des Schmerzes (99,16: *ostentatio doloris*) ein wichtiges Thema, um die Forderung nach gänzlicher Schmerzfreiheit einzuleiten. Sie wird diskursiv in Auseinandersetzung mit anderen philosophischen Lehrmeinungen behandelt. Hatte sich Seneca in Brief 63 mit einem langen Zitat seines Lehrers Attalus[46] zur bittersüßen Erinnerung an verstorbene Freunde schon kritisch auseinandergesetzt, so wird an dieser Stelle eine wesentlich aggressivere Zurückweisung einer philosophischen Autorität betrieben, die gefährlicher wirken könnte als Attalus' *sententia*: Denn der Epikureer Metrodor, der eine Schrift über die Krankheit Epikurs verfasst hatte, bestätigt das, was Seneca an anderen Stellen seinen Patienten zum Vorwurf macht: Trauer bereite eine Art von Lustgefühl.[47] Wenn Philosophen die Trauer als natürlich begründen, weil sie mit dem Luststreben des Menschen in Einklang gebracht werden kann, stellt das die Berechtigung der stoischen Forderung in Frage, ganz auf den Schmerz zu verzichten: Warum sollte es nicht ausreichen, in epikureischer Weise Schmerz und Lust in ein Gleichgewicht zu bringen? Seneca verhält sich gegenüber diesem guten Argument gegen den Tugendrigorismus der Stoa nicht anders als Cicero in *De finibus*: Er appelliert an das Ehrgefühl des Lesers und hebt polemisch die Ehrenrührigkeit dieser epikureischen Rechtfertigung mit Hilfe des Lustbegriffs hervor: Es sei unwürdig und

---

44 Sen. epist. 99,6–12.
45 Sen. epist. 99,13.
46 Sen. epist. 63,5–6. Zu Attalus vgl. Hans von Arnim: Attalos (21), RE II,2, Stuttgart 1896, 2179; Gregor Maurach: Seneca, Darmstadt 1991, 21–23 rekonstruiert mit aller Vorsicht aus Senecas Zitaten und Erwähnungen Attalus' Schwerpunkte in Lehre und Methodik.
47 Diog. Laert. 10,24. Vgl. zur Auffassung zum Tod und seinem Bezug zum Leben in platonischer und epikureischer Tradition: Michael Erler: Literarische Begegnungen mit dem Tod in der Philosophie der griechischen Antike, in: Karl-Heinz Pohl; Georg Wöhrle (Hgg.): Form und Gehalt in der griechischen und chinesischen Philosophie, Stuttgart 2011 (Philosophie der Antike 29), 171–184. Erler weist auf die epikureische Memorialiteratur hin, die im Sinne einer Extension von Trostbriefen verstanden werden kann, aber besonders die *imitatio* von philosophischer Lebenshaltung intendierte: So werden von Metrodor Epikurs letzte Lebenstage als Vorbild im Umgang mit der schmerzhaften Krankheit und den intellektuellen Strategien ihrer Überwindung durch geistige Lust geschildert (ebd., 178).

geradezu pervers, Schmerz und Trauer bewusst zu suchen, um Genuss daraus zu ziehen.[48]

Auch wenn Seneca bei Lucilius behutsamer vorgeht als bei Marullus, ähneln sich beide *consolationes* darin, dass Seneca den Patienten nicht erst werbend für die Behandlung gewinnen muss, sondern dass er beide von Anfang an mit der stoischen Anforderung konfrontieren kann, indem er an das Ehr- und Schamgefühl appelliert und sich mit anderen philosophischen Autoritäten kritisch auseinandersetzt.

Der Unterschied ist zum einen durch den systematischen Lehrgang der Briefe, der die Adressaten als *proficientes* konstituiert, zu erklären. Das protreptische Anliegen der *Dialogi* ist andererseits eine Erklärung dafür, dass Seneca sich in den *Dialogi* gegenüber seinen Patienten zunächst auf die Diskussion um die Berechtigung des Schmerzes einlässt. Jeder hält Schmerz angesichts eines Todesfalls für berechtigt, die Apathieforderung der Stoa gilt als unmenschlich. Senecas argumentativer Trick besteht darin, zunächst einmal das zu betonen, was gesellschaftlich zweifellos anerkannt ist: die Ehrenhaftigkeit, die in der Überwindung des starken Schmerzes liegt. Deshalb bestärkt er die Patienten mit der Erinnerung an überstandene Leiden darin, dass sie stolz auf die noch sichtbaren ‚Narben' sein dürfen, weil sie charakterliche Stärke bewiesen haben. Seneca betont bei den Frauen Marcia und Helvia die Männlichkeit, die sie in dieser Selbstüberwindung bewiesen haben: Marcia wird wie eine livianische Heldin zu einer Ikone des Widerstands stilisiert, weil sie das literarische Werk ihres Vater selbst im Schmerz des Verlustes vor der Vernichtung gerettet hat.[49] Helvias Verhalten bei den schmerzlichen Verlusten von Familienmitgliedern wird mit den Verwundungen eines Gladiators verglichen. Anschließend werden, ebenfalls mit Blick auf die gesellschaftliche Akzeptanz, die unsympathischen Züge demonstrativen Trauerverhaltens ausgemalt. Damit zeigt sich, dass die stoische Forderung mit den natürlichen Vorstellungen der römischen Gesellschaft übereinstimmt.

Da Seneca bei seiner Patientin Marcia jedoch eine depressive Tendenz diagnostiziert hat, wagt er offenkundig keine Schocktherapie durch *obiurgatio* wie bei Marullus; er kann es nicht riskieren, dass sie sich beleidigt seiner Behand-

---

48 Auch gegenüber Marcia hat Seneca diese *prava voluptas* als unsympathisches Verhalten hervorgehoben (dial. 6,1,7).
49 Vgl. z.B. Sen. dial. 6,1,5: *Haec magnitudo animi tui vetuit me ad sexum tuum respicere* („Diese deine charakterliche Größe hat mich davon abgehalten, darauf Rücksicht zu nehmen, dass du eine Frau bist") und dial. 6,16 in Zurückweisung des Arguments, dass eine Frau sich nicht an männlichen *exempla* orientieren müsse.

lung ganz verschließt. Er demonstriert daher die abstoßende Wirkung dieser Art von *ostentatio* nicht an ihrem eigenen Verhalten, sondern an einem Negativbeispiel aus höchsten Kreisen, nämlich an Augustus' Schwester Octavia. Es muss verhindert werden, dass Octavia als Orientierungsfigur für würdiges Verhalten verstanden wird, deshalb malt Seneca aus, wie sie ihre Umwelt und die römische Öffentlichkeit mit der Trauer um den Sohn Marcellus tyrannisiert hatte. Seneca erreicht damit zugleich, dass Chrysipps Ziel, den Trauernden von der Vorstellung abzubringen, er erfülle eine Pflicht gegenüber dem Toten oder der Gesellschaft, sich als kongruent mit römischen Wertvorstellungen erweist: Auch die römische Gesellschaft empfindet ostentative Trauer als abstoßend.

Zu weiteren Vermittlungsstrategien, die stoische Forderung und römische Wertevorstellungen in Einklang bringen, gehören die Orientierungsfiguren aus der eigenen Umgebung, die ein gesellschaftlich hohes Ansehen genießen: Marcias Vater Cremutius Cordus, Helvias Schwester und sogar Polybius' *patronus*, Kaiser Claudius, fungieren in diesem Sinn.[50] Für Lucilius kann Seneca in Brief 63 als Orientierungsfigur sich selbst einsetzen, indem der unvollkommene, aber entwicklungsfähige Lehrer den Schüler zur Höchstleistung motivieren soll, nämlich den eigenen Meister noch zu übertreffen. In der *obiurgatio* an Marullus funktioniert die Motivation gerade anders, weil Marullus demonstriert wird, dass sein Verhalten so tief unter dem Niveau eines Stoikers liegt, dass es keiner Beispiele bedarf.

Bei den philosophischen Laien räumt Seneca der rationalen Argumentation mehr Zeit ein und betreibt mit literarischen Gestaltungsmitteln beträchtlichen Aufwand, um die Patienten in ihrem Selbstwertgefühl nicht zu beeinträchtigen, aber doch stoische Maximen möglichst selbstverständlich erscheinen zu lassen. Die Trauergründe der Marcia behandelt Seneca wie Anklagepunkte, und bei Polybius inszeniert er gegen Fortuna und das Fatum einen Prozess.[51] Die Anklage wird also in dieser Inszenierung in ihrer Berechtigung zunächst einmal anerkannt: Mit dem Rollenspiel, gewissermaßen den Anwalt Fortunas gegen die Anklage zu spielen, kann Seneca systematisch die Widerlegung falscher Vor-

---

50 Dass Seneca mit dieser *consolatio* an Polybius natürlich auch einen sehr persönlichen politischen Zweck verfolgt, steht außer Frage; trotzdem geht er methodisch nicht anders vor als in den anderen Trostschriften. Wenn man die protreptische Zielsetzung der Schrift analysiert, wird man auch die argumentative Funktion dieses Vorbilds nicht ausklammern können; vgl. Siegmar Döpp: Claudius in Senecas Trostschrift an Polybius, in: Volker Michael Strocka (Hg.): Die Regierungszeit des Kaisers Claudius (41–54 n. Chr.). Umbruch oder Episode?, Mainz 1994, 295–306; Wiener: Therapeutische Konzeption (wie Anm. 31), 97–98.
51 Sen. dial. 11,2–3: In zwei Anklagereden gegen Fortuna werden die Argumente zunächst *ex persona Polybii*, dann *ex persona fratris* vorgetragen.

stellungen (*opiniones*) leisten, ohne Marcia oder Polybius bloßzustellen, denn ihre Argumente erfordern immerhin einen Starredner wie Seneca, um sie zu widerlegen. In beiden Fällen kann Seneca in dieser Form die Güterlehre und die *fatum*-Vorstellung der Stoa zur Verteidigung seines Standpunkts einführen, ohne den Eindruck einer rigiden Vorschrift zu erwecken. In ganz gedrängter Form finden wir zwar dasselbe Argument auch bei Lucilius angewandt, wenn Fortuna als Gebende, nicht Nehmende umgewertet wird; doch die Möglichkeit der emotionalen Anklage wird dem stoischen *proficiens* nicht mehr eingeräumt.

Bei seiner Mutter Helvia hilft Seneca die Doppelstruktur der *consolatio*, die stoische Extremforderung zu vermitteln: Weil Seneca im ersten Teil der Rede vorstellt, mit welchen Argumenten er sich *selbst* tröstet, kann er die Argumentation dieses Teils schulmäßig demonstrierend anhand der stoischen Topik durchführen: Die Definition von Exil ist der Ausgangspunkt und liefert die Einzelaspekte, die je für sich als irrelevant für das persönliche Glück erwiesen werden können: Exil ist definiert als ein Ortswechsel, der mit finanziellem Verlust und Einbuße der sozialen Reputation verbunden ist. Für jeden dieser Einzelaspekte der Definition kann gezeigt werden, dass man dadurch nicht unglücklich wird, weil es sich nur um *adversa* im Sinne der stoischen Güterlehre handelt, nicht um *mala*. Auch wenn sich Seneca bemüht, diesen genuin stoischen Gedankengang als so alltäglich wie möglich darzustellen, gibt er am Ende des Beweisgangs die Mimikri auf und legt die stoische Argumentationsweise wieder offen: Denn der Einwand, dass die Wirkung aller Komponenten zusammen (erzwungener Ortswechsel und Einbuße des Vermögens und Prestigeverlust) größer ist als die Wirkung eines einzelnen Teils, ist nur zu berechtigt. Seneca lässt den fiktiven Interlokutor sogar die methodische Vorgehensweise (diductio/διαίρεσις) aufdecken und kritisieren. Dagegen argumentiert er systemimmanent mit der Einheit und Absolutheit der *virtus*: Wenn sich die *virtus* einmal als wirkungsvoll erwiesen hat, wirkt sie auch bei mehreren Widrigkeiten zusammen. Das überzeugt nur einen Stoiker. Doch muss man Seneca zugutehalten: Er hat diese *consolatio* bewusst so konstruiert, dass er mit diesem ersten Teil tatsächlich vor allem sich selbst (also einen Stoiker) überzeugen muss und nicht seine Mutter; denn sie muss nur davon überzeugt werden, dass er selbst überzeugt ist, nicht unglücklich zu sein. Deshalb hatte er zu Beginn dieses Argumentationsteils explizit von ihr verlangt, dass sie sich nicht an der Vorstellung der Allgemeinheit orientieren dürfe: Nur was der betroffene Sohn empfindet, ist relevant.

4 Vermittlungsstrategien in diskursiven Schriften

Die Verteidigungsrede des Anwalts ist ein Mittel, das Seneca auch in *De providentia* einsetzt; denn er lässt dort Lucilius zu Beginn den Theodizee-Vorwurf äußern, dass die Götter es nicht zulassen dürften, dass der Weise ein Unrecht erleidet. Explizit übernimmt Seneca dort die Verteidigung der Götter: *causam deorum agam*,[52] um Lucilius zu zeigen, dass dem Weisen kein *malum*, nur ein *incommodum* zustoßen könne, das aber als Bewährungsprobe seiner *virtus* sich letztlich als *bonum* erweist. Als Leser werden wir uns zunächst mit dem Du des Lucilius identifizieren können, denn wir erwarten von Seneca die Antworten, die wir selbst nicht geben können.

Seneca geht auch hier wie in den meisten seiner anderen Essays von den bisherigen Vorstellungen des Adressaten aus, die in einer Neubewertung als unberechtigt erwiesen und widerlegt werden. Während jedoch im therapeutischen Kontext evident ist, dass die Einstellung des Adressaten zu seiner Situation ihm nicht gut tut und geändert werden sollte, ist das in den diskursiven Schriften i.d.R. gerade nicht der Fall. Denn Lucilius' Gerechtigkeitsempfinden entspricht dem der Allgemeinheit (und dem des Lesers). In *De providentia* geht Seneca zwar auf Lucilius' Vorstellung ein, doch seine Ansicht stimmt mit der der Götter überein, die er gegen die (damit als falsch markierte) Ansicht des Lucilius verteidigen muss wie in den *Consolationes*.

Seneca geht hier einen konträr entgegengesetzten Weg zu den *Consolationes*; die Qualität der stoischen Verhaltensnorm erweist sich jetzt nämlich gerade darin, dass sie non-konform mit gesellschaftlichen Wertvorstellungen ist. In vielen der diskursiven Schriften geht er zunächst von der Warnung aus, dass die Mehrheitsmeinung bei moralischen Urteilen und ethischen Handlungsentscheidungen suspekt ist und niemals unreflektiert zur Orientierung dienen darf. Der Adressat wird dadurch in der Sicherheit seines Urteils und in seinem Selbstvertrauen erschüttert. Seneca hat dazu ein schlagendes Argument der Stoa zur Hand: Als einziges Kriterium darf nur das Telos, die Zielsetzung für das gesamte Leben verwendet werden, was die meisten Leute jedoch aus dem Blick verlieren, weil sie jeweils nur Teilziele erreichen wollen. Für Lucilius heißt das: Er muss lernen, dass das Gesamtziel des Lebens ist, die moralische Integrität zu wahren; also ist Catos Bewährung im Bürgerkrieg ein Gut, auch wenn er dabei

---

[52] Sen. dial. 1,1.

stirbt. Dagegen sind Unannehmlichkeiten keine Übel, sondern im Licht des Gesamtziels als Bewährungsproben sogar ein Gut.

Die Verunsicherung des Lesers hält nicht lange an. Denn was Seneca mit der Abhebung des stoischen Wertemaßstabs von dem der Allgemeinheit bewirkt, ist ein elitäres Selbstbewusstsein: das Gefühl, zu den ganz wenigen Menschen zu gehören, die die Wahrheit sicher erkannt haben und deswegen gar nicht anders können, als nach dieser Erkenntnis zu handeln. Auch diese Art, das Selbstwertgefühl zu steigern, hilft bei der Vermittlung von ethischen Normen, die nicht immer im Einklang mit gesellschaftlichen Wertvorstellungen stehen. Es ersetzt die fehlende gesellschaftliche Anerkennung durch eine moralische Aristokratie, wie sie in den stoischen Heldengestalten Tacitus für uns mit all ihrer provokant arroganten Wirkung im Auftreten gezeichnet hat.

Argumentationsstrategisch lässt Seneca daher die meisten *Dialogi* mit eher diskursivem Charakter regelmäßig so einsetzen, dass verbreitete Vorstellungen (*opiniones*) referiert werden, die im Sinne der Stoa einer Bewertung und Korrektur unterzogen werden. In diesen Fällen bekennt sich Seneca offener zur stoischen Argumentation als im therapeutischen Kontext. Es erhöht die Autorität seiner Lehre, wenn sie eine Vorstellung, die einen hohen Gültigkeitsanspruch in der römischen Gesellschaft hat, als falsch entkräften kann, indem sie die negativen Konsequenzen dieser verbreiteten Vorstellung erkennen lässt und rechtzeitig verhindert. Eine derartige *refutatio*-Strategie, wie ich sie nennen möchte, kann man besonders deutlich in *De clementia*, *De vita beata* und *De ira* beobachten.[53]

Das erste Buch von *De clementia* ist in der argumentativen Struktur so angelegt, dass es zunächst verbreitete Vorstellungen von Herrscherautorität zurückweist und damit gleichzeitig nachweist, dass *clementia* nicht etwa eine Charakterschwäche (also ein *vitium*), sondern eine Tugend ist und sich als die Herrschertugend schlechthin erweist. Dazu geht Seneca in drei Schritten vor.[54]

---

[53] Den Hinweis auf Philon von Larissa, der die Zurückweisung der falschen Meinung als grundlegenden Teil der Protreptik in der Philosophie explizit nennt, verdanke ich Jan Heßler: Stobaios, Ant. 2,7,2, S. 39–41 Wachsmuth; vgl. dazu Sophie Van der Meeren: Le protreptique en philosophie: essai de définition d'un genre, in: Revue des Études Grecques 115 (2002), 591–621, bes. 598–600. Die von Philon gebrauchte Analogie zur Medizin betont die Aufgabe der Philosophie, die Menschen von falschen und damit schädlichen Meinungen abzubringen und durch richtige Auffassungen zu heilen. Jan Heßler liest unter den Kriterien den Brief an Menoikeus als protreptischen Text (Epikur. Brief an Menoikeus. Edition, Übersetzung, Einleitung und Kommentar, Basel 2014).

[54] Am klarsten hat die Struktur Manfred Fuhrmann herausgearbeitet, um nachzuweisen, dass Seneca das Thema der Gerechtigkeit in der absoluten Monarchie angeht, und damit auch die

Mit dem ersten Schritt wird die falsche Vorstellung zurückgewiesen, dass *clementia* keine Tugend sei. Das Argument, das Seneca zurückweisen muss, ist durchaus plausibel: *clementia* sei eine Schwäche und wirke negativ, weil sie ungerechterweise Fehlverhalten nicht bestrafe, also die Schlechten verschone.[55] Seneca weist das zurück, indem er begründet, dass *clementia* nicht generell eingesetzt wird, sondern immer eine Richtersituation voraussetzt und damit auf einem Urteil (*ratio, iudicium*) beruht; sie verlangt dem Richter bzw. Herrscher zudem Selbstbeherrschung ab (also die Kardinaltugenden des Herrschers: *moderatio, temperantia*).[56] *Clementia* wird mit der anthropologischen Begründung erstens als Kardinaltugend des Menschen (als *animal sociale*) etabliert, weil sie Grundvoraussetzung für jegliches menschliches Zusammenleben ist;[57] sie wird damit aber zweitens auch als Kardinaltugend des Herrschers erwiesen, weil sich in ihr die Fürsorge und Schutzfunktion des Herrschers für alle Glieder des Staates manifestiert, so dass sich die Glieder wiederum für den Erhalt des Herrschers als Kopf des Staatsorganismus aufopfern.[58]

Im nächsten Schritt wird die falsche Vorstellung zurückgewiesen, dass Autorität und Stärke des Herrschers sich in der Lizenz zur Gewalt (*crudelitas*) und ihrer straffreien Anwendung manifestieren und ihm Sicherheit garantieren.[59] Seneca argumentiert wie in *De ira* mit dem *magnus animus*, mit dem ein Herrscher die Würde seiner überlegenen Machtstellung einzig überzeugend de-

---

staatsrechtliche Grundlage reflektiert (Die Alleinherrschaft und das Problem der Gerechtigkeit [Seneca: De clementia], in: Gymnasium 70 [1963], 481–514); Karl Büchners Kritik (Aufbau und Sinn von Senecas Schrift über die *clementia*, in: Hermes 98 [1970], 203–223) richtet sich gegen die einseitige Konzentration auf juristische Vorstellungen und betont den allgemeineren moralphilosophischen Gehalt; sie verunklärt damit aber wieder die Aussagekraft von Fuhrmanns Analyse für die unbestreitbar argumentative Struktur, mit der Seneca die Funktion der *clementia* auf die außergewöhnliche Richterfunktion eines absoluten Alleinherrschers fokussiert. Trotz der beeindruckenden numerischen Strukturierung ist für das argumentative Vorgehen Senecas die Gliederung von Susanna Braund nicht wirklich aufschlussreich, die sie in ihrem sonst hervorragenden Kommentar (Seneca: De clementia, edited with Translation and Commentary, Oxford 2009, 47–51) präsentiert; Braund erläutert, damit solle Senecas Art von Reprisen und Rekursen aufgezeigt werden, „how he has a general direction from which he feels free to deviate in hic characteristic associative manner" (S. 47).

55 Sen. clem. 1,2.
56 Besonders gut hat Susanna Morton Braund den Unterschied von *clementia* als hierarchischem Akt zu anderen Arten von Vergebung herausgestellt in ihrem Essay: The Anger of Tyrant and the Forgiveness of Kings, in: Charles L. Griswold; David Konstan (Hgg.): Ancient Forgiveness: Classical, Judaic, and Christian, Cambridge/New York 2012, 79–96.
57 Sen. clem. 1,3–4.
58 Sen. clem. 1,4.
59 Sen. clem. 1,5–7.

monstrieren kann; der *magnus animus* manifestiert sich gerade nicht in der Anwendung der Gewalt, sondern im Verzicht auf diese Lizenz. Die Analogien zur Tierwelt einerseits (am Verhalten des Elefanten und Löwen gegenüber schwächeren Tieren)[60] und zu den Göttern andererseits (niemand wünscht sich *inexorabilia numina*)[61] belegen die Natürlichkeit dieser Forderung.

Mit einem diatribischen Einwand leitet Seneca die nächste Stufe der *refutatio* ein: Die Verpflichtung zur Selbstkontrolle, so der Einwand, beschneidet die Freiheit des Herrschers (*ista, inquis, servitus est, non imperium* – „Das, sagst du, ist ja Sklaverei, nicht Machtausübung")[62]. Erneut wird eine falsche Vorstellung vom Herrscher mit der Analogie zu den Göttern zurückgewiesen: Die ‚Einschränkung' des Herrschers ist keine Herabsetzung, sondern Zeichen seiner erhöhten Stellung: *cum diis tibi communis ista necessitas est* („Mit den Göttern gemeinsam hast du diese Zwangssituation").[63] Die Vorbildwirkung des Herrscherverhaltens auf die Untertanen wird in beide Richtungen ausgeführt: Die Erfahrung von Toleranz macht die Untertanen selbst toleranter, *clementia* garantiert dem Regenten daher Sicherheit (*salus, securitas*), Strafe/Rache bleibt umgekehrt in der Wirkung nicht nur auf die Betroffenen beschränkt, sondern empört alle.[64]

Die These, dass nur *clementia* dem Herrscher *securitas/salus* und *fama* sichert, wird Seneca belegen, indem er die Exempelgeschichte von Augustus' Begnadigung des Cinna, die ebendiese Konsequenzen zeigte, als Analogieschluss einsetzt.[65] Augustus und seine Livia werden zudem als Identifikationsfiguren eingeführt. Dass *clementia* nicht der Handlungsweise eines schwachen Herrschers entspricht, sondern dass ihr ein schwerer Prozess der Entscheidungsfindung und Überwindung des Zorns zugrunde liegt, wird in einer langen schlaflosen Nacht des Herrschers und einer Beratungsrede der Livia demonstriert.[66]

Gehen wir an dieser Stelle auf die kommunikative Konstellation dieses Essays ein; der Leser kann sich mit dem kaiserlichen Adressaten i.d.R. wohl nicht identifizieren; er bleibt Beobachter und wird Seneca als sein Sprachrohr ansehen, weil er das Interesse der Untertanen formuliert, wenn er den Herrscher davon überzeugen will, keine Gewalt anzuwenden. Für den Leser kann der

---

60 Sen. clem. 1,5,5.
61 Sen. clem. 1,7,1–3.
62 Sen. clem. 1,8,1.
63 Sen. clem. 1,8,3.
64 Sen. clem. 1,8,7.
65 Vgl. Braund: De clementia (wie Anm. 54), 258–260.
66 Sen. clem. 1,9–10.

Essay zum einen als staatstheoretische[67] und moralphilosophische Reflexion gelesen werden, zum anderen als eine Persuasionsrede beobachtet werden, die alle Mittel panegyrischen Sprechens einsetzt.[68]

Nehmen wir das Beispiel des Augustus: Als Orientierungsfigur für Nero (wie wir sie aus den moralphilosophischen Schriften kennen) ist Augustus gut gewählt, weil er nicht nur Neros erfolgreichster Amtsvorgänger, sondern auch zur Familie gehört und sein Urururgroßvater ist. Zugleich aber setzt Seneca hier die Topik der Herrscherpanegyrik für seine Überzeugungsstrategie ein, indem er den Vergleich des Gepriesenen mit einem anerkannt großen Vorgänger durchführt, der den aktuellen Herrscher als überlegen erweist. Das gelingt dadurch, dass Augustus nicht von Beginn an vorbildlich agierte, sondern sich erst als Princeps und in der Mitte seines Lebens (*cum annum quadragesimum transisset* – „als er schon das vierzigste Lebensjahr überschritten hatte")[69] vom blutigen Machthaber zum milden Herrscher gewandelt hat.[70] Sein Verhalten in dieser Exempelerzählung belegt nicht allein die Richtigkeit von Senecas Lehre, dass *clementia* die grundlegende Herrschertugend für eine positive *fama* und für eine lange Regentschaft ist; zugleich soll Neros Ehrgeiz geweckt werden, diese historisch anerkannte Vorbildgestalt noch zu übertreffen.[71] Es wird zwar das aktuelle Verhalten des Herrschers mit dem Lob in dieser Schrift affirmiert, aber gleichzeitig wird Nero auf eine Idealgestalt verpflichtet. Er muss sich bewähren und das Verhalten tatsächlich während seiner ganzen Regentschaft durchhalten. Politisches Sprechen im Panegyricus geht von der Voraussetzung aus, dass die hierarchische Distanz zwischen Sprecher und Herrscher eigentlich so unüberwindlich ist, dass der Sprecher keine Mahnung oder gar Vorschrift aussprechen kann. Lob ist die elegante Möglichkeit, die Soll-Forderungen zu formulieren: Nimmt der Herrscher das Lob als Kompliment an, muss er sein Verhalten an dieses Ideal anpassen.

---

67 Hier hat Fuhrmann: Problem der Gerechtigkeit (wie Anm. 54) die wichtigsten Aspekte hervorgehoben.
68 In diesem Sinn hat überzeugend Matthias Peppel: Gott oder Mensch? Kaiserverehrung und Herrschaftskontrolle, in: Hubert Cancik; Konrad Hitzl (Hgg.): Die Praxis der Herrscherverehrung in Rom und seinen Provinzen, Tübingen 2003, 69–95, bes. 77–79 und 81–84 den performativen Charakter von Senecas Schrift hervorgehoben. Doch gilt diese Verpflichtung des Herrschers auf ein Idealverhalten nicht nur für die Göttlichkeit, die ihm zugesprochen wird, sondern für jedes Lob, das ihm ausgesprochen wird.
69 Sen. clem. 1,9,2.
70 Sen. clem. 1,9,1.
71 Vgl. auch Braund: De clementia (wie Anm. 54), 48.

Seneca kann die kommunikative Konstellation in diesem Traktat selbstverständlich nicht als ein Lehrer-Schüler-Verhältnis gestalten. Die kommunikative Situation des Panegyricus-Sprechers zu wählen, eröffnet ihm die sprachpragmatische Möglichkeit, den Alleinherrscher Nero auf die *clementia* zu verpflichten, indem er sie ihm als persönliches Charaktermerkmal zuschreibt und mit dem Bild vom ‚Fürstenspiegel' als Blick in den Spiegel und Selbsterkenntnis inszeniert.[72] Senecas Überzeugungsstrategie baut also eine kommunikative Situation auf, in der die allgemein verbreiteten Auffassungen, die schrittweise widerlegt werden, nicht nur im Widerspruch zur stoischen Lehre, sondern sogar im Widerspruch zur intuitiven Überzeugung des aktuellen Herrschers stehen.

De ira und *De vita beata* sind beide dem Bruder M. Annaeus Novatus (bzw. nach der Adoption Iunius Gallio) gewidmet; sie setzen beim Adressaten und Leser philosophische Kenntnis voraus, müssen aber für die stoische Position jeweils werben. Beide Schriften richten sich nicht (nur) gegen allgemein verbreitete falsche Ansichten, sondern weisen vor allem philosophische Lehrmeinungen zurück, die bestimmten Schulen und Schulgründern mit hoher Autorität zugeschrieben werden. Eine Zuverlässigkeit in der Wiedergabe der gegnerischen Positionen ist nicht zu erwarten; in beiden Fällen geht es darum, den extremen Anspruch der stoischen Lehre als richtig zu erweisen, indem jede Lehre, die Kompromisse einzugehen scheint, als untauglich erwiesen wird und die negativen Konsequenzen so plakativ wie möglich hervorgehoben werden.

Die Telos-Lehre der Stoa, die das *honestum* als einzigen, absoluten Orientierungspunkt anerkennt, wird in *De vita beata* schon in der grundlegenden Definition der *vita beata* und des *beatus* gegen den Vorwurf des Tugendrigorismus gerechtfertigt: Dass Affektfreiheit mit Gefühllosigkeit gleichzusetzen ist, wird an erster Stelle zurückgewiesen,[73] weil auch dem Weisen selbstverständlich *voluptates animi* angenehm sind, er sie aber nicht als das höchste Gut wertet, sondern als Richter über ihnen steht.[74] Die Auseinandersetzung mit dem Kepos ist keine ernsthafte theoretische Debatte, Epikurs *voluptas*-Begriff wird dazu nicht nur systematisch, sondern vor allem polemisch zurückgewiesen, ähnlich wie Cicero im zweiten Buch von *De finibus* die mangelnde Gesellschaftsfähigkeit der Lust-Verteidiger demonstriert hat. Die Kompatibilität der Stoa mit gesellschaftlichen Konventionen wird dagegen auf ungewöhnliche Weise nachgewiesen, nämlich an Senecas eigener Person und seinem Verhältnis zum Besitz. Die Apologie

---

72 Vgl. dazu Pierre Hadot: Fürstenspiegel, in: Reallexikon für Antike und Christentum 8 (1970), 555–632, bes. 594–595.
73 Sen. dial. 7,5,1.
74 Sen. dial. 7,6,1.

seiner eigenen Lebensführung als eines der reichsten Männer des Imperiums ist zwar schon in der Antike gegen ihn verwendet worden.[75] Doch ist diese Strategie nicht nur taktisch klug, weil sie offensiv mit dem Vorwurf umgeht, der sich in jedem Fall gegen Seneca richtet. Wenn Seneca seinen Bruder als Adressaten gewählt hat, ist die Wahl der eigenen Person als Beispiel noch leichter zu rechtfertigen, da das Gespräch gewissermaßen innerhalb der Familie geführt wird. Zugleich ist in seiner Person die praktische Umsetzung der Güter- und Adiaphora-Lehre der Stoa lebensnah demonstriert; kaum ein Leser der römischen Oberschicht würde die Stoa akzeptieren, wenn sie ihn zwingen würde, das Familienvermögen aufzugeben. An der Figur des Kynikers Diogenes beweist Seneca, dass die ostentative *paupertas* zum Selbstzweck wird (also sich wie eine ostentative Trauer zur *prava voluptas* entwickelt). Seneca geht ähnlich wie in der Modellierung seiner Lehrerfigur in den *Epistulae morales* vor; denn das Eingeständnis der eigenen Unzulänglichkeit entkräftet die Angriffe aller *calumniatores* und signalisiert darüber hinaus die Identifikationsmöglichkeit mit einem Normalmenschen. Selbstverständlich maßt Seneca sich nicht den Status des Weisen an, aber er demonstriert an sich selbst auch, dass die Stoa gar nicht den Verzicht auf *fortuita* voraussetzt, sondern die richtige Bewertung. Dazu gibt die stoische Doktrin die perfekte Anleitung auf der Grundlage der Güterlehre. Sie ist die Basis seiner jeweils letzten von mehreren *vita beata*-Definitionen und seiner *beatus*-Definition im ersten Teil der Schrift.[76] Dass er der Überzeugungskraft des eigenen Beispiels nicht allein vertraut, zeigt uns die Prosopopie in dieser Schrift, wenn die Figur des Sokrates am Ende ihre autoritative Kraft entfalten muss.[77]

---

75 Trillitzsch: Seneca im literarischen Urteil (wie Anm. 3), Bd. I, 111–113. Zur Frage der Doppelmoral und zu Senecas Strategie, diesen Vorwurf zu entkräften, vgl. Fuhrer: The Philosopher as Multi-Millionaire (wie Anm. 28).
76 Sen. dial. 7,5,3: *Beata ergo vita est in recto certoque iudicio stabilita et immutabilis* („Glücklich ist also das Leben, das auf dem richtigen und sicheren Urteil fest gegründet und unveränderlich ist"); dial. 7,6,2: *Beatus ergo est iudicii rectus; beatus est praesentibus qualiacumque sunt contentus amicusque rebus suis; beatus estis, cui omnem habitum rerum suarum ratio commendat* („Glücklich ist also der, der richtig zu urteilen versteht; glücklich ist der, der zufrieden ist mit den gegenwärtigen Umständen, wie auch immer sie sich gestalten, und der seinen Verhältnissen gegenüber positiv eingestellt ist; glücklich ist der, dem die Vernunft jeden äußeren Umstand seiner Lebensverhältnisse anempfiehlt").
77 Dass Seneca das Sokrates-Bild auch zur Selbststilisierung einsetzt und zugleich Sokrates ahistorisch zum Stoiker modelliert und römischen Verhältnissen anpasst, zeigt ausführlich James Ker: Socrates speaks in Seneca, De vita beata 24–28, in: Andrea Nightingale; David Sedley (Hgg.): Ancient Models of Mind. Studies in Human and Divine Rationality, Cambridge u.a. 2010, 180–195.

Auch in *De ira* geht es darum, die Forderung der stoischen Affektenlehre zu begründen, Zorn vollständig zu bekämpfen, sich nicht auf den Kompromiss der Mäßigung einzulassen. Dazu wird eine angeblich von Aristoteles vertretene Metriopathie[78] zurückgewiesen, die Zorn bis zu einem gewissen Grad als Ausweis menschlichen Stolzes und Autoritätsbewusstseins erlaubt. Wie in *De vita beata* kommt es Seneca auch hier nicht auf eine doxographisch korrekte Darstellung an; er muss vielmehr jede Zielsetzung, die menschlicher als die rigide Stoa zu sein scheint, als untauglich für den Krisenfall erweisen. In *De ira* ist die protreptische Intention für die Stoa neben der therapeutischen Zielsetzung besonders deutlich spürbar: Da die falschen Vorstellungen durch die Autorität eines Aristoteles gestützt scheinen, werden sie explizit als besonders gefährlich markiert. Deswegen setzt Seneca zu einer zweifachen Widerlegung in Buch I und II an. Da Seneca in den drei Büchern *De ira* nach dieser diskursiven Behandlung des Themas ‚Zorn' schon in Buch II zu einer systematisch aufgebauten Trainingsanleitung gegen Zorn ansetzt, ist die Redundanz in Buch III nicht zu übersehen.[79] Denn in Buch III wird noch ein zweites Mal der bereits abgeschlossen scheinende Lehrgang in Zornvermeidung aufgegriffen. Ramondelli versucht, einen Unterschied zwischen den therapeutischen *praecepta* in Buch II und III nachzuweisen, indem sie aus der Angabe in dial. 4,18 („nicht in Zorn zu geraten": *ne incidamus in iram* einerseits und andererseits „im Zorn nicht Unrecht zu tun": *ne in ira peccemus*) die allgemeineren Prophylaxemaßnahmen und die Maßnahmen bei einem Zornanfall unterscheidet. Das gelingt jedoch nicht überzeugend. Vor allem erklärt sie aber die Funktion des auffallend großen *exempla*-Blocks[80] in *De ira* III nicht einmal ansatzweise. Nehmen wir Senecas Rechtfertigung in Buch III ernst, so ist diese inhaltliche Redundanz kein Versehen, sondern beabsichtigt und als eine gezielte therapeutische Maßnahme zu verstehen, um die Trainingswirkung zu verstärken und einen Rückfall zu vermeiden.[81] Ziel der Therapie ist die *tranquillitas animi*. Dazu muss die Über-

---

78 Zum Problem der Rekonstruktion peripatetischer Vorlagen vgl. Änne Bäumer: Die Bestie Mensch. Senecas Aggressionstheorie, ihre philosophischen Vorstufen und ihre literarischen Auswirkungen, Frankfurt a.M. u.a. 1982 (Studien zur klassischen Philologie 4).
79 Zuletzt: Paola Ramondetti: Struttura di Seneca, De ira, II–III: una proposta d'interpretazione, Bologna 1996 (Pubblicazioni del Dipartimento di Filologia, Linguistica e Tradizione Classica 5).
80 Sen. dial. 5,14–23.
81 Sen. dial. 5,3,1–2: *Atqui, ut in prioribus libris dixi, stat Aristoteles defensor irae et vetat illam nobis exsecrari: calcar ait esse virtutis, hac erepta inermem animum et ad conatus magnos pigrum inertemque fieri. Necessarium est itaque foeditatem eius ac feritatem coarguere et ante oculos ponere, quantum monstri sit homo in homine furens quantoque impetu ruat non sine pernicie*

zeugung internalisiert werden, dass Zorn in jedem Fall zu vermeiden ist. Gefährlich kontraproduktiv wirkt die Autorität des Peripatos, ähnlich wie in Brief 99 die epikureische Rechtfertigung der Trauer. Deswegen setzt Seneca zu einer doppelten und damit endgültigen Widerlegung an. Vor allem lässt sich die Häufung an unappetitlichen Exempeln in Buch III damit erklären, dass hier der Leser tatsächlich einen geradezu physischen Widerwillen gegen *ira* entwickeln soll, um sich damit auf die harten Forderungen der Stoa einzulassen, unter keinen Umständen mehr rückfällig zu werden. Seneca bestätigt uns in Kapitel 39 (dial. 5,39,1) das Ziel: Novatus wird von Seneca geadelt, indem er auf die hohe Stufe der *magnanimitas* und des *bene compositus animus* gestellt wird.

Dass Seneca seinem Bruder Gallio die Schrift zum Antritt der Statthalterschaft in Griechenland gewidmet haben könnte,[82] kann man sich durchaus als Widmungsanlass vorstellen, zumal die thematische Nähe zu *De clementia* und der Richteraufgabe, ohne Zorn ein Urteil zu fällen, evident ist. Doch wird die politische Zielsetzung, nämlich den Amtsträger für seine Aufgabe zu erziehen, nirgends angesprochen; die Allgemeingültigkeit des Themas der Affektenkontrolle scheint Seneca hier wichtiger gewesen zu sein. Demgegenüber ist die Forderung, mit dem *magnus animus* auch die Affektenkontrolle zu erreichen, in *De clementia* ausdrücklich mit der Ausübung politischer Macht und des Richteramts verbunden. Dass *clementia* die *virtus* eines Richters ist, also ein rationales Urteil (*iudicium*) voraussetzt, wird im letzten großen Abschnitt des ersten Buchs nachgewiesen, der der Richterrolle des Herrschers gewidmet ist.[83] Die Zweiteilung des Abschnitts in Fälle, in denen der Herrscher selbst als Geschädigter richtet, und in Fälle, in denen er als Rächer für andere Geschädigte urteilt, gibt Seneca die Möglichkeit, auf die Notwendigkeit der Affektenkontrolle

---

sua perniciosus et ea deprimens quae mergi nisi cum mergente non possunt („Und doch steht, wie ich in den vorausgehenden Büchern gesagt habe, Aristoteles als Verteidiger des Zorns vor uns und verbietet, dass der Zorn von uns chirurgisch entfernt wird: Er sei nämlich der Ansporn der Tapferkeit, ohne ihn werde die Seele entwaffnet und zu großen Vorhaben zu träge und antriebslos. Und so ist es unerlässlich, die Abscheulichkeit und Bestialität des Zorns aufzudecken und vor Augen zu stellen, was für ein Untier der Mensch ist, der im Zorn einen Menschen angreift, und mit welcher Gewalt er losstürzt, indem er ohne Rücksicht auf sich selbst Schaden anrichtet und das unter Wasser hält, was nur versenkt werden kann, indem er selbst mit unter geht").
82 Vgl. Jula Wildberger: De ira. Über die Wut, Lateinisch/Deutsch, Stuttgart 2007, 302. Wesentlich zurückhaltender in der Spekulation über den Adressatenbezug bleibt dagegen Gabriele Kuen: Die Philosophie als ‚dux vitae'. Die Verknüpfung von Gehalt, Intention und Darstellungsweise im philosophischen Werk Senecas, Heidelberg 1994 (Wissenschaftliche Kommentare zu griechischen und lateinischen Schriftstellern), 19.
83 Sen. clem. 1,20–24.

hinzuweisen, denn nur die Überwindung von *ira* ermöglicht es dem geschädigten Herrscher, ein gerechtes Urteil zu sprechen und *clementia* anzuwenden. Die Nähe zu *De ira* wird auch im Schlusskapitel des ersten Buchs[84] deutlich, das die verrohende Wirkung von *crudelitas* noch einmal hervorhebt, die den Herrscher selbst zum Tier werden lässt und die Untertanen aus Selbstschutz zum Widerstand zwingt. Es ist anzunehmen, dass Senecas *dispositio*, die er für *De clementia* im dritten Kapitel des ersten Buchs gibt, für den verlorenen Teil ein ähnliches Trainingsprogramm wie in *De ira* angekündigt hat, mit dem die Habitualisierung der *clementia*, und das heißt nichts anderes als die Zornvermeidung, erreicht werden sollte.

5 Bildbereiche von Analogien als Vermittlungsstrategie

In der aristotelischen Rhetorik wird Analogie als artifizielles Mittel der *argumentatio* besprochen, indem die Ähnlichkeitserkenntnis als Beweismittel eingesetzt wird.[85] Analogien zum Zweck der Argumentation können in Form von Vergleichen, Gleichnissen, Metaphern, Allegorien oder Beispielen eingeführt werden. Der Argumentationstypus ist der eines Syllogismus bzw. Enthymems: Eine These wird durch einen Vergleich bzw. ein Beispiel aus einem anderen Bereich untermauert, daraus wird auf die Richtigkeit der These geschlossen. Bei Aristoteles ist der Schluss i.d.R. induktiv; bei Seneca übernehmen die Exempelerzählungen diese Funktion: Der Einzelfall, in dem Augustus den Cinna begnadigt hat, wird verallgemeinert, um die These zu beweisen, dass *clementia* immer dem Herrscher *fama* und *salus* garantiert.

Öfter aber beruhen die von Seneca eingesetzten Analogien auf einem gleichartigen Verhältnis zweier allgemeiner Bereiche: der Medizin und der Psychotherapie, gesellschaftlicher Gegebenheiten zur Verdeutlichung des Verhältnisses von Göttern und Menschen. Hier ist die Analogie weniger nach dem rhetorischen Modell angewandt, eher als philosophisches Instrumentarium eingesetzt, wenn sinnlich nicht Wahrnehmbares durch Ähnlichkeit zu sinnlich Wahrnehmbarem erschlossen werden soll. So bedient sich Lukrez für seine Atomlehre der Analogieschlüsse, um auf die Eigenschaften der unsichtbaren

---

84 Sen. clem. 1,25.
85 Martin Paul Schittko: Analogien als Argumentationstyp. Vom Paradigma zur Similitudo, Göttingen 2003 (Hypomnemata 144), bes. 12–43.

Atome, der Seele oder der Götter zu folgen.[86] In dieser Weise bedient sich auch Seneca der Analogie, um Aussagen über die Seele und die Götter zu belegen bzw. überhaupt machen zu können.

Wie Seneca für den Gegensatz von Gut/*virtutes* und Böse/*vitia* gern räumliche Vorstellungen wie Grenzen und Territorien, die zu besetzen oder zu verteidigen sind, als Metaphern in argumentativem Kontext einsetzt, hat Mireille Armisen-Marchetti anschaulich untersucht.[87] In langer Tradition steht er mit der Analogie von körperlicher und seelischer Befindlichkeit bzw. Erkrankung und Behandlungsmöglichkeit. Cicero muss noch dafür werben, dass die Seele eine ärztliche Behandlung genauso wie der Körper verdient, Seneca spricht ganz selbstverständlich von den Wunden, Narben[88] und Krankheiten der Seele.[89] Für den Stoiker, der von der Stofflichkeit der Seele ausgeht, ist diese Analogie genauso wie für den Epikureer legitim; Panaitios beweist so die Vergänglichkeit der Seele, wie Ciceros Referat in den *Tusculanae disputationes*[90] zeigt. Ob man beim Stoiker Seneca überhaupt von Analogie sprechen sollte oder ob eben auch die Seele als Teil des Körpers gesehen wird,[91] ist bei Seneca tatsächlich zu bedenken, so selbstverständlich werden die Aktivitäten und Befindlichkeiten von Seele und Körper gleichgesetzt.

Es gibt einige Analogien, bei denen diese Gleichsetzung die Zustimmung des Lesers benötigt, um wirken zu können. Der Vergleich, mit dem Seneca die Unkontrollierbarkeit des Affekts *ira* verdeutlicht, basiert auf der Analogie von Körper und Seele: Wie man das Gleichgewicht von einem bestimmten Punkt an verliert und nicht mehr rechtzeitig zurückgewinnen kann, sondern dem Sturz

---

86 Daniel Marković: The Rhetoric of Explanation in Lucretius' *De rerum natura*, Leiden/Boston 2008 (Mnemosyne, Supplementum 294), bes. 90–100. Zur epikureischen Tradition vgl. Michael Erler: Epikur: Lehre, in: Hellmut Flashar (Hg.): Die hellenistische Philosophie. Epikur – Die Schule Epikurs – Lukrez, Basel 1994 (Grundriss der Geschichte der Philosophie. Die Philosophie der Antike, Bd. 4,1), 126–187, bes. 138 (Epikur: Lehre) und 448 (Lukrez: Philosophische Argumentationsweise).
87 Mireille Armisen-Marchetti: La métaphore et l'abstraction dans la prose de Sénèque, in: Pierre Grimal (Hg.): Sénèque et la prose Latine, Vandoeuvres, Genève 1991 (Entretiens sur l'antiquité classique 36), 99–139, bes. 120–122.
88 Um nur zwei Stellen zu nennen: dial. 9,2,11–12; dial. 12,2,2 mit 12,3,1–2.
89 *De tranquillitate animi* (dial. 9,1) beginnt mit der oben schon zitierten Analogie eines *proficiens* mit einem von schwerer Krankheit Genesenen und der Gefahr eines Rückfalls.
90 Cic. Tusc. 1,79–80: Panaitios argumentiert mit der Vererbbarkeit von charakterlichen Anlagen und der Anfälligkeit der Seele für Krankheiten. Cicero referiert anschließend die Widerlegung: Die scheinbare Anfälligkeit der Seele rühre daher, dass die Seele im Körper gefangen sei, dessen Anfälligkeit wir wahrnehmen. Hier wird also die Analogie abgestritten.
91 So sieht es auch Armisen-Marchetti: La métaphore et l'abstraction (wie Anm. 87), 123–124.

hilflos ausgeliefert ist, so gelange auch der Affekt schnell an einen bestimmten Punkt, an dem er nicht mehr aufzuhalten und damit irreversibel ist.[92] Das kann man akzeptieren, weil die Erfahrungen, dass ein Sturz unaufhaltsam ist, und dass ein Zorniger ‚in Fahrt' kaum zu beschwichtigen ist, von jedem geteilt werden. Die Analogien wirken suggestiv, so dass wir unsere Zustimmung leicht geben. Wenn Seneca dagegen die Metapher vom Staatsorganismus in *De clementia* einsetzt, um seine Forderung zu untermauern, dass der Herrscher als Kopf des Staatskörpers zwar unbestritten die Leitungsfunktion hat, aber eben deswegen auch im eigenen Interesse für die Erhaltung des Körpers sorgen muss, geht es nicht um die Veranschaulichung eines unsichtbaren Bereichs. Seneca fasst als Stoiker auch den Kosmos als Organismus auf, die Analogie von Makrokosmos und Mikrokosmos unterstützt zusätzlich die Akzeptanz dieser Analogie, auf die sich der Leser auch deswegen einlassen wird, weil damit zu seinem Vorteil argumentiert wird: Sie unterstützt die Forderung, dass ein Herrscher in Leitungsfunktion verantwortungsvoll mit dem ‚Körper' umgehen muss. Wenn wir die Organismus-Analogie akzeptieren, ist damit allerdings auch umgekehrt der Schluss verbunden, dass die Monarchie die einzig ‚natürliche' Regierungsform ist.

Gerade über die Bildbereiche, die Seneca für die Analogien wählt, lässt sich seine Vermittlungsstrategie erneut beobachten. Sie geben dem Leser die Überzeugung ein, dass die stoische Wertelehre und ihre moralischen Forderungen erstens mit der Natur und zweitens mit der (bestmöglichen) Gesellschaft übereinstimmen.

Wenn Seneca Analogien aus dem Bereich der Tierwelt wählt, können sie affirmierend eingesetzt werden, indem die Einrichtungen der Mutter Natur als gut und für alle Lebewesen, auch den Menschen, als gültig angesehen werden. Seneca setzt diese Analogien gern dann ein, wenn eine gesellschaftliche Einrichtung als natürlich und angemessen empfohlen werden soll, sei es die Begrenzung der Trauer auf das ‚Trauerjahr', oder sei es die Monarchie, die durch das natürliche Modell des Bienenstaats in ihrer Idealität bestätigt wird.[93]

Sobald jedoch die Urteilsfähigkeit und die Selbstkontrolle des Menschen im Bereich der Affektenlehre gefordert werden, setzt Seneca die Tierwelt kontrastiv

---

92 Sen. dial. 3,7,4.
93 Was die Natur allgemein eingerichtet hat, gilt auch für den Menschen: Um zu belegen, dass eine begrenzte Trauerzeit angemessen ist, wird das Verhalten der Tiere in Erinnerung gerufen (Sen. dial. 6,7,2); die natürliche Einrichtung des Bienenstaats und die Ausstattung seiner Königin wird als ideales Vorbild für den Staat und sein Oberhaupt beansprucht (Sen. clem. 1,19). Die Schonung unterlegener Tiere durch das überlegene Tier, das seine Erhabenheit zeigt, wird in clem. 1,5 angeführt.

ein, weil hier der Mensch als *animal rationale* von der Tierwelt abgesetzt werden muss. Wenn den Tieren nur ein Scheinzorn zugestanden wird, weil ihre Aggressivität nicht auf rationale Entscheidung zurückgeführt werden kann, sondern instinktive Reaktionen zur Verteidigung, können zwar die äußeren Signale der Aggression mit der Offensichtlichkeit solchen Verhaltens beim Menschen übereinstimmen,[94] aber die inneren Prozesse, die zur Aggressionshandlung beim Menschen führen, sind gerade anders zu bewerten. So kann etwa das peripatetische Argument, dass edle Tiere sich durch ein zorniges Temperament auszeichnen, als untauglich für eine Analogie zurückgewiesen werden: Ein aggressiver Mensch darf nicht als temperamentvoll und stolz positiv bewertet werden.[95] Es ist deutlich, dass Seneca hier den Leser leicht bei seinem Ehrgefühl packen kann: Wer wollte sich zu den Menschen zählen, die dem Herdentrieb folgen, wie zu Beginn von *De vita beata* der Masse ihre eigene Urteilsfähigkeit abgesprochen wird, weil sie irrational den Mehrheitsmeinungen blind vertraut.[96]

Die gesellschaftlichen Bereiche von Jurisdiktion und Finanzwesen werden in Allegorien und Prosopopoiien gern eingesetzt, um scheinbar sinnlose Schicksalsfälle zu erklären. Seneca nutzt die argumentative Kraft dieser Analogien, weil er beim Leser das Verständnis voraussetzen kann, dass beide Parteien von nachvollziehbaren, aber oft konträren Interessen geleitet sind, so dass ein Ausgleich durch gesetzliche Vorgaben oder durch vertragliche Vereinbarungen gefunden werden muss. Senecas Psychologie setzt darauf, dass sich der Dialogpartner und der Leser auf die Sichtweise der Gegenpartei einlassen. Das Problem aus der Sicht des anderen zu sehen, verändert auch die Bewertung. So benutzt er, wie wir gesehen haben, den Theodizee-Gestus in Form einer Anklage und Verteidigung, um damit die Bewertung des Falls aus der Sicht der Gegenpartei einzuleiten. Der Anwalt vor Gericht muss immer auch die Reaktion der Gegenpartei vorwegnehmen. Dasselbe gilt für einen Vermögensverwalter, der Geld investiert oder deponiert, für einen Gläubiger, der Geld verleiht, oder für einen Schuldner, der Geld leiht. Das Vertrauensverhältnis muss beidseitig gesichert sein. Wenn also Fortunas Gaben nur ein *depositum* sind, spricht die Einhaltung des Vertrags und die klaglose Rückgabe für einen ehrenhaften Ge-

---

94 Sen. dial. 3,1.
95 Sen. dial. 4,16.
96 Sen. dial. 7,1,3; zu weiteren Metaphern und Vergleichen der Tierwelt in diesem Dialog, die diese Tendenz belegen, vgl. Kuen: Die Philosophie als ‚dux vitae' (wie Anm. 82), 416–417.

schäftsmann, der zudem auf diese Situation mit der vertraglichen Abmachung vorbereitet ist.[97]

Wenn dagegen zum Widerstand gegen Schicksalsschläge aufgefordert werden soll, müssen natürlich Analogien zu athletischem und militärischem Kampfverhalten[98] eingesetzt werden, weil auch hier wie in der Affektenlehre die Selbstkontrolle und damit die Konzentration auf das eigene Verhalten im Vordergrund steht. Hier wird die Bewunderung für die Durchhaltekraft eines Athleten oder die Unempfindlichkeit eines Gladiators und die Abhärtung eines Soldaten im körperlichen Bereich evoziert und auf den geistig-psychischen Bereich übertragen. Die taktische Voraussicht des Feldherrn wird einem römischen Leser zum nachvollziehbaren Idealverhalten gegen Fortunas Angriffe empfohlen, um ihm zu zeigen, dass Selbstmitleid nicht angebracht ist, sondern nur die mangelnde Voraussicht offenlegt.

Die Analogie im Dienst der Situationsumbewertung setzt Seneca auch bei Nero ein. Er fordert ihn aber nicht auf, sich an die Stelle seiner Untertanen hineinzuversetzen, sondern überträgt das Hierarchieverhältnis von Gott zum Menschen auf das Verhältnis von Herrscher und Untertan.

Wenn Nero gottähnliche Macht hat, muss er sich wie ein Gott verhalten: Da Nero aber auch noch ein Mensch ist, weiß er, wie die Menschen sich Götter wünschen: nicht als unerbittliche Mächte. Also muss er im Analogieschluss akzeptieren, dass die Untertanen mit gleicher Berechtigung *clementia* anstelle von *crudelitas* von ihm erwarten. Seneca benutzt die Analogie aber auch, um den Einwand zurückzuweisen, dass der Herrscher in seiner Freiheit beschnitten wird, weil er durch die Pflichten zu stark beansprucht wird. Seneca argumentiert: Dasselbe müsste man auch von den Göttern sagen. Es ist im Grunde ein epikureischer Einwand, den Seneca hier einsetzt, denn die Glückseligkeit der Götter ist ja gerade dadurch in Frage gestellt, dass sie ihre Fürsorge für die Menschen mit ständiger Beanspruchung büßen müssten. Wer aber (wie Seneca hier) aus der Sicht eines Untertanen argumentiert, wird die stoische Gottesauffassung sympathisch finden. Damit auch der Herrscher die Gottesauffassung akzeptiert, geht Seneca unter dem Deckmantel panegyrischer Konventionen so

---

[97] Sen. dial. 11,10. Zur Verwendung und veranschaulichenden Wirkung dieser Metapher vgl. Mireille Armisen-Marchetti: La métaphore et l'abstaction dans la prose de Sénèque, in: Grimal (Hg.): Sénèque et la prose Latine (wie Anm. 22), 99–139, bes. 112–115. Zu Metaphern und Vergleichen aus dem Bereich von Politik, Recht und Geldwesen vgl. Kuen: Die Philosophie als ‚dux vitae' (wie Anm. 82), 419–420.
[98] Zu Metaphern und Vergleichen aus dem Militärbereich in *De vita beata* vgl. Kuen: Die Philosophie als ‚dux vitae' (wie Anm. 82), 418–419.

weit, die Gleichsetzung des guten Herrschers mit einem Gott zu suggerieren oder doch als Ziel in Aussicht zu stellen.

Die Beispiele ließen sich noch fortsetzen, so etwa ist der Bereich der Erziehung für Senecas Bildersprache sehr wichtig, doch das Funktionenspektrum wird damit nicht erweitert. Wir können an dieser Stelle resümieren: Analogien erfüllen den rhetorischen Zweck einer suggestiven Argumentationsstütze als Enthymem, dazu den Zweck der Veranschaulichung von Abstraktionen oder den Schluss auf sinnlich nicht wahrnehmbare Bereiche. Auch sie werden als Strategie der Vermittlung zwischen stoischer und gesellschaftlicher Norm eingesetzt: Sie fungieren zum einen im Sinne einer motivierenden Maßnahme, um dem Dialogpartner die Normalität einer Forderung vor Augen zu führen oder um seinen Ehrgeiz mit dem elitären Gefühl zu wecken, als einer von wenigen die anspruchsvollen Forderungen der Stoa erfüllen zu können. Sie dienen aber auch als Hilfe, um das therapeutische Anliegen zu erreichen, dem Dialogpartner eine neue Sicht auf die problematische Situation aus einer anderen Blickrichtung zu ermöglichen.

VIII. Elemente einer stoischen Anthropologie für die römische Gesellschaft des 1. Jh.s n. Chr. im Œuvre Senecas

Amicitia and Eros: Seneca's Adaptation of a Stoic Concept of Friendship for Roman Men in Progress

Jula Wildberger

When a man with Seneca's profile – a wealthy Roman knight propelled by connections and his talent to become senator, consul, and not only 'friend of the emperor' (*amicus principis*)[1] but appointed mentor as well as one of his chief advisors, in addition to all this a famous orator, poet, and the acknowledged master of modern philosophical prose[2] – when such a man regarded himself as a practicing Stoic, he had a problem. His social role and political standing implied expectations concerning the friendly relations he was supposed to entertain, while as a Stoic and non-sage he had to admit that, in fact, he was no one's friend and an enemy of those he called his 'friends'. Still a fool, even if one in progress, he lacked the virtue of friendship.

How then could a non-sage Stoic conceive of himself as a friend? How could he practice this philosophy of paradox that engendered an apparently irreconcilable divorce between its tenets and the realities of daily life? How could Seneca maintain *gravitas*, the weight of his consular dignity, and bridge the cultural gap between the role of a serious man of affairs his Roman background would expect him to play and the otherworldly ideals that Greek Stoicism suggested to him?

---

1 See Miriam T. Griffin: Seneca. A Philosopher in Politics, 2nd ed., Oxford 1992, 76–77; Paul Veyne: Seneca. The Life of a Stoic, London/New York 2003, 1–28; Fergus Millar: The Emperor in the Roman World (31 BC–AD 337), London 1977, 110–122. Further references in Craig A. Williams: Reading Roman Friendship, Cambridge 2012, 46 n. 107.
2 Seneca appears as the chief target for critics such as Quintilian (inst. 10,1,125–131) and Fronto (Ad Marcum Aurelium de oratione 22, p. 153–154 van den Hout). See also Gellius: Noctes Atticae XII 2,1; William Dominik: The Style is the Man. Seneca, Tacitus, and Quintilian's Canon, in: William Dominik (ed.): Roman Eloquence. Rhetoric in Society and Literature, London/New York 1997, 50–68; Thomas N. Habinek: Seneca's Renown. Gloria, Claritudo, and the Replication of the Roman Elite, in: Classical Antiquity 19 (2000), 264–303. On Seneca's social profile and reputation as an intellectual see in particular Griffin: Seneca (as in n. 1).

Important work has already shown that Seneca's brand of philosophy was shaped by and reacted to its socio-political context.[3] In this paper I wish to draw attention to the original and systematic conceptual work that underlies Seneca's solution to the dilemma of fools as friends. After a quick overview of main Stoic tenets on friendship and evidence that Seneca agrees with them (section 1), I will first outline traditional Stoic answers to the question whether non-sages could conceive of themselves as friends at least in some sense (section 2). The core of this paper (section 3) will then present Seneca's own model for progressor friendships, a model that is an otherwise unattested adaptation of Stoic ἔρως, the friendship between a sage and a promising fool. Seneca modifies Greek eroticism for the Roman taste and allows for a bilateral relation between equals – equals in their imperfection and awareness of their shortcomings, but also in their shared determination to better themselves. We will see that Seneca's innovation enables him to negotiate the matrix of social values he maintains as a philosopher with the need to function as a member of the ruling class in Roman society (section 4). Tracing the origin of Seneca's progressor friendship to a well known definition of ἔρως as an "effort to make friends" will also yield a valuable spin-off product, in that it sheds some new light on the conundrum of 'will' in Seneca (section 3c). In conclusion, I will outline some suggestions how this new theory of friendship might have contributed to solving the dilemma set out above and casting Seneca in the role of a leading figure of Roman society and, at the same time, a devoted Stoic in the true sense of the word.

---

3 For example by Miriam T. Griffin in several publications, such as: Seneca (as in n. 1); De Beneficiis and Roman Society, in: Journal of Roman Studies 93 (2003), 92–113 (discussed by Trevor Fear: Of Aristocrats and Courtesans. Seneca, De Beneficiis 1,14, in: Hermes 135 [2007], 460–468), and Seneca on Society. A Guide to De Beneficiis, Oxford 2013. See also Thomas N. Habinek: The Politics of Latin Literature. Writing, Identity, and Empire in Ancient Rome, Princeton 1998; Matthew Roller: Constructing Autocracy. Aristocrats and Emperors in Julio-Claudian Rome, Princeton 2001; Bardo Maria Gauly: Senecas Naturales quaestiones. Naturphilosophie für die römische Kaiserzeit, München 2004 (Zetemata 122); Brad Inwood: Reading Seneca. Stoic Philosophy at Rome, Oxford 2005; Shadi Bartsch: The Mirror of the Self. Sexuality, Self-Knowledge, and the Gaze in the Early Roman Empire, Chicago/London 2006; Amanda Wilcox: The Gift of Correspondence in Classical Rome. Friendship in Cicero's Ad Familiares and Seneca's Moral Epistles, Madison 2012.

1 Stoic Friendship in Seneca

According to the Stoics, φιλία, which I will henceforce call 'friendship', is a manifestation of the sociability that is an essential feature of every human being's constitution.[4] In contrast to more specific social bonds, such as those between parents and their children, friendship is, so to speak, pure community. It does not originate in a contingent causal history, e.g. that one was born from this mother or among these people; φιλία is a relationship exclusively based on similarity and what one shares.[5] In its generality, it becomes an all-encompassing symbiosis, a "community of all things in life",[6] and the friend "another I",[7] a person with whom one is "of one mind"[8] and shares all beliefs and goods.

---

4 Humans were regarded as ζῷα φύσει κοινωνικά by Stoics (Anne Banateanu: La théorie stoïcienne de l'amitié. Essai de reconstruction, Fribourg 2001, 100–102) and also by Seneca (Jula Wildberger: Seneca und die Stoa. Der Platz des Menschen in der Welt, Berlin/New York 2006 [Untersuchungen zur antiken Literatur und Geschichte 84], 857 n. 1289). More detailed discussions of Stoic friendship are Banateanu's collection of relevant source texts with commentary; Glen Lesses: Austere Friends. The Stoics and Friendship, in: Apeiron 26 (1993), 67–75; Gretchen Reydams-Schils: The Roman Stoics. Self, Responsibility, and Affection, Chicago/London 2005; Margaret R. Graver: Stoicism and Emotion, Chicago/London 2007, 173–190; Valéry Laurand: Les liens de la vertu. La doctrine stoïcienne de l'amitié, in: Vita Latina 178 (2008), 53–72; Anthony A. Long: Friendship and Friends in the Stoic Theory of the Good Life, in: Damian Caluori (ed.): Thinking about Friendship. Historical and Contemporary Philosophical Perspectives, Basingstoke 2012, 218–239. See also Luigi Pizzolato: L'idea di amicizia nel mondo antico classico e cristiano, Turin 1993; Michael Trapp: Philosophy in the Roman Empire. Ethics, Politics and Society, Aldershot/Burlington 2007, 136–144 and 150–165; Katja Maria Vogt: Law, Reason, and the Cosmic City. Political Philosophy in the Early Stoa, Oxford/New York 2008, 148–160. For literature on Stoic ἔρως, see below n. 36.
5 This does not preclude that φιλία also obtains between relatives and in other relationships. See, e.g., Reydams-Schils: The Roman Stoics (as in n. 4), 151–152 on ὁμόνοια and communality in Musonius' concept of marriage.
6 Diog. Laert. VII 124 = SVF III 631: φασὶ δ' αὐτὴν [sc. φιλίαν] κοινωνίαν τινὰ εἶναι τῶν κατὰ τὸν βίον; Stob. flor. II 7,51, vol. 2, p. 74 Wachsmuth = SVF III 112: φιλίαν δ' εἶναι κοινωνίαν βίου; Clem. Al. strom. II 9,41,2 = SVF III 292: συνελόντι φάναι κοινωνία βίου (as the context shows, Clement superficially adapts Stoic definitions to conceptualize Christian ἀγάπη; see Banateanu: La théorie stoïcienne de l'amitié [as in n. 4], 112–115).
7 Diog. Laert. VII 23 = SVF I 324: ἄλλος ἐγώ (reported as one of Zeno's apophthegms in reply to the question what a friend is); Diog. Laert. VII 124 = SVF III 631: χρωμένων ἡμῶν τοῖς φίλοις ὡς ἑαυτοῖς; Clem. Al. strom. II 9,41,2 = SVF III 292: ὁ δὲ ἑταῖρος ἕτερος ἐγώ. Compare also *alter idem* in Cic. Lael. 80. Cicero's dialogue is strongly influenced by Stoic thought (see, e.g., the definition of friendship in Lael. 20, quoted in n. 8), and a Stoic origin of the idea is indicated by a reference to inborn self-love in humans and beasts at Lael. 81 which is reminiscent of the

The friendship thus defined is a relation between rational beings. Accordingly, friends are similar to each other in their rationality. The shared goods of friends are virtue and what partakes in it.[9] The other I's that friends are for each other are minds, embodied minds in the case of humans, but primarily minds all the same. The similarities between them are mental rather than physiological, material, or social. Friends enjoy "consonance of views" and "share the same opinions about all matters in life" as well as "the knowledge about their common goods".[10] Full concord of this kind can only be achieved among men whose reason is consonant and consistent in itself and who have already acquired the agreement (ὁμολογία) that is the highest good and happiness for a Stoic sage.[11] Fools lack virtue and therefore do not possess real goods. Accordingly, they have nothing that they could share with another person in a community of goods. Nor could they have knowledge about common goods since the mind of a fool is incapable of knowing anything in the proper sense of the

---

Stoic theory of οἰκείωσις. The choice of a third-person pronoun, on the other hand, points rather to Aristotle's famous assertion that a friend is "another oneself" (eth. Nic. IX 4, 1166a31–32: ἔστι γὰρ ὁ φίλος ἄλλος αὐτός; Long: Friendship and Friends [as in n. 4] compares the Aristotelian and Stoic views on friendship). A possible reason why Zeno may have preferred the first person is suggested by Graver: Stoicism and Emotion (as in n. 4), 181–182.

8 Stob. flor. II 7,11k, vol. 2, p. 106 Wachsmuth = SVF III 661, quoted below n. 10; Clem. Al. strom. II 9,41,2 = SVF III 292: ὁμόνοια [...] τῶν κατὰ τὸν λόγον καὶ τὸν βίον καὶ τὸν τρόπον. On this emphatic form of like-mindedness see Vogt: Law, Reason, and the Cosmic City (as in n. 4), 156. Williams: Reading Roman Friendship (as in n. 1), 14–16, 55 n. 128 discusses similar ideals in characterizations of *amicitia* in general. Compare also Cic. Lael. 20: *Est enim amicitia nihil aliud nisi omnium diuinarum humanarumque rerum cum beneuolentia et caritate consensio*. On the question to which degree Cicero's work reflects opinions of the Stoic Panaetius see, e.g., Fritz-Arthur Steinmetz: Die Freundschaftslehre des Panaitios nach einer Analyse von Ciceros 'Laelius de amicitia', Wiesbaden 1967 (Palingenesia 3), with critical discussion in Alfons Fürst: Streit unter Freunden. Ideal und Realität in der Freundschaftslehre der Antike, Stuttgart/Leipzig 1996 (Beiträge zur Altertumskunde 85), 447 and 592–593, as well as Laurand: Les liens de la vertu (as in n. 4), who argues that there is no compelling reason to assume a fundamental break between early and middle Stoic thought about friendship.

9 See, e.g., S. Emp. adv. math. XI 22–30.

10 Clem. Al. strom. II 9,41,2 = SVF III 292; Stob. flor. II 7,5l, vol. 2, p. 74 Wachsmuth = SVF III 112: συμφωνίαν δὲ ὁμοδογματίαν περὶ τῶν κατὰ τὸν βίον with II 7,11k, vol. 2, p. 106 Wachsmuth = SVF III 661: τὴν γὰρ ἔχθραν ἀσυμφωνίαν εἶναι περὶ τῶν κατὰ τὸν βίον καὶ διχόνοιαν, ὥσπερ καὶ τὴν φιλίαν συμφωνίαν καὶ ὁμόνοιαν and II 7,11m, vol. 2, p. 108 Wachsmuth = SVF III 630: τὴν δ' ὁμόνοιαν εἶναι κοινῶν ἀγαθῶν ἐπιστήμην.

11 See, e.g., Diog. Laert. VII 87–89.

term.¹² This is so because the mind of a fool is full of disharmony and inconsistency. Someone who does not agree with himself cannot be of one mind with someone else. Therefore, he lacks the capability to be a true friend to others.¹³

Similar views on friendship are attested in Seneca's works.¹⁴ He distinguishes conventional uses of the words *amicus* and *amicitia* from an emphatic and

---

12 On the weak assent of fools in contrast to the sage's ἐπιστήμη see, e.g., Woldemar Görler: Ἀσθενὴς συγκατάθεσις. Zur stoischen Erkenntnislehre, in: Würzburger Jahrbücher für die Altertumswissenschaft 3 (1977), 83–92.
13 Stob. flor. II 7,11m, vol. 2, p. 108 Wachsmuth = SVF III 630: Ἐν μόνοις τε τοῖς σοφοῖς ἀπολείπουσι φιλίαν, ἐπεὶ ἐν μόνοις τούτοις ὁμόνοια γίνεται περὶ τῶν κατὰ τὸν βίον· [...] ἐν δὲ τοῖς φαύλοις, ἀπίστοις καὶ ἀβεβαίοις οὖσι καὶ δόγματα πολεμικὰ κεκτημένοις, οὐκ εἶναι φιλίαν; Diog. Laert. VII 124 = SVF III 631: Λέγουσι δὲ καὶ τὴν φιλίαν ἐν μόνοις τοῖς σπουδαίοις εἶναι, διὰ τὴν ὁμοιότητα· [...] ἔν τε τοῖς φαύλοις μὴ εἶναι φιλίαν μηδένα [Galesius; μηδενί codd.] τε τῶν φαύλων φίλον εἶναι. Further evidence for this Stoic paradox, which seems to have appeared already in Zeno's Politeia (Diog. Laert. VII 32 and 33 = SVF I 226 and 222), is given in Banateanu: La théorie stoïcienne de l'amitié (as in n. 4), chapter 7.
14 On Seneca's conception of friendship and its relation to Stoic discourse in general, see Willy Evenepoel: Seneca's Letters on Friendship. Notes on the Recent Scholarly Literature and Observations on Three Quaestiones, in: L'Antiquité classique 75 (2006), 177–193 and Wolfgang Brinckmann: Der Begriff der Freundschaft in Senecas Briefen, Düsseldorf 1963. Particularly relevant to the questions raised here are Ilsetraut Hadot: Seneca und die griechisch-römische Tradition der Seelenleitung, Berlin 1969 (Quellen und Studien zur Geschiche der Philosophie 13), 164–176 (revised version: Sénèque. Direction spirituelle et pratique de la philosophie, Paris 2014); Pizzolato: L'idea di amicizia (as in n. 4), 157–174; Erwin Hachmann: Die Freundschaftsthematik in Senecas Epistulae morales, in: Beate Czapla; Thomas Lehmann; Susanne Liell (eds.): Vir bonus dicendi peritus. Festschrift für Alfons Weische zum 65. Geburtstag, Wiesbaden 1997, 135–143; Griffin: Seneca on Society (as in n. 3). Further discussion, e.g., in Ulrich Knoche: Der Gedanke der Freundschaft in Senecas Briefen an Lucilius, in: Arctos 1 (1954), 83–96; Rudolf Schottlaender: Epikureisches bei Seneca. Ein Ringen um den Sinn von Freude und Freundschaft, in: Philologus 99 (1955), 133–148 (in particular concerning the friendly teacher-student relation); Paola Gagliardi: Un legame per vivere. Sul concetto di 'amicitia' nelle lettere di Seneca, Galatina 1991 (Università degli Studi della Basilicata. Atti e memorie 9); Anna Lydia Motto: Seneca on Friendship, in: Atene e Roma 38 (1993), 91–98; Fürst: Streit unter Freunden (as in n. 8), 128–130, 187–193 and by the same author: Freundschaft als Tugend. Über den Verlust der Wirklichkeit im antiken Freundschaftsbegriff, in: Gymnasium 104 (1997), 413–443, here 428–430, and Erwerben und Erhalten: Ein Schema antiker Freundschaftstheorie in Ciceros 'Laelius', in: Philologus 143 (1999), 41–67, here 51; Matthias Hengelbrock: Das Problem des ethischen Fortschritts in Senecas Briefen, Hildesheim/Zürich/New York 2000 (Beiträge zur Altertumswissenschaft 13), 95–102; Italo Lana: L'amicizia secondo Seneca, in: Giovanna Garbarino; Italo Lana (eds.): Incontri con Seneca. Atti della giornata di studi Torino, 26 ottobre 1999, Bologna 2011, 19–27; Charles Saylor: Thinking about Friends. Seneca, Epist. 55, in: Latomus 61 (2002), 102–105; Harald Merklin: Fragwürdige Freundschaft. Epikurs Lehre von der Freundschaft im Urteil Ciceros (fin. 2, 78–85) und Senecas (epist. 9, 1–12), in: Thomas Baier; Gesine

narrow sense[15] and sets off his Stoic understanding from the Epicurean view that friendship has its origin in practical needs. For Seneca's Stoic sage, the practice of friendship has intrinsic value. Even though he is self-sufficient and does not lack any means to his happiness, he nevertheless wishes to make use of his virtue *amicitia* by which he is a master of friendship.[16]

In full alignment with Stoic general opinion, Seneca introduces self-love as a necessary condition for the love of others, which is another way of expressing the need for internal consistency if one is to agree in friendship with someone else. Quoting the Stoic Hecato, a student of Panaetius, he explains that someone who has become a friend to himself has become a friend to everyone.[17] In order to be the friend of others, one must "like oneself" (*sibi placere*), as Seneca sometimes describes the Stoic goal of agreement. In *Letter* 35 he imagines a future

---

Manuwald; Bernhard Zimmermann (eds.): Seneca. Philosophus et Magister. Festschrift für Eckard Lefèvre zum 70. Geburtstag, Freiburg i. Br. 2005 (Paradeigmata 4), 187–194; Mark Andrew Holowchak: Carrying One's Goods from City to City. Stoic Self-Sufficiency and the Argument from Impotence, in: Ancient Philosophy 26 (2006), 93–110 (a discussion of *Letter* 9); Wildberger: Seneca und die Stoa (as in n. 4), 265–268; Sandra Citroni Marchetti: L'assenza degli amici e l'otium nelle ville (Cicerone, fam. 7,1; Seneca, epist. 55), in: Athenaeum 94 (2006), 385–414; Willy Evenepoel: Cicero's Laelius and Seneca's Letters on Friendship, in: Antiquité Classique 76 (2007), 177–183; Fear: Of Aristocrats and Courtesans (as in n. 3); Joaquín Beltrán Serra: La amistad y el amor en el epistolario de Séneca, in: Cuadernos de filología clásica. Estudios Latinos 28 (2008), 17–41. I was unable to access Fabio Gallina: 'Amicitia' e 'sapientia' nella meditazione filosofica di L. A. Seneca, in: Annali della Facoltà di Lettere e Filosofia. Perugia 21 (1997–1998), 343–366.

15 Epist. 3,1–2 (see Hachmann: Die Freundschaftsthematik [as in n. 14], 135–136); 6,2; compare also Stob. flor. II 7,11m, vol. 2, p. 108 Wachsmuth: φιλίαν [...] ἀληθινὴν καὶ μὴ ψευδώνυμον. Just as in that passage, Seneca highlights trust, loyalty, and stability (πίστις, βεβαιότης) as essential features of true friendship, contrasting them with distrust and inconsistency (epist. 3) and instability (e.g. epist. 6,2; 9,9). See also epist. 81,12: *fidem nisi in sapiente non esse*.

16 See in particular epist. 9,5 (*faciendarum amicitiarum artifex*) and 9,8 (*ut exerceat amicitiam, ne tam magna uirtus iaceat*), but compare also 47,16 for a reference to the *materia* from which friends are shaped. Seneca assumes an emphatically Stoic voice, referring to this school with the pronoun *nos* (9,3) and dropping Stoic names. He quotes Hecato (9,6), refers to his Stoic teacher Attalus as someone whose lectures he was attending on a regular basis (9,7: *dicere solebat*), and introduces a conceptual distinction by Chrysippus (9,14). See also Evenepoel: Seneca's Letters on Friendship (as in n. 14), 182, who however seems to conflate the friend, the relation between friends, and the virtue of friendship, especially when he calls the virtue of friendship a relational good (so also 190).

17 Epist. 6,7: *Quid me hodie apud Hecatonem* [Frg. 26 Fowler; 13 Gomoll] *delectauerit dicam. 'Quaeris' inquit 'quid profecerim? amicus esse mihi coepi.' Multum profecit: numquam erit solus. Scito esse hunc amicum omnibus.*

state in which he and his friend will be "of one mind", but in order to arrive there, Lucilius must find his own internal agreement first:[18]

> Propera ad me, sed ad te prius. Proficе et ante omnia hoc cura, ut constes tibi.
>
> Hurry to me, but first to yourself. Make progress and before everything else take care that you are consistent with yourself.

Just like other Stoics (see p. 390), Seneca thus describes friendship as an affair between rational minds that practice their relationship by joining and "mixing their thoughts".[19]

There are also several passages in which Seneca endorses the standard Stoic view that only a sage can be a real friend.[20] This is already implied in the description of friendship given in *Letter* 9. If only the sage knows how to make good use of things, he is also the only one who knows what a friend is for and what to do with him, namely to practice the virtue of friendship and the art of making friends, both sub-disciplines of his art of life.[21] More explicitly, Seneca states that Lucilius is not yet a friend and still has to learn how to love someone properly, and that it is by progressing in the art of life that he will acquire this ability as well.[22] At *Letter* 109,6, when discussing how one completely happy and self-sufficient sage may benefit another such individual, Seneca uses a

---

18 Epist. 35,2 and 4; epist. 32,5: *Opto tibi tui facultatem, ut uagis cogitationibus agitata mens tandem resistat et certa sit, ut placeat sibi* [...]. *Sibi placere* as an expression for internal agreement occurs also, e.g., at brev. vit. 10,2; epist. 47,21; 59,14; 66,16.
19 Epist. 109,14: *communiter honesta tractando et animos cogitationesque miscendo*; 3,3; 55,8–9 and 11: [...] *huc usque cogitationes tuas mitte. Conuersari cum amicis absentibus licet, et quidem quotiens uelis, quamdiu uelis.* [...] *amicus animo possidendus est*; Hachmann: Die Freundschaftsthematik (as in n. 14), 140. Compare also epist. 40,1, where however the presence of a friend through his letters is at least partly due to the presence of his handwriting. At 66,25, Seneca states that it would be absurd to like (*diligere*) one good man better than another just because they differ in bodily features. Similarly, social status is dismissed as irrelevant in epist. 47,16, and the allusion to 41,6–7 indicates that it is the rational mind that qualifies a person for friendship. There is also ample evidence that Seneca shares the view that friends have everything in common (e.g. benef. VII 12,2: *cum omnia amicis dicamus esse communia*).
20 Some of them collected in Banateanu: La théorie stoïcienne de l'amitié (as in n. 4), 158–165; see also Evenepoel: Seneca's Letters on Friendship (as in n. 14), 183–184.
21 On practical wisdom (φρόνησις, *sapientia*) as *ars uitae* or τέχνη περὶ τὸν βίον see, e.g., S. Emp. adv. math. XI 170 = SVF III 598; Sen. epist. 90,27; Seneca: Frg. 82 Vottero; further references in Wildberger: Seneca und die Stoa (as in n. 4), 693 n. 738. Compare the reference to correct use (χρῆσις) in Clement (Stromateis II 9,41,2, quoted in n. 27).
22 Epist. 32,1–2.

proverbial Latin description of friendship as "wanting the same things and rejecting the same things" (*idem uelle atque idem nolle*) to refer to the perfect likemindedness of Stoic friends and asserts that only a sage can share the likes and dislikes of another sage in this manner. At this point, the attentive reader of the *Letters* may remember that the same phrase was used earlier in the collection to describe wisdom as consistency in all matters, i.e. the agreement (ὁμολογία) to which a Stoic man in progress aspires. Without expressly stating it, Seneca thus also alludes to the reason why, according to a Stoic, only sages can be friends, namely that fools are too inconsistent in themselves to be in concord with someone else.[23]

The exclusiveness of Stoic friendship is expressed even more emphatically in *On Benefits*, where the author states that only another sage can enter a partnership (*consortium*) with a sage since sages have nothing in common (*commune*) with non-sages. The rest, i.e. all fools, are neither partners nor friends.[24] In *Letter* 81 the sage's exclusive ability to reciprocate a benefit with the right degree and form of gratitude appears as one of the friendship skills that distinguishes him from normal human beings. Seneca quotes Metrodorus' criticism of the Stoic tenet that only the sage knows how to love another person and defends it by showing that only the sage can be truly grateful and thus perform the duties of a friend.[25] This is an allusion to the sage's technology of love attested in other Stoic sources[26] and also in the Stoicizing account by Clement, where

---

23 Epist. 109,16: *Praeterea illud dulcissimum et honestissimum 'idem uelle atque idem nolle' sapiens sapienti praestabit*; epist. 20,5: *Quid est sapientia? Semper idem uelle atque idem nolle.* For the proverbial expression see Williams: Reading Roman Friendship (as in n. 1), 14 n. 25, and, e.g., Cic. Planc. 5; Sall. Cat. 20,4; Sen. De ira III 34,3. Jean-Claude Fraisse: Philia. La notion d'amitié dans la philosophie antique. Essai sur un problème perdu et retrouvé, Paris 1974, 433 notes the allusion to epist. 20,5 but reads it as evidence that friendship is seen as instrumental for the acquisition of wisdom: "[...] l'amitié n'a pas sa valeur dans l'union et l'identité de deux volontés sur un même objet, mais dans le secours qu'elle peut apporter à chacune d'elles pour la fermeté de son propre vouloir."
24 Sen. benef. VII 12,2: *Primum omnium iam efficiam ut quisquis est iste qui me in societatem uocat sciat se nihil mecum habere commune. Quare? quia hoc inter sapientes solum consortium est, inter quos amicitia est; ceteri non magis amici sunt quam socii.*
25 Epist. 81,12: *Deinde idem* [Metrodorus, Frg. 54 Koerte] *admiratur cum dicimus, 'solus sapiens scit amare, solus sapiens amicus est'* [SVF III 633]. *Atqui et amoris et amicitiae pars est referre gratiam, immo hoc magis uulgare est et in plures cadit quam uera amicitia. Deinde idem admiratur quod dicimus fidem nisi in sapiente non esse, tamquam non ipse idem dicat. An tibi uidetur fidem habere qui referre gratiam nescit?*
26 See, for example, the detailed list of friendship skills in Stob. flor. II 7,11m, vol. 2, p. 108 Wachsmuth = SVF III 630.

one of the definitions of Christian ἀγάπη is "intensity in love and caring affection with [= applying] right reason about the use of [= interaction with] companions".[27]

2 Stoic Fools as Friends

Nevertheless, Stoics gave advice to fools as well and expected them to perform at least the appropriate actions (of which fools are just as capable as sages) wherever perfect action was not yet possible. Thought to that effect was set down in works *On Appropriate Acts* (Περὶ καθηκόντων) or *On Benefits* (Περὶ χαρίτων), such as the books by Chrysippus and Hecato that Seneca consulted for his own treatise on the same topic. Plutarch preserves for us a fragment in which Chrysippus gives precepts for dealing with misbehavior of obviously imperfect 'friends'.[28]

It is this move that Seneca makes in *Letter* 81 in order to explain the moral standards applied to ordinary men.[29] They should at least try and act as best as they can:

> Desinant itaque infamare nos tamquam incredibilia iactantes et sciant apud sapientem esse ipsa honesta, apud uulgum simulacra rerum honestarum et effigies. Nemo referre gratiam scit nisi sapiens. Stultus quoque, utcumque scit et quemadmodum potest, referat; scientia illi potius quam uoluntas desit: uelle non discitur.

> They should therefore stop slandering us as if we were brandishing implausible assertions and know that what is truly honorable is with the wise but with the ordinary folk likenesses or depictions of honorable things. Only the sage knows how to render gratitude. The fool shall render it too, as best as he knows and however he can. May he rather lack in knowledge than in volition. The latter cannot be learned.

---

27 Clem. Al. strom. II 9,41,2 = SVF III 292: ἐκτένεια φιλίας καὶ φιλοστοργίας μετὰ λόγου ὀρθοῦ περὶ χρῆσιν ἑταίρων. Φιλοστοργία in turn is defined at 41,6 as "friendly use of [= interaction with] humans (φιλικὴ χρῆσις ἀνθρώπων)" and "a kind of skillful ingenuity (or: craftsmanship) concerning the affection for friends and relatives (φιλοτεχνία τις περὶ στέρξιν φίλων ἢ οἰκείων)".
28 Plutarch: De Stoicorum repugnantiis 1039b = SVF III 724. See Jonathan Powell: Friendship and Its Problems in Greek and Roman Thought, in: Doreen Innes; Harry Hine; Christopher Pelling (eds.): Ethics and Rhetoric. Classical Essays for Donald Russell on his Seventy-Fifth Birthday, Oxford 1995, 31–45, here 37–38.
29 Epist. 81,13.

We find this common form of preceptive ethics applied to friendship in several of Seneca's *Letters*, in *On Benefits*, and also in the fragments of a treatise *How Friendship Is To Be Preserved*.[30]

What is more, Michael Trapp certainly has a point when he, like other scholars before him,[31] remarks that all imperial Stoics, not only Seneca, "allowed interest and value to the efforts of 'progressives' (*prokoptontes*) as well as to the achievements of perfected sages", and that

> [i]n this perspective, friendships can exist truly and valuably among those only striving for moral improvement, even if relations between the fully good remain the ultimate standard of judgement. Thus Stoic Seneca can in one place acknowledge and defend the proposition that "Only the Sage knows how to love, only the Sage is a friend", while in another writing that "I should not care to advise you [sc. in the choice of friends] to follow or draw to yourself no-one but a Sage. For where might you be able to find the one we have all been seeking for so many centuries? Let the least bad serve in place of the best". [...] The net result of this negotiation with accumulated philosophical tradition is that

---

30 Quomodo amicitia continenda sit, Frgg. 58–60 Vottero with commentary (Dionigi Vottero: Lucio Annaeo Seneca. I frammenti, Bologna 1998). This work and similar Stoic precepts are discussed by Fürst (as in n. 14; note in particular friendship as virtue, 428–430). Just as it is proposed here, Fürst distinguishes this manner of thinking about friendship from a different discourse in which Seneca devises an ideal. I differ from him, however, in assuming that Seneca's conception of progressor friendship was meant to be not just an otherworldy ideal but a highly practical model for shaping one's everyday interaction with real friends in the real world. See also Inwood: Reading Seneca (as in n. 3), 65–131.

31 See, e.g., Hadot: Seneca und die griechisch-römische Tradition der Seelenleitung (as in n. 14), 164–176; Pizzolato: L'idea di amicizia (as in n. 4), 157–174; Hachmann: Die Freundschaftsthematik (as in n. 14); or also Gagliardi: Un legame per vivere (as in n. 14), 99: „[...] nucleo dell'amicizia senecana rimane il prodesse morale [...] E l'essenza del prodesse coincide con la φιλοσοφία prima, e poi con la stessa virtù"; Hengelbrock: Das Problem des ethischen Fortschritts (as in n. 14), 95–102; Banateanu: La théorie stoïcienne de l'amitié (as in n. 4), 180, referring to Epistulae morales 50,7–9 and 71,27; Evenepoel: Seneca's Letters on Friendship (as in n. 14), 182–185 (quotation from p. 185): "What comes first in Seneca's Letters is the meaning of amicitia for one's progress towards and the development of virtus; this is the most characteristic element of his friendship doctrine. [...] Seneca's opinion on the meaning of friendship [...] has much to do with the role it can play in the rise to virtus. In this respect Seneca's views are related to the friendship doctrine of Plato (and of the Middle Stoa?) and perhaps differ from that of the Older Stoa where the nucleus was formed by the friendship among sages, i.e. between those who have already achieved virtus." Note also the interesting remark of Shadi Bartsch: The Mirror of the Self (as in n. 3), 243: "Paradoxically, only the dialogic self, or the self that addresses and exhorts itself, can be identified as that of a *proficiens*" and the section Seneca's Witness (191–208) in the same book. Do we have here the equivalent of the self-love and agreement with himself that qualifies the sage for friendship, namely that the progressor is qualified for a progressor friendship by the ability to exhort not only others but also himself?

friendship has by the imperial period come to be viewed as part of the story of moral progress. [...] Perhaps the central embodiment of this way of viewing friendship in our period is Seneca's Epistles, in which moral instruction and the reciprocal encouragement of a shared quest pass between a teacher and a pupil who are simultaneously friends, working in what was seen as the quintessentially friendly form of the letter.

I would disagree, however, with Trapp's assumption that this was inspired by "the more relaxed strain of thinking that developed in the Stoicism of the second century BCE".[32] What is more, unlike Cicero, Seneca does not opt for the solution of simply expanding the sagehood requirement to "second rate good men", just because a real good man is such a rare bird that an encounter with him is as unlikely as stumbling upon an exemplar of the phoenix described in old fables.[33] Rather, Seneca proposes an original and rigorous conceptualization of fool friendship that builds on the categories and distinctions attested already for the early Stoics.

2.1 Seneca's Adaptation of Stoic Ἔρως

The first step is a transformation of Stoic ἔρως. There is a mismatch between Latin and Greek that reflects differences in cultural practices. Latin *amor* can refer to the attitudes and behavior denoted by both φιλία and ἔρως.[34] The idea of didactic pederasty was alien to Roman society, where such same-sex relations were regarded as a predominantly carnal matter. Seneca himself consistently

---

32 Trapp: Philosophy in the Roman Empire (as in n. 4), 152. The quotations are from Seneca's Epistulae morales 81,12 and De tranquillitate animi 7,4. Compare also the skepticism of Laurand: Les liens de la vertu (as in n. 4).
33 Cic. Lael. 18: *Sed hoc primum sentio, nisi in bonis amicitiam esse non posse; neque id ad uiuum reseco, ut illi qui haec subtilius disserunt, fortasse uere, sed ad communem utilitatem parum; negant enim quemquam esse uirum bonum nisi sapientem. Sit ita sane; sed eam sapientiam interpretantur quam adhuc mortalis nemo est consecutus, nos autem ea quae sunt in usu uitaque communi, non ea quae finguntur aut optantur, spectare debemus*; Sen. epist. 42,1: *Iam tibi iste persuasit uirum se bonum esse? Atqui uir bonus tam cito nec fieri potest nec intellegi. Scis quem nunc uirum bonum dicam? hunc secundae notae; nam ille alter fortasse tamquam phoenix semel anno quingentesimo nascitur.* Note the adverb fortasse.
34 For overviews see David Konstan: Friendship in the Classical World, Cambridge 1997, 28–39 and 122; Williams: Reading Roman Friendship (as in n. 1), 122–130, also concerning the difficulty to express precisely in modern terms what "sexual" *amor* may be; on Stoic ἔρως in this context, see 140–141.

characterizes erotic *amor*, whether toward males or females, as an unwholsome libidinous passion.³⁵

All the same, he does make use of ideas that Stoics framed in terms of virtuous ἔρως and blends this concept with Roman *amicitia*. Ἔρως was defined by Stoics as "an effort to make friends because of an appearance of beauty".³⁶

---

35 See epist. 9,11: *insana amicitia*; epist. 116,5 = Panaetius Frg. 82 Alesse, 114 van Straaten. While Panaetius leaves the possibility that a sage might be able to find an acceptable form of erotic love, Seneca uses this quote to illustrate that all passions must be avoided. Kathy L. Gaca (Early Stoic Eros. The Sexual Ethics of Zeno and Chrysippus and Their Evaluation of the Greek Erotic Tradition, in: Apeiron 33 [2000], 207–223 and Making of Fornication. Eros, Ethics, and Political Reform in Greek Philosophy and Early Christianity, Berkeley/Los Angeles/London 2003 [Hellenistic culture and society 39]) argues that early Stoic ἔρως included erotic relationships between sages and female progressors. All the same, the bond between males would still be framed as pederastic in the narrow sense, and any bond between sage and progressor would still be pederastic in a wider sense, in that it arises from the youthful beauty (ὥρα) of a not yet fully grown-up other.

36 See Malcolm Schofield: The Stoic Idea of the City, Cambridge 1991, 27–35; Margaret R. Graver: Cicero on the Emotions. Tusculan Disputations 3 and 4. Translated and with Commentary, Chicago/London 2002, on Tusc. IV 72: *conatus amicitiae faciendae ex pulchritudinis specie*. In Greek, the definition is ἐπιβολὴ φιλοποιίας διὰ κάλλος ἐμφαινόμενον (Pseudo-Andronicus: De affectibus I 4,7; Diog. Laert. VII 130; Stob. flor. II 7,5b9, vol. 2, p. 66 Wachsmuth and 11s, p. 115: ἐπιβολὴν εἶναι φιλοποιίας διὰ κάλλος ἐμφαινόμενον νέων ὡραίων; as a passion in 10c, p. 91). On possible meanings of ἔμφασις or ἐμφαινόμενος and the question to which degree the definitions were supposed to be applicable to the ἔρως of sages and fools alike, see Schofield (as above), 112–114. Further discussion of these and other aspects of Stoic ἔρως in Brad Inwood: "Why do fools fall in love?", in: Richard Sorabji (ed.): Aristotle and After, London 1997 (Bulletin of the Institute of Classical Studies, Supplement 68), 55–69; Gaca: Making of fornication (as in n. 35), 59–93; Martha C. Nussbaum: Eros and Ethical Norms. Philosophers Respond to a Cultural Dilemma, in: Martha C. Nussbaum; Juha Sihvola (eds.): The Sleep of Reason. Erotic Experience and Sexual Ethics in Ancient Greece and Rome, Chicago/London 2002, 55–94 (a rewrite of: Erōs and the Wise. The Stoic Response to a Cultural Dilemma, in: Oxford Studies in Ancient Philosophy 13 [1995], 231–267) and, in the same volume on pp. 170–199, Anthony W. Price: Plato, Zeno, and the Object of Love; Valéry Laurand: L'Érôs pédagogique chez Platon et les Stoïciens, in: Mauro Bonazzi; Christoph Helmig (eds.): Platonic Stoicism – Stoic Platonism. The Dialogue between Platonism and Stoicism in Antiquity, Leuven 2007, 63–86; Graver: Stoicism and Emotion (as in n. 4), 185–189. Even though it is not attested as such, Graver regards ἔρως as an εὐπάθεια. However, the preliminary nature of ἐπιβολή (see below, 3c) speak against such an interpretation. In order to be an εὐπάθεια, ἔρως would have to be an ὄρεξις, and it is doubtful whether ἔρως would be compatible with the definitory features of that psychic motion, namely (a) that it is directed at the apparent good and (b) that it is unconditional and without reserve (ὑπεξαίρεσις; this is so because something good is always to be taken). Φιλοποιία may be a means to acquire a good, namely a friend, but it is uncertain whether φιλοποιία itself is also to be regarded as a good. More importantly, the sage has only limited

The beauty that evokes this erotic attitude is the outward appearance of a potential for virtue.³⁷ Accordingly, those are worthy of ἔρως (ἀξιοέραστοι) who are of noble spirit and well endowed for virtue. The youthful beauty (ὥρα) sought by the pederast becomes the "blossom of virtue", and the erotic hunt now aims at catching "a youth who is imperfect but has a talent for virtue".³⁸

Seneca demonstrates awareness of these ideas and practices, which he would grant to "Greek custom" but otherwise condemns as likely to be misused by pseudo-Stoic advisors:³⁹

> Illos quoque nocere nobis existimo qui nos sub specie Stoicae sectae hortantur ad uitia. Hoc enim iactant: solum sapientem et doctum esse amatorem. "Solus aptus est ad hanc artem; aeque combibendi et conuiuendi sapiens est peritissimus. Quaeramus ad quam usque aetatem iuuenes amandi sint." Haec Graecae consuetudini data sint, [...].
>
> Another type [of philosophers] that harm us are, I think, those who under the pretence of adhering to the Stoic school encourage our bad behavior. This is what they ventilate: that only the sage is also an expert lover. "Only he is suited for that art. The sage's drinking and banquetting skills are equally outstanding. Let's discuss up to which age youths should be made love to." This may be granted to Greek custom, [...].

In substance, however, the sage of *Letter* 9 is a practitioner of what a Greek Stoic would call ἔρως. Contrary to an Epicurean, the Stoic sage seeks friends not to be supported by them but to have someone whom he himself could serve.⁴⁰ It is

---

control over the success of his efforts with the promising youth he loves, and so his erotic impulse should always be one with ὑπεξαίρεσις.

37 A description of this kind of beauty attributed to Zeno (SVF I 246) is given in Clem. Al. Paid. III 11,74,3–4 (discussed in Schofield: The Stoic Idea of the City [as in n. 36], 115–118): a "clear", straight face with an open gaze; no furrowed brow; the head held upright but not bent backwards; tension in the body; intelligence and a good memory; "gestures and movements that do not nourish the hopes of lechers"; "a respectful and manly expression should blossom upon him" (Αἰδὼς μὲν ἐπανθείτω καὶ ἀρρενωπία); no expensive, whorish styling.

38 Stob. flor. II 7,11s, vol. 2, p. 115 Wachsmuth = SVF III 650: ἐπιβολὴν εἶναι φιλοποιίας διὰ κάλλος ἐμφαινόμενον νέων ὡραίων· δι' ὃ καὶ ἐρωτικὸν εἶναι τὸν σοφὸν καὶ ἐρασθήσεσθαι τῶν ἀξιεράστων, εὐγενῶν ὄντων καὶ εὐφυῶν; Diog. Laert. VII 130 = SVF III 716: Εἶναι δὲ τὸν ἔρωτα ἐπιβολὴν φιλοποιίας διὰ κάλλος ἐμφαινόμενον· καὶ μὴ εἶναι συνουσίας ἀλλὰ φιλίας. [...] Εἶναι οὖν τὸν ἔρωτα φιλίας, ὡς καὶ Χρύσιππος ἐν τῷ Περὶ ἔρωτός φησι· καὶ μὴ εἶναι ἐπίμεμπτον αὐτόν. Εἶναι δὲ καὶ τὴν ὥραν ἄνθος ἀρετῆς; Plut. De communibus notitiis 1073b = SVF III 719: Θήρα γάρ τις, φασίν, ἐστὶν ὁ ἔρως ἀτελοῦς μὲν εὐφυοῦς δὲ μειρακίου πρὸς ἀρετήν.

39 Epist. 123,15–16. Compare in particular Stob. flor. II 7,5b9, vol. 2, p. 65–66 Wachsmuth, where the sage is presented as an expert in both symposiastic and erotic matters.

40 See, for example, epist. 9,10: *ut habeam pro quo mori possim, ut habeam quem in exilium sequar, cuius me morti et opponam et inpendam*; similarly in epist. 6,2, again in contrast to a

clear that the men he befriends are no sages themselves. First, there are not so many sages in the world that the sage could as easily replace a dead friend with a new one as he would according to Seneca's assertion.⁴¹ Second, making friends is described as a process which takes effort and time,⁴² while Stoic sages only need to recognize the other's lovable perfection to become friends immediately, as soon as they get to know their fellow sage or, according to some of our sources, already *are* friends even without mutual knowledge of each other's existence.⁴³ Since all sages have true knowledge about the same world and agree not only with themselves but also with universal Nature, endorsing the volition of God, the director of the cosmos,⁴⁴ they necessarily are in concord also with each other. Third, the description of the sage at *Letter* 9,5 as a "master in the art of making friends" (*faciendarum amicitiarum artifex*) looks like an allusion to the definition of Stoic ἔρως (n. 36). The unwieldy gerundive construction in the genitive feminine plural is characteristic of technical terminology and equivalent to the equally technical Greek term φιλοποιίας. Thus, it intimates that Seneca's τεχνίτης φιλοποιίας is undertaking an "effort to make friends" (ἐπιβολή φιλοποιίας). Finally, the quotation from Hecato illustrating the sage's method for finding frieds ("You must love, if you wish to be loved")⁴⁵ can be read as the description of a sage's erotic activity. He loves (ἐρᾷ) in order to be loved (φιλεῖσθαι) in the future, when the promising friend-to-be has become virtuous too, and thus equally capable of true friendship himself.

All this is not yet conclusive evidence that Seneca knew and adapted the Stoic idea of the sage as a lover. Instead of the more specific ἔρως for gifted youths, the art of friendship practiced by the sage could be just the exercise of

---

friendship sought for one's own advantage: *illius uerae* [sc. *amicitiae*] *quam non spes, non timor, non utilitatis suae cura diuellit, illius cum qua homines moriuntur, pro qua moriuntur.*
41 Epist. 9,5.
42 Epist. 9,6–7.
43 Cic. nat. I 121 = SVF III 635: *Quanto Stoici melius* [...]: *censent autem sapientes sapientibus etiam ignotis esse amicos. Nihil est enim uirtute amabilius, quam qui adeptus erit, ubicumque erit gentium, a nobis diligetur.* For this and further evidence, see Banateanu: La théorie stoïcienne de l'amitié (as in n. 4), 173–177.
44 Diog. Laert. VII 87–88.
45 Epist. 9,6: *Quaeris quomodo amicum cito facturus sit?* [...] *Hecaton ait, 'Ego tibi monstrabo amatorium sine medicamento, sine herba, sine ullius ueneficae carmine: si uis amari, ama'* [Frg. 27 Fowler, 14 Gomoll].

his general friendliness. In the *Handbook of Stoic Ethics* transmitted by Stobaeus, a distinction is made between three meanings of 'friendship' (φιλία):⁴⁶

Τριχῶς δὲ λεγομένης τῆς φιλίας, [1] καθ' ἕνα μὲν τρόπον τῆς κοινῆς ἕνεκ' ὠφελείας [Meineke; ἕνεκα φιλίας codd.], καθ' ἣν φίλοι εἶναι λέγονται, ταύτην μὲν οὔ φασι τῶν ἀγαθῶν εἶναι, διὰ τὸ μηδὲν ἐκ διεστηκότων ἀγαθὸν εἶναι κατ' αὐτούς· [2] τὴν δὲ κατὰ τὸ δεύτερον σημαινόμενον λεγομένην φιλίαν, κατάσχεσιν οὖσαν φιλικὴν πρὸς τῶν πέλας, τῶν ἐκτὸς λέγουσιν ἀγαθῶν· [3] τὴν δὲ περὶ αὐτὸν φιλίαν, καθ' ἣν φίλος ἐστὶ τῶν πέλας, τῶν περὶ ψυχὴν ἀποφαίνουσιν ἀγαθῶν.

[The word] 'friendship' has a threefold use, [1] one of them being [the friendship] for the sake of a shared benefit, according to which men are said to be friends. This one, they say, does not belong to the goods because of the fact that nothing composed of separate parts is a good according to them. [2] The friendship connoted according to the second meaning, which is a friendly adherence from the part of those close to one, belongs to the external goods according to them. [3] The friendship occurring in oneself, by way of which a man is a friend of those close [to him], is, as they assert, one of the psychic goods.

In terms of this distinction, Hecato's advice could mean that the sage invests φιλία of type [3] in order to meet with φιλία of type [2] eventually, while precepts about proper behavior between friends would be instructions how to act in such a way that one's conduct approximates behavior arising from true type [3] φιλία. Seneca himself does not make such a distinction, and rather introduces a fourth type: the virtue φιλία as a perfect general disposition to entertain friendships. Nevertheless, the activities of the sage in *Letter* 9 fit the description of type [3] insofar this type of φιλία corresponds to the virtue *amicitia* activated in relation to the particular individuals it befriends.⁴⁷

However, there is evidence that points more specifically to ἔρως. For example, it is noteworthy that Seneca quotes Hecato's advice together with its context in which Hecato introduces his suggestion as a technique more powerful than any charm or love potion. Magic of this kind belongs to the standard toolbox of the erotic lover rather and would not be used by someone seeking to

---

46 Stob. flor. II 7,11c, vol. 2, p. 94–95 Wachsmuth = SVF III 98.
47 Epist. 9,6 and 9,8. Compare also the development of another quotation from Hecato in epist. 6,7 (quoted in n. 17), which again points to type [3]: *Scito esse hunc amicum omnibus*. In epist. 9,12 *amicitia* might denote either the friendly practice or the relationship. However, later Seneca endorses the rule applied to the first type of φιλία listed in the *Handbook*, that nothing composed of separate bodies can be a good (epist. 102,3 and 7), so that neither the relation between friends (or in the terms of Stoic corporeal ontology, the friends as a pair or group of persons standing in a relation of friendship to each other) can be regarded as a good. An example of the second type occurs at epist. 74,23–24.

form a non-erotic bond of friendship. A little later, the love that a Stoic sage has for his friends is compared to the passion of erotic lovers, which Seneca calls a "deranged friendship".[48] Seneca enhances the paradoxical antithesis between the sage's self-sufficiency and his sociability. Even though he does not need them, the sage not only wants to have friends, he *desires* (*cupit*) to have as many of them as possible. The choice of this verb is significant since *cupere* is a frequent expression for erotic desire.[49] What is more, *cupere* and *cupiditas* had become the Latin equivalents to ἐπιθυμεῖν and ἐπιθυμία, the terms denoting the Stoic passion 'desire', a strong, excessive, and therefore irrational emotion. As self-sufficient as he may be, this "greatest lover of friends"[50] would rather die than live a lonely life forever. Yet, the sage will never be without friends. When he loses one, he immediately replaces him with another.[51] This passage has been read as a symptom of an impersonal attitude "chilling to a modern sensibility".[52] However, directly before it, Seneca compares the sage's composure when he has lost a friend with his attitude to losing his eyes. The sage values his friends as much as his own eyes, and even more than that: he is willing to give his life for them and often rates them higher than himself.[53] In fact, when Seneca, in the voice of the Stoic sage, expresses his wish to have someone to save, to follow into exile, or even to die for,[54] this is reminiscent of the Soldier of Love (*miles amoris*) in Latin elegy,[55] who enjoys creating vivid images of himself undergoing all kinds of trials and ultimately suffering death in the service of his Lady.

Letter 9 discusses an objection, attributed to Epicurus, that a self-sufficient person would not have any use for friends. In reply to this, Seneca underscores the multitude of friends and the extreme sacrifices a true friend is willing to make for the other. Accordingly, one could argue that the erotic connotations outlined above are a consequence of the polemic agenda specific to this *Letter*. However, the context of *Letter* 9 also bears evidence to the fact that the friendships maintained by Seneca's sage are manifestations of Stoic ἔρως rather than

---

[48] Epist. 9,11: *affectus amantium; insana amicitia*.
[49] Epist. 9,15; P. G. W. Glare (ed.): Oxford Latin Dictionary, Oxford 1996, s.v. cupio 2.
[50] Epist. 9,16–18; 9,18: *amicorum amantissimus*.
[51] Epist. 9,5.
[52] Long: Friendship and Friends in the Stoic Theory of the Good Life (as in n. 4), 235.
[53] Epist 9,4 and 14; 9,18: *sibi* [...] *saepe praeferat*. See also Graver: Stoicism and Emotion (as in n. 4), 183.
[54] Epist. 9,10.
[55] See, e.g., Paul Murgatroyd: Militia Amoris and the Roman Elegists, in: Latomus 34 (1975), 59–79.

φιλία, both as concerns the actual activities in the framework of such a relationship and the selection criteria for the men to be courted. In *Letter* 8, Seneca contrasts the wholesome advice he composes for future generations with the practices he would engage in if he were to open his doors and mix with other people, and thus do the opposite of what he describes at the beginning of the *Letter* as avoiding the crowd and isolating onself at home.[56] Both types of activities benefit the other (*prodesse*),[57] but Seneca asserts that the benefit would be much less significant if he were to socialize in the usual manner and, e.g., assist as a supporter in a law suit, serve as a witness to a testament, or promote someone during the elections in the senate.[58] All these are services that one would normally render to friends or clients, and so we learn that these are *not* the services that benefit friends most and thus also not the primary services which a sage would want to offer his friends. Rather, friends should share all their thoughts, share their wisdom, and make the other a better person.[59] Accordingly, we may surmise, the sage of *Letter* 9 would seek non-wise individuals not to heap preferred indifferents on them but in order to help them progress and thus, eventually, become real friends like himself.

What is more, the reader of *Letter* 3 has already learned that friendships should not be incurred randomly. A candidate for friendship must be carefully assessed. At that point, the only criterion given is the trustworthiness of a person, or rather the likelihood that he will become a loyal friend.[60] Further critera are provided in *Letter* 7.[61] The other should not have any glaring vices. Instead, he should be someone who either makes his friends better men or is able to become a better man under the other's guidance. One prerequisite for the latter is the ability to comprehend the better friend, or at least that one is talented enough to be *trained* towards such an understanding. Seneca's low estimate of the numbers one can reach in this manner shows that friendship based on these requirements is a selective affair. Even though one may desire (*cupere*) to pour all one's goods into the other – as Seneca describes his own feelings in *Letter* 6 – this will rarely be possible.[62] Instead, Lucilius will have to

---

56 Epist. 8,1: *uitare turbam*; *secedere*; *fores claudere*.
57 Epist. 8,1 and 6.
58 Epist. 8,6.
59 Sharing thoughts: epist. 3; sharing wisdom: 6,4; make each other a better person (*meliorem facere*): epist. 6; 7,8.
60 Epist. 3,3: *fidelem si putaueris, facies*.
61 Epist. 7,7–9.
62 Epist. 7,9: *Non est quod te gloria publicandi ingenii producat in medium, ut recitare istis uelis aut disputare; quod facere te uellem, si haberes isti populo idoneam mercem: nemo est qui intel-*

look for a suitable object of his attention and then shape him to receive his teachings. Luckily, as we learn a few letters later, Lucilius has found his philosophical 'beloved' (ἐρώμενος), so to speak, in a young man whose gift for virtue was immediately apparent in conversation and visible in his blush.[63]

An even clearer case of Stoic ἔρως recast as a type of *amicitia* is Seneca's attitude toward his younger friend Lucilius. There are many passages that evoke an initial and continued assessment of Lucilius' loveliness. Seneca constantly observes signs of his talent for virtue and of his progress, and expresses his confidence that the efforts to make Lucilius a better man will be successful, for example directly before the *Letter* in which Seneca encounters Lucilius' promising young friend. Just as in *Letter* 11, beautiful words have exerted their charms:[64]

> Vide itaque quid de te sperem, immo quid spondeam mihi (spes enim incerti boni nomen est): non inuenio cum quo te malim esse quam tecum. Repeto memoria quam magno animo quaedam uerba proieceris, quanti roboris plena: gratulatus sum protinus mihi et dixi: "Non a summis labris ista uenerunt, habent hae uoces fundamentum; iste homo non est unus e populo, ad salutem spectat."

> So look what excellent hopes I have for you, or rather what I can guarantee to myself (you see, 'hope' is the name for a dubious good): I can't find anyone with whom I'd like you to be rather than with yourself. Again, I see before my eyes with what greatness of mind you flung out certain words, how full of strength they were. I congratulated myself immediately and said: "This didn't come from the tip of his tongue. These utterances have a solid base. That man is not one of the crowd; he is oriented toward salvation."

To sum up the evidence presented so far: *Letter* 9 itself is characterized by references to erotic love and expressions evocative of the strong passions that mark out this type of relationship and its practices, while the *Letter* is framed by others that describe relations between friends that can be conceptualized in terms of Stoic virtuous ἔρως: a man observes another, younger man's talent for moral improvement and seeks friendly interaction with him in a manner that is

---

legere te possit. Aliquis fortasse, unus aut alter incidet, et hic ipse formandus tibi erit instituendusque ad intellectum tui. 'Cui ergo ista didici?' Non est quod timeas ne operam perdideris, si tibi didicisti. The interlocutor's remark alludes to epist. 6,4: *Ego vero omnia in te cupio transfundere, et in hoc aliquid gaudeo discere ut doceam.*

63 Epist. 11,1: *locutus est; sermo primus.*

64 Epist. 10,2–3. Compare also epist. 2,1: *Ex iis quae mihi scribis et ex iis quae audio bonam spem de te concipio*; 31,1; 32,1; François Prost: L'éthique stoïcienne. Une sagesse sans espérance?, in: Jean-Luc Moreau (ed.): À quoi bon toute l'espérance?, in: La Sœur de l'Ange 13 (2014), 57–63 on *bona spes* and moral progress.

clearly didactic. Friendship is here a form of teaching and aimed at benefiting the younger by making him a better person.

Even more obvious are the parallels to Stoic ἔρως in Seneca's account of how, if I may say so, he fell in love with Lucilius:[65]

> Cresco et exulto et discussa senectute recalesco quotiens ex iis quae agis ac scribis intellego quantum te ipse – nam turbam olim reliqueras – superieceris. [...] Assero te mihi; meum opus es. Ego cum uidissem indolem tuam, inieci manum, exhortatus sum, addidi stimulos nec lente ire passus sum sed subinde incitaui.
>
> I swell with glee and throw off my age and again the blood runs hot in my veins whenever I realize from what you do and write how much you've surpassed – not the crowd, whom you've long since left behind – but yourself. [...] You belong to me; you are my work. It was me who took hold of you when I saw your talent: I encouraged you, I spurred you on, and did not allow you to fall into a sluggish pace but drove you on and on.

Letter 34 celebrates the progress that Lucilius has already made, and there are first signs of reciprocity in that now the beloved friend spurs on his lover too.[66] All the same, at the beginning of the following *Letter*, we find an explicit statement that Lucilius has not yet reached his goal and is not yet a friend (*amicus*). Only when he has become one, the pair will be "of one mind".[67] This is still an attempt at forming a friendship.

Other features also point to Stoic educational pederasty. The description of Seneca's enthusiasm is decidedly physical, and even if some readers may think that I have exaggerated its erotic overtones in my translation, the imagery points to such a reading: youthful vigor and heat are associated with desires and sexual activity;[68] riding and spurring horses are metaphors for sexual intercourse.[69] In addition, Seneca exaggerates the difference in age: he assumes the voice of an old man, whereas a reader who only knew this *Letter* would assume that Lucilius, a middle-aged knight at the apex of his career, had only just reached adulthood. This impression is an effect of the imagery with which Seneca describes his achievement as a friend:[70]

---

65 Epist. 34,1–2.
66 Epist. 34,2.
67 Epist. 35,1–2.
68 Compare also epist. 12,4; 26,2.
69 See James Noel Adams: The Latin Sexual Vocabulary, London 1982, 144–145 (on *properare* and other expressions of racing toward satisfaction) and 165–166.
70 Epist. 34,1.

> Si agricolam arbor ad fructum perducta delectat, si pastor ex fetu gregis sui capit uoluptatem, si alumnum suum nemo aliter intuetur quam ut adulescentiam illius suam iudicet, quid euenire credis iis qui ingenia educauerunt et quae tenera formauerunt adulta subito uident?
>
> If a farmer is happy to look at his seedling grown into a fruit-bearing tree, if a shepherd delights in the offspring of his herd, if a guardian cannot but think that this is his own work whenever he contemplates the young adult that his charge has become, can you imagine the feelings of those who raised a mind and see those tender fledglings suddenly matured?

Seneca not only advises, exhorts, or instructs the other, he virtually raises his friend, just as farmers grow trees and breed flocks. Seneca has brought up Lucilius' malleable mind like a guardian his little ward. It is true that Seneca only speaks of the joy of having educated a *mind* to adulthood, and we know that philosophical progress was described as a form of adolescence, which Lucilius still had to complete at that point.[71] Nevertheless, the hyperbolic contrast between Lucilius' youth and Seneca, the elderly educator, is surprising, and thus an indication that the pair of *Letters* 34 and 35 was designed to remind the learned contemporary of Stoic ἔρως. Indeed, a few letters further on we encounter Seneca so eager to be with Lucilius that he imagines himself making his proverbial 'long journey' (*longa uia*) surrounded by mythical monsters, just like an elegiac lover,[72] and swimming across the straits between Sicily and Italy like a second Leander. Then, a little later in yet another *Letter*, he is seized by an overwhelming desire for his friend as he revisits Pompeii and relives the moving scene of their farewell.[73]

Having thus argued for the likelihood that Seneca's conception of friendship was inspired by Stoic ἔρως, I now wish to point out three significant differences. Firstly, despite the occasional spots of eroticizing language we have noted, Seneca's equivalent to the lover (ἐραστής) in a Stoic love relationship is not a lover but a friend. The sage in *Letter* 9 practices *amicitia*, not *amor*. In the *Epistulae morales*, the word *amor* never refers to a disposition or emotion that a sage (or sage-like) person would entertain toward someone else. In several in-

---

71 Epist. 4,1–2. See also 33,7, where Seneca characterizes the study of short sayings to which he has treated Lucilius in the previous letters as something for children and too simple for the mature mind of an adult man. On fools and progressors as minors in the cosmic city, see Wildberger: Seneca und die Stoa (as in n. 4), 254–256 with further references.
72 Ov. ars II 235; Tib. I 4,41.
73 Epist. 45,2; 49,1. Compare 69,3 on the nature of this emotion.

stances *amor* is unequivocally the sexual passion.⁷⁴ Elsewhere, the appearance of *amor* juxtaposed to expressions for other conditions of mental derangement indicates that what is referred to is an irrational state of the mind and not at all recommendable.⁷⁵ However, there are also forms of acceptable *amor*. The word is used to denote natural impulses that humans and animals conceive as a result of appropriation (*conciliatio*, οἰκείωσις), both the impulse toward self-preservation and impulses toward social bonding that arise in the same natural manner.⁷⁶ Even more interestingly, *amor* is also a necessary component of the reverence one senses for a superior or god.⁷⁷ As such, *amor* can be the love of reason and virtue.⁷⁸ Philosophy, too, is defined as "love of wisdom" (*sapientiae amor*), and this love of wisdom expresses itself as a love of study and learning (*litterarum amor*), which also occurs as love for the teachers of wisdom.⁷⁹

These findings correspond to the terminological pattern we observe in those passages in which Seneca distinguishes true friendship from the relationship with not-yet-friends. Seneca can "point out many men who did not lack a friend but friendship".⁸⁰ Someone who is not yet a true friend himself may be loved by someone else who *is* a true friend. All the same, the friend-to-be still lacks

---

74 Epist. 9,11; 69,3; 74,2; 83,25; 115,14 (in a translation from Euripides): *amores caelitum atque hominum*; 116,5 = Panaetius Frg. 82 Alesse, 114 van Straaten; most likely also 104,13: *non iras repressit, non indomitos amoris impetus fregit*; 105,6: *non aliter quam ebrietas aut amor secreta producit*.
75 In lists of passions or states of mental imbalance, often alternating with hatred or anger: 18,15; 55,3; 76,20; 95,63; 104,13; 105,6; 106,5. The one who loves is not a sage: *amor turpium* (29,12). Objects of irrational love: 85,28 (dangers); 94,64 (false greatness); 120,20 (vices).
76 (Natural) desire for self-preservation: 14,2 (of one's body); 65,18: *nec amor uitae nec odium*; 121,20: *naturali amore salutis suae*; specifically *amor sui*: 36,8; 82,15: *sui amor [...] et permanendi conservandique se insita uoluntas atque aspernatio dissolutionis*; 109,16: *quos amor sui excaecat*. Social οἰκείωσις: 95,52: *Natura nos cognatos edidit, cum ex isdem et in eadem gigneret; haec nobis amorem indidit mutuum et sociabiles fecit*; love of parents for their offspring: 66,27; 74,21; 99,21 and 24. Family members are probably the referent also in 94,53: *nocent qui optant [...] illorum amor male docet bene optando*. Loyalty in other contexts: 91,13 (love of fatherland); 95,35 (soldiers' love for the standards).
77 Epist. 47,19.
78 Epist. 74,21: *Ama rationem! huius te amor contra durissima armabit*; 87,34: *Contra enim veri similior illa species hominum animis obicitur a uirtute, quae illos in amorem et admirationem uocet*; 108,12; 115,3–6, in particular 115,6: *Nemo, inquam, non amore eius [sc. uirtutis] arderet si nobis illam uidere contingeret*. Compare also the beauty of Claranus in epist. 66,2–4; Cic. off. I 56; Laurand: L'Érôs pédagogique (as in n. 36), 80. The noun *amator* occurs in this sense at 82,1: *animum recti ac boni amatorem*.
79 Epist. 89,4; 84,1; 108,17: *quem mihi amorem Pythagoras iniecerit*.
80 Epist. 6,3: *Multos tibi dabo qui non amico sed amicitia caruerint*.

'friendship' on his own part, either in the sense that he does not himself possess the virtue of *amicitia* and the corresponding friendly disposition (φιλία type [3], see p. 401) or in the sense that the relationship between him and the other is not yet a fully fledged friendship (φιλία type [1]), since such a relation would require two real friends and not just one.[81]

At the beginning of *Letter* 35 we learn that there is a difference between a wider concept *amare* and a narrower one, *amicum esse*, which corresponds to a difference between *amicitia* and *amor*:[82]

> Nunc enim amas me, amicus non es. "Quid ergo? haec inter se diuersa sunt?" Immo dissimilia. Qui amicus est amat; qui amat non utique amicus est. Itaque amicitia semper prodest, amor aliquando etiam nocet.
>
> You see, now you love me, but you are not [my] friend. "So do you really mean to say that the two are different?" Yes, even dissimilar. Someone who is a friend loves, but someone who loves is not always a friend. Therefore, friendship is always beneficial, while love is sometimes even harmful.

Combining the usages from the two passages we can draw up the following table to visualize the terminological grid that Seneca uses to describe his equivalent to Stoic ἔρως:

Equivalent to lover (ἐραστής)	Equivalent to beloved (ἐρώμενος)
amicus	non amicus
amare	
amicitia	amor

Both sage and fool show the affection for another person that arises from social appropriation (οἰκείωσις): they love (*amare*). However, while in the not-yet-friend this attitude is still love (*amor*), the sage has perfected his inborn sociable disposition to the virtue of friendship (*amicitia*). Thus the sage is a friend, while the fool is not. Only the sage's true friendship, *qua* virtue and virtuous action, can be called a real good according to Stoic axiology. However, the imperfect love of the foolish friend is not completely devoid of value either: it can at least

---

81 If it is type [1], then *diuellere* in 6,2 means 'to tear apart, separate'. If it is type [3], then *diuellere* would refer to the process of one friend being torn away from another. The expression *cum qua homines moriuntur* seems slightly more appropriate for type [3] or the virtue *amicitia*, since both the virtue and its activities happen inside a person, and so one can say that they stay with them to their death.

82 Epist. 35,1; compare also 94,53 (quoted in n. 76).

be classified as a preferred indifferent since it is "according to nature" (κατὰ φύσιν).⁸³

The second and third differences to Stoic ἔρως I wish to point out are closely related to each other and will lead to the next section of this paper. Whereas Stoic ἔρως appears in our sources as a unilateral affair, the relationship described by Seneca exhibits a much greater degree of reciprocity. The not-yet-friend loves his real friend, too, and the beauty of the mind of a sage like the one in *Letter* 9 is such that it elicits ardent love in those who perceive it.⁸⁴ Such descriptions of fools falling in love with wisdom and its teachers⁸⁵ are reminiscent, e.g., of the enthusiastic love for Socrates and Beauty in Plato's *Symposium*.

However, and this is the third difference, in Seneca *both* lover and beloved, not only the ἐρώμενος but also the ἐραστής, can be fools. The same man who insists that Lucilius still needs to learn how to be a friend, shows himself incapable of true friendship as well. He too has to learn how to love another properly and must call himself to order, for example at the beginning of *Letter* 48, where he first mentions a conflict between Lucilius' and his own interests and then reminds himself that friends have everything in common.

2.2 A New Definition of Progressor Friendship in Seneca

The fact that Seneca admits friendship between men in progress has been noticed and described in the literature on the topic. As we saw above (p. 396), schol-ars observe a connection between this kind of friendship and moral progress insofar as such progress constitutes the common basis uniting the two friends, while friendship, in turn, appears as both instrumental and essential to self-improvement. Basing his argument on theses defended by Brad Inwood,⁸⁶ Valéry Laurand describes a form of "Érôs pédagogique" which is positively valued in the category of indifferents and whose practice belongs to a human being's natural functions: "De fait, l'insensé suffisamment avancé peut bien, s'il le souhaite, aimer un autre insensé moins avancé en vertu, afin qu'ils tâchent,

---

83 Stob. flor. II 7,7c–d, vol. 2, p. 82 Wachsmuth = SVF III 121 and 141; Diog. Laer. VII 107 = SVF III 135.
84 Epist. 115,6.
85 See on the latter aspect in particular epist. 108.
86 Inwood: "Why do fools fall in love?" (as in n. 36).

ensemble sans doute, de se hisser tous deux vers l'amitié et la sagesse (l'amitié étant le *telos* de l'amour)."[87]

In addition to this, I wish to show that Seneca conceives of such friendships not only as imperfect approximations of the sage's perfect ἔρως but instead conceptualizes progressor friendship as a phenomenon *sui generis* and that for this purpose he makes creative use of elements constitutive of two Stoic concepts, both of φιλία and ἔρως. Finally, I wish to show how the whole system of friendship, love, and moral progess is held together by two concepts of the Stoic theory of action, the action impulses ἐπιβολή and πρόθεσις.

At *Letter* 6,3 we are given what comes closest to Seneca's definition of friendship, and it is remarkable that the friendship he defines is, as I will argue, a friendship between men in progress. There will be no lack of friendship,

> cum animos in societatem honesta cupiendi par uoluntas trahit.
>
> when equal volition pulls minds into a partnership of desiring what is honorable.

This description agrees with definitions of sage-sage friendship (see p. 390) in that it is a partnership of like minds. There is an agreement in values – both friends desire what is honorable – and an agreement of mental dispositions – both friends have an equal volition. The friends also share the knowledge (*sciunt*) that they have everything in common.

However, there is no mention of shared goods. Rather, the common knowledge pertains to shared evils or adversities:[88]

> Sciunt enim ipsos omnia habere communia, et quidem magis aduersa.
>
> For they know that they have everything in common, and the obstacles more than anything else.

This is the first characteristic of Senecan progressor friendship: it is a community of bads rather than a community of goods.[89] Both friends have a clear aware-

---

[87] Laurand: L'Érôs pédagogique (as in n. 36), 72–73. The term was introduced into the debate by Knoche: Der Gedanke der Freundschaft (as in n. 14) and taken up in German scholarship, e.g., by Brinckmann: Der Begriff der Freundschaft in Senecas Briefen (as in n. 14), 51 or Hengelbrock: Das Problem des ethischen Fortschritts (as in n. 14), 101.
[88] Epist. 6,3.
[89] See also epist. 48,2: *Consortium rerum omnium inter nos facit amicitia; nec secundi quicquam singulis est nec aduersi; in commune uiuitur.*

ness of their imperfection and share this knowledge with each other. Seneca is not a sage that teaches a fool, but just a fellow patient:⁹⁰

> Sed tamquam in eodem ualetudinario iaceam, de communi tecum malo colloquor et remedia communico.
>
> Rather, as if I were a patient in the same hospital, so I talk about our common ailment and share my recipes with you.

Progressor friendship starts with the shared insight that something is wrong with oneself and one's friend. This is, of course, not knowledge of the same firmness as the real ἐπιστήμη of a sage, but Stoic theory of cognition posits that humans have a natural abhorrence of error so that, accordingly, it may be more easy for them to grasp (καταλαμβάνειν), i.e. reliably perceive, what is inconsistent and therefore bad than it would be for them to recognize and perfectly conceive of what is good.⁹¹ At *Letter* 6,3, Seneca mentions only obstacles or adversities (*aduersa*), not bad things (*mala*). However, what precedes and what follows in the same *Letter* indicates that Seneca's and Lucilius' shared concern is their need for moral progress. Seneca has just realized that a lot is wrong with him, that fundamental changes are required and begin to happen to him, an insight which he regards as the first step toward recovery. Thus, when speaking about friendship and what he wishes to share, the central issue is overcoming foolish badness, not material adversities, and the letter illustrates the role of friendship in this process of self-transformation and self-improvement.⁹²

Second, it is significant that the minds of progressor friends are *pulled* into a partnership. Taken literally, this means that they are not yet there: the partnership in the full sense still has to be formed. What is more, the partnership is not one of shared opinions or possessions, but one of *desiring* (*cupiendi*) what is honorable.⁹³ Of course, a Stoic sage can both possess goods and want to have

---

90 Epist. 27,1.
91 Cic. fin. 3,18 = SVF III 189; Arr. Epict. 2,26,1–4.
92 Directly after he has described his progress, Seneca admits in the same Letter (6,1): *Nec hoc promitto iam aut spero, nihil in me superesse quod mutandum sit. Quidni multa habeam quae debeant colligi, quae extenuari, quae attolli?* Further references in Brinckmann: Der Begriff der Freundschaft in Senecas Briefen (as in n. 14), 58; Hachmann: Die Freundschaftsthematik (as in n. 14), 136.
93 This difference is noted and discussed by Pizzolato: L'idea di amicizia (as in n. 4), 162, 166. See also Brinckmann: Der Begriff der Freundschaft in Senecas Briefen (as in n. 14), 52, who relates this occurrence of *uoluntas* to the assumption that there was a specific Senecan philosophy of the will (see below and n. 100).

them in future too. As we noted before, the word *cupere* is used to describe the sage's desire for friends.⁹⁴ Accordingly, this expression does not preclude that the friends so described are sages since their concord and agreement pertains to both beliefs and volitions (which the Stoics conceptualize as a species of beliefs).⁹⁵ However, and this is more important for our present purpose, the definition does not *require* that such friends already possess the honorable things they both desire. Rather, we encounter a partnership of two individuals who both strive to achieve real goods that, once obtained, would at the same time allow them to join that complete and perfect community into which their current volition is drawing them.⁹⁶

In a certain sense we can thus say that Senecan progressor friendship is ἔρως, "an effort to make friends", *on both sides*. Both progressor friends make an effort at forming a friendship and are drawn to each other by the signs of budding virtue they observe in the other. One may be cast in the role of the young talent, while the other, having come a little further on his journey, serves as mentor and example, but this is not necessary, and there is reciprocal loving affection (*amare*) and a shared effort to make the other a better man and become a better man oneself. Progressor friends "give each other a lot"⁹⁷ once they have embarked on their joint project of mutually supportive self-perfection, whose completion will coincide with the formation of a true friendship.

2.3 Impulses for Progressors

Seneca's philosophy of friendship is thus based on the fundamental idea that there are two closely related and overlapping impulses which drive forward progress and, at the same time, are the binding forces of progressor friendships. On the one hand, there is the love of friends, an impulse toward forming a friendship triggered by the attractiveness of a man's virtue or his talent for virtue. On the other hand, there is the love triggered by the natural attraction that

---

94 Epist. 9,15; see above, p. 402.
95 Action (πρᾶξις) and volition (βούλησις) only happen after assent has been given to a φαντασία ὁρμητική. For Seneca, see epist. 113,18 and De ira II 1–4. Graver: Stoicism and Emotion (as in n. 4), 182 would even translate ὁμόνοια as 'sameness of intent'.
96 This will be not only the partnership of the two friends but a community of all fully grownup citizens of the cosmic state: epist. 48,2–3; Wildberger: Seneca und die Stoa (as in n. 4), 244–268.
97 Epist. 6,6.

virtue, virtuous men, and that which is honorable exert on undistorted, talented minds.[98]

> Facillime enim tenera conciliantur ingenia ad honesti rectique amorem.
>
> For it is very easy to attract tender minds to the love of what is honorable and right.

Framing progressor friendships in terms of the yet uncouth and groping natural impulses toward goodness allows Seneca to describe such a relation as more than the incomplete attempt of imperfect fools.[99] Progressor friends do not just try to mimic the behavior of their betters, the sages, and fall short of the ideal. Their relationship is to be judged by its own standards as part of a human being's natural development, a process fundamentally different from the interaction between the mature minds of perfect sages.

Characteristic of this relationship is the nature of the impulse that drives it, an impulse that has been noted in Senecan scholarship and often discussed in terms of an innovative concept of 'will'.[100] Contrary to this, I would suggest that the phenomenon in question was conceptualized already in pre-Senecan Stoic theory of action as ἐπιβολή, "an impulse before an impulse". In short, I wish to argue that uses of the word *uoluntas* and its synonyms in Seneca were inspired by his familiarity with the Greek technical term, and that the *par uoluntas* in his definition of progressor friendship is such an ἐπιβολή rather than a βούλησις or 'volition'.

In the *Handbook of Stoic Ethics* we find a distinction of different types of action impulse (πρακτικὴ ὁρμή).[101] The first of these is πρόθεσις, which is defined as the "marking out of completion" (σημείωσις ἐπιτελέσεως). At first

---

98 Epist. 108,12.
99 On this alternative way of conceptualization see Graver: Stoicism and Emotion (as in n. 4), 173–175, who refers to Seneca's image of the arch (epist. 118,15–16).
100 See, e.g., Rainer Zöller: Die Vorstellung vom Willen in der Morallehre Senecas, München/Leipzig 2003 (Beiträge zur Altertumskunde 173) and Inwood: Reading Seneca (as in n. 3), 135–156. Further doxography of the *status quaestionis* in Wildberger: Seneca und die Stoa (as in n. 4), 338–341 and in Aldo Setaioli: Ethics III: Free Will and Autonomy, in: Gregor Damschen; Andreas Heil (eds.): Brill's Companion to Seneca. Philosopher and Dramatist, Leiden/Boston 2014, 277–300.
101 Stob. flor. II 7,9a, vol. 2, p. 87 Wachsmuth = SVF III 173: Πρόθεσιν μὲν οὖν εἶναι λέγουσι σημείωσιν ἐπιτελέσεως· ἐπιβολὴν δὲ ὁρμὴν πρὸ ὁρμῆς· παρασκευὴν δὲ πρᾶξιν πρὸ πράξεως· ἐγχείρησιν δὲ ὁρμὴν ἐπί τινος ἐν χερσὶν ἤδη ὄντος· αἵρεσιν δὲ βούλησιν ἐξ ἀναλογισμοῦ· προαίρεσιν δὲ αἵρεσιν πρὸ αἱρέσεως· βούλησιν δὲ εὔλογον ὄρεξιν· θέλησιν δὲ ἑκούσιον βούλησιν.

sight, one would understand this as an expression for a cognitive process by which a person assesses certain signs as to whether some other practical process has been completed. However, it would be surprising if the perception of reasons for *ceasing* to act because the task has been completed were to be listed as a type of impulse. In addition, the active and middle forms of the verb προτίθημι, from which the verbal noun πρόθεσις derives, often refer to the act of setting a goal to others or oneself.[102] In the present context, σημείωσις seems to mean the 'giving of a signal' rather and thus the impulse that sets up an aim to be pursued.[103] In Latin, Seneca uses *proponere* and *propositum*, very close literal equivalents of the two Greek words, in order to refer to the aim that the man in progress has set himself. In particular, *propositum* refers to the ultimate goal the progressor wishes to reach:[104]

---

102 Henry George Liddell; Robert Scott; Henry Stuart Jones: A Greek-English Lexicon, Oxford 1996, s. v. πρόθεσις II.1: "purpose, end proposed", under which meaning one also finds the use of the term in the *Handbook*.

103 Compare the German word *Zielsetzung*. Brad Inwood: Ethics and Human Action in Early Stoicism, Oxford 1985, 231–232 recognizes the need to interpret σημειώσις in a less common sense derived from the meaning of the corresponding verb σημειοῦσθαι in the sense 'to note for oneself' (232), but differs from the solution proposed here in that he regards this impulse as a "self-conscious registering of one's own intention to act" (232). However, this would be a cognitive impulse, not a practical one, while the *Handbook* explicitly subsumes πρόθεσις under the class of action impulses (ὁρμὴ πρακτική). Without further discussion and referring only to Inwood's explanations, Marie-Odile Goulet-Cazé (A propos de l'assentiment stoïcien, in: Marie-Odile Goulet-Cazé [ed.]: Études sur la théorie stoïcienne de l'action, Paris 2011, 73–236, here 107–108) nevertheless translates the term and definition in a manner compatible with the reading proposed here: "l'intention est le fait de signifier quelque chose à accomplir". Adolf Bonhöffer: Epictet und die Stoa. Untersuchungen zur stoischen Philosophie, Stuttgart 1890, 258 regards πρόθεσις as „den fertigen, feststehenden Entschluss".

104 Epist. 95,46. Compare also Sen. dial. 7,1,1: *Proponendum est itaque primum quid sit quod appetamus; tunc circumspiciendum qua contendere illo celerrime possimus, intellecturi in ipso itinere, si modo rectum erit, quantum cotidie profligetur quantoque propius ab eo simus ad quod nos cupiditas naturalis inpellit*; 7,24,4; epist. 71,2: *Quotiens quid fugiendum sit aut quid petendum uoles scire, ad summum bonum, propositum totius uitae tuae, respice. Illi enim consentire debet quicquid agimus: non disponet singula, nisi cui iam uitae suae summa proposita est*; 5,4; 66,41: *Bonorum unum propositum est consentire naturae*; 73,1: *propositum bene uiuendi*; 108,35: *propositum beatae uitae*; 32,2: *habeo quidem fiduciam non posse te detorqueri mansurumque in proposito*; 67,10: *illic est constantia, quae deici loco non potest et propositum nulla ui extorquente dimittit*. For inconsistency and disorientation as a result of changing proposita see, e.g., 8,1,1: *Tunc potest uita aequali et uno tenore procedere, quam propositis diuersissimis scindimus*; epist. 20,4; 23,7: *Nam illi qui ex aliis propositis in alia transiliunt aut ne transiliunt quidem sed casu quodam transmittuntur*. See also 51,9: *Libertas proposita est*; 68,12; 75,4; 82,18; 85,32; 92,11; 95,45.

Haec nemo faciet quemadmodum debet nisi habuerit quo referat. Proponamus oportet finem summi boni ad quem nitamur, ad quem omne factum nostrum dictumque respiciat; ueluti nauigantibus ad aliquod sidus derigendus est cursus. Vita sine proposito uaga est.

No one will be able to do this properly unless he has a point of reference. We must set before ourselves (*proponamus*) an end, the highest good which we can strain to reach and at which our every deed or word is directed. Just as if we were sailors, our journey has to be aligned with some lodestar. A life without an objective set before it (*propositum*) lacks orientation.

An impulse of this type is directed at the long-term end point of a movement that may take a whole lifetime and even never be completed. All the same, it helps the agent to keep himself focused and oriented in the right direction, provided that the progressor conceives of his aim with increasing precision in his learning process and thus gradually develops a better aimed and more subtely specified πρόθεσις impulse.

The second term in the list is ἐπιβολή, "an impulse before an impulse". Here the stress is on the motivational character of an impulse, and the term is thus well suited to refer to the first impulses deriving from the "natural desire" (*cupiditas naturalis*) that drives the agent toward the good life or the "natural arousal" (*naturalis irritatio*) that draws humans to each other.[105] For an ἐπιβολή, it seems to be more important to get going at all, even if one does not yet fully know where exactly to direct one's impulse; it is an impulse that prepares more specific impulses to act. In ordinary usage the word can refer to impulses that are a "setting upon a thing, design, attempt, enterprise",[106] while the corresponding verb ἐπιβάλλειν may mean "to throw oneself upon, go straight toward".[107] Likewise the Latin word *conatus* that Cicero uses to translate ἐπιβολή

---

105 Sen. 7,1,1; epist. 9,17; compare also 94,31: *indoles naturalis [...] obscurata et oppressa. Sic quoque temptat resurgere et contra praua nititur*. On ἐπιβολή see also Inwood: Ethics and Human Action (as in n. 103), 228–233. Laurand: L'Érôs pédagogique (as in n. 36), 73–74 regards it as an impulse sui generis, which is to be identified with ἔρως: "[...] pulsion première qui régit pour ainsi dire les autres pulsions. Elle est dès lors originale, spécifique, seule en son genre et en son espèce, et elle n'est rien d'autre que l'amour" (74). André-Jean Voelke: L'idée de volonté dans le stoïcisme, Paris 1973, 139–143 does not distinguish ἐπιβολή from πρόθεσις and believes that the use in Epictetus differs from what is defined in the *Handbook*. According to him, ἐπιβολή in Epictetus is not just a "vouloir préalable", but a "projet fondamental", and Seneca's *propositum* is, he believes, the same (141 n. 2).
106 Liddell; Scott; Jones: Greek-English Lexicon (as in n. 102), s.v. 3a.
107 Ibid., s.v. II.1; also ἐπιβάλλειν [sc. τὸν νοῦν]: "devote oneself to; give one's attention to". Accordingly, Graver: Stoicism and Emotion (as in n. 4), 186 explains the term as "an effort or resolve".

in the definition of ἔρως expresses not only the attempt but also the effort and the exertion to reach the intended aim.[108]

Seneca has no single equivalent term, but the idea is all-pervasive in his *Letters* that one needs a strong basic impulse or motivation toward self-improvement and whatever is good and honorable, an impulse that may be unspecific and in need of control and direction by an expert. At *Letter* 71,36, for example, this impulse is described as a volition to make progress (*proficere*), as "hasten[ing] (*properare*) toward the most beautiful things", and also expressed with the verbs *instare* ('press on'), *perseuerare* ('persist') as well as *instinctum esse* ('to be driven forward'). In addition, there are references to volition (*uelle*) and a 'strong impulse' (*magnus impetus*):

> Instemus itaque et perseueremus; plus quam profligauimus restat, sed magna pars est profectus uelle proficere. Huius rei conscius mihi sum: uolo et mente tota uolo. Te quoque instinctum esse et magno ad pulcherrima properare impetu uideo. Properemus [...].
>
> So let's press on and persist in our dogged efforts; more is left than what we've overcome, but a large part of progress is wanting to progress. This is a fact I know about myself: I want, and I want with the whole of my mind. And I see that you too have the urge and hasten to the most beautiful things with a big impulse. Let's make haste [...].

The verb *conari* occurs in another such passage, where the aim is described in an equally unspecific fashion as "all that is best":[109]

---

108 Oxford Latin Dictionary (as in n. 49), s.v. 1. Cicero's definition is quoted in n. 36.
109 Epist. 31,1. Compare also *uelle non discitur* in 81,13, quoted on p. 395 above, or 34,3; 80,4; 52,1: *semel uelle* (all passages discussed in Inwood: Reading Seneca [as in n. 3], 135–156); furthermore 16,1: *bona uoluntas*. For *conari* and *conatus* see also epist. 49,12: *animis magna conantibus*; 51,11: *Seuerior loci disciplina firmat ingenium aptumque magnis conatibus reddit*; 95,5: *toto animo ad honesta conari*; 114,23; 121,13. For impetus in this sense, e.g., 16,6; 24,3: *ingenia aut profectus aut impetus magni*; 39,2–3: *Habet enim hoc optimum in se generosus animus, quod concitatur ad honesta. Neminem excelsi ingenii uirum humilia delectant et sordida: magnarum rerum species ad se uocat et extollit. Quemadmodum flamma surgit in rectum, iacere ac deprimi non potest, non magis quam quiescere, ita noster animus in motu est, eo mobilior et actuosior quo uehementior fuerit. Sed felix qui ad meliora hunc impetum dedit*; 52,3: *Hos maxime laudat* [sc. Epicurus] *quibus ex se impetus fuit, qui se ipsi protulerunt*; 59,9 (quoted below); 79,13: *Hoc nos agere, Lucili carissime, in hoc ire impetu toto, licet pauci sciant, licet nemo, iuuat*; especially the natural *impetus* of undistorted youth: 108,16: *magno enim in omnia impetu ueneram*; 108,17: *quoniam coepi tibi exponere quanto maiore impetu ad philosophiam iuuenis accesserim quam senex pergam*; 108,23: *quam uehementes haberent tirunculi impetus primos ad optima quaeque, si quis exhortaretur illos, si quis inpelleret*.

> Sequere illum impetum animi quo ad optima quaeque calcatis popularibus bonis ibas: non desidero maiorem melioremque te fieri quam moliebaris. Fundamenta tua multum loci occupauerunt: tantum effice quantum conatus es, et illa quae tecum in animo tulisti tracta.
>
> Follow that impulse of your mind with which you were going toward all that is best, treading the goods of common people under foot. My desire is not for you to turn out greater or better than the man you have been undertaking. Your foundations claim much ground already. Just bring to completion what you have attempted, and always return to that which you bore with you in your mind.

Together, πρόθεσις and ἐπιβολή thus describe the motivational disposition of a man in progress. He has set himself an ambitious overarching aim, to seek what is good and honorable, and he pursues this aim with a strong basic motivation, a fundamental ἐπιβολή impulse from which originate the more specific impulses that, step by step, bring him closer to the increasingly refined goal which his πρόθεσις holds up before him as the focal point of all his actions and desires.[110]

The need for synergy between two basic impulses can also explain the failure to make progress. Progress may be deficient because the basic motivation (ἐπιβολή) is to weak or because there is no clear and consistent long-term objective (πρόθεσις), in particular if the agent either does not have the theoretical insights according to which one sets a persistent overarching aim or if he does not really believe in them since they conflict with erroneous opinions in his mind:[111]

> [...], quid ita nos stultitia tam pertinaciter teneat? Primo quia non fortiter illam repellimus nec toto ad salutem impetu nitimur, deinde quia illa quae a sapientibus uiris reperta sunt non satis credimus nec apertis pectoribus haurimus leuiterque tam magnae rei insistimus.
>
> [...] why it is that foolishness holds on to us so tenaciously? Firstly, because we do not push it back forcefully and do not strain toward salvation with all our might [= deficient ἐπιβολή], and then also because we do not fully believe in the discoveries of the wise men:

---

110 What we observe here with regard to the theory of impulses and action is similar to the manner in which Seneca supports the formation of correct concepts, the building blocks of right reason (Jula Wildberger: "Praebebam enim me facilem opinionibus magnorum uirorum". The Reception of Plato in Seneca, Epistulae Morales 102, in: Verity Harte u.a. [eds.]: Aristotle and the Stoics Reading Plato, London 2010 [Bulletin of the Institute of Classical Studies, Supplement 107], 205–232). By alternating elevating 'big talk' with dialectic reasoning, he first creates and reinforces rough but strong mental structures and then hones them down in a critical analysis.
111 Epist. 59,9.

we do not receive [their insights] with open hearts and do not stop for more than a quick glance at this important issue [= deficient πρόθεσις].

Someone who has doubts about the nature of the objectives to be pursued is incapable of conceiving and maintaining a well-determined πρόθεσις. As a consequence, the basic ἐπιβολή-impulse will also lose momentum and become instable without focused direction:[112]

> Etiamnunc dicam unde sit ista inconstantia et dissimilitudo rerum consiliorumque: nemo proponit sibi quid uelit, nec si proposuit perseuerat in eo, sed transilit; nec tantum mutat sed redit et in ea quae deseruit ac damnauit reuoluitur.
>
> Let me also tell you where that inconsistency and incongruity of deeds and thoughts comes from. No one sets before him what he wants, and even if he has set himself an aim, he does not persist in his efforts, but switches to something else. Nor does he only change his plans; he returns to the old ones and falls back into what he had rejected and condemned.

Another relation of synergy unfolds between the effort (ἐπιβολή) to make a friend and the progressor's effort to attain virtue. A progressor's effort toward virtue is, at the same time, an effort to become capable of friendship, while the effort to make a real friend manifests itself as an effort to intensify the other's efforts toward virtue. Already the first letter can be read as such a reinforcement: repeatedly Seneca exhorts his friend to do what the other writes he has begun to do,[113] insisting on the urgency to act right away. At the same time, this strong sense of urgency – one *must* do something, embrace life before it is gone forever, not let it slip away – is matched by the characteristic haziness of ἐπιβολή. The reader wonders what it is that needs to be done to hold fast to that slippery good, why it is so important. Answers to such questions are given in the *Letters* that follow,[114] and the increasingly subtle specification of the goal to be pursued goes hand in hand with continued pushing and admonitions not to slacken in his efforts, usually combined with some sketch of the *propositum*,

---

[112] Epist. 20,4. Compare also epist. 21,1–2 or 95,47.
[113] Epist. 1,1: *Ita fac*; 1,2: *Fac ergo quod facere te scribis*.
[114] In The Epicurus Trope and the Construction of a 'Letter Writer' in Senecas Epistulae Morales, in: Marcia L. Colish; Jula Wildberger (eds.): Seneca Philosophus, Berlin/New York 2014 (Trends in classics, Supplementary volume 27), 431–465, I present examples and further literature on this sustained specification, which is one of the structural features that unify the corpus of the *Epistulae morales*.

the aim toward which the other is supposed to go.¹¹⁵ And one component of this aim is *amicitia*, the ability to be a mature friend in the fullest sense of the word.

3 Conclusion: Progressor Friendship and Roman Society

It is obvious that Seneca's conception of a bilateral "effort to make friends" instead of unilateral virtuous ἔρως is one way to make Stoic ideals applicable to Roman sensibilities and the social conditions under which he and his readers were operating. It also permits the conception of reciprocal relationships between equals, as, for example, between Seneca and his friend Claranus in *Letter* 66. What is more, with its pederastic features subdued, even the unequal relation between the one giving an effort to make a friend and the promising not-yet-friend is well aligned with Roman paradigms. Within the framework of *amicitia*, persons of unequal social standing were addressing each other as 'friends' and thus created a face saving hedge of equality, which allowed the partners to embrace hierarchical differences and the different roles that came with them.¹¹⁶ The hierarchies among men in progress in Seneca's work are alleviated by the fact that there tends to be a coincidence of age and progress, so that the younger, who would be inferior in the ordinary social hierarchy, is also inferior in the hierarchy of philosophical friendship. The behavior patterns resulting from a hierarchic progressor friendship are thus similar to those that occurred between men in ordinary friendships, in which mentoring, good advice, and even admonition in personal matters were regarded as core duties especially of the senior friend.¹¹⁷ But even this inequality is alleviated: no one is

---

115 See, for example, epist. 4,1; 5,1; 16,1–2,6; 17,1; 19,1; 20,1; 23,1; 23,3; 23,6; 34,3–4; 35,1; 36,3; 41,1; 82,1.
116 See, e.g., Williams: Reading Roman Friendship (as in n. 1), 25–26; on the fuzzy boundary between *amici* and *clientes*, pp. 44–54. Williams notes that "Seneca's [...] uses of the term [sc. *cliens*] are more or less openly disparaging" (54 n. 125) and wisely suggests that we take such terms as performative (44) and as instances of "application of linguistically and culturally meaningful labels" (44–45).
117 See Hadot: Seneca und die griechisch-römische Tradition der Seelenleitung (as in n. 14), 166–168 with examples; Thomas N. Habinek: Towards a History of Friendly Advice. The Politics of Candor in Cicero's de Amicitia, in: Martha C. Nussbaum (ed.): The Poetics of Therapy. Hellenistic Ethics in Its Rhetorical and Literary Context, Edmonton = Apeiron 23 (1990), 165–185; Peter White: Cicero in Letters. Epistolary Relations of the Late Republic, Oxford/New York 2010,

doomed to the exclusive role of not-yet-friend and passive recipient of exhortations. Rather, each individual is set into a whole array of hierarchies. Both Lucilius and Seneca are sometimes cast in the role of the younger friend-to-be, and sometimes in the role of the older mentor. Lucilius appears as the advisor of younger friends in *Letters* 11 and 36,[118] while Seneca is the learner in *Letter* 30, when he visits the Epicurean Bassus. Thus, contrary to the wise practitioner of Stoic ἔρως, Seneca's model progressor will always seek *both* to make friends *and* to be made one himself:[119]

> Cum his uersare qui te meliorem facturi sunt, illos admitte quos tu potes facere meliores.
>
> Spend your time with those who will make you a better man; admit those into your company whom you yourself can make better than they are.

It may even be argued that Seneca's new form of progressor friendship is eminently political. At least it is a question that needs to be raised and which deserves thorough investigation whether the *Epistulae morales* might not offer more than just a spiritual guide for a minority of philosophically minded acolytes. Rather, I would suggest, this work presents an exemplary elite life-style intended to become the standard for everyone of rank and name in the Roman Empire, and reshaping Stoic conceptions of friendship might have been an integral part of this project. Here is not the place to make such an argument in full, but at least, I shall outline some relevant points that have already been argued

---

chapter 5; Cic. off. I 123: *Senibus* [...] *danda uero opera ut et amicos et iuuentutem et maxime rem publicam consilio et prudentia quam plurimum adiuuent*; Seneca: Frg. 59 Vottero: When deliberately evoking the mental image of an absent friend, one should first recollect his external features and gestures and then flesh out this sketch with what is more important: the way he talks, exhorts, and gives or takes advice (*adiciamus illi quae magis ad rem pertinent: sic loquebatur, sic hortabatur, sic deterrebat, sic erat in dando consilio expeditus, in accipiendo facilis, in mutando non pertinax*); 47,13; 109,14. Seneca describes himself as an advisor to Lucilius, e.g., in epist. 22,1–5; 48,1; 71,1; compare also the role of the Stoic (*amicus noster Stoicus*) in Marcellinus' council of friends (epist. 77,5–8). The role of the advisor is also transferred to philosophical texts (epist. 22,5: *Numquid offenderis si in consilium non uenio tantum sed aduoco, et quidem prudentiores quam ipse sum, ad quos soleo deferre si quid delibero?*), God and the god in man (41,2), and Philosophy herself: 16,3: *Innumerabilia accidunt singulis horis quae consilium exigant, quod ab hac* [= *philosophia*] *petendum est*; 17,2: *aduoca illam in consilium*; 38,1: *philosophia bonum consilium est*; 48,7.

118 See also John Schafer: Seneca's Epistulae Morales as Dramatized Education, in: CPh 106 (2011), 32–52, here 42–43, who refers to epist. 42,5 as well.
119 Epist. 7,8.

in recent publications on *Seneca politicus* and indicate how my findings may serve to strengthen the case made by these scholars.

There is increasing consensus that Seneca *is* a philosopher with a serious political agenda whose thought and practice cannot be reduced to the individualist interiority of a *souci de soi*, as important as that may be. Demonstrative retreat and care of self could be, and were for Seneca, essentially extrovert activities as, e.g., Margaret Graver shows in a re-interpretation of the Foucaultian concept of self-scripting for the *Epistulae morales*.[120] It is also clear that this agenda is, to a large part, pursued by addressing contemporary – and future – Roman elites, Seneca's peers in the rank of Roman knights and senators.

An emphatic expression of this view can be found in Miriam Griffin's recent discussion of *On Benefits*. She describes a Seneca operating within traditional values and well aligned with the realities of contemporary practice. Within this framework, Griffin notes some approaches and solutions to social antinomies which she identifies as specific to Seneca. All these have much in common with the properties of progressor friendship as analyzed before, for example a predominant concern with creating friendships, i.e. facilitating the formation of new ones,[121] and the relative disregard of the material aspects of such a relationship in comparison to intentions and beneficent dispositions, which again is a feature that increases the possibility of creating bonds through benefits (29). Griffin distinguishes two antithetic foundations for friendship: on the one hand, sharing interests and activities and, on the other, the exchange of favors (39). In a progressor friendship, these foundations coincide to form a particularly strong basis for a new social bond since the granted favor consists precisely in catering to the other's most urgent interests and sharing the activities he values most highly. In contrast to a material exchange verging on a business transaction, Seneca envisages a "reciprocity of an asymmetrical set of relations" (45) which allows for delayed and fungible rewards and is repeatedly described with the imagery of planting or sowing – just as we find it in *Letters* 9 and 34, two letters most clearly modeling friendship as a version of Stoic ἔρως, in which the reward of gaining a friend is delayed into the future as well.

---

120 Margaret R. Graver: Honeybee Reading and Self-Scripting. Epistulae Morales 84, in: Colish; Wildberger (eds.): Seneca Philosophus (as in n. 114), 269–293. Compare also Roller: Constructing Autocracy (as in n. 3), 124, and Jula Wildberger: Simus inter exempla! Formen und Funktionen beispielhafter Weltflucht in der frühen Kaiserzeit, in: Heinz-Günther Nesselrath; Meike Rühl (eds.): Der Mensch zwischen Weltflucht und Verantwortung. Lebensmodelle der paganen und der jüdisch-christlichen Antike, Tübingen 2014 (Studien und Texte zu Antike und Christentum 87), 85–110.
121 Griffin: Seneca on Society (as in n. 3), 27–28, 38.

The same is true of progressor friendship, but in contrast to ἔρως, progressor friendship is better suited to maintain another core feature of *amicitia*, namely mutuality, and in particular mutual respect (37), rather than just the unilateral admiration of the beloved for the loving sage. Griffin regards the focus on intention and the mind, which she observes in *On Benefits*, as an important means to negotiate the sensitive issue of social hierarchies within a relationship that is supposed to be egalitarian. As we have seen, progressor friendship too is clearly differentiated from humiliating patronage in that the hierarchy is framed as one of different degrees of progress and thus assimilated to the less embarrassing relation between senior mentor and younger protégé, in which the superior friend is not *potens* but *uenerandus*.[122] What is more, benefit is not just passively received but based on a joint effort: the recipient must respond actively to the benefactor's support and thus turn it into his own moral achievement,[123] and reciprocitiy is "in kind" (73), which also reduces inequality.

Griffin acknowledges Seneca's "systematic analysis" and his work of "grounding" moral codes "in a general theory about the nature of the universe and the nature of man".[124] It is this kind of intellectual ambition to create all-encompassing models, which is also observed by Ermanno Malaspina in *De clementia*,[125] that forms the breeding ground for a concept like progressor friendship as an integration of social theory and the ethics of moral progress. As such a theorist, Griffin's Seneca endorses and affirms socio-political reality, "raising to the level of theory the concepts and standards of Roman society in his own time".[126] This is certainly too simplistic, and Griffin does not engage sufficiently, or even ignores, voices that postulate a more fundamental shift of

---

122 Griffin: Seneca on Society (as in n. 3), 32–34, 71, citing Hor. epist. I 18,68.
123 Compare Wilcox: The Gift of Correspondence (as in n. 3), 111: "[...] a reader may take on Lucilius's debt by stepping into his place, the place of the aspiring Stoic, the partner in Seneca's progress toward philosophical freedom. If the anonymous reader steps into the second person, becoming the 'you' addressed by the letters, he or she may repay Seneca's gift with interest, both by reading the letters responsively and by acting on them."
124 Griffin: Seneca on Society (as in n. 3), 53. On the range and systematicity of Seneca's ethical project see also Gareth D. Williams: Double Vision and Cross-Reading in Seneca's Epistulae Morales and Naturales Quaestiones, in: Colish; Wildberger (eds.): Seneca Philosophus (as in n. 114), 135–165.
125 Ermanno Malaspina: La teoria politica de De clementia: un inevitabile fallimento?, in: Arturo De Vivo; Elio Lo Cascio (eds.): Seneca uomo politico e l'età di Claudio e di Nerone. Atti del Convegno internazionale (Capri 25–27 marzo 1999), Bari 2003 (Scrinia 17), 139–157, here 148–150.
126 Griffin: Seneca on Society (as in n. 3), 63; see also 74: "reinforcing the code at its most demanding level".

paradigm, e.g. Amanda Wilcox's claim that in the *Epistulae morales* Seneca critiques "Roman social practices" and constructs a new form of "*amicitia* that remain[s] thoroughly Roman, even as he rejects the traditional social practices whose imagery and vocabulary he reclaims".[127] To a degree, Griffin's reading may be justified by the fact that *De Beneficiis* belongs to the period before the break with Nero. Later works bear signs of political disillusionment,[128] and this impression is confirmed in Francesca Romana Berno's recent paper on Q. Aelius Tubero as a role model for Seneca in prioritizing philosophical integrity and consistency over the demands of a political career.[129]

Whatever the truth of the matter, clearly progressor friendship is at the heart of Seneca's larger project postulated and discussed by Thomas Habinek and Matthew Roller:[130] the definition of a new Roman aristocracy by re-shaping its constitutive values. Like Lucilius, a member of this new aristocracy can serve the emperor and partake in the government of the state, living an apparently ordinary life. Nevertheless, he directs his aspirations to a sphere that lies outside, and above (*Letter* 73), any ruler's power. With a view to progressor friendship, such ideas appear as an even more realistic blueprint for a new social model of nobility than one would expect after reading the accounts of the two scholars. Since progressor friendship is constituted by intention rather than actual success, it does not operate in an impossible aristocracy of truly virtuous Stoic sages. Rather, it serves to create an actually existing community of virtue *lovers*. As an institution that essentially conjoins each agent's will to progress with strong social bonding, progressor friendship also enhances the social character of Seneca's ideal aristocracy. It constitutes an aristocracy in the sense

---

127 Wilcox: The Gift of Correspondence (as in n. 3), 100 and 114.
128 See, e.g., Cesare Letta: Seneca tra politica e potere. L'evoluzione del pensiero di Seneca sul principato nelle opere in prosa anteriori al De clementia, in: Sergio Audano (ed.): Seneca nel bimillenario della nascita, Pisa 1998, 51–75; Cesare Letta: Allusioni politiche e riflessioni sul principato nel De beneficiis di Seneca, in: Limes 9–10 (1997/98), 228–243; Cesare Letta: Attualità e riflessione politica nelle ultime opere di Seneca dalle Naturales Quaestiones alle Lettere a Lucilio, in: Journal for the Promotion of Classical Studies 7 (1999), 93–139; Ermanno Malaspina: Pensiero politico ed esperienza storica nelle tragedie di Seneca, in: Margarethe Billerbeck; Wolf-Lüder Liebermann (eds.): Sénèque le tragique, Vandœuvres-Genève 2004 (Entretiens sur l'antiquité classique 50], 267–307; Gauly: Senecas Naturales quaestiones (as in n. 3); Gareth D. Williams. The Cosmic Viewpoint: A Study of Seneca's Natural Questions, Oxford/New York 2012, 48–53.
129 Francesca Romana Berno: In Praise of Tubero's Pottery. A Note on Seneca, Ep. 95,72–73 and 98,133, in: Colish; Wildberger (eds.): Seneca Philosophus (as in n. 114) 369–391.
130 Habinek: The Politics of Latin Literature and Roller: Constructing Autocracy (both as in n. 3).

of an interacting elite network, and not just as a set of aristocratic individuals defined by successful competition for commonly recognized values.

As shared volition and shared imperfection, progressor friendship is inclusive, opening career paths in principle to every rational being. At the same time, it offers ample space for distinction without which there is no nobility: there are the privileged in-groups of progressor networks that Thomas Habinek has pointed out;[131] there are ranks among progressors, which Seneca describes with terms of the Roman social vocabulary as "lowest" (*imi*) and "highest" (*summi*) and as widely differing in status.[132] One might also point to the similarities between progressor friends sharing books and studies and the High Imperial elite reading groups centered around a *vir magnus* described by William Johnson.[133] Greatness appears as an attribute of friends, and dedication to philosophy with a few like-minded men is presented as the better alternative to "the glory of turning one's talent into a public affair" for the rabble.[134] The life of a progressor friend makes men great, greater than they could ever become by any other activity, let alone that of a statesman.[135]

In its own way and in spite of its professed retreat, this life in an aristocracy of progressors is eminently public, not only in the ways that Gretchen Reydams-Schils has shown.[136] It is the very role in which Seneca crafts himself as a public model in the *Epistulae morales* and arguably also in the *Naturales Quaestione*s. Seneca's persona, the 'Letter Writer' is not just a second-rate surrogate sage or mentor and educator, but a progressing learner himself[137] and someone inti-

---

131 Habinek: The Politics of Latin Literature (as in n. 3), 141.
132 Epist. 72,11: *Ergo cum tam magna sint inter summos imosque discrimina* […].
133 William A. Johnson: Readers and Reading Culture in the High Roman Empire. A Study of Elite Communities, Oxford/New York 2010.
134 Epist. 7,9–12; the quotation is from 7,9: *gloria publicandi ingenii*.
135 Epist. 5,6; 6,6; 73. At 8,5–6, ordinary services to friends are contrasted with the greater matters of philosophy. Even in its demonstrative negation at epist. 68,8–9, the prestige of a sought-after progressor role model, one whom others seek out in his retreat in order to become better men themselves (7,8), is clearly visible. Compare also 25,5; 95,41–2; 102,30. Seneca himself acknowledges greatness in progressor friends of equal or senior status, for example Bassus (30,3) and Claranus (66,3). Friendship is "such a great virtue" (9,8, see also *maiestas* at 9,12). Philosophers are "great men" (6,6; 18,5; 20,13 [in these three instances – strikingly for the ancient reader – Epicureans]; 29,3; 45,4; 64,3 and 9; 90,20; 102,2; 108,21) and so is Lucilius 24,21, while the philosophical life is an ascent to greater things: 21,1–2.
136 Reydams-Schils: The Roman Stoics (as in n. 4), 100–105.
137 Wildberger: The Epicurus trope and the Construction of a 'Letter Writer' (as in n. 114); *Praebebam enim me facilem opinionibus magnorum uirorum* (as in n. 110); Seneca und die Stoa (as in n. 4), chapter 2.4.3. See also Wilcox: The Gift of Correspondence (as in n. 3), 134–137.

mately bound in progressor friendships with like-minded peers. Reydams-Schils conceptualizes the imperial Stoic self as a mediator between incompatible demands and systems. Seneca's concept of philosopher friendship shows that this does not mean resignation on second-best compromises between conflicting and immutable parameters. Rather, there is a dialectic between "philosophical ideal" and "ordinary life" insofar as the ideal is being rewritten and redesigned to meet the demands of ordinary life and thus, in turn, reshapes ordinary life to become more ideal itself. For example, Reydams-Schils points to the problem of detachment: unless the object is a good in the full sense, a philosopher cannot fully render himself to his impulses but must love with reserve, while social reality would expect unreserved devotion.[138] This problem is mitigated by the fact that ἐπιβολή, the impulse constitutive for progress and progessor friendship, is by definition preliminary, in need of redirection and thus, in a sense, equipped with an inbuilt reserve, while it is at the same time strong enough to be the genus term in a definition of so intense a desire as ἔρως. But most importantly, in the case of progressor friendship the redesign of the philosophical ideal to meet the demands of reality happens in such a way that the moral agent is not just enacting an imperfect approximation. He practices a friendship *sui generis* in a complete and proper sense, which affords its participants a nobility of its own.

---

138 Reydams-Schils: The Roman Stoics (as in n. 4), 108–113.

Senecas Phaedra: Stoisches Porträt einer akratischen Persönlichkeit

Jörn Müller

Es ist ein altbekanntes und nicht zu leugnendes Phänomen des Alltagslebens, dass Menschen nicht immer das tun, was sie für das Richtige oder Beste halten, obwohl sie es könnten, sondern mindestens gelegentlich gegen ihr eigenes Urteil handeln. Mit einem generischen Terminus wird ein solches ungezwungenes Handeln wider besseres Wissen in der Philosophie gemeinhin als ‚Willensschwäche' bezeichnet.[1] So verbreitet dieses Phänomen auch de facto ist, wirft es doch in philosophischer Perspektive eine Vielzahl von theoretischen und praktischen Problemen auf, die vor allem in der Handlungstheorie, Moralpsychologie und Ethik angesiedelt sind. Das grundlegendste Problem ist sicher, wie es möglich ist, unser verbreitetes Selbstbild als rationale Akteure bzw. vernunftbestimmte Wesen angesichts dieses zuweilen eklatanten Grenzfalls praktischer Rationalität überhaupt aufrecht zu erhalten. Zur Erklärung der involvierten Fragen bedarf es neben einer adäquaten phänomenologischen Erfassung des inneren Konflikts vor allem einer hinreichend feinkörnigen Analyse der Ursachen dieses Handelns. Unter dem Stichwort „How is weakness of the will possible?", mit dem Donald Davidson 1969 diese Diskussion in der Philosophie massiv revitalisiert hat, wird dementsprechend diskutiert, welche logisch-kognitiven Elemente (Urteile, Überzeugungen u.a.) und welche psychologischen Aspekte (z.B. Begierden und Emotionen) in der kausalen Betrachtung der Willensschwäche eine Rolle spielen. Dabei geht es nicht zuletzt auch um eine angemessene philosophische Modellierung des inneren Konflikts, der in diesem Handeln grundsätzlich involviert zu sein scheint. Diese Diskussionen haben äußerst tiefe problemgeschichtliche Wurzeln, die bis in die Antike zurückreichen, deren Relevanz für gegenwärtige Debatten aber erst in den letzten Jahren

---

[1] Zur hier verwendeten Definition von Willensschwäche vgl. Ursula Wolf: Zum Problem der Willensschwäche, in: Zeitschrift für philosophische Forschung 39 (1985), 21–33.

wiederentdeckt worden ist.² Ein Blick in die Philosophiehistorie lohnt sich also auch aus systematischem Interesse an diesem Phänomen.

1 *Akrasia* zwischen Dichtung und Philosophie in der Antike

In der Antike wurde das Problem der Willensschwäche weitgehend unter dem Schlagwort *akrasia* (Unbeherrschtheit) verhandelt. Interessanterweise war diese Thematik zumindest am Anfang weniger ein Gegenstand der innerphilosophischen Debatte, sondern eher ein Symptom des von Platon in seiner *Politeia* ausgerufenen „alten Streits zwischen Philosophie und Dichtung".³ Die Protagonisten dieser Debatte waren Sokrates und Euripides, und ihr Streitpunkt war die prinzipielle Möglichkeit von klarsichtiger Willensschwäche: Ist es möglich, gegen ein simultan im Bewusstsein präsentes Urteil zu handeln, dass man das, was man gerade tut, nicht tun sollte? Euripides lässt keinen Zweifel an der Existenz solcher Fälle, insofern er seine Medea unmittelbar vor der Ermordung ihrer Kinder einen langen Monolog wie folgt schließen lässt:⁴

> Καὶ μανθάνω μὲν οἷα δρᾶν μέλλω κακά,
> θυμὸς δὲ κρείσσων τῶν ἐμῶν βουλευμάτων
> ὅσπερ μεγίστων αἴτιος κακῶν βροτοῖς.
>
> Und ich erkenne das Schreckliche, das ich zu tun gedenke, doch mein Zorn ist stärker als meine Überlegungen, der schuld ist an den größten Übeln für die Sterblichen.

Ovid hat diese Beschreibung klarsichtiger Willensschwäche später in seiner viel zitierten ‚Medea-Sentenz' in den *Metamorphosen* nachgerade kanonisiert: „Ich sehe das Bessere und stimme ihm zu, dem Schlechteren folge ich *(video meliora proboque, deteriora sequor)*."⁵ In beiden Fällen besteht kein Zweifel, dass es die Macht der Leidenschaften, nämlich des Zorns (bei Euripides) oder der Liebe (bei Ovid), ist, die man für das akratische Handeln verantwortlich zu machen hat:

---

2 Vgl. hierzu meine Überlegungen in Jörn Müller: Willensschwäche in Antike und Mittelalter. Eine Problemgeschichte von Sokrates bis Johannes Duns Scotus, Leuven 2009 (Ancient and Medieval Philosophy 1, 40), v.a. 11–45 u. 740–759.
3 Plat. rep. 10,607b: παλαιὰ [...] διαφορὰ φιλοσοφίᾳ τε καὶ ποιητικῇ.
4 Eur. Med. 1078–80.
5 Ov. met. 7,10–11 u. 18–21.

Starke Affekte überwinden die Vernunft und ihr Urteil, aber eben in einer Weise, die der Protagonistin das gleichzeitige Bewusstsein um die Schlechtigkeit des Handelns nicht raubt. Die Idee einer klarsichtigen bzw. synchronen Willensschwäche wird hier also eindeutig formuliert.

Die sokratische Analyse des akratischen Handelns, wie wir sie in Platons *Protagoras* finden, lässt hingegen nur Raum für eine schwächere, nämlich eine diachrone Form von Willensschwäche: Unter dem Eindruck eines Lust erregenden Objekts oszilliert das Urteil des Akteurs kurzfristig, so dass er im Moment der Handlung denkt, es sei das Beste für ihn, der lustvollen Versuchung auch gegen sein vorheriges Urteil nachzugeben. Erst später wird ihm der Widerspruch voll bewusst. Eigentliche Ursache des willensschwachen Handelns ist dann aber nicht die Leidenschaft, sondern das fehlgeleitete Urteil: *Akrasia* ist eine Form von *amathia*, also von Unwissenheit.[6] Damit werden die handlungstheoretischen und ethischen Prämissen des sokratischen Intellektualismus (v.a. das Tugendwissen und die daraus resultierende These, dass niemand freiwillig schlecht handelt) intakt gehalten, aber *prima facie* eben auf Kosten einer – wenn auch raffinierten – Einschränkung der möglichen Reichweite von Willensschwäche.

Spätere philosophische Konzeptionen der *akrasia*, insbesondere bei Platon und Aristoteles, aber auch bei den Stoikern, sind nun erkennbar von dem Bemühen geprägt, den Spielraum für Handeln wider besseres Wissen etwas auszuweiten, um so der Phänomenbreite besser gerecht werden zu können als Sokrates, ohne dabei jedoch den sokratischen Intellektualismus vollends über Bord gehen zu lassen.[7] Diese Entwürfe beruhen aber ihrerseits auf recht divergenten handlungstheoretischen und moralpsychologischen Voraussetzungen, so dass hier verschiedene, miteinander um die Deutungshoheit konkurrierende Entwürfe entstanden. Aus dem alten Streit zwischen Philosophie und Dichtung wurde so zunehmend ein Streit zwischen den Philosophen über die Willensschwäche. Doch signifikanterweise verschwindet die Dichtung deshalb nicht vollständig von der problemgeschichtlichen Bühne. Vielmehr ist sie in den philosophischen Diskursen weiterhin präsent, und zwar als potenzieller Beleg für die Richtigkeit der eigenen Auffassung: So wurden die oben zitierten Zeilen aus Euripides' *Medea* sehr regelmäßig von den Platonikern ins Feld geführt, um ihre These von einer Partition der Seele in vernünftige und unvernünftige Teile zu untermauern: Ein solcher psychologischer Dualismus scheint ja auch *prima facie* das einfachste Modell zu sein, um das akratische Handeln als Überwin-

---

6 Vgl. Plat. Prot. 351b–358e.
7 Zur antiken *akrasia*-Debatte insgesamt vgl. Müller: Willensschwäche (wie Anm. 2), 47–208.

dung der Vernunft durch die Leidenschaft – bei gleichzeitigem Bewusstsein der eigenen Irrationalität – zu konzeptualisieren.[8] Die Vernunft unterliegt im internen Kampf gegen einen unvernünftigen Seelenteil, der dann brachial die Handlungssteuerung an sich reißt.

Die Verwendung der Medea als Beispiel durch die Platoniker war dabei durchaus polemisch intendiert, und zwar in Richtung der Stoiker.[9] Denn deren Psychologie und Handlungstheorie scheint mit der Idee einer klarsichtigen bzw. diachronen Willensschwäche vollkommen inkompatibel zu sein. Die Stoiker sahen die Seele gegen den platonischen Dualismus als eine Einheit, so dass rationale Urteile und irrationale Leidenschaften als Zustände an ein und demselben geistigen ‚Führungsvermögen' (*hêgemonikon*) auftraten.[10] Dieser psychologische Monismus lässt *prima facie* wenig Raum für ‚starke' synchrone Konflikte in der Seele, wie sie für klarsichtige Willensschwäche kennzeichnend sind; ebenso gibt es auch massive Probleme, das Phänomen des willensschwachen Handelns in den handlungstheoretischen Kategorien der alten Stoa überhaupt adäquat abzubilden.[11] Die Herausforderung der Platoniker an die Stoiker lautete deshalb schlicht und elementar: „Erklärt Medea!"

Dieser Fehdehandschuh wurde offensichtlich bereits in der älteren Stoa aufgegriffen: Insbesondere von Chrysipp ist eine äußerst intensive Auseinandersetzung mit Euripides' *Medea* belegt, deren Ziel es war, eine mit der stoischen Handlungspsychologie kompatible Deutung dieser Figur zu geben.[12] Zeugnis für diese Versuche einer stoischen Diagnose der Medea ist v.a. die Replik des Platonikers Galen, der seinerseits versucht, dieser Deutung der Medea –

---

8 Vgl. z.B. Alkinoos, Didask. 24,3.
9 Zu den unterschiedlichen Deutungen der Medea in den Philosophenschulen vgl. auch John Dillon: Medea among the Philosophers, in: James Claus; Sarah Johnston (Hgg.): Medea: Essays on Medea in Myth, Literature, Philosophy and Art, Princeton 1997, 211–218.
10 Vgl. Anthony A. Long; David N. Sedley: The Hellenistic Philosophers, vol. I: Translation of the principle sources and philosophical commentary, Cambridge 1987 (dt. Übersetzung: Die hellenistischen Philosophen. Texte und Kommentare, übersetzt von Karlheinz Hülser, Stuttgart/Weimar 2000), [ab hier: LS] 65 A (= SVF III 378). Einen guten Überblick über die Grundkoordination der stoischen Psychologie bietet Anthony A. Long: Stoic Psychology, in: Keimpe Algra u.a. (Hgg.): The Cambridge History of Hellenistic Philosophy, Cambridge 1999, 560–584.
11 Zu den drei Hauptschwierigkeiten vgl. Jörn Müller: „Doch mein Zorn ist Herrscher über meine Pläne" – Willensschwäche aus der Sicht der Stoiker, in: Jörn Müller; Roberto Hofmeister Pich (Hgg.): Wille und Handlung in der Philosophie der Spätantike, Berlin/New York 2010 (Beiträge zur Altertumskunde 287), 45–68.
12 Diogenes Laertios berichtet in seiner Chrysipp-Vita (Vitae philosophorum VII 180), dass er „einmal in seinen Schriften nahezu die gesamte Medea des Euripides einflocht" (ποτ' ἔν τινι τῶν συγγραμμάτων παρ' ὀλίγον τὴν Εὐριπίδου Μήδειαν ὅλην παρετίθετο).

und der damit verbundenen monistischen Psychologie der alten Stoa – das Wasser abzugraben.[13] Der Streit zwischen Platonikern und Stoikern über die Deutung dieser literarischen Figur ist somit bis in die römische Kaiserzeit nachweisbar.[14] Aus dem alten Streit zwischen Philosophie und Dichtung über die Willensschwäche war somit unter der Hand auch ein Streit der Philosophen über die Dichtung geworden.

2 Senecas Phaedra als ‚Testfall' für eine Interpretatio Stoica

Im Kontext dieser philosophischen Debatten über die Willensschwäche und ihre psychologischen Grundlagen kann man nun auch Seneca verorten: Einerseits mit seinem philosophischen Œuvre, in dem er nicht zuletzt in der Entwicklung seiner eigenen Affektlehre in Theorie und Praxis – insbesondere in seiner Schrift *Über den Zorn* (*De ira*) – nachhaltig auf die Stoa rekurriert; andererseits aber auch mit seinen Tragödien, in denen die Darstellung und Ausleuchtung von menschlichen Affekten und ihren Folgen einen klar erkennbaren Fokus bildet. Vor dem Hintergrund der oben beschriebenen Debatten erscheint es nun reizvoll, einen näheren Blick auf die Gestaltung akratischer Akteure im literarischen Gewand bei Seneca zu werfen. Für die aus oben genannten Gründen traditionell im Fokus der Aufmerksamkeit stehende Medea habe ich dies selbst jüngst schon einmal im Anschluss an die einschlägigen Arbeiten von Christopher Gill („Did Seneca understand Medea?") getan und dabei zu zeigen versucht, dass das Verständnis dieser literarischen Figur im gleichnamigen Drama von der Heranziehung stoischer Interpretamente ebenso profitieren kann wie umgekehrt Probleme der stoischen Handlungstheorie unter Rekurs auf Senecas Tragödie in ein klareres Licht getaucht werden können.[15] Eine zweite Frauenge-

---

[13] In Galens kritischer Auseinandersetzung mit der Psychologie der älteren Stoa (insbesondere mit Chrysipps *Peri pathôn*) in *De placitis Hippocratis et Platonis* 4–6 spielt Chrysipps Deutung der Medea eine Schlüsselrolle; vgl. bes. ebd., 4,6,19–27.
[14] Ein weiteres Beispiel ist die Diskussion der Medea bei dem jüngeren Stoiker Epiktet, diatr. 1,28, bes. 7–10 u. 28; 2,17,19–22.
[15] Vgl. Jörn Müller: Did Seneca Understand Medea? A Contribution to the Stoic Account of Akrasia, in: Marcia L. Colish; Jula Wildberger (Hgg.): Seneca Philosophus, Berlin u.a. 2014 (Trends in Classics, Supplementary Volumes 27), 65–94. Siehe die richtungsweisenden Arbeiten von Christopher Gill: Did Chrysippus understand Medea?, in: Phronesis 28 (1983), 136–149; ders.: Two Monologues of Self-Division: Euripides, Medea 1021–80 and Seneca, Medea 893–

stalt bei Seneca bietet sich nun für eine ähnliche Betrachtung mindestens im gleichen Maße an, nämlich seine Phaedra aus der gleichnamigen Tragödie. Auch diese Figur hatte nämlich bereits in der Debatte über die Möglichkeit klarsichtiger Willensschwäche im 5. Jahrhundert v. Chr. eine besondere Stellung, wie die ihr von Euripides in den Mund gelegten Verse verdeutlichen:[16]

> ἤδη ποτ' ἄλλως νυκτὸς ἐν μακρῷ χρόνῳ
> θνητῶν ἐφρόντισ' ᾗ διέφθαρται βίος.
> καί μοι δοκοῦσιν οὐ κατὰ γνώμης φύσιν
> πράσσειν κάκιον'· ἔστι γὰρ τό γ' εὖ φρονεῖν
> πολλοῖσιν· ἀλλὰ τῇδ' ἀθρητέον τόδε·
> τὰ χρήστ' ἐπιστάμεσθα καὶ γιγνώσκομεν,
> οὐκ ἐκπονοῦμεν δ', οἱ μὲν ἀργίας ὕπο,
> οἱ δ' ἡδονὴν προθέντες ἀντὶ τοῦ καλοῦ
> ἄλλην τιν'·

> Ich sann schon oft, aus andrem Grund, in langen Nächten, nach, wodurch der Menschen Leben eigentlich verdorben wird. Ich glaube, nicht gemäß dem Wesen des Verstandes tut man das Schlechtere; denn viele Menschen können vernünftig sein. Nein, so muss man es schauen: Wir verstehen wohl das Gute und erkennen es, doch setzen es nicht in die Tat um, teils aus Trägheit, teils, weil dem Ehrenwerten andre Freuden wir vorziehen.

Phaedras eigenes Verhalten im weiteren Verlauf des Stücks erfüllt dann auch alle Kriterien einer klarsichtigen bzw. synchronen Willensschwäche.[17] Insofern erscheint auch sie als ein geeigneter ‚Testfall' für eine *Interpretatio Stoica* dieses Phänomens.

Im Folgenden möchte ich deshalb den Versuch einer solchen stoischen Diagnose von Senecas Phaedra unternehmen, d.h. eine gezielte Rekonstruktion dieser Figur – nicht des Stücks *in toto* – im Lichte der stoischen Psychologie sowie ihrer Beschreibungen und Erklärungen des Grenzfalls klarsichtiger Willensschwäche. Dabei möchte ich jedoch keineswegs die stoischen Ansätze komplett voraussetzen bzw. -vorausschicken, um diese dann bloß noch im Text ‚wiederzufinden'. Vielmehr möchte ich methodisch gerade umgekehrt vorge-

---

977, in: Philip Hardy; Mary Whitby; Michael Whitby (Hgg.): Homo Viator. Essays for John Bramble, Bristol 1987, 25–37; ders.: Tragic Fragments. Ancient Philosophers and the Fragmented Self, in: David Harvey; Fiona McHardy; James Robson (Hgg.): Lost Dramas of Classical Athens. Greek Tragic Fragments, Exeter 2005, 151–172; ders.: The Structured Self in Hellenistic and Roman Thought, Oxford 2006; ders.: Seneca and Selfhood: integration and disintegration, in: Shadi Bartsch; David Wray (Hgg.): Seneca and the Self, Cambridge 2009, 65–83.

16 Eur. Hipp. 375–383 (Übersetzung von Dietrich Ebener).
17 Vgl. hierzu Müller: Willensschwäche (wie Anm. 2), 49–54.

hen, also von konkreten Beobachtungen am Text zu allgemeineren Aussagen kommen, die sich durch einen Rekurs auf die theoretischen Schriften und Briefe Senecas sowie auf Quellen zur stoischen Psychologie aus anderer Feder erhärten und vertiefen lassen. Damit möchte ich gezielt die hermeneutischen Potenziale fruchtbar machen, welche die literarische Figur der Phaedra für eine phänomennahe Beschreibung und vertiefte Analyse der klarsichtigen Willensschwäche im antiken Kontext bietet. Hiermit sind zwei Thesen verknüpft:

(1) Seneca zeichnet in seiner Phaedra ein facettenreiches Porträt einer akratischen Persönlichkeit, das nicht nur mit dem stoischen Theorierahmen kompatibel ist, sondern ihn in mancherlei Hinsicht signifikant erweitert und bereichert. Dies soll v.a. durch die textnahe Analyse der bei Phaedra nachweisbaren psychischen Konfliktstrukturen in den Teilen 3 und 4 gezeigt werden.

(2) Eine solche Analyse ist für die Philosophie ebenso wie für die Philologie fruchtbar. In diesem Sinne werde ich zur Diskussion stellen, inwiefern die problemgeschichtliche Forschung der Philosophie in diesem konkreten Fall von der Analyse des Dramas profitieren kann (Teil 5). Im Anschluss hieran soll aber auch der Mehrwert deutlich werden, den diese philosophische Betrachtung des Dramas für die Klärung philologischer Streitfragen abzuwerfen vermag (Teil 6). Dabei werden dann auch die hermeneutischen Prämissen der von mir praktizierten ‚lokalen' *Interpretatio Stoica* thematisiert, die ich hier allerdings vorläufig zurückstellen möchte, um ohne weitere methodische Umschweife und Präliminarien gleich *medias in res*, also zur Textanalyse, übergehen zu können.

3 Psychische Konfliktstrukturen (1): *amor* versus *pudor* – *furor* versus *ratio*

Seneca präsentiert seine Phaedra von Beginn an als eine getriebene Persönlichkeit, die von einer starken Leidenschaft erfasst ist, nämlich der unerlaubten Liebe zu ihrem Stiefsohn Hippolytus. In einer Unterredung mit ihrer Amme (vv. 85–273) offenbart sie ihr nicht nur diese amouröse Leidenschaft, sondern auch die Erfahrung der Hilflosigkeit im inneren Kampf gegen letztere. Ihre Gefühle haben sich zu einem regelrechten Liebesrasen, einem *furor*, gesteigert,[18] gegen

---

18 *Furor* und kognate Formen kommen insgesamt 24-mal in Senecas *Phaedra* vor und sind ein unverkennbares Leitmotiv. Die Bedeutung des Ausdrucks ist aber durchaus schillernd, wie auch die Analysen von Regina Fucito Merzlak: Furor in Seneca's Phaedra, in: Studies in Latin

den die vernünftige Einsicht in die moralische Schändlichkeit ihres Liebeswunsches nichts mehr auszurichten vermag:[19]

> [...] furor cogit sequi
> peiora. vadit animus inpraeceps sciens
> remeatque frustra sana consilia appetens
> [...]
> quid ratio possit? vicit ac regnat furor,
> potensque tota mente dominatur deus.
>
> Liebesraserei zwingt dazu, dem Schlechteren zu folgen. Mein Geist geht wissentlich in den Abgrund und kehrt vergeblich um, vernünftige Entschlüsse erstrebend [...] Was vermöchte die Vernunft (quid ratio possit)? Mein Rasen triumphiert und herrscht, und mächtig gebietet über meinen ganzen Geist (tota mente) der Gott.

Diese Gegenüberstellung der machtlosen Vernunft (*ratio*) und des gegen sie siegreichen Liebesrasens (*furor*) entspricht fast im Wortlaut der Selbstbeschreibung, die Ovids Medea von sich gibt,[20] um ihren Zustand klarsichtiger Willensschwäche zu charakterisieren. Dass Phaedra und Medea Schwestern im Geiste sind, deutet Seneca im weiteren Verlauf der *Phaedra* noch durch zwei weitere explizite Querverweise an.[21] Das *Tertium comparationis* beider Protagonistinnen ist ihre unkontrollierbare und als sittlich anstößig empfundene Liebe, so dass der seelische Grundkonflikt von *furor* vs. *ratio* im Wesentlichen einer zwischen *amor* und *pudor*, also zwischen erotischer Leidenschaft und moralischer Scham ist.

Solche Dualismen erscheinen *prima facie* eher Wasser auf die Mühlen einer platonisierenden Lektüre der Phaedra zu sein, in denen getrennte Teile der Seele miteinander im Konflikt liegen würden. Aber ein genauerer Blick zeigt, dass Senecas Phaedra ihrem Liebesrasen nicht bloß zuschreibt, die Vernunft besiegt zu haben, sondern v.a., dass sie über ihren ganzen Geist (*tota mente*: v. 185) herrscht. Konkret bedeutet das, dass Phaedra bei Seneca in ihren Überle-

---

literature and Roman history 3 (1983), 193–210, bes. 203–210, belegen. Merzlak betont v.a. die sexuelle Konnotation des Ausdrucks bei Phaedra selbst – deshalb wird der Ausdruck auch von mir als ‚Liebesrasen' übersetzt – und stellt fest: „In the *Phaedra* the basic meaning of *furor* is compulsion or that total lack of free will which is allied to loss of *ratio*" (ebd., 193, Anm. 2).
19 Sen. Phaedr. 178–180 und 184f. Übersetzung aus der Phaedra hier und im Folgenden nach Theodor Thomann.
20 Vgl. Ov. met. 7,10–11 u. 18–21: *ratione furorem / vincere non poterat [...] si possem, sanior essem / sed trahit invitam nova vis aliudque cupido, / Mens aliud suadet; video meliora proboque, / deteriora sequor.*
21 Vgl. vv. 563f. und 687–689.

gungen immer wieder eine unverkennbare Tendenz zu Rationalisierungen und Wunschphantasien zu Gunsten der Erfüllung ihrer Leidenschaft zeigt. In der Unterredung mit der Amme hegt sie zuerst den hoffnungsvollen Gedanken, dass ihr Gatte Theseus möglicherweise gar nicht erst aus der Unterwelt, in der er zu Beginn des Stücks noch weilt, zurückkehren wird, so dass sie als Witwe früher oder später eine legitime Ehe mit Hippolytus wird eingehen können (vv. 218– 221). Das mag trotz Theseus' späterer Rückkehr zumindest nicht vollkommen unrealistisch sein, ist aber nur das erste Glied in einer langen Kette von ‚wishful thinking' auf Seiten Phaedras. Direkt im Anschluss gibt sie sich etwa der Illusion hin, dass ihr Ehemann sogar im Falle seiner Rückkehr aus der Unterwelt ihrer Liebe zum Stiefsohn Verzeihung gewähren werde (v. 225), was – wie die Amme richtig bemerkt – vor dem Hintergrund von Theseus' früherem Verhalten gegenüber seiner ersten Ehefrau eine komplett realitätsferne Idee ist. Die Amme weist auch noch darauf hin, dass Phaedras Phantasievorstellungen schon daran scheitern werden, dass der keusche Hippolytus ein ausgemachter Frauenverächter ist, bei dem ihre Avancen von vorneherein chancenlos sind. Diese Vorhersage wird sich im späteren Verlauf des Dramas als absolut zutreffend erweisen, aber Phaedra zieht es vor, auch hier die Realität lieber zu ignorieren, und verweist schwärmerisch auf die Macht der Liebe: *Amore didicimus uinci feros* („Durch Liebe, haben wir gelernt, lassen sich auch Unbezähmbare bezwingen", v. 240). Kurzum: Sie ist weitgehend beratungsresistent und somit auch für alle Einwände taub, und zwar indem sie die Erfüllungshoffnungen ihres eigenen Wunsches durch wiederholte Rationalisierungen intakt hält.

Dies bleibt ein Grundmuster des Stücks: Phaedras von der Leidenschaft vereinnahmter Geist bringt auswuchernde Phantasmagorien hervor, die sich auch infektiös auf ihre Umgebung (insbesondere auf die Amme) auswirken.[22] Ihr leidenschaftlicher Wunsch dominiert zunehmend ihr Denken und arbeitet an der Verdrängung genuin rationaler Überzeugungen zu Gunsten einer Pseudo-Rationalität. Das ist alles ohne Weiteres mit einem psychologischen Monismus stoischen Zuschnitts deckungsgleich, in dem auch Gefühle rationale, aber eben falsche Urteile im Führungsvermögen der Seele sind:[23]

> Neque enim sepositus est animus et extrinsecus speculatur adfectus, ut illos non patiatur ultra quam oportet procedere, sed in adfectum ipse mutatur [...] Non enim, ut dixi, separatas ista sedes suas diductasque habent, sed adfectus et ratio in melius peiusque mutatio animi est.

---

[22] Vgl. Denis Henry; Bryan Walker: Phantasmagoria and Idyll: An Element of Seneca's Phaedra, in: Greece and Rome 13 (1966), 223–239, hier 231f.
[23] Sen. de ira 1,8,2–3. Übersetzung nach Jula Wildberger, modifiziert.

> Der Geist bleibt ja nicht getrennt in der Reserve und beobachtet die Affekte von außerhalb, um gegebenenfalls zu verhindern, dass sie über Gebühr vordringen, sondern er wird selbst in den Affekt verwandelt [...] Diese beiden Dinge sind ja, wie gesagt, nicht an verschiedenen und getrennten Orten angesiedelt, sondern Affekt und Vernunft sind Wandlungen des Geistes zum Besseren oder Schlechteren.

Diese Verwandlung der Vernunft in den Affekt bedeutet offensichtlich auch, wie Phaedras Fall belegt, dass der Geist eine eigene ‚affektive' Logik zur Rechtfertigung des leidenschaftlichen Verhaltens einsetzt. Zu dieser Rationalisierungsstrategie gehört es dann u.a., dass Phaedra sich in ihrer Leidenschaft als von einer unwiderstehlichen Macht, nämlich dem Gott Amor, regelrecht ‚ferngesteuert' darstellt (vv. 186–194; 218: *Amoris regnum*): Sie kann nach ihrem eigenen Empfinden – oder zumindest ihrer Selbstdarstellung nach – einfach nicht anders. Ebenso führt sie ihr familiäres Erbe (u.a. die Verwandtschaft mit Medea) ins Feld, um einen fatalistischen Determinismus als gottverhängten, von ihr persönlich unüberwindbaren Zwang zur Entschuldigung oder zumindest zur Erklärung ihres unsittlichen Handelns zu reklamieren (v. 113f. [*fatale malum*], 124–128, 698).[24]

Diese Rationalisierung des eigenen Verhaltens als alternativlos zeigt sich auch kurz vor ihrem späteren Antrag an Hippolytus (vv. 592–599): Ein großer Teil ihres Verbrechens, so redet sich Phaedra hier ein, sei bereits begangen und nicht mehr gutzumachen: Kein Weg führe mehr zurück, und deshalb müsse sie *à tout prix* voranschreiten. Diese Zwangsidee verbindet sich dann charakteristischerweise wieder mit der Wunschvorstellung, dass bei konsequenter Ausführung des Begonnenen eine spätere Hochzeit ihr unsittliches Begehren nachträglich kaschieren kann: *honesta quaedam scelera successus facit* („Gewisse Verbrechen macht der Erfolg ehrbar"; v. 598).

Die Reaktion der Amme, die regelmäßig stoische Positionen ins Feld führt und letztlich eine Art Therapiegespräch mit Phaedra zu führen versucht, auf diese phantasiereichen Selbstexkulpierungen ihrer Herrin ist bezeichnend: Sie demythologisiert die Beschreibung von Phaedra, indem sie die unwiderstehli-

---

[24] Zur Stilisierung ihrer Liebe zu Hippolytus in Anlehnung an die Liebe ihrer Mutter zu einem Stier (Minotaurus-Sage) vgl. Alexander Kirichenko: Lehrreiche Trugbilder. Senecas Tragödien und die Rhetorik des Sehens, Heidelberg 2013 (Bibliothek der klassischen Altertumswissenschaften, Neue Folge 2,142), 44–47, der insgesamt auf den metatheatralischen Charakter ihres Selbstbildes sowie ihres Verhaltens aufmerksam macht. Zum Problem von menschlicher und göttlicher Schuld in der *Phaedra* vgl. Susanna E. Fischer: Seneca als Theologe. Studien zum Verhältnis von Philosophie und Tragödiendichtung, Berlin/New York 2008 (Beiträge zur Altertumskunde 259), 92–123.

che göttliche Intervention als eine Rationalisierung der Leidenschaft entlarvt.²⁵ Lediglich die menschliche Geschlechtslust hat Amor als Gott erfunden, und nur um desto ungebundener zu sein, „fügte sie dem Liebesrasen (*furor*) den Titel einer falschen Göttermacht bei" (*titulum furori numinis falsi addidit*; v. 197). Ganz in diesem Sinne urteilt die Amme später, dass es letztlich die geistige Gesinnung (*mens*) ist, die eine Frau schamlos macht, und nicht die ihr widerfahrenden Wechselfälle (v. 735).²⁶ Sie schließt zwar schicksalhafte Zwangsverstrickungen, die eine Person entschuldigen, nicht *ab ovo* aus, fügt aber hinzu, dass dies nicht für Fälle gilt, in denen sich jemand willentlich (*volens*) dem Übel hingibt (vv. 440–443). Das ist aber genau ihre Diagnose im Fall ihrer eigenen Herrin: Phaedra hat es verabsäumt, sich ihrer aufkeimenden Emotion im Frühstadium, wo sie noch abzuwehren war, entschieden entgegenzustellen, und sich deshalb freiwillig in die Sklaverei des Affektes begeben.²⁷ Die unaufhaltsame Steigerung des Liebesverlangens bei Phaedra, die mit der gängigen Meta-

---

25 Vgl. hierzu auch Claudia Wiener: Stoische Doktrin in römischer Belletristik. Das Problem von Entscheidungsfreiheit und Determinismus in Senecas Tragödien und Lucans *Pharsalia*, München 2006 (Beiträge zur Altertumskunde 226), 60–68. Zur höchst ambivalenten Rolle der Amme und zum Problem ihres ‚Stoizismus' vgl. Jens-Uwe Schmidt: Phaedra und der Einfluss ihrer Amme. Zum Sieg des mythischen Weltbilds über die Philosophie in Senecas „Phaedra", in: Philologus 139 (1995), 274–323, bes. 283–285 sowie 292f. Eine nähere Diskussion der Frage, inwieweit die Amme und der Chor in der *Phaedra* moralphilosophische Auffassungen der Stoa propagieren, missbrauchen oder gar subvertieren, kann hier nicht geleistet werden. Es geht mir allein um die Psychologie der Phaedra in ihren möglichen Bezügen zur Stoa. Zum Chor vgl. Christoph Kugelmeier: Chorische Reflexion und dramatische Handlung bei Seneca. Einige Beobachtungen zur Phaedra, in: Peter Riemer; Bernhard Zimmermann (Hgg.): Der Chor im antiken und modernen Drama. Beiträge zum antiken Drama und seiner Rezeption, Stuttgart 1998 (Drama 7), 139–169 und Kirichenko: Lehrreiche Trugbilder (wie Anm. 24), 249–279, bes. 270–275 (zu *Phaedra* und *Medea*).
26 Vgl. auch vv. 143f.: *maius est monstro nefas: nam monstra fato, moribus scelera imputes* („Schwerer als Widernatur wiegt Frevel, denn Widernatur rechne dem Geschick, dem eigenen Wesen den Frevel an").
27 Vgl. vv. 132–135: *quisquis in primo obstitit pepulitque amorem, tutus ac uictor fuit; qui blandiendo dulce nutriuit malum, sero recusat ferre quod subiit iugum* („Wer immer gleich am Anfang widerstand und eine Liebe vertrieb, der war in Sicherheit und Sieger; wer mit Schmeicheln ein süßes Laster nährte, weigert sich zu spät, das Joch zu tragen, unter das er getreten ist"). Vgl. hierzu auch Sen. epist. 85,8f.: Die Vernunft kann eine Emotion nur im Anfangsstadium blockieren, aber nicht die voll ausgebildete Leidenschaft: *Facilius est enim initia illorum prohibere quam impetum regere* („Leichter ist es nämlich, ihre [scil. der Gefühle] Entstehung zu verhindern, als ihres Ansturms Herr zu werden"; ebd., 9). Deshalb plädiert Seneca in epist. 85 und 116 auch gegen eine peripatetische Metriopathie der Leidenschaften und zu Gunsten einer stoischen Apathie.

pher eines um sich greifenden Flächenbrands in der Seele beschrieben wird,[28] ist somit kein von außen oktroyierter und sie deshalb exkulpierender Automatismus, sondern ein schuldhaftes Versagen ihrerseits.[29] Die Amme zweifelt also nicht daran, dass das jetzige Liebesrasen Phaedras, ihr *furor*, echt ist, führt ihn aber auf eine affektpsychologische statt auf mythologische oder fatalistische Ursachen zurück und entlarvt somit die rationalen Selbstschutzbehauptungen, mit denen Phaedra sich als reines Opfer fremder Mächte stilisiert.

Die galoppierende Ausdehnung der Leidenschaft im Geist des Akteurs hat Seneca selbst in seiner Schrift *De ira* als dreistufigen Prozess beschrieben:[30]

> Et ut scias quemadmodum incipiant adfectus aut crescant aut efferantur, est primus motus non uoluntarius, quasi praeparatio adfectus et quaedam comminatio; alter cum uoluntate [...] tertius motus est iam impotens [...] rationem euicit.
>
> Um dir klarzumachen, wie Affekte einsetzen, anwachsen oder eskalieren: Es gibt eine erste Bewegung, die nicht willentlich ist und gewissermaßen eine Vorbereitung des Affekts, so etwas wie eine Drohgebärde; und eine zweite mit einem Willen [...] Die dritte Bewegung hat schon keine Macht mehr über sich selbst [...] und hat die Vernunft unter ihre Kontrolle gebracht.

Seneca fasst den akratischen Zustand von Phaedra letztlich in den Koordinaten dieses Modells: als letzte Phase in einer dreistufigen psychologischen Entwicklung, die mit einer unwillentlichen Vorregung (*propatheia*) beginnt (1. Phase), die durch die Zustimmung des Geistes zum willentlichen Affekt des Handelnden wird (2. Phase) und schließlich in einer sich verselbständigenden und nicht mehr rational kontrollierbaren Bewegung endet (3. Phase). Dies belegen auf sprachlicher Ebene im Drama schon die Charakterisierungen von Phaedras Zustand in der Terminologie der stoischen *akrasia*-Beschreibung: Die Amme charakterisiert ihren „liebesrasenden Impuls" (*furibundus impetus*; v. 263) auch

---

[28] Vgl. vv. 279–282, 641–644. Zur Metaphorik des Liebesbegehrens in Senecas *Phaedra* vgl. Michel Ruch: La langue de la psychologie amoureuse dans la Phèdre de Sénèque, in: Les etudes classiques 32 (1964), 356–363 und Charles Segal: Language and Desire in Seneca's *Phaedra*, Princeton 1986, 64–70.

[29] Vgl. hierzu auch Roland Mayer: Seneca: Phaedra, Cambridge u.a. 2002, 46–48. Siehe auch Sen. de ira 2,3,1: Von einem Affekt wird man nicht passiv bewegt, sondern gibt sich ihm aktiv hin; es gibt letztlich keinen Gefühlsdrang ohne Zustimmung des Geistes (*asensus mentis*: ebd., 2,3,4).

[30] Sen. de ira 2,4,1. Übersetzung nach Jula Wildberger. Vgl. zu diesem Modell auch Richard Sorabji: Emotion and Peace of Mind. From Stoic Agitation to Christian Temptation, Oxford 2000, Kap. 3–4, der meint, dass Seneca hiermit eine Harmonisierung der unterschiedlichen Positionen von Zenon und Chrysipp zum Status von Affekten unternommen habe.

als „Impuls des ungezügelten Geistes" (*mentis effrenae impetus*; v. 255). Phaedra selbst charakterisiert den Kontrollverlust über ihr Denken und Handeln mit der Formulierung, sie sei nicht mehr Herrin ihrer selbst (*sed mei non sum potens*; v. 699), und genau diese *impotentia*, dieses Fehlen von Selbstbeherrschung, schreibt der Chor sogar dem Liebesgott Amor in seinem Furor selbst zu (v. 276).

Dieser (Selbst-)Diagnose Phaedras im Blick auf die Auswirkungen ihrer Hingabe an die Affekte ist aus Sicht der stoischen Affektpsychologie also durchaus zuzustimmen,[31] und sie wird auch durch die Beobachtung ihres Verhaltens gestützt. Immer wieder bricht die amouröse Leidenschaft unkontrolliert aus ihr hervor, am Deutlichsten in der ‚Antragsszene' mit ihrem Stiefsohn (vv. 580–718): Eigentlich wollte die Amme im vorherigen Zwiegespräch mit Hippolytus dessen erwarteten Widerstand gegen die Avancen Phaedras prophylaktisch unterminieren, was aber sichtbar misslungen ist. Phaedra kann das Ende dieser Unterredung schon nicht mehr abwarten, sondern stürzt ungeduldig (*impatiens*) und überhastet (*praeceps*) hinzu, um das Objekt ihrer Begierde doch direkt zu adressieren (v. 583). Ihr ungezügelter Liebesimpuls treibt sie in solchen Momenten offensichtlich unwiderstehlich vorwärts.[32] Doch nach Auffassung Senecas ist dieser Impuls selbst schon Resultat eines Urteils, das in die Verfügungsgewalt des Akteurs gestellt ist und somit dessen kausale Zuschreibung für alle daraus folgenden Zustände sicherstellt.[33] Für die initiale Selbstversklavung durch seine nicht erzwungene Zustimmung zum Affekt ist der Geist selbst verantwortlich.

Gerade die Antragsszene verdeutlicht auch sichtbar den inneren Konflikt, in den Phaedra durch ihren Affekt getrieben wird, und zwar in Form mehrfacher ‚Aussetzer' in ihrem Verhalten: Zuerst bricht sie ohnmächtig zusammen, bevor sie Hippolytus ansprechen kann; als sie dann aus der Umnachtung wieder erwacht ist, und nach kurzem Zögern (v. 587: *vocis morae*) ihrer Leidenschaft verbalen Ausdruck verleihen möchte, widerfährt ihr eine regelrechte ‚Sprach-

---

31 Vgl. auch epist. 116,5, wo Seneca vor der Liebe als Affekt warnt: Der moralisch Fortschreitende (*proficiens*) müsse sich davor hüten, „in eine leidenschaftliche, unbeherrschbare Situation zu geraten, einem anderen hörig, sich selbst verächtlich" (*ut incidamus in rem commotam, inpotentem, alteri emancupatam, uilem sibi*). Die affektgetriebene Person ist deshalb ihrer selbst nicht mehr mächtig (*impotens sui*): vgl. de ira 1,1,2.
32 Diesen Effekt beschreibt Seneca wie folgt: *Ut in praeceps datis corporibus nullum sui arbitrium est [...] ita animus si in iram amoremque aliosque se proiecit adfectus, non permittitur reprimere impetum* („Wie Körper im freien Fall nicht mehr über sich bestimmen können [...], so ist es auch dem Geist nicht erlaubt, seinen Drang zu unterdrücken, wenn er sich in Wut, erotischer Liebe oder anderen Affekten gestürzt hat"; de ira 1,7,4; Übersetzung Jula Wildberger).
33 Vgl. Sen. de ira 1,7,2f.; 2,1,3f.

blockade': *Sed ora coeptis transitum uerbis negant; uis magna uocem mittit et maior tenet* („Aber mein Mund versagt den begonnenen Worten die Äußerung; eine große Gewalt lässt meine Stimme sich erheben, und eine größere hält sie zurück"; vv. 602–603). Trotz diverser affektiver Selbstaufreizungen in der Unterredung mit Hippolytus ist sie dementsprechend vorübergehend nicht dazu in der Lage, ihr anrüchiges Anliegen frontal vorzutragen, sondern schleicht lange wie die sprichwörtliche Katze um den heißen Brei herum.

Eine ähnliche Sprachhemmung legt sie später in der Verhör- bzw. Verleumdungsszene mit ihrem Ehemann Theseus an den Tag (vv. 864–958): Erst die Androhung der Folter gegenüber ihrer Amme lässt sie sprechen und die vermeintliche Vergewaltigung durch den Schwiegersohn in nebulösen Formulierungen andeuten. Aber auch hier zeigt sich in der gesamten Sequenz eine unverkennbare Sprachhemmung, welche die Szene quälend lang kreisen lässt und die in Folgendem kulminiert: Der Name des Hippolytus geht nicht über Phaedras Lippen; sie inkriminiert ihn nur indirekt über das Schwert, mit dem er sie sich in der Antragsszene vom Hals gehalten hat, bevor er in die Wälder geflohen ist. Das ist in der älteren Literatur oft als klassisches Beispiel einer ausgeklügelten weiblichen Intrige gedeutet worden,[34] so dass die Sprachhemmung lediglich vorgeschützt wäre. Aber die von Seneca selbst explizit gesetzten Parallelen zwischen Antrags- und Verleumdungsszene lassen es plausibler erscheinen, dass die Psychologie des Geschehens hier die gleiche ist und Phaedra somit weniger prämeditiert, sondern unter dem Druck des Geschehens und ihrer Affekte agiert.[35] Hinzu kommt noch, dass die Verleumdung des Hippolytus und dessen zu erwartende Bestrafung das Objekt ihrer Liebe schädigen oder gar ganz vernichten würde – was dann ja auch *de facto* geschieht: Auch aus leidenschaftlichen Motiven hätte Phaedra somit allen Grund, die Beschuldigung zurückzuhalten, trotz aller anderen Antriebskräfte, wie etwa ihrer Enttäuschung über Hippolytus' Abweisung oder ihrer Sorge um das eigene Ansehen,[36] die ihr die Verleumdung nahe legen.

Die ‚größere Macht', die sie in der Antrags- und in der Verleumdungsszene zumindest temporär verbal ‚ausbremst', ist aber nun gerade keine konkurrierende Leidenschaft wie Furcht oder Zorn, sondern der in ihrem Geist verbliebene Rest sittlicher Scham (*pudor*), der ihrem verbrecherischen Verhalten in bei-

---

34 Vgl. etwa Otto Zwierlein: Senecas Phaedra und ihre Vorbilder, Stuttgart 1987 (Mainzer Akademie der Wissenschaften: Abhandlungen der geistes- und sozialwissenschaftlichen Klasse 5), 36.
35 Vgl. z.B. die parallel gestalteten ‚Anrufungen' in vv. 604f. und 888.
36 Dass Phaedra auch um ihren Ruf fürchtet, zeigt sich z.B. in v. 252.

den Szenen subkutan entgegensteht. Dieses Residuum moralischer Integrität bringt sie auch schon in der ersten Unterredung mit der Amme in Anschlag: *Non omnis animo cessit ingenuo pudor [...] qui regi non uult amor uincatur* („Nicht ist Scham ganz aus dem mir angeborenen Sinn gewichen [...] Eine Liebe, die sich nicht beherrschen will, muss besiegt werden"; vv. 250–252). Hieraus resultiert der erste Selbstmordentschluss, den sie sich von der Amme allerdings mit einiger Mühe ausreden lässt (vv. 255–273), um ihn dann nach dem gescheiterten Antrag an Hippolytus zu erneuern (vv. 854–862). Hier ist zu beachten, dass Phaedras *pudor* als eine Art Gewissensinstanz drei verschiedene Momente einschließt:[37]

(1) Erst durch das gleichzeitige Bewusstsein der Immoralität der eigenen Leidenschaft sowie der von ihr forcierten Aktivitäten handelt es sich um eine klarsichtige bzw. synchrone Willensschwäche. Der leidenschaftliche Furor kann natürlich auch zu radikalen Blickverengungen und zu einem übereilten Handeln führen, wie es in Senecas *Phaedra* v.a. anhand von Theseus demonstriert wird. Ihm wird der Konflikt dann erst später bewusst. Phaedra leidet hingegen an einer bewussten mentalen Spaltung, insofern ihre Scham von Anfang an präsent ist.

(2) An den temporären Aussetzern des von der Leidenschaft bestimmten Handelns sowie an den oben diagnostizierten Sprachblockaden kann man ablesen, dass das Gewissen hier nicht bloß die Funktion eines passiven moralischen Beobachters bekleidet, der selbst keinen Einfluss auf die Handlungen hat. Die Scham wirkt durchaus hemmend auf Phaedras Verhalten und ist somit kein praktisch unwirksamer ‚moral spectator'.

(3) Dennoch ist der praktische Einfluss der rational fundierten Scham auf ihr Verhalten limitiert, denn sie setzt letztlich keinen der beiden Selbstmordentschlüsse in die Tat um, obwohl sie als wirkliche Entschlüsse gekennzeichnet werden.[38] Es kann wenig Zweifel bestehen, dass ein zeitiger Freitod Phaedras die sich ereignende Katastrophe hätte verhindern können; aus stoischer Sicht wäre das also definitiv die beste Handlungsoption für sie gewesen.[39] Ihr Selbst-

---

37 Zum Handeln gegen das eigene Gewissen in Senecas philosophischen Werken und Briefen vgl. auch Marcia L. Colish: Seneca on Acting against Conscience, in: dies; Wildberger (Hgg.): Seneca Philosophus (wie Anm. 15), 95–110.
38 Vgl. v. 258: *Decreta mors est*; v. 854: *obstinatum [...] consilium*.
39 Vor diesem Hintergrund verwundert es natürlich etwas, dass gerade die stoisch gestimmte Amme ihr den Selbstmord ausredet. Dafür kann man eine Reihe von psychologischen Gründen anführen (Zuneigung der Amme zu ihrer Herrin, Furcht um das eigene Schicksal nach deren Tod, etc.), aber auch eine genuin stoische Erklärung: Die Amme erkennt, dass Phaedra nicht mit der richtigen Motivation aus dem Leben scheiden will, nämlich um ihre Sittlichkeit ultima-

mord zum Schluss des Stückes erfolgt zwar auch aus Scham, hat aber insgesamt eine sehr komplexe Motivlage, auf die weiter unten – am Ende von Teil 4 – noch näher eingegangen wird. Zu einem früheren Zeitpunkt scheint die Macht des *furor* in Phaedra einfach noch zu stark zu sein, um eine radikale Umkehr zu ermöglichen. Dies entspricht der altstoischen Affektpsychologie und ihrer Deutung der Willensschwäche, die Chrysipp mit seinem bekannten Läuferbeispiel exemplifiziert hat:[40]

> κατὰ τοῦτο δὲ καὶ ὁ πλεονασμὸς τῆς ὁρμῆς εἴρηται, διὰ τὸ τὴν / καθ' αὑτοὺς καὶ φυσικὴν τῶν ὁρμῶν συμμετρίαν ὑπερβαίνειν […] οἷον ἐπὶ τοῦ πορεύεσθαι καθ' ὁρμὴν οὐ πλεονάζει ἡ τῶν σκελῶν κίνησις ἀλλὰ συναπαρτίζει τι τῇ ὁρμῇ ὥστε καὶ στῆναι, ὅταν ἐθέλῃ, καὶ μεταβάλλειν. ἐπὶ δὲ τῶν τρεχόντων καθ' ὁρμὴν οὐκέτι τοιοῦτον γίνεται, ἀλλὰ πλεονάζει παρὰ τὴν ὁρμὴν ἡ τῶν σκελῶν κίνησις ὥστε ἐκφέρεσθαι […] αἷς οἶμαί τι παραπλήσιον καὶ ἐπὶ τῶν ὁρμῶν γίνεσθαι διὰ τὸ τὴν / κατὰ λόγον ὑπερβαίνειν συμμετρίαν, ὥσθ' ὅταν ὁρμᾷ μὴ εὐπειθῶς ἔχειν πρὸς αὐτόν.

> In diesem Sinne spricht man auch von dem Exzess des Antriebs, weil die Leute nämlich über die zu ihnen selbst passende, natürliche Proportion der Antriebe hinausgehen. […] Wenn beispielsweise jemand in Übereinstimmung mit seinem Antrieb zu Fuß geht, erfolgt die Bewegung der Beine nicht im Exzess, sondern hat das dem Antrieb entsprechende Maß, so dass der Betreffende, wenn er das will, auch stehen bleiben oder den Schritt verändern kann. Wenn die Leute jedoch in Übereinstimmung mit ihrem Antrieb rennen, dann findet so etwas nicht mehr statt, sondern die Bewegung der Beine geht (exzessiv) über ihren Antrieb hinaus, so dass die Leute davongetragen werden. […] Etwas Ähnliches, denke ich, findet auch bei den Antrieben auf Grund des Umstands statt, dass sie über die mit der Vernunft übereinstimmende Proportion hinausgehen, so dass jemand, wenn er den Antrieb hat, sich zur Vernunft nicht folgsam verhalten kann.

Genau diese ‚exzessiven Impulse' (*hormai pleonazousai*) werden von Galen auch explizit terminologisch als ‚akratisch' (*akrateis*) gekennzeichnet.[41] Übertragen auf Phaedra kann man sagen, dass ihre sittliche Scham bzw. ihre Vernunft den

---

tiv zu bewahren, sondern in einer emotionalen Übersprungshandlung: *siste furibundum impetum* („Halt ein im rasenden Ungestüm!", v. 263). Vgl. Sen. epist. 24,24f. (*Etiam cum ratio suadet finire se, non temere nec cum procursu capiendus est impetus*; „Auch wenn die Vernunft rät, sich ein Ende zu setzen, darf nicht blindlings noch mit Ungestüm der Antrieb ergriffen werden"), wo auch vor einer unreflektierten Todessehnsucht (*libido moriendi*) gewarnt wird. Ein Selbstmordentschluss in leidenschaftlicher Aufwallung leistet keinen Beitrag dazu, dass der Mensch sein moralisches Selbst rettet, und dies mag die Amme ebenso zu ihrer Haltung bewegen wie die aufkeimende Hoffnung, dass Phaedra vielleicht doch noch zu kurieren ist; vgl. v. 256f. Zum stoischen Freitod bei Seneca vgl. auch epist. 70 und 77.

40 Gal. PHP 4,2,14–17 (=LS 65J).
41 Vgl. ebd., 4,4,24.

Exzess des galoppierenden leidenschaftlichen Impulses nur temporär zu verlangsamen, aber eben nicht mehr zeitig zu stoppen vermag.[42] Leidenschaften haben eine nicht zu unterschätzende zeitliche Extension und handlungsleitende Persistenz, die auch noch dann wirksam ist, wenn auf Seiten der Vernunft bereits eine klare Einsicht in ihre rationale Unangemessenheit gewonnen worden ist. Dieses Persistenzmodell der Leidenschaften ist eine der Möglichkeiten, wie man auch auf der Basis einer monistischen Psychologie stoischen Zuschnitts klarsichtige Willensschwäche erklären kann. Es macht auch verständlich, warum Phaedras rationale Scham zwar praktisch nicht vollständig wirkungslos, aber doch nicht ultimativ kausal handlungsleitend ist. Die im äußeren Verhalten sichtbar werdende Zerrissenheit der Phaedra beruht dabei auf einem inneren Gegensatz, der wesentlich in ihrem Wollen anzusiedeln ist.

4 Psychische Konfliktstrukturen (2): *velle* versus *nolle*

In ihren affekttherapeutischen Bemühungen gegenüber Phaedra kommt die Amme immer wieder auf die Ausrichtung des Wollens als ausschlaggebendes Moment zurück. So betont sie, dass das Wollen des Ehrenhaften die erste Pflicht ist (*honesta primum est velle*; v. 140); da sie aber bereits kurz zuvor mit Blick auf Phaedra diagnostiziert hat, dass diese eine Wendung zum Rechten nicht will (*ad recta flecti* [...] *nolit*; v. 137), erklärt sie die Heilung dieses Wollens für die vordringliche Aufgabe: *pars sanitatis velle sanari fuit* („Ein Teil der Gesundung war noch immer, geheilt werden zu wollen"; v. 249).[43] Dies entspricht der in Senecas Briefen immer wieder betonten Wendung, dass die Weisheit und die sittliche Qualität des Akteurs sich vor allem im Zustand seines Wollens manifestieren: *Quid tibi opus est, ut sis bonus? Velle* („Was hast du nötig um gut zu sein? Es zu wollen").[44] Wollen meint hier somit nicht einzelne Handlungsentschei-

---

42 Für eine Parallele zu Chrysipps Läuferbeispiel in Sen. de ira 1,7,4 vgl. oben, Anm. 32. Vgl. LS 65 A (= SVF III 378).
43 Zugleich warnt sie auch vor einer potenziellen Überdehnung des Wollens bei den Mächtigen: *quod non potest vult posse qui nimium potest* („Was er nicht vermag, will vermögen, wer allzu viel vermag"; v. 215).
44 Sen. epist. 80,4. Vgl. auch epist. 34,3: *itaque pars magna bonitatis est velle fieri bonum*. Zur pädagogischen Bedeutung des Willens bei Seneca vgl. Thomas Baier: Seneca als Erzieher, in: ders.; Gesine Manuwald; Bernhard Zimmermann (Hgg.): Seneca: philosophus et magister, Freiburg u.a. 2005 (Paradeigmata 4), 49–62.

dungen, sondern v.a. die moralische Grundeinstellung des Akteurs *in toto*, so dass man von einem handlungstheoretischen Voluntarismus augustinischen Zuschnitts, in dem der Wille auch eine zentrale Rolle in der kausalen Hervorbringung von Akten spielt, bei Seneca noch recht weit entfernt ist.[45]

Die Appelle der Amme sind nun nicht vollkommen wirkungslos bei Phaedra; so kann man ihren ersten Selbstmordbeschluss zumindest teilweise als eine Antwort auf die Aufforderung deuten, von ihrem Liebesrasen abzulassen und sich in ihrem Wollen selbst zu heilen. Doch diesen Bemühungen um Selbstheilung des Wollens ist bei Phaedra letztlich nur ein bescheidener Erfolg beschieden. Dies belegt die folgende Schlüsselpassage (vv. 604f.):[46]

> vos testor omnis, caelites, hoc quod volo
> me nolle.

> Euch rufe ich alle zu Zeugen an, ihr Himmlischen, dass ich das, was ich will, nicht will.

Dies schließt direkt an die bereits oben diskutierte Passage an, in denen Phaedra ihre Sprachblockade in der Antragsszene mit Hippolytus artikuliert: Ihre Leidenschaft treibt sie zu einer Liebeserklärung, die ihre sittliche Scham ablehnt. Das *velle* ist damit als Ausdruck ihres affektiv geleiteten Strebens zu lesen, das *nolle* als Ausdruck ihres eigenen rationalen Urteils über dieses Wollen. Die hier artikulierte Selbstreflexivität des Wollens bzw. Nicht-Wollens legt folgende Konzeptualisierung nahe, die sich an Harry Frankfurts Unterscheidung eines mehrstufigen Willens anschließt:[47] Phaedra hat einen konkreten Wunsch erster Stufe, nämlich ihr auf Selbstoffenbarung und Erfüllung drängendes Liebesverlangen gegenüber Hippolytus, dem allerdings eine Volition zweiter Stufe in Form ihres moralischen Selbstverständnisses entgegengesetzt ist. Ihr Nicht-Wollen des eigenen Wollens ist somit eine Art bewusster höherstufiger Selbstzensur, in der sich zeigt, dass sie auch gegenüber ihren objektorientierten ‚first-order desires' bzw. den Volitionen erster Stufe noch einmal zu einer kritischen Prüfung in der Lage ist. Diese fällt hier negativ aus: Aufgrund ihrer Scham will

---

45 Zur begriffs- und problemgeschichtlichen Diskussion des Willensbegriffs bei Seneca vgl. die instruktiven Analysen von Brad Inwood: The Will in Seneca the Younger, in: Classical Philology 95 (2000), 44–60 und Therese Fuhrer: Wollen oder Nicht(-)Wollen: Zum Willeskonzept bei Seneca, in: Müller; Hofmeister Pich (Hgg.): Wille und Handlung (wie Anm. 11), 69–94. Vgl. auch die Studie von Rainer Zöller: Die Vorstellung vom Willen in der Moralllehre Senecas, München/Leipzig 2003 (Beiträge zur Altertumskunde 173). Die zentralen Stellen in den Briefen Senecas zum Thema ‚*velle*' sind: epist. 34,3; 37,5; 71,36; 80,4; 81,13.
46 Vgl. auch die Parallele in Senecas Thyestes, v. 212: *quod nolunt velint*.
47 Vgl. in diesem Sinne auch Inwood: The Will in Seneca the Younger (wie Anm. 45), 55–57.

Phaedra auf höherstufiger Ebene keine unzüchtige Ehebrecherin sein, trotz ihrer starken leidenschaftlichen Neigung zu Hippolytus. Seneca operiert hier also subkutan mit der Idee der Selbstreflexivität des Wollens, bei welcher der Geist sich selbst zum Gegenstand seiner eigenen Akte macht, wie Brad Inwood in seiner Analyse einschlägiger Texte aus den Briefen gezeigt hat.[48]

Nach Harry Frankfurt ist es die Signatur fehlender Willensfreiheit, dass die Volitionen zweiter Stufe, also die starken und persönlichkeitskonstitutiven Wertungen, keinen Einfluss mehr auf die handlungsleitenden objektorientierten Willensakte erster Stufe zu nehmen vermögen.[49] Genau das scheint nun das Problem Phaedras zu sein: Ihre affektgetriebenen Wünsche und Handlungen entziehen sich weitgehend dem Einfluss ihrer rationalen Selbstkontrolle, die erstere – wie oben gesehen – nur temporär aufschieben, aber nicht wirklich verhindern oder gar umgestalten kann. Die Selbstmordpläne Phaedras vor der Rückkehr des Theseus, die man durchaus als den Versuch zur Ausbildung einer der Leidenschaft gegensteuernden Volition erster Stufe im Übereinklang mit ihrer moralischen Scham deuten kann, bleiben deshalb letztlich unwirksam. Von einer uneingeschränkten Willensfreiheit Phaedras kann also zum Zeitpunkt der Handlung wirklich keine Rede mehr sein, und in diesem Sinne ist ihr mehrfach artikuliertes Gefühl eines amourösen Zwangs auch nicht unplausibel: Weder kann sie ihr Liebesrasen *ad libitum* abstellen noch kann sie ihre daraus resultierenden Handlungen verhindern (ebenso wenig wie Chrysipps Läufer im vollen Lauf sofort anzuhalten vermag). So handelt sie in der Tat *nolens volens*. Doch ist in der stoischen Handlungspsychologie, der sich Seneca in diesem Punkt eindeutig anschließt, als affektiver Impetus kein zwanghaftes Ereignis, sondern stets das Resultat einer vorherigen Zustimmung durch das Führungsvermögen. Das zugrundeliegende Schema sieht wie folgt aus:

phantasia → *adsensio/iudicium* → *impetus/voluntas* → *actio*[50]

---

48 Vgl. etwa auch die Formulierung in epist. 61,1: *Desinamus quod voluimus velle.*
49 Vgl. Harry Frankfurt: Freedom of the Will and the Concept of a Person, in: Journal of Philosophy 68 (1971), 5–20.
50 Vgl. Sen. de ira 2,4,1–2 und epist. 113,18: *Omne rationale animal nihil agit nisi primum specie alicuius rei irritatum est, deinde impetum cepit, deinde adsensio confirmavit hunc impetum* („Jedes vernunftbegabte Lebewesen handelt nicht, außer wenn es zunächst durch den Anblick irgendeines Sachverhalts angeregt worden ist, sodann einen Impuls [*impetus*] verspürt, schließlich die innere Zustimmung [*adsensio*] diesen Antrieb verstärkt"). Dass der Impuls hier schon an zweiter Stelle, also noch vor der Zustimmung, ins Spiel kommt, verweist darauf, dass bei Handlungen eine *phantasia hormêtikê* vorliegt, die bereits eine Art ‚Vorimpuls' mit sich

Die handlungsleitenden Impulse, d.h. die Wünsche und Volitionen erster Stufe, sind also ihrerseits keine unverursachten Ereignisse, sondern gehen jeweils zurück auf einen geistigen Akt der Zustimmung, der nach stoischer Auffassung nicht erzwungen, sondern vom Handelnden selbst hervorgebracht ist. Welche Zustimmung gegeben oder verweigert wird, hängt dabei weniger von der Qualität der präsentierten Sinneseindrücke ab, sondern primär von der inneren Verfasstheit des rationalen Führungsvermögens. Die Zustimmung und der daraus folgende Handlungsimpuls sind somit immer in der Überzeugungsstruktur des Akteurs verankert; das Wollen erster Stufe korreliert also grundsätzlich mit einem vorausgehenden Urteil der Vernunft. Deshalb ist die moralische Qualität des Wollens und Handelns immer in funktionaler Abhängigkeit vom zugrundeliegenden Geisteszustand zu sehen:[51]

> Actio recta non erit nisi recta fuerit voluntas; ab hac enim est actio. Rursus voluntas non erit recta nisi habitus animi rectus fuerit; ab hoc enim est voluntas.

> Das Handeln wird nicht richtig sein, wenn nicht der Wille richtig ist; von ihm geht nämlich die Handlung aus. Andererseits wird der Wille nicht richtig sein, wenn die geistige Verfassung (*habitus animi*) nicht richtig ist; von ihr nämlich rührt der Wille her.

In Anwendung auf den Fall Phaedras heißt das aber, dass die ursprüngliche Zustimmung, die sie zu ihrem Liebesverlangen gegeben hat, nicht als isolierte Deviation ihres Geistes gesehen werden darf, sondern als Ausdruck bestimmter verfestigter Wertungen höherer Stufe (*habitus animi*) zu verstehen ist: Auf ihre eigene Weise identifiziert sich Phaedra durchaus auch mit ihrem Liebesverlangen,[52] was sich u.a. in verschiedenen Selbstaufreizungen zeigt, mit denen sie versucht, ihre zwischenzeitlichen Sprach- und Handlungshemmungen zu überwinden, um ihr Liebesrasen zur Erfüllung zu bringen.[53]

---

bringt. Dieser wird aber erst durch die Zustimmung zum handlungsleitenden Impuls, ebenso wie eine unwillkürliche *propatheia* erst durch Zustimmung zum voll ausgebildeten Affekt wird.
51 Sen. epist. 95,57. Für eine überzeugende Auslegung der Bedeutung dieser Passage für die Frage nach dem Willen als Dezisionsvermögen bei Seneca vgl. Fuhrer: Wollen oder Nicht(-)Wollen (wie Anm. 45), 82–84.
52 Hierin sieht auch Gill: Seneca and selfhood (wie Anm. 15), 68, einen deutlichen Unterschied zur Phaedra bei Euripides, die sich eindeutig mit ihrem moralischen Selbst im Kampf gegen ‚externe' (göttliche) Mächte der Liebe identifiziert. Senecas Phaedra ist hier auf der Ebene ihrer Wertmaßstäbe deutlich ambivalenter.
53 Vgl. z.B. vv. 592–599. Zu verschiedenen Formen der Selbstaufforderung als Indiz für höherstufige Volitionen bei Seneca vgl. auch Inwood: The Will in Seneca the Younger (wie Anm. 45), 53–55.

Wir haben es also bei Phaedra mit einer komplexen Konfliktstruktur zu tun: Es ist kein einfacher vertikaler Konflikt zwischen erotischen Volitionen erster Stufe und schamhaften Volitionen zweiter Stufe, sondern auch die Leidenschaft ist auf der Ebene der höherstufigen Überzeugungen und Strebungen angesiedelt. Letztlich handelt es sich also um einen horizontalen Konflikt in Phaedras Vernunft selbst, der sich auf allen Ebenen des Wollens in konfligierenden Willensregungen ausdrückt. Die unterschiedlichen Wünsche, die dadurch einander entgegenstehen, bringt sie in ihrem Geständnis gegenüber Hippolytus selbst auf den Punkt: „Zu sprechen verlangt und verdrießt mich" (*libet loqui pigetque*; v. 637) – und das in ein und demselben Moment. Auch wenn Seneca noch mit keinem augustinischen Begriff des Willens operiert, der diesen zu einem von Vernunft und Leidenschaft getrennten Zentrum dezisionistischer Entscheidungen macht,[54] gibt es hier doch zumindest einige Parallelen zu Augustinus' Schilderung des zerrissenen Willens im 8. Buch seiner *Confessiones*:[55] Es ist v.a. die durchgängige Partialität des Wollens, das diesem seine Kraft raubt; dahinter steht aber jeweils ein den Akteur in seinem Handeln nahezu lähmender Konflikt zwischen zwei höherstufigen Überzeugungssystemen, die auf der Ebene der objektorientierten Wünsche auf keine Weise miteinander in Einklang zu bringen sind.[56]

Nichts macht diese paralysierte Geistes- und Willensverfassung in Senecas Phaedra deutlicher als die Schilderung, die die Amme von ihrer Herrin unmittelbar vor der Antragsszene gibt (vv. 360–403): Auch wenn Phaedra es geheimzuhalten versucht, tritt das Liebesrasen in ihrem Antlitz doch unverkennbar zutage; sie wird als eine ‚Zwiespältige' (*dubia*: 365) gekennzeichnet, die immer mehr in sich zusammenbricht und deren Glieder fieberhaft hin- und her geschüttelt werden: *semper impatiens sui mutatur habitus [...] uadit incerto pede, iam uiribus defecta* („Ungeduldig gegen sich selbst ändert sich stets ihre Verfas-

---

54 Contra: Malgorzata Budzowska: Phaedra – Ethics of Emotions in the Tragedies of Euripides, Seneca and Racine, Frankfurt a.M. u.a. 2012 (Cross-roads 1), 126. Albrecht Dihle: Die Vorstellung vom Willen in der Antike, Göttingen 1985, 152, diagnostiziert bei Seneca einen „begrifflich ungeklärten Voluntarismus", der aber eher in den Bahnen der ethischen Theorie der Stoa verläuft und keine Basis für eine nicht-intellektualistische Anthropologie oder Handlungstheorie liefert.
55 Anders: Fuhrer: Wollen oder Nicht(-)Wollen (wie Anm. 45), 78–80, deren Analyse der Phaedra nicht auf eine Mehrstufigkeit oder Zerrissenheit des Wollens hinausläuft, sondern auf ein Defizit des Willens im Sinne eines psychischen Antriebspotenzials.
56 Die Bedeutung eines einheitlichen und ungebrochenen Wollens für den moralischen Fortschritt wird von Seneca selbst in epist. 71,36 angedeutet: *sed magna pars est profectus velle proficere. Huius rei conscius mihi sum: volo et* mente tota *volo.*

sung [...] Sie schreitet dahin mit unsicherem Fuß, schon von ihren Kräften verlassen"; vv. 372–375). Diese Symptomatik ist eindeutig psychophysisch zu lesen, wie Parallelstellen aus Senecas Briefen belegen:[57] Die desperate seelisch-moralische Verfasstheit findet ihren visiblen Ausdruck in der körperlichen Sphäre; der äußere Habitus ist ein Spiegel des inneren.[58] Die bei Phaedra diagnostizierte Inkonstanz und Schwäche in ihrem Gebaren ist Ausdruck ihres seelischen Hin- und Hergerissenseins zwischen diametral entgegengesetzten Willensregungen, die doch ihren Sitz in ein und demselben geistigen Führungsvermögen haben: Das ist die Schlussfolgerung, die man aus dieser ‚Krankheitsszene' ziehen kann. Die normative Kontrastfolie der Stoiker hierzu ist natürlich die Konstanz und Stetigkeit des Wollens und Nicht-Wollens, die nach Seneca die Signatur der Weisheit ist.[59] Der 20. Brief an Lucilius, der sich diesem Thema widmet, liest sich nahezu wie eine Beschreibung des Verhaltens von Phaedra:[60]

> Nemo proponit sibi quid velit, nec si proposuit perseverat in eo, sed transilit [...] Nesciunt ergo homines quid velint nisi illo momento quo volunt; in totum nulli velle aut nolle decretum est; variatur cotidie iudicium et in contrarium vertitur.
>
> Niemand nimmt sich vor, was er will, und wenn er sich etwas vorgenommen hat, verharrt er nicht dabei, sondern verhält sich sprunghaft. [...] Es wissen also die Menschen nicht, was sie wollen, außer in dem Augenblick, da sie es wollen: Aufs Ganze hat niemand über Wollen und Nichtwollen einen Beschluss gefasst. Geändert wird täglich das Urteil und ins Gegenteil verkehrt.

Diese Passage ist generell auf die tägliche Lebensführung der Toren gemünzt, bei denen die Unbeständigkeit ihrer Urteile sowie die Diskrepanz von Tatsachen und Absichten die Inkonstanz ihres Wollens zur Folge hat. Der Grund für dieses deplorable Hin und Her ist nach stoischer Auffassung v.a. die interne Inkonsistenz ihres Überzeugungssystems, das miteinander inkompatible Urteile in sich birgt, die einander munter abwechseln. Im Falle der akratischen Phaedra wird dieser Wetterfahnen-Effekt unter dem Einfluss der Leidenschaft noch weiter

---

57 Vgl. epist. 106,3–7.
58 Damit ist diese Szene gerade für die von Kirichenko überzeugend herausgearbeitete „Rhetorik des Sehens" als philosophischer Basis für Senecas dramatisches Schaffen unverzichtbar – und eben kein bloßes ‚Relikt' aus einer früheren Fassung des Stoffs durch Euripides, wie früher oft vermutet. Vgl. zu dieser Diskussion um Senecas Anleihen bei Euripides auch unten, Teil 6.
59 Vgl. Sen. epist. 20,5: „Was ist Weisheit? Stets dasselbe wollen und dasselbe nicht wollen" (quid est sapientia? semper idem velle atque idem nolle).
60 Sen. epist. 20,4–6.

potenziert, so dass es zu einer regelrechten Desintegration und Fragmentierung ihrer Persönlichkeit kommt, die über das ganze Stück hinweg sichtbar ist. Das führt v.a. dazu, dass es Phaedra immer wieder misslingt, ihr Schicksal aktiv in die eigene Hand zu nehmen: Stattdessen reagiert sie regelmäßig nur auf äußere Einflüsse, die sie hin- und her wirbeln. Sie ist ihres Wollens nicht mehr mächtig und damit auch nicht mehr ihres Handelns. Deshalb legt sie ihr Schicksal in der Antragsszene auch geradezu erleichtert in die Hände ihres Stiefsohns. Mit dem Ausruf: *Finem hic dolori faciet aut uitae dies* („Dieser Tag wird meinem Leiden oder meinem Leben ein Ende machen"; v. 670) sinkt sie bittend zu seinen Füßen; und nachdem Hippolytus zur Abwehr einer versuchten Umarmung sein Schwert gezückt hat, reagiert sie regelrecht ekstatisch: *Hippolyte, nunc me compotem uoti facis: sanas furentem. maius hoc uoto meo est, saluo ut pudore manibus immoriar tuis* („Hippolytus, jetzt erfüllst Du meinen Wunsch; du heilst die Rasende. Dies ist mehr, als mein Wunsch begehrte, dass ich ohne Abbruch meiner Ehre von Deinen Händen sterbe"; vv. 710–712).

Nachdem sie sich selbst zum moralisch motivierten Freitod (und damit zur Selbstheilung ihres Wollens) als unfähig erwiesen hat, ersehnt sie sich ein Ende (und damit eine Heilung von ihrem Liebesrasen) just von der Hand des Geliebten. Das ist aber, wie der Wortlaut der zitierten Passage zeigt, Ausdruck einer äußerst gemischten Motivation: Es wäre nämlich nicht nur das von ihr gewünschte Ende ihres moralischen Dilemmas, sondern auch eine Art Erfüllung ihres Liebesverlangens. Der Todeswunsch wird somit bei Phaedra zum Ausdruck ihres Liebeswunsches. Nur durch eine solche Überlagerung kann offensichtlich ihr gespaltenes Wollen noch in einem einzigen Akt der ganzen Person zusammengeführt werden. Da Hippolytus ihr aber den gewünschten Todesstreich verweigert und stattdessen flieht, bleibt Phaedra mit ihrem unverändert zerrissenen Willen allein zurück.

Im Lichte dieser eigentümlichen Überlagerung von Liebes- und Todeswunsch in Phaedras Geist gewinnt dann auch ihr Selbstmord zum Ende des Stückes eine neue Dimension. Dieser ist in der älteren Literatur meist als ein moralisches Revirement der Protagonistin gedeutet worden:[61] Letztlich sei sie angesichts der schrecklichen Folgen ihrer Verleumdung (durch den grausamen Tod des Hippolytus) geläutert bzw. wieder zur Vernunft gekommen und nun dazu in der Lage, ihre ursprüngliche Absicht – wenn auch verspätet – doch

---

61 Vgl. in diesem Sinne z.B. Hans Herter: Phaidra in griechischer und römischer Gestalt, in: Rheinisches Museum 114 (1971), 75; Pierre Grimal: Senecas Originalität in der Phaedra, in: Eckard Lefèvre (Hg.): Senecas Tragödien, Darmstadt 1972 (Wege der Forschung 310), 321–342 und Merzlak: Furor in Seneca's Phaedra (wie Anm. 18), 194, Anm. 5 („Stoic act").

noch umzusetzen. Die Motivation des Freitods durch ihre sittliche Scham (*pudor*) und als gerechte Buße für ihr Verbrechen an Hippolytus liegt sicherlich nahe und wird auch von ihr selbst explizit ins Spiel gebracht.[62] Aber direkt im Anschluss folgt eine der für Phaedra so typischen Phantasmagorien (vv. 1179f.):

> Et te per undas perque Tartareos lacus, per Styga, per amnes igneos amens sequar.
>
> Durch Wogen und Seen des Tartarus, durch die Styx, durch die feurigen Ströme werde ich Dir folgen in meinem Wahn.

Diese verschiedentlich als Interpolation verdächtigten Verse greifen das Leitmotiv der unerschütterlichen Liebe Phaedras zu Hippolytus auf, das sie schon mehrfach zuvor im Laufe des Stücks formuliert hat.[63] Sie folgt ihrem Geliebten, wohin er auch geht; durch die tobenden Meere wie auch auf den Bergeshöhen wird sie ihn regelrecht jagen[64] – letztlich sogar bis in den Hades. Ihren Zustand bezeichnet sie dabei im wörtlichen Anklang an die Antragsszene als ‚wahnhaft' (*amens*: 702 und 1080). Von einer vollständigen Heilung Phaedras von ihrem Liebesrasen im Schlussakt kann also nicht die Rede sein: Dieser erotische Furor speist sogar wesentlich ihren Todeswunsch. Ihr anschließendes Lockenopfer an den Leichnam von Hippolytus zelebriert sie dementsprechend regelrecht als eine Vereinigung mit ihm im Tod: *Non licuit animos iungere, at certe licet iunxisse fata* („Nicht war es vergönnt, die Herzen zu einen, doch sicherlich ist uns vergönnt, die Geschicke im Tod zu einen"; vv. 1183f.).

Das klingt alles nach der Art von ‚wishful thinking', der wir bereits in der Unterredung mit der Amme oben in Teil 3 begegnet sind. Phaedra hat von ihrer Liebe keineswegs abgelassen, sondern verfolgt diese weiterhin, wenn auch mit

---

62 Vgl. vv. 1176–1178 u. 1197f.
63 Für eine Athetierung von vv. 1179f. als bloßer Imitation von v. 700f. plädiert z.B. Zwierlein: Senecas Phaedra (wie Anm. 34), 52f.; in der Edition von Léon Herrmann (Belles lettres, Paris 1968, 222) und bei Michael Coffey; Roland Mayer (CUP 1990) finden sie sich aber noch. Interessanterweise stützt sich Gabriele D'Annunzio in seiner *Fedra* in der psychologischen Ausgestaltung der Figur wesentlich auf diese Zeilen; vgl. Otto Zwierlein: Hippolytos und Phaidra: Von Euripides bis D'Annunzio. Mit einem Anhang zum Jansenismus, Paderborn u.a. 2006 (Nordrhein-Westfälische Akademie der Wissenschaften: Geisteswissenschaften, Vorträge, G 405), 43, der nachweist, dass sowohl für Racines *Phèdre* als auch für D'Annunzio eher Seneca als Euripides Pate gestanden hat.
64 Für dieses Leitmotiv vgl. vv. 110f., 233–235, 241, 700–702. Zur Inversion des Jagdthemas, das ursprünglich Hippolytus angehört, bei Phaedra vgl. auch Anton Daniel Leeman: Seneca's Phaedra as a Stoic Tragedy, in: Jan Maarten Bremer; Stefan L. Radt; Cornelis Jord Ruijgh (Hgg.): Miscellanea tragica in honorem J. C. Kamerbeek, Amsterdam 1976, 199–212, hier 203–205.

höchst unorthodoxen Mitteln.⁶⁵ Dies zeigt sich letztlich auch in der Wahl ihrer Todesart: In den griechischen Vorlagen greift Phaedra zum Strang; es scheint eine Innovation Senecas zu sein, dass sie sich mit Hippolytus' Schwert entleibt.⁶⁶ Man muss kein überzeugter Anhänger der Freudschen Psychoanalyse sein, um den symbolischen und subkutan sexuellen Gehalt dieser Handlung zu erahnen: Auch hier vollzieht Phaedra eine Art letztmöglicher Vereinigung mit dem Geliebten, mittels des einzigen (phallischen) Instruments, das er ihr hinterlassen hat (und mit dem er paradoxerweise gerade die körperliche Trennung von ihr erreichen wollte).⁶⁷ Das Schwert ist für Phaedra somit nicht nur das Mittel der vorherigen Verleumdung, sondern auch eine Erfüllung ihrer Liebessehnsucht.⁶⁸

Mit dieser Betonung des selbst über den Tod von Hippolytus hinaus andauernden Liebesrasens, das sich gut mit Chrysipps Läuferbeispiel und dem Persistenzmodell der Willensschwäche in Verbindung setzen lässt, wird die *prima facie* ‚alternative Erklärung' ihres Selbstmords durch moralische Gründe nun keineswegs desavouiert oder gar annulliert. Die psychologische Pointe liegt vielmehr in der hier erreichten Koinzidenz von leidenschaftlicher und moralischer Motivation bei Phaedra: Letztlich ist der Selbstmord sowohl aus moralischen als auch aus leidenschaftlichen Motiven heraus für sie die einzige noch zur Verfügung stehende Option.⁶⁹ Damit erreicht Phaedra zwar keine wirkliche Integration ihrer divergenten Volitionen höherer Stufe, aber zumindest findet sie ein Handeln, das von beiden zugleich widerspruchsfrei gewollt werden kann, und überwindet damit ihren quälenden Indezisionismus. Die durch die Überlagerung von Liebes- und Todeswunsch kaschierte motivationale Ambivalenz ihrer Tat in *amor* und *pudor* formuliert sie selbst wie folgt: *O mors amoris*

---

65 Zur Kontinuität in diesem Bereich vgl. Eckard Lefèvre: Quid ratio possit? Senecas Phaedra als stoisches Drama, in: ders. (Hg.): Senecas Tragödien, Darmstadt 1972 (Wege der Forschung 310), 343–375, 369; Leeman: Seneca's Phaedra as Stoic Tragedy (wie Anm. 64), 207, und Schmidt: Phaedra und der Einfluss ihrer Amme (wie Anm. 25), 315.
66 Zur Originalität Senecas in diesem Punkt vgl. Herter: Phaidra (wie Anm. 61), 71–73.
67 Für eine psychoanalytische Deutung der *Phaedra*, die sich aber v.a. auf die Person des Hippolytos konzentriert, vgl. Segal: Language and Desire (wie Anm. 28). Kritik an diesem Ansatz übt Mayer: Phaedra (wie Anm. 29), 92–95.
68 Vgl. auch Gill: Seneca and Selfhood (wie Anm. 15), 69 („quasi-erotic pleasure at dying with Hippolytus' sword in her"), der im Anschluss an T. Hill herausarbeitet, dass dieses Motiv schon vorher präsent ist: „On Theseus' arrival, her plan seems to be to kill herself as to preserve (what remains of) her sense of shame and reputation, but to do so with Hippolytus' sword inside her, a wish coloured by passion" (69, unter Verweis auf vv. 854–868).
69 Vgl. v. 1184f.: *Morere, si casta es, uiro; si incesta, amori* („Stirb, wenn Du keusch bist, für den Gatten, wenn Du unkeusch bist, für die Liebe").

una sedamen mali, o mors pudoris maximum laesi decus, confugimus ad te („O Tod, einziger Trost einer elenden Liebe, o Tod, verletzter Keuschheit höchster Ruhm, ich nehme meine Zuflucht zu Dir"; vv. 1188–1190).

Phaedras Tendenz zur Konstruktion einer Traumwelt, in der ihre Wünsche doch noch wider Erwarten Erfüllung finden können (was sich bereits in den Unterredungen mit der Amme und Hippolytus gezeigt hatte), findet hier ihren Kulminationspunkt. Die sich immer mehr von der Wirklichkeit absondernden Phantasmagorien gipfeln hier in einer Schlussrede, deren innere Kohärenz nur noch von verbalen und affektiven Assoziationen getragen ist, deren Argumentation aber für den Außenstehenden streckenweise vollständig zusammenhanglos und unlogisch erscheint. Dies deutet auf eine nachhaltige Fragmentierung ihres Bewusstseins und auf den endgültigen Verlust ihrer rationalen Persönlichkeit hin.[70]

5 Wie ist klarsichtige Willensschwäche möglich? Akrasia als Fragmentierung der rationalen Persönlichkeit

Christopher Gill hat mit Blick auf die beiden geistesverwandten Figuren der Medea und der Phaedra bei Seneca folgende Analyse ihrer psychischen Konstellation vorgeschlagen: „Surrender to passion generates self-division and a kind of madness, which constitutes in both cases [scil. Medea's and Phaedra's] a collapse of character."[71]

---

[70] Vgl. hierzu auch die hervorragende Analyse bei Henry; Walker: Phantasmagoria (wie Anm. 22), 231–238, bes. 238 (zur Schlussrede Phaedras): "In an atmosphere of pure phantasmagoria she presents without logical connexion the fragments that have marked her wandering thoughts in the play. [...] Phaedra is unable despite her efforts to establish coherence in her own mind and the wild broken rhythms of the passage match the staccato sentence construction. It is a chaotic series of sentences leading to no conclusion." Phaedras geistige Fragmentierung affiziert somit ihre Gedankenführung ebenso wie ihre sprachlichen Äußerungen.
[71] Gill: The Structured Self (wie Anm. 15), 421. Für seine Lesart der beiden Figuren bei Seneca vgl. ebd., 421–435, sowie Gill: Seneca and Selfhood (wie Anm. 15). Er meint, dass die rationale Desintegration Phaedras über das gesamte Stück hinweg sichtbar ist, während sie bei Medea erst in ihrer Schlussrede entsteht. In Bezug auf die Phaedra würde ich dieser Diagnose auf jeden Fall zustimmen, aber auch bei Medea scheint mir die Desintegration und Fragmentierung ihres geistigen Zustands und – daraus resultierend – ihrer Handlungsantriebe von An-

Damit ist die Entwicklungsrichtung dieser tragischen Protagonistinnen m.E. vollkommen richtig gezeichnet: Letztlich kommt es bei beiden zu einem innerlichen Zusammenbruch, der auf die tiefe Verstrickung in ihre jeweiligen Emotionen zurückführbar ist. Die einzelnen Komponenten einer solchen Diagnose sehen für Phaedra wie folgt aus:

(1) Nachdem sie dem initialen Liebesreiz zugestimmt hat, gerät sie in den Zustand des *furor*, also eines amourösen Rasens, das sie bis zu ihrem Selbstmord hin fest im Griff hält. Dem steht allerdings durchgängig eine rationale Verurteilung ihres eigenen Liebeswunsches auf der Basis moralischer Kategorien, v.a. der sittlichen Scham, entgegen.[72]

(2) Diese Verurteilung ist aber nur eine partielle, weil sie sich bei Seneca – im Gegensatz zur euripideischen Phaedra – nicht voll mit ihrem moralischen Selbst identifiziert, sondern eben zugleich auch mit sich als potenzieller Liebhaberin ihres Stiefsohns. Dies generiert ein gespaltenes Wollen, das sich in ihrem ganzen Verhalten zum Ausdruck bringt, v.a. in ihren regelmäßigen Sprach- und Handlungsblockaden sowie in der kränklich wirkenden Erschöpfung, die sie durch das intensive Austragen ihrer inneren Konflikte streckenweise befällt.

(3) Phaedras mentale Spaltung zeigt sich nicht zuletzt darin, dass für ihr konkretes Handeln meist höchst gemischte und letztlich konfligierende Motivlagen existieren, wie v.a. ihr abschließender Selbstmord mit seiner Ambivalenz von moralischen und leidenschaftlichen Intentionen zeigt. Ihre geistige Fragmentierung wird also nicht beseitigt: „Thus, her conflicted state is presented as one that will persist beyond the grave."[73]

(4) Die geistige Spaltung wird zwar von ihr bewusst erfahren und auch immer wieder artikuliert, aber sie zeigt eine regelrecht galoppierende Tendenz zur Rationalisierung ihrer emotionalen Wünsche und Handlungen. Insofern haben wir es hier nicht mit einem platonisierenden Dualismus von irrationaler Begierde und Vernunft zu tun, sondern eher mit einem einzigen rationalen Bewusstsein, das peu à peu von seinen emotionalen Wertungen infiziert wird.

---

fang an das Kardinalproblem zu sein; vgl. hierzu Müller: Did Seneca Understand Medea (wie Anm. 15), bes. 87–91.

72 Vgl. auch Gill: Seneca and Selfhood (wie Anm. 15), 68: „A figure who has given herself up to a passion finds herself (in Phaedra's case, repeatedly) activated by shame in a way that creates inner conflict and ambivalence, which is the state of mind in which Phaedra finally kills herself."

73 Gill: Seneca and Selfhood (wie Anm. 15), 70. Vgl. auch Norman T. Pratt: Seneca's Drama, Chapel Hill/London 1983, 95: „Her suicide redeems nothing because it too is a function of her mania: now she can pursue Hippolytus in Hades (1179–80)."

(5) Diese Pseudo-Rationalität verdeckt aber lediglich, dass ihre rationale und charakterliche Persönlichkeit letztlich doch radikal desintegriert ist, was im Stück zu katastrophalen Ereignissen führt: Der am Schluss in seinen zerstückelten Einzelteilen auf die Bühne getragene Leichnam des Hippolytus zeigt dabei nicht nur, was ihre Verleumdung bewirkt hat; er ist auch ein Sinnbild für die erschreckende persönliche Fragmentierung Phaedras in ihren fatalen äußeren Konsequenzen.[74]

Phaedra erscheint damit in vielerlei Hinsicht als das diametrale Gegenstück zum ethischen Leitideal der rationalen Persönlichkeit in der Stoa, das Christopher Gill überzeugend als ‚structured self' charakterisiert hat.[75] Der stoische Weise ist v.a. durch die absolute Widerspruchsfreiheit und Kohärenz aller seiner Überzeugungen gekennzeichnet und somit durch eine harmonisch integrierte rationale Persönlichkeit *in toto*. Dazu gehört natürlich in erster Linie die Apathie, also die Freiheit von Leidenschaften, die ja im stoischen Verständnis nichts anderes als falsche Urteile und Überzeugungen sind, welche genau die inneren Inkonsistenzen im menschlichen Bewusstsein produzieren, an denen die Toren in ihrer ganzen Lebensführung kranken. Dabei betont Seneca in seinen Briefen auch, dass diese Torheit sich gerade in der Instabilität des eigenen Wollens und der eigenen Absichten zeigt.[76]

Von diesem skizzenhaften Porträt der Phaedra aus lässt sich nun auch die Frage näher beleuchten, wie in einem stoischen Theorierahmen das Phänomen der klarsichtigen Willensschwäche als Handlungstyp erklärt werden kann. Folgt man Senecas phänomenologischer Beschreibung der akratischen Persönlichkeit im Drama, fällt v.a. das ständig changierende und nahezu fieberhafte Verhalten Phaedras ins Auge. Dies geht einher mit einer vollkommenen Unberechenbarkeit ihres künftigen Handelns. Mehrfach wird von Phaedra selbst wie auch von anderen Charakteren explizit die bange Frage in den Raum geworfen, wohin sich ihr Geist nun als nächstes wenden wird.[77] Das ist bei näherem Hinsehen weniger eine Frage danach, was sie in absehbarer Zukunft konkret tun wird: Es geht vielmehr darum, welche der beiden konfligierenden höherstufigen

---

74 Vgl. in diesem Sinne auch Pratt: Seneca's Drama (wie Anm. 73), 95. Eine stringente Deutung des ganzen Stücks als Visualisierung der Fragmentierung der Handlungsträger bietet Kirichenko: Lehrreiche Trugbilder (wie Anm. 24), 35–59, der auch auf die „vielschichtige philosophische Relevanz" (ebd., 245) des vergeblichen Versuchs von Theseus verweist, den Leichnam von Hippolytus wieder zusammenzusetzen.
75 Vgl. hierzu insgesamt Gill: The Structured Self (wie Anm. 15).
76 Vgl. Sen. epist. 52,1–2.
77 Vgl. v. 112: *Quo tendis, anima? quid furens saltus amas?* Vgl. auch die Amme in v. 584: *quo verget furor?*

Volitionen in ihrem gespaltenen Wollen als nächstes zum Zug kommen wird. Phaedras Indezisionismus und ihr permanentes äußeres Schwanken sind dabei letztlich Ausdruck der Fragmentierung ihres Bewusstseins, dessen Desintegration sich nicht nur in der beschriebenen Spaltung verschiedener Überzeugungen von *amor* und *pudor* manifestiert, sondern auch in einem ständigen Hin- und Herspringen zwischen ihnen, das eher dem erratischen Verhalten einer Flipperkugel gleicht. Signifikanterweise ist das auch eine der Ideen, mit denen die Stoiker in der Auseinandersetzung mit den Platonikern das Phänomen klarsichtiger Willensschwäche zu erklären versuchten:[78]

> ἔνιοι δέ φασιν οὐχ ἕτερον εἶναι τοῦ λόγου τὸ πάθος οὐδὲ δυεῖν διαφορὰν καὶ στάσιν, ἀλλ᾽ ἑνὸς λόγου τροπὴν ἐπ᾽ ἀμφότερα, λανθάνουσαν ἡμᾶς ὀξύτητι καὶ τάχει μεταβολῆς [...] καὶ γὰρ ἐπιθυμίαν καὶ ὀργὴν καὶ φόβον καὶ τὰ τοιαῦτα πάντα δόξας εἶναι καὶ κρίσεις πονηράς, οὐ περὶ ἕν τι γινομένας τῆς ψυχῆς μέρος, ἀλλ᾽ ὅλου τοῦ ἡγεμονικοῦ ῥοπὰς καὶ εἴξεις καὶ συγκαταθέσεις καὶ ὁρμὰς καὶ ὅλως ἐνεργείας τινὰς οὔσας ἐν ὀλίγῳ μεταπτωτάς, ὥσπερ αἱ τῶν παίδων ἐπιδρομαὶ τὸ ῥαγδαῖον καὶ τὸ σφοδρὸν ἐπισφαλὲς ὑπ᾽ ἀσθενείας καὶ ἀβέβαιον ἔχουσι.

> Einige Leute [scil. die Stoiker] sagen, die Leidenschaft sei nichts Verschiedenes von der Vernunft und zwischen den beiden gebe es auch keinen Dissens und keinen Konflikt; sondern es gibt eine Wendung, welche die eine Vernunft in beide Richtungen macht, die wir wegen ihrer Heftigkeit und Schnelligkeit aber nicht bemerken [...] Denn Begierde, Zorn, Furcht und alles dergleichen sind schlechte Meinungen und Urteile, die sich nicht bloß in einem einzigen Teil der Seele bilden; vielmehr sind sie Ausschläge und Einwilligungen, Zustimmungen und Antriebe und überhaupt bestimmte Tätigkeiten des ganzen Führungsvermögens, welche rasch wechseln, so wie die Kämpfe der Kinder, deren Hitzigkeit und Heftigkeit wegen ihrer Schwäche schwankend und unsicher ist.

Die Pointe dieses Ansatzes liegt darin, dass hier klarsichtige Willensschwäche doch nicht als synchrones, sondern als diachrones Phänomen verstanden wird, was allerdings weder für die innere noch für die äußere Wahrnehmung unmittelbar relevant ist: Es entsteht ja zumindest der subjektive Eindruck der Simultaneität. Dieses Oszillationsmodell diente den Stoikern v.a. dazu, den naheliegenden Vorwurf zu vermeiden, dass in einer monistischen Psychologie klarsichtige Willensschwäche grundsätzlich den Satz vom ausgeschlossenen Widerspruch verletze: Denn ein und dasselbe Führungsvermögen könne im Moment der Handlung nicht gleichzeitig im irrationalen und im rationalen Zustand sein. Dieses Problem wird mit dem Oszillationsmodell umschifft, allerdings *prima facie* auf Kosten der psychologischen Intensität des Konflikts: Das Oszillationsmodell scheint ja eher eine Situation zu beschreiben, in der sich

---

[78] Plut. de virt. mor. 7, 446F–447A (= LS 65 G). Vgl. auch ebd. 441C–D (= LS 61B).

jemand angesichts der verlockenden Vielfalt einer Speisekarte nicht so richtig festlegen kann und deshalb in der einen Sekunde diesem, in der nächsten jenem Gericht den Vorzug gibt, ohne dabei von einer wirklichen Gemütsaufwallung betroffen zu sein.

Senecas Modell eines auf verschiedenen Ebenen fragmentierten Wollens bei Phaedra scheint mir nun durchaus dazu geeignet zu sein, um den Grundgedanken des Oszillationsmodells auf überzeugendere Weise auszubuchstabieren. Man sollte den psychischen Konflikt des klarsichtig Willensschwachen nicht auf die Divergenz von untereinander inkompatiblen ‚first order volitions', die sich auf konkrete Objekte richten, beschränken, sondern auch die höherstufigen, selbstreflexiven Funktionen des Wollens bei Seneca in die Analyse miteinbeziehen.[79] Dann erscheint ein simultaner Gegensatz zwischen Phaedras emotionalem Wunsch, sich Hippolytus zu offenbaren, und ihrer rationalen Tendenz, diese Regung nicht zu haben bzw. sie nicht zum Tragen kommen zu lassen, weniger problematisch: Denn die *first-order volition* richtet sich auf das Objekt (bzw. die Handlung), die *second-order volition* auf den Wunsch selbst. Der Kontrast ist dann nicht der zwischen ‚Ich will x' und ‚Ich will x nicht', sondern der zwischen ‚Ich will x' und ‚Ich will nicht, dass ich x will'. Das konstituiert aber zumindest keine streng logische Kontradiktion, so dass der Satz vom ausgeschlossenen Widerspruch hier nicht verletzt wäre.[80] In diesem Sinne würde ich Phaedras Selbstbeschreibung in vv. 604f. (*hoc quod volo / me nolle*) als Ausdruck einer solchen negativ gewendeten Selbstreflexivität des Wollens deuten.

Vorausgesetzt ist in diesem Modell bei Senecas Phaedra allerdings, dass die Spaltung des Bewusstseins nicht bloß zwischen Volitionen erster und zweiter Stufe verläuft, sondern dass der Konflikt von *amor* und *pudor* schon auf der Ebene der grundlegenden Urteile, also der hinter den Volitionen stehenden

---

79 Vgl. hierzu v.a. Inwood: The Will in Seneca the Younger (wie Anm. 45), 55–58.

80 Dass ein objektorientiertes ‚Ich will X' nicht per se ein höherstufiges ‚Ich will, dass ich X will' im Gefolge hat, ist naheliegend: Ein stark Drogenabhängiger kann sich von seinem Wunsch nach dem nächsten Schuss auf der Ebene seiner höheren Wünsche komplett distanzieren. Die unterschiedliche Semantik von ‚wollen' als ‚first order desire' und als ‚second order volition' lässt einfache transitive Übergänge zwischen den Ausdrücken offensichtlich nicht ohne Weiteres zu. Natürlich kann man versuchen, in der Gegenrichtung zu argumentieren, dass ‚Ich will nicht, dass ich X will' in irgendeiner Form doch ‚Ich will X nicht' impliziert. Doch auch hier ist der Fall schwieriger, als es auf den ersten Blick erscheint (bei ‚Ich will, dass ich X nicht will' scheint der Übergang zu ‚Ich will X nicht' irgendwie naheliegender, aber auch hier ist die involvierte Doppeldeutigkeit von ‚wollen' zu beachten). Jedenfalls liegen hier keine planen logischen Gegensätze vor, deren Irrationalität unmittelbar auf der Hand liegen würde. – Für eine klärende Diskussion dieser Problematik danke ich Benedikt Strobel.

Wertmaßstäbe angesiedelt ist. Phaedra sieht sich sowohl als waghalsige Liebhaberin wie auch als moralische Person, d.h. sie oszilliert zwischen miteinander inkompatiblen Überzeugungssystemen, mit denen sie sich dennoch zugleich zu identifizieren versucht. Dass solche Inkongruenzen auf der Ebene persönlicher Werte möglich sind, ist nun nicht nur ein stoisches Postulat für alle Nicht-Weisen, sondern sicherlich auch ein solides Faktum der menschlichen Selbsterfahrung. Im Sinne der Stoiker stellt sich dann in erster Linie die Frage, an welchem Punkt bzw. in Bezug auf welches Objekt die Inkonsistenz der Wertmaßstäbe deutlich zu Tage tritt: Bei Phaedra sind es ihre Gefühle zu Hippolytus, denen sie unvorsichtigerweise freien Lauf gelassen hat und die den permanent in ihrem Bewusstsein ausgetragenen inneren Konflikt zwischen *amor* und *pudor* im Gefolge haben. Entscheidend ist hierbei, dass die das akratische Bewusstsein zunehmend desintegrierenden und fragmentierenden Werturteile und -maßstäbe nicht erst durch die jeweilige Situation entstanden sind, sondern durch sie letztlich zum Vorschein kommen. In der klarsichtigen Willensschwäche wird somit ein vorher bereits latent vorhandener Wertekonflikt deutlich, der nun auch im subjektiven Bewusstsein manifest wird. Dies geht einher mit einer negativen moralischen Bewertung, die sich nicht nur auf die Handlungen selbst, sondern auf den zugrundeliegenden Geisteszustand richtet: *Virtutes enim ibi esse debebunt ubi consensus atque unitas erit: dissident uitia* („Tugenden müssen nämlich dort sein, wo sich Übereinstimmung und Eintracht finden; in Zwietracht befinden sich Laster").[81]

Die kontinuierliche Fragmentierung des Geistes auf der Ebene der höherstufigen Volitionen macht auch verständlich, inwiefern Phaedra in Bezug auf ihr Verhalten immer wieder den oben beschriebenen Kontrollverlust erleidet, also über ihr Handeln nicht selbst verfügt, sondern je nach Situation eher zwischen verschiedenen Optionen hin- und her geworfen wird. Dies liegt letztlich daran, dass ihr volitional fragmentiertes Bewusstsein nicht aus seinem ganzen Vermögen heraus will, sondern eben nur halbherzig. Dem entspricht in der altstoischen Vermögenspsychologie die Vorstellung, dass der Akteur unter dem Einfluss von Leidenschaften den miteinander um die Handlungsleitung konkurrierenden Vorstellungen nur schwache Zustimmungen gibt.[82] Dabei

---

81 Sen. de vita beata 8,6. Vgl. hierzu auch Henry; Walker: Phantasmagoria (wie Anm. 22), 239: „In the *Phaedra*, the absence of *consensus* and *unitas* is expressed in poetical terms of personal disharmony, that of Phaedra, leading to her own disintegration and the spread of chaos outside."
82 Für Deutungen der stoischen *akrasia*-Auffassung über dieses Konzept vgl. Richard Joyce: Early Stoicism and Akrasia, in: Phronesis 40 (1995), 315–335 und Marcelo D. Boeri: The Presence of Socrates and Aristotle in the Stoic Account of *Akrasia*, in: Ricardo Salles (Hg.): Meta-

handelt es sich um Zustimmungen, die entweder zu kraftlos sind, um überhaupt qua Impuls die Handlung zu verursachen, oder deren Impulse von konkurrierenden Impulsen blockiert werden können. Die Schwäche dieser Zustimmungen liegt dabei wesentlich in der ‚Schwäche' (*astheneia*) bzw. ‚Missstimmung' (*atonia*) des Geistes begründet, der sie gibt:[83] Gerade weil das Bewusstsein in verschiedene miteinander konfligierende Urteile und Wertmaßstäbe fragmentiert ist, kann es selbst nur schwache Zustimmungen geben.[84] Die so entstandenen Impulse sind somit äußerst störanfällig – von innen wie von außen – und instabil, weil ihnen aus ihrer Genese heraus oft die motivationale Durchschlagskraft fehlt. Phaedras ständiges Changieren bzw. Oszillieren verdankt sich also der unzureichenden Qualität der Volitionen erster Stufe, die aus ihrem fragmentierten höherstufigen Bewusstsein hervorgeht.

Mit Blick auf Senecas Einbringung des Wollens in die Beschreibung von Phaedras *akrasia* ist es also durchaus angebracht, hier von einer Willensschwäche *sui generis* zu sprechen, die kausal auf ihr zerrissenes Wollen zurückgeführt werden kann. Dieses entpuppt sich aber bei genauerem Hinsehen letztlich doch als Ausfluss der Schwäche ihrer Vernunft in Form eines inkonsistenten und fragmentierten Überzeugungssystems. Diese Erklärung mutet somit in der Tiefenstruktur doch eher intellektualistisch als voluntaristisch an.[85] Dennoch liefert Seneca sowohl in seiner Phaedra als auch in seiner Medea eindrückliche Schilderungen klarsichtig willensschwacher Persönlichkeiten, die sich nicht nur mit den beiden klassischen stoischen Erklärungsmodellen für *akrasia*, nämlich dem Persistenz- und dem Oszillationsmodell vermitteln lassen; vielmehr bereichern sie diese etwas skelettartig anmutenden Ansätze in Form phänomennaher Beschreibungen, durch deren Konzeptualisierung seitens des Interpreten die phi-

---

physics, Soul, and Ethics in Ancient Thought: Themes from the work of Richard Sorabji, Oxford 2004, 383–412. Zu Senecas Verwendung von schwachen Zustimmungen vgl. Jula Wildberger: Seneca and the Stoic Theory of Cognition: Some Preliminary Remarks, in: Katharina Volk; Gareth D. Williams (Hgg.): Seeing Seneca Whole: Perspectives on Philosophy, Poetry, and Politics, Boston 2006 (Columbia Studies in the classical tradition 28), 89–93 und Colish: Seneca on Acting (wie Anm. 37), 95f.

83 Für diese ‚Schwäche' (*astheneia*) in ihrer Verbindung mit akratischen Handlungen vgl. Gal. PHP 4,6,6–17 and Plut. de virt. mor. 6,446c. Für nähere Einzelheiten dieser Idee vgl. Müller: Willensschwäche (wie Anm. 2), 179–187 und Gill: The Structured Self (wie Anm. 15), 261–263.

84 Vgl. SVF III 548 (=LS 41G) und Brad Inwood: Ethics and Human Action in Early Stoicism, Oxford 1985, 165: „Assent which is given in accordance with an unharmonious set of principles is bound to be weak and unstable."

85 Vgl. in diesem Sinne auch Fuhrer: Wollen oder Nicht(-)Wollen (wie Anm. 45), 84.

losophische Analyse weiter vertieft werden kann.[86] Senecas Dramen sind eben keine bloß effekthascherischen ‚Affektgemälde' (Otto Regenbogen), sondern geben einen stoisch informierten Einblick in die Struktur willensschwacher Handlungen und akratischer Persönlichkeiten.

Seneca wollte mit Phaedra und Medea dabei sicher keinen unmittelbaren Beitrag zur *akrasia*-Debatte zwischen Stoikern und Platonikern liefern. Dennoch skizziert er im literarischen Gewand eine fruchtbare und theoretisch ausbaufähige Antwort auf die Frage, wie klarsichtige Willensschwäche unter Annahme einer monistischen Psychologie möglich ist.[87]

6 Zwischen Philologie und Philosophie: Plädoyer für eine ‚lokale' Interpretatio Stoica

Der Nutzen, den eine an der stoischen Psychologie im Allgemeinen und der damit verbundenen Erklärung von *akrasia* im Besonderen interessierte Betrachtung aus einer präzisen Rekonstruktion und Durchleuchtung von Senecas Gestaltung literarischer Gestalten wie Phaedra und Medea zu gewinnen vermag, ist im Vorangehenden deutlich geworden. Dabei handelt es sich nicht bloß um eine größere Anschaulichkeit, die durch die psychologische Vivisektion einer konkreten Figur im Drama grundsätzlich erreicht werden kann:[88] Phaedra und Medea sind nicht als rein illustrative Exempla philosophischer Theorien zu verstehen, die das stoische Theoriegerippe mit lebendigem Fleisch ausstatten.

---

86 In diesem Sinne ist die grundlegende Idee von Budzowska: Phaedra (wie Anm. 54), 113–147, Senecas *Phaedra* im Licht der antiken *akrasia*-Debatte zu lesen, im Einzelnen durchaus fruchtbar, auch wenn sie einen verfehlten analytischen Ausgangspunkt (nämlich die aristotelische Position) wählt und den Gedanken des ‚constrained will' bei Seneca voluntaristisch überinterpretiert.

87 Ebenso wie Gill: The Structured Self (wie Anm. 15), 422f., und Martha Nussbaum: The Therapy of Desire. Theory and Practice in Hellenistic Ethics, Princeton u.a. 1994 (Martin classical lectures, New series 2), 448–450, sehe ich also bei Seneca in Sachen *akrasia* eher einen Anschluss an die monistische Psychologie der alten Stoa als an den zum Dualismus tendierenden mittleren Stoizismus à la Poseidonios und Panaitios. Contra: Pratt: Seneca's Drama (wie Anm. 73), 57–72. Ein überzeugendes Plädoyer gegen den psychologischen Dualismus bei Seneca liefert Inwood: The Will in Seneca the Younger (wie Anm. 45).

88 Vgl. Martha Nussbaum: Poetry and the Passions: two Stoic views, in: Jacques Brunschwig; dies. (Hgg.): Passions & Perceptions: Studies in Hellenistic Philosophy of Mind, Cambridge 1993, 126f: „Senecan drama presents Stoic psychology of passion and passional conflict with greater explicitness and clarity than any other non-Stoic poetic text."

Vielmehr lassen sich in diesen Figuren auch verschiedene Aspekte von *akrasia* rekonstruieren, zu denen es in den theoretischen Schriften und in den Briefen kein unmittelbares Pendant gibt.[89] Exemplarisch seien hier die Überlegungen zu einer genuinen Wollensschwäche auf verschiedenen Ebenen in Teil 4 genannt, die gerade mit Blick auf spätere problemgeschichtliche Entwicklungen im christlichen Kontext einiges an Potenzial in sich bergen.[90] In der Herausarbeitung und vertieften Betrachtung solcher im Drama explizit und implizit vorhandenen Strukturen liegt ein erkennbares Surplus für die philosophiegeschichtliche Forschung.

Gibt es auch einen Mehrwert in anderer Richtung? Inwiefern ist eine philosophisch informierte Rekonstruktion einer Figur wie der Phaedra auch über den rein philosophie- bzw. problemhistorischen Kontext hinaus fruchtbar? Gerade die Forschungsgeschichte zu Senecas *Phaedra* in der Klassischen Philologie eignet sich m.E. besonders zur Aufzeigung solcher Perspektiven. Die Gestalt der Phaedra hat hier ihren Interpreten immer wieder Rätsel aufgegeben. Holzschnittartig zerfielen die altphilologischen Deutungen tendenziell in zwei Lager:[91]

(1) Die eine Gruppe von Interpreten (z.B. Wolf Hartmut Friedrich und Otto Zwierlein) hat in Phaedra eine sich hemmungslos ihrer eigenen Leidenschaft verschreibende Ränkeschmiedin gesehen, die durch gezielte Manipulationen der anderen Protagonisten (v.a. der Amme und von Theseus) rücksichtslos ihre eigenen Ziele verfolgt und dadurch die Katastrophe des Stücks heraufbeschwört.[92] Hier herrscht das Bild einer aktiven und immoralischen Phaedra vor, die letztlich genau weiß, was sie will.

(2) Im nahezu diametralen Gegensatz dazu haben viele andere (z.B. Konrad Heldmann und Eckard Lefèvre) sie als eine passive und ohnmächtige Protagonistin verstanden, die eher getrieben wird, als dass sie selbst ihr Schicksal handelnd bestimmen würde. Hier dominiert in der Charakterzeichnung Phaedras

---

89 Vgl. z.B. die mit der visualisierenden Rhetorik in Senecas Dramen zu erreichenden Wirkungen auf den Zuschauer, die Kirichenko: Lehrreiche Trugbilder (wie Anm. 24), bes. 207–248, herausarbeitet.
90 Hier ist v.a. an die Formulierung und Rezeption von Röm. 7,14–25 in der christlichen Tradition der Willensschwäche zu denken, die im Kern auf einer existenziellen Wollensspaltung beruht. Vgl. hierzu Müller: Willensschwäche (wie Anm. 2), 209–380.
91 Vgl. hierzu den Überblick bei Zwierlein: Seneca's Phaedra (wie Anm. 34), 5f., sowie Schmidt: Phaedra (wie Anm. 25), 276–279.
92 In diese Richtung geht auch die Gesamtdeutung von Clemens Zintzen: Analytisches Hypomnema zu Senecas *Phaedra*, Meisenheim 1960 (Beiträge zur klassischen Philologie 1).

ihre innere Zerrissenheit und die Unfähigkeit der Vernunft, sich gegen die irrationalen Leidenschaften durchzusetzen.[93]

Mit diesen beiden nicht kompatiblen Porträtierungen der Figur verbinden sich auch nachhaltige Bewertungen ihres moralischen Habitus: Während die erste Fraktion davon ausgeht, dass Seneca seine Phaedra nachhaltig verurteilen wollte,[94] neigt die Gegenseite zur Betonung der sie exkulpierenden Momente. Über die Figur der Phaedra lässt sich also, wie man sieht, nicht nur unter antiken Philosophen, sondern auch unter zeitgenössischen Philologen trefflich streiten.

Für beide Deutungslinien gibt es allerdings textimmanent jeweils eine ganze Reihe von Schwierigkeiten. Für die Anhänger der ‚aktiven' Phaedra ist insbesondere die Krankheitsszene im 2. Akt ein Stolperstein, in der sie als eine wahrhaft innerlich und äußerlich zerrissene Persönlichkeit gezeichnet wird, die sich in ihren Selbstzweifeln regelrecht aufreibt und nicht so recht mit der raffinierten Erpresserin dieser Deutungslinie zusammenpassen will.[95] Aber auch in der Gegenrichtung, also gegenüber der ‚passiven' Phaedra lassen sich hermeneutische Schwierigkeiten am Text markieren, die kaum zu einer konsequenten Interpretation der Phaedra als wehrloses Opfer ihrer eigenen Affekte und der äußeren Umstände passen.[96]

Ein oft zur Heilung dieser Inkonsistenzen beschrittener Weg bestand in der kleinteiligen quellengeschichtlichen Analyse von Senecas *Phaedra*, ausgehend

---

[93] Vgl. Konrad Heldmann: Senecas Phaedra und ihre griechischen Vorbilder, in: Hermes 96 (1968), 116f; Lefèvre: Quid ratio possit? (wie Anm. 65), 360–369. S. auch Helmuth Vretska: Zwei Interpretationsprobleme in Senecas Phaedra, in: Wiener Studien N.F. 2 (1968), 153–170 sowie Herter: Phaidra (wie Anm. 61), bes. 74–77.
[94] Dafür werden in der Regel die das Stück beendenden Schlussworte des Theseus als eine Art endgültiges Urteil über Phaedra zitiert (vv. 1279f.): *Istam terra defossam premat, grauisque tellus impio capiti incubet* („Dieser hier [scil. Phaedra] sei die Erde in ihrem Grabe schwer, und lastend liege die Scholle auf ihrem unfrommen Haupte").
[95] Die Standardstrategie zur Lösung dieses Problems lautet dann, diese Partie als einen „unorganischen Einschub" aus Euripides' ‚Bekränzten Hippolytos' zu sehen (vgl. Zwierlein: Phaedra [wie Anm. 34], 18f.), der nur „um des Effektes willen aufgenommen" (ebd., 49) wurde, obwohl er die Folgerichtigkeit der Handlung und des Charakters der Phaedra zerstöre. Dahinter steht die Auffassung, dass es Seneca bei seinen Rezitationsdramen nicht um die Schaffung einer dramatischen Einheit, sondern bloß um „rhetorisch wirkungsvolle Glanznummern" (ebd., 28) gehe.
[96] Vgl. hier insbesondere das Chorlied im Anschluss an die Antragsszene, in dem Phaedra der bevorstehenden heimtückischen Verleumdung des unschuldigen Jünglings (vv. 824–828) bezichtigt wird, u.a. durch das äußere prophylaktische Herrichten ihres Haares und das Simulieren von Tränen: „Jegliche List wird angezettelt mit weiblicher Tücke (*feminea dolus*)" (v. 828).

von der Prämisse, dass sich der Römer massiv bei griechischen Vorbildern, insbesondere bei Euripides, bedient habe. Nun hat Euripides dem athenischen Publikum zwei Fassungen des Stoffs präsentiert: einen durchgefallenen ‚Verschleierten Hippolytos' (*Hippolytos kalyptomenos*), der weitgehend verloren ist, und einen offensichtlich als Reaktion auf den Misserfolg umgestalteten ‚Bekränzten Hippolytos' (*Hippolytos stephanêphoros*). Im vollständig erhaltenen ‚Bekränzten Hippolytos' ist nun eher eine passive Phaedra am Werk, was v.a. bei den Vertretern der ersten (‚aktiven') Fraktion zur Folge hatte, dass sie Senecas *Phaedra* eben als eine am verlorenen Drama des Euripides orientierte lateinische Version ansahen. Dadurch konnte Senecas Tragödie im Verbund mit einigen erhaltenen Fragmenten als Steinbruch für eine quellengeschichtliche Rekonstruktion des verlorenen Euripides-Stücks benutzt werden.[97] Vermeintliche Inkonsequenzen in der Charakterzeichnung bei Seneca wurden dann kurzerhand als Resultat einer eklektischen Übernahme von Elementen der griechischen Vorgänger gedeutet: Da dieser nur am rhetorischen Effekt einzelner Szenen interessiert gewesen sei, habe er sich eben stellenweise auch im ‚Bekränzten Hippolytos' bedient, womit dann etwa das für die Charakterzeichnung Phaedras als aktiv immoralischer Figur inkompatible Material (insbesondere die ‚Krankheitsszene') als nicht organisch integrierbar wegerklärt werden kann.

Unverkennbar war letztlich in beiden Lagern die Tendenz, mögliche Brüche in der Figurenzeichnung der Phaedra wesentlich durch Kontamination aus griechischen Vorlagen zu erklären.[98] Letztlich ist auf dieser hermeneutischen Basis aber trotz zahlreicher Einzelanalysen und Kontroversen kein überzeugendes Gesamtporträt für Senecas Phaedra gelungen. Und die grundsätzliche Crux solcher Deutungen ist natürlich, dass man Seneca damit tendenziell unterstellt, dass ihm gar nicht an einer konsistenten Charakterisierung seiner Protagonisten, sondern lediglich an einer wirkungsvollen Präsentation von affektiver Rhetorik gelegen sei. Nun ist quellengeschichtlich orientierte Forschung naturgemäß weniger daran interessiert, die Originalität des auf seine Provenienz hin

---

97 Vgl. hierfür die Darstellungen von Zintzen: Analytisches Hypomnema (wie Anm. 92), Zwierlein: Senecas Phaedra (wie Anm. 34). Zwierlein kommt dabei in der neueren Publikation auf der Basis papyrologischer Funde zu dem Resultat, dass Seneca doch eher der (verlorenen) *Phaidra* des Sophokles als dem euripideischen *Hippolytos kalyptomenos* verpflichtet ist (ebd., 25–29), ganz im Gegensatz zu seiner Argumentationslinie von 1987. Auch die Phaedra selbst sieht er nicht mehr so aktiv manipulativ wie früher, z.B. in der Verleumdungsszene. Treu bleibt er sich jedoch in der Grundannahme, dass Seneca in erster Linie eklektisch aus griechischem Material geschöpft habe.
98 Vgl. in diesem Sinne auch Grimal: Senecas Originalität (wie Anm. 61), 321–342, dem es aber generell um die Originalität Senecas im eklektischen Umgang mit seinen Quellen geht.

durchleuchteten Materials zu akzentuieren.⁹⁹ Wenn man aber Seneca im Sinne des ‚principle of charity' einmal unterstellt, dass er nicht bloß ein unkreativer und relativ gedankenloser Kontaminator vorliegenden Materials gewesen ist, ergibt sich für die Interpretation der *Phaedra* folgendes Desiderat: Anstatt einer der beiden alternativen Deutungsoptionen doch noch die Siegespalme in ihrem Streit reichen zu wollen, sollte man einen dritten Weg versuchen. In diesem Sinne ist in der jüngeren Forschung mit Blick auf die beiden verfeindeten Lager die Option ins Spiel gebracht worden, dass sich „bei genauerem Zusehen beide Möglichkeiten als unzutreffend erweisen".¹⁰⁰

Man könnte es mit Blick auf die oben geleistete Analyse aber auch anders formulieren, nämlich dass beide Interpretationen jeweils ihr Recht haben: Senecas Phaedra ist in ihrer Willensschwäche gerade dadurch gekennzeichnet, dass sie zwischen Aktivität und Passivität schwankt. Im Sinne einer genuin stoischen Fassung von *akrasia* weist ihre Figurencharakterisierung nämlich im Kern zentrale Elemente der beiden oben vorgestellten Haupterklärungen von Willensschwäche auf:

(1) Das Persistenzmodell mit seinem Akzent auf der quantitativen Dimension der Affektschübe macht deutlich, inwiefern die Leidenschaft ihr Denken kontinuierlich okkupiert und sie auch nachhaltig zum aktiven Handeln im Sinne ihres amourösen Anliegens antreibt. Das sind im Rahmen der stoischen Psychologie aber eben keine geistlosen ‚blind pushes', die von jeglicher Rationalität abgekoppelt sind, sondern deviante Zustände des Führungsvermögens selbst. Es spricht also nichts dagegen, dass sie auch ihre affektiven Ziele stellenweise mit einer gewissen Raffinesse bzw. Schläue betreibt, im Sinne einer eher als ‚technische Rationalität' zu verstehenden Vernunft, die von der Emotion beherrscht wird.

---

99 Eine positive Ausnahme bildet hier v.a. Herter: Phaidra (wie Anm. 61), der detailliert zu zeigen versucht, dass die Charakterzeichnung der Phaedra insgesamt Senecas eigenes Werk und nicht das seiner Quellen ist.

100 Schmidt: Phaedra (wie Anm. 25), 277. Seine Deutung hebt darauf ab, dass Phaedra weder mit ihrer Vorgängerin aus dem ‚Verschleierten' noch aus dem ‚Bekränzten Hippolytos' gleichzusetzen sei: „Entsprechend geht es hier weder um die Darstellung einer Leidenschaft, die ohne Einsicht in die Konsequenzen auf die Erfüllung ihrer Sehnsucht losstürmt, noch um die Darstellung der Ohnmacht eines sich gegen seine Leidenschaft verzweifelt wehrenden Menschen." Er sieht in der Figurenzeichnung Senecas vielmehr einen dritten Weg, nämlich „dass die Leidenschaft die vernünftige Überlegung und Einsicht, ja selbst den *pudor* nicht einfach ausschaltet, sondern weit schlimmer noch unter ihren Einfluss zu bringen versteht" (ebd., 279). Dies deckt sich in vielen Punkten mit einer *Interpretatio Stoica* dieser Figur, auch wenn Schmidt diese für das Stück als Ganzes – nicht zuletzt mit Blick auf die Rolle der Amme – schlussendlich wieder relativiert.

(2) Das Oszillationsmodell mit seinem Akzent auf dem wetterwendischen Hin und Her im Geist und Handeln des Akteurs kommt für Phaedras ständiges Schwanken und Zaudern auf, welches das Stück wie ein roter Faden durchzieht. Ihrem affektgeleiteten Handeln geht regelmäßig eine Phase des Indezisionismus und der Handlungshemmung voraus, die einen Indikator für die residuale Existenz der moralischen Vernunft bei Phaedra bildet, die noch nicht vollständig vom Affekt infiziert ist. Das Schwanken im Handeln und die Passivität der Phaedra beruhen auf einer Zerrissenheit des Wollens, die sie selbst an zentraler Stelle im Stück artikuliert. Insofern sie sich auf der Ebene der zweiten Volitionen sowohl mit ihrem Affekt als auch mit ihrem sittlichen Schamgefühl identifiziert, erscheint der oszillierende Wechsel von Aktivität und Passivität in der Grundstruktur ihres letztlich inkonsistenten Überzeugungssystems begründet. Die Oszillation ist durch die stetig voranschreitende Fragmentierung ihres Geistes bzw. ihrer rationalen Persönlichkeit bedingt.

Aktivität und Passivität, Handeln und Schwanken, amouröser Affekt und sittliche Vernunft sind so bei Phaedra Facetten ein und derselben akratischen Persönlichkeit.[101] Deren zunehmende rationale Desintegration – und d.h.: ihr sukzessives Abgleiten in phantastische Wunschvorstellungen und ihre galoppierende Unfähigkeit zur Selbstkontrolle – wird im Drama präsentiert. Senecas Phaedra bietet das Bild eines fragmentierten Selbst als Hintergrund für willensschwaches Handeln. Dabei können seitens des Interpreten – wie oben geschehen – natürlich normative Gegenfolien, etwa die des apathischen stoischen Weisen, hermeneutisch fruchtbar gemacht werden, um ihre geistige und seelische Konstitution in ihrer Inkonsistenz mit klaren Strichen zu zeichnen; aber es besteht deshalb keine Notwendigkeit, die *Phaedra* als Stück insgesamt bloß im Sinne einer Exemplifikation der stoischen Morallehre *in toto* zu lesen.[102] Dafür wäre die Tragödie als Gattung auch reichlich ungeeignet, insofern sie natürlich keine wirkliche Möglichkeit zur Darstellung von gelingenden Entwürfen des

---

101 Es sei nicht unerwähnt, dass das Persistenzmodell und das Oszillationsmodell auf rein handlungstheoretischer Ebene nicht bruchlos kompatibel sind; vgl. hierzu Müller: Doch mein Zorn ist Herrscher über meine Pläne (wie Anm. 11). Im Falle der psychischen Disposition der Phaedra scheint mir aber gerade eine Art Komplementarität der beiden Modelle am besten zur Beschreibung des Charakters geeignet.
102 Vgl. etwa Franz Egermann: Seneca als Dichterphilosoph, in: Eckard Lefèvre (Hg.): Senecas Tragödien, Darmstadt 1972 (Wege der Forschung 310), 33–57, der bei Seneca letztlich die „Unterordnung der Dichtkunst unter die Forderung einer Weltanschauung" (ebd. 37) in Szene gesetzt sieht. Ähnlich Pratt: Seneca's Drama (wie Anm. 73), 73–131 („Philosophical drama"). Für eine konsequente *Interpretatio Stoica* der *Phaedra* als Exemplum der philosophisch fundierten Weltauffassung Senecas s. Lefèvre: Quid ratio possit? (wie Anm. 65).

glücklichen Lebens (*beata vita*) bietet. Sie kann jedoch, basierend auf einer ekphrastischen Rhetorik des Sehens, zumindest „lehrreiche Trugbilder" (Alexander Kirichenko) liefern und dadurch kognitive Wirkungen beim Publikum anstoßen und freisetzen, die mit den Mitteln bloßer theoretischer Belehrung wohl nicht zu erreichen wären.[103] Es gibt in Senecas *Phaedra* und in der Zeichnung der Protagonistin als akratischer Persönlichkeit jedenfalls ein poetisches Surplus, das mit der stoischen Philosophie vermittelt, aber nicht schlicht und einfach auf sie reduziert werden kann.

Meine eigene Deutung beruht letztlich auf bewusst niedrig angesetzten hermeneutischen Prämissen: Senecas Tragödien sind unbestrittenermaßen in vielerlei Hinsicht ‚Dramen des Selbst', welche die Manifestation von Affekten in den Protagonisten sowie ihre Konsequenzen im Denken und Handeln in den Blick nehmen.[104] Damit mag der Autor pädagogische bzw. therapeutische Absichten im Sinne der Stoa verfolgt haben oder nicht.[105] Sinnvoll zu unterstellen ist allerdings m.E. auf jeden Fall, dass seine psychologische Zeichnung von Figuren mit seiner Affektlehre der theoretischen Schriften und der Briefe, die eben nun einmal eine stoische ist, kohärent ist.[106] Man sollte deshalb seine Dra-

---

103 Vgl. hierzu die auch philosophisch äußerst anregenden Überlegungen bei Kirichenko: Lehrreiche Trugbilder (wie Anm. 24), bes. 207–248.
104 Zu Senecas Verstädnis des Selbst und seiner Konstitution bzw. Auflösung vgl. John G. Fitch; Siobhan McElduff: Construction of the Self in Senecan Drama, in: John G. Fitch (Hg.): Seneca, Oxford 2008, 157–181 und die Beiträge in Shadi Bartsch; David Wray (Hgg.): Seneca and the Self, Cambridge 2009 (v.a. von Inwood und Gill für die philosophische Seite, von Schiesaro, Wray und Busch für die Tragödien).
105 Für zwei verschiedene stoische Auffassungen zur Indienstnahme der Poesie für philosophische Zwecke vgl. Nussbaum: Poetry and the Passions (wie Anm. 88); s. auch Gregory A. Staley: Seneca and the Idea of Tragedy, Oxford u.a. 2010, 24–36.
106 Vgl. auch Susanna E. Fischer: Systematic Connections between Seneca's Philosophical Works Tragedies, in: Gregor Damschen; Andreas Heil (Hgg.): Brill's Companion to Seneca. Philosopher and Dramatist, Boston/Leiden 2014, 754–758, die auch die Affektpsychologie als eine systematische Schnittstelle zwischen den dramatischen und philosophischen Werken Senecas thematisiert. Meine Deutung bzw. Vorgehensweise hängt also in keiner Weise von der verhältnismäßig starken These ab, dass die Dramen für Seneca lediglich eine Art literarisches Vehikel zur Verbreitung seines stoischen Weltbilds waren. Ich halte es allerdings für unplausibel, mit Joachim Dingel: Seneca und die Dichtung, Heidelberg 1976 (Bibliothek der klassischen Altertumswissenschaften, Neue Folge 2,51), anzunehmen, dass es sich bei seinen Tragödien im Gegenteil sogar um die „poetische Negation stoischer Vorstellungen" (ebd., 17) gehandelt habe, und zwar auch in der Zeichnung einzelner Figuren (zur Phaedra s. ebd., 94–100). Für die verschiedenen Zuordnungsmöglichkeiten von *Seneca philosophus* und *tragicus* vgl. Harry Hine: *Interpretatio Stoica* of Senecan Tragedy, in: Margarethe Billerbeck; Wolf-Lüder Liebermann; Ernst A. Schmidt (Hgg.): Sénèque le tragique, Genf 2004 (Entretiens sur l'antiquité classique

men als Ganzes nicht vorschnell als einen – gegenüber dem philosophischen
Œuvre stets sekundären – Ausdruck einer stoischen Weltanschauung unter
Einbeziehung aller ethischen und kosmologischen Theoreme werten und dann
unter diesen hermeneutischen Prämissen in theoriegeleiteter Manier lesen; eine
solche ‚globale' stoische Diagnostik des dramatischen Schaffens von Seneca
produziert nur hermeneutische Abziehbilder von begrenztem Wert. Aber eine
‚lokale' *Interpretatio Stoica*, die sich z.B. auf die Psychologie einzelner Figuren
konzentriert und diese in einem Wechselspiel von philosophischer und philologischer Betrachtung näher untersucht, hat in beiden Richtungen ihren Mehrwert. Zumindest lassen sich unter Rekurs auf die stoische *Akrasia*-Auffassung
die verschiedenen Facetten von Senecas Phaedra, die der altphilologischen
Forschung so viele Rätsel aufgegeben haben und die sich auch quellentech-
nisch nicht einfach ‚wegerklären' lassen, als in sich stimmiges Porträt einer
klarsichtig willensschwachen Persönlichkeit deuten. Ein ähnlicher Mehrwert
lässt sich m.E. auch für eine lokale *Interpretatio Stoica* von Senecas Medea gel-
tend machen.[107] Die philosophische Problemgeschichte kann auf diese Weise
ebenso nachhaltig von einer Einbeziehung literarischer Quellen profitieren wie
die philologische Forschung von einer philosophisch informierten Lesart der
Texte tiefere Einblicke in die psychischen Konfliktstrukturen der Affektdramen
Senecas erwarten kann.[108]

---

50), 173–209, und Staley: Seneca (wie Anm. 105), 11–23. Mein Ansatz entspricht in etwa dem, was Hine als „Stoic diagnosis" charakterisiert.
107 Vgl. hierzu meine Überlegungen in Müller: Did Seneca Understand Medea? (wie Anm. 15).
108 Die zentralen Überlegungen dieses Textes habe ich im Mai 2014 im ‚Philosophisch-Philologischen Colloquium zur antiken Philosophie' an der Universität Trier zur Diskussion gestellt. Den Kollegen Benedikt Strobel und Georg Wöhrle sei nochmals herzlich für die Einladung gedankt; Alexander Kirichenko danke ich für zahlreiche klärende Diskussionen und Hinweise.

IX. Philosophie und Naturkunde im 1. Jh. n. Chr.

Plinius' Zoologie
und die römische Naturgeschichte

Bardo Maria Gauly

Plinius' *Naturgeschichte* ist keine philosophische Schrift; sie lässt sich aber als ein Phänomen der Rezeption von Philosophie verstehen, da sie das Erbe der griechischen Naturphilosophie antritt und etwas Neues konstituiert, für das der Werktitel gewissermaßen zum Markennamen geworden ist. Man kann das als Verfall deuten,[1] aber auch als Beginn einer Entwicklung, die bis weit in die Neuzeit reicht. Zur Frage, worin dieses Neue liegt, soll das Folgende einen Beitrag leisten.

Wenn im 18. Jh. der Naturforscher Buffon immer wieder als der französische Plinius bezeichnet wird, ist das, wie Wolf Lepenies in seinem Buch über *das Ende der Naturgeschichte* gezeigt hat, eine höchst ambivalente Kennzeichnung.[2] Sie ist geeignet, den Stil seiner Beschreibungen zu loben und zugleich die Substanz seiner naturkundlichen Ergebnisse in Frage zu stellen. Nach Buffons Tod verblassen sein Ruhm und seine Bedeutung schnell, schneller als die seines Zeitgenossen Linné,[3] dessen binäre Nomenklatur der Lebewesen auch dann noch Bestand hatte, als mit Darwins Erkenntnis, dass Arten auseinander entstehen können, die Naturgeschichte als statisch beschreibende Taxonomie obsolet wurde. Einen früheren Einschnitt, innerhalb der Epoche der Naturgeschichte, markiert Foucault, indem er zwischen zwei Ausprägungen unterscheidet, einer älteren, in deren Zentrum die kulturelle Semantik der Naturphänomene steht, und einer jüngeren, die eben diese zugunsten biologischer Kategorien marginalisiert. Als zeitliche Grenze zwischen beiden setzt er die

---

1 Wie es Gigon getan hat, der in Plinius den Endpunkt einer wissenschaftsfeindlichen Tendenz sieht, die schon im 4. Jh. v. Chr. eingesetzt habe; insbesondere Poseidonios' Einfluss auf Plinius habe sich verheerend ausgewirkt (Olof Gigon: Plinius und der Zerfall der antiken Naturwissenschaft, in: Arctos 4 [1966], 23–45).
2 Wolf Lepenies: Das Ende der Naturgeschichte. Wandel kultureller Selbstverständlichkeiten in den Wissenschaften des 18. und 19. Jahrhunderts, München/Wien 1976, 147–150; die erste Ausgabe von Buffons *Histoire naturelle* ist: Georges Louis Le Clerc de Buffon: Histoire naturelle générale et particulière, Paris 1750–1767.
3 Lepenies: Das Ende (wie Anm. 2), 151–160.

Mitte des 17. Jhs. an;[4] für die frühere Phase steht etwa die *Serpentum et draconum historia* des Bologneser Naturforschers Aldrovandi, zu deren Beschreibungskategorien nicht nur Form, Anatomie, Natur und Gewohnheiten, Temperament oder Bewegung gehören, sondern auch Sympathie, Heilmittel, Beiwörter, Wunder, Vorzeichen, Allegorien, Mysterien, Sprichwörter, Träume und vieles andere mehr.[5] Für die jüngere Entwicklung, die zur Biologie führt, steht bei Foucault Linné, der in seinem *Systema naturae* von 1756 sieben Hauptkategorien auflistet, die für die Klassifikation von Tieren, Pflanzen und Mineralien gelten: Bezeichnung, Theorie, *genus*, *species*, Attribute, Gebrauch und *literaria*, wozu neben dem Entdecker der jeweiligen Art historische, poetische oder abergläubische Traditionen zählen.[6] Diese eher literarischen Notizen rücken also buchstäblich an den Rand der Naturkunde. Wenn sich bei Linné, in Foucaults Formulierung, Wörter und Sachen auseinander bewegen und sich die an den Dingen angelagerte Semantik von diesen zu sondern beginnt, dann haben wir bei Plinius offensichtlich das andere Extrem, eine Fülle von literarischen Traditionen, Erzählungen, Bedeutungen und Bildern, die die Beschreibung und Taxonomie der natürlichen Gegenstände überlagern.

Es stellt sich damit aber die Frage, wo diese Art, die Natur der Welt zu erfassen und darzustellen, ihren Ursprung hat. Lepenies' Formulierung vom Ende der Naturgeschichte scheint nahezulegen, dass alle Naturkunde vor dem 19. Jh. Naturgeschichte sei, doch wird eine solche These sofort problematisch, wenn man etwa Plinius mit peripatetischer Naturphilosophie konfrontiert. Kambartels Artikel *Naturgeschichte* im *Historischen Wörterbuch der Philosophie* bestimmt den „klassische[n] Gebrauch" des Begriffs als „das beschreibend vorgetragene Wissen von der Natur", wozu das Sammeln, Aufzeichnen und Systematisieren gehöre. Allerdings schweigt sich auch dieses Wörterbuch, obwohl es das Attri-

---

[4] Michel Foucault: Die Ordnung der Dinge. Eine Archäologie der Humanwissenschaften, Frankfurt am Main 1994 (suhrkamp taschenbuch wissenschaft 96), 168–173. Vgl. dazu Aude Doody: Pliny's encyclopedia. The reception of the *Natural History*, Cambridge 2010, 37.

[5] Die Liste stellt eine Auswahl der vollständigen Aufzählung bei Foucault (Die Ordnung [wie Anm. 4], 71f.) dar; die Begriffe bilden die Überschriften im ersten Kapitel des ersten Buches (Ulisse Aldrovandi: Serpentum et draconum historiae libri duo, ed. Bartholomaeus Ambrosinus, Bologna 1640, 2–108).

[6] Carl von Linné: Systema naturae sistens regna tria naturae in classes et ordines, genera et species redacta, tabulisque aeneis illustrata. Accedunt vocabula Gallica, Lugduni Batavorum 1756, 226f.; dazu Foucault: Die Ordnung (wie Anm. 4), 170f. Der letzte Punkt, den Foucault mit Linnés lateinischem Begriff benennt, ist in der angegebenen deutschen Übersetzung fälschlich mit „Literaturhinweise" wiedergegeben; vgl. dens.: Les mots et les choses. Une archéologie des sciences humaines, Paris 1966 (Bibliothèque des sciences humaines), 142.

but „historisch" trägt, über den Anfang dieses Verfahrens aus. Der erste Vertreter der Disziplin, der genannt wird, ist Plinius.[7] Ist also die Naturgeschichte eine römische Erfindung?

Plinius' Selbstauskunft zu dieser Frage ist nicht eindeutig; in der *praefatio* zum Gesamtwerk hebt er die Einzigartigkeit seines Unternehmens hervor und vermerkt ausdrücklich, dass es weder in Rom noch in Griechenland Vergleichbares gebe: „Es gibt bei uns Römern niemanden, der das Gleiche versucht hat, und niemanden bei den Griechen, der all dies allein behandelt hat."[8] Die in der Einleitung eröffnete Konkurrenz zwischen griechischer und römischer Naturkunde wird im ganzen Werk durchgehalten, sichtbar schon in den jedem einzelnen Buch beigegebenen Listen von Quellen, die jeweils zwischen *auctores* (römischen Autoren) und *externi* unterscheiden. Als Zielpublikum werden in der *praefatio* die Römer mit ihrem traditionellen Titel *Quirites* bezeichnet;[9] die Widmung an den späteren Kaiser Titus dient der Autorisierung des Werkes als einer gleichsam offiziellen Darstellung der Natur aus römischer Perspektive.[10] Doch all dies ändert nichts daran, dass die meisten Quellen griechisch sind. Das Buch über die Landtiere enthält einen kleinen Exkurs über die wohl wichtigste von ihnen, über Aristoteles. Die eigene Darstellung folge dessen zoologischen Schriften *magna ex parte*. Der große Vorgänger habe, im Auftrag Alexanders d. Gr., fast 50 Bücher zum Thema verfasst: „Diese habe ich knapp zusammengefasst und um das ergänzt, was er noch nicht gewusst hatte."[11] Doch dieser Ge-

---

7 Friedrich Kambartel: Art. „Naturgeschichte", in: Historisches Wörterbuch der Philosophie 6 (1984), 526–528, die Zitate Sp. 526. Zur Problematik des Begriffs der Enzyklopädie, mit dem Plinius' Werk oft bezeichnet wird, s. Aude Doody: Pliny's *Natural History*: Enkuklios Paideia and the ancient encyclopedia, in: Journal of the History of Ideas 70 (2009), 1–21.
8 Plin. nat. I pr. 14: *Nemo apud nos qui idem temptaverit, nemo apud Graecos qui unus omnia ea tractaverit*. Der Text der *Naturalis historia* wird, wenn nicht anders angegeben, nach der Ausgabe von Roderich König u.a. zitiert (C. Plinius Secundus d.Ä.: Naturkunde, Lateinisch – deutsch, München [u.a.] 1973–2004), die sich auf die kritische Edition von Karl Mayhoff (Plini Secundi Naturalis Historiae libri XXXVII, Leipzig 1892–1909) stützt; die beigegebenen Übersetzungen sind vom Verfasser.
9 Plin. nat. I pr. 1.
10 Trevor Murphy: Pliny the Elder's *Natural History*. The empire in the encyclopedia, Oxford 2004, 203–209.
11 Plin. nat. VIII 44: *Quae a me collecta in artum cum iis, quae ignoraverat*. Allerdings ist mit guten Gründen bezweifelt worden, dass Alexander solche Forschungsaufträge vergeben habe (James S. Romm: Aristotle's elephant and the myth of Alexander's scientific patronage, in: American Journal of Philology 110 [1989], 566–575); vgl. dagegen John F. Healy: Pliny the Elder on science and technology, Oxford 1999, 72 mit Anm. 1. In jedem Fall ist die Überlieferung darüber, wie das Folgende zeigen wird, für Plinius direkt relevant, da die Erweiterung des Wissens mit imperialem Streben verbunden wird.

stus der Annäherung führt in die Irre; Plinius' Naturgeschichte und Aristoteles' Naturphilosophie sind, wie Sir Geoffrey Lloyd gezeigt hat, in zweierlei Hinsicht zu unterscheiden.[12] Zwar knüpfe auch Aristoteles häufig an populäre Vorstellungen an, auch er betreibe keine experimentelle Wissenschaft, auch er formuliere keine allgemeinen Gesetze, die Erklärung und Prognose erlauben, so dass auch seine Zoologie im Wesentlichen deskriptiv sei. Aber seine Taxonomie weist bis in die Neuzeit voraus (etwa die Unterscheidung von Tieren mit und ohne Blutkreislauf); von besonderer Bedeutung sind auch seine Beobachtungen über Tiere, die auf der Grenze zwischen Arten liegen (für Buffon ein kritischer Punkt).[13] Vor allem aber ist sich Aristoteles des kategorialen Unterschiedes zwischen Beschreibung und Aitiologie bewusst, fasst also Erstere als Vorstufe zur Letzteren auf.[14] Für Plinius steht die Aitiologie nicht im Zentrum, wie er im Buch über die Insekten beiläufig mitteilt: „Mein Ziel ist es, die offensichtlichen Naturphänomene vor Augen zu stellen, nicht umstrittene Ursachen zu untersuchen."[15]

Allerdings, und das ist nach dem schon zitierten Satz der *praefatio* der entscheidende Unterschied zu allen Vorgängern, zielt seine Darstellung auf Vollständigkeit: Alle Phänomene sollen erfasst werden; die Fülle der Details tritt an die Stelle einheitlicher Erklärungsprinzipien.[16] Damit kommt aber auch eine Dynamik ins Spiel, da sich die Kenntnis der einzelnen Erscheinungen ständig vermehrt, so dass der aktuelle Wissensstand im römischen Reich unter den Flaviern dokumentiert wird. Dazu passt eine Formulierung in der *praefatio* zum

---

12 Geoffrey Ernest Richard Lloyd: Science, folklore and ideology. Studies in the life sciences in ancient Greece, Cambridge 1983, 7–57.

13 Zur Rezeption dieser Notiz in Buffons Zeit s. Lepenies: Das Ende (wie Anm. 2), 60f.

14 Arist. hist. an. I 6, 491a7–14. Vegetti sieht den Hauptunterschied in der zoologischen Methode darin begründet, dass Plinius von lebenden Tieren handle, während Aristoteles von der Sektion toter ausgehe (Mario Vegetti: Zoologia e antropologia in Plinio, in: Antonio Spallino; Luigi Alfonsi [Hgg.]: Plinio il Vecchio sotto il profilo storico e letterario. Atti del convegno di Como 5/6/7 ottobre 1979 [...], Como 1982, 117–131, hier 117–119; der Aufsatz ist, vom Titel abgesehen, identisch mit id.: Lo spettacolo della natura. Circo, teatro e potere in Plinio, in: Aut Aut 184–185 [1981], 111–125).

15 Plin. nat. XI 8: *Nobis propositum est naturas rerum manifestas indicare, non causas indagare dubias*; vgl. z.B. ebd. XXXVII 60. S. dazu Liliane Bodson: Aspects of Pliny's zoology, in: Roger French; Frank Greenaway (eds.): Science in the early Roman empire. Pliny the Elder, his sources and influence, London 1986, 98–110, hier 99; Valérie Naas: Le projet encyclopédique de Pline l'Ancien, Rome 2002 (Collection de l'école française de Rome 303), 62–66; Doody: Pliny's encyclopedia (wie Anm. 4), 11–23.

16 S.o. Anm. 8; dazu Naas: Le projet (wie Anm. 15), 81–84; Doody: Pliny's encyclopedia (wie Anm. 4), 11–14.

Gesamtwerk, die ein Licht auf Plinius' Begriff von *naturalis historia* wirft: „Die Natur der Welt, d.h. ihr Leben, wird dargestellt."[17] Zwar bedeutet *narrare* nicht nur das, was der literaturwissenschaftliche Begriff der Narration meint, aber wenn die Natur als personifiziert aufgefasst ist (worauf *vita* ebenso hinweist wie der das ganze Werk beschließende Gruß an „Mutter Natur"),[18] dann kann man von ihrem Leben tatsächlich erzählen, und eben dies tut Plinius' Darstellung insofern, als sie durchgehend festhält, wann und wie der Mensch (oder genauer: der Römer) von den einzelnen Gegenständen und Phänomenen Kenntnis erhalten hat. Foucault hat noch für die Frühe Neuzeit den Begriff der Naturgeschichte auf die Etymologie des griechischen ἱστορία bezogen; der Naturhistoriker sei der, der von seinem Blick erzähle.[19] Für Plinius ist das vor allem so zu modifizieren, dass er von dem erzählt, was andere sahen und erfuhren. Dabei ist es für ihn sekundär, ob seine Gewährsleute Naturforscher, Philosophen, Militärs oder Politiker sind. Die Quellenfrage werden wir weitgehend unberücksichtigt lassen,[20] wenn wir uns im Folgenden anhand einiger Beispiele aus den zoologischen Büchern ein Bild von Plinius' Naturgeschichte machen; wir fragen insbesondere, welche Semantik der Betrachtung der Tierwelt zugrunde liegt und welche Bezüge zur römischen Kultur sie aufweist.

Die vier Bücher zur Zoologie im engeren Sinne (dazu kommen noch fünf Bücher über aus Tieren gewonnene Heilmittel) sind nach Lebensräumen geordnet; Buch 8 behandelt die Tiere auf dem Festland, Buch 9 die des Wassers, Buch 10 die Vögel und Buch 11 die Insekten; am Ende des letzten steht eine vergleichende Anatomie, die alle Tiere und den Menschen einschließt. Legte Aristoteles seinen Schriften eine Klassifikation nach zoologischen Kategorien (wie Anatomie, Reproduktion, Bewegung) zugrunde, so hält sich Plinius an das, was

---

17 Plin. nat. I pr. 13: *Rerum natura, hoc est vita, narratur.*
18 Plin. nat. XXXVII 205: *Salve, parens rerum omnium Natura* („Sei gegrüßt, Natur, Mutter der Welt").
19 Foucault: Die Ordnung (wie Anm. 4), 171; vgl. auch Arno Borst: Das Buch der Naturgeschichte. Plinius und seine Leser im Zeitalter des Pergaments, Heidelberg 1995 (Abhandlungen der Heidelberger Akademie der Wissenschaften, Phil.-hist. Kl. 1994,2), 25: „Prosabericht von Beobachtungen". Borst weist an anderer Stelle (S. 3 mit Anm. 10) zu Recht darauf hin, dass das Plädoyer der deutschen Übersetzer König und Winkler (wie Anm. 8) für eine Wiedergabe von *naturalis historia* mit „Naturkunde" (im Nachwort zum ersten Band [1973, 331]) die Probleme nicht löst.
20 Zu ihr s. Filippo Capponi: Cultura scientifico-naturalistica di Plinio, in: Helmantica 37 (1986), 131–146; Isabella Bona: *Natura terrestrium* (Plin. nat. hist. VIII), Genua 1991 (Pubblicazioni del D.AR.FI.CL.ET N.S. 138).

dem Menschen unmittelbar sichtbar ist.[21] Das gilt auch für die Gliederung innerhalb der einzelnen Bücher, denn das entscheidende Kriterium, das die Reihenfolge der Behandlung der Arten regelt, ist die Größe des Tieres. Das wird zwar nicht begründet, aber es wird ausdrücklich festgehalten: *Maximum est elephans* heißt es am Anfang des achten Buches, und ähnlich sind die Formulierungen, mit denen am Beginn des neunten Buches der Wal und am Beginn des zehnten Buches der Vogel Strauß eingeführt werden.[22] Die weiteren Tiere werden dann in absteigender Größe vorgeführt. Es gibt aber Ausnahmen. Das Buch über die Landtiere bietet zwei Reihen von Tieren, die jeweils der Größe nach sortiert sind, eine erste, die die Wildtiere, und eine zweite, die Haus- und Zuchttiere umfasst. Letztere beginnt nicht, wie man erwarten sollte, mit dem Pferd, sondern mit dem Hund, und dies offensichtlich *honoris causa*, weil, so heißt es, neben dem Pferd der Hund der treueste Begleiter des Menschen sei.[23] Damit ist explizit gemacht, was ohnehin offensichtlich ist, dass das Verhältnis von Tier und Mensch die Reihenfolge der Darstellung bestimmt. Noch deutlicher formuliert der Anfang des Insektenbuches, in dem die Größe, da alle Insekten klein sind, kein Ordnungskriterium mehr abgibt. Am Anfang steht dort die Biene, weil sie als einziges Insekt *hominum causa* existiere.[24]

Auch das Tier, das den Anfang von Plinius' Zoologie markiert, der Elefant, genießt nicht nur wegen seiner Größe einen besonderen Status; er komme, heißt es, dem Menschen an Verstand am nächsten.[25] Damit ist er das rechte Lebewesen, um vom anthropologischen Buch 7 auf die zoologischen Bücher überzuleiten. Auch die weiteren Ausführungen erzählen von menschenähnlichem Verhalten, und das ist überraschend, weil die antike Philosophie die Grenze zwischen Tier und Mensch im Allgemeinen strikt gezogen hat und gera-

---

[21] Zum grundlegenden Unterschied zwischen den genuin zoologischen Ordnungskriterien bei Aristoteles und den äußeren Kategorien bei Plinius s. Vegetti: Zoologia (wie Anm. 14), 119–121: Zunächst orientiere sich Plinius an Habitat und Größe; dazu träten im Detail Übergänge, die der gedanklichen Struktur der Metonymie folgten, wenn etwa auf das Krokodil das Flusspferd folge. In sich widersprüchlich sei die Ordnung des Vogelbuches, in dem zunächst ein aristotelisches Kriterium, die Form der Füße, zur Anwendung komme (Plin. nat. X 29), bevor die römische Praxis der Auspizien für die weitere Reihenfolge verantwortlich sei (ebd. X 43).
[22] Plin. nat. VIII 1: „Das größte Tier ist der Elefant". Vgl. ebd. IX 8 und X 1.
[23] Plin. nat. VIII 142.
[24] Plin. nat. XI 11: *Sed inter omnia ea principatus apibus et iure praecipua admiratio, solis ex eo genere hominum causa genitis* („Aber unter ihnen allen genießen die Bienen den ersten Rang und zu Recht besondere Bewunderung, weil sie als einzige aus dieser Gattung um der Menschen willen existieren").
[25] Plin. nat. VIII 1: *Maximum est elephans proximumque humanis sensibus* („Das größte Tier ist der Elefant, und er kommt dem menschlichen Verstand am nächsten").

de die Stoa, der Plinius zumeist nahezustehen scheint, den Menschen als rationales Wesen ins Zentrum des Kosmos gestellt hat, auf den hin sich die übrige Natur ausrichtet.[26] Die erwähnte Bemerkung über die Biene, die um des Menschen willen existiere, entspricht diesem stoischen Konzept. Wenn aber dem Elefanten menschenähnlicher Verstand und sogar ein moralisches Bewusstsein zugeschrieben wird (und vergleichbare Äußerungen gibt es auch zu anderen Tieren), läuft dies der für die Stoa zentralen Lehre, dass allein dem Menschen Rationalität eigen sei, zuwider; ja, die zentrale Stellung des Menschen im Kosmos gerät in Gefahr.[27] Damit scheint Plinius geradezu zum Vorläufer moderner Philosophie zu werden, da neuere Ansätze die antike und insbesondere stoische Position von der singulären Stellung des Menschen im Kosmos immer stärker angreifen, indem sie etwa die Frage aufwerfen, ob höheren Tieren der Status einer Person zuerkannt werden müsse, eine folgenreiche Frage, weil aus einer

---

26 Zur antiken Dichotomie zwischen Mensch und Tier s. Urs Dierauer: Tier und Mensch im Denken der Antike. Studien zur Tierpsychologie, Anthropologie und Ethik, Amsterdam 1977 (Studien zur antiken Philosophie 6), zur Stoa 199–252; Richard Sorabji: Animal minds and human morals. The origins of the Western debate, London 1993, 7–16 und 122–133; Ingvild Sælid Gilhus: Animals, gods and humans. Changing attitudes to animals in Greek, Roman and early Christian ideas, London/New York 2006, 37–63; Stephen T. Newmyer: Animals, rights and reason in Plutarch and modern ethics, New York/London 2006; id.: Animals in ancient philosophy: Conceptions and misconceptions, in: Linda Kalof (Hg.): A cultural history of animals in antiquity, Oxford/New York 2007 (A cultural history of animals 1), 151–174; Gary Steiner: Das Tier bei Aristoteles und den Stoikern: Evolution eines kosmischen Prinzips, in: Annetta Alexandridis u.a. (Hgg.): Mensch und Tier in der Antike. Grenzziehung und Grenzüberschreitung, Wiesbaden 2008, 27–46. Wildberger modifiziert die These, die Stoa trenne strikt zwischen Mensch und Tier (Jula Wildberger: Beast or god? – The intermediate status of humans and the physical basis of the Stoic *scala naturae*, in: Alexandridis u.a. [Hgg.]: Mensch [s.o.], 47–70). Zur Beziehung zwischen Tier und Mensch bei Plinius s. Liliane Bodson: Le témoignage de Pline l'Ancien sur la conception romaine de l'animal, in: Barbara Cassin; Jean-Louis Labarrière (Hgg.): L'animal dans l'antiquité, Paris 1997 (Bibliothèque d'histoire de la philosophie), 325–354, hier 337–347.
27 Plinius orientiert sich insbesondere am stoischen Konzept von Sympathie und Antipathie in der Natur; allerdings erscheint ihm die Natur nicht immer nur als gütige Mutter, sondern mitunter auch als grausame Stiefmutter (nat. VII 1); s. dazu Naas: Le projet (wie Anm. 15), 62–66. Naas wendet sich an anderer Stelle (S. 469f.) zu Recht gegen Vegettis These (Zoologie [wie Anm. 14]), die Natur werde insgesamt als grausames Schauspiel begriffen. Eine Einordnung von Plinius' *Naturgeschichte* in das System der antiken Philosophie ist immer nur annäherungsweise möglich, da die Darstellung der Phänomene die Beschreibung immer vor der Theorie bevorzugt; s. dazu z.B. Gigon: Plinius (wie Anm. 1); Doody: Pliny's encyclopedia (wie Anm. 4), 11–23.

positiven Antwort diesen Tieren neue Rechte zukämen.[28] Neben solchen philosophischen Versuchen, das Trennende und Verbindende zwischen Mensch und Tier neu zu bestimmen, treten kulturwissenschaftliche *animal studies*, die mit Hilfe der Mensch-Tier-Konstellation die Grenzen von Natur und Kultur vermessen.[29] Plinius' Semantik der Tierwelt scheint ein geeignetes Objekt einer solchen Untersuchung, gerade weil sie nicht einer geschlossenen philosophischen Systematik folgt. Die Naturgeschichte zeigt das Bild einer Kultur, genauer der römischen Kultur.

Bleiben wir zunächst beim Elefanten. Seiner Größe entspricht der Umfang seiner Darstellung; keinem anderen Tier werden so viele Kapitel gewidmet. Über sein Aussehen erfährt der Leser aber fast nichts (nur die Größe und die Zähne werden ausdrücklich erwähnt), offenbar deshalb, weil vorausgesetzt wird, dass jeder Leser schon einen Elefanten (und das kann nur heißen: in Rom) gesehen hat. Zunächst wird sein ungewöhnlicher Verstand gerühmt (VIII 1–3), dann seine Begabung für die Dressur (4–6); Elefanten seien sich bewusst, dass man sie vor allem wegen ihrer Zähne jage (7–8); ausführlich werden weitere Eigenschaften geschildert, die sie mit dem Menschen verbindet, etwa Angst, Wut und Schamgefühl (9–15). Italien lernt sie erstmals in den Kriegen gegen Pyrrhus und Hannibal kennen (16–18); im ersten Jahrhundert v. Chr. treten sie erstmals in Roms Arenen auf (19–22); die Ausführungen über ihr Verhalten (23–27) beziehen sich fast ausschließlich auf ihre Gefangennahme und ihr Leben in menschlicher Gefangenschaft; kurz wird von Schwangerschaft, Alter und Krankheiten gehandelt (28–30), bevor noch einmal der Wert des Elfenbeins thematisiert wird (31). Am Ende steht die Schilderung von Kämpfen mit Riesenschlangen (32–34).

Nur an einer einzigen Stelle ist von instinkthaftem Verhalten die Rede, wenn sich der Naturhistoriker darüber wundert, dass sich Elefanten angesichts menschlicher Fußspuren zur Flucht wenden; die Natur selbst sei dafür verant-

---

28 Z.B. Thomas I. White: In defense of dolphins. The new moral frontier, Malden, MA u.a. 2007 (Blackwell Public Philosophy), 46–80. Vgl. auch Derrida, der den traditionellen Diskurs über das Tier verwirft (einschließlich der Fabel, die „eine anthropomorphische Zähmung" des Tieres darstelle) zugunsten eines Blicks auf das Tier, der das sehende Tier wahrnehme (Jacques Derrida: Das Tier, das ich also bin, hg. von Peter Engelmann, Wien 2010, 17–84, das Zitat 65). Agamben verlegt die Grenze zwischen Tier und Mensch ins Innere des Menschen (Giorgio Agamben: Das Offene. Der Mensch und das Tier, Frankfurt am Main 2003).

29 Z.B. Andreas Höfele: Zoologie der Tragödie: Von Menschen und Tieren bei Shakespeare, Heidelberg 2003 (Schriften der phil.-hist. Klasse der Heidelberger Akademie der Wissenschaften 30); vgl. Iris Därmann: Von Tieren und Menschen. Martin Heidegger, Jacques Derrida und die zoologische Frage, in: Zeitschrift für Kulturphilosophie 5,2 (2011), 303–325, hier 303–307.

wortlich, dass die Tiere ein Wissen besitzen, das sie selbst nicht erworben haben.[30] Ansonsten wird aber die Klugheit der Tiere parallel zu der des Menschen gesehen, wie schon die einleitende Bemerkung über die Nähe zu menschlichem Verstand deutlich macht. Elefanten verstünden die Sprache ihres Landes, sie ließen sich nicht nur dressieren, sondern übten, wenn sie in der Dressur nicht die gewünschten Erfolge gezeigt hätten, selbständig in der Nacht, und sie hätten ein Gedächtnis.[31] Andere menschenähnliche (mitunter auch menschenfreundliche) Eigenschaften sind Sanftmut und Freundlichkeit, so dass sie etwa, wenn ihnen eine Schafherde begegnet, die kleinen Tiere, die ihnen im Wege stehen, vorsichtig zur Seite schieben, oder ihr Schamgefühl, das sich in der Niederlage, aber auch bei der Begattung zeigt.[32] Ehebruch komme nicht vor, aber sie seien auch in der Lage, für Menschen Liebe zu empfinden, und damit nicht genug, bewiesen sie dabei auch bemerkenswerten Geschmack: Ein Elefant habe sich just in die Verkäuferin verliebt, die auch das Gefallen des berühmten Philologen Aristophanes gefunden habe.[33] Das Feld, auf dem sich all diese guten Eigenschaften der Tiere bewähren, ist aber fast durchgehend das des Kampfes. Auch Eigenschaften wie Rücksichtnahme und Hilfsbereitschaft zeigen sich in Konfliktsituationen, sei es, dass unterlegene Gegner geschont, dass schwächere Kriegskameraden geschützt, sei es, dass gefangenen Tieren zur Flucht verholfen wird.[34]

Die Notizen, die der Naturhistoriker zusammenstellt, handeln durchgehend nicht vom Leben der Tiere in der freien Wildbahn, sondern von der Begegnung mit ihnen im Kampf, von ihrer Gefangennahme und Zähmung, von ihrem Ver-

---

30 Plin. nat. VIII 10.
31 Sprache: Plin. nat. VIII 1; Dressur: ebd. VIII 6; Gedächtnis: ebd. VIII 14. Zu den Quellen des Tugendkanons s. Ida Mastrorosa: *Proximumque humanis sensibus* (Plin. nat. 8,1,1). Gli elefanti degli antichi fra etologia e aneddotica storico-geografica, in: Fabio Gasti; Elisa Romano (Hgg.): „Buoni per pensare". Gli animali nel pensiero e nella letteratura dell'antichità, Atti della II Giornata ghisleriana di Filologia classica (Pavia, 18–19 aprile 2002), Pavia 2003, 125–146, hier S. 130–137.
32 Sanftmut: Plin. nat. VIII 23; Schamgefühl: ebd. VIII 12f. Zur Darstellung der Lebensweise der Elefanten vgl. Italo Calvino: Il cielo, l'uomo, l'elefante (su Plinio il Vecchio), in: ders.: Saggi, Tomo primo, a cura di Mario Barenghi, Mailand 1995, 917–929, hier 928: „I riti e i costumi della società elefantina sono rappresentati come quelli d'una popolazione di cultura diversa dalla nostra ma pur degna di rispetto e comprensione." Zu ihrer Haltung in der Niederlage s. Mastrorosa: *Proximumque* (wie Anm. 31), 135f., die die Unterschiede zur Parallele in Aristoteles' *Historia Animalium* (IX 1,610a15–19) herausarbeitet.
33 Plin. nat. VIII 13.
34 Schonung von Gegnern: Plin. nat. VIII 15; 23; Schutz der Schwächeren: ebd. VIII 23; Befreiung: ebd. VIII 24.

halten in der Gefangenschaft und von ihren Kämpfen in der Arena, und dies gilt nicht nur für die Elefanten, sondern auch für die anderen von Plinius besprochenen Wildtiere. Ein wiederkehrendes Motiv ist dabei das der ersten Bekanntschaft, das in den Ausführungen zu den Elefanten gleich zweimal auftritt: Bei Pompeius' Triumph über Afrika (ca. 79 v. Chr.) seien erstmals Elefanten als Zugtiere eines Gespanns vorgeführt worden, nachdem schon etwa 20 Jahre zuvor ein Elefant im Circus gekämpft habe.[35] Auch wenn manche Notiz direkt oder indirekt aus Aristoteles übernommen ist,[36] so liegt der Schwerpunkt doch auf einer Erweiterung der Kenntnisse über wilde Tiere ferner Länder, die mit der Ausdehnung der römischen Herrschaft einhergeht; in den Elefantenkapiteln werden ausdrücklich die Kriege gegen Pyrrhus, gegen Karthago, gegen Antiochos III. und gegen die Numider erwähnt.[37] Die Notizen über die Wildtiere vermitteln zwar nur wenige zoologische Kenntnisse, spiegeln dafür aber die Erweiterung römischer Macht im Import exotischer Tiere. Dass Plinius' *Naturgeschichte* eine imperialistische Agenda hat, hat die neuere Forschung mehrfach herausgearbeitet: So wird zumal in den geo- und ethnographischen Partien die Nähe zum flavischen Herrscherhaus deutlich;[38] die Darstellung der Natur wird immer wieder zu einer Inventarisierung des römischen Reiches, die an vergleichbare Bemühungen seit Augustus anknüpft;[39] die kunstgeschichtlichen Bücher erzählen die Geschichte der griechischen Kunst als Geschichte ihrer Aneignung durch Rom.[40] Vergleichbares ließe sich über die zoologischen Bücher sagen.[41] Die mit den Eroberungen verbundene Gefangennahme von

---

35 Plin. nat. VIII 4 bzw. VIII 19.
36 Wie die über die Proskynese der Elefanten vor dem König; vgl. Plin. nat. III mit Arist. hist. an. IX 46, 630b19–21.
37 Pyrrhus: Plin. nat. VIII 16; 18; Karthager: ebd. VIII 16; 18; Antiochos III.: ebd. VIII 11f.; Numider: ebd. VIII 4.
38 Murphy: Pliny (wie Anm. 10).
39 Naas: Le projet (wie Anm. 15), 399–447.
40 Sorcha Carey: Pliny's catalogue of culture. Art and empire in the *Natural History*, Oxford 2003 (Oxford studies in ancient culture and representation) über die Bücher XXXIII bis XXXVII.
41 Erhellend ist der Exkurs (nat. VIII 44), mit dem Plinius seine Zoologie in aristotelische Tradition stellt; zum einen legt die Erzählung von Aristoteles' Beauftragung durch Alexander den Vergleich mit Plinius' Nähe zu den Flaviern nahe, zum anderen gebraucht der Schluss eine räumliche Metapher, die den Leser zu einer Reise durch das Reich der Tiere einlädt: *Quae a me collecta in artum cum iis, quae ignoraverat, quaeso ut legentes boni consulant, in universis rerum naturae operibus medioque clarissimi regum omnium desiderio cura nostra breviter peregrinantes* („Was ich knapp zusammengefasst habe und um das, was ihm noch unbekannt war, ergänzt habe, mögen meine Leser bitte wohlwollend aufnehmen, wenn sie die gesamten Werke

Wildtieren, ihre Vorführung und symbolische Bekämpfung in der Arena konfrontiert das römische Publikum mit der fremden Natur und dokumentiert die römische Macht, sie im Zaum zu halten.[42] Allerdings kann diese Natur in unerwarteter Weise Widerstand gegen ihre Domestizierung leisten, wie ein berühmter Vorfall bei den Spielen zeigt, mit denen Pompeius im Jahre 55 v. Chr. seinen Tempel der Venus Victrix einweihte.[43]

Gätulische Speerwerfer müssen im Circus gegen etwa 20 Elefanten antreten (die Quellen sind sich uneins). Zunächst werden zwei Kämpfe genauer beleuchtet; im ersten scheint (soweit es Plinius' Erzählung zu erkennen gibt) der Elefant zu obsiegen, im zweiten wird er vom Geschick eines einzigen Gätulers bezwungen:[44]

> Pompei quoque altero consulatu, dedicatione templi Veneris Victricis, viginti pugnavere in circo aut, ut quidam tradunt, XVII, Gaetulis ex adverso iaculantibus, mirabili unius dimicatione; qui pedibus confossis repsit genibus in catervas, abrepta scuta iaciens in sublime, quae decidentia voluptati spectantibus erant in orbem circumacta, velut arte, non furore beluae iacerentur. magnum et in altero miraculum fuit uno ictu occiso; pilum autem sub oculo adactum in vitalia capitis venerat.

> Auch in Pompeius' zweitem Konsulat, bei der Einweihung des Tempels der Venus Victrix kämpften Elefanten im Circus, und zwar zwanzig oder, wie andere überliefern, 17 gegen gätulische Speerwerfer; bewundernswert war der Kampf eines Elefanten; als man ihm die Füße durchbohrt hatte, kroch er auf Knien auf die Scharen seiner Gegner los, entriss ihnen die Schilde und warf sie so in die Höhe, dass sie, als sie herabfielen, zum Vergnügen des Publikums im Kreis herumwirbelten, als ob sie das Tier nicht wutentbrannt, sondern kunstfertig empor geworfen hätte. Ein anderer wurde – ein großes Wunder – durch

---

der Natur und das, was den berühmtesten aller Könige interessierte, unter meiner Führung kurz durchwandern").

42 Thomas Wiedemann: Kaiser und Gladiatoren. Die Macht der Spiele im antiken Rom, Darmstadt 2001, 64–77.

43 Plin. nat. VIII 20f. Vgl. zum Folgenden Mary Beagon: Roman nature. The thought of Pliny the Elder, Oxford 1992 (Oxford classical monographs), 137–144; Sorabji: Animal minds (wie Anm. 26), 124f.; Bodson: Le témoignage (wie Anm. 26), 346; Jo-Ann Shelton: Elephants, Pompey, and the reports of popular displeasure in 55 BC, in: Shannon N. Byrne; Edmund Cueva (Hgg.): *Veritatis amicitiaeque causa*. Essays in honor of Anna Lydia Motto and John R. Clark, Wauconda, Ill. 1999, 231–271; Sandra Citroni Marchetti: La scienza della natura per un intellettuale romano. Studi su Plinio il Vecchio, Pisa 2011 (Biblioteca di Materiali e Discussioni 22), 228–263.

44 Plin. nat. VIII 20; Mayhoff (wie Anm. 8) folgt in seiner Ausgabe einer alten Konjektur, die aus der Parallele in Senecas *De brevitate vitae* (13,6) das überlieferte *XVII* in *XVIII* ändert. König und Winkler (wie Anm. 8) folgen ihm darin nicht. Auch Cassius Dio spricht von 18 Elefanten (XXXIX 38,2).

einen einzigen Treffer getötet. Ein Speer war unterhalb des Auges eingedrungen und hatte die lebenswichtigen Teile des Kopfes erreicht.

Zwischen beiden Gegnern herrscht eine wundersame Waffengleichheit; beide sind prinzipiell in der Lage, den je anderen zu besiegen. Dass dies in den Augen des Erzählers kein Zufall, sondern das Werk einer umsichtigen Natur ist, wird an dieser Stelle nicht ausdrücklich gesagt. Aber vergleichbare Passagen legen ein solches Verständnis nahe: So ist der Delphin das schnellste Lebewesen schlechthin (sagt Plinius); im Wasser wäre jeder Fisch, der ihm entkommen wollte, chancenlos, wenn nicht die *providentia* der Natur dafür gesorgt hätte, dass sich der Delphin, um nach Beute zu schnappen, auf den Rücken oder zumindest die Seite drehen müsste.[45]

Nun gibt es beim Kampf zwischen Gätulern und Elefanten noch eine dritte Partei, die Zuschauer; für sie ist das Ganze, wie mehrfach hervorgehoben wird, ein staunenswertes Spektakel; sie können das Schauspiel genießen, weil Gätuler und Elefanten von römischer Macht bezwungen sind, so dass sie die wilden Kräfte einer fremden Welt unter Kontrolle von Roms Imperium sehen. Aber just in diesem Moment droht diese Inszenierung zu scheitern, weil sich die Elefanten zur Flucht wenden, an der sie nur das eiserne Gitter hindern kann:[46]

> Universi eruptionem temptavere, non sine vexatione populi, circumdatis claustris ferreis. [...] sed Pompeiani amissa fugae spe misericordiam vulgi inenarrabili habitu quaerentes supplicavere quadam sese lamentatione conplorantes, tanto populi dolore, ut oblitus imperatoris ac munificentiae honori suo exquisitae flens universus consurgeret dirasque Pompeio, quas ille mox luit, inprecaretur.
>
> Alle Elefanten versuchten die eisernen Gitter zu durchbrechen, worauf das Publikum in Panik geriet [...] Aber Pompeius' Elefanten hatten die Hoffnung auf Flucht aufgegeben und flehten mitleidheischend das Volk an; ihre Haltung lässt sich nicht beschreiben; sie beklagten und beweinten sich gleichsam selbst, und das Volk ließ sich so schmerzlich berühren, dass es nicht mehr an den Feldherrn und seine Freigebigkeit dachte, mit der es selbst geehrt werden sollte; es erhob sich gemeinsam unter Tränen und verwünschte Pompeius; er selbst büßte bald darauf dafür.

Cicero, der Zeuge von Pompeius' Spielen gewesen war, notiert in einem Brief, dass die Kämpfe mit Elefanten am letzten Tag nur beim niedrigen Volk Bewunderung erregt hätten; doch auch dies sei nicht von Dauer gewesen: „Ja es regte sich sogar so etwas wie Mitleid, und man meinte, zwischen dem wilden Tier und

---

45 Plin. nat. IX 20.
46 Plin. nat. VIII 21.

dem Menschengeschlecht gebe es so etwas wie eine Gemeinschaft."[47] Ganz anders Senecas Kommentar zu dem Vorfall; er kritisiert Pompeius nicht für das Abschlachten der Elefanten, sondern für die sinnlos grausame Tötung der Menschen. Er wendet sich nicht prinzipiell gegen Kämpfe in der Arena, aber gegen den ungleichen Kampf, in dem arme Menschen gegen weit überlegene Tiere antreten müssen.[48]

Bei Plinius dagegen herrscht zumindest zunächst ein natürliches Gleichgewicht; Mensch und Tier beherrschen gleichermaßen die ihnen je gemäße Kampftechnik; jener setzt seinen Speer erfolgreich ein, dieses seinen Rüssel; so weit endet das Treffen unentschieden. Als aber die Veranstalter eingreifen und die überlebenden Tiere abschlachten wollen, als also aus dem gleichen ein ungleicher Kampf wird, revoltiert das Publikum, als ob es sich die Maximen zu eigen gemacht hätte, die das Verhalten der Elefanten bestimmen, die, wie gesagt, schwächere Gegner zu schonen pflegen. Wenn die Kämpfe in der Arena eine symbolische Darstellung des römischen Imperialismus sind, dann wünscht Plinius' Publikum so etwas wie einen mitfühlenden Imperialismus. Die umsichtige Natur selbst sorgt, wie wir gesehen haben, dafür, dass jedes Lebewesen eine faire Chance im Kampf hat. Wenn die Verwünschungen des Volkes für Pompeius zum Omen werden, das seinen baldigen Tod im Bürgerkrieg ankündigt (und Vergleichbares steht auch bei Seneca), dann scheint auch hier eine ausgleichende Ordnung der Natur zu wirken. Allerdings werden die wirkenden Kräfte, die römischen Vorstellungen von (imperialer) Ordnung und die philosophischen Konzepte über die Providenz der Natur, nicht diskursiv unterschieden, sondern greifen in der Erzählung ineinander.

Nun haben Plinius' Elefanten nicht nur in der Welt römischer Arenen Kämpfe zu bestehen, sondern auch in der Natur, und mit der Erzählung davon wird von den Elefanten zu den Riesenschlangen übergeleitet. Die größten Elefanten gebe es in Indien, aber dort gebe es auch ihre schlimmsten Gegner, riesige Würgeschlangen, die freilich Elefanten nur um den Preis des eigenen Lebens bezwingen könnten: „Der Kampf endet für beide tödlich, weil der Unterlegene stürzt und durch sein Gewicht die Würgeschlange erdrückt."[49] Das Gleichgewicht des Schreckens kommt aber nicht erst zum Tragen, wenn sich beide schon im *clinch* befinden, sondern schon, wenn sie sich einander nähern. Die Natur

---

47 Cic. fam. VII 1,3: *Quin etiam misericordia quaedam consecuta est atque opinio eius modi, esse quandam illi beluae cum genere humano societatem.*
48 Sen. brev. 13,6f.
49 Plin. nat. VIII 32: *Conmoritur ea dimicatio, victusque conruens conplexum elidit pondere.*

gibt jedem die für ihn geeigneten Waffen und sorgt so für Chancengleichheit im Überlebenskampf:⁵⁰

> Mira animalium pro se cuique sollertia astutissima. ascendendi in tantam altitudinem difficultas draconi; itaque tritum iter ad pabula speculatus ab excelsa se arbore inicit. scit ille inparem sibi luctatum contra nexus; itaque arborum aut rupium attritum quaerit. cavent hoc dracones ob idque gressus primum alligant cauda; resolvunt illi nodos manu. at hi in ipsas nares caput condunt pariterque spiritum praecludunt et mollissimas lancinant partes.

> Wundersam ist die jedem Tier eigene schlaue Geschicklichkeit. Für die Schlange ist es schwierig, sich so hoch aufzurichten. Deshalb kundschaftet sie den ausgetretenen Weg zu den Futterplätzen aus und lässt sich vom hohen Baum fallen. Der aber weiß, dass er ihr, wenn sie ihn umwindet, im Kampf nicht gewachsen ist. Deshalb versucht er sie an Bäumen oder Felsen zu zerquetschen. Darauf sind sie vorbereitet und umschlingen deshalb erst die Beine mit ihrem Schwanz. Die Elefanten wiederum lösen die Schlingen mit ihrem Rüssel. Dagegen stecken die Schlangen ihren Kopf in die Öffnung des Rüssels, verschließen ihnen den Atemweg und zerfleischen zugleich ihre weichsten Teile.

Der Kampf ist durchgehend grausam, aber zugleich gerecht. Am Ende der Schilderung steht die Frage nach der Finalursache solcher Sorge um das *fair play*: „Welch andere Ursache einer so schweren Auseinandersetzung könnte man benennen, als dass sich die Natur selbst das Schauspiel eines Zweikampfes arrangiert?"⁵¹ Zwei Motive bestimmen die Darstellung, zum einen das der Chancengleichheit, dem wir schon in der Erzählung vom Kampf zwischen Elefanten und Gätulern bei Pompeius' Spielen begegnet sind; es kehrt immer wieder und wird als konstitutiv für die Ordnung der Natur gekennzeichnet, so in Zusammenhang mit dem scheinbar ungleichen Kampf zwischen einer sagenhaften großen Schlange und dem Wiesel; dieses erwehrt sich des ungleich größeren Gegners mithilfe seines Geruches, und Plinius kommentiert das, wie folgt:⁵² „So wichtig war es der Natur, dass jedes Tier einen gleichstarken Gegner habe." Das zweite zentrale Motiv ist das des Schauspiels. Wie das römische Publikum verschiedene unterworfene Subjekte im Kampf miteinander vor Augen hat, um sich

---

50 Plin. nat. VIII 33 (*astutissima* ist Mayhoffs [wie Anm. 8] Konjektur).
51 Plin. nat. VIII 34: *Quam quis aliam tantae discordiae causam attulerit nisi naturam spectaculum sibi paria conponentem?*
52 Plin. nat. VIII 79: *Adeo naturae nihil placuit esse sine pare*. Vgl. auch VIII 87,91. Naas verbindet das auffällige und mehrfach wiederkehrende Motiv der Natur, die für Chancengleichheit im Wettstreit der Kräfte sorgt, mit dem Konzept von Sympathie und Antipathie (Le projet [wie Anm. 15], 64); mir scheint eine Verknüpfung mit den römischen Vorstellungen von *ludi* und *munera* plausibler.

an der beruhigenden Bestätigung der römischen Weltordnung zu erfreuen, so genießt die Natur selbst eine Ordnung, die sich selbst zum Schauspiel wird.[53] Natürliche und römische Ordnung spiegeln einander, ohne dass argumentativ entfaltet wird, wie sie sich zueinander verhalten. Am Ende des Werkes steht ein Lobpreis Italiens, dessen Einleitung das Land der Römer nicht nur zum schönsten Land der Welt erklärt, sondern ihm auch eine besondere Funktion für die Welt zuweist:[54] „Wenn man das betrachtet, was zu Recht innerhalb der Natur den ersten Rang einnimmt, ist von allen Ländern auf der ganzen Welt, soweit sich das Himmelsgewölbe spannt, das schönste Italien; es ist Lenkerin und zweite Mutter der Welt." Das Motiv von Mutter Natur durchzieht Plinius' ganzes Werk;[55] wenn hier aber Italien (und damit Rom) als eine zweite Mutter bezeichnet wird, kommen erneut natürliche und die römische Ordnung, Kosmos und Imperium, einander nahe.

Ein zweites Beispiel mag die Befunde bestätigen: Auch der Abschnitt über die Perlmuscheln im neunten Buch, das die Wassertiere behandelt, bietet nur wenige Informationen über den Lebensraum und über Form und Farbe der Perlen, dafür umso mehr über die Jagd der Menschen auf das kostbare Gut. Was man über das Leben der Muschel erfährt, ist bescheiden und mit Vorsicht zu genießen. So wird die Perle als Leibesfrucht der schwangeren Muschel beschrieben, die vom Tau befruchtet werde. Und damit nicht genug, wird das jeweilige Aussehen der Perle mit der Qualität des Taus in Verbindung gebracht.[56] Ansonsten sind die Ausführungen über die Perlen eine einzige Predigt gegen übertriebene Gier nach Reichtum und Verschwendung; die zoologische Darstellung verschwindet dahinter fast völlig. Die Einleitung bestimmt den Ton des Folgenden:[57]

> Sed quid haec tam parva commemoro, cum populatio morum atque luxuria non aliunde maior quam e concharum genere proveniat? iam quidem ex tota rerum natura damnosissimum ventri mare est tot modis, tot mensis, tot piscium saporibus, quis pretia capientium periculo fiunt. sed quota haec portio est reputantibus purpuras, conchylia, margaritas!

---

53 Zum Motiv des Schauspiels in Plinius' *Naturgeschichte* s. Vegetti: Zoologia (wie Anm. 14), 121–125. Vgl. dazu oben Anm. 27.
54 Plin. nat. XXXVII 201: *Ergo in toto orbe, quacumque caeli convexitas vergit, pulcherrima omnium est iis rebus, quae merito principatum naturae optinent, Italia, rectrix parensque mundi altera.*
55 Vgl. aber Plin. nat. VII 1, wo die Natur bald als Mutter, bald als Stiefmutter bezeichnet wird.
56 Plin. nat. IX 107.
57 Plin. nat. IX 104f. Zur Moralkritik im Abschnitt über die Perlen s. Filippo Capponi: *Natura aquatilium* (Plin. *nat. hist.* IX), Genua 1990, 35f.

> Doch wozu nenne ich so unbedeutende Beispiele, da doch die korrupten Sitten und die Lust an der Verschwendung durch nichts so gefördert wird wie durch die Gattung der Muscheln? Schon lange ist das Meer für den Bauch des Menschen am verderblichsten von allem: so viele Arten, so viele Speisen und so viele Geschmacksnuancen von Fischen, deren Preis sich danach bemisst, wie gefährlich der Fang ist! Doch wie gering ist das im Verhältnis, wenn man dagegen den Preis von Purpurschnecken und ihrer Farbe oder den von Perlen hält!

Wenn Plinius das Meer als Reich schwelgerischen Reichtums charakterisiert, weil es neben Perlmuscheln und Purpurschnecken auch unermesslich kostbare Fische hervorbringt, greift er ein Motiv auf, das schon den Anfang des Buches über die Wassertiere bestimmte,[58] aber die Kritik einer Verschwendung, die die Gaben einer wohltätigen Natur nicht angemessen zu nutzen verstehe, durchzieht das Werk insgesamt[59] und hat Entsprechungen auch in Werken anderer Autoren wie in den wenig früheren *Naturales Quaestiones* Senecas.[60]

Auch diese Kritik am Luxus bleibt aber nicht allgemein, sondern wird wieder mit der Erweiterung römischer Macht in Verbindung gebracht. Wie die Bekanntschaft mit wilden Tieren Folge der Ausweitung römischer Macht ist, so wird auch die Gier nach dem Luxusgut der Perle durch die römischen Eroberungen erst provoziert. Schon die Nennung der Fundorte (Arabien, Indischer Ozean) macht klar, dass Roms Weltherrschaft die Voraussetzung dafür ist, dass sich römische Frauen mit Perlen schmücken können.[61] Aber es wird auch wieder ausdrücklich festgehalten, wann Rom erstmals mit ihnen Bekanntschaft machte, im Krieg gegen den Numiderkönig Jugurtha; in großem Umfang habe man Perlen aber erst nach der Eroberung von Alexandria importiert.[62] Die moralische Belehrung wird durch mehrere Anekdoten ergänzt; sie erzählen von römischen Machthabern und Feldherren, die das Luxusgut aus den Provinzen nach Rom

---

[58] Plin. nat. IX 1–7.
[59] Im Buch über die Wassertiere etwa noch im Abschnitt über die Seebarbe (Plin. nat. IX 64–68) oder über die Purpurschnecken (ebd. IX 125–141), im Buch über die Landtiere z.B. im Abschnitt über kostbare Kleidung (ebd. VIII 194–197) oder über luxuriöse Gerichte vom Schwein (ebd. VIII 209f.). Zur Luxuskritik bei Plinius s. Andrew Wallace-Hadrill: Pliny the Elder and man's unnatural history, in: Greece & Rome 37 (1990), 80–96, hier 85–92 und Sandra Citroni Marchetti: Plinio il Vecchio e la tradizione del moralismo romano, Pisa 1991 (Biblioteca di Materiali e Discussioni 9).
[60] Z.B. Sen. nat. III 17f. Vgl. dazu Citroni Marchetti: Plinio (wie Anm. 59), 116–173; Bardo Maria Gauly: Senecas *Naturales Quaestiones*. Naturphilosophie für die römische Kaiserzeit, München 2004 (Zetemata 122), 90–134; Gareth Williams: The cosmic viewpoint. A study of Seneca's *Natural questions*, Oxford 2012, 54–92.
[61] Plin. nat. IX 106.
[62] Plin. nat. IX 123.

bringen. Als erster wird Caesar genannt; er habe, so Plinius, Wert darauf gelegt, dass der Perlenschmuck für die Statue der Venus Genetrix von seinen Expeditionen nach Britannien stamme. Damit geht Plinius nicht ganz so weit wie Caesars Biograph Sueton, der das Gerücht überliefert, die Suche nach Perlen sei der eigentliche Grund für das militärische Ausgreifen nach Britannien gewesen. Jedenfalls setzt Plinius' Nachricht voraus, dass Caesar die Perlen, mit denen er die Statue im Tempel seines neuen Forums schmückte, als Symbol für seine erfolgreichen Expeditionen verstanden wissen wollte.[63] Es folgt Lollia Paulina, die kurze Zeit mit Kaiser Caligula verheiratet war; Plinius erzählt, er habe ihr Geschmeide aus Smaragden und Perlen selbst gesehen, als sie es bei einem Fest getragen habe. Und er weiß auch, woher der Schmuck stammt: „Es war nicht der verschwenderische Kaiser, der ihr die Reichtümer geschenkt hatte; vielmehr stammten sie von ihrem Großvater, der sie natürlich in den Provinzen erbeutet hatte."[64] Diesem freilich brachte, wie Plinius hinzufügt, der geraubte Reichtum kein Glück; er musste, nachdem er beim Kaiser wegen Korruption in Ungnade gefallen war, Selbstmord begehen.[65] Plinius stellt ausdrücklich eine Verbindung zwischen der Ausplünderung der Provinzen und dem traurigen Ende des Lollius her, ohne dass klar wird, ob es eine ursächliche Verbindung zwischen diesen Perlen und seinem Tod gibt. Es scheint fast, als ob große Gier ein böses Omen für die Zukunft bedeutet.

Das gilt auf jeden Fall für die dritte Anekdote, die Plinius zum Thema Römer und Perlen erzählt; dort fällt das Stichwort Omen explizit. Sie wird am ausführlichsten erzählt, weil sie der Höhepunkt des Ganzen ist, weil sie von den teuersten je erworbenen Perlen handelt und weil in ihrer Mitte eine Person steht, die in Roms Geschichte eine berühmt-berüchtigte Rolle gespielt hat, Kleopatra. Dass die ägyptische Königin den wertvollsten Perlenschmuck besessen hat, passt zu der Nachricht, dass erst die Eroberung Alexandriens zu allgemeinem Gebrauch von Perlen in Rom geführt habe.[66] Plinius erzählt die bekannte Anekdote von der Auflösung von Perlen in Essig; Anlass dafür ist ein Konkurrenzkampf mit Antonius um den Titel des größten Verschwenders. Als Antonius täglich ungeheuer kostspielige Gelage veranstaltet, wettet Kleopatra, ihr werde es gelingen, mit einer einzigen Mahlzeit noch mehr Reichtum (nämlich 10 Millionen Sesterzen) zu vergeuden; sie nimmt eine der Perlen, die sie als Ohr-

---

63 Plin. nat. IX 116; vgl. Suet. Iul. 47.
64 Plin. nat. IX 117: *Nec dona prodigi principis fuerant, sed avitae opes, provinciarum scilicet spoliis partae.*
65 Plin. nat. IX 118.
66 Kleopatra: Plin. nat. IX 119–122; Alexandria: IX 123.

schmuck trägt, löst sie in Essig auf und trinkt die Flüssigkeit. Als sie es mit der zweiten ebenso machen will, greift der zu diesem Streit bestellte Schiedsrichter ein, L. Munatius Plancus: „L. Plancus legte die Hand auf die zweite Perle [...] und erklärte Antonius für besiegt – ein Omen, das sich erfüllen sollte."[67] Die Anspielung verweist auf seinen Untergang nach der Schlacht von Actium, und dass es Kleopatra nicht besser ergehen wird, mag sich der Leser dazu denken. Die drei Beispiele für den Reichtum glänzender Perlen, die Plinius anführt, haben also zweierlei gemeinsam; zum einen wird die Bekanntschaft mit dem neuen Luxusgut den römischen Eroberungen im Süden und Osten verdankt, doch führt sein verschwenderischer Gebrauch zu nichts Gutem. Alle, die der Versuchung verfallen, Macht und Reichtum bedenkenlos zu vergrößern, gehen in der Folge zugrunde. Damit ergibt sich auch eine Verbindung zu Pompeius, der bei seinen maßlosen Spielen Elefanten abschlachten ließ. Wie die Verwünschungen des Publikums Pompeius' Ende mit seiner Mitleidlosigkeit gegenüber den unterworfenen Kreaturen verknüpfen, so stellt Plancus' Schiedsspruch eine Verbindung zwischen Antonius' Verschwendungssucht und seinem Untergang her.

Der Hinweis auf den ominösen Charakter der Formulierung des Plancus legt nahe, den Tod der Verschwender mit der ausgleichenden Gerechtigkeit der Natur in Verbindung zu bringen, und dies umso mehr, als bereits zuvor von der Bestrafung der allzu genusssüchtigen Perlensucher die Rede war. Zunächst klingt wieder das Motiv der Waffengleichheit an; nicht einmal die Muschel ist wehrlos, wenn sich ihr der Perlentaucher nähert. Sie kann sich selbst schließen (und sie tut das auch), wenn sie die Hand erblickt, die nach der Perle greifen will. Damit nicht genug: Sie kann sich auch schließen (und auch das tut sie), wenn die Hand schon in ihrem Innern nach der Perle tastet: „Wenn ihr die Hand zuvorkommt, dürfte sie sie wohl mit der ihr eigenen Schärfe abschneiden, und keine Strafe wäre gerechter als diese."[68]

Tiere und Menschen stehen sich in Plinius' *Naturgeschichte* in mehr als einer Hinsicht nahe. Zwar wird der Anthropozentrismus der Stoa nicht aufgegeben, so dass etwa in der Einleitung zum Buch über die Anthropologie der Mensch noch einmal das Telos der Natur ist, aber schon in der Einleitung selbst

---

67 Plin. nat. IX 121: *Iniecit alteri manum L. Plancus, iudex sponsionis eius, eum quoque parante simili modo absumere, victumque Antonium pronuntiavit omine rato.*
68 Plin. nat. IX 110: *Manumque, si praeveniat, acie sua abscidat, nulla iustiore poena.* Citroni Marchetti spricht, wohl mit Bezug auf den Potentialis, von einer *fantasia* (Plinio [wie Anm. 59], 209; vgl. 217f.).

wird ein hoher Preis für diesen Sonderstatus benannt.[69] In vielen Eigenschaften können Tiere dem Menschen nahe kommen, wie das Beispiel des Elefanten zeigt, so dass moderne Kämpfer für Tierrechte an einer Plinius-Lektüre große Freude haben dürften. Mensch und Tier sind Teile eines Kosmos. Tiere sind aber auch, und das ist für Plinius noch wichtiger, Träger von Bedeutungen; sie vermitteln dem Menschen Einsichten in die Ordnung der Natur, in seine Stellung und seine Aufgaben in der Welt. Diese Semantik der Tiere ist römisch: Stichwortartig ließen sich nennen: 1. Der Gegensatz von Wunder und Ordnung: Die Natur ist Anlass von Staunen, ohne dass dieses Staunen notwendig von Erkenntnis abgelöst wird.[70] 2. Naturgeschichte als Dokumentation der Erweiterung des Wissens: Wie Rom seinen politischen Einfluss sukzessive immer weiter ausdehnt, so erweitert sich der Raum eines Wissens, das als Summe einzelner Beobachtungen verstanden wird. Plinius' Werk hält den Stand der Dinge in flavischer Zeit fest. 3. Das römische Reich: Roms ordnende Macht sorgt dafür, dass die staunenerregende Natur nicht zur schreckenerregenden Natur wird. Die in den Arenen kämpfenden Tiere und Menschen dokumentieren den Anspruch auf diese Kontrolle. 4. Die Ordnung der Natur und die römische Ordnung: Beide verhalten sich spiegelbildlich, und im Idealfall fallen die beiden in eins.

Hatte Aristoteles die Vielfalt der Erscheinungen in der Welt der Tiere zu ordnen und zu erklären versucht, indem er nach den natürlichen Ursachen der Phänomene fragte, so lässt Plinius die Vielfalt der Erscheinungen stehen, ohne den Versuch zu unternehmen, das Staunen des Betrachters in wissenschaftliches Begreifen zu überführen. Die Welt der Natur wird nicht erklärt, sondern dargestellt; dabei nähern sich das Reich der Natur und das der Römer einander an. Auch wenn wir also viele Texte aus hellenistischer Zeit, insbesondere aus dem Peripatos, verloren haben, scheint die These nicht zu gewagt, dass zumindest die Form von Naturgeschichte, die wir bei Plinius vorfinden, ein römisches Konstrukt ist.

---

69 Plin. nat. VII 1: *Principium iure tribuetur homini, cuius causa videtur cuncta alia genuisse natura magna.* Als Preis für den Status werden im Folgenden (ebd. VII 1–3) u.a. die Abhängigkeit von einer Kleidung genannt, die anderen Lebewesen verdankt wird, oder das Weinen der kleinen Kinder.
70 Zur Bedeutung der *mirabilia* bei Plinius zuletzt Mary Beagon: The curious eye of the Elder Pliny, in: Roy K. Gibson; Ruth Morello (Hgg.): Pliny the Elder. Themes and contexts, Leiden 2011 (Mnemosyne Supplements 329), 71–88 und Valérie Naas: Imperialism, *mirabilia* and knowledge. Some paradoxes in the *Naturalis Historia*, ibid., 57–70.

X. Zu Rezeption und Überlieferung römischer Philosophie am Ausgang der Spätantike

Lectures néoplatoniciennes de Cicéron: le témoignage du manuscrit Reg. Lat. 1762 de la Bibliothèque Vaticane

Clara Auvray-Assayas

La réception tardo-antique des œuvres philosophiques de Cicéron, qu'il s'agisse des relectures et démarquages polémiques des lecteurs chrétiens ou des commentaires savants de Marius Victorinus, de Macrobe, de Favorinus Eulogius et de Boèce, est fortement marquée par les influences combinées, ou non, du néoplatonisme et du christianisme: c'est dans ce cadre aux contours bien connus, malgré leur extrême fluidité,[1] qu'il convient d'interpréter le témoignage fourni par un manuscrit carolingien, le Reg. Lat. 1762 de la Bibliothèque Vaticane.

Dans ce manuscrit unique est copié un florilège qui emprunte à treize œuvres philosophiques de Cicéron, au *Commentaire au Songe de Scipion* de Macrobe et aux *Noces de Philologie et de Mercure* de Martianus Capella.[2] Considéré, depuis sa découverte, comme le résultat du travail d'un érudit carolingien dont le nom conclut le poème liminaire, ce manuscrit a d'abord subi le discrédit: les erreurs de latin causées par les modifications apportées au texte en raison de scrupules chrétiens ont longtemps dissuadé de s'intéresser à la mise en œuvre elle-même du florilège.[3] Dans un mouvement inverse, l'auteur du florilège a été ensuite crédité d'une profonde culture augustinienne et d'un talent philologique remarquable: il aurait conçu son travail après avoir fait copier, sur

---

[1] Pour un réexamen récent de cette question essentielle et souvent traitée, voir le recueil rassemblé par Maria Di Pasquale Barbanti et Claudio Martella: Neoplatonismo pagano vs neoplatonismo cristiano. Identità e intersezioni. Atti del seminario, Catania, 25–26 settembre 2004, Catania 2006 (Symbolon 32).

[2] Pour une description détaillée de ce manuscrit, Clara Auvray-Assayas: Qui est Hadoard? Une réévaluation du manuscrit Reg. Lat. 1762 de la Bibliothèque Vaticane, dans: Revue d'Histoire des Textes n.s. 8 (2013), 307–338.

[3] Le point de vue exprimé par Charles Beeson (The Collectaneum of Hadoard, dans: Classical Philology 40 [1945], 201–222) résume avec netteté celui de ses prédécesseurs depuis Paul Schwenke qui a donné une édition partielle du florilège (Des Presbyter Hadoardus Cicero: Excerpte nach E. Narducci's Abschrift des Cod. Vat. Reg. 1762, dans: Philologus, Supplementband 5 [1889], 399–588): „The Collectaneum is the result of a dilettante's concern with the philosophy of Cicero" (222).

deux manuscrits corrigés l'un à l'aide de l'autre, son „manuscrit-source".[4] Or, comme je l'ai indiqué ailleurs, l'étude textuelle des extraits transmis par le florilège ne permet pas de confirmer les hypothèses précédemment avancées selon lesquelles l'auteur travaille à partir de manuscrits carolingiens: d'après le type des fautes commises et les variantes uniques on peut déduire que le manuscrit Reg. lat. 1762 est la copie, elle-même issue d'une copie fautive, d'un ensemble plus important remontant au plus tôt à l'époque de Martianus Capella, plus vraisemblablement à la génération de Boèce.[5] Ainsi réévalué, le florilège transmis fournit un témoignage qui n'a pas d'équivalent sur les pratiques de lecture et d'interprétation de l'œuvre philosophique de Cicéron: j'en donnerai ici quelques exemples en privilégiant l'étude de trois chapitres où le travail de sélection et d'agencement des thèmes philosophiques est le plus approfondi.

Tel qu'il est copié dans le manuscrit carolingien, le florilège comprend un ensemble de dix-neuf chapitres suivi de très larges extraits de Macrobe et des exposés d'arithmétique et de géométrie empruntés à Martianus Capella;[6] le fait que, parmi les dix-neuf chapitres constitués d'extraits de Cicéron un seul, sans mention d'auteur, emprunte à Macrobe,[7] permet de supposer que l'ensemble des œuvres cicéroniennes utilisées a été rassemblé ou du moins préservé grâce à Macrobe ou à son cercle. D'autre part, le recours aux *Noces de Philologie et de Mercure* fixe une date postérieure à Macrobe pour la constitution de l'ensemble et semble l'orienter selon des préoccupations didactiques.[8] Tous ces éléments qui permettent de préciser l'environnement intellectuel dans lequel le travail de composition a été réalisé doivent être pris en compte pour faciliter ensuite l'étude détaillée des chapitres du florilège consacrés à la divinité, à l'âme et à la sagesse.

Les dix-neuf chapitres qui composent le florilège cicéronien, première partie de l'ensemble transmis, empruntent aux œuvres suivantes: *De natura deo-*

---

[4] David Ganz: Corbie in the Carolingian Renaissance, Sigmaringen 1990 (Beihefte der Francia 20), 92–102.

[5] Pour tous ces points, voir le détail de l'argumentation dans Auvray-Assayas: Qui est Hadoard? (à la note 2).

[6] La répartition est la suivante: les dix-neuf chapitres occupent les folios 4r–155v; les longs extraits de Macrobe les folios 156r–213v; les brefs exposés empruntés à Martianus Capella occupent les folios 213v–224r, les deux derniers folios du manuscrit contenant la copie inachevée d'un choix des *Sententiae* de Publilius Syrus.

[7] Le chapitre XV qui a pour titre *De fabulis* est composé uniquement de deux extraits de la préface du premier livre du *Commentaire au Songe de Scipion* (1,2,6–11 et 13–18).

[8] Les exposés *De arithmetica* et *De geometria* sont débarrassés de la fiction allégorique et introduits par des définitions du sujet traité étrangères au texte de Martianus.

rum, Lucullus, Tusculanae disputationes, De diuinatione, Timaeus, De legibus, De fato, De officiis, Paradoxa, De amicitia, De oratore, De Senectute, Hortensius. Qu'il s'agisse d'un ensemble déjà constitué en corpus ou simplement des œuvres de Cicéron disponibles au même moment et dans le même lieu, trois remarques doivent être faites: aucun corpus ainsi composé n'est attesté ni dans la tradition indirecte ni dans les premiers témoins manuscrits;[9] les œuvres retenues pour ce florilège ne correspondent pas non plus au „programme" que Cicéron fixe dans la préface du second livre du *De diuinatione;*[10] les textes cicéroniens transmis ne sont pas plus complets que ceux des premiers témoins carolingiens, réserve faite de nombreuses variantes uniques,[11] et correspondent à ceux que nous connaissons aussi par Servius et Augustin:[12] il s'agit donc de textes qui ont déjà subi des accidents au cours de leur histoire ou qui sont restés inachevés ou retirés de la diffusion publique.[13]

Du point de vue de la transmission des textes, ce florilège fournit deux éléments nouveaux d'appréciation: il confirme la valeur de deux témoins carolin-

---

[9] La tradition indirecte ne mentionne que trois de ces œuvres comme un ensemble (*De natura deorum, De diuinatione, De fato*: Macr. Sat. 1,24,4) sans qu'on puisse déterminer si cela atteste un corpus ou reprend le regroupement fait par Cicéron lui-même; les dialogi mentionnés par Dioscore dans sa lettre à Augustin (epist. 117) et les libri Ciceronis dans la réponse de ce dernier (epist. 118) peuvent désigner les œuvres utilisées (fin., nat. deor., Tusc.) ou l'œuvre en général dont une partie seulement est discutée; dans quatre manuscrits carolingiens (Leiden, BdR, VLF 84 et VLF 86; Firenze, BML, San Marco 257; Wien, ÖNB 189) et un manuscrit du XIè (München, Universitätsbibl. 4 528) on trouve un „corpus" qui comporte, outre les trois œuvres mentionnées: *Timaeus, Paradoxa stoicorum, Lucullus, De legibus*. Les *Topica* sont présentes dans trois des quatre manuscrits.
[10] Cicéron (div. 2,1–4) mentionne en effet en un premier groupe: *Hortensius, Academica, De finibus, Tusculanae disputationes, De natura deorum, De diuinatione, De fato*; il cite en un deuxième temps: *De re publica, Consolatio, De senectute, Cato* pour revendiquer, en un dernier mouvement, le rattachement de ses livres de rhétorique à cette liste (*De oratore, Brutus, Orator*).
[11] Une liste partielle en est donnée dans Auvray-Assayas: Qui est Hadoard? (à la note 2), 326–332.
[12] Il s'agit de la définition du destin, parallèle à celle que donne Servius (Ad Aen. 3,376) mais moins complète et d'une citation de l'Hortensius qui recoupe presque intégralement (voir infra note 59) celle que donne Augustin dans le *De trinitate* (14,9,12).
[13] Le texte du *De oratore* utilisé est celui de la tradition des mutili; le *Lucullus* appartient à la première version des Académiques, retirée au profit de la seconde. Sur l'état d'inachèvement du *De legibus* voir la présentation synthétique des différentes hypothèses par Andrew Dyck (A commentary on Cicero, "De legibus", Ann Arbor 2004).

giens très peu diffusés[14] et, d'autre part, il permet de supposer la réunion à date ancienne et dans un environnement intellectuel précis d'un très grand nombre d'œuvres de Cicéron. Si le florilège n'aide pas à compléter des textes lacunaires, il reflète peut-être un état d'inachèvement qui remonte beaucoup plus haut, et sans doute à Cicéron lui-même;[15] mais surtout, par les pratiques de lecture dont il est le résultat, il invite à prendre en compte l'influence qu'ont pu avoir les études commentées de l'œuvre cicéronienne sur l'état du texte lui-même.[16]

Les titres des dix-neuf chapitres[17] semblent fixer dans un ordre cohérent les différentes étapes d'une formation[18] philosophique qui commence avec la divinité, le monde sensible, la nature humaine, l'âme, ses capacités, ses vertus et vices, la vie dans l'espace public et politique. Si deux brefs chapitres consacrés à la philosophie renforcent la visée protreptique de l'ensemble,[19] une autre perspective est ouverte avec le chapitre *De fabulis* qui emprunte à la préface du *Commentaire au Songe de Scipion* les réflexions méthodologiques sur l'usage du

---

14 Il s'agit de Leiden, BdR, VLF 86 (désigné B par les éditeurs) et de Firenze, BML, San Marco 257 (F): la proximité de leur texte avec celui du florilège explique pourquoi on a pu penser que le florilège était copié sur F lui-même copié sur B corrigé.

15 J'ai développé ce point dans: Which protohistory of the text can be grasped from Carolingian Manuscripts? The case of Cicero's De natura deorum, dans: Javier Velaza (éd.): From the Protohistory to the History of the Text, Francfort-sur-le-Main 2016 (Studien zur klassischen Philologie 173), 45–53.

16 Dans le cas du *De natura deorum* (Clara Auvray-Assayas: Diffusion et transmission du dialogue cicéronien De natura deorum: l'influence sous-estimée du néoplatonisme, dans: Académie des inscriptions et belles-lettres. Comptes rendues des séances 2016, 363–377), j'ai pu montrer que quelques passages difficiles ou peu compréhensibles s'expliquent si l'on isole des gloses néoplatoniciennes dans le texte.

17 *De diuina natura; de uniuersitate; de diuina prouidentia; de natura humana; de animi qualitate; de ratione; de diuinatione; de sapientia; de uirtute ac perturbationibus animi; de probabilitate ac rationabilitate humana; de uita beata; de amicitia; de oratore; de romana philosophia; de fabulis; de officiis; de honestate ac utilitate; commemoratio philosophiae; de senectute* (certains des titres énumérés ici dans l'ordre des chapitres sont plus longs dans le manuscrit et comportent des fautes qui s'expliquent par les différentes strates d'usages et de copies du florilège tardo-antique; la première partie de ces titres est sans doute celle qui correspond au projet d'origine).

18 L'importance quantitative des emprunts au *De officiis*, qui composent les chapitres XVI et XVII (au total 33 folios) s'explique sans doute par le souci de former des jeunes gens, comme Cicéron en fixe le projet pour son propre fils.

19 Le chapitre XIV: *De romana philosophia* et le chapitre XVIII: *Commemoratio philosophiae* empruntent respectivement deux et six extraits aux Tusculanes.

mythe en philosophie.[20] L'insertion de ce chapitre au sein d'un ensemble cicéronien incite à relire les chapitres consacrés à la connaissance du divin, du monde et de l'âme à l'aide des enseignements de Porphyre, source du développement de Macrobe. Il faut en outre remarquer que les principes herméneutiques formulés par Macrobe en introduction à son exégèse du *Songe de Scipion* ne peuvent s'appliquer qu'à un seul texte du florilège, le *Timaeus*: or c'est le seul texte à être cité presque intégralement dans un chapitre qui lui est tout entier consacré.[21] On doit donc prendre en compte l'influence de Macrobe dans la constitution de cette mise en chapitres de la philosophie cicéronienne.[22]

Les larges extraits du *Commentaire au Songe de Scipion* qui suivent le florilège cicéronien donnent une idée plus précise de la perspective dans laquelle l'ensemble a été agencé: le texte de Macrobe est dépouillé de ce qui pourrait faire redite par rapport aux extraits cicéroniens[23] et surtout il ne comporte plus les traits stylistiques caractéristiques d'un commentaire. Les développements de Macrobe sont ainsi livrés comme autant de leçons qui visent l'efficacité didactique pour fournir des éléments essentiels d'arithmologie, d'astronomie, de musique et de géographie. Seul un passage du texte de Cicéron est conservé dans les extraits du *Commentaire* et ce choix paraît très significatif: il s'agit de la traduction de l'argument, qui déduit l'éternité de l'âme de son automotricité, tel que Platon l'a formulé dans le *Phèdre*.[24] Or parmi toutes les citations textuelles que Macrobe choisit pour articuler les différents moments de son commentaire, c'est la seule qui montre aussi nettement ce que Cicéron doit à Platon. Se trouvent ainsi confirmés les principes néoplatoniciens qui ont guidé l'élaboration des extraits de Cicéron et ceux de Macrobe.

Un même souci de marquer la primauté de Platon peut expliquer l'agencement des deux importants extraits des livres VI et VII de Martianus

---

20 Les deux extraits (1,2,6–11 et 13–18) mettent en évidence la classification discriminante des différents types de fabulae et leur usage limité, comparé au voile nécessaire à la protection des secrets de la nature et des mystères.
21 Sous le titre *De uniuersitate quae percipi mente sensuque corporis queunt* (sic), le deuxième chapitre du florilège donne le texte de Cicéron: les six passages omis (4,12; 6,17–19; 6,20–21; 9,30; 11,38; 11,41) peuvent l'avoir été au moment où l'ensemble primitif a été l'objet de remaniements.
22 On peut ainsi se demander si la citation du *De fato* qui recoupe celle de Servius est due à Macrobe, qui fut sans doute dans le premier cercle de la diffusion du commentaire servien.
23 C'est le cas de la paraphrase que Macrobe donne du *Timée* (1,6,25–33) et du petit traité de diuinatione (1,7,1–9) redondant par rapport aux extraits du dialogue cicéronien utilisés dans le chapitre VII: *De diuinatione fatosorteque* (sic) *ac somniis*.
24 Macrobe 2,13,5.

Capella: il est en effet remarquable que l'ordre de présentation n'est pas celui qu'a adopté Martianus Capella mais l'ordre inverse, qui accorde la première place à l'arithmétique suivant la hiérarchie fixée par Platon.[25]

Si tous ces éléments autorisent l'attribution du florilège cicéronien à un milieu néoplatonicien, il est difficile d'être plus précis. En outre, les problèmes liés aux chronologies relatives et peu fixées de Macrobe et de Martianus Capella[26] rendent encore plus incertaine une datation pour l'ensemble. Enfin, il faut sans doute supposer des strates distinctes dans la constitution d'une véritable encyclopédie dont il ne reste qu'une partie.[27] Une hypothèse pourrait être néanmoins formulée: Boèce, cicéronien et néoplatonicien, est le premier à citer Macrobe dans l'Antiquité, ce que ses liens étroits avec la famille des Symmaque peuvent aisément expliquer.[28] Or le texte de Macrobe transmis dans cet ensemble comporte des leçons qui le distinguent de toute la tradition et confirment sa valeur.[29] D'autre part, concernant l'ordre adopté dans la présentation des extraits de Martianus Capella, on sait que Boèce revendique l'ordre platonicien dans son *Institution arithmétique*.[30] Enfin, s'il est établi que Boèce a lu et sur un certain plan imité l'œuvre de Martianus Capella, ce n'est déjà plus le cas de Cassiodore, son successeur, qui fait en vain rechercher le texte par les moines de Vivarium.[31]

On se gardera d'aller plus avant: les altérations qu'a subies le florilège au cours de sa transmission ne permettent pas de recourir à des comparaisons qu'on voudrait fonder exclusivement sur une base lexicale.[32] Ce qui mérite en

---

25 Rep. VII, 522c–531c.
26 Tandis que l'activité de Martianus Capella est diversement située entre 410 et 439 ou entre 496 et 523, celle de Macrobe oscille entre la dernière partie du IVè siècle et 430.
27 Le poème liminaire qui introduit le florilège comporte une „table des matières" annonçant des emprunts à Censorinus, absents dans le manuscrit carolingien (voir Auvray-Assayas: Qui est Hadoard? [à la note 2], 332–336).
28 *In Isagogem Porphyrii commentaria*, p. 31 Brandt; on sait que le beau-père de Boèce, le Symmaque consul en 485, a „édité" le *Commentaire au Songe de Scipion* tandis que le père de ce dernier, consul en 446, était le dédicataire de l'œuvre de Macrobe *De verborum graeci et latini differentiis uel societatibus*.
29 Voir l'article mentionné note 2, 317–318; le fait que la citation que donne Macrobe de l'argument de l'automotricité de l'âme donne le texte du *De re publica* et non celui de la première Tusculane laisse penser que le florilège a utilisé la version non corrigée du texte de Macrobe.
30 1,1,8–12.
31 Cassiod. inst. 2,3,20.
32 Les nombreuses occurrences de termes post-cicéroniens sont difficiles à exploiter tant la terminologie philosophique devient commune (e.g. *Deitas, essentia*) et difficilement datable: un vocabulaire fortement augustinien peut avoir été substitué après l'époque de la composition du florilège compte tenu de sa suprématie dans la culture monastique.

revanche de retenir l'attention, c'est le travail de sélection et d'agencement des extraits d'œuvres qui reflète, avec une bien plus grande fiabilité, des pratiques de lecture et d'interprétation.

Trois chapitres résultent d'une lecture particulièrement approfondie de l'œuvre cicéronienne: le premier, consacré à la *diuina natura*, le cinquième, *de animi qualitate* et le huitième, *de sapientia*. On verra comment, dans chacun de ces véritables exposés, Cicéron est interprété et commenté à l'aide de Cicéron, selon une démarche qui fait alterner affirmations théoriques et rappels des limites de la connaissance humaine.

Les cinquante-cinq extraits qui composent le premier chapitre s'ouvrent sur la mention du désaccord des savants concernant l'*essentia uel natura deitatis*: les divers emprunts au *De natura deorum* sont approfondis grâce au recours au *Lucullus*.[33] Mais la difficulté de la question, due aux limites de la connaissance humaine, ne doit pas empêcher la recherche: le constat, extrait du premier livre des *Tusculanes*, que l'*opinio dei* est commune à tous les hommes, doit faire entendre la *uox naturae* et inciter à prolonger les enseignements de la nature par ceux de la raison.[34] Et si l'accès à la vérité est impossible, l'homme peut néanmoins atteindre les joies de la contemplation, véritable vision mentale.[35] Dans cette perspective, le développement épicurien du *De natura deorum* est présenté, sans mention d'auteur autre que *quidam dicunt*, comme ce qui permet d'articuler le mieux l'idée de la prénotion „sculptée en nous par la nature" et la vision mentale qui procure le plus grand plaisir.[36] Une confirmation de ce mouvement, qui mène de la prénotion à l'élaboration du contenu de celle-ci, est donnée par le recours aux quatre causes qui expliquent la formation de la notion de dieu selon Cléanthe, dont le nom a également disparu au profit du vague *quidam*.[37] La quatrième de ces causes, l'inférence qui nous fait conclure de la régularité du mouvement des astres à l'existence d'un principe divin qui les régit, introduit un développement plus complexe sur les capacités de la *mens* à comprendre ce qu'est dieu: c'est seulement quand elle est libérée des sens qu'elle peut connaître ce qui n'est que pure *mens*.[38] Aussi faut-il rejeter, en reprenant une partie de la doxographie polémique épicurienne du *De natura deo-*

---

33 Cic. nat. deor. 1,1–5/Cic. Luc. 117–118; 126–129. Ne seront données ici que les références principales et non le découpage extrait par extrait que P. Schwenke propose (article cité note 3).
34 Cic. Tusc. 1,30; 35.
35 Cic. nat. deor. 1,12; Cic. Luc. 127.
36 Cic. nat. deor. 1,44; 45; 49; 50; 51; 54; 56.
37 Cic. nat. deor. 2,13–14.
38 Cic. Tusc. 1,66.

rum, tout ce qui associerait le divin à des éléments corporels:[39] la critique des thèses d'Alcméon et de Pythagore annonce celle de la *fabrica* du monde décrite dans le *Timée* et de toutes les formes données au divin, y compris l'*imago* du dieu éternellement réjoui des épicuriens.[40] Enfin, la disqualification de toutes les conceptions répertoriées, depuis celles des premiers philosophes jusqu'aux étymologies des stoïciens, s'achève sur la distinction qu'il convient de faire entre religion et superstition pour garantir les conditions du culte le plus respectueux du divin.[41]

La composition du chapitre cinq, *de animi qualitate*, pour être plus simple, confirme les orientations relevées dans l'étude du premier chapitre: tous les emprunts faits au premier livre des *Tusculanes* concernent la survie de l'âme après la mort et sont conclus par les arguments, attribués à Carnéade dans le *De natura deorum*, par lesquels est réfutée la possibilité qu'un corps soit immortel.[42]

Les vingt et un extraits suivent à trois exceptions près[43] l'ordre de l'exposé de Cicéron entre le paragraphe 18 et le paragraphe 75: après une très brève mention de la *dissensio* qui règne sur la nature, la localisation et l'origine de l'*animus*, suit une doxographie qui se limite à Platon et à Aristote, explicitement cités, tandis que les opinions d'Empédocle, de Zénon, d'Aristoxène et de Dicéarque sont évoquées sans nom d'auteur.[44] La difficulté de la question est par deux fois mise en relief: une première fois, par le rappel que la connaissance du vrai est réservée au dieu seul, une seconde, par l'injonction faite aux philosophes qui prétendent savoir à reconnaître leur ignorance.[45] L'exposé sur la nature de l'*animus* peut alors progresser, à partir de l'élimination des thèses de Xénocrate, d'Aristoxène et de Démocrite, non cités, pour déployer la description de la vie de l'âme dans le lieu conforme à sa nature.[46] Le pouvoir qu'a l'âme de se connaître lui fait savoir que sa capacité à se mouvoir d'un mouvement propre garantit son éternité. Ses autres compétences, mémoire, invention, réflexion, prouvent son origine divine: si l'âme ne peut se voir elle-même, elle peut se

---

39 C'est donc en fonction du texte des *Tusculanes* 1,66 qu'est organisée la série d'emprunts au *De natura deorum*: 2,15; 86; 155; 47; 44–45; 26; 3,64 et au *Lucullus* 58; 142.
40 Cic. nat. deor. 1,19; 114.
41 Cic. nat. deor. 1,22–25; 25–27; 3,38–39; 61; 2,63–65; 66–67; 3,62; 2,67–69; 70–73.
42 Cic. nat. deor. 3,29–34.
43 Trois passages sont cités à une place qui n'est pas celle du texte cicéronien: 1,59–60 (entre 24 et 41); 1,50 (entre 71 et 75); 1,56 conclut l'ensemble après 75.
44 Cic. Tusc. 1,18; 19; 20; 22; 23.
45 Cic. Tusc. 1,23; 60.
46 Cic. Tusc. 1,41; 42; 43–45; 46.

reconnaître à ses œuvres comme on voit dieu dans la beauté du monde.[47] Et s'il est difficile à certains de saisir ce que peut être l'âme séparée du corps, l'expérience de la séparation de l'*animus* loin des contraintes politiques et sociales en donne pourtant un exemple, parmi tous ceux que peut fournir le long entraînement qu'est la *commentatio mortis*.[48] En revanche, si l'âme n'est rien d'autre que ce qui permet à l'homme de vivre, en quoi se distingue-t-il de la plante ou de l'animal? L'âme ne peut donc être définie par sa relation et ses liens avec le corps.[49]

Le chapitre *de sapientia* s'ouvre par une définition et un éloge de la sagesse empruntés au *De officiis*.[50] Les extraits du *De natura deorum* qui suivent mettent en valeur la difficulté de la pratique de la philosophie telle que Cicéron la revendique, qui semble „ôter la lumière" et exiger une maîtrise parfaite de l'interconnexion de tous les sujets.[51] A cela s'ajoute la nécessité d'écrire la philosophie en suivant les critères esthétiques de l'éloquence, comme le rappellent les préfaces des deux premiers livres des *Tusculanes*.[52] L'efficacité de la philosophie comme médecine de l'âme n'est toutefois pas entièrement prouvée, à en juger par le nombre de philosophes de profession dont la vie s'accorde mal avec la doctrine: c'est que tous les champs ne bénéficient pas également de la culture de l'âme qu'est la philosophie.[53] Mais le plus important enseignement de la philosophie est que la vertu se suffit à elle-même pour atteindre la vie heureuse.[54] L'éloge de la philosophie, guide et source de vie, extrait de la préface au cinquième livre des *Tusculanes*[55] est immédiatement suivi d'une longue série d'emprunts au *Lucullus*: les extraits suivent à une exception près l'ordre du texte entre le paragraphe 5 et le paragraphe 132 et restituent dans toute sa complexité le débat qui oppose le représentant des thèses d'Antiochus et Cicéron. L'importance accordée à la question centrale du *Lucullus*, les conditions de possibilité de la connaissance et les conceptions de la sagesse qui en découlent, donne toute sa portée à la résolution affichée dans le cinquième livre des *Tusculanes* de dépasser le *dissensus*: c'est donc après l'évocation du désaccord entre les philosophes dans le *Lucullus* que se succèdent, tirées de la cinquième *Tuscu-*

---

[47] Cic. Tusc. 1,52; 54; 61; 65–66; 67–71.
[48] Cic. Tusc. 1,50; 74; 75.
[49] Cic. Tusc. 1,56; Cic. nat. deor. 3,29–34.
[50] Cic. off. 2,5; 6.
[51] Cic. nat. deor. 1,6; 7; 9.
[52] Cic. Tusc. 1,6; 7; 2,8.
[53] Cic. Tusc. 2,11–13.
[54] Cic. Tusc. 5,1; 2; 4.
[55] Cic. Tusc. 5,5–7; 8.

lane, les affirmations concernant les qualités du sage et la sérénité qu'il retire de la contemplation.[56] Fondée sur la reconnaissance de ses liens avec la *mens* divine, la *cognitio* du sage se déploie sur tous les domaines d'étude de la philosophie et dans les vertus que la vie publique met à l'épreuve.[57] Le dernier extrait du chapitre, une citation de l'*Hortensius* connue également par Augustin,[58] permet toutefois de rétablir la primauté absolue de la *sapientia*, associée à la *cognitio naturae* ou définie comme telle, seule véritablement divine.

Ces trois chapitres révèlent une lecture approfondie de Cicéron: si l'agencement même des extraits tend à faire ressortir tout ce qui, depuis Plotin au moins, est privilégié dans le corpus platonicien, la dynamique propre à la démarche cicéronienne est remarquablement utilisée. Les extraits soulignent ainsi la tension que suscite chez le philosophe romain le constat des limites de la connaissance humaine tandis qu'il évoque si souvent l'aspiration de l'âme à s'élever au-dessus de ces limites mêmes. D'autre part, l'étroite imbrication entre elles des trois œuvres conçues presque à la même période mérite attention: elle reflète sans aucun doute une lecture très fine des réflexions menées par Cicéron sur les conditions d'accès à la connaissance purement mentale mais elle s'explique peut-être aussi par un regroupement de ces textes, matériel autant qu'intellectuel. Ce contexte, où la lecture commentée des *Tusculanes* occupe une fonction centrale et prend appui sur le *Lucullus* et le *De natura deorum*, pourrait également éclairer le passage de l'*Hortensius* autrement que ne le fait son utilisation par Augustin:[59] placé en clôture de chapitre, il marque l'aboutissement d'une vie philosophique qui rejoint la béatitude divine en se dépouillant des vertus nécessaires seulement à la vie parmi les hommes.

D'après ces prolégomènes à une étude d'ensemble du florilège, on peut voir l'intérêt qu'il présente pour la connaissance de la transmission et de la réception de Cicéron. Il témoigne en effet de pratiques d'interprétation très peu documentées et qui diffèrent de celles du commentaire et de la citation dont elles sont le substrat méconnu.

---

56 Cic. Luc. 134–135; Cic. Tusc. 5,48; 31; 40; 44; 53–54.
57 Cic. Tusc. 5,71; 4,37; 5,72.
58 Aug. trin. 14,9,12.
59 Le texte transmis par Augustin donne *scientia* et non pas *sapientia*, comme le Reg. lat. 1762, pour la phrase *una igitur essemus beati cognitione naturae et scientia qua sola etiam deorum est uita laudanda*. (*De trinitate*, ed. W. J. Mountain: CCSL 50/50A, 1968): il n'est pas impossible, compte tenu de la hiérarchie établie par Augustin entre *scientia* et *sapientia* au profit de cette dernière, attribut divin, que le texte cité dans le *De trinitate* ait subi une modification sur ce seul point. D'après le commentaire qu'Augustin fait de ce texte après l'avoir cité, on peut constater que son usage est limité à fournir un point d'appui, vite dépassé par une reprise critique.

Index

Accius 2
Actium 32, 488
Aelius Aristides 232f.
Aemilius Paullus 53
Afranius 288
Agesilaos 161
Agrippina die Jüngere 105, 206
Ägypten 47f., 27
Alexander d. Gr. 161
Alexandria 16, 45, 47, 50, 53, 58f., 142, 195, 291, 486f.
Alkmaion 500
Amphion 63
Anaxagoras 201, 240
Antiochos III. 480
Antiochos von Askalon 8, 20, 34, 64, 139ff., 145ff., 306, 501
Antistius Sosianus 206
Antonius, M. 32, 215f., 270, 279, 288, 352, 487
Aper, M. 170, 214
Apollodoros von Athen 59f.
Apollodoros von Seleuka 238
Appius Claudius Caecus 1f.
Archelaos 161
Archias 64
Aristarch 45, 47, 54, 58f.
Aristippos von Kyrene 240
Ariston von Askalon 142
Ariston von Keos 157f., 161, 167, 169, 194, 209
Aristonikos 58
Aristophanes 479
Aristoteles 9, 20, 26, 32, 56, 58, 61, 67, 79, 81, 146, 148, 177, 182, 193f., 197, 222ff., 234, 236, 244, 246, 250f., 253, 255f., 258, 269, 290, 338f., 342, 356, 377, 379, 390, 398, 417, 429, 457, 473ff., 480, 489, 500
Aristoxenus 500
Arkesilaos 140, 202, 297f., 307, 319, 322
Arrian 126, 354
Asicius, P. 275

Athen 3, 44, 49, 52f., 59, 64, 139ff., 147, 160f., 191, 195, 232, 432
Athenodoros Calvus 56
Athenodoros Kordylion 56
Attalos (Lehrer Senecas) 366
Attalos I. 54
Attalos II. 44f., 47, 59f.
Atticus, Ti. Pomponius 25, 73, 77, 140, 144, 166, 203, 210, 262, 270, 272ff., 281, 293, 314, 316
Augustinus, Aurelius 2, 25f., 39, 184, 252, 285, 301ff., 305, 316f., 319ff., 447, 495, 502
Augustus 1, 110, 212, 258, 368, 373f., 379, 480

Babylon 49, 54, 58f., 153, 232f.
Balbus, Q. Lucilius 88f., 142
Bassus, Aufidius 420, 424
Boethius, Anicius Manlius Severinus 340, 493f., 498
Britannien 487
Brundisium 272
Brutus, M. Iunius 142, 265, 269

Caecilius Statius 287
Caelius Rufus, M. 275
Caesar, C. Iulius 4, 25f., 37, 144, 151, 261, 266, 269, 272ff., 282, 289, 297, 299, 303, 487
Caligula, C. Iulius (Kaiser) 105, 487
Camillus, M. Furius 72f.
Caninius Gallus, L. 277
Cassiodorus, Fl. Magnus Aurelius 498
Cassius Dio, L. Claudius 106, 204, 207, 481
Cassius Longinus, C. 206, 265
Catilina, L. Sergius 26
Catius Insuber 2, 316
Cato der Ältere 2f., 16, 43, 60f., 72, 77, 84, 87, 89, 143, 147, 196, 199, 201, 229f., 232f., 235
Cato der Jüngere 56, 72, 94, 147, 207, 277
Catulus 64
Charmadas 187, 352

Chrysippos von Soloi 50, 55, 57, 109, 231, 290, 332f., 361, 368, 392, 395, 398, 430f., 438, 442f., 445, 451
Cicero, M. Tullius 1f., 5ff., 17, 19f., 22ff., 32, 34ff., 44, 49, 59, 62, 67ff., 81ff., 93f., 99ff., 110, 112ff., 121f., 124, 131, 139ff., 151, 154, 166ff., 170f., 175f., 184ff., 189, 194f., 198ff., 203, 210f., 215f., 218, 220f., 226, 228, 230, 240f., 244f., 249ff., 269ff., 285f., 288f., 291ff., 295ff., 305, 307ff., 313ff., 319ff., 323, 327ff., 332ff., 338ff., 342ff., 351f., 361, 366, 375, 380, 388ff., 397f., 415f., 419, 482, 493ff., 499ff.
Cicero, Q. Tullius 4f., 25, 76f., 88, 140, 273, 275, 281
Cinna, Gn. Cornelius 64, 373, 379
Claudius, Tib. Drusus (Kaiser) 112, 277, 368
Clemens von Alexandria 389, 393f.
Clodius Pulcher, P. 26, 185, 206, 274f.
Coruncanius, Tib. 201
Cossutianus Capito 206
Cotta, C. Aurelius 89, 175
Crassus, L. Licinius 10, 200, 202ff., 215f., 223, 237, 278, 279
Crassus, M. Licinius 25, 272, 277, 344
Cremutius Cordus, Aulus 358, 368
Curiatius Maternus 207

Demetrios von Phaleron 73, 143, 161, 194f., 205ff., 213
Demokrit 126, 201, 500
Demosthenes 140, 185, 240
Dikaiarchos 203, 500
Diodor 194, 198
Diogenes Laertios 43, 50, 54, 56, 289, 366, 430
Diogenes von Babylon 49, 54f., 58f., 232f.
Diogenes von Oinoanda 178, 241
Diogenes von Sinope 205, 376
Dion Chrysostomos 50, 187
Dion von Syrakus 159ff., 211
Dionysios von Halikarnassos 224
Domitianus, Ti. Flavius (Kaiser) 205, 214f., 238, 246

Egnatius Celer, P. 208

Empedokles 15, 157, 500
Ennius, Q. 1, 45, 51
Epiktet 104, 126, 205, 207ff., 212, 220, 291, 354, 415, 431
Epikur 2, 5f., 10, 20, 92, 117, 119, 129, 132, 177ff., 185, 240f., 332, 366, 371, 375, 380, 391, 402, 416, 418, 424
Eumenes I. 47
Eumenes II. 44, 47f., 54
Euphrates 210
Euripides 30, 159, 161, 407, 428ff., 446ff., 450, 461f.
Eustathios 56

Fabricius Luscinus, C. 201
Favorinus Eulogius 493

Gabinius, A. 293
Gadara 151, 153
Galba, Ser. Sulpicius 209, 235
Galenos von Pergamon 212, 225, 291, 342, 430, 442
Gallien 282
Gallio Annaeanus, L. Iunius 358, 375, 378
Gallus, C. 64
Gellius, Aulus 210, 387
Gorgias von Leontinoi 132, 184, 187, 189, 191, 201, 243, 252, 255
Gracchus, C. Sempronius 196, 199
Gracchus, Tib. Sempronius 196, 199
Griechenland 9, 100, 139, 141, 147, 274, 398, 435, 474, 486
Grillius 262f.
Gyaros 206

Hekaton von Rhodos 392, 395, 400f.
Helvia 358, 362f., 367ff.
Herculaneum 151
Herennius Senecio 230
Hermagoras von Temnos 194, 211, 228, 239, 245
Herodes Atticus 210
Herodot 163, 166, 178
Hesiod 55
Hieronymos von Rhodos 194
Hippias 161, 164

Hippolytus 433, 435f., 439ff., 444, 447, 449ff., 456f.
Homer 48, 50f., 55, 57, 59
Horatius Cocles 69, 79
Horatius Flaccus, Q. 14f., 19, 34f., 63, 115ff., 130ff., 241
Hortensius, Q. 72, 145, 279, 495, 502

Isidor von Sevilla 53
Isokrates 23, 189, 191f., 194, 197f., 201, 233

Johannes Lydos 46ff.
Jugurtha 486

Kalbenos Tauros, Lukios 244
Kallikles 190, 237, 243
Kallimachos 180
Karneades 2, 16, 43, 49, 52, 59, 61, 63f., 141, 176, 187, 202, 232, 235, 259, 300, 328, 500
Karthago 480
Kleanthes 332f., 499
Kleitomachos 44, 300
Kleon 190
Kleopatra 32, 487
Korax 191
Krates von Mallos 16, 33, 43ff., 50ff., 60f., 63f.
Kritikos 53ff., 58, 64
Kritolaos 43, 194
Kyrene 54

Laelius, C. 25, 49, 68, 71f., 76, 78, 87, 89, 94, 145, 167f., 170, 196, 199, 251, 253, 255, 280, 390f.
Lactantius, Caelius Firmianus 296f.
Lakydes von Kyrene 44, 53f.
Lentulus Spinther, P. Cornelius 275f.
Libanios 185, 212
Livia Drusilla 64, 373
Livius Andronicus 45, 64
Livius, Ti. 44
Lollia Paulina 487
Lucilius, C. 1, 117, 132
Lucilius Iunior 109, 358, 362ff., 367ff., 391, 393, 403ff., 409, 411, 420, 422ff., 448

Lucullus, L. Licinius 20, 27, 64, 141f., 144, 147, 297, 299, 303, 307, 313, 319, 321f., 495, 499ff.
Lucretius Carus, Ti. 2, 4f., 9ff., 14f., 21, 27f., 35, 51, 117, 121, 132, 167, 175ff., 180f., 186f., 240, 308, 347, 379f.
Lykon 53f., 158
Lykurg 201
Lysandros 161
Lysias 191

Macrobius, Ambrosius Theodosius 32, 493f., 497f.
Maecenas 119ff., 128, 131
Mallos 16, 43ff., 54f.
Marcus Aurelius 4ff., 11f., 184, 212
Marcia 6, 358, 362, 365, 367f., 418, 431, 441
Marcius Barea Soranus, Q. 208
Marius Victorinus, Cl. 493
Martianus Capella, Minneus Felix 32, 493f., 498
Maximos von Tyros 212
Medea 428ff., 434, 436f., 452, 458f., 466
Memmius, C. 176f.
Metellus Scipio, Q. Caecilius 281
Metrodoros von Athen 53
Metrodoros von Lampsakos 366, 394
Milo, Ti. Annius 185, 281
Mithridates VI. 3, 139, 141, 280
Mucianus, C. Licinius 204f.
Munatius Plancus, L. 488
Musonius Rufus, C. 206ff., 211f., 291, 354, 389
Mytilene 190

Nero 4, 100f., 112, 206, 209, 374f., 383, 423
Nikopolis 205
Numa Pompilius 2, 64

Octavia Minor 368
Odysseus 51, 202
Oropos 52
Orpheus 63

Pacuvius 287f.
Panaitios 11, 54f., 59, 64, 103, 113, 121, 139, 380, 390, 392, 398, 407, 459

Papirius Carbo Arvina, C. 288
Parmenides 189
Parthenios von Nikaia 64
Pergamon 16, 44, 47f., 50, 52ff., 56, 59, 64
Periander von Korinth 289
Perikles 201, 211, 240
Perseus 3, 53
Phaedra 30, 427, 431ff., 446ff., 456ff.
Philippus, L. Marcius 278
Philodemos 10, 20, 34, 51, 58, 117, 139, 142, 151ff., 160ff., 212, 232, 241
Philometoros 54
Philon von Larissa 8, 139f., 200, 296, 371
Philus, L. Furius 87, 89, 145, 259
Piso Caesonius, L. Calpurnius 63, 140, 143, 146, 148, 151f., 277, 294
Pittakos 201
Platon 7, 9, 20, 24, 36, 56, 79, 126, 129, 132, 134f., 140, 145f., 148, 159, 161, 166, 176ff., 181ff., 190f., 193, 199, 202, 214, 217, 236, 238, 240, 244, 250ff., 255f., 258f., 261f., 265, 271, 276, 290, 305, 329, 348, 396, 398, 409, 417, 428f., 497, 500
Plautus 286, 288
Plinius, C. d. Ä. 31f., 39, 47, 471ff., 480ff.
Plotin 502
Plutarch 46, 48, 58, 60f., 63, 142f., 147, 159, 161, 166, 211, 241f., 290f., 297f., 354, 395, 477
Polybios 44, 52, 139, 122, 250, 271, 255f.
Polybius, C. Iulius 358, 361, 365, 368
Pompeius Magnus, Cn. 25, 60, 266, 269, 272ff., 279ff., 344, 480ff., 488
Poppaea Sabina 206
Porphyrios 497
Poseidonios 51, 55, 60, 198, 200, 240, 246, 459
Protagoras 61, 197, 252, 429
Ptolemaios Philometor 54
Ptolemaios VIII. 59
Pydna 3, 44
Pyrrhon 240, 292, 328
Pyrrhus 161, 478, 480
Pythagoras 2, 64, 157, 201, 407, 500
Pythokles 178

Quintilian, M. Fabius 22, 35, 176, 185f., 189, 194f., 203f., 210, 213ff., 226ff., 232ff., 242ff., 350, 387

Regulus, M. Atilius 69, 110, 230
Rhodos 3
Rom 1ff., 23, 32ff., 37ff., 43ff., 56, 58ff., 63f., 67ff., 78, 87, 92, 99ff., 103ff., 116ff., 124, 139, 141f., 144, 146f., 151, 163, 167, 177, 205, 207, 233, 249ff., 253, 256ff., 262ff., 269, 271ff., 277, 279ff., 287, 291f., 297, 329, 339, 374, 388, 391, 398, 435, 473f., 478, 480f., 485ff., 489
Romulus 1, 38, 78, 83, 256
Rutilius Rufus, P. 226, 352

Scipio Aemilianus Africanus, P. Cornelius 25, 49, 64, 72, 76f., 78f., 84, 87, 89, 94, 143, 145, 196, 199, 201, 253, 255f., 259, 261ff., 265, 280f.
Scipio Nasica, P. Cornelius 73
Seneca Rhetor 358
Seneca, L. Annaeus 5f., 8, 10ff., 17, 19, 26ff., 34ff., 38, 67ff., 85, 90ff., 100ff., 105ff., 110f., 113f., 184, 186, 206f., 211f., 221, 224, 230, 241, 244f., 280, 285f., 301, 349ff., 387ff., 391ff., 427, 431ff., 456, 458ff., 481, 483, 486
Servilius Ahala, C. 73
Servius Tullius 257
Sextius, Q. 4f., 351
Sextus Empiricus 57f., 140, 176f., 180ff., 186, 291f., 307, 312
Sizilien 52, 160, 406
Sokrates 4, 19, 34, 129, 134f., 157, 161, 166, 182ff., 188, 190f., 202f., 209, 220, 232, 237, 240, 243, 259, 290, 313, 376, 409, 428f., 457
Solon 199, 201
Stobaios, Iohannes 209, 217, 371, 401
Strabon 51, 55f., 147
Styx 450
Suetonius Tranquillus, C. 44ff., 52, 58, 60f., 64, 204, 487
Suillius Rufus, P. 359
Sulla, L. Cornelius 139ff., 147, 196, 279
Sulpicius, Ser. 263

Sulpicius Rufus, P. 263, 278

Tacitus, P. Cornelius 4, 105f., 206ff., 359, 371, 387
Tarquinius Superbus, L. 79, 167, 250, 256
Tarsus 56
Teisias 191
Terentius Afer, P. 288
Theben 63, 211
Themistios 212
Themistokles 201
Theophrast 140, 146ff., 152, 180, 193ff., 244, 269
Theramenes 201
Theseus 435, 440f., 445, 451, 454, 460f.
Thrasea Paetus, P. Clodius 206
Thrasymachos 189, 201
Thukydides 190
Tiberius, C. Augustus 201, 207
Timokrates 54
Titus, Vespasianus Augustus 209

Torquatus, L. Manlius 75, 89, 124
Tubero, Q. Aelius 94, 145, 352, 423
Tusculum 147, 327

Valerius Maximus 161, 242
Varro, M. Terentius 9, 46f., 51, 61, 142, 145, 299, 303, 313f.
Vatinius, P. 275, 277
Velleius, C. 89, 175
Vergilius Maro, P. 15, 51ff., 64, 117, 241, 310
Vespasianus, T. Flavius 4, 204f., 207, 209
Volsinii 209

Xenokrates 500
Xenophon 244
Xerxes 161

Zenon von Kition 50, 56, 86, 231, 238, 242, 291, 305ff., 309, 311, 313, 317ff., 334, 389, 391, 398f., 438, 500
Zeus 58, 197

Index locorum

Aelius Aristides

Or.
28,102   232

Techn. rhet.
394–399   62

Aëtios

plac.
4,8,12   309
4,9,4   309

4,9,17   306
4,12   308

Alkinoos

Didaskalikos
24,3   430

Ammianus Marcellinus

30,4,10   263

Aristoteles

cael.
136a34–137a3   259

cat.
1b25–2a4   246

eth. Nic.
1116a,7–9   290
1140a21–22   224
1150b19   290
1166a31–32   390

hist. an.
1,6,491a7–14   472
9,1,610a15–19   477
9,46,630b19–21   478

phys.
2,4,195b,31–33   287

pol.
1253a9–18   197
8,6,1341a   61

rhet.
1354a   223
1354a3–6   193
1355b25–26   67
1356a   193
1356a8–13   234
1417b21–27   246

top.
114b38–115a14 342

3,2–3,118a 182
8,14,163a36–163b16 185

Arrian

Epict.
2,26,1–4 411

Augustinus

c. acad.
2,5,11 319, 320, 321, 322
2,6,14 321
2,7,19 301
2,9,22 321
3,3,5 321
3,4,9 302
3,9,18 322
3,9,21 321
3,10,23 317
3,10,23–11,26 317
3,11,24 322

3,11,25 322
3,11,26 322

conf.
8 447

epist.
117 493
118 493

trin.
14,9,12 493, 500

Boethius

In Porph. comm.
1,1,8–12 496

Caecilius Statius

v. 78 Ribbeck 287

Caesar

Gall.
5,28,3 289

Calpurnius Piso

frg. 38 (HRR i. 137) 63

Cassiodorus

inst. var.
2,3,20   496

Cassius Dio

39,38,2   479
61,10,3   106
65,13,1   205
65,15,5   205
66,13,3   207

Cato d.Ä.

ORF frg. 163   63

Chrysippos

7,187–188   57

Cicero

ac. 1
1,10–11   102
1,11   104
2,6   102, 104
5   2, 226
5,19   238
40–42   313
41   291, 309, 317
45   286, 298
137   232

ac. 2 (=Luc.)
9   303
18   309, 313, 318, 319, 320
31   299
40,58   308
42   307
58   498
68   286
76   303
77   307, 319, 320, 321
83   231
105   312, 322
108   297, 300, 309
110   321
111   321
112   307, 321
117–118   497
126–129   497
134–135   500
142   315, 498
148   329

ad Q. fr.
2,8   273
2,9,3   273

Att.
1,1   271
1,16,6   274
1,17,8   274
2,1,3   270
2,16,3   203
2,3   273
2,4   273, 274
2,4–2,17   273
2,17,1   273
2,18,1–2   274
2,18–2,25   274
2,19,2   274
2,19,2–3   274
2,20,3   274
2,20,5   274
2,21,1–5   274
2,22,5   274
2,22,6   274
2,23,2   274
2,25,1–2   274
4,5,1–3   273
4,8a,2   273
4,13,2   272
7,1,4   281
8,11,1   266
9,10,2   293
11,8,1   293
12,23,2   59
12,52,3   271

Brut.
25,4   294
81   237
107   237
113–122   352
114   226
121   240
123   237
292   166

Cato
15   201
27   201
43   201
77   260

de orat.
1,5   295, 195
1,20   228
1,24   278
1,33–36   198
1,83   352
1,102   68
1,209–215   279
1,213–215   279
1,262   278
2,37,155   60
2,85   216
2,119   339
2,133   228, 241, 245
2,154f.   2
2,269   166
3,2   278
3,50–60   218
3,54   200
3,55   201
3,56   199
3,56–57   211
3,59   189
3,61   201
3,63   240
3,66   226
3,70   204
3,104–125   223
3,120   228
3,137–139   211
3,138   240
3,210   244

div.
2,1–4   269, 493
2,1–6   102
2,4   24
2,6   104

dom.
68   295

fam.
1,9   276, 277
1,9,10   276
1,9,23   276
5,7   25, 280

5,15,3–4   104
7,1,3   481
9,8,2   104
15,16,1–2   316
15,19,1   316
15,19,2   2

fat.
3   175
9–11   285

fin.
1,10   102
3,18   411
3,72   226

Flacc.
19   295

inv.
1,1   196
1,2   62, 63, 198, 200, 295
1,3,4   218
1,4   196
1,8   228, 241, 245
1,25   295
2,10   295
2,7–8   194

Lael.
18   201, 397
20   389, 390
39   201
54   167, 170
80   389
81   389
92–99   170f.

leg.
1,8   281
1,14   74
1,18   82, 85
1,19   81
1,20   78
1,20,27   75, 77
1,27   79
1,30   83, 198

1,32   80
1,33   82
1,39   251
1,40–52   82
1,47   80
1,48   82
1,58–62   74
1,62   80
2,10   79
2,11   79
2,14   76
2,66   73
3,3   82
3,5   76
3,12,38   75
3,14   73, 194
3,19–29   77
3,22   281
3,26   281
3,29–30   262

Marcell.
7   294

Mil.
11   294

nat. deor.
1,1–5   497
1,6   499
1,6–8   102
1,7   499
1,9   499
1,12   497
1,15,41   55
1,19   498
1,22–25   498
1,25–27   498
1,44   497
1,45   497
1,49   497
1,50   497
1,51   497
1,54   497
1,56   497
1,114   498
1,121   400

2,1 175
2,13–14 497
2,15 498
2,20 88
2,63–65 498
2,66–67 498
2,67–69 498
2,70–73 498
2,86 498
2,155 498
2,47 498
2,44–45 498
2,26 498
3,29–34 498, 499
3,38–39 498
3,61 498
3,62 498
3,64 498

off.
1,14 103
1,17 103
1,26 297
1,56 407
1,66 103
1,93–100 103
1,107–133 103
1,141 103
1,123 420
2,3–5 104
2,5–6 499

orat.
45 228
213 288

part.
48 339
51 339

Pis.
39 294

Planc.
5 394
9 294

prov.
11 293

Rab. Post.
2 294

rep.
1,1ff. 261
1,6 72
1,11 253
1,13 253
1,18 280
1,23 261
1,27 265
1,30 76
1,33 74, 253
1,34 74
1,35–36 261
1,39ff. 254
1,44 256
1,45 254, 255
1,51 168, 171
1,52 261, 288
1,64–65 254
1,65 256
1,68 255
2,21 68, 251, 255
2,22 78
2,34–38 76
2,45 254, 255
2,47–48 256
2,51 252, 256, 262
2,52 259
2,66 256
3,5 OCT = 4–5 Z. 261
3,9 OCT = 16 Z. 260
3,9 2
3,14 OCT = 28 Z. 260
3,18 OCT = 24 Z. 260
3,22 OCT = 37 Z. 260
3,34 OCT = 41 Z. 260
3,36 OCT = 48 Z. 257
4,1 OCT = 3 Z. 260
4,24–25 OCT = 4,1 Z. 260
5,2–3 OCT = 5,8 und 5,3 Z. 261
5,3–4 OCT = 5,3–5 Z. 262
5,6 OCT = 11 Z. 263

6 frg. 1 OCT = 1 Z. 254
6,1–2 OCT = 6,1 Z. 261
6,17 OCT = 6,13 Z. 261

top.
2,9 340
24 339
68–71 343
72–78 339

Sest.
103 294

Tim.
1,6,25–33 495
4,12 495
6,17–19 495
6,20–21 495
9,30 495
11,38 495
11,41 495

Tusc.
1,1 9
1,5 102
1,6 2, 499
1,7 102, 499
1,9 343
1,11 344
1,12 344, 347
1,13 347
1,15 343
1,17 330
1,18 498
1,19 498
1,20 498
1,22 498
1,23 498
1,30 497
1,35 497
1,39 348
1,41 498
1,42 498
1,43–45 498
1,46 498
1,50 499
1,52 499
1,54 499
1,56 499
1,60 498
1,61 499
1,65–66 499
1,66 497
1,67–71 499
1,74 499
1,75 499
1,79–80 380
1,112ff. 175, 186
1,119 184
2,1 104
2,5 102
2,7f. 2
2,8 499
2,11–13 499
2,17 333
2,25 60
2,29–30 334
2,31 299
2,35–36 336
2,47 300
2,64 327
3,7 335
3,12 334
3,14 337
3,40–46 332
3,54 331
3,64 333
3,72–73 330
3,75–76 332
3,76 361
3,77 333
3,79 329, 333
3,83 334
4,4 1
4,5 2, 44, 49
4,6f. 2
4,7 67, 122
4,11–12 331
4,29 328
4,37 500
4,41–42 332
4,48 332
4,59 336
4,72 398
4,80 337

5,1–2 499
5,4–8 499
5,10 202
5,31 500
5,33 122

5,40 500
5,44 500
5,48 500
5,53–54 500
5,71–5,72 50

Clemens Alexandrinus

Paed.
3,11,74,3–4 399

strom.
2,9,41,2 389, 390, 393, 395

Demetrios Phalereus

eloc.
227 127
229 132

231 132
231f. 134

Diodorus Siculus

1,1,3 198
37,3,1–5 63

Diogenes Laertios

1,97 289
4,60 53
5,1,3 242
5,67 53
7,4 50
7,23 389
7,32 391
7,33 391
7,34 56
7,39 238
7,41–44 198
7,46 291

7,46–47 226
7,48 290
7,87–88 400
7,87–89 390
7,107 409
7,121–22 231
7,124 389, 391
7,130 398, 399
7,180 430
7,187–188 57
10,24 366

Dion Chrysostomos

53 (36), 4–5 50

Epiktet

diatr.
1,28,7–10 431
1,28,28 291, 431

2,17,19–22 431
3,22,48–51 210
4,13,5 291

Epikur

frg.
221 Usener = Porph. Marc. 31 179, 182

Pyth.
86 178

Hdt.
36 163
78f. 178

sent.
8 154
14 169
15 154

Men.
10,127 154
10,129–130 154

25 154
27 169
29 154
30 154
40 169

Euripides

Hipp.
375–383 432

Med.
1078–80 428

Galen

De cognoscendis curandisque animi morbis
5,1–57 212

1, Vol. 5, p58 K 291

PHP
4–6 431
4,6,6–17 458
4,2,14–17 442
4,4,24 442

inst. log.
16,23–17,4 342

pecc. dig.

Gellius

1,9,10 244
6,14,8–10 60
9,2,2 210
9,2,8 205

12,2,1 387
15,11,3–5 205

Grillius

1–4 262

Homer

Il.
9,443 201

Horaz

ars
391–399 63

carm.
3,26,1f. 121

epist.
1,1 121,124
1,1,1–4a 120
1,1,10–12 120
1,1,13–15 121, 131
1,1,23–26 123
1,1,27 122
1,1,28–32 127
1,1,38–40 127
1,1,41–42a 123, 126
1,1,42b–44 124
1,1,94–100 128
1,1,106–108 130
1,2 122,123, 124
1,2,40 115
1,2,40–43 126
1,4,12–14 125
1,4,15f. 129
1,5,9–12 124
1,6,15f. 130
1,6,67f. 128
1,8,3–12 128
1,15,42–46 128
1,17,3–4 128
1,18,68 422
1,20 130
2,1,250f. 133

serm.
1,4,103b–106 133
1,4,105f. 135
1,4,133b–138a 134

Isidor von Sevilla

orig.
6,5,1 53
8,7,1 63

Isokrates

3,6 197, 199
3,7 233
3,8–9 199
13 191
13,1–8 191
13,9 198

Johannes Lydos

mens.
1,28   46

Laktanz

inst.
5,14,3f.   235
5,16,4   260
6,24,1   296

Libanios

Arg. D.
8f.   185

Livius

39,6,7–9   63
45,19–20   44

Lukian

Alex.
8   205

Fug.
14   205

Lukrez

1,126   51
1,265–417   178
1,398–403   180
1,400ff.   180
1,942   177
2,55–58   179
3,87–90   179
3,417–829   179

3,874   178
3,919–922   347
5,509–771   178
5,527–530   178
5,1091–1101   179
6,35–38   179
6,160–422   178

Macrobius

Sat.
1,24,4   493

somn.
1,2,6–11   492, 495
1,2,13–18   492, 495
1,6,25–33   495
1,7,1–9   495

Marc Aurel

7,32   184

Martial

11,2,1   206

Origenes

c. Cels.
3,66   209

Ovid

ars
2,235   406

met.
7,10–11   428, 434
7,18–21   428, 434

Pacuvius

v. 372–373 Ribbeck   287

Papirius Carbo Arvina

ORF frg. 4   288

Philodemos

Ir.
13,11–12   165
18,34–35   165
20,28   165
33,24–25   165
36–47   169

Mort.
4,33,5   165
4,33,23   165

Mus.
4,85,2–11   165
4,106,39   165
4,126,35–36   165
4,136,10–34   165
4,109,32–41   165

4,135,2–7   165
4,140,41–141,25   165
4, col. 136, 10–34   58

Po.
5,4,1–17   165
5,4,18   165
5,29,34–30,6   165
5,32,2–7   165

Vit.
10,1,11–31   170
10,10–24   168
10,20,1,4–5   165
10,20,27–28   165
10,20,33–34   165
10,21,5–15   165

Philostratos

Apoll.
4,42   206

Platon

apol.
38a   134
38c–42a   183

Gorg.
454b5–7   190
456c–457c   190
460c7–461b2   190
484c–486d   191
484c5–485e2   237

Ion
535e–536d   209

Lach.
187e–188b   135

leg.
792d   290

Phaid.
62c–69e   185
69e–72e   184
78b–84b   184

Phaidr.
229e–230a   135
260e5   224
265d–266b   191
269–270a   240
270a   204
271d–272b   191
279b   191

Prot.
320c–322d 61
320d–324c 197
322a6–7 197
351b–358e 429

rep.
368e 259

427e 212
5,473c–e 200
540b4–5 265
10,607b 428

Tht.
154d–e 183
173c–177c 191

Plautus

Merc.
25–30 288

Rud.
671–673 286

Plinius d. Ä.

nat.
1, pr. 1 471
1, pr. 13 473
1, pr. 14 471
7,1 475, 483
7,1–3 487
8,1 474, 477
8,1–3 476
8,4 476, 478
8,6 476
8,10 477
8,11f. 478
8,12f. 477
8,13 477
8,14 477
8,15 477
8,16 478
8,18 478
8,19 478
8,20f. 479
8,21 480
8,23 477
8,24 477
8,32 481
8,33 482
8,34 482
8,44 471, 478

8,79 482
8,87 482
8,91 482
8,142 474
8,194–197 484
8,209f. 484
9,1–7 484
9,8 474
9,20 480
9,64–68 484
9,104f. 483
9,106 484
9,107 483
9,110 486
9,116–123 485
9,121 486
9,123 484
9,125–141 484
10,1 474
11,8 472
11,11 474
13,70 47
29,7,14 233
35,135 53
37,201 483
37,205 473

Plinius d. J.

epist.
1,10,5–7   210
4,7,4–5   230
8,22,3   206

Plutarch

Aem.
28,11   53

adv. Col.
1122a–c   297

Cato mai.
22   2
22,3   233, 236
22,2–6   43
22–23   233

Cato min.
10   56
16   56
68,2   207

Cum princ. philosophandum
1,777a   56

De communibus notitiis
1073b   399

De liberis educandis
10   211

Dem.
5   240

de stoic. rep.
8,1034e–f   242
1039b   395

de virt. mor.
6,446c   458
7,446f–447a   455
7,441c–d   455

mor.
452–464   211

Polybios

30,1–3   44
31,25,3–8   63

34,2,4   52
34,4,8   52

Properz

2,6,27–30   310

Ps.–Plutarch

Vit. Hom.
2,6,3   58
2,213,1   58

Quintilian

inst.
1, pr. 9–10   216
1, pr. 12   222
1, pr. 13–14   218
1, pr. 16–17   221, 238
1, pr. 18   221
1, pr. 18–19   225
1, pr. 22   229
1, pr. 25   215
2,4,41   195
2,4,42   195
2,15   227
2,15,33–34   217
2,20   223
2,20,1   224
2,20,2   214, 224
2,20,3   224
2,20,5–7   225
2,21,4   228
2,21,6   228
3,1,13–15   194
3,5,4–15   241
3,5,6   240
3,5,8   245
3,5,14–15   228
3,6,23–24   246
3,6,37   246
3,6,49   246
3,8   239
3,8,48   220
4,5,15   185
5,6,2   186
5,7,35   240
5,10,87–93   343
7,3,3   239
7,9,1–15   239
8,2,1–11   239

8,3,56   186
8,3,88   186
9,2,27   220
9,4,4   63
10,1,35–36   244
10,1,80   195
10,1,81   244
10,1,87   240
10,1,123–131   221
10,1,125–131   244, 387
10,1,129   350
11,1,33   245
11,1,35   245
12,1,2   214
12,1,3   232
12,1,25   234
12,1,29   235
12,1,33   235
12,1,38   236
12,2,1   237
12,2,5   237
12,2,6   237
12,2,6–7   230
12,2,7   237
12,2,9   238
12,2,13   239
12,2,19–20   240
12,2,23–31   240
12,2,27   242
12,2,30   243
12,3   229
12,3,12   215, 236
12,4   229, 243
12,5   229
12,5,1   229
12,7,3   214

Res gestae divi Augusti

34   212

Rhetorica ad Herennium

2,30   315
3,20,33   315

Sallust

Cat.
7–10   63
20,4   394

Seneca d. Ä.

contr.
1, pr. 9   229
1,7,17   242

Seneca d. J.

benef.
1,11,5   186
7,8,2–7   208
7,11,1ff.   205
7,12,2   393, 394
7,26,5   286

clem.
1,2   372
1,3–4   372
1,4   372
1,5   381
1,5–7   372
1,5,5   373
1,7,1–3   373
1,8,1   373
1,8,3   373
1,8,7   373
1,9–10   373

1,9,1   374
1,9,2   374
1,19   381
1,20–24   378
1,25   379
2,5,2   349

dial.
1,1 (=prov. 1)   370
1,6,2–3 (=prov. 6,2–3)   109
2,2 (=const. sap. 2)   110
2,6,5–7 (=const. sap. 6,5–7)   109
2,6,7 (=const. sap. 6,7)   110
2,16,4 (=const. sap. 16,4)   109
2,17,1 (=const. sap. 17,1)   109
3,1 (=de ira 1,1)   382
3,1,2 (=de ira 1,1,2)   439
3,7,2f. (=de ira 1,7,2f.)   439
3,7,4 (=de ira 1,7,4)   381, 439, 443

3,8,2–3 (=de ira 1,8,2–3)   435
4,1–4 (=de ira 2,1–4)   412
4,1,3f. (=de ira 2,1,3f.)   439
4,2–4 (=de ira 2,2–4)   353
4,3,1 (=de ira 2,3,1)   438
4,3,4 (=de ira 2,3,4)   438
4,4,1 (=de ira 2,4,1)   438
4,4,1–2 (de ira 2,4,1–2)   445
4,8,2 (=de ira 2,8,2)   109
4,16 (=de ira 2,16)   382
4,18 (=de ira 2,18)   377
5,14–23 (=de ira 3,14–23)   377
5,3,1–2 (=de ira 3,3,1–2)   377
5,34,3 (=de ira 3,34,3)   394
5,39,1 (=de ira 3,39,1)   378
6,1,1 (=Marc. 1,1)   362
6,1,5 (=Marc. 1,5)   367
6,1,5–8 (=Marc. 1,5–8)   362
6,1,7 (=Marc. 1,7)   362, 367
6,1,8 (=Marc. 1,8)   362
6,7,2 (=Marc. 7,2)   381
6,11,3 (=Marc. 11,3)   108, 113
6,16 (=Marc. 16)   367
7,1,1 (=de vita beata 1,1)   414, 415
7,1,3 (=de vita beata 1,3)   382
7,5,1 (=de vita beata 5,1)   375
7,5,3 (=de vita beata 5,3)   376
7,6,1 (=de vita beata 6,1)   375
7,6,2 (=de vita beata 6,2)   376
7,8 (=de vita beata 8)   113
7,8,6 (=de vita beata 8,6)   457
7,17,4 (=de vita beata 17,4)   109
7,24,4 (=de vita beata 24,4)   414
8,1,1 (=de otio 1,1)   414
9,1 (=tranq. an.)   380
9,1,2 (=tranq. an. 1,2)   357
9,2,7–9 (=tranq. an. 2,7–9)   111
9,2,11–12 (=tranq. an. 2,11–12)   380
9,4 (=tranq. an. 4)   112
9,6 (=tranq. an. 6)   113
9,7,4 (=tranq. an. 7,4)   397
9,8 (=tranq. an. 8)   110
9,9,3 (=tranq. an. 9,3)   109
9,10,3 (=tranq. an. 10,3)   109
9,11,7 (=tranq. an. 11,7)   109
9,17 (=tranq. an. 17)   114
10,2,4–5 (=brev. vit. 2,4–5)   111
10,3,4 (=brev. vit. 3,4)   186
10,4,2 (=brev. vit. 4,2)   110
10,5,2–3 (=brev. vit. 5,2–3)   110
10,7,1 (=brev. vit. 7,1)   111
10,7,6–8 (=brev. vit. 7,6–8)   110
10,7,3 (=brev. vit. 7,3)   110
10,10,2 (=brev. vit. 10,2)   393
10,13,3 (=brev. vit. 13,3)   111
10,13,6 (=brev. vit. 13,6)   479, 481
10,12 (=brev. vit. 12)   111
10,17,5–6 (=brev. vit. 17,5–6)   110
11,2–3 (=Polyb. 2–2)   368
11,4 (=Polyb. 4)   362
11,10 (=Polyb. 10)   383
12,2,2 (=Helv. 2,2)   380
12,3,1–2 (=Hel. 3,1–2)   380
12,4 (=Helv. 4)   361
12,10 (=Helv. 10)   108
12,17,2 (=Helv. 17,2)   363

epist.
1,1   418
1,2   418
2,1   404
3   392, 403
3,1–2   392
3,3   403
4,1   419
4,1–2   406
5,1   419
5,4   414
5,6   424
6   403
6,1   411
6,2   392, 399, 408
6,3   407, 410, 411
6,4   403
6,6   412, 424
6,7   392, 401
7   403
7,7–9   403
7,8   403, 420, 424
7,9   403, 424
7,9–12   424
8   403
8,1   403
8,5–6   424

8,6 403	24,19 110
9 393, 399, 403, 404, 406, 421	24,24f. 442
9,3 392	25,5 424
9,4 402	26,2 405
9,5 392, 400, 402	27,1 411
9,6 392, 400, 401	29,3 424
9,6–7 400	29,12 407
9,7 392	30 420
9,8 392, 401	31,1 404, 416
9,9 392	31,8 224
9,10 399, 402	32,1 404
9,11 398, 402, 407	32,1–2 393
9,12 401, 424	32,2 414
9,14 392, 402	32,5 393
9,15 402, 412	33,7 406
9,16–18 402	34 405, 406, 421
9,17 415	34,1 405
9,18 402	34,1–2 405
10,2–3 404	34,2 405
11 404, 420	34,3 416, 443, 444
11,1 404	34,3–4 419
12,4 405	35 392, 406, 408
14,2 407	35,1 408, 419
14,4–6 110	35,1–2 405
16,1 416	35,2 393
16,1–2 419	35,4 393
16,3 420	36 420
16,6 416	36,3 419
17,1 419	36,8 407
17,2 420	37,5 444
18,5 424	38,1 420
18,15 407	39,2–3 416
19,1 419	40,1 393
20 448	41,1 419
20,1 419	41,2 420
20,4 414, 418	42,1 397
20,4–6 448	42,5 420
20,5 394, 448	45,2 406
20,13 424	45,4 424
21,1–2 418, 424	47,13 420
22,1–5 420	47,16 392, 393
22,5 420	47,19 407
23,1 419	47,21 393
23,3 419	48 409
23,6 419	48,1 420
23,7 414	48,2 410
24,3 416	48,2–3 412

48,7 420
49,1 406
49,12 416
51,9 414
51,11 416
52,1 416
52,1–2 454
52,3 416
54,1–2 110
55,2 110
55,3 407
58,13–15 346
59,7 351
59,9 416, 417
59,14 393
61,1 445
63 362, 364, 366, 368
63,1 363
63,3 363
63,4 364
63,5–6 366
63,7 364
64,3 352, 424
64,7 350
64,8 351
64,9 424
65,18 407
65,24 184
66 419
66,2–4 407
66,16 393
66,27 407
66,41 414
67,10 414
68,8–9 424
68,12 414
69,3 406, 407
70 442
71,1 420
71,2 414
71,36 444, 447
72 357
72,6 357
72,11 424
73 423
73,1 414
73,12 351

74,2 407
74,21 407
74,23–24 401
75 357
75,4 414
76,20 407
77 442
77,5–8 420
78,1 110
78,19 110
79,13 416
80,4 416, 443, 444
81 394, 395
81,12 392, 394, 397
81,13 395, 416, 444
82,1 407, 419
82,15 407
82,18 414
83,25 407
84,1 407
85 437
85,8–9 437
85,28 407
85,32 414
87,34 407
89 353
89,4 407
89,9 238
89,12–13 209
89,14 354
90 198
90,7 199
90,20 424
90,27 393
91,19 208
92,11 414
94 352, 354
94,31 415
94,53 407, 408
94,64 407
95 352, 354
95,5 416
95,41–42 424
95,45 414
95,46 414
95,47 418
95,52 407

Index locorum — **527**

95,55 92
95,57 93, 446
95,63 407
95,72 94
96,5 109
99 362, 364, 366
99,1 365
99,2 365
99,2–3 365
99,6–12 366
99,11 365
99,13 366
99,14 365
99,15 365
99,16 366
99,21 407
99,21–22 365
99,24 407
102,2 424
102,3 402
102,7 402
102,30 424
104,13 407
105,6 407
106,3–7 448
106,5 407
107,2 109
108 409
108,12 407, 413
108,16 416
108,17 407, 416
108,21 424
108,23 416
108,35 414
109,6 393
109,14 393, 420
109,16 394, 407
113 353
113,18 412, 445
114,23 416
115,3–6 407
115,6 407, 409
115,14 407
116 437
116,5 398, 407, 439
118,15–16 413
120,20 407

121,13 416
121,20 407
123,15–16 399

frg.
58–60 Vottero 396
59 Vottero 420
82 Vottero 393

nat.
praef. 4 108
3,17f. 484
7,32,2 351

Phaedr.
110f. 450
112 454
113f. 436
124–128 436
132–135 437
137 443
140 443
143f. 437
178–180 434
184f. 434
186–194 436
197 437
212 444
215 443
218 436
218–221 435
225 435
233–235 450
240 435
241 450
249 443
250–252 441
252 440
255 439
255–273 441
258 441
263 438, 442
276 439
279–282 438
360–403 447
365 447
372–375 448

440–443 437
563f. 434
580–718 439
583 439
584 454
587 439
592–599 436, 446
598 436
602–603 440
604f. 440, 444, 456
637 447
641–644 438
670 449
687–689 434
698 436
699 439

700f. 450
702 450
710–712 449
735 437
824–828 461
828 461
854–862 441
864–958 440
888 440
1176–1178 450
1179f. 450
1183f. 450
1184f. 451
1188–1190 452
1197f. 450
1279f. 461

Servius

Aen.
3,376 493

georg.
1,46 230

Sextus Empiricus

adv. math.
1,79 57
1,248 57
5,86 181
7,42–45 236
7,248 306
7,249 307
8,183 181
8,262 181
8,275 197
11,22–30 390
11,170 393

P.H.
1,20 291
1,58 181
1,62 181
1,76 181
1,85 181
2,130 181
2,192 181
3,20 181
3,245 181
3,273 181
3,280f. 182

Stobaios

flor.
2,7,5b9, vol. 2, p. 66 Wachsmuth   398, 399
2,7,5l, vol. 2, p. 74 Wachsmuth   389, 390
2,7,7c–d, vol. 2, p. 82 Wachsmuth   409
2,7,9a, vol. 2, p. 87 Wachsmuth   413
2,7,11c, vol. 2, p. 94–95 Wachsmuth   401
2,7,11k, vol. 2, p. 106 Wachsmuth   390
2,7,11m, vol. 2, p. 108 Wachsmuth   390, 391, 392, 394
2,7,11s, vol. 2, p. 115 Wachsmuth   399

Stoicorum Veterum Fragmenta (SVF)

Bd. 1
frg. 178   242
frg. 222   391
frg. 226   391
frg. 246   399
frg. 324   389

Bd. 2
frg. 130   291
frg. 135   197

Bd. 3
frg. 98   401
frg. 112   389, 390
frg. 121   409
frg. 135   409
frg. 141   409
frg. 172   291
frg. 173   413
frg. 189   411

frg. 262   224
frg. 280   217
frg. 292   389, 390, 395
frg. 293   224
frg. 295   225
frg. 296   225
frg. 308–332   198
frg. 343   198
frg. 505   223
frg. 525   223
frg. 598   393
frg. 630   390, 391, 394
frg. 631   389, 391
frg. 633   394
frg. 650   399
frg. 661   390
frg. 716   399
frg. 719   399
frg. 724   395

Strabon

1,2,5   233
1,2,15   52
3,4,4   51
13,1,54   56
14,5,16   55
14,674   56

Suda

3,182/2342 Adler   54
M208   209

Sueton

Dom.
10,3   205

gramm.
1–2,3   45

Iul.
47   485

rhet.
25,1B   2

Vesp.
13,1   205

Tacitus

ann.
12,8,2   105
13,42   359
14,12,1   206
14,52,2   106
15,60,2–63   206
15,71,4   206
16,21,1–3   206
16,22,2–3   206
16,26,3   206
16,32   208
16,33–35   206
16,35,1   208

dial.
2,1   207
7,4   214
13,6   207
19,3–5   214
32   240

hist.
3,81,1   209
4,40,3   208

Thukydides

3,37–3,40   190
3,37–48   190
3,53–67   190
5,87–111   190
5,89   190

Tibull

1,4,41   406

Vergil

Aen.
1,148–156   230
2,270–273   312
2,772–773   312
4,450–456   310, 316

Xenophon

mem.
1,1,11–16   135
4,2,18   166

www.ingramcontent.com/pod-product-compliance
Lightning Source LLC
Chambersburg PA
CBHW030559230426

43661CB00053B/1771